INSPÍRATE / PLANIFICA / DESCUBRE / EXPLORA

ESPAÑA

Vista de la accidentada costa norte de Mallorca

ESPAÑA

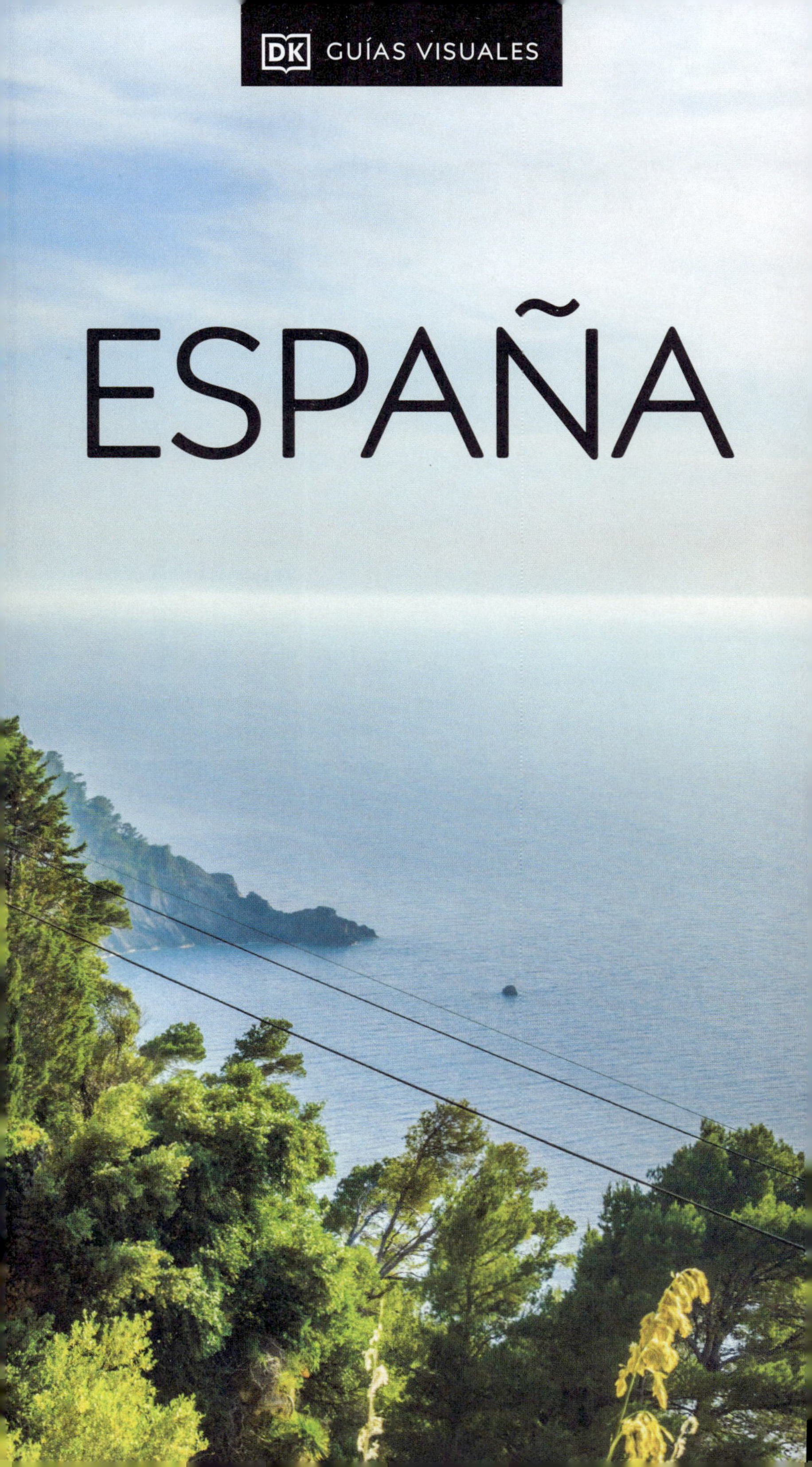

CONTENIDOS

Edificio Muralla Roja, en Calpe (Alicante)

DESCUBRE 6

EXPLORA 68

GUÍA ESENCIAL 580

DESCUBRE

Vista de Barcelona desde el Park Güell

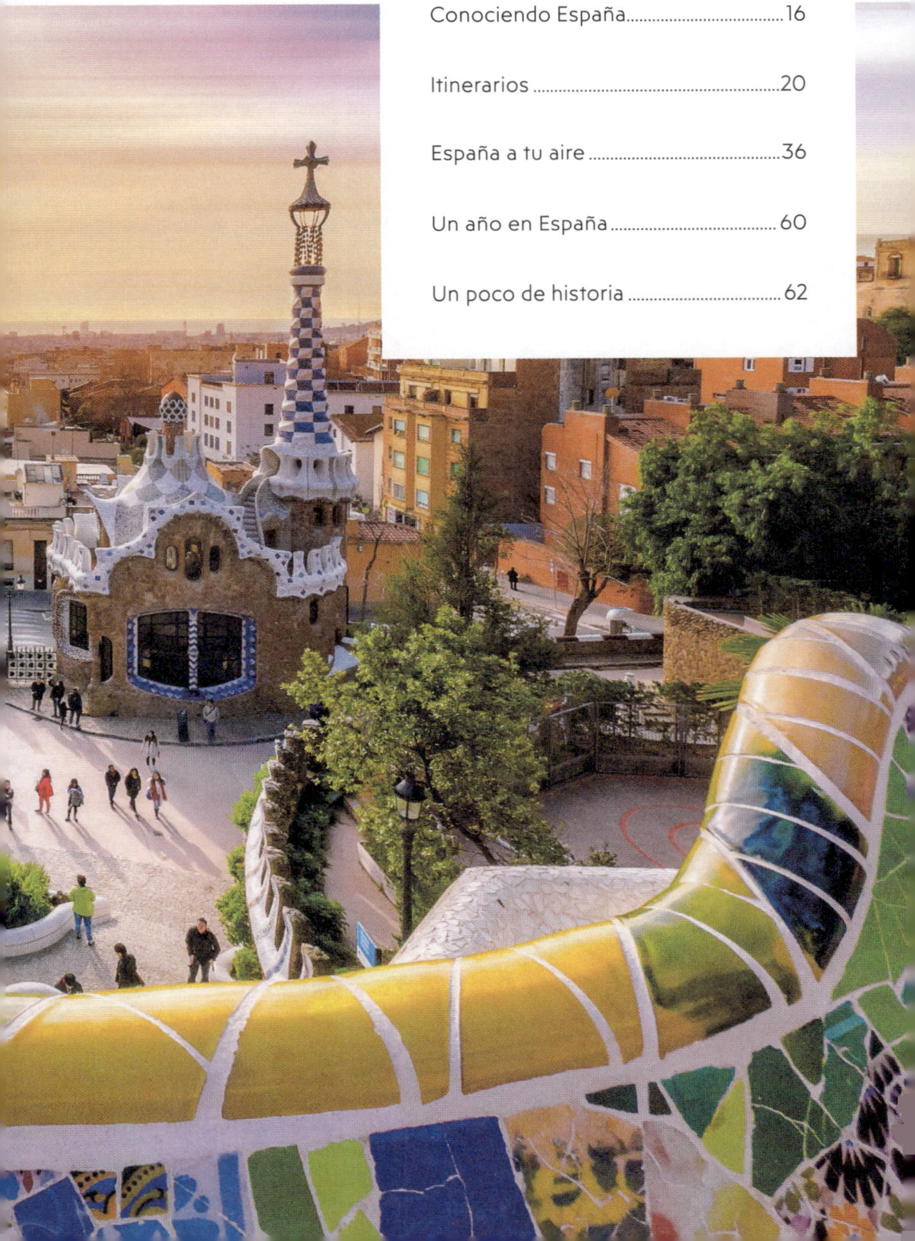

BIENVENIDO A
ESPAÑA

Palacios bien conservados y magníficos museos, montañas asombrosas y playas excelentes, fiestas tradicionales y deliciosa gastronomía. Todo esto, sumado a una rica historia y a una increíble belleza natural, hacen que España tenga algo especial para cada visitante. Sea cual sea el viaje soñado, la Guía Visual de España será una estupenda fuente de inspiración.

① Contemplando la puesta de sol en Granada.

② Corchos para botellas de vino de Rioja.

③ Reluciente exterior del Museo Guggenheim Bilbao.

④ Playa de Peñíscola, en la Comunidad Valenciana.

España es el mayor país del sur de Europa y está rodeado por el mar Mediterráneo al este y por el océano Atlántico al oeste. En su extenso litoral se alternan calas recónditas, largas playas de arena y acantilados azotados por el viento. Los imponentes picos de los Pirineos forman la frontera norte del país. Al sur de esta cordillera, las tierras baldías y los viñedos dan paso a la alta y soleada meseta central y a los ondulados olivares de Andalucía.

Aunque España es un país de magníficos espacios naturales, también tiene ciudades muy interesantes. Madrid es el epicentro cultural del país, con magníficos museos, edificios históricos y una animada vida nocturna. Barcelona le pisa los talones con el legado arquitectónico de Gaudí y la obra pictórica de Picasso, sin olvidar el aliciente extra que suponen sus playas.

Las elegantes ciudades del norte, como San Sebastián y Bilbao, destacan por su excelencia gastronómica, que combina la modernidad con el clasicismo. En Andalucía destacan tres seductoras ciudades: Sevilla, Córdoba y Granada, que llaman la atención por los monumentos de influencia árabe, y las casas con patios sombreados y perfumados de azahar.

Es difícil decidir por dónde empezar. Por eso se ha dividido el país en zonas fáciles de recorrer, con itinerarios detallados, información de expertos locales y mapas que ayudan a planificar una visita perfecta. Tanto si se trata de una escapada de un fin de semana como de una semana entera o un viaje más largo, esta Guía Visual está diseñada para que el viajero vea lo mejor del país. Solo queda disfrutar de la guía y disfrutar de España.

POR QUÉ VISITAR
ESPAÑA

La arquitectura es extraordinaria, los paisajes naturales son impresionantes, el calendario está repleto de fiestas tradicionales y la vida nocturna es única. Cada español tiene sus propias razones para amar su país.

1 LA ALHAMBRA

Ningún lugar encarna el espíritu de al-Ándalus como la Alhambra *(p. 494)*. Los techos de sus salas están decorados con delicados estucos y sus patios albergan estanques de aguas quietas como espejos.

LA MEZQUITA 2

Proyectando sombras en el suelo de mármol, 856 columnas sostienen los arcos de herradura rojos y blancos de la imponente sala hipóstila de la mezquita de Córdoba *(p. 484)*.

3 BONITAS PLAYAS

Con más de 8.000 km de litoral, España posee una asombrosa variedad de playas *(p. 54)*. Se puede elegir entre las excelentes franjas de arena dorada de la Costa Blanca, las encantadoras calas de la Costa Brava y los espectaculares acantilados de la Costa Verde.

EL CAMINO DE SANTIAGO 4

A quienes acrediten haber recorrido los últimos 100 km a pie o los últimos 200 km en bicicleta de esta célebre ruta de peregrinación *(p. 232)* se les concede la Compostela.

EL TAPEO 5

Una de las tradiciones que se mantienen en casi todos los rincones del país es el tapeo *(p. 41)*. No hay nada como salir por los centros históricos de ciudades como Madrid *(p. 288)* o Sevilla *(p. 448)* y hacer un pequeño recorrido de bar en bar.

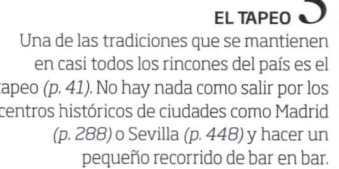

VIDA NOCTURNA 6

En verano las altas temperaturas diurnas invitan a esperar a la puesta de sol para salir a cenar y divertirse *(p. 56)*.

LA BARCELONA DE GAUDÍ 7

El arquitecto más famoso de España dejó una marca indeleble en la capital catalana con edificios cuyos tejados tienen forma de dragones y sus fachadas parecen hechas de nata montada *(p. 98)*.

LOS MUSEOS DE MADRID 8

La capital dispone de una excepcional oferta cultural con su soberbio trío de museos. El Prado *(p. 316)*, el Thyssen-Bornemisza *(p. 320)* y el Reina Sofía *(p. 322)* contienen miles de obras de primera categoría y están muy cerca entre sí.

9 FLAMENCO

Hay pocos lugares con tanto encanto como Sevilla *(p. 461)* para disfrutar del arte flamenco. Solo hay que ir a una genuina peña para sentir el duende mientras las bailaoras agitan sus faralaes y los tocaores rasguean sus guitarras *(p. 56)*.

10 SEMANA SANTA

Las cofradías religiosas y los devotos creyentes salen en procesión por muchas ciudades en Semana Santa *(p. 61)*. Las de Sevilla son las más concurridas *(p. 465)*.

EL JEREZ 11

Para catar este exquisito vino hay que recorrer el Triángulo del Jerez -la región vinícola en torno a Jerez de la Frontera *(p. 503)*- y visitar las bodegas históricas y las tabernas típicas *(p. 48)*.

LA CULTURA VASCA 12

Los vascos tienen una lengua y unas tradiciones singulares *(p. 277)*. En agosto se celebran las semanas grandes con danzas y competiciones de *herri kirolak* (deportes rurales), como el levantamiento de piedras *(p. 61)*.

ESPAÑA
EN EL MAPA

Esta guía divide España en 7 zonas, que a su vez se dividen en 17 áreas, cada una diferenciada con un color, como puede verse en el mapa. En las páginas que siguen se amplía la información de cada zona.

NORTE DE ESPAÑA

ASTURIAS Y CANTABRIA
p. 244

GALICIA
p. 222

CASTILLA Y LEÓN
p. 366

COMUNIDAD DE MADRID
p. 354

MADRID
p. 288

CENTRO DE ESPAÑA

EXTREMADURA
p. 426

PORTUGAL

Océano Atlántico

SEVILLA
p. 448

SUR DE ES[...]

ANDALUCÍA
p. 472

MARRUECOS

0 kilómetros 100

N

Ortigueira, Fertol, A Coruña, Santiago de Compostela, Lugo, Avilés, Gijón, Santander, León, Ponferrada, Burgos, Pontévedra, Vigo, Ourense, Benavente, Valladolid, Peñafiel, Braga, Vila Real, Oporto, Salamanca, Ávila, Madrid, Aveiro, Ciudad Rodrigo, Coimbra, Plasencia, Castèlo Branco, Coria, Aranjuez, Leiria, Cáceres, Trujillo, Toledo, Santarem, Badajoz, Mérida, Ciudad Real, Lisboa, Setúbal, Évora, Zafra, Puertollano, Beja, Linares, Córdoba, Jaén, Sevilla, Estepa, Lagos, Huelva, Granada, Faro, Jerez de la Frontera, Málaga, Motril, Cádiz, Marbella, Algeciras, Gibraltar (Reino Unido), Ceuta (España), Tánger, Melilla (España)

Islas Canarias

ISLAS CANARIAS OCCIDENTALES
p. 554

Santa Cruz de la Palma
La Palma
La Gomera
Santa Cruz de Tenerife
Tenerife
San Sebastián
Los Cristianos
Valverde
El Hierro

ISLAS CANARIAS ORIENTALES
p. 564

Las Palmas de Gran Canaria
Gran Canaria
Lanzarote
Arrecife
Puerto del Rosario
Fuerteventura

Golfo de Vizcaya

0 kilómetros 100

N

FRANCIA

Donostia/San Sebastián
Biarritz
Bilbao

PAÍS VASCO, NAVARRA Y LA RIOJA
p. 260

Logroño
Tudela
Soria
Jaca

ARAGÓN
p. 174

Huesca
Zaragoza
Calatayud

ANDORRA
Andorra la Vella
La Seu de Urgell
Perpiñán
Figueres

CATALUÑA
p. 150

Vic
Girona
Manresa

ESTE DE ESPAÑA

Lleida
Sitges
Barcelona

BARCELONA
p. 70

Tarragona
Alcañiz
Tortosa

Guadalajara
Cuenca
Teruel

Benicarló
Benicàssim
Castellón de la Plana

Mar Mediterráneo

Menorca
Ciutadella

Mallorca
Alcúdia
Palma

CASTILLA-LA MANCHA
p. 402

Tomelloso
Albacete
Valdepeñas

Requena
Sagunt
Valencia

COMUNIDAD VALENCIANA Y MURCIA
p. 192

Gandía
Xàbia (Jávea)

ISLAS BALEARES
p. 532

Ibiza
Eivissa (Ibiza)

Hellín
Elda
Benidorm
Alicante

Úbeda
Huéscar
Murcia
Lorca
Cartagena

ESPAÑA

Águilas
Mojácar
Almería

SUROESTE DE EUROPA

IRLANDA
REINO UNIDO
BÉLGICA
ALEMANIA
REPÚBLICA CHECA
FRANCIA
SUIZA
AUSTRIA
ITALIA

Océano Atlántico

ESPAÑA
Barcelona
Madrid
Islas Baleares
PORTUGAL
Sevilla

MARRUECOS
TÚNEZ
ARGELIA
LIBIA

Islas Canarias
Mapa de las islas Canarias

CONOCIENDO ESPAÑA

Con una extensión de unos 800 km de este a oeste y 750 km de norte a sur –sin contar las islas y ciudades autónomas–, no es de extrañar que las 17 comunidades autónomas españolas sean tan distintas. Esta guía divide el país en 7 zonas, cada una de las cuales contiene regiones muy diferentes.

PÁGINA 70

BARCELONA

La capital catalana traza la historia de la arquitectura en su paisaje urbano. Además de edificios contemporáneos, posee el barrio medieval más grande y mejor conservado de Europa y la mayor concentración de arquitectura modernista del mundo. De estas fantásticas construcciones, la más famosa es la Sagrada Familia, obra aún inacabada de Antoni Gaudí. Si se le añaden casi 5 km de playas, una estupenda escena gastronómica y una fabulosa vida nocturna, es fácil entender por qué esta elegante y relajada ciudad mediterránea atrae a tantos visitantes.

Lo mejor
La increíble arquitectura

Qué ver
Ciutat Vella, Eixample, Montjuïc

Experiencias
Contemplar la ciudad desde el famoso banco de trencadís del Park Güell, obra de Gaudí

PÁGINA 144

ESTE DE ESPAÑA

La accidentada y abrupta Costa Brava, la soleada y arenosa Costa Blanca y los picos de los Pirineos aguardan en el este de España. Es un destino fantástico para practicar una amplia gama de deportes y actividades al aire libre, como senderismo, esquí, ciclismo y vela. O para visitar lugares históricos, como los monasterios catalanes, las torres mudéjares de Aragón y las grandes catedrales de Valencia y Murcia. Los *gourmets* no se sentirán decepcionados: Valencia es la tierra de la paella y los chefs catalanes son famosos en todo el mundo por sus imaginativas creaciones.

Lo mejor
Las actividades al aire libre

Qué ver
Cataluña, Aragón, Valencia y Murcia

Experiencias
Saborear una exquisita paella en un restaurante frente al mar en Valencia

PÁGINA 216

NORTE DE ESPAÑA

La parte más agreste de España cada vez recibe más visitantes, muchos ya se han acercado a la mística cultura celta de Galicia, han recorrido los espectaculares Picos de Europa o el Camino de Santiago y han explorado el magnífico litoral, con sus ventosos acantilados y sus cautivadores pueblos pesqueros.
En el País Vasco se hallan la animada Bilbao y la elegante San Sebastián. Esta zona es conocida por su exquisita cocina y La Rioja es famosa por sus excelentes vinos.

Lo mejor
Los espectaculares paisajes

Qué ver
Galicia, Asturias, Cantabria, el País Vasco, Navarra y La Rioja

Experiencias
Salir de pintxos *por San Sebastián*

→

PÁGINA 288

MADRID

La encantadora capital de España tiene espectaculares lugares para visitar, desde el enorme Palacio Real, con sus salas profusamente decoradas, hasta el gran Museo del Prado, con su colección de 20.000 obras de arte. Pero a la vez tiene un aire tradicional, lo cual se acentúa en el núcleo histórico, cuyas calles adoquinadas y antiguas tabernas apenas han cambiado con el paso de los siglos. Esto no significa que sea una ciudad formal: de noche cobra vida en sus innumerables bares de tapas, sus modernos bares de copas y sus animadas discotecas.

Lo mejor
Los importantes museos

Qué ver
El Madrid antiguo, el Madrid de los Borbones y lugares de interés fuera de la ciudad

Experiencias
Curiosear en el mercadillo del Rastro un domingo por la mañana

PÁGINA 346

CENTRO DE ESPAÑA

No hay mejor lugar para empaparse de historia de España que en su parte central. Aquí se pueden admirar los gloriosos monumentos romanos de Segovia y Mérida, pasear por el núcleo medieval de Toledo para descubrir su patrimonio multicultural en sus iglesias, sinagogas y fortalezas árabes, y contemplar la deslumbrante arquitectura renacentista de Salamanca. Como es de esperar, Castilla y León y Castilla-La Mancha están llenas de castillos, pero esta parte de España también alberga algunos de los paisajes más bellos y remotos del país, sobre todo en Extremadura y la sierra de Guadarrama.

Lo mejor
Las localidades históricas

Qué ver
Comunidad de Madrid, Castilla y León, Castilla-La Mancha, Extremadura

Experiencias
Dar un paseo junto a la magnífica muralla de Ávila contemplando las montañas

PÁGINA 442

SUR DE ESPAÑA

El sur ofrece algunas de las experiencias más ligadas a la cultura folclórica tradicional: el sonido de los palos flamencos, los aromas del jazmín y del azahar o una refrescante copa de manzanilla en un bonito patio andaluz. Al-Ándalus desapareció hace siglos, pero su espíritu sigue vivo en el Real Alcázar de Sevilla, la mezquita de Córdoba y la Alhambra de Granada. Playas, pueblos de pescadores y centros turísticos se suceden en la bella costa mediterránea, perfecta para sobrellevar el intenso calor estival.

Lo mejor
Las playas y los pueblos blancos

Qué ver
Sevilla, Andalucía

Experiencias
Asistir a un espectáculo flamenco en Sevilla, a ser posible en una de las peñas de aficionados

PÁGINA 526

ISLAS BALEARES Y CANARIAS

Las bellas islas Baleares –Mallorca, Menorca, Ibiza, Formentera y Cabrera– son el destino mediterráneo ideal. A pesar de su pequeño tamaño, ofrecen actividades de lo más variado: glamur y diversión nocturna en las animadas discotecas de Ibiza, historia antigua en los yacimientos neolíticos de Menorca o tranquilidad rural en la casi virgen Formentera. Quienes ponen rumbo a las subtropicales islas Canarias pueden disfrutar de magníficos paisajes volcánicos, hermosas playas y estupendas rutas de senderismo todo el año. Un destino perfecto para el invierno.

Lo mejor
La vida nocturna y los paisajes

Qué ver
Islas Baleares, islas Canarias occidentales y orientales

Experiencias
Contemplar las vistas desde el Teide, el pico más alto de España

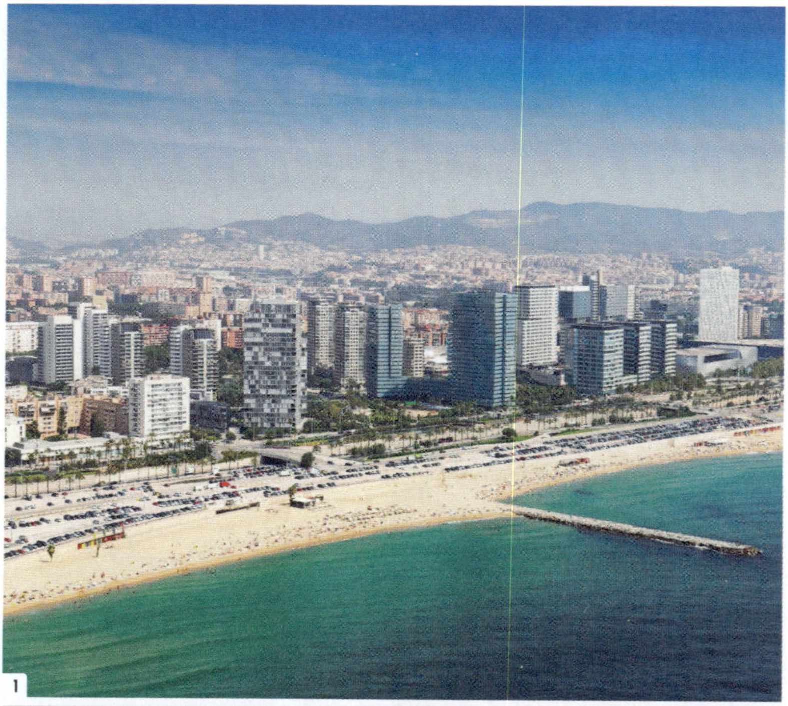

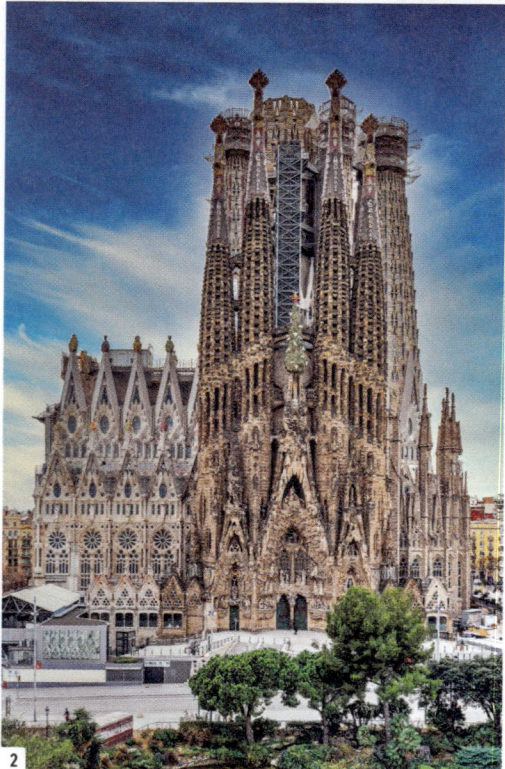

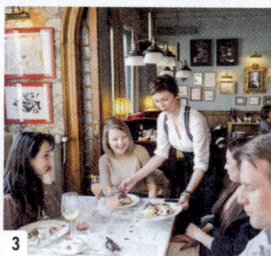

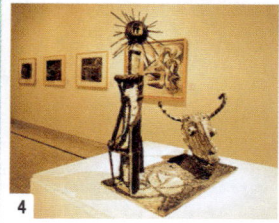

1

2

3

4

←

1 Vista aérea de la playa de la Barceloneta.

2 Fachada de la Gloria de la Sagrada Familia.

3 Comensales en el restaurante barcelonés La Dama.

4 Escultura expuesta en el Museu Picasso.

España ofrece interminables alternativas turísticas, desde fines de semana en ciudades con encanto hasta recorridos más largos por paisajes espectaculares. Sea cual sea la opción elegida, estos itinerarios ayudan a planear el viaje.

3 DÍAS

en Barcelona

Día 1

Mañana La jornada empieza en el núcleo histórico de Barcelona, el Barri Gòtic (p. 104). Tras tomarte un café en 4 Gats (p. 79) puedes visitar la catedral, en cuyo claustro vive un grupo de ruidosas ocas (p. 84). En la zona hay decenas de restaurantes excelentes, como el Bistrot Levante (www.bistrotlevante.com), que sirve creativos platos vegetarianos.

Tarde Bajando por la Rambla (p. 86) vale la pena curiosear en los puestos de camino al Port Vell, lleno de lujosos yates (p. 102). Desde aquí puedes ir al tradicional barrio de pescadores de la Barceloneta y pasar el resto de la tarde disfrutando de la playa (p. 102).

Noche Para cenar puedes recorrer los bares de tapas del paseo marítimo y probar sus especialidades. Una vez saciado el apetito ve al 1881, en la azotea del Museu d'Història de Catalunya, para tomar una copa con vistas (www.gruposagardi.com).

Día 2

Mañana Tu primer destino del día es la Sagrada Familia (p. 110). La longitud de la cola de entrada puede ser tan abrumadora como el propio templo, así que harías bien en reservar una visita guiada (www.toursbylocals.com). Tras ver la nave puedes tomar el ascensor para contemplar unas bellas vistas de la ciudad, pero debes tener en cuenta que se baja a pie.

Tarde Tras un relajado almuerzo en La Yaya Amelia (www.layayaamelia.com) es fácil que te apetezca dar un corto paseo hasta el Recinte Modernista del antiguo hospital de Sant Pau (p. 120), un encantador complejo de pabellones entre tranquilos jardines.

Noche Para mantener la temática arquitectónica puedes tomar un taxi al restaurante La Dama, que ocupa un deslumbrante apartamento modernista (www.la-dama.com).

Día 3

Mañana Empieza el día el passeig del Born, campo de justas en el Medievo y hoy lleno de cafés como el bar El Born (www.barelborn.es). El Museu Picasso, que muestra la evolución del artista (p. 90), merece el resto de la mañana. Al salir no te pierdas el bar de tapas y cava El Xampanyet (C/ Montcada 22; 933 19 70 03), una parada casi obligada.

Tarde El elegante passeig de Gràcia es tan famoso por su arquitectura modernista como por sus tiendas. Ve a la manzana conocida como Ila de la Discòrdia (p. 121), para admirar las chocantes fachadas de tres joyas arquitectónicas y hacer una visita guiada a una de ellas (previa reserva).

Noche Al anochecer puedes ir al espectáculo de luz de La Pedrera, cuyas *espanta bruixes* se iluminan en colores (p. 118). Para cenar es una buena opción El Nacional (p. 121), restaurante con varios espacios.

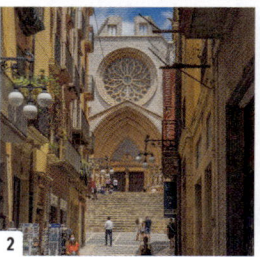

7 DÍAS
en el Mediterráneo

Día 1

Tu ruta empieza en la estación del passeig de Gràcia de Barcelona, donde debes tomar un tren a Sitges *(p. 169)*. Bordeando la costa llegas a esta encantadora ciudad a tiempo para dar un paseo y tomarte unas raciones con todo el sabor del Mediterráneo en Guria Taberna *(C/ Sant Pere 30; 935 16 96 85)*. Por la tarde puede subir a Sant Bartomeu i Santa Tecla y ver la gran colección de arte modernista del Museu Cau Ferrat. Un buen sitio para rematar el día es el Barrio Sur *(p. 169)*.

Día 2

A mediodía sale un tren a Tarragona *(p. 171)*, que fue capital de una provincia romana y está llena de impresionantes vestigios. Te conviene comprar una entrada conjunta para visitarlos todos, quizás con una pausa para comer en La Cuineta *(Nou Patriarca 2; 977 22 61 01)*. Luego puedes pasear por la muralla romana antes de hacer una pequeña pausa en el sombreado claustro de la catedral. Para cenar ve a probar la inimitable cocina catalana de Les Coques *(www.les-coques.com)*.

Día 3

Por la mañana tienes que tomar un tren a Peñíscola *(p. 201)*. Puedes ir en taxi al casco antiguo y dedicar un tiempo a curiosear en los puestos callejeros antes de visitar el castillo y gozar de un tranquilo almuerzo en Casa Jaime *(www.casajaimepeñiscola.com)*. Después te toca tomar otro tren con destino a Valencia *(p. 196)*, cuyos muros están cubiertos de arte callejero; una visita guiada te dará más información sobre los murales. Algunas obras aluden a Valencia como cuna de la paella: para degustar este emblemático plato puedes ir al restaurante Navarro *(p. 198)*.

Día 4

Esta jornada dedicada a conocer Valencia puede empezar con una visita a la catedral, cuyo campanario brinda vistas formidables. Luego hay que visitar el modernista mercado Central y echarle un ojo a sus productos frescos, antes de elegir uno de los numerosos bares de tapas del barrio del Carmen para comer. Para hacer la digestión, nada como un paseo por el

1 Sitges a la luz dorada del atardecer. ↑

2 Fachada de la catedral de Tarragona, del siglo XII.

3 Iluminación nocturna del teatro romano de Cartagena.

4 Exterior futurista de la Ciutat de les Arts i de les Ciències de Valencia.

5 Castillo de Peñíscola, en un promontorio rocoso.

6 Viandantes en la animada calle de la Trapería de Murcia.

renovado cauce del río Turia hasta la moderna Ciutat de les Arts i de les Ciències *(p. 199)*, que alberga un museo de ciencias interactivo. Para la cena puedes probar la fideuá del legendario restaurante La Pepica *(p. 198)*. Valencia es famosa por su vida nocturna y una buena opción para vivirla es la terraza L'Umbracle, en la Ciutat de les Arts i de les Ciències *(Https://cac.es)*, donde los valencianos toman copas bajo un dosel de palmeras.

Día 5

Empieza el día en tren con un entretenido trayecto entre colinas hasta Alicante *(p. 208)*, ciudad costera con una buena zona comercial, ambiente nocturno y una animada escena cultural. Puedes disfrutar de una comida mediterránea en La Ereta *(www.laereta.com)*, antes de subir al castillo de Santa Bárbara para gozar de las vistas y luego recorrer las calles del casco antiguo. Por la noche tienes que probar las tapas de La Taberna del Gourmet *(www. latabernadelgourmet.com)* y tomarle el pulso a la vida nocturna de la Costa Blanca en el animado 26 Cocktail Room *(p. 209)*.

Día 6

Te conviene llegar a Cartagena *(p. 213)* a tiempo para comer en El Barrio de San Roque *(www.elbarriodesanroque.com)*. Esta es una de las ciudades más antiguas de España y posee monumentos fenicios, romanos y árabes, como el impresionante teatro romano y el castillo de la Concepción, que alberga un museo y ofrece magníficas vistas. La jornada la puedes rematar muy bien con una cena en el restaurante Magoga *(www.restaurante magoga.com)*, en el casco antiguo.

Día 7

A una hora en tren se halla Murcia *(p. 210)*, dominada por una gran catedral gótica. Empieza probando la versión local de la pizza en Mano a Mano *(p. 211)* y luego haz una visita guiada al Real Casino. También te merece la pena ver los enormes pasos del Museo Salzillo, que recorren las calles de Murcia en Semana Santa. Este periplo mediterráneo puedes acabarlo tapeando en alguna de las bellas plazas de la ciudad, llenas de excelentes bares.

7 DÍAS
en el País Vasco

Día 1

Tu viaje empieza en la vanguardista ciudad de Bilbao *(p. 264)*. El espectacular Museo Guggenheim merece todo un día *(p. 266)*. Después de admirar las relucientes curvas del edificio de Frank Gehry te toca saludar a *Puppy*, la floreada mascota de Jeff Koons, situada a la entrada. Tras ver la colección, anímate a probar los mejores *pintxos* de la ciudad con Bilbao Food Tours *(www.bilbaofoodtours.com)*.

Día 2

Tienes que dedicar la mañana al otro gran museo artístico de Bilbao, el Museo de Bellas Artes *(p. 264)*, que posee obras del Greco, Goya y Sorolla. Desde aquí puedes subir en tranvía al mercado de la Ribera para comer en uno de sus bares *(p. 265)*. A 40 minutos en coche está la ciudad de Gernika-Lumo, bombardeada por órdenes del general Franco en 1937 *(p. 272)*. Tras visitar el conmovedor Museo de la Paz, no te puedes perder las carnes a la brasa del restaurante Víctor Montes *(www.victormontes.com)*.

Día 3

Es tu momento de explorar la espectacular costa vasca, con sus acantilados y sus bellas bahías *(p. 273)*. Debes parar en las encantadoras localidades de Lekeitio, Zumaia, Zarautz y Getaria. En cualquiera de ellas puedes comer buen pescado y marisco junto al mar; una buena opción es Bodega Katxiña, en Orio *(www.bodega katxina.com)*. Si eres muy enérgico puedes pasar la tarde aprendiendo a hacer surf en el North Shore Surf Camp de Zarautz *(www.northshorezarautz.com)*. Procura llegar a San Sebastián *(p. 268)* al anochecer para salir de *pintxos* por la calle del 31 de Agosto; no te saltes el restaurante Gandarias *(p. 271)*.

Día 4

Empieza el día recorriendo las callejuelas que rodean la magnífica basílica de Santa María *(p. 268)* antes de visitar el Museo de San Telmo *(p. 270)*, que ocupa un monasterio del siglo XVI y con algunas de las obras más impresionantes del País Vasco en su colección. Come en el Bodegón Alejandro *(www.bodegonalejandro.com)* y luego aní-

5

1 La enorme escultura *Mamá,* de Louise Bourgeois, en el Museo Guggenheim Bilbao.

2 Viñedos cercanos a la costa en el pueblo guipuzcoano de Getaria.

3 La bella playa de La Concha, en San Sebastián.

4 Santuario de Arantzazu, en lo alto de un monte rocoso.

5 Cena al aire libre en Vitoria.

mate a subir al monte Urgull *(p. 268)* para contemplar la playa de La Concha. Después puedes bajar a la playa y descansar en ella hasta que se oculte el sol tras las barcas fondeadas en la bahía. A la hora de cenar, si te sientes espléndido puedes tirar la casa por la ventana en uno de los restaurantes con estrellas Michelin de la ciudad; uno de ellos es Arzak *(p. 271)*.

Día 5

Desde San Sebastián, una carretera te lleva atravesando un verde paisaje hacia el cautivador santuario de Loyola *(p. 279)*. Este lujoso complejo del siglo XVIII se construyó en el lugar donde nació el fundador de la Compañía de Jesús, san Ignacio de Loyola, hacia 1490. Admira las pinturas de la cúpula y luego visita la pequeña ciudad universitaria de Oñate *(p. 275)* y tómate un almuerzo ligero en el Bizipoz Kafe *(Portu Kalea; 943 08 35 08)*. Por la tarde vale la pena que te desvíes para ver el santuario franciscano de Arantzazu de camino a Vitoria, la vibrante capital vasca, a 30 minutos en coche *(p. 276)*. La ciudad tiene numerosos restaurantes para cenar.

Día 6

Empieza tu jornada con un desayuno en la preciosa plaza de la Virgen Blanca. Después te toca visitar la más antigua de las dos catedrales de Vitoria, la de Santa María. Tras una comida tardía en El Clarete *(www. elclareterestaurante.com)* puedes visitar el Museo Fournier de Naipes de Álava. Entre su curiosa colección destaca una baraja de tarot diseñada por Salvador Dalí. El mejor plan para la noche es que salgas a potear (tomar vinos) por el casco antiguo.

Día 7

Termina el viaje en Bilbao, pero antes debes pasar por Haro *(p. 275)*, capital de La Rioja Alta, para curiosear en sus numerosas tiendas de vino y tomarte unos suculentos *pintxos* y tapas en el bar Benigno *(p. 275)*. Hasta la persona encargada de conducir tendrá su recompensa si se visita la bodega Marqués de Riscal *(p. 278)*, donde es posible bañarse en un barril o darse un tratamiento exfoliante con cabernet en el *spa*, en vez de catar los vinos. Ya en Bilbao, puedes culminar el viaje con una cena tradicional en Bikandi Etxea *(p. 265)*.

$\longrightarrow$

1 Faro de Castro Urdiales, en lo alto de un acantilado.

2 La extensa playa de El Sardinero, la más famosa de las que bordean Santander.

3 Visitantes en una de las cuevas del monte Castillo.

4 Teleférico de Fuente Dé, en el Parque Nacional de los Picos de Europa.

10 DÍAS
en el norte

Día 1

Da inicio a tu ruta en dos de las localidades costeras más bellas y populares de Cantabria, Castro Urdiales y Laredo *(p. 259)*. Tras darte un paseo por el puerto de Castro Urdiales, merece la pena que visites la iglesia gótica de Santa María. Cuando te entre el apetito puedes probar el marisco del restaurante La Arboleda *(calle Ardigales 48; 942 87 19 93)* y luego pasar la tarde en la magnífica playa de arena de Laredo. Aunque esta suele estar muy concurrida en verano, es fácil que encuentres hueco si te alejas un poco del centro. Después de tomar el sol y darte un baño puedes ir a ir a cenar a La Marina Company *(www.lamarinacompany.es)*.

Día 2

Tu siguiente escala es la capital cántabra, Santander *(p. 258)*, reconstruida por completo en la década de 1940 después de que un incendio destruyera su núcleo histórico. Esta evocadora ciudad portuaria tiene buenas marisquerías y preciosas playas. Vete a comer al restaurante Marucho *(www.maruchorestaurante.es)* y dedica la tarde a ver una de las exposiciones del Centro Botín y a visitar el Museo Marítimo, cuya colección incluye un gigantesco esqueleto de ballena. Para cenar puedes ir al restaurante Cañadío *(www.restaurante canadio.com)*, que sirve algunas de las mejores tapas de la ciudad.

Día 3

Al suroeste está Puente Viesgo, donde puedes visitar el complejo de cuevas del monte Castillo *(p. 258)*. No son tan conocidas como la de Altamira *(p. 257)*, pero también son impresionantes. A 30 minutos en coche se encuentra Santillana del Mar *(p. 258)*, que, a pesar de su nombre, no está en la costa. Se trata de una localidad bonita y muy bien conservada, con calles adoquinadas e interesantes iglesias, palacios y mansiones. No te pierdas la colegiata románica de Santa Juliana, cerca del centro de la ciudad. Los Blasones *(www. restaurantelosblasones.es)* y Casa Uzquiza *(Jesús Otero 5, 942 84 03 56)* son dos buenos sitios para comer o cenar.

Día 4

A una hora de carretera está el extraordinario pueblo de Potes *(p. 254)*, que merece que le dediques al menos un par de horas. Potes es también una puerta de entrada al deslumbrante Parque Nacional de los Picos de Europa *(p. 248)*. Aquí podrías pasar semanas, pero en un día puedes disfrutar de una fantástica ruta de senderismo (más información en la oficina de turismo), practicar escalada o simplemente comprar provisiones y organizar un pícnic en uno de los paisajes montañosos más espectaculares de España. De vuelta en el pueblo puedes cenar en Casa Cayo *(www.casacayo.com)*.

→

Día 5

Hacia el noroeste del parque nacional, ya en Asturias, se encuentra Covadonga, donde se halla la basílica del mismo nombre, lugar de peregrinación. Por la misma carretera, sinuosa y empinada, llegas a los lagos de Covadonga. Desandando el camino por la misma carretera puedes alcanzar en menos de media hora la antigua capital de Asturias, Cangas de Onís (p. 255), que goza de un espectacular entorno montañoso. Tras probar las tapas del Molín de la Pedrera (www.elmolindelapedrera.com) debes cruzar el puente románico para visitar la capilla del siglo VIII. Llegada la noche, encamínate a Arriondas y desvíate de la ruta para cenar en el restaurante Casa Marcial (www.casamarcial.com), cuya exquisita cocina regional ha sido reconocida con dos estrellas Michelin.

Día 6

La ruta te lleva rumbo al oeste hacia Gijón (p. 252), ciudad portuaria con un bello casco antiguo apiñado en un estrecho istmo. Puedes dedicar la mañana a ver una de las exposiciones temporales del palacio de Revillagigedo, sede de la Fundación Cajastur Liberbank. Si hace sol vale la pena que des un paseo por una de las playas de la ciudad; en torno a la de San Lorenzo hay bares de tapas. De vuelta al centro puedes dar un paseo por la muralla romana y visitar algún museo. Y para rematar el día, cena en La Galla Tasca Vegana (C/ Numa Guihou 20, 984 29 54 44), un restaurante que sirve deliciosos platos veganos.

Día 7

Ha llegado el turno de Oviedo (p. 252), edificada en torno a una bella catedral gótica. Tienes que visitar las tumbas reales y la capilla del siglo IX antes de comer en la Taberna Salcedo (www.tabernasalcedo.es). Oviedo es famosa por sus joyas culturales y las colinas que rodean la ciudad albergan iglesias prerrománicas. La mejor conservada es la de Santa María del Naranco, 3 km al noroeste del centro. No te pierdas la excepcional colección del Museo de Bellas Artes de Asturias, con obras del Greco, Goya y Dalí. Puedes terminar la jornada con una fabada en Casa Fermín (www.casafermin.com).

① Basílica de Santa María la Real de Covadonga.

② Surfistas en la playa de San Lorenzo, en Gijón.

③ Escalera de caracol del Museo do Pobo Galego, en Santiago de Compostela.

④ La bella localidad marinera de Cudillero, en la Costa Verde.

⑤ Puerta del Obispo Aguirre Izquierdo, en la muralla romana de Lugo.

⑥ *La Regenta,* escultura dedicada a la novela de Leopoldo Alas, en Oviedo.

Día 8

Tu ruta continúa hacia el oeste por la carretera que bordea la preciosa Costa Verde *(p. 250)*. Con sus acantilados y calas, sus colinas verdes y sus pintorescas aldeas, este es uno de los tramos de litoral más bellos e intactos de España. No pases por alto pueblos como Cudillero, donde puedes tapear en una de las terrazas de la plaza de la Marina; una de las mejores es la de Casa Julio, en el número 7 *(617 43 82 54)*. También vale la pena que des un paseo por el bonito puerto de Luarca y quizás acabes el día en Castropol, con una cena de marisco frente al mar en El Risón *(paseo del Muelle s/n, 985 63 50 65)*.

Día 9

Tras cruzar la frontera con Galicia tu primer destino es Lugo *(p. 240)*, fundada por los romanos y rodeada por una espectacular y extraordinariamente intacta muralla romana, a la que puedes subir para gozar de unas fabulosas vistas. Antes de llegar date un festín de cocina gallega en la encantadora Taberna do Labrego *(www.tabernadolabrego.com)*. Una vez dentro de la muralla va a descubrir un laberinto de callejuelas y bonitas plazas, perfecto para deambular antes de visitar la catedral románica. La guinda puede ser una cena en Terra Taberna do Miño *(www.tabernaterra.com)*.

Día 10

Tu viaje finaliza en la mágica ciudad de Santiago de Compostela, al igual que la famosa ruta de peregrinación del Camino de Santiago *(p. 226)*. Se trata de una encantadora urbe construida con piedra gris y dominada por una magnífica catedral donde descansan los supuestos restos del apóstol Santiago. Tras dedicar un buen rato al templo puedes ir a la zona del mercado de abastos para tomar un vino y unas gambas en cualquiera de los bares cercanos. Por la tarde visita el Museo do Pobo Galego, dedicado a la historia local. La sugerencia para la cena es que vayas a O Dezaseis *(www.dezaseis.com)*, donde nunca faltan los platos emblemáticos de la ciudad: pulpo y vieiras. ¿Vas a encontrar mejor manera de acabar un viaje por el norte que con un delicioso plato de marisco?

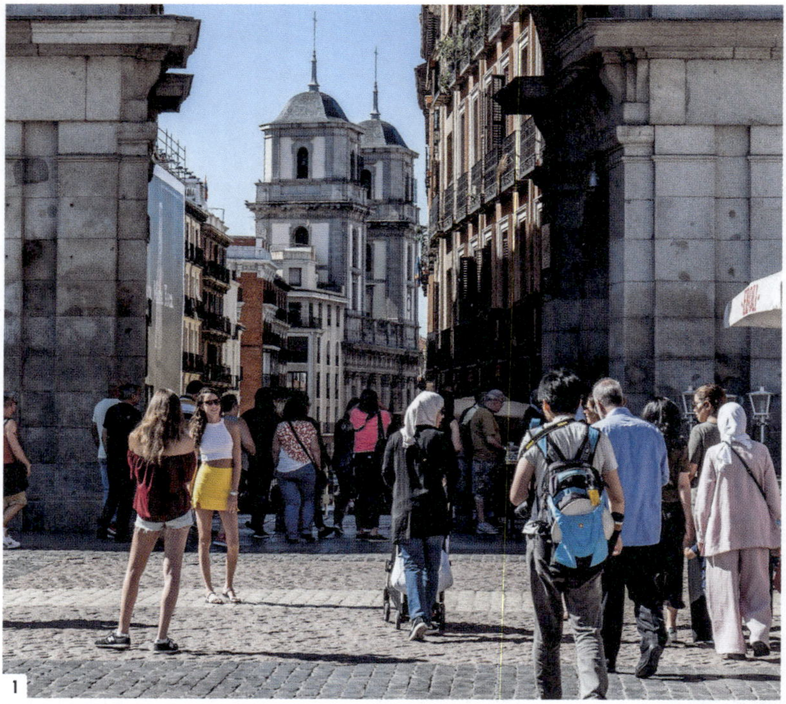

1

2

3

4

←

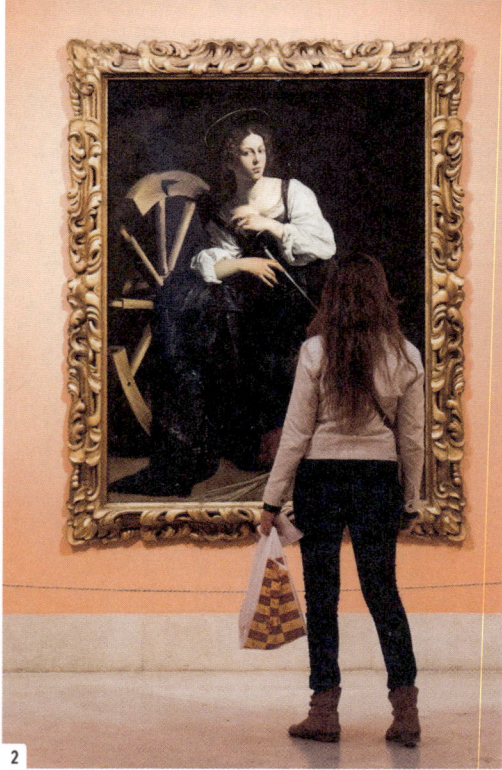

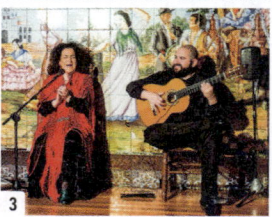

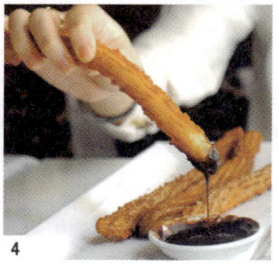

1 La concurrida plaza Mayor de Madrid.

2 *Santa Catalina de Alejandría,* obra de Caravaggio, en el Museo Thyssen-Bornemisza.

3 Espectáculo flamenco en el tablao 1911.

4 Chocolate con churros.

24 HORAS
en Madrid

Mañana

Nada te entona el cuerpo para un fin de semana en Madrid como un desayuno de chocolate con churros, y en ningún lugar lo sirven como en la Chocolatería San Ginés *(www.chocolateriasangines.com)*. No hay más que ver las fotos de sus clientes famosos en las paredes. Se encuentra a poca distancia de la grandiosa plaza Mayor *(p. 302)*, construida por los Habsburgo en el siglo XVII y escenario de muchas de las grandes celebraciones de la ciudad. Sal de la plaza por la elegante escalinata del arco de Cuchilleros, a la derecha se halla el mercado de San Miguel *(p. 306)*, un hermoso edificio centenario de hierro y acero que alberga restaurantes y puestos de comida para *gourmets*. Viendo las relucientes verduras y el pescado perfectamente fileteado, es raro que tu estómago no empiece a hacer ruido. En el extremo opuesto del mercado está la tranquila plaza del Conde de Miranda, donde puedes comprar dulces a través de un torno en la pared del convento de las Carboneras; son un buen recuerdo de Madrid. Volviendo por la plaza del Conde de Barajas te topas con Botín, el restaurante más antiguo del mundo, buen lugar para que pruebes el cochinillo asado en horno de leña *(p. 306)*.

Tarde

Elegir uno de los tres museos del Triángulo del Arte de Madrid es difícil, pero quizás el más completo sea el Thyssen-Bornemisza *(p. 320)*, ya que reúne obras maestras de casi todos los movimientos artísticos, desde los maestros flamencos hasta el constructivismo ruso. En su vasta colección hay cuadros del Greco, Edward Hopper, Salvador Dalí, Canaletto, Picasso y Gauguin. Después de tanto arte te puedes tomar unas cañas en la cercana plaza de Santa Ana, en el corazón del barrio de Huertas, famoso por su pasado literario y por su animado ambiente, que se mueve al compás del flamenco. Apúntate a una ruta guiada por las tiendas y tabernas relacionadas con este arte y luego asiste a un espectáculo.

Noche

En Huertas también abundan los restaurantes. Uno de los mejores es el acogedor TriCiclo *(www.restaurantetriciclo.com)*, donde puedes tomar unos exquisitos tentempiés antes de salir de copas por las cercanías. Si deseas apartarte de lo habitual puedes volver sobre tus pasos y, pasado el Museo Thyssen-Bornemisza, entrar al hotel NH Suecia por una entrada lateral, bajar unas escaleras, pasar unos aseos y llegar al Hemingway, un garito *art déco* abierto hasta muy tarde *(Marqués de Casa Riera 4; 91 051 35 92)*.

←

1 Vista de Sevilla a la luz dorada del atardecer.

2 Patio de las Doncellas, en el Real Alcázar.

3 Mujeres bailando en la plaza de España.

4 Café con terraza en la calle Sierpes.

2 DÍAS
en Sevilla

Día 1

Mañana Tienes que llegar temprano para evitar la cola de uno de los monumentos más reconocibles de Sevilla, la Giralda, campanario de la enorme catedral (*p. 452*). La tumba de Cristóbal Colón se encuentra dentro de la catedral junto con un gran número de obras de arte, pero lo más atractivo son las extraordinarias vistas desde lo alto de la torre. La cercana Bodega Santa Cruz (*Rodrigo Cano 1; 95 421 86 18*) es un buen sitio para tapear; no olvides probar la especialidad local: espinacas con garbanzos.

Tarde Para bajar la comida puedes dar un paseo por los jardines de Murillo y el parque de María Luisa (*p. 456*), parándote en uno de sus coloridos bancos a escuchar el rumor de las fuentes. Cerca está la antigua Real Fábrica de Tabacos (*p. 456*), donde trabajaba Carmen, el personaje de la ópera de Bizet; hoy alberga el rectorado de la Universidad de Sevilla. La ciudad aparece en muchas óperas y si estás interesado en este tema puedes hacer una visita guiada por una soprano –con acompañamiento musical– por los lugares que inspiraron a los compositores (*www.sevillaofficialtours.com*).

Noche Para rematar el recorrido por el legado musical sevillano tienes que ir al Tablao El Arenal, donde puedes degustar una buena cena al ritmo de los zapateaos y las falsetas de guitarra. El flamenco forma parte del alma de esta ciudad.

Día 2

Mañana Nada mejor para empezar el día que admirar la excelente colección del Museo de Bellas Artes (*p. 458*), donde está la *Virgen de la Servilleta*, una imagen de la Virgen y el Niño que, según se dice, Murillo pintó en una servilleta. Luego puedes ir a la calle Sierpes para ver las tiendas de mantillas y trajes flamencos (*p. 460*). Al otro lado del río está Triana, barrio obrero de la ciudad (*p. 466*). En su concurrido mercado se encuentran los mejores bares de tapas de Sevilla, que puedes descubrir en una ruta culinaria que empieza a las 12.30 (*www.azahar-sevilla.com*).

Tarde Pasa lo que queda de tarde en el barrio de Santa Cruz, un encantador laberinto de callejuelas bordeadas por casas encaladas con balcones llenos de geranios. A través de las cancelas de hierro forjado echa un ojo a los patios y jardines tan típicos de esta barriada. No dejes pasar la oportunidad de visitar el majestuoso patio y el jardín de la Casa de Pilatos (*p. 463*), un impresionante palacio perteneciente a la casa ducal de Medinaceli.

Noche Si deseas vivir una experiencia inolvidable puedes reservar una visita nocturna al suntuoso Real Alcázar (*p. 454*), con Fernando III, Isabel la Católica o Lope de Vega como guías. Tras conocer esta joya mudéjar únete a los lugareños bajo los jamones colgantes del café-bar Las Teresas (*www.lasteresas.es*).

←

1 Paseo en bicicleta junto al Guadalquivir, Sevilla.

2 Puente Nuevo, que une las dos partes de Ronda.

3 Casa decorada en el barrio del Albaicín de Granada.

4 Instalación artística en el centro de Málaga.

5 DÍAS
en Andalucía

Día 1

El legado andalusí es más patente en Granada *(p. 492)*. Tu ruta empieza en la vieja barriada árabe del Albaicín *(p. 498)*, cuyas callejuelas están llenas de tiendas de artesanía, casas de baños y cafés. Tras una parada para comer en Carmen Verde Luna *(www.carmenverdeluna.com)* debes rendir visita a las salas y los patios porticados de la Alhambra *(p. 494)* y los jardines del Generalife *(p. 496)*. Por la noche puedes asistir a una velada de flamenco en una de las cuevas del Sacromonte, donde se cree que nació este arte. Una de las mejores es la Zambra María la Canastera *(www.marialacanastera.com)*, donde actuaba la popular bailaora.

Día 2

A dos horas en coche de Granada está Córdoba *(p. 482)*. Si llegas con hambre, puedes ir directamente al Mercado Victoria, un centro gastronómico *(p. 483)*. El corazón de Córdoba es su mezquita *(p. 484)*, cuya sala hipóstila merece una visita detenida. Luego puedes dar un paseo por las callejuelas del antiguo barrio judío y visitar la sinagoga *(p. 482)*. Vale la pena observar su bello interior antes de buscar la estatua del filósofo Maimónides. El broche final de la jornada lo puedes poner con una cena en la biblioteca, el despacho o la sala de celebridades de las Bodegas Campos *(www.bodegascampos.com)*.

Día 3

Te conviene madrugar para explorar con tiempo la romántica ciudad de Sevilla *(p. 449)*, a 90 minutos en coche de Córdoba. Tras deambular por el evocador barrio de Santa Cruz *(p. 470)* puedes subir a la Giralda *(p. 452)*. Después de calmar tu apetito tomando unas tapas en Casa Plácido *(p. 459)*, tienes que dedicar un par de horas a visitar el deslumbrante Real Alcázar *(p. 454)*. De noche puedes cruzar el Guadalquivir para empaparte de flamenco en Triana *(p. 466)*.

Día 4

Mejor que llegues llegar temprano a Ronda *(p. 480)* para adelantarte a los autobuses turísticos. Esta bella ciudad se asienta a ambos lados de una profunda garganta. Destaca su excepcional plaza de toros, con una doble galería que se curva en torno al albero. Atrévete a cruzar el vertiginoso puente Nuevo para almorzar en Bardal *(www.restaurantebardal.com)*, en el casco antiguo. A 90 minutos en coche se encuentra Málaga, donde puedes visitar el Museo Picasso Málaga antes de recorrer los tradicionales bares de marisco *(p. 507)*. Una opción es El Tintero II, cuyos camareros pasean los platos para que puedas verlos y elegirlos.

Día 5

Tu última jornada empieza con una visita a la alcazaba de Málaga y un paseo por la cercana calle del Marqués de Larios. Luego puedes ir a la playa de Pedregalejo para comer en una de las marisquerías cercanas y echarte una siesta a la sombra. El Centre Pompidou Málaga abre hasta las 20.00, así que tienes tiempo para ver su colección de arte contemporáneo antes de que anochezca. Para redondear este viaje por tierras andaluzas, puedes ir a probar el cordero asado del restaurante Miguel *(www.restaurantemiguel.es)*.

Visitas guiadas

El visitante puede seguir los pasos de sus artistas favoritos o descubrir a otros gracias a las visitas guiadas. La oficina de turismo de Barcelona organiza una ruta picassiana a pie *(https://bcnshop. barcelonaturisme.com)* y Civitatis *(www.civitatis.com)* ofrece rutas guiadas por todas las zonas de interés de la ciudad, combinadas con visitas a monumentos y museos. También es posible visitar los museos y parques de Madrid de la mano de guías expertos con Tour Time *(www.tourtime.es)*.

$\longrightarrow$

Turistas y guía ante una muestra de arte callejero en Barcelona

ESPAÑA PARA LOS
AMANTES DEL ARTE

Como país natal de Picasso, Velázquez y Miró, España tiene motivos para alardear de patrimonio artístico. Sus obras maestras se muestran en espectaculares museos, pero el arte español no es cosa del pasado: la escena artística contemporánea está más animada que nunca.

Museos colosales

Tres de los mejores museos del mundo forman el Triángulo del Arte de Madrid: el Prado *(p. 316)*, el Thyssen-Bornemisza *(p. 320)* y el Reina Sofía *(p. 322)*. En el Prado destacan las obras de Velázquez y Goya, las pinturas impresionistas brillan en el Thyssen-Bornemisza y el *Guernica* de Picasso es el centro de atención en el Reina Sofía. Por su parte, Barcelona alberga el MNAC *(p. 133)* y Bilbao el magnífico Guggenheim *(p. 266)*.

↑ *La materia del tiempo*, de Richard Serra, en el Museo Guggenheim Bilbao

Museos al aire libre
El país está lleno de arte de dominio público, desde grafitis a esculturas al aire libre. No hay más que ver las obras del Niño de las Pinturas en Granada o las esculturas surrealistas de Miró. En Madrid es posible hacer rutas de arte urbano y talleres de grafiti con Cool Tour Spain *(www. cooltourspain.es)*. Barcelona Street Style Tour *(www.barcelona streetstyletour.com)* ofrece visitas guiadas y gratuitas a pie o en bicicleta y Free Tour Valencia *(www. freetour valencia.com)* muestra el arte urbano del barrio del Carmen.

← *Personnage gothique, oiseau éclair* (1976), en el jardín de la Fundació Pilar i Joan Miró

En casa del artista
Se pueden conocer aspectos interesantes de las vidas de los artistas visitando las que fueron sus casas. En la casa de Dalí en Cadaqués *(p. 166)* es fácil ver muchas de sus fuentes de inspiración. Goya nació en una casa de labor del siglo XVIII en Fuentetodos *(p. 189)* y la casa natal de Picasso en Málaga está a un tiro de piedra del maravilloso Museo Picasso Málaga *(p. 507)*.

→ El Museo Casa Natal Picasso, hogar del artista en Málaga

Adrenalina y aventura

Dado que España es uno de los países más montañosos de Europa, no es raro que mucha gente practique deportes como la escalada y el barranquismo. Andalucía Activa *(andalucia-ecoactiva. com)* organiza descenso de aguas bravas en lancha o kayak. Skydive Spain *(www.skydivespain.com)* está especializada en paracaidismo.

Descenso de aguas bravas en el río Noguera Pallaresa, en la provincia de Lérida

ESPAÑA Y LAS
ACTIVIDADES AL AIRE LIBRE

Con su espectacular litoral y sus magníficas montañas, España es el país perfecto para los aficionados a las actividades al aire libre. Buceo en el Mediterráneo, surf en las olas del Atlántico, esquí en Sierra Nevada, barranquismo en los Pirineos o senderismo en el Camino de Santiago. Las opciones son infinitas.

TOP 4 CONSEJOS ECOLÓGICOS

Permanecer en la senda
Mantenerse en las rutas marcadas para proteger ecosistemas delicados.

Proteger flora y fauna
Abstenerse de cortar flores y de llevarse a casa rocas o arena.

No dejar rastro
Evitar contaminar no dejando ni un solo resto abandonado.

Respetar a la fauna
Observar a los animales a distancia.

Haciendo camino

Desde los suaves caminos costeros a las remotas trochas de los Picos de Europa *(p. 248),* multitud de rutas espectaculares y bien señalizadas atraviesan España. El país cuenta con más de cien senderos de gran recorrido (GR). El impresionante GR-11 recorre los Pirineos de punta a punta, el GR-92 discurre por la costa de Cataluña y el GR-7 va desde Tarifa a Andorra. Y luego está, por supuesto, el Camino de Santiago *(p. 232).* Esta serpenteante ruta une los lugares de mayor relevancia religiosa del norte de España y termina en la imponente catedral de Santiago de Compostela *(p. 228).*

Caminando entre verdes prados por el Camino de Santiago

Pendientes nevadas

A muchos les sorprende que un país conocido por su clima cálido tenga tantas estaciones de esquí. La mayoría se encuentran en los Pirineos, entre ellas la exclusiva Baqueira-Beret *(p. 161)*, la familiar La Molina y la popular Formigal *(p. 182)*. Pero la estación más alta está en Andalucía, concretamente en Sierra Nevada *(p. 515)*, donde se puede esquiar por la mañana y darse un baño en el Mediterráneo por la tarde. Atudem dispone de una completa lista de estaciones *(www.atudem.es)*.

→

Un grupo de esquiadores en una de las pistas de Sierra Nevada

Surcando el mar

En un país bañado por el Mediterráneo y el Atlántico nunca faltan millas marinas para navegar a vela. Quienes busquen sensaciones más fuertes pueden desafiar a las olas del País Vasco. Para dar clases de surf se puede acudir a la Mundaka Surf Shop *(www.mundakasurfshop.com/surf-school)*.

←

Dominando las olas de Mundaka, en la costa vasca

El lado salvaje

Los parques nacionales y las reservas naturales albergan una variada fauna. El Parque Nacional de Doñana *(p. 476)* es el hogar del lince ibérico, los Pirineos y las montañas de Cantabria alojan al oso pardo y el Parque Nacional de Aigüestortes es el refugio del quebrantahuesos. Solo hay que salir de las zonas habitadas para toparse con todo tipo de criaturas de pluma y pelaje.

→

Un oso pardo entre los árboles de un bosque

Mercados

Cada vez es más cierto que para conocer la gastronomía de un lugar hay que ir al mercado. Algunos mercados de abastos tradicionales se han convertido en auténticos centros gastronómicos, llenos de tentadores puestos y bares. Entre los mejores están el mercado de San Miguel, en Madrid *(p. 306)*, y el de Colón, en Valencia *(www.mercadocolon.es)*.

←

Puesto de jamón en el mercado de San Miguel, en Madrid

ESPAÑA PARA
COMIDISTAS

El sabor salado de unas sardinas asadas, unas sabrosas tapas en una plaza con olor a jazmín, un menú de degustación en un restaurante con estrellas Michelin. España es un país para comérselo. Hay que entrar en sus seductores mercados, descubrir sus deliciosos platos regionales y aprender a cocinarlos.

Disfrute de los lujosos restaurantes de alta cocina de España.

Dani García
🅰C6 🅷Hotel Puente
Romano, Marbella
🆆grupodanigarcia.com

€€€

DiverXO
🅰C4 🅷NH
Eurobuilding, Madrid
🆆diverxo.com

€€€

Culler de Pau
🅰A2 🅷O Grove,
Pontevedra
🆆cullerdepau.com

€€€

Cursos de cocina

Además de degustar los mejores platos, ¿por qué no aprender a hacerlos? Gourmet Madrid *(www. gourmetmadrid.com)* da clases de cocina española, Cooking Area *(www. cookingarea.es)* ofrece cursos de tapas y otros en Barcelona y Cooking Olé *(www.cookingole.com)* enseña a preparar platos típicos en Sevilla.

→

Alumnos de un curso de cocina comprando en un mercado

Alta cocina

La escena gastronómica nacional es galáctica. Los restaurantes españoles han recibido ya más de 220 estrellas Michelin y todos los años aparecen situados en los primeros puestos de los mejores restaurantes del mundo.

En Cataluña empezó su carrera Ferran Adrià, gurú de la gastronomía molecular. Su influencia sigue presente en los menús de muchos lugares, especialmente en el País Vasco. Andoni Aduriz, alumno aventajado de Adrià, hace una interpretación vanguardista de la cocina tradicional vasca en Mugaritz *(www.mugaritz.com)*.

$\rightarrow$

Patio interior arbolado del restaurante El Celler de Can Roca

Pintxos

En las barras de los bares del País Vasco se amontonan los *pintxos*, rebanadas de pan cubiertas de los ingredientes más variados: tortilla, *foie gras*, pescado, pimientos rellenos, etc. Los *pintxos* son la versión vasca de las tapas, aunque se piden por separado de la bebida y suelen ser más grandes. En algunos bares alcanzan una extraordinaria sofisticación.

$\leftarrow$

Sofisticados *pintxos* de *mousse* y jamón ibérico

Platos regionales

Cualquier parte del país tiene sus sabores distintivos, desde los contundentes estofados de las sierras centrales hasta el marisco recién capturado de las costas. Si se viaja a Asturias hay que probar la fabada, en Andalucía hay que pedir pescaíto frito y en Menorca es obligatorio probar la caldereta de langosta. En Valencia sirven exquisitas paellas y en el País Vasco sabrosos *pintxos*.

$\rightarrow$

Ración de boquerones fritos con unas rodajas de limón

Para amantes de la arquitectura

Hay muchos más paisajes urbanos que el de la maravillosa Barcelona modernista *(p. 78)*. Salamanca *(p. 372)* está llena de bellos edificios renacentistas, incluidos los de una de las universidades más antiguas del mundo. El famoso Camino de Santiago culmina en la magnífica catedral de Santiago de Compostela *(p. 226)*. Las curvas de titanio del Museo Guggenheim Bilbao impresionan más si cabe que la vanguardista colección de arte que atesora *(p. 266)*. En el sur del país, las seductoras ciudades andaluzas de Córdoba *(p. 482)* y Granada *(p. 492)* albergan, respectivamente, la Mezquita y la Alhambra, testimonios de la maestría de los arquitectos andalusíes.

→

La barroca plaza Mayor de Salamanca, rodeada de elegantes soportales

ESPAÑA Y SUS
FASCINANTES
CIUDADES

Quizás Madrid y Barcelona sean las ciudades más visitadas de España, pero hay muchas otras que vale la pena conocer. Los *gourmets* deben visitar San Sebastián, los románticos tienen que ir a Sevilla y Córdoba, y la pequeña y elegante Girona es ideal para salirse de los destinos más trillados.

Para noctámbulos

En un país que cobra vida cuando se pone el sol, la oferta nocturna es un factor importante a la hora de elegir destino. Los entusiastas de las discotecas pueden ir a Marbella *(p. 504)* o Ibiza *(p. 544)*. Los aficionados al flamenco tienen que visitar las peñas de Sevilla *(p. 461)* o las cuevas de Granada *(p. 492)*. Valencia tiene una vida nocturna muy diversa, con bares de copas, fiestas de reggae y *jam sessions (p. 196)*.

←

Clientes esperando en el exterior de un restaurante en Marbella

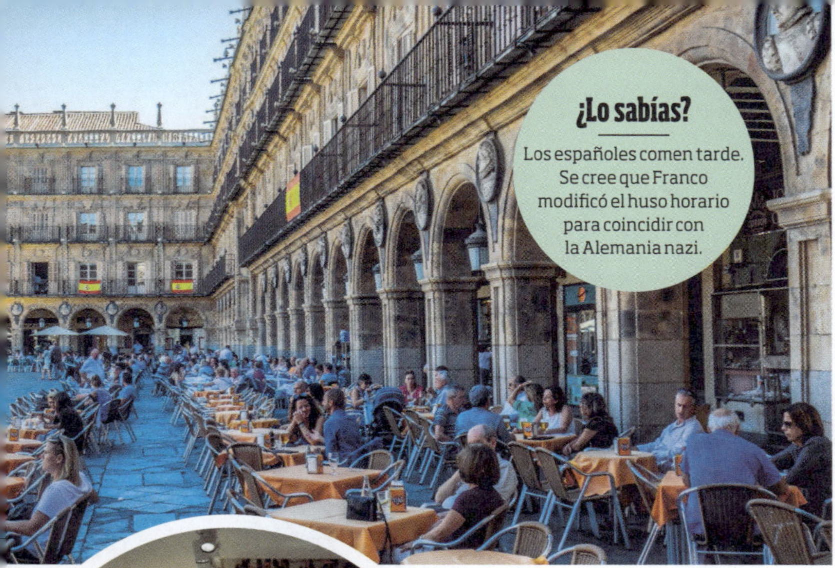

¿Lo sabías?

Los españoles comen tarde. Se cree que Franco modificó el huso horario para coincidir con la Alemania nazi.

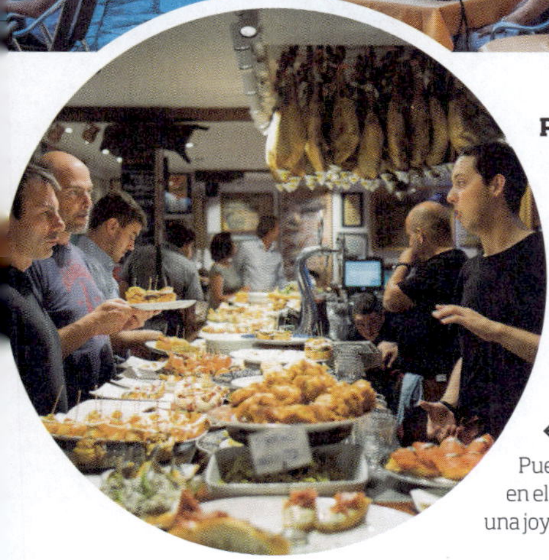

Para *gourmets*

Pocas ciudades españolas igualan a San Sebastián en lo culinario *(p. 268)*. Se recomienda hacer una ruta de *pintxos* con Mimo *(www.mimo.eus)* o comer en un restaurante con estrellas Michelin, como Arzak *(p. 271)*. Valencia, cuna de la paella, es otro buen destino *(p. 198)*. En Granada se puede salir de tapeo con Granada Selected Tours *(www.granadaselectedtours.com)*.

←

Puesto repleto de deliciosas tapas en el mercado Central de Valencia, una joya modernista.

Para ir de compras

En Madrid se puede salir a ver los escaparates de las exclusivas *boutiques* del barrio de Salamanca y rastrear las tiendas *vintage* de Malasaña en busca de gangas *(p. 342)*. En Barcelona también hay de todo, desde artículos chic para el hogar hasta bazares de segunda mano. En Palma *(p. 536)* hay productos *gourmet* y en Sevilla *(p. 449)* cerámica tradicional. Y no hay que olvidarse de Gijón *(p. 252)*, repleta de tiendas de moda.

→

La Manual Alpargatera, tienda de alpargatas en el Carrer d'Avinyó, en Barcelona

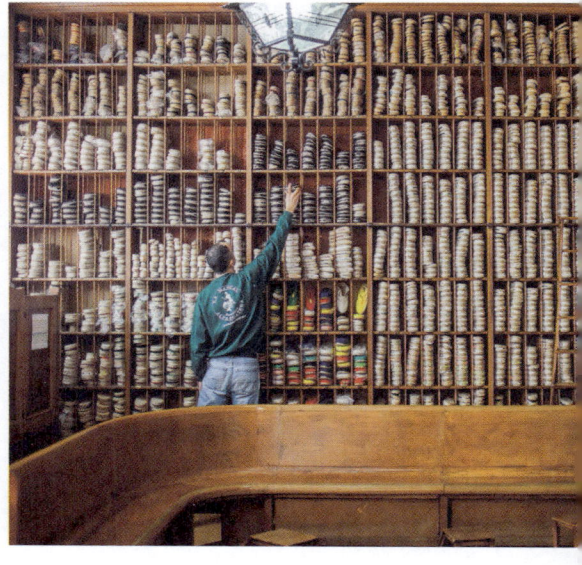

Famosas localizaciones

La fotogénica Barcelona *(p. 70)* ha sido escenario de muchos filmes y la oficina de turismo organiza rutas temáticas *(www. barcelonamovie.com)*. Almodóvar eligió la ciudad catalana como escenario de *Todo sobre mi madre* (1999), aunque Madrid *(p. 288)* es el marco de la mayoría de sus obras, como *Hable con ella* (2002). España ha aparecido en la pequeña pantalla en series como *Juego de tronos* (2011-2019): las Bardenas Reales *(p. 281)* fueron el Mar Dothraki y Girona *(p. 158)* fue Desembarco del Rey.

ESPAÑA COMO
INSPIRACIÓN

Con sus impresionantes paisajes y sus animadas ciudades, no es de extrañar que España haya inspirado y seducido a tantos escritores y directores de cine. Se pueden buscar grandes novelas en puestos callejeros y visitar los escenarios donde se rodaron películas míticas.

Se venden libros

Los puestos que ocupan el lateral de la madrileña calle de Claudio Moyano son como los *bouquinistes* de París. El lugar es perfecto para pasar una perezosa mañana de domingo hojeando libros nuevos y de segunda mano. Los más lectores también pueden visitar Barcelona el 23 de abril, día del santo patrón de la ciudad, Sant Jordi, que se celebra regalando libros y rosas. Se trata de una jornada festiva en la que los libreros y los floristas se disputan el espacio en la calle.

Puesto de libros en la festividad de Sant Jordi en Barcelona

TOP 4 PELÍCULAS RODADAS EN ESPAÑA

Por un puñado de dólares (1964)
Primer *spaghetti western* de Sergio Leone.

El laberinto del fauno (2006)
Película sobre la posguerra obra de Guillermo del Toro.

Vicky Cristina Barcelona (2008)
Comedia romántica dirigida por Woody Allen.

Exodus: dioses y reyes (2014)
Film bíblico de Ridley Scott rodado en las Canarias.

↑ Formación rocosa de las Bardenas Reales, escenario de *Juego de tronos*

El lejano oeste español

En el desierto almeriense de Tabernas *(p. 519)* se puede sacar al John Wayne que muchos llevan dentro. Los visitantes se visten de *cowboys,* presencian un duelo y se toman una copa en un salón con puertas batientes mientras descubren los escenarios de los *spaghetti westerns* de las décadas de 1960 y 1970. Los decorados empleados en *El bueno, el feo y el malo* (1966) y *Por un puñado de dólares* (1964) forman parte hoy de dos imaginativos parques temáticos: Oasys MiniHollywood y Fort Bravo *(p. 519).*

→

Oasys MiniHollywood, un parque temático en el desierto de Tabernas

Casas de escritores

La casa del dramaturgo Lope de Vega se encuentra en el barrio de las Letras de Madrid. Hoy es la Casa Museo Lope de Vega *(p. 331)* y está situada a poca distancia de la tumba de su archirrival, Miguel de Cervantes. Se puede visitar la residencia de este en Valladolid *(p. 392)* y el Museo Casa Natal de Cervantes en Alcalá de Henares *(p. 364).*

← Estatuas de don Quijote y Sancho Panza

Fiestas regionales

Las regiones españolas tienen sus propias tradiciones festivas. De febrero a principios de marzo, Tenerife celebra uno de los carnavales más coloridos de Europa, con música y baile por las calles, que solo encuentra rival en Cádiz y Sitges. También en marzo, Valencia celebra las Fallas, una fiesta con un componente pirotécnico muy importante y con la ciudad llena de gigantescas esculturas de cartón piedra destinadas a arder en la noche final para celebrar la llegada de la primavera. Más al sur, la Feria de Abril de Sevilla es una fiesta llena de vestidos de faralaes, de cante y baile por sevillanas y de fino en las casetas del recinto ferial.

Una espectacular falla en la fiesta más importante de Valencia ↑

ESPAÑA Y SUS
INCREÍBLES
FIESTAS

Ritmos contagiosos y atuendos deslumbrantes. Fiestas de la cosecha y batallas a tomatazos o disparando vino. Pirotecnia y desfiles llenos de color. Los españoles saben pasarlo bien honrando su patrimonio cultural.

Música sin freno

La escena musical española tiene algo para todo el mundo. Rock, pop, indie, música electrónica, rap y hip hop encuentran su espacio en el Primavera Sound (Barcelona y Madrid), MADCOOL en Madrid, Icónico en Sevilla y Bilbao BBK Live en Bilbao. Los amantes del jazz no pueden perderse el Jazzaldia en San Sebastián, mientras la que música clásica es protagonista en el Festival Internacional de Música y Danza de Granada, que a menudo usa como escenario espacios de la Alhambra *(p. 494)*.

Festival Primavera Sound en Barcelona ↑

Orgullo en todo el país

La fiesta del Orgullo se celebra en muchas ciudades españolas. En Maspalomas *(p. 574)*, Gran Canaria, las fiestas tienen lugar en mayo con desfiles, actuaciones y fiestas, pero también hay un Orgullo invernal en noviembre. En Madrid, MADO se celebra en junio, con música en directo, un gran desfile y una carrera de tacones, que los participantes completan con tacones de aguja. Barcelona, Sitges y Torremolinos destacan también por fiestas del Orgullo, que atraen visitantes de todo el mundo gracias a sus completos y divertidos programas.

← Multitudinario desfile del Orgullo en Madrid

TOP 3 FIESTAS RELIGIOSAS

Semana Santa
Los pasos salen en procesión en muchas ciudades españolas. Destacan sobre todo las de Castilla y León y Andalucía.

San Isidro
El 15 de mayo, la pradera de San Isidro se llena de romeros que celebran el día del patrón de la ciudad con música en directo, comida y bebida.

La Mercé
Torres humanas *(castells),* espectáculos de fuego y desfiles en honor a la Virgen hacen de estas fiestas las más sorprendentes de Barcelona.

CONSEJO DK
Ponerse a remojo

El participante en la Batalla del Vino de Haro solo necesita una pistola de agua para llenarla de vino, unas gafas protectoras, un pañuelo rojo y una camiseta blanca.

Explosión de color

Las fiestas en España a menudo conceden todo el protagonismo a la comida local. En octubre, el pueblo de Consuegra (Toledo) celebra la Fiesta de la Rosa del Azafrán -cuando se recoge la preciada especia- con bailes, comida regional y un torneo de recolecta. Otra opción es empaparse de vino de Rioja en la Batalla del Vino de Haro, a finales de junio, o ir a dar y recibir tomatazos a la Tomatina de Buñol (Valencia) en agosto.

↑ La encarnada Tomatina de Buñol

El momento del cóctel

Los maestros cocteleros se muestran en las ciudades más grandes. El Museo Chicote de Madrid sirve el famoso Chicote: vermú dulce, ginebra, curasao y Grand Marnier *(museochicote. com)*. Cerca está el Bar Cock *(www.cargocollective.com/ barcock)*, de estilo inglés y famoso en la Movida *(p. 342)*. En Barcelona destaca el *gin tonic* del XIX Bar *(www.xixbar.com)*.

←

Barman preparando una bebida en Boca Chica, un bar de copas de Barcelona

ESPAÑA Y SUS
BEBIDAS TÍPICAS

Los extraordinarios vinos españoles tienen fama mundial, sobre todo los de Rioja y Ribera del Duero, pero hay muchas otras bebidas que vale la pena probar. Se puede celebrar un acontecimiento con cava, saborear un brandi con cuerpo o catar las distintas variedades de jerez en tierras andaluzas.

Los vinos de Jerez

No hay nada como una copa de jerez frío en una sofocante noche de verano. Este vino no solo se produce en Jerez de la Frontera *(p. 503)*, sino también en Sanlúcar de Barrameda *(p. 502)* y en El Puerto de Santa María. En los tres municipios hay varias bodegas centenarias. Las más antiguas y grandes son las Bodegas Fundador, inauguradas en 1730 y conocidas como la Mezquita por sus arcos árabes. Organizan visitas guiadas en las que muestran cómo elaboran sus vinos y ofrecen comidas en las que cada plato se marida con un tipo de jerez *(bodegasfundador.site)*.

EL JEREZ MODERNO

En el siglo XVII, las ventas de jerez cayeron en picado por las guerras. Para salvar sus negocios, los productores añadieron nuevas variedades e implantaron el sistema de criaderas y soleras. Surgieron tres tipos de jerez: el oloroso (oscuro, con sabor a nuez), el fino (pálido y seco) y la manzanilla (muy seca, con un distintivo matiz salado).

Botas de jerez en las ↑
Bodegas Osborne, en
El Puerto de Santa María

País vinícola

España es el tercer productor de vino del mundo, con más de 400.000 hectáreas de viñedos. La región vinícola más famosa es La Rioja, donde hay bodegas tan impresionantes como Ysios, cuyo diseño ondulado imita a las colinas circundantes y a una hilera de barricas *(p. 278)*. Por su parte, la bodega Marqués de Riscal *(p. 278)* cuenta con un hotel que ofrece tratamientos de *spa* relacionados con el vino.

$\rightarrow$

Cosecha de uvas en un viñedo de Bargota, en Navarra

Con burbujas

En Cataluña se produce cava desde finales del siglo XIX, cuando las vides de uva tinta del Penedès fueron devastadas por una plaga de filoxera. Sant Sadurní d'Anoia es el núcleo de esta industria. Allí se encuentran bodegas como Castellroig y Codorníu *(p. 168)*, donde se puede pasear en bicicleta entre las vides.

$\leftarrow$

Brindis con cava en la bodega Castellroig

Cerveza artesanal

En el Eixample de Barcelona hay tantas cervecerías artesanales que ya es conocido como el Beerxample. Se recomienda el acogedor BierCaB *(biercab.com)*. En Valencia hay buenos establecimientos, como Olhöps *(www.beerhouse.olhops.com)*. Madrid también cuenta con lugares de calidad, por ejemplo Bee Beer *(www.beebeer.es)* o Chinaski Lavapiés *(www.chinaskilavapies.com)*, que sirve cerveza artesanal en su interior tecnicolor.

$\rightarrow$

Botellas de cerveza artesanal de la marca Dos Bous

Ciudades barrocas

El suntuoso Palacio Real de Madrid *(p. 298)* y el de La Granja de San Ildefonso *(p. 388)* ejemplifican el espectacular estilo barroco. Salamanca *(p. 372)* está llena de fastuosos edificios churriguerescos, la versión más ornada del barroco. Las construcciones de arenisca que rodean la magnífica plaza Mayor brillan al sol, de ahí que la ciudad castellana sea apodada la Dorada.

→

Cuidados jardines del palacio de La Granja de San Ildefonso

ESPAÑA Y LA
ARQUITECTURA

Viajando por España causa asombro la amplia gama de estilos arquitectónicos presentes en las construcciones del país. Desde las iglesias románicas de los Pirineos a las curvas de titanio del Museo Guggenheim Bilbao, los edificios españoles documentan la ilustre historia nacional.

TOP 3

EDIFICIOS ACTUALES

Museo Guggenheim Bilbao
La *flor de titanio* de Frank Gehry se terminó en 1997 *(p. 266)*.

Metropol Parasol o Setas de Sevilla
Esta estructura de madera diseñada por Jürgen Mayer en 2011 tiene seis pabellones fungiformes *(p. 464)*.

Ciutat de les Arts i de les Ciències, Valencia
Santiago Calatrava diseñó la futurista Ciudad de las Artes y las Ciencias, que alberga varias instituciones culturales *(p. 199)*.

El mágico modernismo

El *art nouveau* catalán dio forma al perfil urbano de Barcelona. La ciudad posee la mayor concentración de arquitectura modernista del mundo. Las construcciones de cuento de hadas de Gaudí son las más famosas, entre ellas la Casa Batlló *(p. 116)*, la Pedrera *(p. 118)* y la Sagrada Familia *(p. 110)*. Más maravillas modernistas en la página 78.

→

Tejado ondulado y patio interior de La Pedrera

El valle del románico

La arquitectura románica nació en Italia a finales del siglo X y se extendió con rapidez, primero por Francia y luego por España. Para ver algunos de sus ejemplos más destacados se puede ir al Vall de Boí *(p. 161)*. Las iglesias románicas de este valle poseen altos campanarios y están decoradas con excelentes reproducciones de los frescos originales. Estos se exponen en el Museu Nacional d'Art de Catalunya *(p. 133)*, en Barcelona.

→

Iglesia románica en el pueblo de Taüll, en el Vall de Boí

Esplendor gótico

Arbotantes, arcos apuntados y bóvedas de crucería caracterizan la arquitectura gótica. Buenos ejemplos son la catedral de Burgos *(p. 382)*, con sus llamativas agujas, y la de León *(p. 370)*, conocida como la Casa de la Luz por sus enormes ventanas. Las catedrales góticas de Girona *(p. 158)* y Sevilla *(p. 452)* son las más grandes.

←

La majestuosa catedral de León, ejemplo del estilo gótico

Maravillas árabes

La arquitectura árabe española, caracterizada por los arcos de herradura y los elaborados estucos, transporta a quien la contempla al mundo islámico. Para viajar entre continentes se pueden admirar los azulejos del Real Alcázar de Sevilla *(p. 454)*, pasear bajo los arcos rojos y blancos de la mezquita de Córdoba *(p. 484)* o entrar en las suntuosas salas de la Alhambra *(p. 494)*; visitar este monumento de noche, cuando la luna se refleja en sus estanques, es una experiencia inolvidable.

→

Arcos de herradura de la sala hipóstila de la mezquita de Córdoba

Tiros libres

En España, el baloncesto es casi tan popular como el fútbol. Entre los mejores clubes están el Real Madrid *(realmadrid.com/baloncesto)*, ganador de la Liga 2021-2022, el FC Barcelona *(fcbarcelona. es/es/baloncesto)* y el club Baskonia de Vitoria *(baskonia. com)*, que cuenta con una fiel y nutrida hinchada.

La jugadora española Laura Nicholls en la Copa del Mundo de Baloncesto de 2018

ESPAÑA Y EL
DEPORTE

El país de Nadal y Alonso ha dado incontables estrellas del deporte. Y no es de extrañar, ya que el clima acompaña y hay multitud de aficionados. De hecho, cada vez son más quienes aprovechan sus vacaciones para practicar deporte o asistir a espectáculos deportivos.

El Clásico

En España, nada -ni la cocina, ni la religión, ni la política- provoca tanta pasión como el fútbol. Esto se pone de manifiesto en el Clásico, cuando se enfrentan los dos equipos de fútbol más famosos del país: el Real Madrid *(realmadrid.com)* y el FC Barcelona *(p. 138)*. Ver uno de estos partidos en el estadio o en un bar atestado de aficionados es una experiencia inolvidable.

Jugadores del Real Madrid y el FC Barcelona disputando un clásico

Bola de partido

El legendario Rafael Nadal impulsó la popularidad del tenis en todo el país, y la afición continúa gracias a Carlos Alcaraz, a quien se puede ver en los torneos de Madrid o Barcelona. Y quien se sienta inspirado puede empuñar la raqueta y jugar en uno de los muchos clubes del país, como La Manga Club *(www. lamangaclub.com),* uno de los mejores *resorts* deportivos de Europa. Sus 28 pistas, que han albergado partidos de la Copa Davis, ofrecen un intensivo programa de entrenamiento. Para no perder nivel en vacaciones, las oficinas de turismo ofrecen información sobre las instalaciones locales.

$\rightarrow$

El tenista español Jaume Munar en acción durante el Open de Barcelona

Bajo par

España es el destino golfista más popular de Europa y alberga más de 500 campos. Entre ellos destacan el Real Club Valderrama *(www.valderrama.com),* La Reserva Club *(www.lareservaclubsotogrande.com),* el Real Club de Golf Las Brisas *(www.realclubdegolflasbrisas.com),* Son Gual *(www.son-gual.com)* y el Club de Golf Alcanada *(www.golf-alcanada.com).* Se puede intentar hacer par en cualquiera de ellos con Golf Breaks *(www.golfbreaks.com).*

$\leftarrow$

Green rodeado de palmeras en el Real Club de Golf Las Brisas, en Marbella

A pedales

La Vuelta es una de las tres grandes carreras por etapas de Europa y un gran espectáculo *(lavuelta.es).* Quien quiera emular a los ciclistas puede alquilar una bicicleta y afrontar la dura ascensión al puerto de montaña de Los Machucos, en Cantabria, de 921 m de altura y pendientes del 28 %.

$\rightarrow$

El pelotón atravesando Madrid durante una Vuelta a España

¿Lo sabías?

El Camp Nou, estadio del FC Barcelona, es, con sus 99.000 asientos, el de mayor capacidad de Europa.

Ostentación y glamur

Algunas playas españolas son conocidas por ser punto de encuentro de famosos. Junto a las playas de Marbella *(p. 504)* se suceden las discotecas y los chiringuitos. Cadaqués *(p. 166),* con sus galerías de arte y sus *boutiques,* es un destino muy popular. Sitges *(p. 169),* destino LGTBIQ+ por excelencia, está lleno de bares de copas dotados de tumbonas. Ibiza hierve en verano y las arenas de Formentera se han convertido en un oasis bohemio para los famosos *(p. 552).*

→

Descanso y relajación
de lujo en un club de playa de
la isla de Ibiza

ESPAÑA Y SUS
PLAYAS

Con 8.000 km de costa, España dispone de playas para todos los gustos. Tanto si se busca una interminable franja de arena dorada o una cala secreta para un paseo romántico al atardecer, como si se quiere ir de marcha o en familia, siempre es posible encontrar la playa perfecta.

Diversión en familia

Existen multitud de playas adecuadas para los niños en Mallorca, como la de Alcúdia *(p. 542),* en torno a una bahía amplia y poco profunda. Menorca *(p. 548)* posee playas de arena resguardadas en su costa sur y calas más inaccesibles en el norte, que son perfectas para ir en kayak. A los adolescentes les encanta hacer surf en la Costa Verde *(p. 250)* y kitesurf en Tarifa *(p. 503).*

De fiesta

Es difícil superar el ambiente de las playas de Ibiza, una de las islas más marchosas del mundo. Las fiestas no cesan en todo el verano en la Platja de Ses Salines *(p. 545),* repleta de discotecas y bares. Otra de las favoritas es la Platja d'en Bossa, cerca de la capital *(p. 544),* y Sant Antoni *(p. 546)* es otro gran centro de diversión. Quien prefiera combinar la fiesta con los atractivos de las grandes ciudades puede cambiar las Baleares por Barcelona *(p. 70),* Valencia *(p. 196)* o Málaga *(p. 507),* en cuyas playas no cesa la marcha durante los meses de verano.

← Fiesta en el Bora Bora Beach Club, en la Platja d'en Bossa de Ibiza

TOP 5 COSTAS ESPAÑOLAS

Costa Brava
Esta agreste costa alberga pequeñas calas y acantilados ocres cubiertos de pinos *(p. 172).*

Costa de la Luz
Esta costa andaluza reúne playas de arena y pequeños centros turísticos familiares *(p. 503).*

Costa del Sol
Muy concurrida, con mecas turísticas como Fuengirola y Marbella *(p. 522).*

Costa Verde
La cornisa cantábrica alberga preciosas playas bordeadas de acantilados *(p. 250).*

Costa Blanca
Este tramo de litoral posee interminables playas de arena, grandes centros turísticos como Alicante y pueblos más pequeños *(p. 214).*

Playas escondidas

Incluso en las costas más populares del país es posible encontrar algunas playas secretas. La agreste Costa Brava *(p. 172)* alberga diminutas calas, como Cala Estreta. En Menorca *(p. 548)* hay decenas de ensenadas apartadas, como Cala Turqueta y Cala Tortuga.

↑ Las paradisiacas aguas color turquesa de Cala Turqueta, en Menorca

↑ La amplia playa de arena de Port d'Alcúdia, en Mallorca

Discotecas

Si se piensa en vida nocturna, probablemente lo primero que viene a la cabeza es Ibiza. Durante los calurosos meses estivales, la isla atrae a miles de noctámbulos que bailan los últimos ritmos en Amnesia *(amnesia.es)* y Privilege *(www. privilegeibiza.com)*. En los meses de invierno, las discotecas de las grandes ciudades mantienen la atmósfera caliente.

Fabrik y Kapital *(www.grupo-kapital.com)* lideran la escena madrileña, mientras que Pacha *(www.pachabarcelona.es)* anima Barcelona. Pero la enorme oferta de ocio nocturno de Valencia las eclipsa a todas. Más información en la página 42.

→

Fiesta *flower power* en Pacha Ibiza y *(arriba)* el DJ David Guetta en acción

ESPAÑA
DE NOCHE

España es uno de los países del mundo que cuenta con una oferta más amplia y variada de planes nocturnos para todos los gustos. La noche puede comenzar saliendo de tapas, continuar bailando en una sesión de un DJ y terminar de madrugada en un *after hour.*

Flamenco

Encontrar buen flamenco no es tan fácil y algunos tablaos carecen de duende. Hay que evitar los locales turísticos e ir en Madrid al Corral de la Morería *(www.corraldela moreria.com)*, en Córdoba al Tablao Flamenco Cordobés *(tablaocordobes.es)* y en Sevilla al Tablao El Arenal *(tablaoelarenal.com)*. Entre las peñas de Jerez destaca La Bulería *(Empedrada 20; 856 05 37 72)*. ¿Y aprender flamenco? En el Museo del Baile Flamenco de Sevilla *(p. 460)* imparten clases.

←

Bailaores acompañados por un guitarrista en un espectáculo flamenco

Estos bares en azoteas
son ideales cuando el
calor aprieta.

El Sueño
🔲 G8 🏠 The Serras,
passeig de Colom 9,
Barcelona 🌐 hotel
theserrasbarcelona.com

Radio
🔲 D6 🏠 ME Madrid Reina
Victoria, plaza de Santa
Ana 14, Madrid
🌐 melia.com

The Cornerhouse
🔺 B6 🏠 Alameda de
Hércules 31, Sevilla
🌐 thecorner
housesevilla.com

💬 CONSEJO DK
**Abierto hasta
el amanecer**

Aunque muchos locales
cierran antes de las tres de
la madrugada, algunas
discotecas permanecen
abiertas hasta el amanecer.
En ciudades como Madrid,
Barcelona e Ibiza hay
locales que abren a primera
hora de la mañana.

En directo

España cuenta con una
amplia y variada oferta para
los amantes de la música.
Quienes frecuentan los
locales de jazz pueden pasar
una agradable velada en el
Café Central de Madrid
(cafecentralmadrid.com). Los
indies y los rockeros deben
pasarse por el Fun Club de
Sevilla *(funclubsevilla.com)*,
que acoge a las bandas más
prometedoras desde la
década de 1980. Y quien
desee asistir a un concierto
de música clásica en un marco
incomparable puede ir
al Palau de la Música
Catalana *(p. 88)*.

↑ Concierto de jazz
en el Café Central
de Madrid

Vacaciones activas

Tras pasar un curso entero en el colegio, los niños necesitan descargar energía. España está atravesada por 115 vías verdes, antiguas vías férreas convertidas en rutas para caminar y pedalear. El país también cuenta con 15 parques nacionales donde los pequeños pueden corretear libres y los mayores probar deportes de aventura como la escalada, el rafting y el barranquismo *(p. 38)*. En los meses fríos toca ir a los Pirineos o a Sierra Nevada para practicar deportes de invierno como el esquí, el snowboard y el senderismo con raquetas. En verano se pasa más tiempo en la playa, donde la oferta de actividades es muy amplia: piragüismo, kitesurf, buceo o vela *(p. 54)*.

Niños caminando por la sierra de Tramontana, en la isla de Mallorca

ESPAÑA EN
FAMILIA

Bonitas playas y extensas reservas naturales, actividades y deportes al aire libre, castillos y ruinas que inspiran a las mentes curiosas: hay multitud de motivos para moverse por España en familia.

Actividades para días lluviosos

Si la lluvia estropea el plan, la primera alternativa es visitar un museo. CaixaForum, presente en siete ciudades, incluida Barcelona *(p. 132)*, ofrece actividades como conciertos, talleres de pintura y sesiones de cine. Otra buena opción es asistir a clases de cocina para que los niños aprendan a hacer los sabrosos platos locales que están comiendo en su viaje. En Barcelona se puede ir a Barcelona Cooking *(barcelona cooking.net)* y en Sevilla se encuentra Cook Storming *(cookstorming.com)*.

Contemplando *La buenaventura* en el Museo Carmen Thyssen Málaga

Niños preparando una masa durante un curso de cocina familiar

Parques temáticos

A los amantes de las emociones fuertes les encanta PortAventura *(p. 170)*, que ofrece multitud de atracciones. La más rápida es el Dragon Khan, que alcanza los 110 km/h. Quien desee meterse en el ambiente de sus películas favoritas puede ir al Parque Warner, cerca de Madrid, donde los personajes cobran vida en imaginativas atracciones, como un paseo con Superman en el que es posible sentir que se está volando, o una casa encantada con Scooby Doo como compinche *(parquewarner.com)*. Hay más diversión para toda la familia en Terra Mítica, en Benidorm *(terramiticapark.com)*, o Isla Mágica, en Sevilla *(p. 467)*.

←

El Vuelo del Halcón, una de las atracciones de Isla Mágica

TOP 5	FIESTAS PARA IR EN FAMILIA

Cabalgata de los Reyes Magos
Los Reyes desfilan por ciudades y pueblos y lanzan dulces a los niños.

Carnaval
Se celebran desfiles, fiestas de disfraces y pasacalles

Sant Jordi
Los puestos de libros toman las calles y se organizan muchas actividades infantiles.

Fiesta de San Juan
La llegada del verano se celebra con hogueras y fuegos artificiales.

Las Fallas
Los gigantescos ninots arden el 19 de marzo en una de las fiestas más intensas y ruidosas del país.

UN AÑO EN
ESPAÑA

ENERO

Cabalgata de los Reyes Magos *(5 ene)*. Sus majestades lanzan dulces a los niños.

△ **Tamborrada** *(19-20 ene)*. San Sebastián retumba con los redobles de los tambores.

Festival Internacional de Música de Canarias *(ene-feb)*. Las islas se llenan de música clásica.

FEBRERO

ARCOmadrid *(feb-mar)*. Madrid acoge esta feria de arte contemporáneo.

△ **Carnaval** *(feb-mar)*. Muchas ciudades celebran coloridas fiestas. Las mejores son las de Cádiz.

Festival de Flamenco de Jerez *(feb-mar)*. Actuaciones, talleres e incluso bailes públicos masivos en Jerez de la Frontera.

MAYO

Feria del Caballo *(med may)*. Trajes tradicionales andaluces, vinos regionales y los mejores equinos en Jerez de la Frontera.

△ **WOMAD Cáceres** *(med may)*. Este importante festival internacional de músicas del mundo incluye conciertos gratuitos.

JUNIO

△ **Primavera Sound** *(principios jun)*. Barcelona acoge uno de los mayores festivales de música indie de Europa.

Fiesta de San Juan *(23 jun)*. Fiestas callejeras, hogueras y fuegos artificiales en muchas ciudades.

Festival Internacional de Música y Danza de Granada *(jun-jul)*. Música clásica y ballet en la Alhambra y el Generalife.

SEPTIEMBRE

Bienal de Flamenco *(sep, años pares)*. Los mejores artistas flamencos tocan, bailan y cantan en Sevilla.

Festival Internacional de Cine de San Sebastián *(med-finales sep)*. Cineastas, estrellas y público se dan cita en la ciudad vasca.

△ **Fiestas de la Merced** *(med-finales sep)*. *Castellers*, conciertos gratuitos y sardanas en Barcelona.

OCTUBRE

△ **Día de la Hispanidad** *(12 oct)*. La fiesta nacional de España señala el desembarco de Colón en América en 1492. Coincide con las Fiestas del Pilar en Zaragoza.

Fiestas de Santa Teresa *(15 oct)*. Desfiles de gigantes, conciertos y ferias en honor de la santa patrona de Ávila.

MARZO

Fiestas de la Magdalena *(med mar)*. Castellón de la Plana conmemora a su santa patrona.

△ **Fallas** *(15-19 mar)*. Los gigantescos *ninots* se exponen en las calles de Valencia antes de arder la noche del 19 de marzo. Las tracas y los fuegos artificiales no cesan en toda la semana.

Semana Santa *(mar-abr)*. En todo el país se celebran solemnes procesiones.

ABRIL

Moros y Cristianos *(21-24 abr)*. Esta colorida fiesta conmemora la victoria de las tropas cristianas sobre las musulmanas en 1276 en Alcoy.

Sant Jordi *(23 abr)*. En Barcelona se regalan libros y rosas para festejar el día de san Jorge, santo patrón de Cataluña.

△ **Feria de Abril** *(2 semanas después de Semana Santa)*. En la mayor de las ferias andaluzas corre el rebujito y, por supuesto, se bailan sevillanas.

JULIO

Festival de la Guitarra de Córdoba *(principios jul)*. La ciudad andaluza acoge conciertos variados, desde música clásica a flamenco.

△ **Sónar** *(med jul)*. Este festival de música electrónica y tecnología se celebra en Barcelona.

Festival Grec *(finales jul-ago)*. Grupos de teatro, música y danza nacionales e internacionales actúan en Barcelona.

AGOSTO

Copa del Rey de vela *(finales jul-principios ago)*. Las regatas, presididas por el rey Felipe VI, tienen lugar en Palma de Mallorca.

Semanas Grandes *(med ago)*. Las fiestas de Bilbao y San Sebastián se celebran con música, danza y deportes tradicionales vascos.

△ **Tomatina** *(finales ago)*. Los participantes de esta famosa fiesta, que se celebra en Buñol (Valencia), se lanzan toneladas de tomates.

NOVIEMBRE

△ **Todos los Santos** *(1 nov)*. Las familias visitan las tumbas de sus difuntos y las engalanan con arreglos florales.

Concurso Nacional de Arte Flamenco *(2 semanas med nov)*. Importante certamen de cante, baile y guitarra en Córdoba.

DICIEMBRE

Nochebuena *(24 dic)*. Las familias se reúnen para cenar y los creyentes católicos asisten después a la popular misa del Gallo.

Santos Inocentes *(28 dic)*. Es costumbre hacer bromas de todo tipo, incluso en los medios de comunicación.

△ **Nochevieja** *(31 dic)*. Los madrileños despiden el año en la Puerta del Sol con mucha juerga y unos espectaculares fuegos artificiales.

UN POCO DE
HISTORIA

Las luchas de poder han marcado la historia de España. Las sucesivas civilizaciones dominantes dejaron huellas como el acueducto de Segovia o la Alhambra. Aunque la dictadura franquista retrasó la llegada de la modernidad, la instauración de la Monarquía Parlamentaria, la transición y la integración en la Comunidad Europea consolidaron a España como un estado moderno europeo.

La España prehistórica

Los primeros humanos llegaron a la península ibérica hace unos 800.000 años a. C. Hacia el 5000 a. C. los cazadores-recolectores dieron paso a granjeros neolíticos. Luego llegaron comerciantes por el Mediterráneo, empezando por los fenicios en torno al 1100 a. C., cuando fundaron Cádiz. Unos 500 años después los griegos se asentaron en el noreste y los cartagineses llegaron al sureste en 228 a. C. En esta época los celtas se mezclaron con las tribus nativas, dando lugar a los celtíberos. Este crisol de culturas coexistió hasta la invasión romana.

¿Lo sabías?

El nombre romano Hispania significa 'la cercana Iberia'.

Cronología

800 000 a. C.

El homo erectus llega a la península ibérica.

5000 a. C.

Surge la agricultura en la península ibérica.

1100 a. C.

Los fenicios fundan lo que hoy es Cádiz.

218 a. C.

Estalla la II guerra púnica y Roma empieza a tomar el control de la península.

19 a. C.

Augusto consolida el control romano de lo que pasa a llamarse Hispania, acabando con 200 años de guerra.

Hispania

La población íbera luchó ferozmente contra los romanos, que tardaron 200 años en someter la península. Los nuevos conquistadores llamaron al territorio Hispania y lo dividieron en tres provincias: Tarraconensis, Lusitania y Baetica. Con el tiempo construyeron ciudades con las típicas infraestructuras romanas y en el año 74 el emperador Vespasiano otorgó a los hispanos el derecho a comerciar, viajar y votar. Tras siglos de prosperidad y desarrollo, la caída del Imperio romano en 476 dejó Hispania en manos de los visigodos, un pueblo germánico.

Al-Ándalus

Los árabes del norte de África y los *amazigh* (bereberes) se aprovecharon de la desorganización política de los visigodos en el 711 y conquistaron la península. En poco tiempo, al-Ándalus –como llamaron al nuevo territorio– llegó hasta el sur de la actual Francia. En los siguientes 700 años, los musulmanes hicieron grandes avances en las matemáticas, la agricultura, la ciencia, el arte y la arquitectura. En Córdoba se fundó un rico y poderoso califato y la ciudad se convirtió en el epicentro de esos avances.

1 Mapa que muestra los asentamientos romanos en la región de Cantabria.

2 Una de las pinturas rupestres de la cueva de Altamira.

3 El sol se eleva sobre el bello complejo árabe de la Alhambra.

4 Detalle de un pilar de los baños del alcázar califal de Córdoba.

415
Los visigodos establecen su corte en Barcelona.

74 d. C.
El emperador Vespasiano concede el estatus de latinas a las poblaciones hispanas, completando la asimilación del territorio al Imperio.

476
Cae el Imperio romano de Occidente, dejando Hispania bajo control visigodo.

711
Los musulmanes toman el control de la península Ibérica.

716
Primer uso registrado del nombre al-Ándalus en una moneda.

1

2

La Reconquista y la Inquisición

La Reconquista del territorio musulmán por parte de los cristianos empezó casi tan pronto como los árabes tomaron el control. Los cristianos ganaron su primera batalla en Covadonga en el 722, pero tardaron 700 años en ganar la guerra. Hacia el siglo XI, la península estaba dividida en dos: el norte cristiano –con los reinos de León, Castilla, Navarra y Aragón– y el sur musulmán. Cuando los cristianos tomaron Sevilla en 1248, Granada se convirtió en el último bastión árabe de al-Ándalus.

El matrimonio de Isabel I de Castilla y Fernando II de Aragón en 1469 selló la unión de dos reinos en asuntos diplomáticos y religiosos, y marcó el inicio de la unificación de los territorios ibéricos en lo que acabaría siendo España. En el nuevo reino, los Reyes Católicos, como empezaron a ser conocidos, promovieron la instauración de la Inquisición *(p. 304)*, que emprendió una brutal purga religiosa con el fin de extender el catolicismo y expulsar a los protestantes, judíos y musulmanes que coexistían en el país. En su reinado también se completó la Reconquista con la toma de Granada en 1492.

SANTIAGO

Santiago el Mayor, uno de los 12 apóstoles de Jesucristo, es el santo patrón de España. Se supone que sus restos están en la catedral de Santiago de Compostela. Cuenta la leyenda que el santo apareció milagrosamente para luchar contra los árabes en la batalla de Clavijo en el 844. Desde entonces fue conocido como Santiago Matamoros y se convirtió en un emblema de la Reconquista.

Cronología

1037
León y Castilla se unen por primera vez bajo Fernando I.

1094
El legendario Cid Campeador toma Valencia y su gesta inspira el *Cantar de Mío Cid.*

1143
Portugal se convierte en reino independiente.

1248
Los cristianos reconquistan Sevilla.

1469
El matrimonio de Fernando e Isabel une Castilla y Aragón.

3

4

5

La época de los descubrimientos

Hacia finales de 1492 Cristóbal Colón desembarcó en el Nuevo Mundo. Durante los años siguientes muchos conquistadores viajaron al centro y el sur de América, sometieron a las poblaciones indígenas y establecieron colonias para la Corona de España. Regresaban con nuevos productos como la patata, el maíz y el cacao, y muchos se hacían ricos. En el siglo XVI se extrajeron enormes cantidades de oro y plata de América y Carlos I, y luego su hijo Felipe II, usaron parte de esa riqueza para luchar contra el protestantismo en Europa. En 1588 Felipe II envió a la Grande y Felicísima Armada (la Armada Invencible) a destronar a Isabel I, monarca de la Inglaterra protestante.

La prosperidad también hizo que España viviera su Siglo de Oro, una época de gran brillantez artística con pintores como el Greco y Velázquez y escritores como Cervantes, Lope de Vega y Calderón de la Barca. Pero el trasfondo de este esplendor era el deterioro de la economía y las ruinosas guerras con los Países Bajos y Francia. España fue perdiendo influencia en Europa y los Habsburgo, la dinastía reinante, entró en una decadencia irreversible.

1 Alfonso II de Aragón y Alfonso VIII de Castilla en la conquista de Cuenca, en 1177.

2 Un hombre es torturado por la Inquisición.

3 Soneto escrito en el siglo XVI por el poeta Lope de Vega.

4 Oficiales de marina ingleses jugando a los bolos antes de enfrentarse a la Armada española.

5 Pintura de la Armada española.

1512
La anexión de Navarra lleva a la unificación de España.

1605
Miguel de Cervantes publica la primera parte del *Quijote*.

1648
Países Bajos logra la independencia de España por la Paz de Westfalia.

1540
Fray Bartolomé de las Casas denuncia en un libro el maltrato a los indígenas de América.

1492
Caída de Granada; Colón parte hacia el Nuevo Mundo.

El auge del republicanismo

Cuando Carlos II murió sin descendencia, los Habsburgo
y los Borbones lucharon por la Corona española. Vencieron los
segundos, pero Napoleón invadió el país en 1807 y estalló la
guerra de la independencia española, que se extendió hasta
1814. La paz duró poco y las guerras carlistas sacudieron el país
entre 1833 y 1876. En 1873 se proclamó la Primera República,
pero duró un año escaso. En 1874 se restauró la monarquía,
pero la corrupción alentó el anarquismo. El general Primo de
Rivera tomó el poder en 1923 y calmó la inestabilidad, pero
perdió el apoyo del rey y el Ejército en 1930 y dimitió. Tras un
referéndum, Alfonso XIII tuvo que abdicar y se proclamó la
Segunda República en 1931.

La España de Franco

La Segunda República implantó medidas progresistas, pero la
Confederación Española de Derechas Autónomas, una coalición
conservadora, ganó las elecciones de 1933. Los anarquistas y
los socialistas se alzaron en contra en 1934. En las elecciones de

1 Felipe V y su familia.

2 Atentado anarquista
en el Gran Teatre del Liceu
en 1893.

3 Proclamación de la
Segunda República.

4 Marcha del Día Interna-
cional de la Mujer en 2019.

¿Lo sabías?

A pesar de durar solo
un año, la Primera
República tuvo
cuatro presidentes.

Cronología

1700
Con la muerte de Carlos II
finaliza la dinastía Habsburgo
y sube al trono Felipe V, el
primer rey Borbón.

1833-1840
Primera guerra
carlista.

1873
Proclamación
de la Primera
República.

1931
Una coalición de socialistas
y republicanos proclama la
Segunda República.

1936
Parte del
Ejército se
levanta contra
el Gobierno
y estalla la
Guerra Civil.

1936 el Frente Popular, de izquierdas, ganó por un estrecho margen al Frente Nacional, de derechas. La tensión política llegó a un punto crítico, parte del ejército se sublevó y estalló la Guerra Civil. Los sublevados, liderados por el general Franco, se hicieron con el control de algunas partes del país, y con el apoyo de Hitler y Mussolini, tomaron la capital en 1939. Franco tomó el poder y España se convirtió en una dictadura gobernada por un único partido. Se reprimió toda diversidad cultural en un intento de homogeneizar el país. Se prohibió el uso del vasco, el catalán y el gallego.

La España actual

Franco nombró sucesor a Juan Carlos, nieto de Alfonso XIII. El nuevo rey heredó el poder absoluto del dictador, pero optó por no ejercerlo y adoptar el modelo de monarquía constitucional. Se devolvió una parte considerable del poder a las regiones. A día de hoy, España es una democracia moderna con óptimas relaciones con sus socios europeos.

↑ Cartel de propaganda franquista usado en la Guerra Civil

1975
Muerte de Franco y tercera restauración borbónica, con Juan Carlos I como rey.

1939
Francisco Franco proclama la victoria, toma el poder y empieza la dictadura.

1986
España ingresa en la Comunidad Europea (actual Unión Europea) y en la OTAN.

2014
Coronación de Felipe VI.

2019
El 8 de marzo, con motivo del Día Internacional de la Mujer, unos cinco millones de mujeres marchan por las calles.

EXPLORA

Paseo marítimo de Málaga

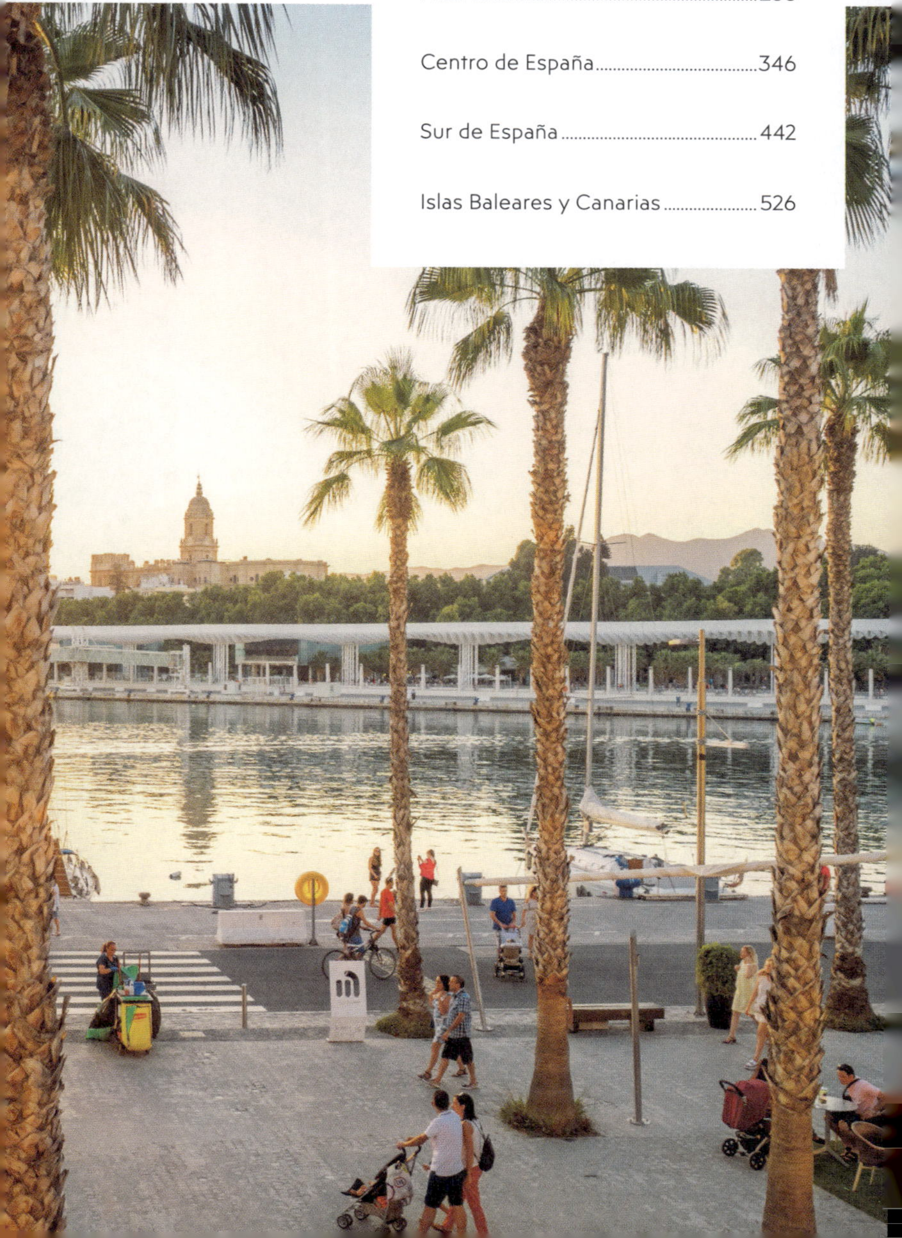

BARCELONA

Conductos de aire en el tejado de La Pedrera, obra de Gaudí

BARCELONA
EN EL MAPA

Esta guía divide Barcelona en tres zonas, como puede verse en el mapa, más otra zona fuera del centro. En las páginas siguientes se amplía la información de cada zona.

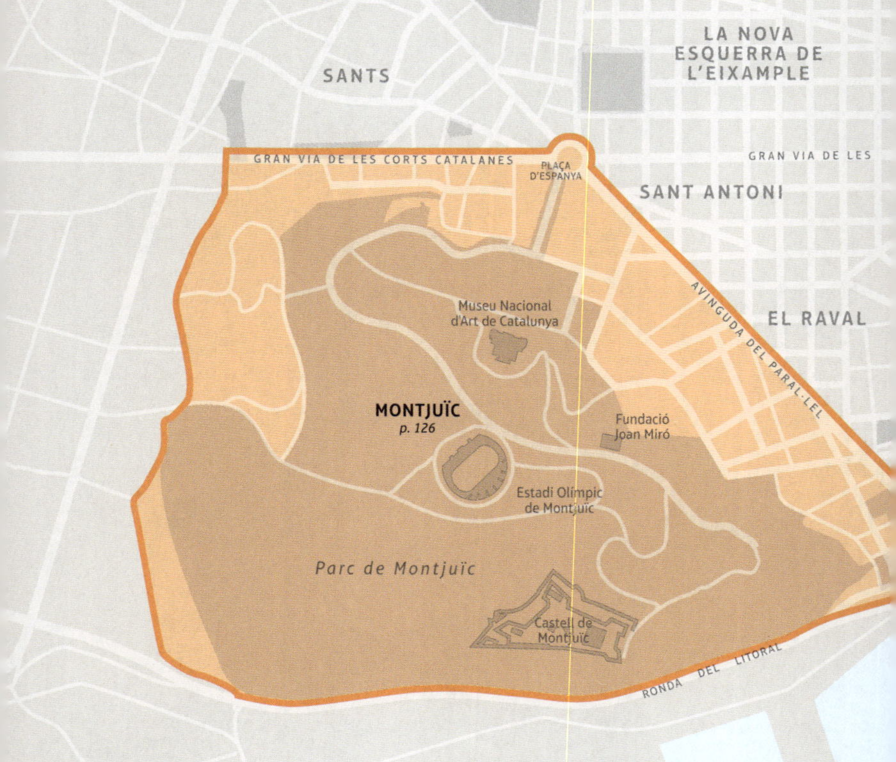

LA NOVA
ESQUERRA DE
L'EIXAMPLE

SANTS

GRAN VIA DE LES CORTS CATALANES

PLAÇA
D'ESPANYA

GRAN VIA DE LES

SANT ANTONI

Museu Nacional
d'Art de Catalunya

EL RAVAL

AVINGUDA DEL PARAL·LEL

MONTJUÏC
p. 126

Fundació
Joan Miró

Estadi Olímpic
de Montjuïc

Parc de Montjuïc

Castell de
Montjuïc

RONDA DEL LITORAL

ESPAÑA

GRÀCIA

TRAVESSERA DE GRACIA

AVINGUDA DIAGONAL

EIXAMPLE

EIXAMPLE
p. 106

RAMBLA DE CATALUNYA

PASSEIG DE GRACIA

Casa Batlló

PASSEIG DE SANT JOAN

Sagrada Familia

AVINGUDA DE GAUDÍ

AVINGUDA DIAGONAL

CORTS CATALANES

GRAN VIA DE LES CORTS CATALANES

PLAÇA DE LES GLÒRIES CATALANES

AVINGUDA MERIDIANA

PLAÇA DE CATALUNYA

RONDA DE SANT PERE

Arc de Triomf

EL CASCO ANTIGUO
p. 80

BARRI GÒTIC

LA RAMBLA

Catedral

Museu Picasso

El Born Centre de Cultura i Memòria

EL POBLENOU

LA RAMBLA

PLAÇA REIAL

LA RIBERA

Parc de la Ciutadella

PLAÇA D'ANTONI LOPEZ

Estació de França

Zoo de Barcelona

Museu Marítim y Drassanes

PLAÇA DEL PORTAL DE LA PAU

PORT VELL

Dàrsena Nacional

Marina Port Vell

PASSEIG JOAN DE BORBÓ

Parc de la Barceloneta

Port Olímpic

BARCELONETA

Platja de la Barceloneta

Platja de Sant Sebastià

Mar Mediterráneo

0 metros   500

N

CONOCIENDO
BARCELONA

Desde los edificios góticos del casco antiguo a las mansiones modernistas del Eixample, la animada playa de la Barceloneta o Montjuïc, la capital de Cataluña es la ciudad más dinámica y estilosa de España. Familiarizarse con cada zona ayuda a planificar la visita a esta polifacética metrópolis.

EL CASCO ANTIGUO

Este laberinto medieval de calles sinuosas y plazas secretas se extiende tierra adentro desde el puerto antiguo, el Port Vell. Es un lugar perfecto para pasear, buscar antigüedades o simplemente tomar un café en una terraza. Coronado por una enorme catedral gótica, el casco antiguo alberga muchos de los lugares más populares de Barcelona, como la Rambla. Este bulevar arbolado, bordeado de tiendas tentadoras, bonitos cafés y pequeños bares de tapas y frecuentado por barceloneses, turistas y artistas callejeros es el corazón de la ciudad.

Lo mejor
*Los edificios medievales
y los peculiares museos*

Qué ver
*Catedral, Rambla, Palau de la
Música Catalana, Museu Picasso,
Parc de la Ciutadella*

Experiencias
*Un paseo en barco frente
a la ciudad*

EIXAMPLE

PÁGINA 106

Trazado a finales del siglo XIX, después de la demolición de la muralla medieval, el Ensanche es una elegante cuadrícula de anchas avenidas bordeadas de bellas mansiones. El distrito alberga la mayor concentración de edificios modernistas del mundo, empezando por la Sagrada Familia, obra maestra de Gaudí. Dentro de algunos de esos fantásticos edificios se hallan las *boutiques* y los restaurantes más sofisticados de la ciudad. Hacia el final del Carrer de Casanova hay una zona conocida como Gaixample porque es el núcleo de la comunidad LGTBIQ+ de Barcelona, con librerías especializadas y discotecas chics.

Lo mejor
El modernismo y el ambiente LGTBIQ+

Qué ver
Sagrada Familia, Casa Batlló, La Pedrera

Experiencias
Un concierto veraniego de jazz en el tejado de La Pedrera

$\rightarrow$

MONTJUÏC

La ascensión a Montjuïc es gratificante por sí sola. Se puede subir caminando por parques frondosos, en un funicular o en el teleférico, viendo cómo va quedando abajo la ciudad. Pero estas vistas no son comparables con las que ofrece la cima de esta escarpada y tranquila colina, coronada por un castillo. Es el lugar perfecto para hacer un pícnic o pasear a la sombra de la imponente fortaleza. Y también para visitar museos: arte románico catalán, arqueología, arte contemporáneo e incluso la recreación de un pueblo español.

Lo mejor
Pasear y almorzar al aire libre

Qué ver
Espacios verdes

Experiencias
El fascinante espectáculo de agua, luz y música de la Font Mágica

FUERA DEL CENTRO

Antes de convertirse en barrios periféricos de Barcelona, las poblaciones aledañas a la ciudad tenían identidad propia. Muchas conservan su ambiente de pueblo y en ellas es fácil sentirse muy lejos de la cosmopolita capital catalana. Quienes se animen a salir del centro encontrarán multitud de lugares de interés, como el legendario Camp Nou –el mayor estadio de fútbol de Europa– y el extraordinario Park Güell de Gaudí. El monte Tibidabo, atravesado por múltiples senderos, alberga uno de los lugares menos conocidos de la zona: un evocador parque de atracciones.

Lo mejor
El fútbol y el parque del Tibidabo

Qué ver
Camp Nou, Park Güell

Experiencias
La paz y quietud del monasterio de Santa Maria de Pedralbes

El goticismo de Puig i Cadafalch

Con sus agujas neogóticas y sus esculturas, la arquitectura de Josep Puig y Cadafalch evoca los años de poder marítimo de la Cataluña medieval. Un ejemplo es la Casa Terrades, con tres afiladas torres *(p. 121)*. El arquitecto diseñó también la Casa Amatller *(p. 121)*, residencia del industrial chocolatero Antoni Amatller i Costa, a modo de palacio gótico, aunque el edificio está cubierto de esculturas de animales haciendo y comiendo chocolate. Se puede visitar el inmueble y subir la escalinata que lleva a los apartamentos privados de la familia antes de mojar unos *carquinyolis* (pastas con almendra) en una taza de chocolate caliente.

→

Robusto exterior de la Casa Terrades de Puig y Cadafalch, con sus altas torres

BARCELONA Y SUS
MARAVILLAS MODERNISTAS

El modernismo tuvo un gran desarrollo en Cataluña y transformó el perfil urbano de Barcelona entre finales del siglo XIX y principios del XX. Aunque Gaudí es su máximo exponente, Lluís Domènech i Montaner y Josep Puig i Cadafalch también dejaron su impronta en la ciudad.

El omnipresente Gaudí

Desde las enormes torres de la Sagrada Familia *(p. 110)* a los jardines del Park Güell *(p. 140)*, custodiados por dos pabellones de cuento de hadas, Gaudí está en cada rincón de Barcelona. Además de esas obras públicas de gran escala, diseñó multitud de imaginativas casas privadas para clientes ricos. Las formas de visitarlas son igual de ingeniosas: tomar un cava con la compañía de un cuarteto de cuerda en el tejado del Palau Güell *(p. 97)*, recorrer la Casa Batlló con una videoguía de realidad aumentada *(p. 116)* o unirse al propio Gaudí –o a la señora Ramoneta, la criada de la familia– en una visita teatralizada a La Pedrera *(p. 118)*.

→

Vista de la ciudad desde el colorido banco de *trencadís* del Park Güell

El impulsor del nuevo estilo

Lluís Domènech i Montaner está considerado el padre del modernismo. Diseñó dos de los edificios más fabulosos de Barcelona: el Palau de la Música Catalana *(p. 88)* y el Hospital de la Santa Creu i Sant Pau *(p. 120)*. Es posible hacer visitas guiadas a ambos edificios, pero asistir a un concierto bajo el lucernario de vidrio policromo del Palau de la Música Catalana o en el gran jardín de lo que ahora es el Recinte Modernista de Sant Pau es una experiencia inolvidable.

←

Esculturas de musas en una pared de mosaico del Palau de la Música Catalana

4 Gats

El bar favorito de Picasso tiene un gran comedor modernista.

📍 G6 🏠 Carrer de Montsió 🌐 4gats.com

London Bar

Bebidas y tapas bajo un enorme letrero interior.

📍 F7 🏠 Carrer Nou de la Rambla 34 🌐 london bar-bar.negocio.site

---

Café de l'Òpera

La antigua chocolatería La Mallorquina tiene una bonita decoración modernista.

📍 F7 🏠 La Rambla 74 🌐 cafeoperabcn.com

↑ Vidrieras en la puerta de entrada de la farmacia Bolòs

Ruta del modernismo

Además de las principales obras de los mejores arquitectos, esta ruta a pie autoguiada *(rutadelmodernisme.com)* incluye joyas ocultas del modernismo. Solo hay que comprar la guía en cualquier oficina de turismo de Barcelona y seguir las placas rojas por unos 120 edificios. Se puede curiosear en los estantes de madera de la Farmàcia Bolós *(Rambla de Catalunya 77)* después de fotografiar su puerta de vidrio policromo o admirar la Casa Martí antes de tomar un refrigerio en el restaurante 4 Gats. La compra de la guía da derecho a descuentos.

EL CASCO ANTIGUO

Barcelona nació en lo que hoy llamamos Ciutat Vella. En la prehistoria, los layetanos poblaban el área entre las desembocaduras de los ríos Besòs y Llobregat. Este fue el lugar elegido por los romanos hacia el siglo XV a. C. para fundar una nueva colonia: Barcino. Rodearon el asentamiento con una muralla defensiva cuyas ruinas aún se conservan. El foro, en la actual plaça de Sant Jaume, fue sustituido en 1596 por el Palau de la Generalitat, actual sede del Gobierno catalán, y por la Casa de la Ciutat, sede del ayuntamiento. Cerca está lo que queda del Palacio Real, del siglo XI, y la catedral gótica, dedicada a la primera patrona de la ciudad, santa Eulàlia.

El núcleo medieval prosperó gracias al comercio en el Mediterráneo y surgieron barrios como El Born y, más tarde, El Raval. En el siglo XVIII se desarrolló la Barceloneta como barrio pesquero. La muralla medieval que rodeaba la ciudad se demolió a mediados del siglo XIX con motivo de un proyecto de expansión urbana que incluyó la creación del vecino Ensanche (Eixample).

En la actualidad, el casco antiguo sigue siendo el corazón de la capital catalana y su principal arteria, la Rambla, es una de las calles más llenas de vida de Europa, frecuentada tanto por barceloneses como por turistas.

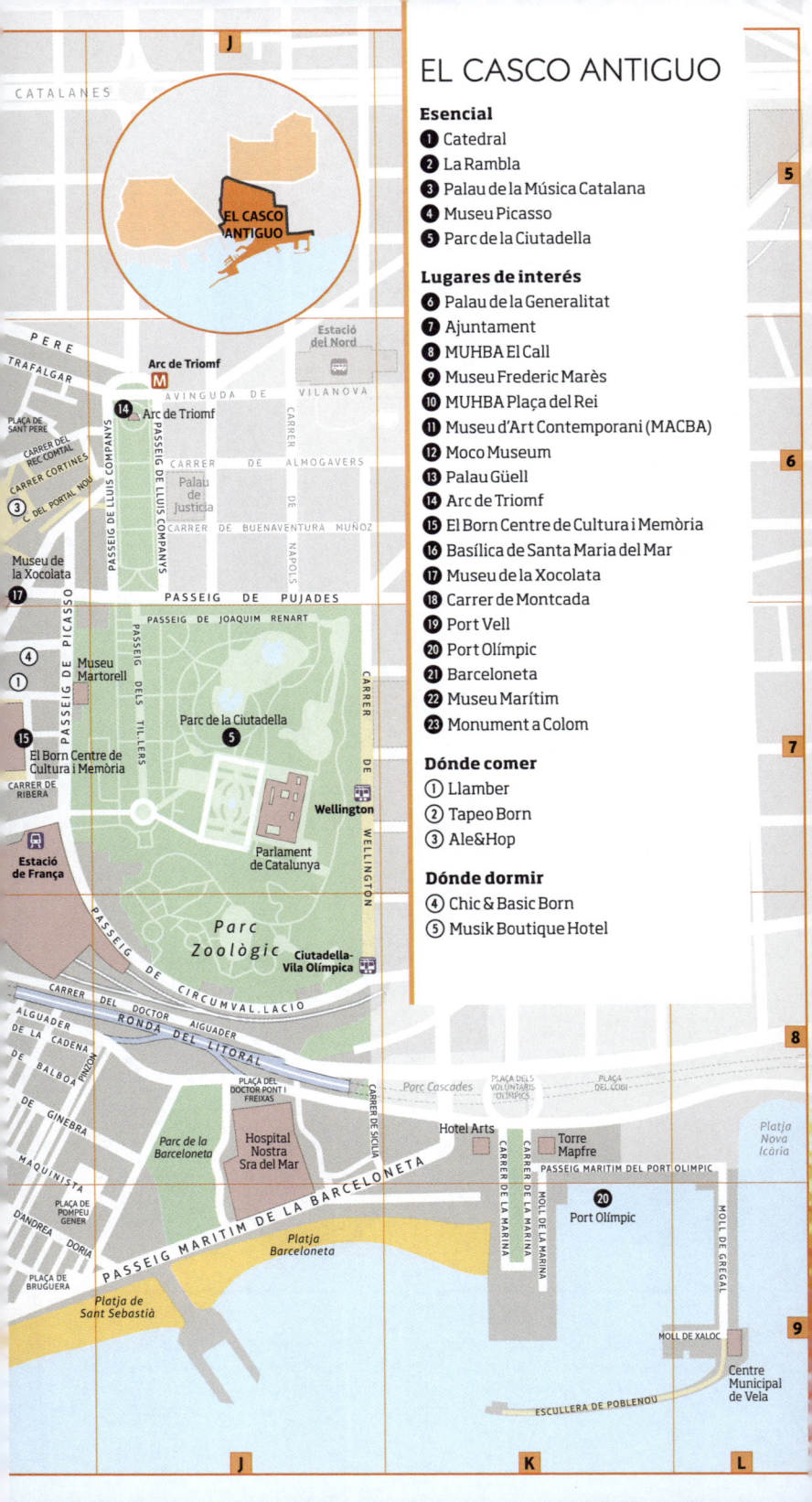

EL CASCO ANTIGUO

Esencial
1 Catedral
2 La Rambla
3 Palau de la Música Catalana
4 Museu Picasso
5 Parc de la Ciutadella

Lugares de interés
6 Palau de la Generalitat
7 Ajuntament
8 MUHBA El Call
9 Museu Frederic Marès
10 MUHBA Plaça del Rei
11 Museu d'Art Contemporani (MACBA)
12 Moco Museum
13 Palau Güell
14 Arc de Triomf
15 El Born Centre de Cultura i Memòria
16 Basílica de Santa Maria del Mar
17 Museu de la Xocolata
18 Carrer de Montcada
19 Port Vell
20 Port Olímpic
21 Barceloneta
22 Museu Marítim
23 Monument a Colom

Dónde comer
① Llamber
② Tapeo Born
③ Ale&Hop

Dónde dormir
④ Chic & Basic Born
⑤ Musik Boutique Hotel

CATEDRAL DE BARCELONA

📍 G6 🏠 Plaça de la Seu Ⓜ Jaume I 🚌 17, 19, 45 🕐 9.30-18.30 lu-vi (últ adm 17.45), 9.30-17.15 sá (últ adm 16.30), 14.00-17.00 do 🌐 catedralbcn.org

La catedral de Barcelona cautiva con su intrincada fachada ornamentada. Su nave central, cubierta por una bóveda de crucería que se eleva hacia el cielo, parece anclada en el tiempo.

Una de las pocas iglesias que sobrevivieron a la Guerra Civil, esta compacta catedral gótica se inició en 1298, reinando Jaime II de Aragón, aunque no se concluyó hasta principios del siglo XX por falta de fondos. Este paréntesis es el motivo de que la catedral de Barcelona tenga un aspecto diferente al del resto del barrio Gótico. La catedral está dedicada a santa Eulàlia, patrona de la ciudad, cuyo sarcófago de mármol se encuentra en la cripta. Vale la pena disfrutar con tranquilidad de su magnífico interior. Desde la terraza se tienen magníficas vistas y se pueden apreciar de cerca las sorprendentes gárgolas. Hay también un apacible claustro con una fuente y palmeras.

Las dos torres gemelas octogonales datan de 1386-1393.

El interior, de estilo gótico catalán, con una sola nave central, tiene 28 capillas laterales.

La bella sillería tallada del coro data del siglo XV.

Capella del Santíssim Sagrament

Cronología

877	1046-1058	1298	1889
▲ Los restos de santa Eulàlia se traen desde Santa Maria del Mar.	▲ Se construye una catedral románica; reina Ramón Berenguer I.	▲ Se inicia la construcción de la actual catedral gótica, que se consagra en 1339.	Remate de la fachada principal según los planos de 1408 de Carles Galtés.

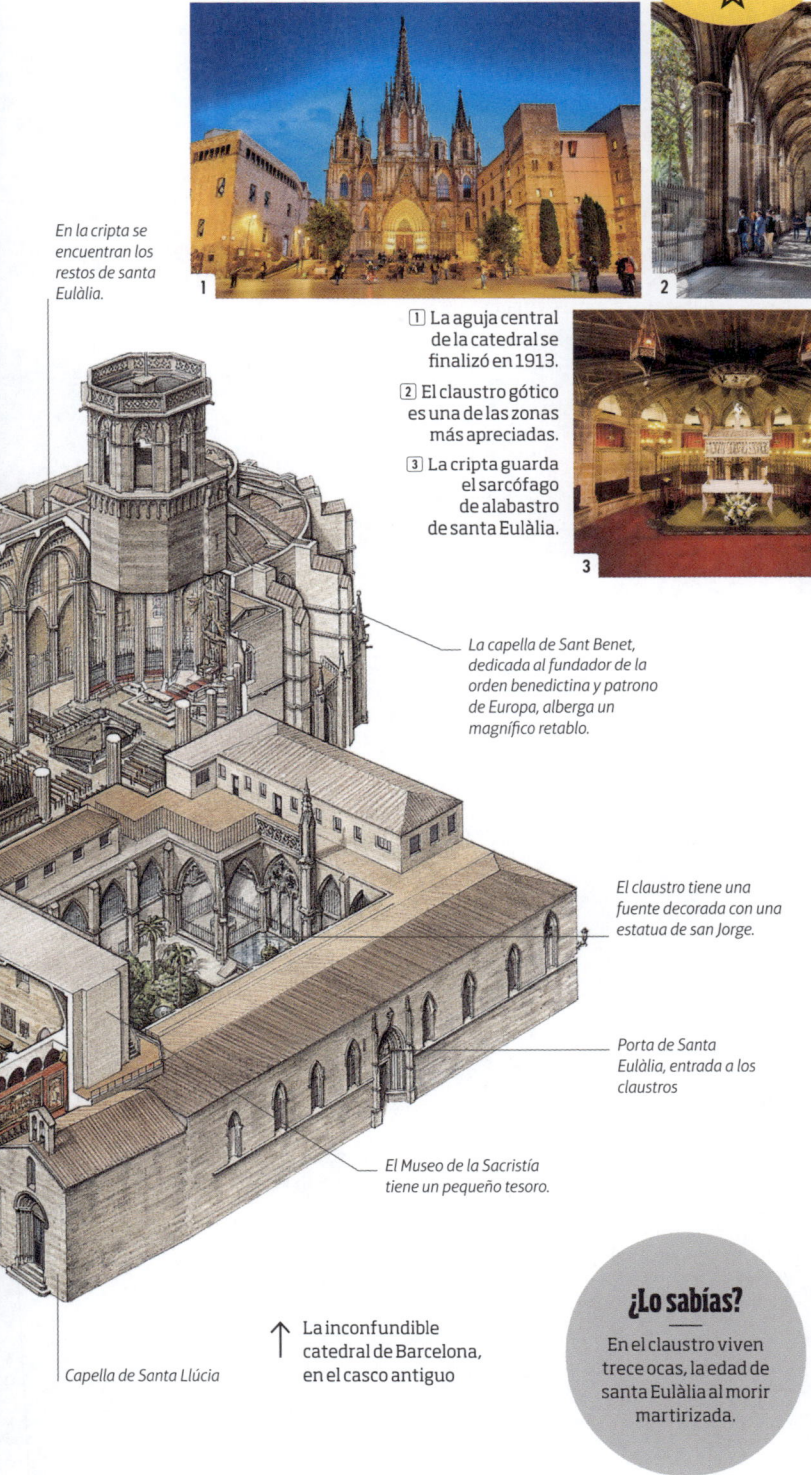

En la cripta se encuentran los restos de santa Eulàlia.

1

2

1 La aguja central de la catedral se finalizó en 1913.

2 El claustro gótico es una de las zonas más apreciadas.

3 La cripta guarda el sarcófago de alabastro de santa Eulàlia.

3

La capella de Sant Benet, dedicada al fundador de la orden benedictina y patrono de Europa, alberga un magnífico retablo.

El claustro tiene una fuente decorada con una estatua de san Jorge.

Porta de Santa Eulàlia, entrada a los claustros

El Museo de la Sacristía tiene un pequeño tesoro.

Capella de Santa Llúcia

↑ La inconfundible catedral de Barcelona, en el casco antiguo

¿Lo sabías?

En el claustro viven trece ocas, la edad de santa Eulàlia al morir martirizada.

2

LA RAMBLA

F7 **Drassanes, Liceu, Catalunya** **Catalunya**

La histórica avenida de La Rambla (Les Rambles) se extiende desde la plaça de Catalunya hasta Port Vell *(p. 102)*, dividiendo el casco antiguo por la mitad. Quioscos de prensa, puestos de pájaros y flores, lectores de tarot, músicos y mimos ocupan el ancho y arbolado paseo central a lo largo de todo el día, aunque es por la noche y los fines de semana cuando está más animado.

El nombre de esta larga avenida, conocida en catalán como Les Rambles, viene del término árabe *ramla* y alude al lecho seco de un riachuelo. La muralla del siglo XIII seguía la orilla izquierda del río, cuyo curso iba desde la sierra de Collserola hasta el mar. En el siglo XVI se levantaron en la orilla opuesta conventos, monasterios y la universidad. Con el tiempo se rellenó el cauce del río y se demolieron aquellos edificios, recordados en los nombres de las cinco ramblas que forman esta gran arteria.

La primera, Rambla de Canaletes, debe su nombre a su famosa fuente; la Rambla dels Estudis, sede de una universidad en el siglo XVI, hoy alberga el Palau Moja, centro de la cultura catalana con un salón de actos barroco que acoge exposiciones. Después se encuentra la Rambla de Sant Josep, donde un antiguo monasterio dedicado al santo fue derruido para abrir espacio al mercado de La Boquería –lugar donde se vende carne de cabrito *(boc)*–. Tampoco hay que perderse el Palau de la Virreina, con exposiciones gratuitas. Rambla des Caputxins y Rambla de Santa Mònica también hacen referencia a un monasterio y un convento desaparecidos.

→
Artista callejero con disfraz de monstruo dorado posando en La Rambla

Mercat de Sant Josep
En La Boquería, el mercado gastronómico más colorido de la ciudad, el Bar Quiosc Modern destaca por su marisco.

Plaça de la Boqueria do boqueria. barcelona

€€€

Rocambolesc
Los hermanos Roca, entre los mejores chefs del mundo, están detrás de los helados que se sirven aquí.

La Rambla 51-59
rocambolesc.com

€€€

↑ Animados puestos de comida en el interior de La Boquería

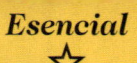
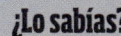

¿Lo sabías?
—

"La única calle de la
tierra que yo desearía
que no acabara nunca
es La Rambla",
dijo Federico García
Lorca.

↑ Paseo arbolado de
La Rambla, el
corazón de la ciudad

¿Lo sabías?

El Palau es la única sala de conciertos de Europa iluminada con luz natural.

3

PALAU DE LA MÚSICA CATALANA

📍H6 🏛Carrer Palau de la Música 4-6 Ⓜ Urquinaona 🕘9.30-15.30 todos los días
🌐palaumusica.cat

El palacio de la música representa un derroche modernista del azulejo, la escultura y las vidrieras. Diseñado por Lluís Domènech i Montaner (1850-1923), se terminó en 1908. Su elaborada fachada de ladrillo sorprende, pero lo que emociona es su auditorio principal.

El Palau de la Música Catalana se empezó a construir en 1891 como sede del Orfeó Català, una sociedad coral que jugó un importante papel en el movimiento cultural de la *Renaixença*. Su rica fachada está decorada con mosaicos de colores y presidida por un enorme grupo escultórico que representa a la "canción catalana" y a san Jorge, el patrón de Cataluña.

El auditorio principal es uno de los más hermosos del mundo, iluminado por una cúpula de cristal invertida con vidrieras de ángeles cantores. El arco del proscenio muestra esculturas de Wagner y Clavé y un friso de musas danzantes decora la base del escenario.

Se han añadido al conjunto una sala de conciertos subterránea y una plaza al aire libre para celebrar conciertos en verano, consolidando su reputación de templo de la música en Barcelona.

 LA MEJOR FOTO
Pilar de la cultura

Reservar una visita con antelación permite acceder a los palcos, desde donde se aprecia la magnífica vidriera que cubre el auditorio. Los pilares de mosaicos de colores también merecen un primer plano.

↑ La maravillosa sala de conciertos del Palau bajo una cúpula acristalada invertida

LA SARDANA

El baile nacional de Cataluña es más difícil de lo que aparenta. Su éxito depende de que se cuenten con precisión los complicados saltos de que consta, lo que explica la seriedad de los ejecutantes. La música la pone la *cobla,* una banda de once personas integrada por un director que toca una flauta de tres agujeros *(flabiol)* y un tamborcillo *(tabal),* cinco intérpretes de viento y otros cinco de metal. Cuando empieza la música, los bailarines juntan las manos y forman círculos. La sardana se baila en casi todas las fiestas locales y a veces el Palau de la Música ofrece actuaciones de esta danza.

→

La escultura del compositor Lluís Millet se alza junto al Palau

↑ Actuación en el Palau de la cantante de jazz Madeleine Peyroux

→

La ornamentada fachada del Palau al anochecer

¡Lo sabías?
El nombre completo de Picasso incluía los de varios santos y 23 palabras.

Visitantes en el patio interior del Museu Picasso ↑

4 (icons)

MUSEU PICASSO

📍 H7 🏛 Carrer Montcada 15–23 Ⓜ Jaume I 🕐 10.00-20.00 todos los días
(entrada libre 17.00-20.00 ju y primer do del mes) 🌐 museupicasso.bcn.cat

El Museu Picasso, uno de los grandes atractivos de Barcelona, ocupa varios palacios medievales anejos: Berenguer d'Aguilar, Baró de Castellet, Meca, Mauri y Finestres. La colección se centra sobre todo en las primeras obras de Picasso y muestra la evolución del joven pintor y la influencia en su trabajo de esta ciudad, en la que vivió varios años.

El núcleo de la colección del museo es la donación realizada en 1963 por el secretario y gran amigo del pintor Jaume Sabartés. Como Picasso había dicho públicamente que no pondría un pie en España mientras Franco viviera y ante el temor de que no se permitiese un museo con su nombre, durante muchos años se conoció como la colección Sabartés.

A la muerte de Jaume Sabartés, en 1968, el propio Picasso donó algunos cuadros más, entre ellos obras de juventud. A este legado se añadieron las obras gráficas que dejó en su testamento y 141 piezas de cerámica, regalo de su viuda Jacqueline.

El propio edificio del museo merece por sí solo la visita, con arquerías de piedra que conducen a agradables patios y escaleras muy bien conservadas.

El punto fuerte de las 4.200 piezas de la colección, que incluyen bocetos, pinturas, esculturas y cerámica, son sus primeras obras, que demuestran que ya con 15 y 16 años Picasso contaba con un talento portentoso, mientras sus obras del periodo azul reflejan la miseria y desesperanza de los mendigos y prostitutas que encontraba en sus recorridos por las calles de Barcelona. Sin embargo, la obra maestra de la colección es la extraordinaria serie de 58 pinturas en las que el artista reinterpreta *Las Meninas* de Velázquez (1656).

←

Fotografía de Picasso en sus últimos años

↑ Uno de los cuadros pertenecientes a la serie *Las Meninas* (1947)

PABLO PICASSO EN BARCELONA

Picasso (1881-1973) nació en Málaga y tenía casi 14 años cuando llegó a Barcelona. Aquí se matriculó en la Escuela de Bellas Artes y su precoz talento despuntó entre sus contemporáneos. Fue entre las prostitutas de la calle Avinyó donde halló inspiración para pintar *Las señoritas de Aviñón* (1906-1907). Con veintipocos años, Picasso salió de Barcelona y se instaló en París. Aunque al principio regresó en varias ocasiones, tras la Guerra Civil su oposición a Franco lo retuvo en Francia.

¿Lo sabías?

Siendo estudiante, Antoni Gaudí colaboró con Josep Fontseré en el arco triunfal de la Cascada.

⑤

PARC DE LA CIUTADELLA

📍 J7 🏛 **Passeig de Picasso 21** Ⓜ **Barceloneta, Ciutadella-Vila Olímpica, Arc de Triomf, Jaume I**

Con naranjos, palmeras y un lago para las barcas, este parque es el lugar ideal para escapar del bullicio de la ciudad. En tiempos de Felipe V albergó una fortaleza en forma de estrella, que se convertiría en prisión bajo las tropas napoleónicas. Tras ser demolida en 1878, pasó a ser un parque público.

Castell dels Tres Dragons

🕐 **Al público**
Ⓦ **museuciencies.cat**

A la entrada del Parc de la Ciutadella se halla el Castell dels Tres Dragons, que debe su nombre a una obra teatral de Frederic Soler. Este estupendo ejemplo de arquitectura modernista (*p. 78*), fue construido por Lluís Domènech i Montaner para la Exposición Universal de 1888 y su combinación de pilares de hierro con ladrillo rojo fue una innovación radical en su época.

Parte del Museu de Ciències Naturals, actualmente está cerrado al público por renovación.

Cascada

Situada en la esquina noroeste del parque, frente al lago, esta cascada fue la primera construcción del parque. Aunque su diseño inicial de 1881 era bastante sencillo, en 1888, con motivo de la Exposición Universal, se le añadió el arco triunfal, basado en la Fontana di Trevi de Roma. El arco está coronado por la figura mitológica romana de la Aurora conduciendo una cuadriga. Debajo se alza una estatua de Venus, diosa del amor, surgiendo de una concha con los brazos levantados y de la que mana el agua que cae sobre un montículo cubierto de musgo.

Centre Martorell d'Exposicions

📅 **Horarios varían, consultar web**
Ⓦ **museuciencies.cat**

Una de las sedes del Museu de Ciències Naturals, el Centro Martorell de Exposiciones se inauguró como Museu Martorell en 1882 y fue el primer edificio de Barcelona construido con el fin de albergar un museo.

Tras años de remodelación, reabre dedicado a las exposiciones temporales.

Parc de la Ciutadella

① Castell dels Tres Dragons

④ Hivernacle

③ Centre Martorell d'Exposicions

④ Umbracle

Jardins Fontseré i Mestré

② Cascada

⑤ Gran Lago

LA RIBERA

Passeig de Circumval·lacio

Estació de França

ZOO DE BARCELONA

Parlament de Catalunya

Plaça de Joan Fiveller

Wellington

Ciutadella-Vila Olímpica

Ciutadella-Vila Olímpica Ⓜ

CARRER DEL DOCTOR ALGUADER

RONDA DEL LITORAL

0 metros — 200

N

↑ Ciclistas tomándose un respiro frente al arco que corona la Cascada

④

Hivernacle y Umbracle

Junto al Centro Martorell se hallan el invernadero y el umbráculo, ambos diseñados en 1884 para la Exposición Universal de 1888. El invernadero está decorado con motivos en forja de palmeras y otras plantas. El umbráculo se diseñó para albergar las plantas más delicadas. Ambos estaban deteriorados y se ha renovado totalmente el invernadero; la renovación del umbráculo está prevista para 2026.

⑤

Gran Lago

Aunque no resulta tan espectacular como la cascada, este lago es otro de los elementos emblemáticos del parque. Bordeado de palmeras y sauces que caen directamente sobre el agua, es un remanso de tranquilidad, solo interrumpida por las barcas verdes.

 TOP 3 ACTIVIDADES EN EL PARQUE

Montar en barca
Nada mejor que subirse a un bote y remar por el lago en un día soleado. Especialmente popular las tardes del domingo, es recomendable llegar pronto.

Bicicleta
Happy Rental Bike alquila bicicletas para recorrer el parque (*www.happy rentalbike.com*).

Bailes
Los domingos por la tarde se puede ver a grupos bailando en el quiosco.

← Disfrutando de un día soleado junto a la orilla del lago

LUGARES DE INTERÉS

6

Palau de la Generalitat

📍G7 🏛️Plaça de Sant Jaume 4 Ⓜ️Jaume I ⏱️2º y 4º sá-do del mes: 10.00-13.30; 23 abr, 11 y 24 sep: 10.00-20.00 (se exige DNI o pasaporte)
🌐president.cat

Desde principios del siglo XV el Palau es la sede del Gobierno catalán. Sobre la entrada, en la fachada renacentista, hay una estatua de Sant Jordi –patrón de Cataluña– y el dragón.

En el interior se halla la capilla gótica de Sant Jordi, diseñada por Marc Safont, y el italianizante Saló de Sant Jordi, de Pere Blai. No hay que perderse el Pati dels Tarongers (patio de los Naranjos), de Pau Mateu, con un campanario construido por Pere Ferrer en 1568.

El presidente de Cataluña despacha aquí y en la Casa dels Canonges, su residencia oficial, ya que los edificios están unidos en la calle del Bisbe por un puente de 1928 inspirado en el de los Suspiros de Venecia.

7

Ajuntament

📍G7 🏛️Plaça de Sant Jaume 1 Ⓜ️Jaume I, Liceu ⏱️10.00-13.00 do y festivos; 10.00-20.00 2º sá de feb, 23 abr y 30 may; o previa cita
🌐ajuntament.barcelona.cat

El ayuntamiento de la ciudad, del siglo XIV, mira al Palau de la Generalitat desde el otro lado de la plaça de Sant Jaume. La entrada está flanqueada por estatuas de Jaime I, que en 1249 concedió fuero a la ciudad para elegir concejales, y Joan Fiveller, que a comienzos del siglo XVI gravó con impuestos a los miembros de la corte.

Dentro se halla el enorme Saló de Cent, del siglo XIV, construido para los cien concejales de la ciudad. El Saló de les Cròniques, en la primera planta, fue encargado para la Exposición Universal de 1929 y decorado por Josep Maria Sert con murales alusivos a la historia catalana.

8

MUHBA El Call

📍G7 🏛️Placeta de Manuel Ribé s/n Ⓜ️Jaume I, Liceu ⏱️11.00-14.00 mi, 11.00-15.00 y 16.00-19.00 sá y do
🌐barcelona.cat/museu historia/en/heritages/els-espais-del-muhba/muhba-el-call

Una de las sedes del Museu d'Història de Barcelona, este centro de información ocupa un edificio moderno

LA COMUNIDAD JUDÍA DE BARCELONA

Entre los siglos XI y XIII, los judíos dominaron el comercio y la cultura de Barcelona; pero en 1243, una violenta corriente antisemita los confinó en El Call. El monarca los cargó de impuestos, pero a la vez les otorgó privilegios, como el manejo del lucrativo comercio de Cataluña con el norte de África. Sin embargo, en 1401, Martín I ordenó la desaparición del gueto y la población tuvo que huir.

La magnífica capilla de Sant Jordi, en el Palau de la Generalitat

← El MUHBA Plaça del Rei en una de las plazas más antiguas de Barcelona

construido sobre lo que fue la casa medieval de Yusef Bonhiac, un tejedor judío. Los paneles de información táctiles y las exposiciones ofrecen una panorámica excelente del Call (el antiguo barrio judío) y de la vida de sus habitantes.

Museu Frederic Marès

📍G6 **🏠Plaça de Sant Iu 5** **Ⓜ Jaume I** **🕙10.00-19.00 ma-sá, 11.00-20.00 do y festivos** **🌐barcelona.cat/ museufredericmares**

El escultor Frederic Marès i Deulovol (1893-1991) fue viajero y coleccionista, y este museo es un monumento a sus variados gustos. Parte del Palacio Real fue utilizado por dignatarios hasta que Marès ocupó un apartamento de las dependencias.

Inaugurado por el escultor en 1948, el museo cuenta con una valiosa colección de arte religioso de época románica y gótica. En la planta baja y en la primera planta hay esculturas en piedra, mientras que las tres plantas superiores albergan desde relojes y cámaras antiguas a pipas y postales.

MUHBA Plaça del Rei

📍G6 **🏠Plaça del Rei** **Ⓜ Jaume I** **🕙10.00-19.00 ma-sá, 10.00-20.00 do** **🚫1 ene, 1 may, 24 jun, 25 dic** **🌐barcelona.cat/ museuhistoria/en/ heritages/els-espais-del- muhba/muhba-placa-de-rei**

El Palacio Real fue residencia de los reyes de la Corona de Aragón y condes de Barcelona desde su fundación en el siglo XIII. El conjunto incluye la Capella Reial de Santa Àgata y el gótico Saló del Tinell, del siglo XIV, una amplia sala con arcos semicirculares de 17 metros. Fue aquí donde los reyes Isabel y Fernando recibieron a Colón a su regreso de América. También aquí se reunía la Inquisición, que creía que las paredes se moverían en caso de que se dijese una mentira.

Actualmente el palacio forma parte del Museo d'Història de Barcelona y guarda un tesoro bajo tierra. Un ascensor y una pasarela suspendida entre las ruinas romanas permiten acceder a las calles de la antigua Barcino. El extraordinario yacimiento se descubrió cuando la casa Clariana-Padellàs, un edificio gótico desde el cual se

entra, fue traído piedra a piedra en 1931, sacando a la luz las ruinas romanas más extensas que se conservan en el mundo.

Chic & Basic Born
Una mansión del siglo XIX, con habitaciones pequeñas pero prácticas. Buena relación calidad-precio.

📍H7 **🏠Calle Princesa 50** **🌐chic andbasic.com**

Musik Boutique Hotel
Este hotel *boutique* ocupa un bonito edificio restaurado del siglo XVIII y ofrece un magnífico servicio.

📍H6 **🏠Carrer de Sant Pere més Baix 62** **🌐musikboutique hotel.com**

← Visitantes en el amplio y luminoso interior del Museu d'Art Contemporani

Museu d'Art Contemporani (MACBA)

⊙ F5 ⌂ Plaça dels Àngels 1 Ⓜ Universitat, Catalunya ⏰ 11.00-19.30 lu y mi-vi, 10.00-20.00 sá (do y festivos hasta 15.00) 🚫 1 ene, 25 dic 🌐 macba.cat

Este impresionante edificio, con fachada de cristal y amplias y luminosas galerías, fue diseñado por el arquitecto estadounidense Richard Meier para albergar la colección de arte contemporáneo de la ciudad.

La colección permanente se nutre principalmente de pintura española, esculturas e instalaciones creadas a partir de la década de los cincuenta. Las temporales ofrecen diferentes muestras de otros países y disciplinas.

Cerca del MACBA, la Casa de la Caritat, del siglo XVIII, alberga el **Centre de Cultura Contemporània,** un efervescente punto de encuentro que reúne festivales, exposiciones y actos culturales.

Centre de Cultura Contemporània

⊛⊛⊛⊙ ⌂ Montalegre 5 ⏰ 11.00-20.00 ma-do y festivos 🌐 cccb.org

Moco Museum

⊙ H7 ⌂ Carrer de Montcada 25 Ⓜ Jaume I ⏰ 10.00-20.00 y 15.00-19.30 lu-ju (vi-do hasta 21.00) 🌐 mocomuseum.com

Este museo, que tiene una buena colección de arte moderno y contemporáneo, así como arte urbano, está ubicado en el Palau Cervelló, un bonito edificio construido entre los siglos XV y XVI. Una gigantesca escultura inspirada en Mickey Mouse, *Companion*, obra de Brian Donnelly (conocido como Kaws), da la bienvenida a los visitantes en el patio gótico, y dentro se encuentran más trabajos de este y otros artistas de renombre mundial, entre ellos Andy Warhol, Basquiat,

Keith Haring y Tracey Emin. Entre las obras más destacadas están los trabajos con estampado de lunares de la artista japonesa Yayoi Kusama y *The Inmaculated Heart - Sacred,* controvertida obra de Damien Hurst. El museo también expone obras del famoso y anónimo artista urbano Banksy. Para ver más obras de este artista se puede visitar el centro hermanado con el Moco Museum, el Museu Banksy, a 15 minutos andando, en el Carrer de Trafalgar 34.

 CONSEJO DK
Les Nits de Palau Güell

Las noches de verano de los jueves, el Palau Güell celebra conciertos en su azotea. Tras disfrutar de la música con una copa de cava, se puede visitar el edificio.

13

Palau Güell

📍 F7 🏛 Carrer Nou de la Rambla 3-5 Ⓜ Liceu
🕐 10.00-14.30 y 15.30-20.00 ma-do (18.00 nov-mar) 📅 1, 6 y 19-25 ene, 25 y 26 dic 🌐 palauguell.cat

Esta residencia, la primera obra importante de Gaudí en el centro de Barcelona, fue un encargo del acaudalado Eusebi Güell, que le dejó claro que, a pesar de su poca experiencia, contaría con un presupuesto ilimitado. Gaudí le tomó la palabra, tal como queda reflejado en la calidad de los materiales empleados para este edificio, desproporcionadamente grande para ser una vivienda. La mampostería está revestida de mármol y el interior muestra maderas de gran calidad.

A pesar del enorme coste de la construcción, el exterior no refleja la riqueza y colorido de las obras posteriores de Gaudí, salvo en las chimeneas en forma de aguja que surgen sobre el tejado. Su austera fachada es simétrica, caracterizada por líneas rectas horizontales y verticales. La única muestra del posterior gusto de Gaudí por la línea curva son las dos puertas de entrada en forma de arcos parabólicos.

El interior, mucho más llamativo, muestra los diseños típicos de la madurez de Gaudí y en el gran recibidor de la planta noble ya pueden verse antecedentes de la Sagrada Familia. Esta sala, alrededor de la que se distribuyen las estancias, tiene una altura de tres plantas (de las seis que componen el edificio) y está cubierta por una cúpula. El perfeccionismo del arquitecto le llevó a diseñar el mobiliario, lámparas, vitrales y demás elementos decorativos.

Finalizada en 1889, esta mansión fue empleada por Güell no solo como lujosa residencia familiar, sino también como lugar para recibir a importantes invitados, sala de conciertos y centro de reuniones políticas.

↓ Las emblemáticas chimeneas de Gaudí en la azotea del Palau Güell

---

ANTONI GAUDÍ (1852-1926)

Nacido en Reus (Tarragona) en el seno de una familia de artesanos, Antoni Gaudí i Cornet fue el máximo exponente del modernismo catalán. Tras una temporada como aprendiz de herrero estudió en la Escuela de Arquitectura de Barcelona. Su obra, inspirada por la búsqueda nacionalista de un romántico pasado medieval, fue increíblemente original. Su primer encargo de relieve fue la Casa Vicens (1888), en el nº 24 del carrer de les Carolines; pero su creación más célebre es la extravagante iglesia de la Sagrada Familia *(p. 110)*, a la que consagró su vida desde 1914. Invirtió toda su fortuna en el proyecto y solía ir de puerta en puerta recabando fondos. El 7 de junio de 1926, tras ser atropellado por un tranvía, fue trasladado al Hospital de Santa Creu *(p. 120)* sin que nadie lo reconociese. Murió tres días después. Su funeral fue un gran acontecimiento y toda Barcelona acudió a rendir tributo al hombre que había transformado su ciudad.

LA CIUDAD DE GAUDÍ

Barcelona muestra la marca indeleble de su hijo más famoso, Antoni Gaudí i Cornet, que convirtió el perfil de la ciudad en una obra de arte de la arquitectura. Inspirándose en el arte persa y japonés, la arquitectura mudéjar y las formas de la naturaleza, Gaudí reinventó el original estilo arquitectónico conocido como modernismo catalán *(p. 78)*. Arquitecto de enorme talento, Gaudí diseñó o colaboró en diseños de todo tipo. Combinaba materiales limpios y sencillos como la madera y la piedra en bruto o el ladrillo, con un meticuloso trabajo de forja, vidrieras y elaborados mosaicos. Aunque cada una de sus creaciones era única, todas compartían su maestría y romanticismo.

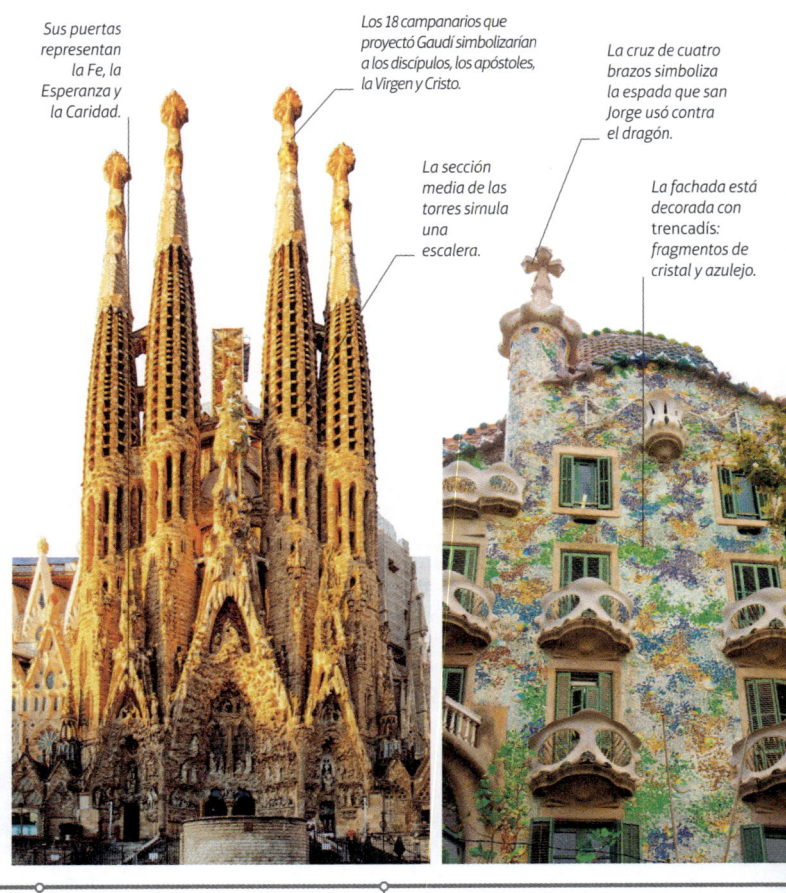

Sus puertas representan la Fe, la Esperanza y la Caridad.

Los 18 campanarios que proyectó Gaudí simbolizarían a los discípulos, los apóstoles, la Virgen y Cristo.

La cruz de cuatro brazos simboliza la espada que san Jorge usó contra el dragón.

La sección media de las torres simula una escalera.

La fachada está decorada con trencadís: fragmentos de cristal y azulejo.

Sagrada Familia

⏶ Cuando Gaudí acometió la construcción de la Sagrada Familia *(p. 110)* en 1883, se convirtió en su gran obsesión. Expresión de una profunda devoción, su elevado interior y la fachada de la Natividad hacen referencia a hechos bíblicos y al mundo natural. Aunque murió antes de finalizarse, su proyecto se mantuvo.

Casa Batlló

⏶ El industrial Josep Batlló dio a Gaudí libertad absoluta para remodelar esta casa de finales del siglo XIX. Finalizada en 1906, la Casa Batlló *(p. 116)* refleja la plenitud artística de Gaudí, con una fachada revestida de un exuberante *trencadís* y un techo que ondea como si fuese un murciélago. En el interior, la luz pasa a través de brillantes vidrieras y su patio central ilumina todas las estancias.

Lo mejor de Gaudí

La fachada de La Pedrera evidencia la predilección de Gaudí por la curva.

↑ La famosa salamandra de Gaudí, cubierta de brillantes mosaicos de colores, Park Güell

Las chimeneas decoradas se convirtieron en una seña de identidad de Gaudí.

Los sinuosos balcones de forja fueron diseñados por Josep Maria Jujol.

La influencia de la naturaleza se refleja en la cúpula de champiñón.

Uno de los pabellones está coronado por una cruz, como en la Casa Batlló.

Un tejado de mosaicos corona la fachada de piedra del pabellón.

La Pedrera

▲ La Pedrera *(p. 118)* fue la última residencia privada que diseñó Gaudí. En su época destacó por su ondulante fachada, esculturas abstractas del tejado y balcones que simulan máscaras. Las puertas de entrada permitían la entrada de personas y carruajes, y están hechas con pequeñas hojas de cristal de formas irregulares basadas en animales y plantas, más grandes y luminosas en la parte superior.

Park Güell

▲ El parque Güell *(p. 140)*, proyectado durante la época naturalista de Gaudí, es un emblema de su plenitud artística. Los pabellones de piedra, con sus brillantes tejados cubiertos de azulejos, parecen sacados de un cuento. Uno de estos pabellones es el que albergaba la Casa del Guarda. Concebido en un principio como conjunto residencial para las familias acomodadas de Barcelona, solo se vendieron dos parcelas.

¿Lo sabías?

El Arc de Triomf muestra los 49 escudos de las provincias españolas.

Arc de Triomf

J6 ⭑Passeig de Lluís Companys Ⓜ Arc de Triomf

Pórtico de la Exposición Universal de 1888, que ocupaba el Parc de la Ciutadella, fue diseñado por Josep Vilaseca i Casanovas. Está realizado en ladrillo en estilo neomudéjar y tiene esculturas alegóricas de los oficios, la industria y el comercio. El friso de la fachada principal, de Josep Reynés, representa a la ciudad dando la bienvenida a los visitantes extranjeros, mientras que el que da al parque muestra a la ciudad otorgando medallas a los participantes en la exposición. Los relieves de un lateral simbolizan la agricultura y la industria, mientras el comercio y las artes ocupan el otro. Los visitantes pueden subir a la terraza panorámica en lo alto del arco durante las 48 horas del festival Open House Barcelona, que normalmente se celebra a fines de octubre.

15

El Born Centre de Cultura i Memòria

H7 ⭑Plaça Comercial 12 Ⓜ Jaume I, Barceloneta ⏱10.00-20.00 ma-do (nov-feb: 10.00-19.00 ma-do) 🌐elbornculturaimemoria.barcelona.cat

Este mercado cubierto, con un elaborado tejado de hierro y cristal, era el mercado central de abastos de Barcelona hasta principios de la década de 1970, cuando se quedó pequeño.

Cuando el mercado estaba siendo remodelado, se descubrieron bajo sus cimientos unas enormes ruinas del siglo XVIII. Estas ruinas ahora son el foco del nuevo centro cultural El Born, con exposiciones, charlas y proyecciones.

Las calles que lo rodean reflejan los antiguos oficios que aglutinaba alrededor: en Flassaders estaban los tejedores y en Vidriería los artesanos del vidrio. Algunos establecimien-

El Born está lleno de bares de tapas. Estos tres están entre los mejores.

Llamber
H7 ⭑Carrer de la Fusina 5 🌐llamber.com

Tapeo Born
H7 ⭑Carrer de Montcada 29 🌐tapeoborn.cat

Ale&Hop
H6 ⭑Carrer de les Basses de Sant Pere 10 📞93 126 90 94

tos evocan esas épocas, pero hoy los superan en número los restaurantes y tiendas de tendencias.

Gran parte de esta zona fue demolida después de

La fachada de ladrillo del Arc de Triomf, en el passeig de Lluís Companys ↑

↑ La basílica de Santa Maria del Mar, de estilo gótico, es un símbolo del barrio de la Ribera

que Barcelona cayera ante las fuerzas franco-españolas durante la guerra de Sucesión. Este suceso clave se recuerda cada año el día 11 de septiembre con actividades que se centran en el monumento a los caídos en 1714, que se encuentra cerca del mercado.

16

Basílica de Santa Maria del Mar

📍 H7 🏛 Plaça Sta Maria 1 Ⓜ Jaume I 🕐 10.00-20.30 todos los días 🌐 santa mariadelmarbarcelona.org

Este edificio es el único ejemplo de templo construido enteramente en estilo gótico catalán. Las obras se iniciaron en 1329 y se tardó 55 años en levantarla, con dinero donado por comerciantes y armadores. Tal velocidad le imprimió gran unidad de estilo. La fachada oeste tiene un rosetón vidriado del siglo XV con la Coronación de la Virgen; otras vidrieras de los siglos XV a XVIII iluminan la ancha nave central y las laterales. El interior destaca por su sencillez y gran acústica para conciertos. Por desgracia, el coro y el mobiliario se quemaron durante la Guerra Civil (p. 67).

Un recorrido guiado por la iglesia lleva hasta el tejado, con unas vistas maravillosas.

17

Museu de la Xocolata

📍 H6 🏛 Carrer del Comerç 36 Ⓜ Jaume I, Arc de Triomf 🕐 10.00-19.00 lu-sá (hasta 15.00 do y festivos) 📅 1 y 6 ene, 25 y 26 dic 🌐 museuxocolata.cat

Este museo, fundado por la asociación de pasteleros de la ciudad, traza la historia de uno de los alimentos más universales, desde el descubrimiento del cacao en Sudamérica hasta la invención de la primera máquina de chocolate de Barcelona, mediante pósteres y fotografías. Una sección está dedicada a las monas de Pascua, un pastel tradicional catalán que se elabora en Semana Santa y que a lo largo de los siglos ha ido evolucionando hacia el arte escultórico. Cada año, los pasteleros de Cataluña compiten para ver quién logra la pieza más imaginativa y decoran con chocolate versiones dulces de los edificios más representativos de la ciudad o personajes famosos, a menudo con aderezos de plumas, animales u otros objetos. La tienda del museo

ofrece, obviamente, una gran variedad de productos elaborados con chocolate.

18

Carrer de Montcada

📍 H7 Ⓜ Jaume I

Una de las calles medievales mejor conservadas de toda Barcelona es este estrecho callejón con gárgolas y tejados voladizos. Los palacios góticos que la jalonan se remontan a la época de la expansión de Cataluña, en el siglo XIII, aunque sufrieron diversas modificaciones, principalmente en el siglo XVII. El único que conserva la fachada original es la Casa Cervelló-Giudice, que está en el nº 25.

El **Museu Etnològic i de Cultures del Món,** en los palacios del siglo XVI, en el nº 12, presenta imaginativamente más de 70.000 piezas de todo el mundo.

En el nº 22 de la calle se halla uno de los bares de cava más populares y animados de la ciudad, El Xampanyet.

Museu Etnològic i de Cultures del Món

↑ Paseando entre los edificios del siglo XVII del carrer de Montcada

❶❾
Port Vell

📍 **G8** Ⓜ **Barceloneta**

El puerto deportivo de Barcelona está situado a los pies de La Rambla *(p. 86)*, detrás de la antigua aduana. Esta fue construida en 1902 en el Portal de la Pau, antigua entrada marítima a la ciudad, cuya escalinata terminaba en el agua. Al sur está el Moll (muelle) de Barcelona, con el centro comercial World Trade Center. Frente a la aduana, La Rambla se comunica con el club marítimo del Moll d'Espanya gracias a la Rambla de Mar, un puente giratorio de madera con una pasarela peatonal, diseñado en 1994. En el Moll d'Espanya está el moderno centro comercial Maremagnum, con restaurantes y un acuario con un túnel subacuático que atraviesa un inmenso tanque lleno de tiburones.

El Moll de la Fusta está dominado por Gambrinus, la es-

cultura de una gigantesca gamba sonriente, obra de Javier Mariscal. Al final del muelle se alza *El Cap de Barcelona,* una escultura colorista de 20 m realizada por Roy Lichtenstein.

Más adelante, los almacenes del siglo XIX son todo lo que queda de los edificios portuarios originales. Uno de ellos se ha transformado en el **Museu d'Història de Catalunya,** que recorre la historia y cultura de la región catalana.

Museu d'Història de Catalunya

 📍 Plaça de Pau Vila 3 🕐 10.00-19.00 ma-sá (mi hasta 20.00; do hasta 14.30) 🌐 mhcat.cat

❷⓿
Port Olímpic

📍 **K9** Ⓜ **Ciutadella-Vila Olímpica**

Los Juegos Olímpicos de 1992 trajeron una espectacular remodelación de la antigua zona industrial de Poblenou, denominada hoy Vila Olímpica. Los viejos tinglados y fábricas dejaron paso a un paseo marítimo y una vía de circunvalación. En paralelo se extienden 4 km de playas de arena que se abarrotan en verano. La zona industrial situada detrás fue sustituida por un complejo de

apartamentos que abarca 0,6 km cuadrados y espacios verdes, llamado Nova Icària. Las viviendas sirvieron para alojar a los atletas olímpicos y luego pasaron al mercado inmobiliario.

También se levantaron dos rascacielos de 44 plantas, uno para oficinas y otro para el Hotel Arts. A sus pies hay un animado puerto deportivo, también construido en 1992, con numerosos bares y restaurantes.

❷❶
Barceloneta

📍 **H9** Ⓜ **Barceloneta**

El barrio de pescadores de Barcelona, una lengua triangular de tierra que penetra en el mar junto al centro urbano, es conocido por sus restaurantes de pescado y cafetines portuarios.

La Barceloneta fue construida por el arquitecto e ingeniero militar Juan Martín de Cermeño en 1753 para realojar a la gente que quedó sin techo tras la construcción de la fortaleza de la Ciutadella *(p. 92)*, y después la habitaron en su mayoría pescadores, pero ahora está llena de apartamentos turísticos. Las calles de la Barceloneta trazadas en cuadrícula y sus casas bajas parecen estar muy lejos de la ciudad. En la pequeña plaça de la Barceloneta está la iglesia barroca de Sant Miquel del Port,

 MEJORES VISTAS
Golondrinas

Las pequeñas embarcaciones de doble cubierta conocidas como golondrinas zarpan al pie de la colina de Montjuic en dirección al puerto industrial. El recorrido, de unos 40 minutos, es perfecto para ver la ciudad.

← El moderno puente Rambla de Mar sobre el paseo marítimo de Port Vell

¿Lo sabías?

El Hotel W de la Barceloneta se conoce como *La Vela*.

también proyectada por Cermeño. La gran plaza central está dominada por un moderno mercado cubierto.

En la actualidad, la corta flota pesquera de la Barceloneta continúa amarrando junto a la pequeña torre del Reloj. Frente a este muelle se encuentra la Torre de Sant Sebastià, donde arranca el teleférico que recorre el puerto, sobrevolando el World Trade Center, para terminar en Montjuïc. El hotel W, diseñado por Ricardo Bofill, domina las vistas de la playa de la Barceloneta.

Museu Marítim

⑨F8 ⌂Avinguda de les Drassanes Ⓜ Drassanes ⏰10.00-20.00 diario (24 y 31 dic: hasta 15.00) 🚫1 y 6 ene, 25 y 26 dic 🖥mmb.cat

Los grandes galeones que hicieron de España una gran

potencia naval se construyeron en las Drassanes (astilleros), sede hoy del museo marítimo. Estos diques secos, los mayores y más completos de su género que se conservan en el mundo, se crearon a mediados del siglo XIII, cuando los matrimonios dinásticos que unieron los reinos de Sicilia y Aragón hicieron prioritaria la mejora de la comunicación por mar. Se conservan tres de las cuatro torres primitivas de los astilleros.

Uno de los barcos que salieron de las abovedadas factorías de las Drassanes fue la *Real,* nave capitaneada por don Juan de Austria, hijo ilegítimo de Carlos V que llevó a la flota cristiana a la victoria de Lepanto en 1571; la joya del museo es una reproducción de esta nave de tamaño natural decorada en rojo y oro.

Las salas remodeladas albergan hoy exposiciones temporales de tema marítimo, así como algunos barcos históricos. Tres veces al mes se pueden visitar también los deliciosos Jardins de Baluard, un jardín cercado, abierto al público, situado justo detrás del museo y en el que se puede admirar la única puerta que queda de la ciudad medieval. La entrada incluye una visita al *Santa Eulàlia,* una goleta restaurada de cien años de antigüedad anclada a pocos pasos, en el Port Vell.

Monument a Colom

⑨F8 ⌂Plaça del Portal de la Pau 📞93 302 52 24 Ⓜ Drassanes ⏰8.30-14.30 todos los días (últ adm 13.30) 🚫1 ene y 25 dic

El monumento a Colón fue diseñado por Gaietà Buïgas

TOP 5 FIESTAS POPULARES

Els Tres Tombs
Jinetes y cabalgatas recorren un circuito por el centro (17 de enero).

Dia de Sant Ponç
Puestos de hierbas, miel y fruta confitada en el carrer Hospital (11 de mayo).

Festa Major de Gràcia
La fiesta de este barrio (15-21 agosto) es famosa por su música y sus calles decoradas.

La Diada
Día de Cataluña, el 11 de septiembre.

La Mercè
Homenaje a la Virgen el 24 de septiembre.

para la Exposición Universal de 1888. La estatua, sobre una columna de hierro colado de 60 m de altura, señala el punto donde desembarcó Colón a su regreso de América en 1493.

En lo alto de la columna hay una estatua de Colón apuntando al horizonte (aunque no apunta en dirección a América).

↑ El monumento a Colón, cerca del Museo Marítimo

UN PASEO
BARRI GÒTIC

Distancia 1 km **Metro** Jaume I
Tiempo 15 minutos

El Barri Gòtic (barrio Gótico) es el verdadero corazón de Barcelona y su parte más antigua. Fue el sitio elegido por los romanos durante el imperio de Augusto (27 a. C.-14 d. C.) para fundar una nueva colonia, y desde entonces ha sido sede de la Administración de la ciudad. El foro romano estaba en la plaça de Sant Jaume, donde hoy se alzan el medieval Palau de la Generalitat y la Casa de la Ciutat, el ayuntamiento barcelonés. Cerca quedan la catedral gótica y el Palacio Real, donde Colón fue recibido por los Reyes Católicos en 1492 a su regreso de América.

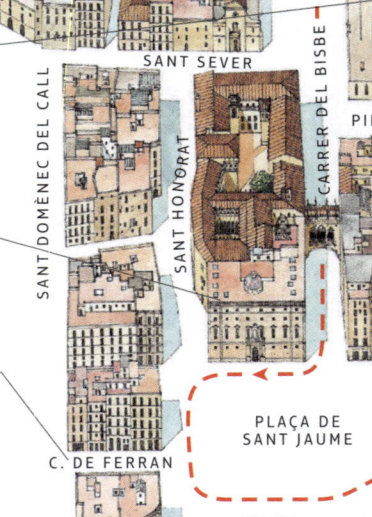

Construida sobre la muralla romana, la **Casa de l'Ardiaca,** *de estilo gótico-renacentista, alberga hoy el archivo histórico de la ciudad.*

La fachada y la aguja central de la **catedral** *gótica (p. 84) son añadidos del siglo XX al edificio gótico primitivo. Las ocas se pasean por su claustro gótico.*

La sede del Parlamento de Cataluña, el **Palau de la Generalitat** *(p. 94) conserva soberbios rasgos góticos, entre ellos la capilla y una escalera de piedra que sube hasta una galería de arcos.*

A La Rambla

SANT SEVER

CARRER DEL BISBE

PIETA

SANT DOMÈNEC DEL CALL

SANT HONORAT

PLAÇA DE SANT JAUME

C. DE FERRAN

↑ La elaborada fachada y aguja del siglo XX de la catedral de Barcelona

El **Ayuntamiento** *de Barcelona se construyó entre los s. XIV y XV. La fachada es un añadido neoclásico (p .94).*

CARRER DE LA CIUTAT

0 metros   100

N

Mapa de situación
Para más detalles ver p. 82

↑ Visitantes paseando bajo los arcos del patio interior del Museu Frederic Marès

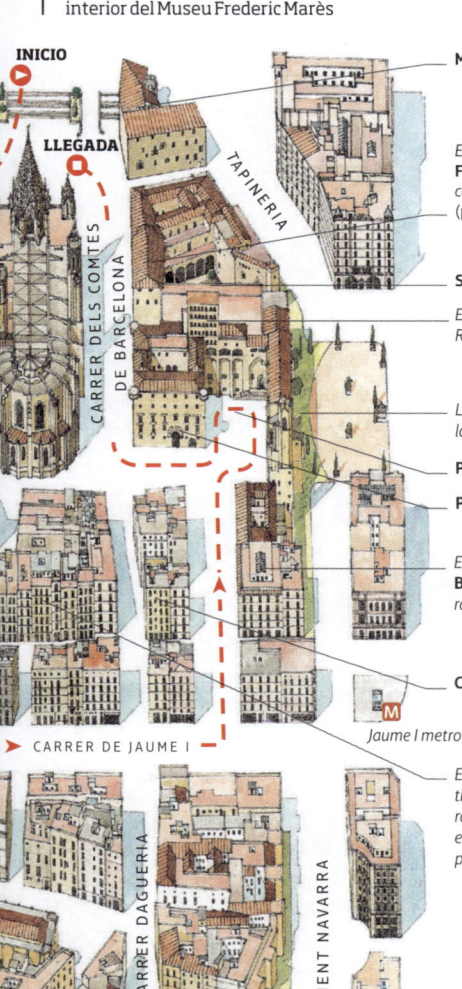

INICIO

LLEGADA

CARRER DELS COMTES DE BARCELONA

TAPINERIA

Muralla romana

El pilar fundamental del **Museu Frederic Marès** *es su amplia colección de escultura española* (p. 95).

Saló del Tinell

El **MUHBA Plaça del Rei,** *antiguo Palacio Real, exhibe un imponente exterior* (p. 95).

La **Capella Reial de Santa Àgata** *es uno de los hitos del MUHBA Plaça del Rei.*

Plaça del Rei

Palau del Lloctinent

Esta sede del **MUHBA (Museu d'Història de Barcelona)** *contiene el complejo de ruinas romanas subterráneas mayor del mundo.*

Cereria Subirà

Ⓜ *Jaume I metro*

> CARRER DE JAUME I

El **Centre Excursionista de Catalunya** *tiene en su patio de entrada unas columnas romanas del templo de Augusto, cuyo emplazamiento está marcado en la calle por una muela.*

CARRER DAGUERIA

SOTS–TINENT NAVARRA

¿Lo sabías?

El templo de Augusto se descubrió durante unas obras en el siglo XIX.

EIXAMPLE

Barcelona atesora en su trazado urbano la mayor colección de edificios *art nouveau* de toda Europa. Tal estilo, denominado en Cataluña modernismo, floreció después de 1854, cuando el Gobierno acordó derribar las murallas medievales de la ciudad y permitir su expansión por una zona hasta entonces de uso militar. El proyecto diseñado por el ingeniero Ildefons Cerdà i Sunyer (1815-1876) fue el elegido para el ensanche *(eixample)* interior. Dicho proyecto exigió un riguroso trazado cuadricular, pero en las intersecciones de las calles las esquinas se achaflanaron para que desde los edificios se pudieran ver los cruces o las plazas. Dos de las escasas excepciones de este particular trazado son la Diagonal, una gran avenida que discurre desde Pedralbes hasta el mar, y la avinguda de Gaudí, que conecta la Sagrada Familia con el hospital de la Santa Creu i de Sant Pau, del arquitecto modernista Lluís Domènech i Montaner (1850-1923). La prosperidad de la alta burguesía barcelonesa en el siglo XIX y su pasión por todo lo nuevo llevó a esta a alentar y financiar los proyectos de los arquitectos más innovadores de la época, tanto de edificios privados como públicos, creando un paisaje urbano único.

A finales del siglo XX, numerosas tiendas, bares, discotecas y restaurantes dirigidos a la comunidad LGTBIQ+ se expandieron por el barrio del Eixample, lo que acabó valiéndole el apodo de *Gaixample*.

EIXAMPLE

Esencial
① Sagrada Família
② Casa Batlló
③ La Pedrera

Lugares de interés
④ Fundació Antoni Tàpies
⑤ Recinte Modernista de Sant Pau
⑥ Casa Terrades
⑦ Illa de la Discòrdia
⑧ Museu del Modernisme Català
⑨ Museu de la Música
⑩ Museu Egipci

Dónde comer
① El Nacional
② Mordisco
③ Moments

Dónde beber
④ Garage Bar Co
⑤ Alma Hotel Garden
⑥ Jekyll & Hyde

Dónde dormir
⑦ Hotel Constanza
⑧ Cotton House Hotel

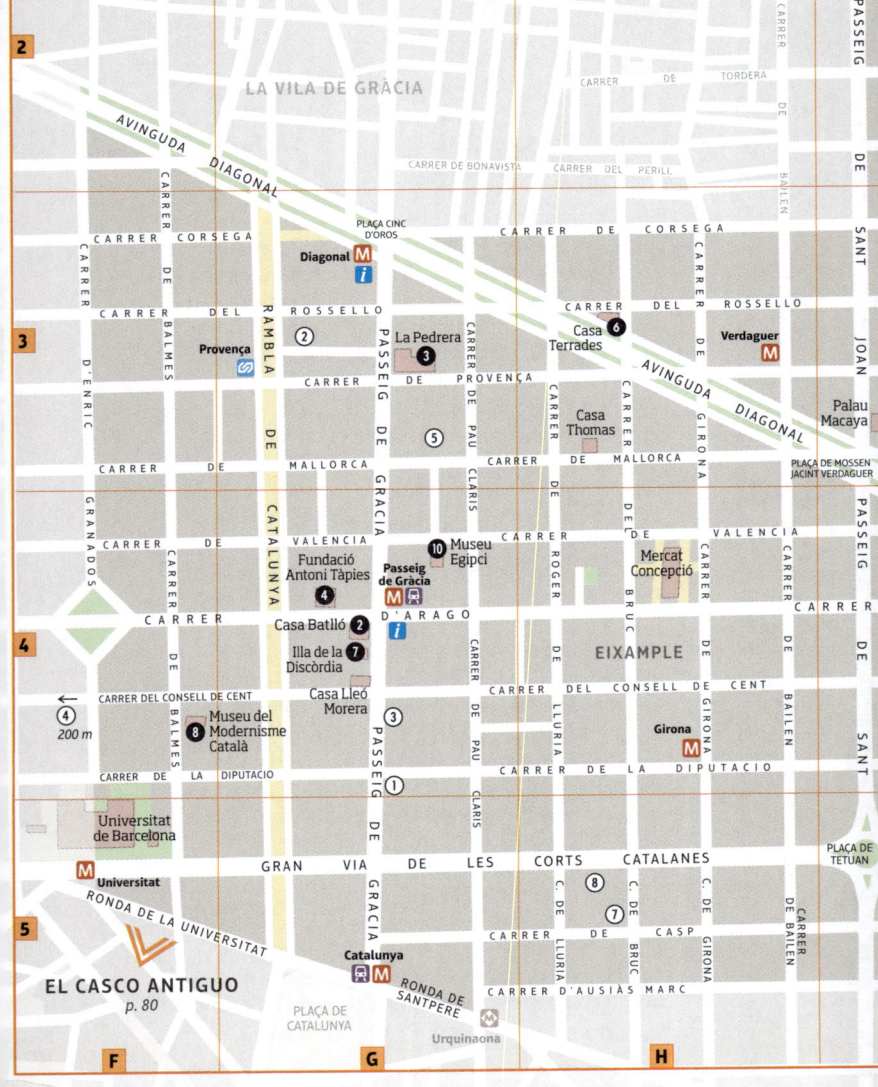

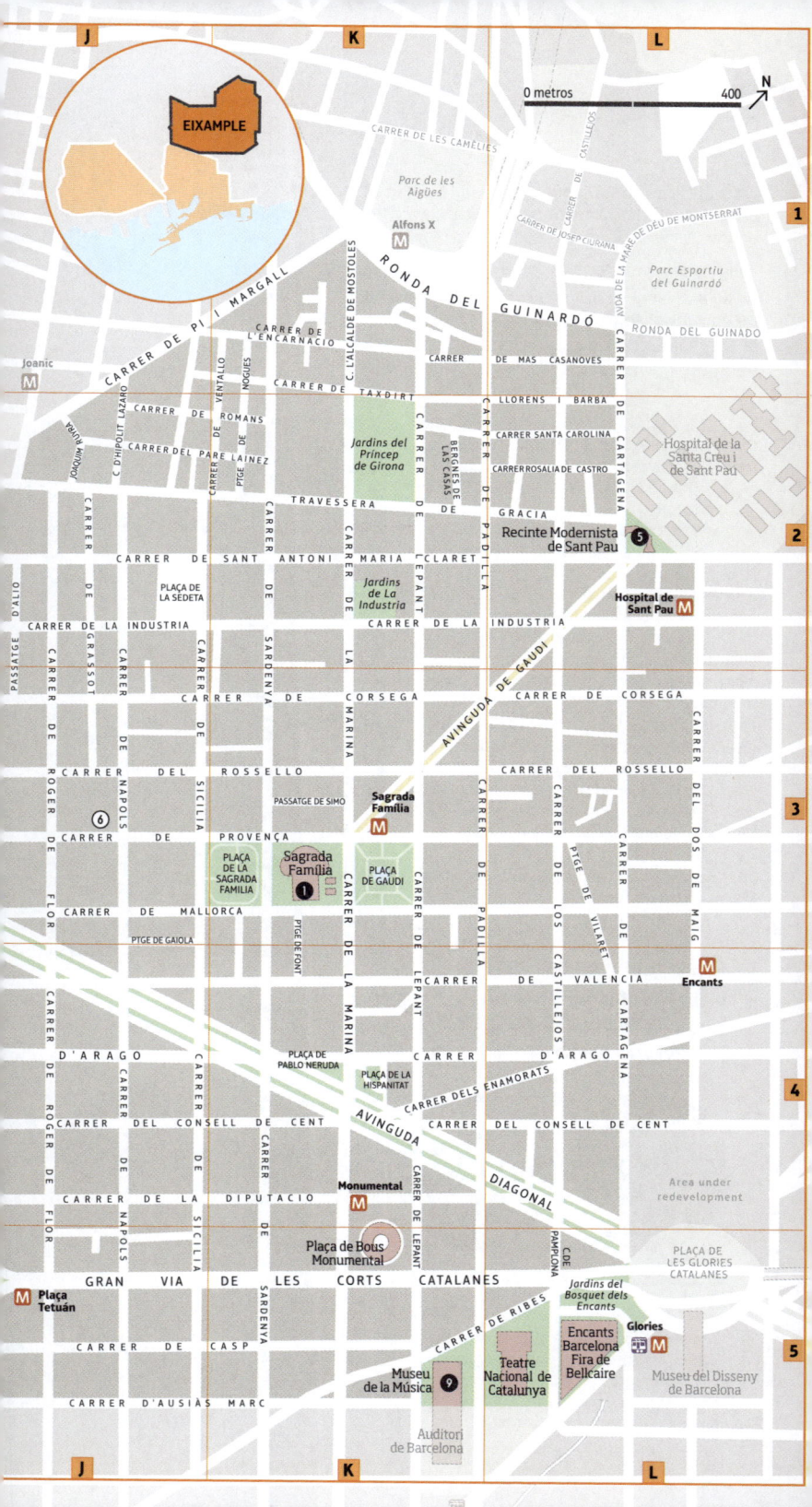

❶ ⓦ ⓜ

SAGRADA FAMÍLIA

📍 K3 🏠 Carrer de Sardenya Ⓜ Sagrada Família 🚌 19, 43, 51
🕐 Horarios varían, consultar web; entrada con horario asignado, reserva
online ⓦ sagradafamilia.org

**La iglesia menos convencional de Europa, el Temple Expiatori
de la Sagrada Família, es el emblema de la ciudad. Repleta
de un simbolismo inspirado por la naturaleza que persigue
la originalidad a toda costa, es la obra más grandiosa de Gaudí
y cumbre del modernismo.**

En 1887, la Associació Espiritual de Devots de
Sant Josep encargó la construcción de un
templo cristiano en Barcelona al arquitecto
Francisco de Paula del Villar i Lozano (1828-
1901). El proyecto inicial fue el de una iglesia
de tres naves en estilo gótico. En 1883, un año
después de iniciadas las obras, se encomendó
su terminación a Gaudí *(p. 97)*, que en ese
momento tenía 31 años, y que lo cambió todo
improvisando a cada paso. Siguiendo el diseño
de una catedral medieval, proyectó un libro
en piedra, en el que prácticamente cada
elemento representaba un hecho bíblico o un
fundamento de la fe cristiana. Convertida en la
obra de su vida, residió como un recluso en el
lugar durante 14 años y yace enterrado en la
cripta. A su muerte solo se había completado
una torre de la fachada de la Natividad, pero
tras la Guerra Civil se retomó la construcción,
siempre siguiendo su proyecto original.
Las obras, que siguen a día de hoy, están
financiadas por suscripción pública y por
la ventas de entradas.

| Repleta de un simbolismo
inspirado por la naturaleza,
es la obra más grandiosa de Gaudí
y cumbre del modernismo.

↑ La elevada nave central de la Sagrada
Família durante una misa

Cronología

1866
△ Josep Maria Bocabella
funda la Associació
Espiritual de Devots de
Sant Josep con la idea de
construir un templo.

1887
△ Construcción de la
casa parroquial, que
se convierte en el taller
de Gaudí, donde pasa
sus últimos días.

1954
△ Inicio de la fachada
de la Pasión, 62 años
después de la de la
Natividad.

2017
△ 135 aniversario de
la colocación de la
piedra fundacional;
el 70 % de la basílica
está terminado.

LA MEJOR FOTO
**Espejo,
espejito**

La plaça de Gaudí ofrece
una de las mejores
vistas posibles de la
Sagrada Familia. Desde
su jardín, se puede ver la
basílica reflejada en el
lago.

↑ El exterior de la Sagrada Familia
reflejado en el lago de la plaça
de Gaudí

Explorar la Sagrada Familia

Año tras año, la obra maestra de Gaudí sigue ascendiendo, con sus torres cubiertas de mosaicos alzándose hacia las nubes. De sus tres fachadas decoradas, la Natividad *(p. 114)* y la Pasión *(p. 115)* ya se han terminado, mientras que la de la Gloria *(p. 114)* sigue en construcción.

El interior de la basílica da la réplica a su fascinante exterior. Esbeltos pilares se unen en una cúpula que parece un enramado y las vidrieras de colores proyectan focos de luz sobre el suelo de la nave, dando la impresión de caminar por un bosque mágico. La experiencia culmina en el altar mayor, bañado por la luz natural. Expresión de la profunda devoción del arquitecto, esta obra logra emocionar incluso a los más descreídos.

Tras recorrer la nave y ascender por una de las torres, la visita acaba en el museo de la cripta que, además de trazar la carrera de Gaudí y el desarrollo de la basílica, termina a los pies de su tumba.

2019
—
Año en que el edificio recibió el permiso de construcción que Gaudí solicitó en 1885.

Escaleras de caracol

Torres con ascensor

La única torre que queda por concluir es la de Jesús. La previsión es que se termine en 2026.

→
La impresionante Sagrada Familia, todavía en construcción

El ábside fue la primera parte de la iglesia que terminó Gaudí; desde aquí se desciende a la cripta.

El baldaquino fue diseñado por Gaudí.

La cripta, donde está enterrado Gaudí, fue comenzada por el primer arquitecto, Francesc de Paula Villar i Lozano, en 1882.

MEJORES VISTAS
Desde el suelo

Tumbado sobre el suelo de la nave se disfruta de una vista única de la creación de Gaudí, que recuerda por igual un colorido arrecife coralino y el interior de un caleidoscopio.

Realizada entre 1986 y 2000, la fachada de la Pasión despierta controversia con sus figuras angulosas e inquietantes.

1 Las vidrieras bañan la nave con haces de luz multicolor.

2 Escaleras helicoidales conducen a lo alto de las torres campanario para disfrutar de las vistas de la ciudad.

3 El techo de la nave descansa sobre unos altísimos pilares que se unen formando un enramado.

La fachada de la Natividad, terminada en 1930, tiene portadas que representan la Fe, la Esperanza y la Caridad. Las escenas de la Natividad e infancia de Cristo se embellecen con elementos simbólicos.

La nave alberga un bosque de pilares aflautados que soportan cuatro galerías sobre las naves laterales; un gran número de claraboyas dejan pasar la luz.

LA IGLESIA TERMINADA

Las ambiciones iniciales de Gaudí en cuanto al diseño completo del edificio se han ido cumpliendo apoyándose en las nuevas tecnologías. Falta aún la torre central, a la que ya rodean las cuatro que representan a los evangelistas. Las cuatro torres de la fachada de la Gloria (sur) se combinarán con las cuatro ya existentes de la fachada de la Pasión (oeste) y la Natividad (este). Un deambulatorio exterior (como un claustro al revés) rodeará el edificio. La finalización de todos los trabajos de construcción se ha retrasado hasta 2033.

↑ Las esbeltas torres del campanario en la fachada de la Natividad

FACHADA DE LA NATIVIDAD

Siguiendo las instrucciones directas de Gaudí, la ornamentación de la fachada este se divide en tres portadas dedicadas a la Esperanza (izquierda), la Fe (derecha) y la Caridad (en el centro).

Portada de la Esperanza

Sobre la puerta puede verse la imagen de san José y del Niño Jesús, junto con los padres de la Virgen. El dintel está formado por una sierra de mano y otros utensilios relacionados con la profesión de carpintero de san José.

La aguja que se alza sobre la puerta tiene forma de pináculo y es una alusión a las montañas de Montserrat (p. 154). En su base hay una imagen de san José en una

¿Lo sabías?
—
Los camaleones de la fachada representan el cambio, y las tortugas, la estabilidad.

barca; su semejanza a Gaudí posiblemente sea un tributo póstumo.

Portada de la Fe

Sobre la puerta, el dintel muestra el Corazón de Jesús; la escena inferior izquierda representa la Visitación, con la Virgen y santa Isabel; a la derecha, Jesús emplea un martillo y un cincel en el taller de su padre.

A medida que asciende, la roca tallada forma un intricado pináculo con símbolos de los fundamentos del catolicismo, como una lámpara de tres brazos aludiendo a la Trinidad, racimos de uvas y haces de trigo representando la Eucaristía y una mano con un ojo, símbolo del poder omnisciente de Dios.

Portada de la Caridad

Esta puerta doble está separada por una columna que traza la genealogía de Jesús. Los tres Reyes Magos ocupan la parte inferior de la puerta izquierda, con los pastores frente a ellos. Sobre la Natividad surge la cola de una estrella de varias puntas, rodeada por un coro de niños. Encima de la estrella están la Anunciación y la Coronación de la Virgen, y sobre el conjunto hay un pelícano sentado sobre una corona junto al anagrama de Jesús: JHS.

↑ Esculturas de los pastores sobre la portada de la Caridad

FACHADA DE LA GLORIA

La fachada sur es la más monumental de las cuatro y, según el proyecto de Gaudí, representaría el camino hacia Dios. Una larga escalera decorada con demonios y tumbas conduce a la fachada, simbolizando la muerte. Los siete pilares que sujetan la estructura muestran los siete pecados en su base y las siete virtudes en la parte superior, mientras las siete puertas serían los sacramentos. Las nubes suben por las torres en dirección a la gloria de Dios.

FACHADA DE LA PASIÓN

Esta fachada representa los días previos a la crucifixión de Jesús. Diseñada por Josep Maria Subirachs, cuyas formas geométricas difieren de las figuras orgánicas proyectadas por Gaudí para la fachada de la Natividad, ha dividido a la crítica desde su inauguración.

Pasión de Cristo

La fachada de la Pasión representa los sufrimientos y crucifixión de Jesús de forma muy simbólica. Las formas angulosas de la estatuaria han despertado críticas por su tratamiento "deshumanizado", aunque seguramente habrían recibido la aprobación de Gaudí. En su estilo prima el expresionismo para lograr el máximo impacto. Un gran pórtico, con una cornisa que se apoya en seis columnas inclinadas que parecen las enormes raíces de un árbol, protege 12 grupos de esculturas. La primera escena, en la esquina inferior izquierda, muestra la Última Cena, con Jesús en pie anunciando que va a ser traicionado.

A su lado está la escena del Prendimiento, seguida por el beso de Judas. Los números de los criptogramas a los lados de Jesús llegan hasta el 33, la edad de su muerte.

↑ Puerta de bronce tallada con textos de los Evangelios

La Flagelación

En la escena de la Flagelación (entre las puertas centrales), Jesús aparece atado a una columna sobre tres escalones que representan los tres días de su Pasión. La negación de Pedro está simbolizada por el gallo que cantará tres veces cumpliendo la profecía de Jesús. Detrás hay un laberinto, metáfora del destino de Jesús.

El grupo inferior derecho muestra a Cristo maniatado y con la corona de espinas; Pilatos, bajo el águila romana, se lava las manos eludiendo su responsabilidad en la muerte de Jesús. Encima, las tres Marías lloran mientras Simón de Cirene recibe la orden de portar la cruz.

La Verónica

La escultura central muestra un hecho que no aparece en la Biblia. Verónica muestra el paño que se ha quitado de la cabeza para limpiar la sangre y el sudor del rostro de Jesús, cuya imagen ha quedado impresa en él.

A su lado, el centurión Longinos atraviesa el costado de Jesús con una lanza. Encima, tres soldados bajo la cruz se juegan a los dados la túnica de Jesús. La escultura más grande (en la parte central superior) muestra la Crucifixión. A sus pies, una calavera hace referencia al Gólgota, lugar de la Crucifixión. Sobre él está el velo del Templo de Jerusalén. La escena final es el entierro de Cristo. Se piensa que la figura de Nicodemo, que sujeta el cuerpo, es un autorretrato.

→

Grupo escultórico de la fachada de la Pasión representando la traición de Pedro

2 🖊

CASA BATLLÓ

📍 G4 **🏠 Passeig de Gràcia 43** **🕐 9.00-20.00 todos los días (visitas nocturnas 20.00-22.00 todos los días)** **Ⓜ Passeig de Gràcia** **🌐 casabatllo.es**

Con su original fachada inspirada en formas orgánicas de la naturaleza y sus fantásticas chimeneas y azotea, la remodelada Casa Batlló sigue siendo tan atrevida y excepcional como cuando se finalizó en 1906.

A diferencia de las demás obras de Gaudí, este bloque de viviendas del prestigioso paseo de Gracia recubre una estructura preexistente. El edificio, encargado por Josep Batlló i Casanovas, simbolizaría la leyenda de san Jorge matando al dragón, cuyo lomo escamoso se extiende sobre la fachada principal. Las delgadas columnas que cruzan las ventanas de la primera planta, parecidas a tibias, le han valido el apodo de Casa de los Huesos. En su interior destacan el azulado patio de luces, el desván que simula un esqueleto y la chimenea en forma de seta. En 2005 fue declarada Patrimonio de la Humanidad por la Unesco.

¿Lo sabías?

Para Salvador Dalí, los muros y ventanas curvas eran como "olas en un día de tormenta".

Los grupos de chimeneas ricamente decoradas se convirtieron en seña de identidad de Gaudí.

Desván

Patio y fachada trasera con balcones de forja y una magnífica cubierta de trencadís.

El techo del comedor muestra unas formas bulbosas que representarían la salpicadura de una gota de agua.

Escalera a la planta principal

← Exterior de azulejos verdes y azules de la Casa Batlló

1 Los arcos catenarios de ladrillo del desván, enyesados y pintados de blanco, parecen el costillar de un animal gigantesco.

2 Una de las paredes del salón principal muestra un gran ventanal con vidrieras que da al paseo de Gracia.

3 La azotea muestra grupos de chimeneas con una llamativa decoración.

El patio de luces ilumina las habitaciones interiores.

La fachada está coronada por el lomo del dragón, recubierto de azulejos.

Habitación del vientre del dragón

Balcones de forja con forma de máscara

Gaudí no quiso arreglar esta cruz de cerámica dañada porque le gustó su aspecto craquelado.

La casa está cubierta por decoraciones de trencadís (trozos de azulejos).

← La fantástica Casa Batlló, construida por Gaudí en el siglo XX

Salón principal

Josep Batlló ocupaba esta sala con una chimenea en forma de seta como despacho.

Visitantes paseando entre las chimeneas de la ondulante azotea de La Pedrera ↑

3

LA PEDRERA

📍G3 🏛Passeig de Gràcia 92 Ⓜ Diagonal 🕐9.00-20.00 todos los días (jun-sep: 9.00-20.00 y 9.00-11.00) 🚫25 dic 🌐lapedrera.com

Este extraordinario bloque de viviendas creado por Gaudí, con una fachada y una terraza que ondean como el agua, no tiene ni una sola pared recta. Con sus chimeneas cubiertas de azulejos y paseos sinuosos, la azotea se ha convertido en uno de los grandes atractivos de la ciudad.

La Pedrera, llamada a veces Casa Milà, fue el último trabajo de Gaudí antes de consagrar su carrera y su vida por entero a la Sagrada Familia *(p. 110)*. Construida entre 1906 y 1912, La Pedrera se apartó por completo de los postulados arquitectónicos de su época, por lo que fue ridiculizada por los intelectuales barceloneses. Recibida a partes iguales con horror y diversión, recibió el apodo de La Pedrera ("cantera") por su fachada ondulante de piedra sin enfoscar.

Hoy, se puede ver restaurado uno de los apartamentos, así como sus dos patios circulares, antes de visitar el Museo Gaudí en la planta superior. La culminación de la visita es su impresionante azotea, en la que cada verano se celebran conciertos de jazz entre sus originales chimeneas y conductos de aire.

> 💬 CONSEJO DK
> **Una noche mágica**
>
> Las entradas para la visita nocturna incluyen *Pedrera Origins,* un magnífico espectáculo de luz y sonido en el que la azotea cobra vida y que termina con una copa de cava y dulces tradicionales.

☐ Los intrincados balcones de forja, obra de Josep Maria Jujol, parecen algas sobre el oleaje de piedra vista de la fachada.

② El ático de la ballena alberga la exposición sobre Gaudí, con los dibujos y maquetas de los proyectos del arquitecto.

③ Las distintas chimeneas y conductos de aire escultóricos de la terraza reciben el nombre de jardín de los guerreros y espantabrujas.

LUGARES DE INTERÉS

4

Fundació Antoni Tàpies

G4 🏛 Carrer d'Aragó 255
M Passeig de Gràcia
🕐 10.00-19.00 todos los días (hasta 15.00 do)
📅 1 y 6 ene, 25 y 26 dic
W fundaciotapies.org

Antoni Tàpies (1923-2012) fue uno de los pintores informalistas europeos más relevantes. En este museo se guardan ejemplos de todos sus periodos creativos. Tàpies recurre a gran variedad de elementos en su obra no pictórica, entre ellos la arena y el polvo de mármol.

Parte de su obra se halla en el primer edificio de viviendas construido con hormigón, proyectado por Lluís Domènech i Montaner en 1880. Desde el otro lado de la calle se puede ver sobre el techo la extravagante escultura de alambre realizada por Tàpies *Núvol i Cadira* (Nube y silla).

En el interior solo se exhibe una pequeña parte de la colección y las exposiciones cambian con regularidad. Además de la obra de Tàpies, hay exposiciones temporales de otros artistas, un centro de estudios y una biblioteca.

5

Recinte Modernista de Sant Pau

L2 🏛 Carrer de Sant Antoni Maria Claret 167
M Hospital de Sant Pau
🕐 Abr-oct 10.00-18.30 (últ adm 18.00); nov-mar: 10.00-17.00 lu-vi (últ adm 16.30) 📅 25 dic
W santpaubarcelona.org

A principios del siglo XX, el Hospital de la Santa Creu, de origen medieval, ya no podía satisfacer las necesidades de la ciudad. El banquero Pau Gil dejó una enorme herencia para la creación de un hospital nuevo, con la condición de que se dedicase a san Pablo. En 1901, Lluís Domènech i Montaner diseñó el nuevo edificio, que llevaría el nombre compuesto de Hospital de la Santa Creu i Sant Pau.

El ambicioso proyecto modernista de Montaner consistía en 27 pabellones de estilo mudéjar decorados con mosaicos y esculturas. En la convicción de que los pacientes se recuperarían mejor en un entorno agradable, el edificio está rodeado de jardines, mientras los pasillos y zonas de servicio se hicieron subterráneos. El hospital se

CONSEJO DK
La Nit dels Museus

En la Noche de los Museos, que se celebra cada año a mediados de mayo, muchos museos permiten el acceso gratuito o acogen eventos como conciertos nocturnos (por ejemplo el Recinte Modernista de Sant Pau).

mantuvo activo hasta 2009. Ahora se conoce como Recinte Modernista de Sant Pau y además de estar abierto a visitas, celebra conciertos.

6

Casa Terrades

H3 🏛 Avinguda Diagonal 416 **M** Diagonal 📅 Al público
W casadelespunxes.com

Esta casa de seis fachadas, obra de Puig i Cadafalch, debe su apodo, Casa de les Punxes (casa de las Puntas), a las agujas de sus seis torretas esquineras, semejantes a sombreros de brujas.

Construida entre 1903 y 1905, mezcla estilos

medieval y renacentista, pero las torres y gabletes acusan la influencia del gótico, y el esculpido floral de la fachada es típicamente modernista.

Hoy es un centro de *coworking* y no abre al público.

Illa de la Discòrdia

📍 G4 🏠 Passeig de Gràcia, entre carrer d'Aragó y carrer del Consell de Cent Ⓜ Passeig de Gràcia

El conjunto más famoso de edificios modernistas de Barcelona es una muestra de los diversos estilos del movimiento. La manzana que comparten ha sido apodada la Illa de la Discòrdia por la pugna existente entre ellos.

Las tres casas más famosas, en el passeig de Gràcia, se reformaron a principios del siglo XX partiendo de otras existentes.

El nº 35 es la **Casa Lleó Morera** (1902-1906), primer encargo residencial que recibió Lluís Domènech i Montaner. Aunque actualmente se encuentra cerrada al público, todavía puede admirarse la fachada.

En el nº 41 está la **Casa Amatller,** diseñada por Puig i Cadafalch en 1898. Su fachada conjuga estilos, con ventanas enrejadas góticas y moriscas. El tejado a dos aguas está cubierto de azulejos. Tras franquear

↑ La delicada galería de vidrieras de la primera planta de la Casa Lleó Morera

las puertas de hierro forjado se abre una escalera de piedra rematada por un techo de vidrieras emplomadas. El apartamento de la familia Amatller ha sido restaurado y se puede visitar. Tras la visita, que incluye un museo digital, se puede disfrutar de una taza de humeante chocolate Amatller.

La tercera, y la más espectacular, es la Casa Batlló de Gaudí *(p. 116).*

Casa Lleó Morera
🕙 📷 Al público
🌐 casalleomorera.com

Casa Amatller
🕙 📷 📷 📷 🕙 10.00-20.00 todos los días 🌐 amatller.org

El Nacional
Cada espacio ofrece una especialidad distinta.

📍 G4 🏠 Passeig de Gràcia 24 bis
🌐 elnacionalbcn.com

€€€

Mordisco
Sirve modernas interpretaciones de la cocina clásica catalana en un patio bañado de luz.

📍 G3 🏠 Passatge de la Concepció 10
🌐 mordisco.com

€€€

Moments
Su inventiva cocina catalana le ha valido dos estrellas Michelin al chef Raúl Balam.

📍 G4 🏠 Passeig de Gràcia 38-40 🕙 lu, ma-vi comidas, do cenas
🌐 mandarin oriental.com

€€€

↑ Complejo de edificios del Recinte Modernista de Sant Pau

Museu del Modernisme Català

Q F4 **A** Carrer de Balmes 48 **M** Passeig de Gràcia **O** 11.00-19.00 lu-sá **C** Ago **W** mmbcn.cat

Este museo, que ocupa una gran mansión modernista diseñada por Enric Sagnier, contiene una colección privada de mobiliario, pintura, escultura y artes decorativas modernistas reunidas por anticuarios a lo largo de los últimos cincuenta años.

La planta superior guarda la colección de muebles y tiene una galería dedicada a piezas de Gaudí. En el resto hay carteles modernistas,

↑ Galería de muebles en el Museu del Modernisme Català y una vidriera modernista

varias esculturas de Josep Llimona y pinturas de Ramon Casas, uno de los fundadores de la taberna 4 Gats (p. 79), en la que Picasso celebró su primera exposición. El museo acoge talleres y conciertos, además de actividades para familias.

Museu de la Música

Q K5 **A** L'Auditori, Carrer de Lepant 150 **M** Marina **O** 10.00-18.00 ma, mi y vi; 10.00-19.00 sá y do **W** ajuntament. barcelona.cat/museu musica

El fascinante Museo de la Música se encuentra en L'Auditori y contiene una enorme colección de instrumentos musicales

(más de 2.000) traídos de todas las partes del mundo y expuestos sobre terciopelo rojo. Las exposiciones se

TOP 4 MÚSICOS CATALANES

Montserrat Caballé
Esta soprano de fama mundial, fallecida en 2018, interpretó con Freddie Mercury la canción *Barcelona*, que fue himno oficial de los Juegos Olímpicos de Barcelona 92.

Pau Casals
Fue uno de los chelistas más importantes del siglo XX.

José Carreras
Nacido en Barcelona en 1946, Carreras es uno de los famosos Tres Tenores, junto a Plácido Domingo y Luciano Pavarotti.

Rosalía
La ganadora de varios premios Grammy, Rosalía (n. 1992), es famosa en todo el mundo por su música urbana, mezcla de muchos estilos.

En el museo destaca la colección de guitarras clásicas, con ejemplares de Antonio de Torres, considerado el mejor fabricante de guitarras del mundo.

complementan con audiovisuales, dispositivos interactivos y grabaciones. Destaca la colección de guitarras clásicas, con ejemplares de Antonio de Torres, considerado el mejor fabricante de guitarras del mundo. La visita culmina con la oportunidad de probar alguno de los instrumentos. También cuenta con un programa de actividades adicionales, como conciertos y talleres en familia.

Museu Egipci

📍 G4 🏛 Carrer de València 284 ☎ 93 488 01 88 Ⓜ Passeig de Gràcia ⏰ 10.00-14.00 y 16.00-19.30 lu-vi, 10.00-15.00 y 16.00-19.30 sá, 10.00-14.00 do

Esta colección privada de arte egipcio antiguo, con más de 1.000 piezas de varios milenios de antigüedad, es una de las mejores del mundo en su género.

La exposición comienza con las salas dedicadas a los faraones egipcios, a los que se adoraba como a dioses. Una de las secciones más populares es la que muestra varios sarcófagos de distintas épocas, desde los de terracota con decoraciones sencillas a los grandes cofres pintados. Se muestran junto a vasos canopes, empleados para conservar las vísceras de los cuerpos momificados y que a menudo estaban decorados con los símbolos de los cuatro hijos de Horus, encargados de proteger el contenido.

También tiene una buena colección de joyas, recipientes de cerámica, armas e incluso una cama. El museo dispone de una extensa agenda de actividades, desde las noches en el museo, en las que los niños pueden pasar la noche en sacos de dormir en las salas, a desayunos-charla con un experto.

Garage Bar Co
Magnífica cervecería artesana con cerca de 30 cervezas de barril.

📍 F4 🏛 Carrer de Consell de Cent 261 🌐 garagebar.cat

Alma Hotel Garden
Un agradable bar-jardín perfecto para disfrutar de un cóctel.

📍 G3 🏛 Carrer de Mallorca 269 🌐 almahotels.com

Jekyll & Hyde
Para un café mañanero o un cóctel por la noche.

📍 J3 🏛 Carrer de Provença 369 ☎ 633 74 00 96

Hotel Constanza
Este hotel *boutique* tiene habitaciones pintadas en ocre y azul y una azotea.

📍 H5 🏛 Carrer del Bruc 33 🌐 hotelconstanza.com

Cotton House Hotel
Este hotel de 5 estrellas tiene habitaciones y *suites* luminosas y decoradas con antigüedades, y una piscina en el ático.

📍 H5 🏛 Gran Via de les Corts Catalanes 670 🌐 hotelcottonhouse.com

← Un antiguo sarcófago egipcio expuesto en el Museu Egipci

UN PASEO
QUADRAT D'OR

Distancia 1,5 km **Metro** Passeig de Gràcia,
Diagonal **Tiempo** 20 minutos

Las cien manzanas que tienen por centro el passeig de Gràcia
son conocidas como el Quadrat d'Or (Cuadrado de Oro) por
contener buena parte de los mejores edificios modernistas de
Barcelona *(ver p. 78)*. Esta fue la zona del Eixample favorecida
por la alta burguesía, que abrazó el nuevo estilo con
entusiasmo. Este paseo conduce a través de hermosas
residencias privadas y ornamentados edificios comerciales.
Lo más destacable es la Illa de la Discòrdia, una manzana
que atesora casas de los exponentes más insignes del
modernismo. Muchos interiores de estas están abiertos
al público y muestran una orgía de vidrieras, cerámica y
forjado ornamental.

Metro Diagonal

CARRER DE PROVENÇA

*El **passeig de Gràcia**,
principal arteria del
Eixample, es un escaparate
de edificios innovadores y
elegantes tiendas.*

CARRER DE MALLORCA

*Rematado por la
escultura de alambre
de Tàpies* Nube y
silla, *la **Fundació
Antoni Tàpies**
(p. 120), fue diseñada
por Domènech i
Montaner en 1879.*

PASSEIG DE GRÀCIA

CARRER DE VALÈNCIA

↑ El contraste de fachadas
entre la Casa Batlló y la
Casa Amatller

Casa Amatller

*En la **Illa de la Discòrdia**
rivalizan tres de los más
famosos edificios modernistas
de Barcelona (p. 121), erigidos
entre 1900 y 1910.*

Ⓜ

**Museu del
Perfum**

**Casa Ramon
Mulleras**

0 metros   100

N ↗

**Casa Lleó
Morera**

● **INICIO**

*La **Casa Batlló**
(p. 116) de Gaudí*

*Metro Passeig
de Gràcia*

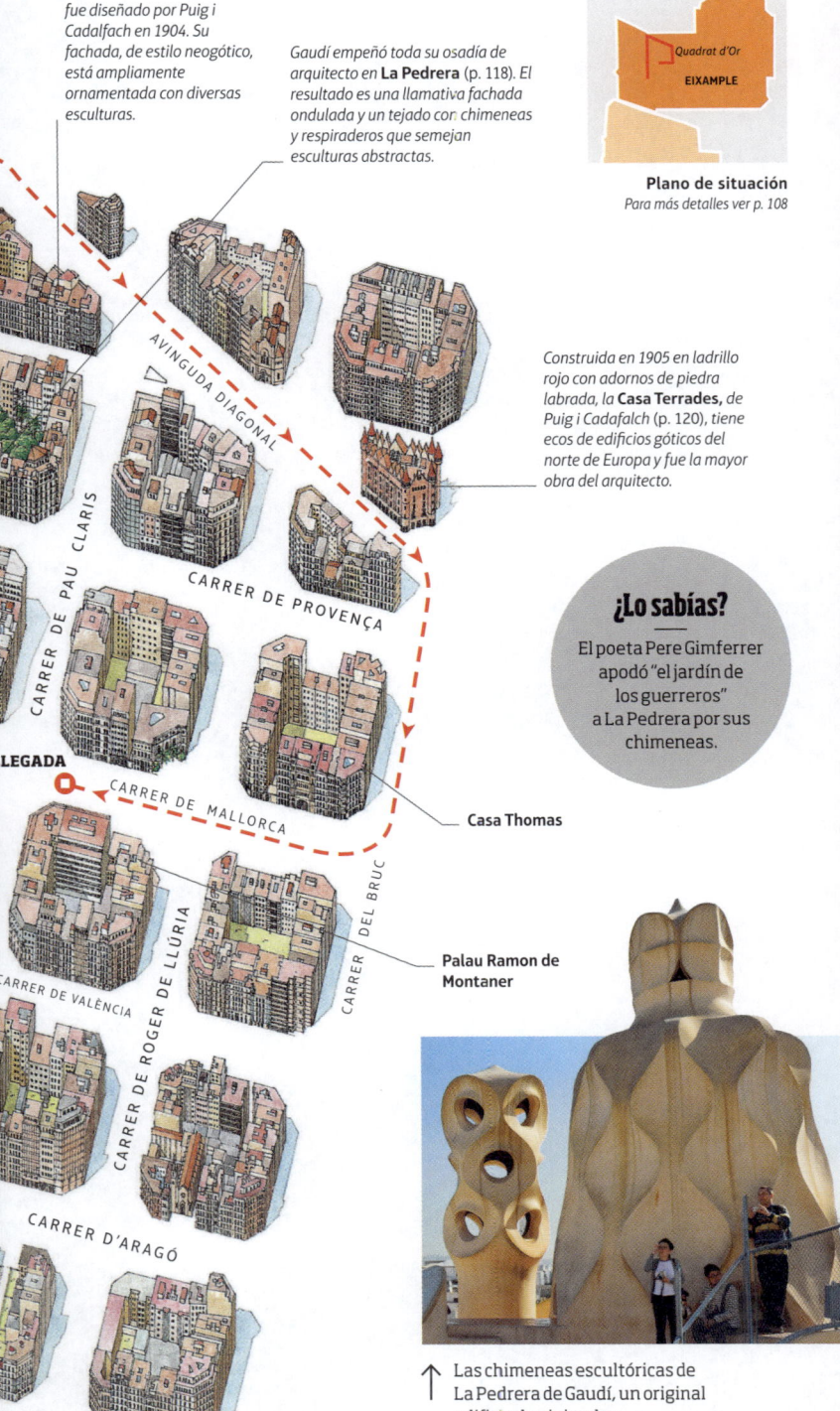

El **Palau Baró de Quadras** fue diseñado por Puig i Cadalfach en 1904. Su fachada, de estilo neogótico, está ampliamente ornamentada con diversas esculturas.

Gaudí empeñó toda su osadía de arquitecto en **La Pedrera** (p. 118). El resultado es una llamativa fachada ondulada y un tejado con chimeneas y respiraderos que semejan esculturas abstractas.

Quadrat d'Or

EIXAMPLE

Plano de situación
Para más detalles ver p. 108

Construida en 1905 en ladrillo rojo con adornos de piedra labrada, la **Casa Terrades,** de Puig i Cadalfalch (p. 120), tiene ecos de edificios góticos del norte de Europa y fue la mayor obra del arquitecto.

AVINGUDA DIAGONAL

CARRER DE PAU CLARIS

CARRER DE PROVENÇA

¿Lo sabías?
—
El poeta Pere Gimferrer apodó "el jardín de los guerreros" a La Pedrera por sus chimeneas.

LLEGADA

CARRER DE MALLORCA

Casa Thomas

CARRER DEL BRUC

CARRER DE VALÈNCIA

CARRER DE ROGER DE LLÚRIA

Palau Ramon de Montaner

CARRER D'ARAGÓ

↑ Las chimeneas escultóricas de La Pedrera de Gaudí, un original edificio de viviendas

MONTJUÏC

Es probable que sobre esta colina de 213 metros hubiera un asentamiento celta antes de que los romanos erigieran un templo en el Mons Jovis (monte de Júpiter), de donde quizá viene el nombre de Montjuïc; según otra teoría, fue el cementerio judío que hubo en la colina lo que dio origen al nombre de monte de los Judíos.

Durante años, las laderas de Montjuïc sirvieron de campos de cultivo y pastos para el ganado que abastecían la Ciudad Vieja. La falta de agua provocó que escasearan las construcciones en Montjuïc hasta que en 1640 se levantó un castillo en su cima. Esta fortaleza tuvo un importante papel durante el movimiento insurgente de 1842 contra Isabel II. La colina cobró importancia al acoger la Exposición Universal de 1929. Toda la cara norte se cubrió de edificios y nació la señorial avinguda de la Reina Maria Cristina, que parte de la plaça de Espanya y lleva hasta la base de la colina. Uno de estos edificios fue un estadio destinado a ser la alternativa a los Juegos Olímpicos de 1936, frente a la candidatura del Berlín controlado por los nazis, pero tuvo que cancelarse a causa del estallido de la Guerra Civil. Parece lógico, por tanto, que la última fiebre constructora de Montjuïc tuviese lugar durante los Juegos Olímpicos de 1992. Para este evento se construyeron en Barcelona instalaciones deportivas de gran prestigio internacional.

GRAN VIA DE LES CORTS CATALANES

MONTJUÏC

Mercat de
Sant Antoni

MONTJUÏC

Lugares de interés
1. Pavelló Mies van der Rohe
2. Museu Arqueològic
3. Fundació Joan Miró
4. Castell de Montjuïc
5. CaixaForum
6. Poble Espanyol
7. Estadi Olímpic de Montjuïc
8. Plaça d'Espanya
9. Museu Nacional d'Art de Catalunya (MNAC)

Dónde comer
1. Font del Gat
2. Martínez

EL POBLE SEC

Poble Sec

CARRER DE SANT PAU

EL RAVAL

Paral·lel

CARRER NOU DE LA RAMBLA

CASCO ANTIGUO
p. 80

Jardins de
Joan Prats

Parc de
Montjuïc

FUNICULAR
DE MONTJUÏC

PASSEIG DE

CARRER NOU DE LA RAMBLA

Jardins de
Mossèn
Cinto
Verdaguer

AVINGUDA DE MIRAMAR

TELEFÈRIC DE MONTJUÏC

CAMI DE LA FONT
TROBADA

PLAÇA DE
CARLOS IBÁÑEZ

Museu Marítim
y Drassanes

Mirador

PLAÇA DE
LA SARDANA

Jardins de
Miramar

Torre de
Miramar

PLAÇA DE LES
DRASSANES

PLAÇA
DEL MIRADOR

Jardins
Mirador
de L'Alcalde

Jardins Mossèn
Costa I Llobera

PASSEIG DE JOSEP

Moll de
Barcelona

RONDA DEL LITORAL

Torre Jaume I

Dàrsena de
Sant Beltrán

World
Trade
Center

LUGARES DE INTERÉS

① Pavelló Mies van der Rohe

⑨ B6 **⬤** Avinguda de Francesc Ferrer i Guàrdia 7 **Ⓜ** Espanya **🚌** 13, 150 **🕐** 10.00-20.00 diario (nov-feb: 10.00-18.00) **🔒** 1 ene, 25 dic **🌐** miesbcn.com

Diseñado por Ludwig Mies van der Rohe (1886-1969), director de la vanguardista escuela Bauhaus, y su colaboradora Lilly Reich (1885-1947) para la Exposición Universal de 1929, las líneas puras y modernas del pabellón alemán debieron sorprender a sus primeros visitantes. Está caracterizado por sus espacios fluidos acristalados, en los que se han borrado los límites entre interior y exterior, y el uso de materiales como el mármol y el ónix. Todo ello aparece realzado gracias a las superficies pulidas y el uso del cristal tintado. En los alrededores hay dos estanques, uno de ellos con la estatua de bronce *Alba*, de Georg Kolbe.

A diferencia de otros pabellones, estaba dirigido a ser un lugar en el que los visitantes pudieran descansar y relajarse más que como espacio expositivo, y en su interior solo podía verse la famosa silla Barcelona, un icono de la modernidad, con estructura de acero y sillón de

LA MEJOR FOTO
Reflejos

Desde el lado opuesto del estanque se puede obtener una imagen perfecta de *Alba*, que no solo se refleja en el agua, sino también sobre la fachada de cristal del pabellón Mies van der Rohe.

cuero. La versión original, con piel de cerdo color marfil, fue diseñada para que la familia real pudiera descansar tras visitar los pabellones.

Como se trataba de una estructura efímera, el pabellón se desmanteló tras la exposición, pero en la década de 1980 se construyó una réplica con los mismos materiales.

② Museu Arqueològic

⑨ C7 **⬤** Passeig de Santa Madrona 39-41 **Ⓜ** Espanya, Poble Sec **🕐** 9.30-19.00 ma-sá, 10.00-14.30 dó y festivos **🔒** 1 ene, 25 y 26 dic **🌐** macbarcelona.cat

Situado en el palacio de Artes Gráficas (1929), de inspiración renacentista, el museo reúne piezas que van de la prehistoria hasta el periodo visigótico (415-711 d. C.). Lo más valioso de su fondo son los hallazgos del poblamiento grecorromano de Empúries (*p. 167*), las joyas de platería íbera y la colección de joyería visigótica.

← Cuenco para libaciones con detalle de lobo, Museu Arqueològic

TOP 5 OBRAS DE LA FUNDACIÓ JOAN MIRÓ

***Ermita de Sant Joan d'Horta* (1917)**
Paisaje temprano, con colores vivos de influencia fauvista.

***Pintura (El guante blanco)* (1925)**
Representación abstracta y poética que muestra una gran influencia del surrealismo.

***Lucero del alba* (1940)**
Parte de la famosa serie *Constelaciones*.

***Poema III* (1968)**
Miró quería "pintar colores como si fuesen palabras formando poemas".

Tapiz de la Fundación (1979)
Concebido para este espacio expresamente, muestra a una mujer bailando bajo la luna y las estrellas.

↑ Cuidados jardines en el interior del castillo de Montjuïc

3

Fundació Joan Miró

📍 C7 🏛 Parc de Montjuïc Ⓜ Espanya, luego autobús 150, 55 o Paral·lel, luego funicular a Montjuïc 🕐 10.00-20.00 ma-sá (10.00-18.00 do); nov-mar: 10.00-18.00 ma-sá (18.00 do) 🚫 1 ene, 25 y 26 dic 🌐 fmirobcn.org

En 1975, tras el regreso de la democracia a España, Joan Miró pidió al arquitecto Josep Lluís Sert que proyectase este espectacular edificio blanco para albergar su colección de pintura, escultura y tapices.

Se trata de la mayor y más completa colección de obras de Miró, donada por el propio artista y expuesta en unas amplias salas diseñadas para maximizar la luz natural.

Las obras se disponen cronológicamente, lo que permite percibir el desarrollo del estilo de Miró a lo largo de los años. Algunos de sus primeros paisajes muestran un colorido alegre inspirado por el fauvismo, mientras en las obras más abstractas de su

estancia en París durante la década de 1920, se puede ver la influencia del movimiento surrealista. Su obra *El lucero del alba* (1940), perteneciente a la serie poética *Constelaciones*, fue una respuesta a la Guerra Civil. Sus *Constelaciones* también fueron una especie de escape, ya que a la vez pintaba la oscura e inquietante *Serie Barcelona* (1939-1944), formada por 50 litografías en blanco y negro.

El museo también organiza exposiciones temporales y cuenta con un encantador jardín de esculturas, con obras como el *Pájaro solar*.

4

Castell de Montjuïc

📍 C8 🏛 Parc de Montjuïc Ⓜ Paral·lel, luego funicular y teleférico 🚌 150 desde plaça d'Espanya 🕐 10.00-20.00 diario (nov-feb: 10.00-18.00) 🌐 ajuntament.barce lona.cat/castelldemontjuic

En la cima de Montjuïc hay una enorme fortaleza del siglo XVIII construida para la familia borbónica. Tras la Guerra Civil se convirtió en prisión. Aquí fue fusilado Lluís Companys, presidente de la Generalitat. Ahora es un museo de la paz.

JOAN MIRÓ

Joan Miró (1893-1983) estudió en la Escuela de Bellas Artes de La Llotja. A partir de 1919 pasó largas temporadas en París. Aunque se opuso a la dictadura franquista, volvió a España en 1940 y vivió en Mallorca hasta su muerte. Admirador del arte catalán primitivo y del modernismo de Gaudí, Miró desarrolló un estilo surrealista de vivos colores y formas fantásticas que evocan escenas oníricas.

↑ Las encantadoras casas del Pueblo Español, algunas ocupadas por artesanos

CaixaForum

📍 B5 🏠 Avinguda de Francesc Ferrer i Guàrdia 6-8 Ⓜ Espanya 🚌 13, 50 🕐 10.00-20.00 diario; 24 y 31 dic, 5 ene: 10.00-18.00 🔒 1 y 6 ene, 25 dic 🌐 caixa forum.es/barcelona

Estos antiguos telares modernistas, proyectados por Puig i Cadafalch en 1911, acogen la magnífica sede central del CaixaForum en Barcelona. Este centro cultural organiza un dinámico programa de actividades, con películas, *performances* y talleres para todas las edades. También es el principal escenario para las exposiciones de arte temporales de otras entidades y algunas de las mejores representaciones artísticas de Barcelona.

Con su propia colección de arte contemporáneo, el centro celebra exposiciones rotativas de sus más de 800 piezas, de artistas como Donald Judd y Gerhard Richter. La nube de neón de Lucio Fontana y el mural de Sol LeWitt del vestíbulo fueron creados específicamente para la fundación.

Poble Espanyol

📍 B5 🏠 Avinguda de Francesc Ferrer i Guàrdia 13 Ⓜ Espanya 🚌 13, 23, 150 🕐 10.00-20.00 lu (ma-ju y do hasta 24.00); 9.00-15.00 vi (hasta 16.00 sá) 🌐 poble-espanyol.com

El popular Pueblo Español fue construido para la Exposición Internacional de 1929 para mostrar la arquitectura y la artesanía españolas.

Un total de 116 edificios ilustran los estilos constructivos de toda España, dispuestos en calles que irradian de una plaza central. En los talleres de artesanos es posible ver técnicas de soplado de vidrio, cerámica, damasquinados toledanos y alpargatas catalanas. Hay también bares, restaurantes, discotecas y un tablao flamenco.

Estadi Olímpic de Montjuïc

📍 B7 🏠 Passeig Olímpic 17-19 Ⓜ Espanya, Poble Sec 🚌 13, 35 y 150 🕐 Museo: 10.00-18.00 ma-sá, 10.00-14.30 do 🌐 museuolimpicbcn.cat

Construido por Pere Domènech i Roura en 1927 para la Exposición Universal de 1929, este estadio neoclásico fue parte de la apuesta de Barcelona como alternativa a los Juegos Olímpicos de Berlín de 1936. Su fachada se ha respetado, pero el interior se remodeló para acoger las Olimpiadas de 1992 y ahora en él se celebran conciertos y competiciones deportivas. Consultar web para ver las actividades.

Cerca quedan el Palau Sant Jordi, de Arata Isozaki, y el Museu Olímpic i de l'Esport. Las exposiciones interactivas del museo muestran a ídolos y disciplinas deportivas de distintas civilizaciones.

Font del Gat

Un sencillo restaurante en los jardines Laribel con un menú cerrado a buen precio entre semana. También ofrece platos clásicos catalanes actualizados.

📍 C7 🏠 Passeig de la Santa Madrona 28 🕐 Cenas 📞 932 89 04 04

Martínez

Restaurante con vistas al puerto, perfecto para disfrutar de una paella.

📍 E8 🏠 Ctra Miramar 38 🌐 martinez barcelona.com

El grandioso Museo Nacional de Arte de Cataluña (MNAC) y el interior de su bóveda pintada

⑧
Plaça d'Espanya

◎ C5 ⊞ Gran Via de les Corts Catalanes Ⓜ Espanya

Esta plaza se extiende alrededor de la fuente construida por Josep Maria Jujol. En uno de sus lados arranca la avenida de la Reina María Cristina, flanqueada por dos campanarios de ladrillo. Esta avenida conduce a la Font Màgica de Carles Buigas; de miércoles a domingo (jueves a sábado de octubre a mayo), cada tarde en la fuente se ofrece un espectáculo de luz y sonido (sujeto a restricciones por causa de la sequía).

---

⑨
Museu Nacional d'Art de Catalunya (MNAC)

◎ B6 ⊞ Parc de Montjuïc, Palau Nacional Ⓜ Espanya 🚌 55, 150 🕙 10.00-20.00 ma-sá (oct-abr: 10.00-18.00), 10.00-15.00 do y festivos 🚫 1 ene, 1 may y 25 dic 🌐 museunacional.cat

El magnífico Palau Nacional fue construido para la Exposición Internacional de 1929, pero en 1934 pasó a albergar una colección de arte que desde entonces se ha convertido en la más importante de la ciudad. El museo resultante ofrece la oportunidad de observar más de un milenio de arte catalán en un solo espacio.

El museo atesora la colección de arte románico más notable del mundo, centrada en una serie de maravillosos frescos del siglo XII, desgajados de las iglesias del Pirineo catalán y que se han dispuesto en unas salas construidas especialmente para ellas y que simulan las pequeñas iglesias de las que proceden. Entre todas destaca especialmente el grupo de Sant Climent, del Vall de Boí (*p. 161*), que incluye un imponente pantocrátor (Cristo en majestad).

La creciente colección de arte gótico cubre el territorio español e incluye obras de grandes artistas catalanes como Jaume Huguet y Bernat Martorell. El museo también se ha visto enriquecido por una importante donación de obras barrocas y renacentistas de la colección Thyssen-Bornemisza, que incluye pinturas de Tiepolo y Fra Angelico entre otros.

La estupenda colección de arte moderno incluye mobiliario modernista de Gaudí (*p. 97*) y pinturas de Picasso, Ramon Casas y Salvador Dalí.

 MEJORES VISTAS
Desde la terraza

La entrada al Museo Nacional de Arte de Cataluña incluye el acceso a las terrazas, desde las que se disfruta de unas vistas panorámicas de la ciudad que alcanzan hasta la Sagrada Familia.

UN PASEO
MONTJUÏC

Distancia 3 km **Metro** Espanya
Tiempo 45 minutos

Situado sobre una colina, Montjuïc disfruta de una situación privilegiada para admirar la ciudad. Este paseo recorre numerosos museos y galerías de arte, un parque de atracciones y un teatro al aire libre. Los edificios más interesantes son los que rodean el Palau Nacional, que alberga la colección de arte románico más valiosa de Europa. El acceso a Montjuïc desde la plaça de Espanya, entre columnas de ladrillo inspiradas en el campanile de Venecia, anticipa el eclecticismo de sus construcciones. El Poble Espanyol ilustra la arquitectura tradicional de todo el país, mientras la Fundació Joan Miró es decididamente moderna.

*El **Poble Espanyol**, fascinante conjunto, con réplicas de edificios de distintas regiones, permite conocer la arquitectura tradicional de toda España (p. 132).*

*El **Pavelló Mies van der Rohe** de acero, cristal, piedra y ónice, fue construido al estilo de la Bauhaus como contribución alemana a la Exposición Universal de 1929 (p. 130).*

INICIO

LLEGADA

AVINGUDA DE FRANCESC FERRER I GUARDIA

AVINGUDA DELS MONTANYANS

PASSEIG

AVINGUDA DE L'ESTADI

0 metros   100

N

*Alojado en el Palau Nacional, el **Museu Nacional d'Art de Catalunya** guarda la mejor colección de frescos medievales de toda Europa (p. 133).*

↑ Cafés y tiendas ocupan las calles del Pueblo Español

Mapa de situación
Para más detalles ver p. 128

↑ El espectáculo de luz y sonido de
la Font Màgica, frente al MNAC

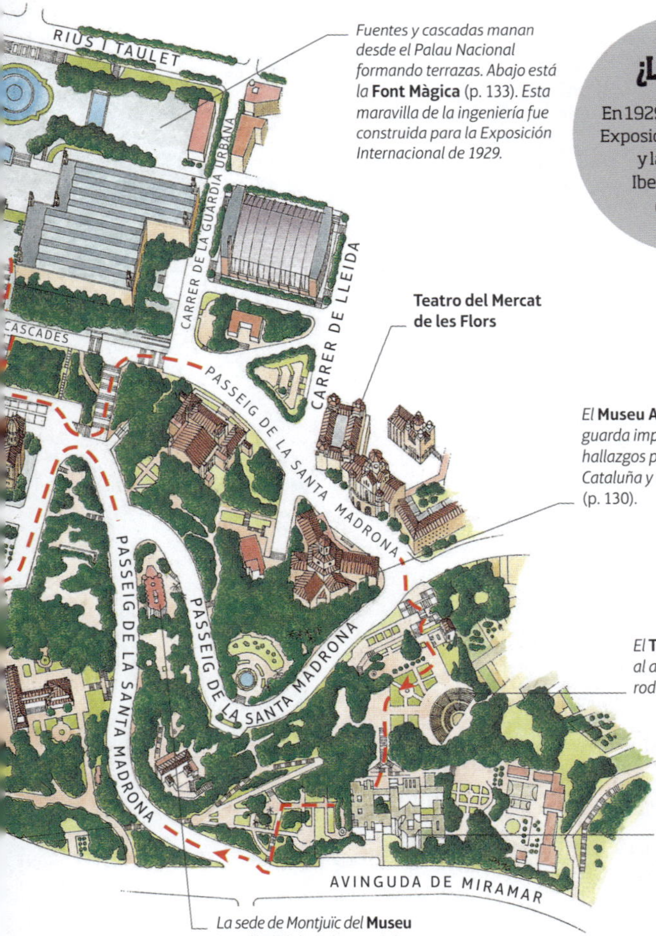

Fuentes y cascadas manan
desde el Palau Nacional
formando terrazas. Abajo está
la **Font Màgica** (p. 133). Esta
maravilla de la ingeniería fue
construida para la Exposición
Internacional de 1929.

¿Lo sabías?

En 1929 se celebraron la
Exposición de Barcelona
y la Exposición
Iberoamericana
de Sevilla.

RIUS I TAULET

CARRER DE LA GUARDIA URBANA

CARRER DE LLEIDA

CASCADES

PASSEIG DE LA SANTA MADRONA

CARRER DE LA SANTA MADRONA

PASSEIG DE LA SANTA MADRONA

PASSEIG DE LA SANTA MADRONA

AVINGUDA DE MIRAMAR

**Teatro del Mercat
de les Flors**

El **Museu Arqueològic**
*guarda importantes
hallazgos prehistóricos de
Cataluña y las islas Baleares
(p. 130).*

El **Teatre Grec,**
*al aire libre, está
rodeado de jardines.*

Miró creó la **Fundació
Joan Miró** *para el
estudio del arte
moderno (p. 131).
Además de las obras
de Miró, el edificio en sí,
de Josep Lluís Sert,
reviste gran interés
arquitectónico.*

La sede de Montjuïc del **Museu
Etnològic i de Cultures del
Món** *expone objetos de
Oceanía, África, Asia y
Latinoamérica.*

135

FUERA DEL CENTRO

La gran expansión urbana de Barcelona de finales de los ochenta y principios de los noventa llenó toda esta zona de nuevos edificios, parques y plazas, al tiempo que recuperaba antiguas joyas modernistas. La estación principal de la ciudad, Sants, fue reconstruida y se crearon los vecinos Parc de l'Espanya Industrial y Parc de Joan Miró, con lagos, esculturas modernas y arquitectura futurista. Al oeste de la ciudad, donde las calles comienzan a ascender, se encuentran el histórico Palacio Real y el monasterio de Pedralbes, así como el famoso Park Güell de Gaudí, todos ellos restaurados, mientras la Torre de Collserola, construida para los Juegos Olímpicos de 1992 y su punto más alto, es un lugar muy visitado por los barceloneses.

99.354
Plazas de asiento del estadio.

CAMP NOU

▣ Avenida de Aristides Maillol Ⓜ Maria Cristina, Collblanc 🕑 Med abr-
med oct, Navidades y Semana Santa: 9.30-19.00 diario; med oct-med abr:
10.00-18.00 lu-sá, 10.00-15.00 do; horario reducido los festivos y días de
partido 🚫 1 ene, 25 dic 🌐 fcbarcelona.cat

**El Camp Nou, el mayor campo de fútbol de Europa, es la sede del
F. C. Barcelona, el popular Barça. El equipo de fútbol más famoso
de la ciudad, fundado en 1899, cuenta con cerca de 140.000 socios.**

Las franjas *blau-grana* del Barça ocupan un lugar importante
en el corazón de la ciudad. La bandera azul y granate del club
fue vehículo de expresión del nacionalismo catalán durante
la dictadura de Franco, cuando la enseña catalana estuvo
prohibida.

Este inmenso estadio es una magnífica estructura,
construida en 1957 según un proyecto de Francesc Mitjans
y Josep Soteras. En 1982 se llevó a cabo una importante
ampliación de las gradas y en la actualidad da cabida a casi
100.000 espectadores sentados.

El Barça Stadium Experience incluye una visita al popular
museo del club, donde se exponen los trofeos ganados por el
F.C. Barcelona. Se trata de una experiencia interactiva, con
paneles táctiles que explican la historia del club y sus muchas
victorias. Actualmente se están realizando unas obras de
remodelación que está previsto que se terminen en 2026.

↑ Monumento
a Ladislao Kubala
frente al estadio

Vista del Camp Nou abarrotado en un día de partido

BARCELONA Y REAL MADRID

Més que un club (más que un club) es el famoso lema del Fútbol Club Barcelona. Significa que el sentimiento por la camiseta azulgrana abarca también la historia y la cultura de la ciudad y de toda Cataluña. Un enfrentamiento entre el Barcelona y el Real Madrid –conocido como el *clásico*– despierta siempre una gran expectación en el mundo futbolístico. Salvo raras excepciones, cada temporada la cuestión es saber quién de los dos equipos ganará la liga. La historia de los enfrentamientos entre ambos clubes está llena de anécdotas curiosas, decisiones arbitrales polémicas y grandes partidos.

← El colorido pasillo por el que los jugadores salen al campo

→ Admirando los trofeos del museo del Barça, Camp Nou

2 🐾 🚇 🍴 👜

PARK GÜELL

🏠 Carrer d'Olot 7, Vallcarca Ⓜ Lesseps, Vallcarca 🚌 24, 32, 92, H6 🕐 Park Güell: 9.30-19.30 diario (solo entrada con horario asignado); Casa-Museu Gaudí: abr-sep: 9.00-20.00 diario; oct-mar: 10.00-18.00 diario 🚫 Casa-Museu Gaudí: 1 ene 🌐 Park Güell: www.parkguell.cat; Casa-Museu Gaudí: www.sagradafamilia.org/casa-museu-gaudi

Declarado patrimonio de la humanidad por la Unesco, el Park Güell es la más vistosa creación de Antoni Gaudí. Proyectado como una ciudad jardín sobre el monte Carmelo, este magnífico parque nunca se terminó, aunque conserva varias de las creaciones de Gaudí, incluyendo dos pabellones, la salamandra de cerámica y el banco más largo del mundo.

En la década de 1890 Eusebi Güell encargó al arquitecto el diseño de una ciudad jardín en 20 hectáreas de su propiedad, pero el proyecto, que incluía edificios públicos y 60 casas, nunca llegó a concluirse. Lo que hoy se ve fue realizado entre 1910 y 1914, e inaugurado en 1922. Para acceder al área monumental que alberga la mayoría de las creaciones de Gaudí que han sobrevivido en el parque, es necesario tener entrada, pero se puede explorar libremente la extensión verde de alrededor.

Los dos pabellones de la entrada son obra de Gaudí, pero la Casa-Museu, donde vivió entre 1906 y 1926, fue construida por Frances Berenguer.

Dentro de la zona monumental está la Sala de las Cien Columnas, una amplia estancia cavernosa con 84 columnas, que pretendía albergar el mercado. En lo alto está la Gran Plaça Circular, un espacio abierto con un serpenteante banco realizado con mosaico que ofrece excelentes vistas de la ciudad.

📷 LA MEJOR FOTO
Opción doble

El Park Güell guarda dos memorables imágenes de Barcelona: su salamandra recubierta de *trencadís,* convertida en emblema de la ciudad, y las vistas desde la Gran Plaça Circular.

1. Gaudí diseñó uno de los pabellones de entrada para ser la casa del guarda. Actualmente alberga un museo; el otro es una tienda.

2. La Casa-Museu Gaudí tiene un bonito jardín con estructuras arquitectónicas, como estos mosaicos.

3. La famosa salamandra, en lo alto de la escalera de la Gran Plaça Circular.

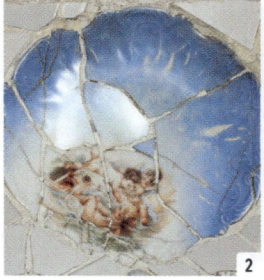

↑ La Gran Plaça Circular se extiende sobre la Sala de las Cien Columnas

↑ El árbol Acariquara se eleva hasta la quinta planta de CosmoCaixa

LUGARES DE INTERÉS

3

CosmoCaixa – Museu de la Ciència

⌂ Carrer Isaac Newton 26
☎ 93 212 60 50 ◉ Avinguda del Tibidabo 🚌 17, 22, 58, 196 🕐 10.00-20.00 diario (10.00-18.00 24 y 31 dic, 5 ene) 📅 1 y 6 ene, 25 dic

Este excelente museo de la ciencia se halla en un edificio modernista diseñado por Josep Domènech i Estapà en 1909 y ofrece una amplia variedad de actividades interactivas para disfrutar en familia.

Destaca el Bosque Inundado, que permite a los visitantes conocer la selva tropical amazónica por encima y por debajo del agua, a lo largo de una pasarela que desciende 5 pisos.

Las zonas dedicadas a los más pequeños incluyen *Universe Room*, que introduce a los niños en los orígenes del planeta, y *Antarctic Base*, que recrea el laboratorio de la Base Antártica Juan Carlos I. Estas actividades y las sesiones en el planetario deben reservarse con antelación. El museo también tiene un programa de exposiciones.

4

Parc de Joan Miró

⌂ Carrer d'Aragó 1
Ⓜ Tarragona

El matadero *(escorxador)* barcelonés del siglo XIX se convirtió en la década de 1980 en este curioso parque, también llamado Parc de l'Escorxador. Está construido en dos niveles: el inferior es popular entre los más jóvenes por sus zonas abiertas con caminos en sombra, y el superior, completamente asfaltado, está presidido por la escultura *Mujer y pájaro* (1983), de Joan Miró *(p. 131)*, alzada en medio de un estanque y recubierta de multicolores azulejos vidriados.

 CURIOSIDADES
Jungla urbana

A un par de manzanas del frondoso Parc Joan Miró, el Parc de l'Espanya Industrial ofrece un interesante contraste. La escultura de un enorme dragón de metal que sirve de tobogán, obra de Andrés Nagel, es muy popular.

5

Monestir de Santa Maria de Pedralbes

⌂ Baixada del Monestir 9
◉ Reina Elisenda o autobús 22, 63, 75, 78 🕐 Abr-sep: 10.00-17.00 ma-vi (hasta 19.00 sá, hasta 20.00 do); oct-mar: 10.00-14.00 ma-vi (hasta 17.00 sá y do) 📅 1 ene, Viernes Santo, 1 may, 24 jun, 25 dic 🖥 monestir pedralbes.barcelona

El monasterio de Pedralbes conserva el ambiente de una comunidad viva a pesar de que las monjas clarisas se trasladaron a un edificio contiguo en 1983. El monasterio fue fundado en 1326 por Elisenda de Montcada, cuarta esposa de Jaime II de Aragón. Su tumba de alabastro está en el muro que divide la iglesia y el claustro; por el lado de la iglesia su efigie está ataviada con ropajes reales, y por el del claustro viste hábito de monja.

El monasterio está construido en torno a un claustro, con dormitorio, un refectorio, una sala capitular, la abadía y las celdas de día. La estancia más importante es la capilla de Sant Miquel, con murales de la *Pasión* y la *Vida de la Virgen*, ambos pintados por Ferrer Bassa en 1346.

6

Museu de Ciències Naturals de Barcelona

 Plaça Leonardo da Vinci 4-5, Parc del Fòrum **M** El Maresme Fòrum **H16** 10.00-18.00 ma-vi (mar-sep hasta 19.00), 10.00-19.00 sá, 10.00-20.00 do 1 ene, 1 may, 24 jun, 25 dic **W** museuciencies.cat

El museo de la ciencia de la ciudad, cuya colección cuenta con más de cien años de antigüedad, exhibe en sus dos plantas más de 3 millones de especímenes de mineralogía, paleontología, zoología y botánica. El museo se halla en el Parc del Fòrum, en un moderno e innovador edificio diseñado por los arquitectos Herzog & De Meuron.

La muestra *Planeta Vida* es un fascinante viaje que recorre la historia de la vida en la Tierra. La sección *La biografía de la Tierra* describe la evolución de la vida, mientras que *La Tierra hoy* ilustra la variedad de formas de vida de nuestro planeta. Los pequeños espacios independientes en la exposición, o las *Islas de ciencia*, tratan temas concretos, como la genética.

7

Tibidabo

Plaça del Tibidabo 3-4 Avda Tibidabo, luego autobús 196 y funicular o Peu del Funicular, luego autobús 111 **111**, T2A desde plaça de Catalunya Parc d'Atraccions: consultar web **W** tibidabo.cat

A la cima del Tibidabo se llega en funicular. El nombre, inspirado por las vistas de la ciudad que se disfrutan desde lo alto, viene del latín *(tibi dabo,* yo te daré), en referencia a la tentación de Cristo, cuando el demonio lo llevó a una montaña y le ofreció cuanto había a sus pies si le servía.

El popular parque de atracciones se inauguró en 1908. A las atracciones antiguas, que mantienen su encanto, se han añadido otras más modernas como la montaña rusa Dragon Khan. Los 517 m de altura del lugar añaden emoción a la visita.

Corona el Tibidabo el Temple Expiatori del Sagrat Cor, construido por Enric Sagnier entre 1902 y 1911; un ascensor sube hasta los pies de una enorme figura de Cristo.

8

Torre de Collserola

Carretera de Vallvidrera al Tibidabo Peu del Funicular, luego funicular de Vallvidrera y autobús 111 Los horarios varían; consultar web **W** torredecollserola.com

La aventura definitiva de la ciudad es subir en ascensor acristalado a esta torre de comunicaciones de 288 m que se alza sobre una colina de 445 m.

La torre fue diseñada por el arquitecto Norman Foster para los Juegos Olímpicos de 1992. Es un mástil tubular de acero con forma de aguja sobre un pilar de cemento. Tiene 13 niveles. En lo alto hay un observatorio con un telescopio, y un mirador que abarca 360° de Barcelona, el mar y las montañas.

TOP 5 | **PLAYAS DE BARCELONA**

Sant Miquel
Popular y accesible, está dominada por la escultura de Rebecca Horn.

Barceloneta
Cercana a Sant Miquel, cuenta con el Espai de Mar, una instalación con variedad de actividades *(p. 102).*

Bogatell
Una de las franjas de arena más largas y animadas, muy popular entre las familias.

Mar Bella
Aunque no oficialmente, es la playa gay de Barcelona. Tiene chiringuitos con DJ y cócteles.

Llevant
Más tranquila y centro de deportes acuáticos, es la favorita de los barceloneses.

→ La plataforma con telescopio situada en lo alto de la Torre de Collserola

ESTE DE ESPAÑA

Veleros amarrados en una cala cercana a Blanes, en la Costa Brava

EL ESTE DE ESPAÑA
EN EL MAPA

Esta guía divide el este de España en tres zonas, cada una diferenciada con un color, como puede verse en el mapa. En las páginas siguientes se amplía la información de cada zona.

ARAGÓN
p. 174

COMUNIDAD VALENCIANA

COMUNIDAD VALENCIANA Y MURCIA
p. 192

Orthez
Biarritz
Saint-Jean-Pied-de-Port
Pau

Tudela
Jaca
Huesca
ARAGÓN
Zaragoza
Calatayud

CASTILLA Y LEÓN

Sierra Palomera

Teruel

Ávila
Guadalajara
San Lorenzo de El Escorial
MADRID
Madrid
Serranía de Cuenca
Aranjuez
Cuenca
Sierra del Javalambre
Vall d'Uixó
Sagunto
Talavera de la Reina
Tarancón
Llíria
Valencia
Toledo
Requena
Sueca
Alcázar de San Juan
Mota del Cuervo
Algemesí
Xàtiva
Villarrobledo
COMUNIDAD VALENCIANA
La Roda
Ontinyent
Daimiel
Tomelloso
Albacete
Alcoy
Ciudad Real
CASTILLA-LA MANCHA
Almansa
Villena
Campo de Calatrava
Manzanares
Yecla
MURCIA
Novelda
Puertollano
Valdepeñas
Hellín
Jumilla
Alicante
Sierra Morena
Elche (Elx)
Andújar
Bailén
COMUNIDAD VALENCIANA Y MURCIA
Orihuela
Úbeda
ANDALUCÍA
Huéscar
Murcia
Torrevieja
Jaén
Alhama de Murcia
Aguilar
Alcaudete
Baza
Lorca
La Unión
Cartagena
Guadix
Huércal-Overa
Golfo de Mazarrón
Águilas

CONOCIENDO
EL ESTE DE ESPAÑA

La increíble belleza natural del este de España, con los picos nevados de los Pirineos, las cálidas aguas turquesas del litoral mediterráneo y las laderas en terraza cubiertas de olivos, viene a sumarse a la de sus numerosas ciudades históricas y edificios antiguos.

PÁGINA 150

CATALUÑA

Situada en el extremo noreste de España, Cataluña contiene un largo tramo de los Pirineos, junto con una buena parte de costa mediterránea. Las pistas de Baqueira-Beret son un imán para los esquiadores, mientras los amantes del sol acuden a la escarpada Costa Brava. Pero, además, su fascinante historia queda reflejada en su arquitectura, desde los monumentos romanos de Tarragona hasta el modernismo catalán de Gaudí, mientras los humedales del delta del Ebro y las singulares mariposas que animan los remotos valles de los Pirineos hacen las delicias de los naturalistas.

Lo mejor
Costa poco explotada y ciudades medievales

Qué ver
Monasterio de Montserrat, monasterio de Poblet, Girona

Experiencias
Escuchar cantar al coro del monasterio de Montserrat

ARAGÓN

Aragón, que se extiende desde los Pirineos hasta casi la mitad central de España, es un foco de atracción para los senderistas gracias al Parque Nacional de Ordesa y Monte Perdido. Pero no es solo su naturaleza lo que resulta impresionante. El paisaje urbano contiene joyas como las ruinas romanas de Zaragoza y varias ciudades medievales muy bien preservadas. Pero es su magnífica arquitectura mudéjar, unas espectaculares construcciones de ladrillo decoradas con azulejería obra de los musulmanes que permanecieron en la región tras la Reconquista, la que ha hecho a Aragón especialmente famosa.

Lo mejor
*Ruinas romanas
y arquitectura mudéjar*

Qué ver
*Parque Nacional de Ordesa,
Zaragoza*

Experiencias
*Observar a los quebrantahuesos
en el Parque Nacional de Ordesa*

COMUNIDAD VALENCIANA Y MURCIA

Estas dos autonomías ocupan un extenso tramo de la costa este. Aunque el desarrollo turístico ha hecho que las ciudades históricas se combinen con grandes centros vacacionales como Benidorm, Valencia ha conservado su casco antiguo –convertido en meca del arte callejero– y un paseo marítimo salpicado de edificios futuristas. En el interior, los pintorescos valles y las colinas verdes del norte contrastan con el entorno semidesértico de Lorca, en el sur de Murcia.

Lo mejor
Animados centros costeros

Qué ver
Valencia

Experiencias
*Participar en las fiestas de la Tomatina
o de las Fallas*

CATALUÑA

Fue en Empúries, en la Costa Brava, donde los romanos pusieron el pie por primera vez en un territorio al que llamaron Hispania y que antes ya era conocido por griegos y fenicios. Tras la caída del Imperio romano, la región fue gobernada sucesivamente por visigodos y musulmanes, hasta que a principios del siglo IX fue conquistada por los francos. Tras un periodo de independencia como condado de Barcelona, fue incorporada a la corona de Aragón en calidad de Principado de Cataluña. Esta autonomía se mantuvo tras la unión de los reinos de Castilla y Aragón en 1492, persistiendo hasta 1714, en que desapareció a consecuencia de la política de centralización de Felipe V.

El movimiento independentista, que nunca decayó del todo, volvió a surgir en la segunda mitad del siglo XIX, pero los avances hacia el restablecimiento de una autonomía catalana quedaron paralizados con la llegada de Franco al poder tras la Guerra Civil.

A la muerte de Franco y con la llegada de la democracia, Cataluña recuperó su estatus de autonomía y se restableció la Generalitat en 1979. Desde entonces, el movimiento independentista mantuvo un cierto número de seguidores, y hacia 2015 diferentes circunstancias políticas hicieron que aumentara la tensión con el Gobierno central, que culminó con la celebración en 2017 de un referéndum ilegal de independencia que trajo como consecuencia el encarcelamiento de algunos líderes políticos y la polarización de la sociedad catalana. Pese a todo, Cataluña continúa siendo uno de los motores económicos de España y una región llena de atractivo para el visitante

CATALUÑA

Esencial
1. Monestir de Montserrat
2. Monestir de Poblet
3. Girona

Lugares de interés
4. Val d'Aran
5. Vielha
6. Baqueira-Beret
7. Vall de Boí
8. Puigcerdà
9. La Seu d'Urgell
10. Sant Joan de les Abadesses
11. Ripoll
12. Parc Nacional d'Aigüestortes
13. Olot
14. Figueres
15. Cardona
16. Besalú
17. Tossa de Mar
18. Cadaqués
19. Peratallada
20. Empúries
21. Vic
22. Lleida
23. Montblanc
24. Solsona
25. Vilafranca del Penedès
26. Sitges
27. Tortosa
28. Costa Daurada
29. Delta de L'Ebre
30. Tarragona

MONESTIR DE MONTSERRAT

F3 **Parc Natural de la Muntanya de Montserrat, Barcelona** **Aeri de Montserrat, luego teleférico; Monistrol-Enllaç, luego tren cremallera** **Desde Barcelona** **Basílica: 7.00-20.00 diario (acceso a La Moreneta cerrado 10.30-12.00); museo: 10.00-17.45 todos los días** **montserratvisita.com**

El monte Serrado, cuya mayor cima alcanza los 1.236 m, es un emplazamiento espléndido para el lugar de culto más venerado de Cataluña: el monasterio de Montserrat, rodeado de capillas y cuevas de eremitas.

Ya en el siglo IX la documentación menciona la existencia de una capilla en el lugar. El actual monasterio fue fundado en el siglo XI, pero en 1811, durante la guerra de Independencia, la abadía fue destruida y los monjes murieron a manos de los franceses. Reconstruida en 1844, fue un foco de la cultura catalana durante el franquismo. Actualmente en el monasterio habitan monjes benedictinos y se respira un aire de recogimiento. Una de las experiencias más impactantes es escuchar a los niños de la escolanía cantar en la basílica de lunes a viernes a las 13.00 y los domingos a las 11.00.

MEJORES VISTAS
Maravilla natural

Muchos enclaves del Parc Natural de la Muntanya de Montserrat ofrecen magníficas vistas de sus formaciones rocosas. Es recomendable llevar prismáticos para observar a las aves de presa que lo sobrevuelan.

Claustro gótico

El museo reúne una colección de pintura catalana de los siglos XIX y XX. También expone objetos litúrgicos de Tierra Santa.

El monasterio de Montserrat en su increíble entorno natural ↑

En la plaça de Santa Maria destacan las alas del claustro gótico, de 1476. La fachada del monasterio es obra de Francesc Folguera.

Patio interior

Agapit Vallmitjana
esculpió el Cristo y los
apóstoles de la fachada
neorrenacentista,
construida en 1900.

El macizo rocoso se
alza tras el monasterio
de Montserrat ↑

La Moreneta (la Virgen Negra)
observa desde lo alto del altar.
Protegida tras un cristal, el orbe
de madera que sostiene
sobresale para que los
peregrinos puedan tocarlo.

Basílica
abovedada

↑ El impresionante
interior abovedado
de la basílica

El tren cremallera
sigue la histórica
línea férrea de
1880.

Teleférico a la estación
del Aeri de Montserrat

LA VIRGEN DE MONTSERRAT

Según la tradición, esta pequeña talla de madera fue realizada por san Lucas y traída por san Pedro en el año 50 d. C. En el siglo VIII, durante la invasión musulmana de la Península, fue escondida en la cercana Santa Cova para salvarla de su posible destrucción. La prueba del carbono apunta a que fue tallada hacia el siglo XII. En 1881 la Virgen Negra de Montserrat se convirtió en patrona de Cataluña.

El monasterio de Poblet, rodeado de viñedos ↑

2 🔧 Ⓜ 🖥

MONESTIR DE POBLET

⬛F3 🏠Salida N240, a 10 km de Montblanc, Tarragona **🚉**L'Espluga de Francolí, luego en taxi **🚌**Tarragona **🕐**Horarios varían, consultar página web **📅**1 ene, 6 jul, 25 y 26 dic **🌐**poblet.cat

El monasterio de Santa María de Poblet, el más grande del llamado triángulo cisterciense, es el panteón de los reyes de la Corona de Aragón y un remanso de tranquilidad. Al atardecer parece brillar bajo la luz celestial.

El monasterio de Poblet fue el primero y más importante de los tres monasterios cistercienses que ayudaron a consolidar el poder en Cataluña después de que Ramón Berenguer IV se la arrebatara a los árabes. Pese a su importancia, durante la desamortización de 1835 la abadía fue abandonada. La restauración de las imponentes ruinas, casi completa, se inició en 1930 y los monjes regresaron en 1940.

EL TRIÁNGULO CISTERCIENSE

Construidos en el siglo XII, los monasterios de Poblet, Vallbona de les Monges y Santes Creus son magníficos ejemplos de la arquitectura gótica y todos ellos han servido de lugar de reposo a los reyes de la corona de Aragón en algún momento. Los tres se encuentran en un radio de 100 km. En Santes Creus, en el que ya no existe vida monástica, se permite explorar las dependencias de un monasterio cisterciense.

El enorme dormitorio de los monjes, de 87 m, data del siglo XIII.

Bodega

El refectorio, del siglo XII, es una sala abovedada con una fuente octogonal y un púlpito.

Pórtico real

Museo

Cronología

1156
Fundación de un monasterio hermano en Vallbona de les Monges

1336-1387
Reinado de Pedro el Ceremonioso, que declara Poblet panteón real.

1835
Desamortización de los monasterios y saqueo de Poblet.

1952
▼ Retorno de los restos de los reyes a sus tumbas.

1150
Se fundan los monasterios de Santes Creus y Poblet.

1196
▲ Alfonso II, primer rey enterrado aquí.

1479
Es enterrado aquí Juan II, último rey de Aragón.

1940
Regreso de los monjes.

El antiguo scriptorium gótico se convirtió en biblioteca en el siglo XVII.

Antigua cocina

Claustro de San Esteban

La sala capitular, de cuadratura perfecta, tiene bancos corridos para los monjes.

↑ Claustro con capiteles tallados con motivos ornamentales

Claustro del locutorio

Detrás del altar mayor, cubre el ábside un impresionante retablo de alabastro sustentado por columnas románicas.

Sacristía nueva

Las tumbas del panteón real se comenzaron en 1359 y fueron restauradas en 1950 por el escultor Frederic Marès.

Los evocadores claustros abovedados se construyeron durante los siglos XII y XIII, y constituían el centro de la vida monástica.

La abadía, grande y sobria, con tres naves, es el típico edificio cisterciense.

Fachada barroca de la iglesia

←
Los distintos edificios que forman el monasterio

❸

GIRONA

 **G2** Girona ⊠🚌🚃 ℹ️ Rambla de la Llibertat 1; www.girona.cat/turisme

Esta bella ciudad muestra su mejor estampa a orillas del río Onyar, desde donde los edificios se alzan sobre las aguas. Las casas se construyeron en el siglo XIX para reemplazar los paños de la muralla dañados en 1809 durante el asedio de las tropas francesas. Casi todo el resto de la fortificación se conserva intacto y por él discurre el passeig Arqueològic (paseo Arqueológico), que bordea Girona, una visita imprescindible antes de salir a explorar el resto de la ciudad.

①

Museu d'Història dels Jueus

📍 Carrer de la Força 8
🕐 Jul y ago: 10.00-19.00 lu-sá (hasta 14.00 do); sep-jun: 10.00-14.00 lu y do, 10.00-18.00 ma-sá 🗓️ 1 y 6 ene, 25 y 26 dic

Entre el laberinto de callejas y escaleras del casco antiguo se halla el viejo barrio judío de El Call. Una de las juderías medievales más importantes de occidente, hoy alberga el Museu d'Història dels Jueus, que narra la historia de los judíos de Gerona, expulsados en el siglo XV.

②

Catedral

📍 Plaça de la Catedral
🕐 Horarios varían, consultar página web 🌐 catedral degirona.cat

El estilo de la cara oeste de la catedral es genuino barroco catalán, el claustro y torre son románicos, pero el resto es gótico. La única nave es la más ancha de la cristiandad. Detrás del altar está la silla de Carlomagno, en honor del rey franco, cuyas tropas tomaron Gerona en el año 785. La entrada incluye la visita a la basílica de Sant Feliu.

📷 **LA MEJOR FOTO**
Acuarela

El Pont de les Peixateries, que cruza el río Onyar, ofrece una vista magnífica de la austera catedral surgiendo tras las casas de colores.

La pieza más famosa de su museo es el tapiz *La Creación*, obra de los siglos XI-XII; también tiene pinturas románicas.

③

Museu d'Art

📍 Pujada de la Catedral 12
🕐 May-sep: 10.00-19.00 ma-sá, 10.00-14.00 do; oct-abr: 10.00-18.00 ma-sá, 10.00-14.00 do 🗓️ 1 y 6 ene, 24, 25 y 31 dic
🌐 museuart.cat

Este antiguo palacio episcopal alberga uno de los mejores museos de Cataluña, con obras que van desde el románico al siglo XX, incluyendo piezas litúrgicas. Lo más destacable son las esculturas del siglo X, un altar plateado de la iglesia de Sant Pere de Rodes y una viga del siglo XII procedente de Cruïlles.

←

Coloridos edificios alineados a lo largo del río Onyar, Gerona

 ④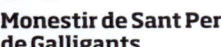
Museu d'Història de Girona

🏛 Carrer de la Força 27
🕐 May-sep: 10.30-18.30 ma-sá (hasta 13.30 do); oct-abr: 10.30-17.30 ma-sá (hasta 13.30 do)

Ubicado en un antiguo convento, este museo traza la historia de Gerona desde su fundación romana hasta el presente.

_____

⑤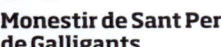
Monestir de Sant Pere de Galligants

🏛 Carrer de Santa Llúcia 8
🕐 Jun-sep: 10.00-19.00 ma-sá (10.00-14.00 do); oct-may: 10.00-18.00 ma-sá (10.00-14.00 do)
🌐 macgirona.cat

Esta bonita iglesia románica alberga el museo arqueológico

de la ciudad. Sus capiteles de piedra muestran escenas del Nuevo Testamento, bestias mitológicas y formas geométricas.

_____

 ⑥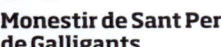
Basílica de Sant Feliu

🏛 Pujada de Sant Feliu 29
📞 972 427 189 🕐 10.00-17.30 lu-sá (13.00-17.30 do)

Esta iglesia comenzó a construirse en el siglo XIV sobre las tumbas de san Félix y san Narciso.

_____

⑦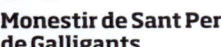
Museu del Cinema

🏛 Carrer de la Sèquia 1
🕐 Los horarios varían; consultar web 🌐 museudel cinema.girona.cat

Un paraíso para los amantes del cine, este museo ofrece una amplia variedad de exposiciones. Destaca la colección de Tomás Mallol. Sus cerca de 20.000 piezas recorren desde el teatro de sombras hasta el cine.

El Celler de Can Roca
Su interpretación de la cocina tradicional le ha valido 3 estrellas Michelin.

🏛 Can Sunyer 48
🚫 do-lu, ma mediodía
🌐 cellercanroca.com

€€€

 **⑧**
Banys Àrabs

🏛 Carrer Ferran el Catòlic s/n
🕐 Los horarios varían; consultar web 🚫 1 y 6 ene, 25 y 26 dic 🌐 banysarabs.cat

Pese a su nombre, los baños árabes se construyeron bajo el reinado del rey Alfonso I a finales del siglo XII, unos 300 años después de que los musulmanes dejaran la zona. Destaca su piscina octogonal abovedada.

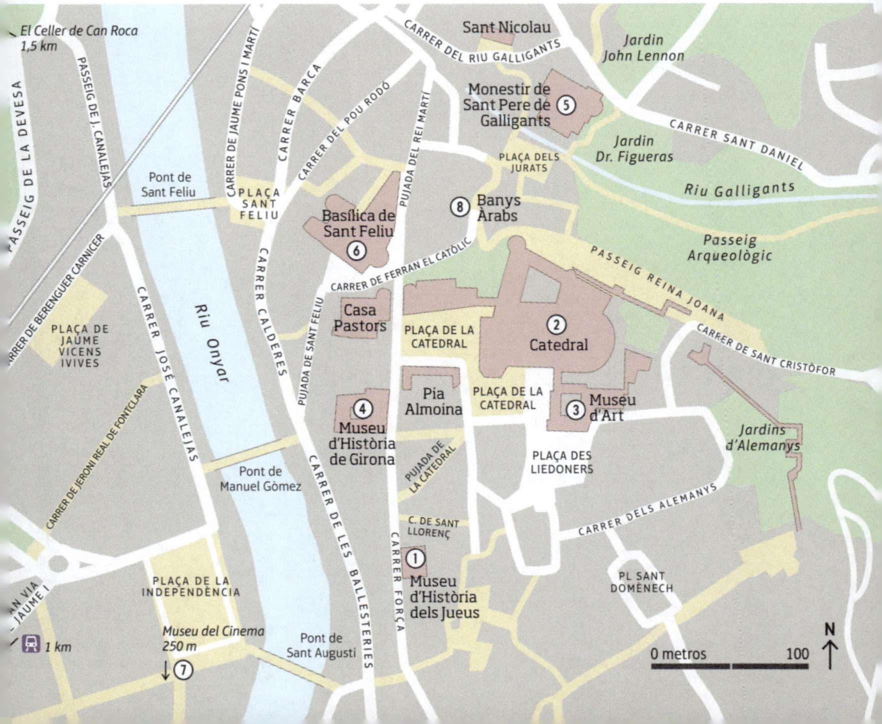

El Celler de Can Roca
1,5 km

CARRER DEL RIU GALLIGANTS

Sant Nicolau

Jardín John Lennon

PASSEIG DE LA DEVESA

CARRER DE JAUME PONS I MARTI

CARRER BARCA

CARRER DEL POU RODÓ

PUJADA DEL REI MARTI

Monestir de Sant Pere de ⑤ Galligants

Jardín Dr. Figueras

CARRER SANT DANIEL

Riu Galligants

PLAÇA DELS JURATS

Pont de Sant Feliu

PLAÇA SANT FELIU

Basílica de Sant Feliu ⑥

⑧ Banys Àrabs

Passeig Arqueològic

CARRER CALDERERS

PASSEIG REINA JOANA

PASSEIG DE J. CANALEJAS

Riu Onyar

CARRER DE FERRAN EL CATÒLIC

CARRER DE BERENGUER CARNICER

PLAÇA DE JAUME VICENS I VIVES

CARRER JOSÉ CANALEJAS

PUJADA DE SANT FELIU

Casa Pastors

PLAÇA DE LA CATEDRAL

② Catedral

CARRER DE SANT CRISTÒFOR

CARRER DE JERONI REAL DE FONTCLARA

Pont de Manuel Gómez

④ Museu d'Història de Girona

Pia Almoina

PLAÇA DE LA CATEDRAL

③ Museu d'Art

Jardins d'Alemanys

PUJADA DE LA CATEDRAL

PLAÇA DES LLEDONERS

CARRER DE LES BALLESTERIES

CARRER FORCA

C. DE SANT LLORENÇ

① Museu d'Història dels Jueus

CARRER DELS ALEMANYS

PL SANT DOMÈNECH

AN VIA
JAUME I

🚇 1 km

PLAÇA DE LA INDEPENDÈNCIA

Museu del Cinema 250 m
↓ ⑦

Pont de Sant Augustí

0 metros   100

N ↑

LUGARES DE INTERÉS

4

Val d'Aran

F2 Lérida Vielha Carrer Sarriulèra 10, Vielha; www.visitvaldaran.com

Este precioso valle de valles –*aran* significa valle– es un paraíso de bosques y prados cubiertos de flores y coronados por altivos picachos. El valle de de Arán lo formó el río Garona, que nace aquí y fluye hacia Francia, donde pasa a llamarse Garonne. Hasta 1924, año en que se construyó una carretera por el puerto de la Bonaigua, el valle no tenía comunicación con el exterior y quedaba aislado del resto de España durante gran parte del invierno. La nieve sigue cerrando este estrecho paso de noviembre a abril, pero hoy el acceso está garantizado por el túnel de Vielha.

Al estar orientado al norte, el clima del valle de Arán es similar al de la costa atlántica. Gracias a las condiciones creadas por las brisas húmedas y las laderas umbrosas abundan especies curiosas de mariposas y flores silvestres,así como de narcisos blancos y amarillos. A orillas del río Garona fueron surgiendo pequeñas aldeas, con frecuencia alrededor de una iglesia románica, como en Bossòst, Salardú, Escunhau y Arties. El valle es un sitio ideal para el esquí y el senderismo.

5

Vielha

F2 Lérida Carrer Sarriulèra 10; 973 64 01 10

La capital de la Val d'Aran, a orillas del río Garona, conserva restos de su pasado medieval. La iglesia románica de Sant Miquel tiene un campanario octogonal y un soberbio crucifijo de madera del siglo XII, el Cristo de Mig Aran, que es un fragmento de una talla mayor que representaba el descendimiento de la Cruz. El **Musèu dera Val d'Aran** está consagrado a la historia y la etnología de la comarca.

MARIPOSAS DE LA VAL D'ARAN

En los montes y valles pirenaicos se encuentra una gran variedad de mariposas. El valle de Arán, por su aislamiento, es morada de varias subespecies poco habituales, como la mariposa ajedrezada *(Pyrgus malvae)*, la blanca de Asso *(Parnassius mnemosyne)* y la fronteriza *(Carterocephalus palaemon)*. La mejor época para verlas es durante los meses de primavera, entre mayo y junio.

Musèu dera Val d'Aran

Carrer Major 26 10.00-13.30 y 16.00-19.00 lu-sá, 10.00-13.30 do Med sep-med jun lu y festivos visitmuseum.gencat.cat/en/museu-dera-val-d-aran

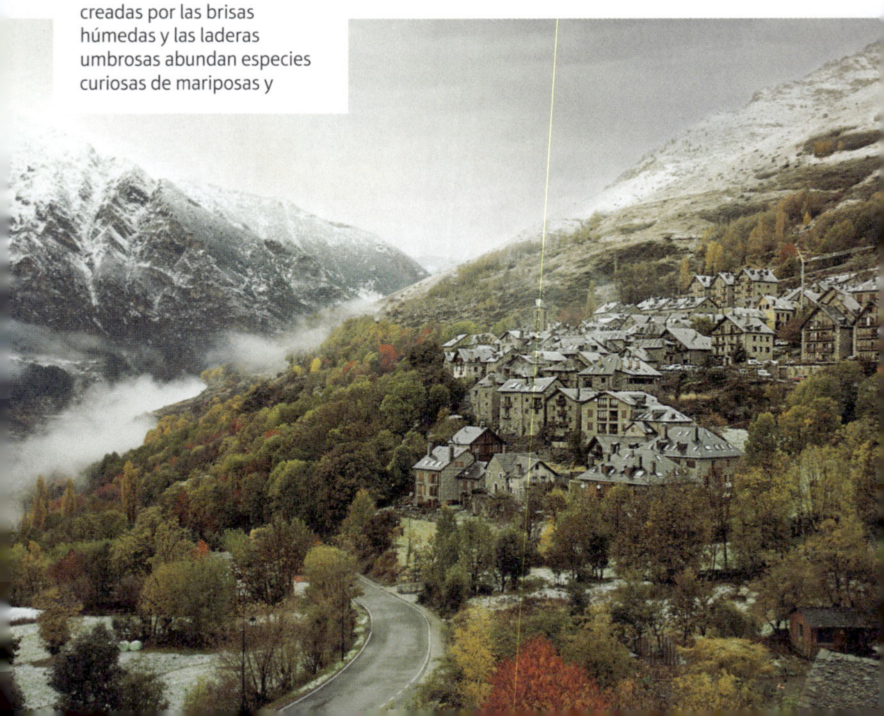

↑ Esquiadores en las pistas de la estación de Baqueira-Beret, en los Pirineos

Hotel El Ciervo

Este hotel acogedor, en el mismo centro de Vielha, ofrece lujo sin pretensiones. A 20 minutos de Baqueira-Beret, es perfecto para relajarse tras un día en las pistas.

F2 **Plaza de San Orencio 3, Vielha** **hotelelciervo.net**

 €€€

Hostal Sa Rascassa

Un hotel *boutique* de la Costa Brava, con solo cinco habitaciones dobles, para los que huyen de los grandes *resorts*. Hay que reservar con antelación.

G2 **Cala d'Aiguafreda 3, Begur** **hostal sarascassa.com**

 €€€

Hotel Costabella

Bien comunicado por carretera y con transporte accesible, este hotel es una buena base para explorar Cataluña. Tiene habitaciones modernas, sauna de vapor y piscina exterior.

G2 **Avinguda de França 61, Gerona** **hotelcostabella.com**

 €€€

¿Lo sabías?

Baqueira-Beret es uno de los destinos vacacionales favoritos de la familia real española.

 6

Baqueira-Beret

F2 **Lérida** **www.baqueira.es**

Esta estación de esquí es una de las mejores y más populares de España. Mantiene espesas capas de nieve durante casi toda la temporada invernal y cuenta con más de 100 pistas con altitudes que van de los 1.520 m a los 2.470 m. Las aguas termales de la cercana aldea de Trèdos ya eran un bien preciado para los romanos y hoy las aprovechan los esquiadores para relajarse tras un día esquiando.

 ←

El pintoresco pueblo de Taüll, en el corazón del Vall de Boí

 7

Vall de Boí

F2 **Lérida** **La Pobla de Segur** **Pont de Suert** **Passeig Sant Feliu 43, Barruera; www.vallboi.cat**

Este pequeño valle en los límites del Parque Nacional de Aigüestortes está moteado de pueblecitos, muchos de ellos crecidos en torno a iglesias románicas, fechadas en los siglos XI y XII, y caracterizadas por sus altos campanarios, como el que presenta la iglesia de Santa Eulàlia, situada en Erill-la-Vall, de seis plantas.

Las dos iglesias de Taüll, Sant Climent y Santa Maria, tienen magníficos frescos. Por motivos de seguridad, los originales fueron trasladados entre 1919 y 1923 al Museu Nacional d'Art de Catalunya, en Barcelona *(p. 133)*, y sustituidos por reproducciones. Desde la torre de Sant Climent se puede contemplar una vista espléndida de la campiña circundante.

Otras iglesias de la comarca que merecen una visita son las de Coll, por sus bellos forjados, la de Barruera y la de Durro, que cuenta con otro impresionante campanario. En la cabecera del valle está Caldes de Boí, famosa por sus fuentes termales y la cercana estación de esquí, Boí Taüll, la estación de esquí más alta de los Pirineos. Es también una buena base para explorar el Parc Nacional d'Aigüestortes *(p. 163)*, cuyo acceso se halla a solo 5 km.

❽ Puigcerdà

F2 **Gerona**
Plaça Santa Maria;
www.puigcerda.cat

Puigcerdà, cerca de la frontera, fue fundada por Alfonso II en 1177 como capital de la Cerdanya, importante región agrícola que comparte historia y cultura con la Cerdagne francesa. El enclave español de Llívia, pueblecito con una curiosa botica medieval, está a seis kilómetros, en territorio francés.

Puig quiere decir 'colina' en catalán. Aunque Puigcerdà se asienta en una colina más bien modesta comparada con las montañas circundantes, que alcanzan los 2.900 m, ofrece sin embargo bellas vistas del valle de Cerdanya. Esto hace que esté siempre llena de esquiadores en invierno y de senderistas en verano. Este valle de Cerdanya, regado por el truchero río Segre, es el más extenso de los Pirineos. En sus confines se halla el Parc Natural del Cadí-Moixeró, con una población de cornejas alpinas.

💬 **CONSEJO DK**
Cruzar la frontera

Andorra se encuentra a solo 10 km de La Seu d'Urgell. Famoso por sus tiendas libres de impuestos, este pequeño principado conserva un aire rural. Se debe llevar pasaporte o DNI.

---

❾ La Seu d'Urgell

F2 **Lérida** **Carrer Major 8; 973 35 15 11**

Esta antigua población pirenaica fue convertida en obispado por los visigodos en el siglo VI. Las pugnas entre los obispos de Urgell y los condes de Foix por la propiedad de la tierra dio origen a Andorra en el siglo XIII. La catedral, del siglo XII, tiene una imagen románica de Santa Maria d'Urgell. El **Museu Diocesà** contiene obras de arte medievales y manuscritos, entre ellos una copia del siglo X del *Comentario al Apocalipsis* del Beato de Liébana.

Museu Diocesà

 Plaça del Deganat
Los horarios varían; consultar web Festivos
museudiocesaurgell.org

---

❿ Sant Joan de les Abadesses

F2 **Gerona** **Plaça de l'Abadía 9; www.sant joandelesabadesses.cat**

El bello puente gótico del siglo XII se arquea sobre el río Ter y llega hasta esta sencilla población cuyo mayor atractivo es su monasterio. Fundado en 885, fue un presente de Guifrè el Pelós, primer conde de Barcelona, a su hija, la primera abadesa. La austera iglesia no tiene más adorno que un calvario de madera, el *Santíssim Misteri*, de 1250, de una destacada modernidad; simple, vertical y lleno de fuerza, es considerado una joya de la estatuaria románica catalana . El monasterio alberga retablos barrocos y renacentistas.

Al norte se encuentra la villa de Camprodon, con casas solariegas y varias charcuterías.

El corazón de Puigcerdà, con vistas al valle de Cerdanya ↑

El escarpado terreno del Parc Nacional d'Aigüestortes

 11

Ripoll

F2 **Gerona**
Plaça Abat Oliba;
www.visit.ripoll.cat

El que fue en otro tiempo un campamento de montaña desde donde se efectuaban incursiones contra los árabes es famoso hoy por el monasterio de Santa Maria, fundado el año 888. Se ha llamado a Ripoll *la cuna de Cataluña,* pues el monasterio fue sede del poder de Guifrè el Pilós (Wilfredo el Velloso), que está enterrado en el monasterio y fue fundador de la dinastía de

la Casa de Barcelona, que reinó 500 años.

A finales del siglo XII el pórtico del oeste se enriqueció con elaboradas tallas que son quizá las más perfectas del románico español, con episodios históricos y escenas bíblicas.

_____

 12

Parc Nacional d'Aigüestortes

F2 **Lérida** **La Pobla de Segur** **Pont de Suert, La Pobla de Segur** **Carrer de les Graieres 2, Boí, 973 69 61 89; Carrer Sant Maurici 5, Espot, 973 62 40 36; 36; https://parcsnaturals. gencat.cat/en/xarxa- deparcs/aiguestortes**

El virgen paisaje de montaña del único parque nacional de Cataluña se cuenta entre los más espectaculares de los Pirineos. Creado en 1955, el parque abarca 14.119 hectáreas. Las principales poblaciones de acceso son Espot, al este, y Boí, al oeste. El parque se halla salpicado por cascadas y por las límpidas aguas de unos 150 lagos y lagunas. Los parajes más bellos son los que rodean el lago Sant Maurici, tendido entre las cumbres gemelas dels Encantats. De aquí nacen diversos senderos, como los que bordean el rosario de lagos que llevan por el norte a los

enhiestos picos de Agulles d'Amitges. Al sur surge la espectacular estampa del Estany Negre, la laguna más alta y profunda del parque.

A principios de verano los valles inferiores se cubren de rododendros de color rojo y rosa, y más entrado el año florecen los lirios en los bosques.

El parque es también morada de una fauna muy diversa. Los rebecos viven en prados y pedregales, los castores y las nutrias se ven a orillas de los lagos y los quebrantahuesos sobrevuelan las montañas.

EL CATALÁN, LENGUA LITERARIA

El catalán se convirtió en lengua literaria en el siglo XIII gracias a la obra del mallorquín Ramon Llull. El siglo de oro de la literatura catalana duraría hasta comienzos del siglo XVI y cuenta entre sus figuras al poeta petrarquista Ausias March (1397-1459) y a Joanot Martorell (1413-1468), autor de la novela de caballería *Tirant lo Blanc.* Tras una etapa de eclipsamiento, la lengua catalana volvió a florecer bajo el movimiento romántico conocido como Renaixença.

⓭ Olot

🅰G2 🚉Gerona 🚌 ℹCarrer Francesc Fàbregas 6; www.turismeolot.com

Esta localidad ocupa el centro de un paraje dominado por volcanes extintos, aunque la ciudad medieval fue destruida por el terremoto de 1474. Se puede aprender más sobre este territorio en el interactivo **Espai Cràter.**

Durante el siglo XIX, la gran luminosidad de la zona inspiró a los paisajistas de la llamada Escuela de Olot. Se pueden ver muchos de sus trabajos en el **Museo Comarcal de la Garrotxa,** que ocupa un hospicio del siglo XVIII. La otra gran atracción de la ciudad es el **Museu dels Sants,** donde se pueden ver las estatuas de santos y escenas bíblicas, antes de acercarse al taller en el que trabajan los artistas.

Espai Cràter

🏠Carrer Macarnau 55 🕐Jun-Sep: 10.00–14.00 y 16.00–20.00 todos los días; oct–may: 10.00–14.00 y 15.00–18.00 lu-vi (hasta 19.-00 sá), 10.00–14.00 do 🌐espaicrater.com

Museu Comarcal de la Garrotxa
♿ 🏠Carrer de l'Hospici 8 🕐10.00–13.00 y 15.00–18.00 lu-vi, 11.00–14.00 y 16.00–19.00 sá, 11.00–14.00 do ℹwww.olotcultura.cat

Museu dels Sants
♿ 🏠Carrer de Joaquim Vayreda 9 🕐10.00–13.00 y 15.00–18.00 ma-vi, 11.00–14.00 y 16.00–19.00 sá, 11.00–14.00 do ℹwww.olotcultura.cat

⓮ Figueres

🅰G2 🚉Gerona 🚍🚌 ℹPlaça de l'Escorxador 2; www.visitfigueres.cat

Figueres es la capital de la comarca del Alt Empordà (Ampurdán), fértil llanura de clima templado que se extiende tierra adentro

Bonita escultura de un ángel en el Museu dels Sants de Olot

desde el golfo de Roses. Esto hace que todos los jueves su mercado se llene de frutas y verduras.

El **Museu del Joguet** (Museo del Juguete), en la Rambla, la calle principal de Figueres, contiene piezas procedentes de toda Cataluña. Al final de la

EL ARTE DE DALÍ

Salvador Dalí nació en Figueres en el año 1904 y montó su primera exposición a los 15 años. Después de estudiar en la Escuela de Bellas Artes de Madrid y coquetear con el cubismo, el futurismo y la pintura metafísica, el joven artista abrazó el surrealismo en 1929 y se convirtió en el pintor más conocido del movimiento. Siempre controvertido, Dalí alcanzó la fama por sus imágenes alucinantes, que describió como "fotografías pintadas de sueños". Murió en su ciudad natal en el año 1989.

← La villa medieval de Besalú, a orillas del río Fluvià

> **Magnífica población medieval a la que se accede por un puente fortificado sobre el río Fluvià, Besalú tiene dos bellas iglesias.**

Rambla se eleva la estatua de Narcís Monturiol i Estarriol (1819-1885), uno de los padres del submarino.

El hijo más ilustre de la ciudad es Salvador Dalí, que fundó el **Teatre-Museu Dalí** en 1974. El museo más visitado de España tras el Museo del Prado de Madrid (*p. 316*), ocupa un antiguo teatro remodelado. En su interior, las obras de Dalí se exponen junto a las de otros artistas. Destaca el *Taxi lluvioso*, un Cadillac negro regado por una fuente.

Museu del Joguet
⌖ 🏠 Carrer Sant Pere 1 🕐 Los horarios varían; consultar web 🆆 mjc.cat

Teatre-Museu Dalí
⌖ 🏠 Plaça Gala-Salvador Dalí 🕐 Los horarios varían; consultar web 🕐 1 ene, 25 dic 🆆 salvador-dali.org

15
Cardona
🅰 F2 🚇 Barcelona 🚌 🛈 Avinguda Rastrillo; www.cardonaturisme.cat

Situada en una colina y rodeada por el río Cardener, esta ciudad es conocida sobre todo por su Montanya de Sal, una enorme salina explotada desde tiempos de los romanos. Este material, casi traslúcido, ha sido tallado en forma de estatuas y crucifijos por los artistas de Cardona desde hace siglos.

Desde el **Castell de Cardona** se disfruta de las mejores vistas del pueblo y la salina. El castillo del siglo XIII de los duques de Cardona, condestables de la Corona de Aragón, se alza en una colina sobre el pueblo. Reconstruido en el siglo XVIII, hoy es un parador. Junto al castillo se

halla la iglesia de Sant Vicenç del siglo XI, lugar de enterramiento de los duques.

Castell de Cardona
⌖ 🕐 🏠 Castell de Cardona s/n 🕐 Solo visitas guiadas; consultar web 🆆 cardonaturisme.cat

---

16
Besalú
🅰 G2 🚇 Gerona 🚌 🛈 Carrer del Pont 1; www.besalu.cat

Magnífica población medieval a la que se accede por un espectacular puente fortificado que salva el río Fluvià, Besalú tiene dos bellas iglesias: la románica de Sant Vicenç y la de Sant Pere, único vestigio del monasterio benedictino del lugar, fundado en el 948.

En 1964 se descubrió un *mikvah* o baño ritual judío. Data de 1264 y solo se conservan en Europa otros dos de esa época.

A 14 km al sur, el lago azul celeste de Banyoles es excelente para una merienda campestre.

❶⑦ Tossa de Mar

 G3 Gerona
 Avinguda Pelegrí 25;
www.visittossa.com

La ciudad romana de Turissa es uno de los rincones más bellos de la Costa Brava. Sobre la ciudad moderna está la Vila Vella (ciudad antigua), declarada monumento nacional. En el casco antiguo se encuentra el **Museu Municipal**, que reúne hallazgos arqueológicos y obras de arte moderno.

Museu Municipal

 Plaça Pintor Roig i Soler 1
 Horarios varían, consultar web visitmuseum.gencat.cat/en/museu-municipal-de-tossa-de-mar

⓲ Cadaqués

 G2 Gerona
 Carrer Cotxe 1;
www.visitcadaques.org

Encaramada en lo alto del remoto Cap de Creus, en su parte vieja quedan calles empedradas, como el carrer d'es Call, y entre esas calles se halla el **Museu de Cadaqués,** que organiza exposiciones temporales sobre la historia del pueblo y sobre las artes visuales. Cadaqués fue conocida en la década de 1960 como *el Saint Tropez español*, por los jóvenes que seguían los pasos de Dalí en la cercana cala de Port Lligat. La casa en la que vivió el artista desde 1930 hasta su muerte en 1989 alberga en la actualidad la **Casa-Museu Salvador Dalí.** Conserva su taller, la biblioteca y los aposentos privados, y cuenta con jardín y piscina. Hay que reservar la visita con antelación y se permiten pocos visitantes.

Museu de Cadaqués

 Carrer d'en Narcís Monturiol 15 972 25 88 77
 Los horarios varían; llamar con antelación

Casa-Museu Salvador Dalí

 Portlligat
 Imprescindible reservar con antelación, horarios varían; consultar web
 1 ene, med ene-med feb, 3 jun, 7 oct, 25 dic
 salvador-dali.org

¿Lo sabías?

El nombre de Peratallada (piedra tallada) hace referencia a su famosa arquitectura de piedra.

⓳ Peratallada

 G2 Gerona
 Plaça del Castell 3;
www.visitperatallada.cat

Junto a la Costa Brava, Peratallada, Pals y Palau Sator conforman el llamado triángulo dorado de las villas medievales. Un laberinto de callejas traslada a los visitantes hasta el siglo XI. Conserva íntegramente su carácter medieval a pesar de su expansión, y se caracteriza por las construcciones que condes y reyes erigieron aquí para defenderse de ataques enemigos. Está en lo alto de una colina y brinda magníficas vistas de los alrededores.

Muralla de Vila Vella, la antigua ciudad medieval, Tossa de Mar

Empúries

A G2 A Gerona
L'Escala Desde 10.00;
la hora de cierre varía,
consultar web
macempuries.cat

Entre los siglos VI y III a. C. se fueron construidos tres asentamientos: la ciudad vieja (Palaiápolis), la ciudad nueva (Neápolis) y la ciudad romana. La ciudad vieja fue fundada por los griegos en el 600 a. C. como puerto comercial. Se construyó en lo que entonces era una pequeña isla frente a la costa y donde se asienta hoy el pueblo amurallado de Sant Martí d'Empúries. Hacia el 550 a. C. se instaló en la costa una colonia –la ciudad nueva– a la que los griegos llamaron Emporion (lugar de comercio). En el 218 a. C. los romanos construyeron una población junto a la ciudad nueva. El museo conserva restos arqueológicos del yacimiento, aunque las piezas más importantes se encuentran en el Museu Arqueològic de Barcelona *(p. 130)*.

Vic

A F2 A Barcelona
Plaça del Pes;
www.victurisme.cat

Los días de mercado (martes, sábados y domingos) son los mejores para visitar esta localidad rural. Es entonces cuando los renombrados embutidos del país se apilan en la gótica plaça Major junto con otros productos de las llanuras circundantes.

En el siglo III a. C. Vic era la capital de la antigua tribu íbera de los ausetanos. La ciudad fue colonizada después por los romanos, uno de cuyos templos se conserva todavía. Desde el siglo VI ha sido sede episcopal. En el siglo XI, el abad Oliba encargó la torre del Cloquer, en torno a la cual se levantó la catedral en el siglo XVIII. El interior de la catedral está cubierto de grandes pinturas murales realizadas por Josep Maria Sert (1874-1945), que son representaciones de la Biblia en colores rojizos y dorados.

Anejo a la catedral se halla el **Museu s'Art Medieval,** que reúne una de las mejores colecciones románicas de Cataluña. Está compuesta principalmente por piezas religiosas y reliquias, y sencillas pinturas murales de vivos colores y tallas de madera procedentes de iglesias rurales.

Museu d'Art Medieval
 Plaça Bisbe Oliba 3
abr-sep: 10.00-19.00 ma-sá, 10.00-14.00 do; oct-mar: 10.00-13.00 y 15.00-18.00 ma-vi, 10.00-19.00 sá, 10.00-14.00 do
1 y 6 ene, Domingo de Pascua, 25 y 26 dic
museuartmedieval.cat

El Racó del Mar
Este restaurante, cercano a la playa, ofrece buen pescado y marisco, además de opciones vegetarianas y veganas. Se recomienda reservar.

A G2 A Passeig Marítim, Empuriabrava
elracodelmar.com

€€€

Portal 22
Elegante bar de tapas, con variedad de platos típicos y una cocina a la vista para ver trabajar a los chefs.

A F3 A Plaça del Portal Nou 22, Valls (Alt Camp)
do cenas
portal22.cat

€€€

Compartir
Su prestigioso trío de chefs catalanes sirve platos imaginativos como sardinas marinadas en naranja y menta.

A G2 A Riera Sant Vicenç s/n, Cadaqués
compartir cadaques.com

€€€

Restos de una puerta de la muralla romana de Empúries

Lleida

ⒶF3 Ⓐ Lérida 🚉🚌
ℹ Carrer Major 31 bis;
www.turismedelleida.cat

La capital de la única provincia interior de Cataluña está dominada por la Suda, un gran fuerte tomado a los árabes en 1149. Entre sus murallas está la vieja catedral, la Seu Vella, fundada en 1203. Felipe V la convirtió en cuartel en 1707, pero aún conserva su hermoso claustro y rosetón góticos. Tras ocho años de abandono, el complejo ha sido restaurado y cuenta con miradores. Un ascensor baja desde la Seu Vella hasta la plaça de Sant Joan, situada a mitad de una animada calle peatonal que serpentea al pie de la colina, llena de comercios y jalonada por algunos de los edificios más bonitos de Lérida. Aquí está la catedral nueva, junto con otros muchos edificios señoriales como el ayuntamiento, del siglo XIII.

↑ El apacible claustro de la catedral de Lérida, la Seu Vella

㉓ Montblanc

ⒶF3 Ⓐ Tarragona 🚉🚌
ℹ Muralla de Santa Tecla 54; www.mont blancmedieval.cat

La grandeza medieval de esta población pervive dentro de sus murallas, consideradas el mejor ejemplo de arquitectura militar de Cataluña. En la puerta de Sant Jordi figura san Jorge matando al dragón. El **Museu Comarcal de la Conca de Barberà** tiene curiosas muestras de artesanía local.

Museu Comarcal de la Conca de Barberà

⊛ Ⓐ Carrer Josa 6 Ⓒ Med sep-med jun: 10.00-14.00 y 17.00-19.00 vi (ma-ju hasta 14.00), 11.00-14.00 y 16.00-19.00 sá (hasta 14.00 do) 🌐 mccb.cat

㉔ Solsona

ⒶF2 Ⓐ Lérida 🚌
ℹ Carretera de Bassella 1; www.solsonaturisme.com

De la fortificación de Solsona quedan nueve torres y tres portales. Franqueadas las murallas surge un pueblo antiguo de nobles mansiones. La catedral alberga una Virgen de piedra negra. El **Museu Diocesà i Comarcal** contiene pinturas románicas y hallazgos arqueológicos.

TOP 5 BODEGAS DE CAVA

Codorníu
Un autobús lleva desde Barcelona hasta esta bodega de Sant Sadurní d'Anoia *(www.codorniu.com)*.

Freixenet
El mayor exportador de cava del mundo ofrece visitas guiadas *(www.freixenet.es)*.

Gramona
Una bodega *boutique* que se remonta a 1850 *(www.gramona.com)*.

Raventós i Blanc
Esta bodega produce cava desde 1870 *(www.raventos.com)*.

Alta Alella
Un viñedo con vistas al Mediterráneo *(www.altaalella.wine)*.

Museu Diocesà i Comarcal

🏠 Plaça Palau 1 🕐 Horarios
varían, consultar web
🗓 1 y 6 ene, 25 y 26 dic
🌐 museusolsona.cat

El paseo de Sitges
al atardecer
y el Museu Cau
Ferrat ↑

25
Vilafranca
del Penedès

🅰 F3 🏠 Barcelona 🚃🚌
ℹ Carrer Hermenegild
Clascar 2; www.turisme
vilafranca.com

Esta activa población se halla
en el corazón de la principal
región vinícola de Cataluña. El
Vinseum (Museo del Vino), en
el palacio del siglo XIV de los
reyes de Aragón, documenta
la larga historia de la
viticultura en la comarca. Se
pueden visitar las bodegas y
degustar los vinos.

A 8 km al norte está Sant
Sadurní d'Anoia, la capital del
cava. Muchas de las bodegas
tienen salas de catas en el
centro de la ciudad y otras
ofrecen recorridos por sus
viñedos.

Vinseum

♿ 🏠 Plaça Jaume I 🕐 10.00-
14.00 y 16.00-19.00 ma-sá,
10.00-14.00 do y festivos
🌐 vinseum.cat

26
Sitges

🅰 F3 🏠 Barcelona
🚃🚌 ℹ Plaça Eduard
Maristany 2;
www.sitgesanytime.com

Esta hermosa ciudad tiene
hasta 9 playas distintas para
elegir. Su bulevar principal,
passeig Marítim, está
jalonado de animados y
agradables bares y
restaurantes, y reúne
hermosísimos ejemplos
de arquitectura modernista.
El artista Santiago Rusiñol
(1861-1931), que pasó aquí
largas temporadas, legó su
variopinta colección de
cerámicas, esculturas,
pinturas y forjados al **Museu
Cau Ferrat.** Muy cerca se alza
la iglesia de Sant Bartomeu
i Santa Tecla, del siglo XVII.

Museu Cau Ferrat

♿♿ 🏠 Carrer Fonollar 📞 938
94 03 64 🕐 10.00-17.00 ma-
do (mar-jun y oct hasta 19.00;
jul-sep hasta 20.00; nov-feb
hasta 17.00)

L'Àngelus Bar a Vin

Elegante bar de vinos
situado frente a la
catedral. La terraza es
un lugar estupendo para
pasar un rato.

🅰 F3 🏠 Plaça de Santa
Maria 3, Vilafranca del
Penedès 📞 938 90 64 04

Barrio Sur

Este bar de ambiente
íntimo ofrece una
fabulosa carta de
cócteles, servidos por
personal muy amable.

🅰 F3 🏠 Carrer de les
Cuirateries 12,
Tarragona
📞 675 66 71 46

27
Tortosa

F3 **Tarragona**
Rambla Felip Pedrell 3;
www.tortosaturisme.cat

Un castillo en ruinas y las murallas dan fe de la relevancia que tuvo Tortosa. Enclavada en el punto más bajo del Ebro, ha sido enclave estratégico desde el tiempo de los íberos.

Los musulmanes ocuparon la ciudad desde el siglo VIII hasta el año 1148. El viejo castillo, la Zuda, es cuanto queda; hoy, tras ser reformado, funciona como parador. Los musulmanes construyeron también una mezquita en el año 914, cuyos cimientos se utilizaron para la catedral; las obras comenzaron en el año 1347.

___

28
Costa Daurada

F3 **Tarragona**
Calafell, Sant Vicenç de Calders, Salou **Rambla Felip Pedrell 3, Tarragona;**
www.costadaurada.info

El litoral tarraconense recibe el nombre de Costa Daurada por sus largas playas de arena. Cambrils y Salou son los centros de veraneo más animados; el resto son más tranquilos y familiares. Pero la costa también ofrece varios lugares de interés. El **Museu Pau Casals,** en El Vendrell, está consagrado a este célebre violonchelista, nacido aquí.

PortAventura World, al sur de Tarragona, es uno de los mayores parques temáticos de Europa, con atracciones como Ferrari Land, que contiene la montaña rusa más larga y rápida de Europa.

Museu Pau Casals

⊛ **Avinguda Palfuriana 67**
Los horarios varían; consultar web **paucasals.org**

PortAventura World

⊛ **Avinguda de l'Alcalde Pere Molas, km 2, Vila-seca**
Los horarios varían; consultar web
portaventuraworld.com

___

29
Delta de l'Ebre

F3 **Tarragona** **Aldea Deltebre, Aldea** **Carrer Sant Miquel 1, Deltebre;**
www.atraccionatural.cat

El delta del Ebro, además de ser una próspera región arrocera, alberga una reserva natural de 70 km²: el Parc Natural del Delta de l'Ebre. En Deltebre hay una oficina de información y un interesante **Eco-Museu** con un acuario que contiene especies del delta.

Las principales poblaciones de la zona son Amposta y Sant

Jijonenca
Con su horchata fresca y helados artesanos, este local es el lugar perfecto para hacer una pausa.

G2 **11 de Setembre 87, Palamós**
jijonenca.es

___

Ceràmica Planas Marquès
Vende las piezas cerámicas que hace directamente en su taller.

G2 **Av Costa Brava 34, Corçà** **ceramica planasmarques.com**

Carles de la Ràpita, que sirven de punto de partida para la exploración de la reserva.

Los mejores sitios para observar su interesante fauna están a lo largo de la costa, desde la Punta del Fangar, situada en el norte, hasta la Punta de la Banya, en el sur. Se puede llegar en coche a todas partes, menos a la Illa de Buda. En esta isla recalan y crían los flamencos, junto con otras aves acuáticas como la avoceta. Las embarcaciones turísticas hacia Buda zarpan de Riumar y Deltebre.

↑ Los restos bien
conservados del anfiteatro
romano de Tarragona

Eco-Museu

 Carrer Doctor Martí
Buera 22 977 48 96 79
10.00-13.00 y 15.00-17.00
todos los días 1 y 6 ene, 25 y
26 dic

 30

Tarragona

F3 Tarragona
Carrer Major 39; www.
tarragonaturisme.cat

Los romanos escogieron Tarragona, hoy un importante
puerto industrial, como base
para emprender la conquista
de la Península, iniciada en el
siglo III a. C. La avenida de
Rambla Nova termina en el
llamado Balcó de Europa, des-

> CONSEJO DK
> **Actividades
> en Tarraco**
>
> Las ruinas romanas de
> Tarragona incluyen visitas
> teatralizadas y actividades
> para familias. Más detalles
> en la web del Museu
> Nacional Arqueològic de
> Tarragona
> *(www.mnat.cat).*

 ←

La montaña rusa se alza
sobre el resto de atracciones
de Port Aventura

de donde se ven las ruinas del
anfiteatro romano. Cerca queda el Praetorium, una torre romana convertida en palacio
en el Medievo. Hoy alberga el
Pretori i Circ Romans, que
reúne hallazgos romanos y
medievales; por él se accede a
los pasadizos del circo romano, construido en el siglo I d. C.
A su lado se halla el **Museu
Nacional Arqueològic de Tarragona,** con una valiosa colección de piezas de bronce y
bonitos mosaicos como la *Cabeza de Medusa.*

Un paseo arqueológico discurre a lo largo de la muralla
romana. Tras ella se alza la catedral, del siglo XII, construida
sobre un templo romano. La
estructura evolucionó a lo largo de los siglos, como se aprecia en la armoniosa mezcla de
estilos del exterior. En el interior hay un retablo de alabastro de santa Tecla labrado por
Pere Joan en 1434.

Al oeste de la ciudad se halla un cementerio roma-
no-cristiano, la Necròpolis
Paleocristiana i Conjunt Paleo-
cristià del Francolí.

Pretori i Circ Romans

Plaça del Rei 977 22 17
36 Abr-may y sep: 9.00-
21.00 ma-sá, 9.00-15.00 do;
jun-ago: 9.00-15.00 lu y do,
9.00-21.00 ma-sá; oct-mar:
9.00-19.30 ma-vi, 9.00-19.00
sá, 9.00-15.00 do

FIESTAS
TRADICIONALES

TOP 5

Castells

Tarragona es famosa por
sus festivales de *castells,*
torres humanas que
forman los *castellers.*

Danza de la muerte

Baile de los esqueletos el
Jueves Santo en Verges,
cerca de Gerona.

Sant Jordi

Conmemora el día de la
muerte del santo patrón
de Cataluña (23 de abril)
con intercambio de rosas
y libros.

La Patum

Comparsas de gigantes,
demonios y monstruos
recorren las calles de
Berga durante el Corpus
Christi.

Noche de San Juan

Hogueras y fuegos
artificiales iluminan el
cielo el 23 de junio.

**Museu Nacional
Arqueològic
de Tarragona**

Plaça del Rei 5
Cerrado por renovación
hasta 2025 mnat.cat

RUTA EN COCHE
LA COSTA BRAVA

Distancia 135 km **Paradas** L'Escala; Begur; Palamós; Tossa de Mar **Dificultad** Fácil, con alguna cuesta en las carreteras hacia Begur

La Costa Brava discurre hacia el norte a lo largo de unos 150 km desde Blanes hasta la comarca del Alt Empordà, fronteriza con Francia. Esta ruta recorre la costa desde la artística Cadaqués hasta la animada Lloret de Mar, cruzando un paisaje variado de calas arenosas con fondo de pinos, playas doradas y populosos centros turísticos. El vino, las aceitunas y la pesca eran las principales fuentes de ingresos de la zona antes de la llegada del turismo en la década de 1960 y la primera parte del recorrido pasa junto a pequeñas poblaciones que han logrado mantener su antiguo encanto. Las localidades de veraneo más concurridas –Lloret de Mar, Tossa de Mar y Platja d'Aro– se sitúan al sur, pero también aquí hay algunos tesoros sin explotar como Sant Feliu de Guíxols y Palamós, que mantienen su actividad económica más allá del veraneo. Tierra adentro quedan pueblos medievales dignos de conocer, como Peralada, Peratallada y Pals.

↑ Vista de la playa de arena de Llafranc

Tossa de Mar tiene una playa de arena dorada y una calita detrás del casco antiguo, perfecta para una pausa (p. 166).

*La ruta finaliza en **Lloret de Mar.** Aunque concentra más hoteles que ningún otro punto de la costa, cerca hay playas vírgenes como la cala Boadella.*

Peralada
N260
C260
C31

GI664
C65
Llagostera
C35
C63
Lloret Blau
NII
GI682
Tossa de Mar
Mas de Mora
LLEGADA Lloret de Mar
Blanes

0 kilómetros   10   N ↗

Llançà

Garriguella

N260

Port de la Selva

Cap de Creus

Vilajuïga

Parc Natural del
Cap de Creus

Palau-
saverdera

INICIO

GI614

Cadaqués

Cadaqués, solo
accesible por una
tortuosa carretera
(p. 166).

Castelló
d'Empúries

C260

Roses

Empuriabrava

Cap Norfeu

Con la playa más larga
de la Costa Brava,
Roses se ha
convertido en un
paraíso para los
deportes acuáticos.

Fortià

Parc Natural
dels Aiguamolls
de l'Empordà

Golf de Roses

Sant Pere Pescador

C31

L'Escala

Punta
del Milà

Una parada en **L'Escala**
permite ver su pequeño
puerto pesquero donde las
redes se secan al sol.

GI632

Bellcaire d'Empordà

L'Estartit

Verges

Torroella
de Montgrí

Illes Medes

Parlavà

Riu Ter

C31

Un desvío tierra adentro
conduce hasta **Begur.**
Encaramado en una colina;
tiene buenas vistas de la costa
y abrigadas caletas a sus pies.

Peratallada

Sa Riera

la Bisbal
d'Empordà

Pals

C66

C31

Begur

Llafranc, blanco centro
de veraneo unido a la vecina
Calella por un camino junto al
mar, es uno de los rincones más
agradables de la costa.

Palafrugell

Tamariu

GI660

Llafranc

Calella de
Palafrugell

Palamós es un activo puerto que encierra
modernos hoteles al sur y abrigadas playas
y calas bañadas por aguas claras al norte.

Calonge

C31

Costa

Brava

Palamós

C31

Sant Antoni
de Calonge

Platja d'Aro

S'Agaró

Platja d'Aro, larga y
arenosa, está flanqueada por
modernos hoteles; es uno de
los centros de veraneo más
populares de la costa.

GI682

Sant Feliu
de Guíxols

Mar
Mediterráneo

La Costa
Brava

CATALUÑA

Mapa de situación
Para más detalles ver p. 152

↑ Barcas varadas en la playa durante
la marea baja, Tossa de Mar

ARAGÓN

En 1035, Sancho III de Pamplona trasmitió en herencia el pequeño condado pirenaico de Aragón a su tercer hijo, Ramiro I. Hacia 1140, el reino había doblado su superficie con la anexión de Sobrarbe y Ribagorza al este y la conquista de territorios en el sur.

El matrimonio de Ramón Berenguer IV, conde de Barcelona, con Petronila de Aragón en 1137, supuso la unión con Cataluña. Entre los siglos XII y XV, Aragón se convirtió en un reino poderoso en el que Cataluña se dedicó al comercio y la expansión marítimas, mientras Aragón reconquistaba el rico reino de Valencia en 1238.

Después de la Reconquista, los arquitectos y artesanos musulmanes, más tolerados aquí que en el resto de la Península, continuaron su labor creando el estilo mudéjar. Durante sus días de esplendor, en el siglo XIII, los dominios de la Corona de Aragón se habían extendido por el Mediterráneo para llegar hasta Sicilia.

En 1469, el matrimonio de Fernando II de Aragón con Isabel de Castilla allanó el camino para la unificación de España. Sin embargo, las relaciones de esta región con la monarquía a menudo fueron tensas; en el siglo XVI Aragón apoyó al fallido candidato Habsburgo durante la guerra de Sucesión y fue un bastión del carlismo durante el siglo XIX. En la Guerra Civil quedó dividida entre los dos bandos, con el este gobernado por los republicanos y el oeste por los sublevados, y no fue hasta la victoria de Franco que las dos zonas volvieron a unirse. El 23 de abril de 1978, más de 100.000 personas marcharon por las calles de Zaragoza reclamando que se les reconociese el estatuto de autonomía.

ARAGÓN

Esencial
1 Parque Nacional de Ordesa
2 Zaragoza

Lugares de interés
3 Puerto de Somport
4 Aínsa
5 Los Valles
6 Benasque
7 Sos del Rey Católico
8 Jaca
9 Monasterio de San Juan de la Peña
10 Alquézar
11 Castillo de Loarre
12 Agüero
13 Tarazona
14 Graus
15 Huesca
16 Santuario de Torreciudad
17 Monasterio de Veruela
18 Calatayud
19 Daroca
20 Alcañiz
21 Fuendetodos
22 Monasterio de Piedra
23 Valderrobres
24 Teruel
25 Sierra de Gúdar
26 Rincón de Ademuz
27 Albarracín
28 Mora de Rubielos

CATALUÑA p. 150

0 kilómetros 30

N

CONSEJO DK
Algunos consejos

Hay senderos bien señalizados (consultar web). Es imprescindible llevar botas de montaña. Las rutas de alta montaña pueden requerir equipo de escalada. En los Pirineos el tiempo es inestable; cuidado con la nieve y el hielo en invierno.

❶

PARQUE NACIONAL DE ORDESA

🅰 E2 🏠 Aragón 🚌 En Sabiñánigo tomar otro autobús hacia Torla 🚉 Sabiñánigo
ℹ️ Avenida Ordesa s/n, Torla-Ordesa; www.aragon.es/ordesa

El Parque Nacional de Ordesa y Monte Perdido combina los elementos más espectaculares del paisaje pirenaico. Ordesa, inaccesible en invierno a causa de la nieve, florece en cuanto sale el sol y se convierte en un paraíso para senderistas y amantes de la naturaleza.

Torla-Ordesa, con su casco urbano de calles adoquinadas y casas con tejados de pizarra, es una buena base para visitar el valle de Ordesa, donde el río Arazas pasa a través del bosque. Este valle es uno de los cuatro cañones glaciares –los valles de Ordesa, Añisclo, Pineta y Escuaín– que moldean los grandes macizos calcáreos de las tierras altas creando simas y paredes formidables.

La cascada de Cola de Caballo, un salto de 70 m, es un punto panorámico cerca del extremo norte de la larga pista que bordea el circo de Soaso; sirve de anticipo del paisaje espectacular que depara la ruta. Otra ruta recorre el cañón de Añisclo; un ancho sendero recorre esta bella y escarpada garganta siguiendo el curso del turbulento río Vellos a través de un espectacular paisaje calizo.

Atardecer sobre el valle de Ordesa, en el Parque Nacional de Ordesa

Senderista recorriendo una de las rutas montañosas del parque

FAUNA Y FLORA PIRENAICAS

Ordesa cuenta con una importante fauna y flora endémicas. Los arroyos trucheros corren por el lecho del valle, cuyas verdes laderas cobijan nutrias, marmotas y urogallos. Gencianas y orquídeas se ocultan en las grietas, y el *edelweiss* arraiga en las altas praderas. Más arriba, el rebeco pirenaico sigue siendo común; el bucardo (subespecie de cabra montés), por contra, se extinguió en 2000. En lo más alto, los pináculos rocosos son los dominios del quebrantahuesos.

El pueblo de Torla-Ordesa, entrada al Parque Nacional de Ordesa y Monte Perdido

 2

ZARAGOZA

 E3 **Zaragoza** **Plaza del Pilar; www.zaragoza.es/sede/portal/turismo/**

A orillas del río Ebro, Zaragoza es la quinta ciudad más grande de España y la capital de Aragón. Aunque gran parte de la ciudad fue destruida durante la guerra de Independencia *(p. 66)*, su casco antiguo conserva algunos edificios interesantes.

① Muralla romana

A finales del siglo I a. C., los romanos fundaron Caesaraugusta, la actual Zaragoza. Entre las ruinas conservadas de la ciudad están sus magníficas murallas. No hay como pasear por ellas para sentirse como lo haría un zaragozano de hace casi 2.000 años.

② Alma Mater Museum

 Plaza de la Seo 5 **10.00-14.00 y 17.00-20.00 ma-sá, 10.00-14.00 do** **almamatermuseum.com**

El palacio arzobispal de Zaragoza, construido entre 1779 y 1787, alberga un museo con obras de arte de artistas como Goya bajo sus bóvedas.

③ Museo Pablo Gargallo

 Plaza San Felipe 3 **976 72 49 22** **10.00-14.00 y 17.00-21.00 ma-sá, 10.00-14.30 do y festivos**

Este museo, que ocupa un edificio del siglo XVI, está dedicado al escultor aragonés Pablo Gargallo (1881-1934), activo a principios del siglo XX. Se pueden ver sus esculturas

¿Lo sabías?

Lord Byron describió Zaragoza en su obra *Las peregrinaciones de Childe Harold.*

más famosas, como *El profeta* y *Saludo olímpico,* además de dibujos y otras piezas.

④ Mercado de Lanuza

 Calle Murallas Romanas **9.00-14.00 y 17.30-20.00 lu-vi, 9.00-14.30 sá** **mercadocentral zaragoza.com**

Proyectado en 1895 por el arquitecto aragonés Félix Navarro para sustituir al antiguo mercado que se celebraba al aire libre, esta galería cubierta destaca por su forjado modernista. Se le conoce también como mercado Central y sigue lleno de puestos.

⑤ Basílica de Nuestra Señora del Pilar

 Plaza del Pilar **976 39 74 97** **6.45-20.30 lu-sá (hasta 21.30 do)** **catedraldezaragoza.es/ basilica**

La plaza del Pilar reúne algunos de los edificios más importantes de Zaragoza. Destaca sobre todos la basílica de Nuestra Señora del Pilar, enorme estructura

Zaragoza, con las torres de la basílica alzándose sobre el río

cubierta por 11 cúpulas decoradas con azulejos. En su interior, la Santa Capilla de Ventura Rodríguez contiene la estatuilla de la Virgen del Pilar. Su manto se cambia a diario y los fieles pasan por detrás de la capilla para besar la parte expuesta del pilar. La basílica también contiene frescos de Goya.

⑥ Museo Goya

🏠 Calle Espoz y Mina 23
🕐 Los horarios varían; consultar web 🌐 museogoya.ibercaja.es

Este museo exhibe la ecléctica colección del historiador del arte Camón Aznar, con un interés especial en la obra de Goya. La planta superior contiene una colección de grabados suyos. También tiene obras de artistas de otros periodos y arte contemporáneo.

⑦ La Seo

🏠 Plaza de la Seo 📞 976 29 12 31 🕐 Horarios varían, consultar web 🌐 catedraldezaragoza.es

La catedral de Zaragoza reúne muchos estilos. Parte del exterior es mudéjar, realizado con ladrillo y cerámica, mientras su interior guarda un retablo gótico y tapices flamencos.

⑧ Lonja

🏠 Plaza del Pilar 📞 976 39 72 39 🕐 10.00-14.00 y 17.00-21.00 ma-sá, 10.00-14.30 do

Construida en el siglo XVI como sede de intercambios mercantiles, actualmente es una sala de exposiciones.

⑨ Palacio de la Aljafería

🏠 Calle de los Diputados 📞 976 28 96 83 🕐 Abr-med oct: 10.00-14.00 y 16.30-20.00 diario; med oct-mar: 10.00-14.00 y 16.00-18.30 lu-sá, 10.00-14.00 do

Este palacio de recreo de los reyes musulmanes, construido en el siglo XI, es uno de los monumentos más importantes de Zaragoza. Tiene un bonito patio interior con arcos de lacería que rodea un jardín y una pequeña mezquita. Actualmente acoge las Cortes de Aragón.

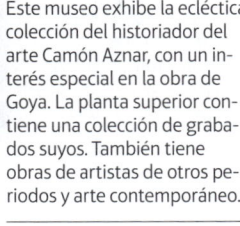
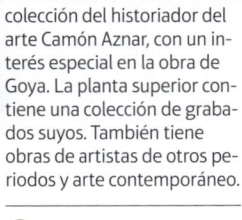

PASEO DE ECHEGARAY Y CABALLERO
Puente de Santiago
ARRABAL
🚉 Estación Delicias 2 km
Plaza del Pilar-Murallas
Muralla romana ①
PASEO DE
Ebro
Puente de Piedra
C. DE PREDICADORES
CALLE DE CASTA ÁLVAREZ
CALLE DE LAS ARMAS
AVENIDA CÉSAR AUGUSTO
PLAZA DE SAN ANTÓN
C. SALDUBA
CASCO VIEJO
CALLE MANIFESTACIÓN
PLAZA DE NUESTRA SEÑORA DEL PILAR
Basílica de Nuestra Señora del Pilar ⑤
ECHEGARAY Y CABALLERO
Ayuntamiento
Lonja ⑧
C. SAN BLAS
PLAZA LANUZA
Mercado de Lanuza
PLAZA JUSTICIA
C. DEL OLMO
CALLE SANTA ISABEL
CALLE SANTIAGO
Alma Mater Museum ②
PLAZA DE LA SEO
PLAZA DE SAN BRUNO
César Augusto
Museo Pablo Gargallo ③
CALLE DE LA TORRE
C. DE CONTAMINA
PLAZA DE NUEVA
C. SAN FELIPE
C. SAN BRAULIO
Museo Goya ⑥
Santa Cruz
La Seo ⑦
CALLE DON JAIME I
C. PABOSTRÍA
CALLE DEL DEÁN
CALLE DE PALAFOX
CALLE DEL SEPULCRO
Palacio de la Aljafería 2,5 km ⑨
C. FUENCLARA
CALLE DE ALFONSO I
CALLE DE JUSSEPE MARTÍNEZ
PLAZA CRUZ
PLAZA ARIÑO
PLAZA DE SANTA MARTA
CALLE DEL DON JUAN DE ARAGÓN
CALLE DE GAVÍN
C. DE PALAFOX
C. PALOMEQUE
CALLE DE COSO
CALLE DEL CUATRO DE AGOSTO
CALLE DE LOS ESTÉBANES
CALLE DE CASTO MÉNDEZ NÚÑEZ
CALLE DON JAIME I
CALLE REFUGIO
CALLE MAYOR
CALLE DE SAN VICENTE DE PAUL
PLAZA DE ASSO
CALLE DE LA UNIVERSIDAD
PLAZA SAN ROQUE
PASAJE PALAFOX
San Gil
PLAZA DE JOSÉ SINUÉS
C. SAN ANDRÉS
CALLE SAN JORGE
PLAZA DE SAN PEDRO NOLASCO
CALLE SAN VICENTE DE PAUL
CALLE MAYOR
PLAZA MAGDALENA
CALLE DEL COSO
PLAZA SALAMERO
PLAZA DE ESPAÑA
Teatro romano
PLAZA DE PEDRO JOAQUÍN SOLER
Casa de los Morlanes
CALLE SAN LORENZO
Plaza de España
CALLE CINCO DE MARZO
C. DE JOSEFA AMAR Y BORBÓN
C. DE GERÓNIMO DE BLANCAS
CALLE DE JUAN PÓRCELL
CALLE VERÓNICA
PLAZA SAN CARLOS
LA MAGDALENA
PASEO DE LA INDEPENDENCIA
CALLE DE SAN MIGUEL
CALLE DE COSO

0 metros 400
N ↑

LUGARES DE INTERÉS

3
Puerto de Somport

 E2 ⚫ Huesca 🚌 A Somport, Astún o Jaca
ℹ️ Plaza del Ayuntamiento 1, Canfranc; cerrado sep-jun: do y lu; www.canfranc.es

El puerto de Somport, en la frontera con Francia, fue durante siglos un punto estratégico para los romanos, los árabes y los peregrinos del Camino de Santiago. Hoy el paisaje está salpicado de apartamentos para esquiadores. Astún es moderno y Formigal es una buena estación de invierno con pistas ideales para principiantes. Los que no esquíen pueden disfrutar del paisaje y de los viejos edificios de Panticosa. Sallent de Gállego es muy popular entre escaladores y senderistas.

4
Aínsa

⚫ E2 ⚫ Huesca 🚌 ℹ️ Avda Ordesa 5; www.ainsa-sobrarbe.es

Capital del reino de Sobrarbe en el Medievo, Aínsa conserva su encanto. La empedrada plaza mayor destaca por sus soportales de piedra. A un lado se alza la iglesia de Santa María, consagrada en 1181, y al otro el castillo restaurado.

5
Los Valles

⚫ E2 ⚫ Huesca 🚉 Jaca 🚌 Desde Jaca a Hecho ℹ️ Museo de Arte Contemporáneo al Aire Libre, Pallar d'Agustin, Hecho, 974 37 55 05

Los encantadores valles de Hecho y Ansó, formados respectivamente por los ríos Aragón Subordán y Veral, estuvieron aislados antiguamente por la falta de carreteras de acceso, lo que favoreció que conservaran las costumbres tradicionales. En el valle de Hecho se han conservado hasta un dialecto local, llamado cheso. La naturaleza, la artesanía y los trajes tradicionales atraen mucho turismo, sobre todo en agosto. Las estribaciones pirenaicas y los pinares que coronan el valle son ideales para el senderismo, la pesca y el esquí de fondo.

Ansó se asienta en otro hermoso valle, que se convierte en una garganta donde el río Veral se angosta entre paredes de roca. Muchos edificios tienen fachadas de piedra y tejados pronunciados. En la iglesia del siglo XVI hay un museo de trajes de la comarca. Junto a la oficina de turismo de Hecho pueden verse varias esculturas, vestigios de un festival al aire libre celebrado en el pasado.

6
Benasque

⚫ E2 ⚫ Huesca ℹ️ Calle de San Pedro s/n; www.turismobenasque.com

Encajado en la punta nororiental de Aragón, en la cabecera del valle del Ésera, Benasque domina un bello y abrupto paisaje pirenaico. Aunque el pueblo ha crecido mucho por el turismo, el uso de la madera y la piedra en las nuevas construcciones da continuidad al estilo

---

 LA MEJOR FOTO
Desde la torre

Por 1 € se puede subir a lo alto de la torre de la iglesia de Santa María de Aínsa. Es el lugar perfecto para obtener una vista de peña Montañesa enmarcada por la ventana de piedra con la villa a sus pies.

tradicional. Resulta delicioso pasear por el casco antiguo, lleno de mansiones señoriales. Destacan la iglesia de Santa María Mayor, del siglo XIII, y el palacio de los Condes de Ribagorza, con fachada de estilo renacentista.

Sobre el pueblo se alza el macizo de la Maladeta, desde cuyos senderos y pistas de esquí se disfrutan vistas magníficas.

Para montañeros, esquiadores y alpinistas los alrededores de Benasque tienen mucho que ofrecer. La vecina Aramón Cerler pasó de ser una rústica aldea a una popular estación de esquí. En Castejón de Sos, a 14 kilómetros al sur de Benasque, la carretera pasa por el congosto de Ventamillo, una espectacular garganta rocosa.

_____

❼
Sos del Rey Católico

🅰 E2 🏠 Zaragoza 🚌
ℹ Palacio de Sada, Plaza Hispanidad s/n (cerrado lu); www.oficinaturismosos delreycatolico.com

En este pueblecito de la comarca de las Cinco Villas nació en el año 1452 el futuro rey Fernando el Católico.

El palacio de Sada, probable lugar de nacimiento del

↑ La cripta de la iglesia de San Esteban en Sos del Rey Católico

monarca, es una de las mansiones más señoriales del pueblo; se alza en una plaza, en medio de un laberinto de callejas empedradas. En la parte alta del pueblo se ven los restos de un castillo y de la iglesia de San Esteban. La antigua pila de la iglesia y sus capiteles labrados son dignos de mención, al igual que los frescos del siglo XIII que adornan dos de los ábsides de la cripta. Desde el castillo y la iglesia se contemplan bonitas vistas.

La lonja, con arquería gótica, y el ayuntamiento, construido durante el siglo XVI, están en la colindante plaza mayor.

El Origen
Lo viejo y lo nuevo se funden en la cocina aragonesa con ingredientes ecológicos de este restaurante del centro de Huesca.

🅰 E2 🏠 Plaza de la Justicia 4, Huesca 🌐 elorigenhuesca.com

_____

Casa Pardina
En el centro del pueblo de Alquézar, rodeado de olivos y con vistas a una ladera poblada de casas, este simpático restaurante de ambiente rústico ofrece una carta variada.

🅰 E2 🏠 Calle Medio, Alquézar 🌐 casa pardina.com

_____

La Parrilla
Este restaurante de Benasque ofrece una comida de gran calidad en un entorno tradicional.

🅰 E2 🏠 Carretera Francia s/n, Benasque 📞 974 55 11 34

↑ El pueblo de Aínsa rodeado de un paisaje de montañas boscosas

Jaca

E2 **Huesca**
**Plaza de San Pedro 11;
www.jaca.es**

El origen de Jaca se remonta al siglo II d. C. En el siglo VIII la ciudad resistió bravamente a los musulmanes –hazaña conmemorada en la fiesta de la Victoria– y en 1035 se convirtió en la primera capital del reino de Aragón. La catedral de Jaca, del siglo XI, es una de las más antiguas de España, pero su interior está muy reformado. Su primitivo esplendor se adivina en el restaurado pórtico sur, con tallas de tema bíblico, como las de Isaac y David. Esculturas y ornados abovedamientos embellecen la sombría nave central y las capillas. En los claustros, un museo de arte sacro contiene una colección de frescos románicos y góticos y esculturas de iglesias de la comarca. Las calles aledañas forman un atractivo conjunto. El otro monumento destacado de Jaca es la ciudadela del siglo XVI, una fortaleza con torres angulares. Actualmente Jaca sirve como base para recorrer el Pirineo aragonés.

Monasterio de San Juan de la Peña

E2 **Huesca** **Horarios varían, consultar web**
1 ene, 25 dic
monasteriosanjuan.com

Parcialmente tallado en una pared rocosa, este monasterio fundado en el siglo IX podría haber guardado en su día el legendario Santo Grial. En el siglo XI se efectuaron reformas en estilo cluniacense y fue el primer monasterio que introdujo en España la misa latina. Tras el incendio del siglo XVII, fue abandonado y la comunidad se trasladó a otro monasterio construido montaña arriba, más tarde saqueado por las tropas francesas. Hoy alberga un hotel y un centro de interpretación.

La iglesia del monasterio viejo tiene dos alturas: la inferior es una cripta excavada en la roca en el siglo X; la superior contiene una iglesia del siglo XI. El panteón románico, bien conservado, guarda las tumbas de los primeros reyes aragoneses. El claustro exterior es la joya de San Juan de la Peña; los capiteles de las columnas están tallados con escenas bíblicas.

Alquézar

E2 **Huesca**
Calle Arrabal s/n
www.alquezar.es

Esta población de origen árabe llama la atención por su emplazamiento. Su principal monumento, la colegiata del siglo XI, aunque reconstruida en el XVI, domina un saliente sobre las formaciones rocosas del cañón del río Vero. Dentro, los claustros de la iglesia lucen capiteles labrados con escenas bíblicas. Al lado queda la capilla construida cuando Sancho I arrebató Alquézar a los musulmanes y las ruinas del primitivo alcázar, del que toma su nombre la población.

El espectacular claustro y exterior del monasterio de San Juan de la Peña

La pequeña aldea de Agüero ↑
a los pies de la formación
rocosa de los Mallos

Castillo de Loarre

🗺 E2 📍 Loarre, Huesca
🚉 Ayerbe 🚌 Desde Huesca
🕐 Los horarios varían;
consultar web 🔒 nov-feb:
lu, 1 ene y 25 dic
🌐 castillodeloarre.es

Las murallas de esta poderosa fortaleza se pliegan de tal forma a los contornos de la roca que podrían confundirse con un afloramiento natural. Sirvió de escenario a la película de Ridley Scott *El reino de los cielos* (2005). En días despejados, su alto emplazamiento brinda magníficas vistas de la huerta circundante y los embalses. Detrás de los recios muros surge un conjunto arquitectónico fundado en el siglo XI en el solar de un asentamiento romano, remodelado más tarde bajo el reinado de Sancho I (Sancho Ramírez) de Aragón, que fundó una comunidad religiosa y puso todo el recinto al cuidado de la orden religiosa de San Agustín. Dentro de las murallas del castillo hay una iglesia románica. Caminos de ronda, escalas de hierro y tramos de peldaños mantienen comunicadas las torres, las mazmorras y los baluartes de este castillo.

Agüero

🗺 E2 📍 Huesca
🌐 aguero.es

La pintoresca ubicación de esta bonita aldea, junto a un formidable farallón erosionado conocido como los Mallos de Agüero, merece efectuar un breve desvío. Al caminar por el pueblo, esta formación rocosa, siempre visible, sirve de magnífico telón de fondo.

La razón para visitar Agüero es, sin embargo, la iglesia de Santiago, del siglo XII y estilo románico, a la que se llega por un largo sendero rocoso que sube montaña arriba antes de llegar al pueblo.

Los capiteles de las columnas de este inusual edificio de tres naves están labrados con bestias fantásticas y escenas de la vida de Jesús y la Virgen. Las bellas esculturas del pórtico ilustran episodios bíblicos, entre ellos la Epifanía y la danza de Salomé. Las vigorosas figuras, de grandes ojos y de una sorprendente expresividad, se atribuyen al mismo grupo de artistas que labró las espléndidas tallas del cercano monasterio de San Juan de la Peña y la iglesia de San Pedro el Viejo, en Huesca.

El Peirón
Este hotel *boutique* está situado en el centro de la antigua villa de Sos del Rey Católico.

🗺 E2 📍 Calle Fernando el Católico 24, Sos del Rey Católico
🌐 elpeiron.com

Hotel Sancho Abarca
Hotel con *spa* que destaca por su gran relación calidad-precio.

🗺 E2 📍 Calle Coso Alto 52, Huesca 🌐 hotel sanchoabarca.com

Apartahotel & Spa Jacetania
Estos apartamentos de Jaca son una buena base, sobre todo para familias.

🗺 E2 📍 Doctor Marañón 5, Jaca 🌐 ahjacetania.es

Tarazona

⌂D3 ⊙Zaragoza ⊟ ⓘPlaza San Francisco 1; www.tarazona.es

Las torres mudéjares se yerguen sobre las tejas rojas y jaspeadas de esta antigua sede episcopal. Al borde del casco antiguo, su magnífica catedral gótica está erizada de pináculos con dibujos de ladrillo y cerámica; tiene además una fachada barroca, tracería mudéjar en el claustro y frescos renacentistas en el interior que estuvieron ocultos durante siglos. En lo alto de la ciudad, al otro lado del río, surgen otras iglesias mudéjares entre el dédalo de callejas empinadas. Más curiosa resulta la antigua plaza de toros y el espléndido ayuntamiento renacentista de piedra dorada, con gigantes mitológicos esculpidos en la fachada y un friso en homenaje a la coronación de Carlos V.

¿Lo sabías?

El 27 de agosto, el Cipotegato corre por las calles de Tarazona sorteando tomatazos.

Las torres mudéjares se yerguen sobre las tejas rojas y jaspeadas de esta antigua sede episcopal.

Graus

⌂E2 ⊙Huesca ⊟ ⓘPlaza Mayor 15; www.turismo graus.com

Oculta en el corazón del casco antiguo de Graus se halla la singular plaza de España, rodeada de arcos y columnas. Hay casas de entramado de madera con frescos y un ayuntamiento del siglo XVI. La casa del inquisidor general Tomás de Torquemada se halla en una de las estrechas calles del barrio antiguo. A mediados de septiembre sus calles y plazas se llenan de actos populares durante su fiesta grande.

⓯ Huesca

⌂E2 ⊙Huesca ⊟⊟ ⓘPlaza López Allué; www. huescaturismo.com

Fundado en el siglo I a. C., el territorio independiente de Osca (la Huesca actual) tenía senado y un avanzado nivel educativo. Conquistada en el siglo VIII por los árabes, fue reconquistada en 1096.

La catedral gótica de Huesca está en su hermoso casco antiguo. La corroída fachada de poniente está coronada por una singular galería de madera de estilo mudéjar. La nave central se cubre con una bóveda estrellada de finas nervaduras tachonada de adornos dorados. Hay un retablo de alabastro esculpido por Damià Forment con escenas de la Crucifixión que la iluminación realza.

Frente a la catedral se halla el ayuntamiento renacentista, donde se guarda *La Campana de Huesca*, un macabro cuadro del siglo XIX que ilustra el acontecimiento más memorable de la ciudad: la decapitación de un grupo de nobles en el siglo XII por orden del rey Ramiro II. La matanza se produjo en el antiguo palacio de los Reyes de Aragón, después sede de la universidad, y que hoy acoge el **Museo de Huesca.** Contiene hallazgos arqueológicos y una colección de arte que incluye frescos góticos y obras de primitivos aragoneses.

Museo de Huesca
⌂Plaza de la Universidad 1 ☎974 22 05 86 ⊙10.00-14.00 y 17.00-20.00 ma-sá, 10.00-14.00 do y festivos ⊟1 y 6 ene, 24, 25 y 31 dic ⊠museodehuesca.es

16 Santuario de Torreciudad

E2 Huesca A El Grado desde Barbastro may-oct: 10.00-19.30 diario (jul-ago: 10.00-20.30); nov-abr: 10.00-14.00 y 16.00-18.30 lu-vi, 10.00-19.00 sá y do torreciudad.org

Este santuario se construyó en honor a José María Escrivá de Balaguer, fundador del Opus Dei. Ocupa un alto promontorio, con unas bonitas vistas. La vasta iglesia, de anguloso ladrillo rojo, tiene un diseño desnudo y moderno.

En el interior guarda un elaborado retablo de mármol blanco, que encierra una Virgen románica que contrasta con la adusta funcionalidad de la nave.

Barbastro, 30 km al sur, tiene una plaza mayor porticada y una catedral del siglo XVI con un altar realizado por Damià Forment.

17 Monasterio de Veruela

D3 Vera de Moncayo, Zaragoza Vera de Moncayo 10.30-18.00 ma-do turismodearagon.com

Este cenobio cisterciense del verde valle de Huecha, cerca del macizo del Moncayo, es uno de los monasterios más destacados de Aragón. Fundado en el siglo XII por monjes franceses, su enorme iglesia abacial mezcla rasgos románicos y góticos. Su triple nave está cubierta por una bóveda y decorada con frisos de azulejería verde y azul. Los claustros, bien conservados, presentan una exuberante decoración de animales, cabezas humanas y follaje gótico. En los sobrios aposentos se celebran exposiciones en verano.

En los montes del oeste se halla el Parque Natural del Moncayo, donde el pico del mismo nombre alcanza los 2.315 m de altitud. Los arroyos recorren los bosques de esta reserva natural, rica en aves .

TOP 4 FIESTAS DE ARAGÓN

Carnaval de Bielsa
Sus personajes son de origen pagano: trangas (con la cara pintada de negro y cuernos), onsos (cubiertos con piel de oveja) y madamas (mozas con trajes tradicionales).

Las Tamboradas
Teruel retumba con el sonido de los tambores que tocan los penitentes en las procesiones de Semana Santa.

Romería de Santa Orosia
Romería con el cráneo de la santa desde Yebra de Basa hasta su ermita el 25 de junio.

Día del Pilar
Fiestas patronales de Zaragoza en honor a la Virgen del Pilar, con gran numero de eventos religiosos y públicos.

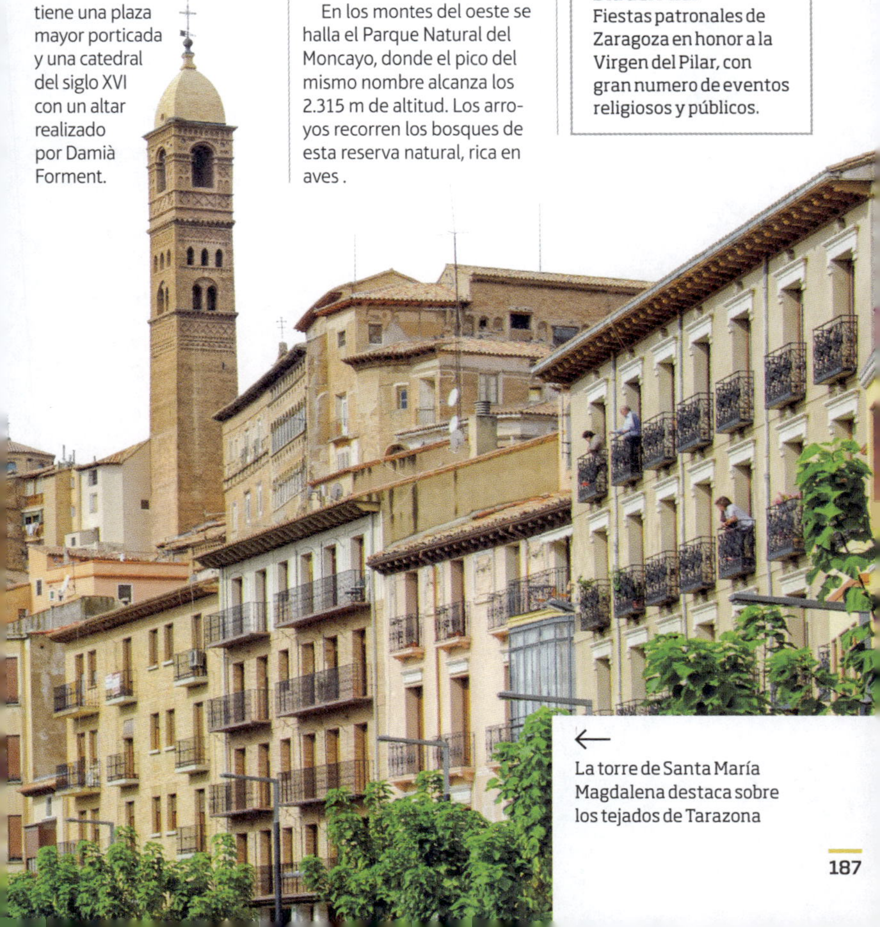

← La torre de Santa María Magdalena destaca sobre los tejados de Tarazona

⑱ Calatayud

Ⓐ D3 🏛 Zaragoza 🚗🚌
**ℹ Plaza España 1; www.
calatayud.es/turismo**

Los restos del conjunto fortificado musulmán de Calatayud son visibles a mucha distancia, pero del castillo árabe del rey Ayub, que dio nombre a la ciudad, solo quedan ruinas.

Las iglesias de la ciudad también son relevantes: Santa María la Mayor tiene una torre mudéjar y una fachada plateresca. La iglesia de San Juan el Real, del siglo XVII, alberga pinturas de Goya.

Las ruinas romanas de Bílbilis se encuentran al este de Calatayud, cerca de Huérmeda.

←

La torre mudéjar de la iglesia de San Juan el Real, Calatayud

⑲ Daroca

**Ⓐ E3 🏛 Zaragoza ℹ Calle
Mayor 44; www.daroca.es/
turismo**

Un poderoso perímetro de murallas medievales de unos 4 kilómetros cerca esta antigua fortaleza musulmana. Aunque derruidas, las 114 torres y puertas fortificadas son un monumento notable.

La colegiata de Santa María, en la plaza de España, alberga los Sagrados Corporales. Según la creencia, al celebrar una misa los cristianos antes de una batalla contra los árabes en el año 1239, durante la Reconquista, las hostias consagradas envueltas en un paño se tiñeron de sangre al levantarlas el cura al cielo. Tras la batalla, se dejó que una mula de carga decidiera con sus pasos dónde custodiar el objeto del milagro, y la mula caminó hasta caer muerta en Daroca.

Monreal del Campo, 42 km al sur de Daroca, tiene un museo dedicado al azafrán, su tesoro local.

⑳ Alcañiz

**Ⓐ E3 🏛 Teruel 🚌 ℹ Calle
Mayor 1; www.alcaniz.es**

Dos edificios destacan en Alcañiz. Uno es el castillo, cuartel general de la Orden de Calatrava en el siglo XI y hoy parador; la torre del homenaje alberga una colección de frescos del siglo XIV que narran la conquista de Valencia por Jaime I. Son góticos el claustro y la capilla, que guarda el sepulcro de Juan de Lanuza, defensor de los fueros aragoneses, obra de Damià Forment.
El otro edificio es la iglesia de Santa María, en la plaza de España, con torre gótica y fachada barroca. En la misma plaza se alza la lonja, con una elegante galería y arcos de tracería, y el ayuntamiento, con una fachada mudéjar y otra renacentista.

FRANCISCO DE GOYA

Nacido en Fuendetodos en el año 1746, Francisco de Goya empezó diseñando bocetos para la Real Fábrica de Tapices y pintando frescos en iglesias, entre otras la basílica del Pilar. En el año 1799 se convirtió en pintor de cámara de Carlos IV, y en sus cuadros retrató al rey y a su esposa María Luisa con precisión nada lisonjera. La invasión de Madrid por las tropas de Napoleón en 1808 y los horrores de la guerra ejercieron una profunda y duradera influencia en el temperamento de Goya, y sus obras tardías están dominadas por la soledad y un desesperado cinismo. Murió en Burdeos en 1828.

El lago del Espejo, dentro del parque del Monasterio de Piedra

 21

Fuendetodos

A E3 **🏛** Zaragoza **ℹ** Calle Cortes de Aragón 7; www.ayuntamiento fuendetodos.es

En este pequeño pueblo nació Francisco de Goya, uno de los más reconocidos artistas españoles. La **Casa-Museo de Goya,** donde se dice que nació el pintor, ha sido restaurada y amueblada siguiendo el estilo de finales del siglo XIX.

En Cariñena, 25 kilómetros al oeste de Fuendetodos, las bodegas ofrecen el recio vino tinto que ha dado fama a la región.

Casa-Museo de Goya

⊕ **🏛** Calle Zuloaga 3 **📞** 976 14 38 47 **🕐** 11.00-14.00 y 16.00-19.00 ma-do

 22

Monasterio de Piedra

A D3 **🏛** Zaragoza **🚉** Calatayud **🚌** Desde Zaragoza **🕐** 10.00-20.00 todos los días; parque: 9.00-19.00 todos los días **W** monasteriopiedra.com

Construido en el emplazamiento de un castillo árabe con-

quistado por Alfonso II de Aragón, fue entregado a los monjes cistercienses en el siglo XII. En el siglo XIX el edificio quedó dañado y luego se restauró. Se conservan algunos elementos del siglo XII, como la sala capitular, el refectorio y el hospicio.

En las bodegas los monjes destilaban sus licores de hierbas. Fue en esta cocina donde supuestamente se preparó por primera vez en Europa el chocolate y actualmente alberga una exposición sobre ese producto.

El parque donde se levanta el monasterio es una reserva natural llena de grutas y cascadas. Las antiguas dependencias monacales albergan en la actualidad un hotel y un *spa.*

🔍 CURIOSIDADES
Memorias de guerra

A 14 kilómetros al este de Fuendetodos queda Belchite, escenario de una de las batallas más cruentas de la guerra civil durante la campaña del Ebro. Las ruinas del pueblo, destruido por la artillería, se han dejado en pie como recuerdo de los horrores de la guerra.

 23

Valderrobres

A E3 **🏛** Teruel **🚌** **ℹ** Avenida Cortes de Aragón 7; www.valderrobres.es

Situado en el límite entre Aragón y Cataluña, el precioso pueblo de Valderrobres domina el río Matarraña, truchero y poco profundo. Preside el lugar el restaurado **castillo de Valderrobres,** antiguo palacio de la realeza de Aragón. A sus pies se alza la imponente iglesia de Santa María la Mayor, con un enorme rosetón de estilo gótico catalán. En la plaza porticada está el ayuntamiento, de finales del siglo XVI.

Cerca se encuentra el pico de La Caixa, y a 14 km el macizo montañoso de los puertos de Beceite.

Castillo de Valderrobres

⊕ ⓜ **🕐** Los horarios varían; consultar página web **W** castillode valderrobres.com

㉔

Teruel

🅰 E4 🏠 Teruel 🚗🚌
ℹ️ Plaza de los Amantes 6;
www.turismo.teruel.es

Esta ciudad, capital del mudéjar aragonés, ha sido escenario de encarnizadas batallas desde tiempos de los romanos, los primeros que tomaron y civilizaron la celtíbera Turba.

Durante la Reconquista la ciudad fue un botín muy codiciado. En 1171 Alfonso II tomó Teruel, pero muchos musulmanes siguieron viviendo pacíficamente en la ciudad, que embellecieron con airosas torres mudéjares. La última mezquita se clausuró en 1502, en pleno apogeo de la Inquisición.

El casco antiguo alberga la plaza del Torico, con el monumento erigido a un pequeño toro, emblema de la ciudad. No lejos están las cinco

1937

En ese terrible invierno, Teruel vivió la batalla más cruenta de la Guerra Civil.

LOS AMANTES DE TERUEL

Según la leyenda, en el Teruel del siglo XIII Diego de Marcilla e Isabel de Segura quisieron casarse. Por ser Isabel rica y Diego pobre, el padre de ella prohibió el enlace y le dio a Diego cinco años para labrarse una posición. A su regreso a Teruel ya rico, su amada se había casado con otro. Diego murió tras pedirle a Isabel un beso que ella le negó, e Isabel murió dándole a Diego ya muerto el beso negado. En la fiesta *Las Bodas de Isabel de Segura* se representa la historia.

---

torres mudéjares que se conservan; las más llamativas son las de San Salvador y San Martín, ambas del siglo XII; la segunda presenta un trabajo en ladrillo con incrustaciones de cerámica azul y verde. Cerca se encuentra la gran escalinata neomudéjar construida en 1920 y rematada por dos torreones.

La catedral tiene también obras mudéjares notables, como el cimborrio azulejado y una torre acabada en el siglo XVII.

El **Museo Provincial,** uno de los mejores de Aragón, ocupa una elegante mansión y posee una amplia colección de cerámica, industria que ha dado fama a Teruel desde siempre.

Museo Provincial

🏠 Plaza Fray Anselmo Polanco 3 🕐 10.00-14.00 y 16.00-19.00 ma-do, 10.00-14.00 sá y do
🌐 museo.deteruel.es

㉕

Sierra de Gúdar

🅰 E4 🏠 Teruel 🚗 Mora de Rubielos 🚌 Alcalá de la Selva ℹ️ Calle Diputación 2, Mora de Rubielos; https://turismo.gudarjavalambre.es/informacion-turistica/oficinas-de-turismo

Esta serranía, al noreste de Teruel, es un terreno de pinares y rocas calizas en laderas cubiertas de matorral. Peñarroya (2.028 m) es el pico más alto. Cerca de Valdelinares, la tercera localidad de mayor altitud de Aragón, hay una estación de esquí. Desde las carreteras de acceso se divisan

→ Los dos torreones que rematan la escalinata neomudéjar de Teruel

→ Conjunto de casas de piedra de la localidad de Rubielos de Mora

vastas panorámicas de las montañas; destacan las que se obtienen desde Linares de Mora y Alcalá de la Selva, que tiene un castillo. La iglesia barroca de esta población, con conchas y columnas salomónicas, guarda la imagen de la Virgen de la Vega.

 26

Rincón de Ademuz

A E4 **Ω** Valencia **▭** Ademuz **i** Plaza de la Villa 1, Ademuz **w** rincondeademuz.info

Este remoto enclave al sur de Teruel pertenece oficialmente a la Comunidad Valenciana (p. 193), pero es un territorio aislado, a caballo entre las fronteras de Aragón y Castilla-La Mancha. El lugar el lugar conserva su encanto austero, con apacibles campos moteados de rocas rojas.

 27

Albarracín

A E4 **Ω** Teruel **▭** **i** Calle San Antonio 2; www. albarracin.es

Salta a la vista por qué Albarracín ganó un premio internacional de conservación del patrimonio histórico. Un espectacular farallón sobre el río Guadalaviar es el asiento perfecto para este sugestivo conjunto de edificios de tenue color rosa. Detrás de la ciudad, en una cresta, se ven las murallas y torres defensivas, de época musulmana.

Desde el palacio espiscopal se tiene una buena vista de la población. En la vecina catedral del siglo XVI, coronada por un campanario, hay un altar renacentista de madera labrada que narra la vida de san Pedro. El tesoro catedralicio contiene tapices de Bruselas del siglo XVI y cálices esmaltados.

Algunas de las macizas casas de Albarracín, envigadas y con balcones, tienen una inusual estructura: la planta baja es de piedra caliza y la superior, en voladizo, luce un tosco revocado de color rosa coral. La restauración ha devuelto a muchas su primitiva traza medieval.

A las puertas de la ciudad se hallan los abrigos prehistóricos de Navazo y de los Callejones, que conservan pinturas rupestres cuyas reproducciones pueden verse en el Museo Provincial de Teruel.

 28

Mora de Rubielos

A E4 **Ω** Teruel **i** Calle Diputación 2 **w** moraderubielos.com

Al pie de uno de los castillos mejor preservados de Aragón, Mora de Rubielos mantiene los vestigios de ciudad amurallada con sus puentes y su casco urbano medieval. Posee un bonito ayuntamiento del siglo XVII y la colegiata gótica de Santa María.

Rubielos de Mora, a 14 km al sureste, merece una visita por sus bien conservados edificios de entramado de madera y su convento agustino que guarda un retablo gótico.

Meseguer
Elegante restaurante con un servicio magnífico y una deliciosa comida. Sus menús cerrados y de degustación son una gran opción.

A E3 **Ω** Avenida Maestrazgo 9, Alcañiz **w** meseguer.info

 €€€

Alizia
Deliciosas especialidades locales en un ambiente acogedor. Imprescindible reservar con antelación.

A E4 **Ω** Calle del Postigo 6, Albarracín **w** alizia.eu

 €€€

COMUNIDAD VALENCIANA Y MURCIA

Estas fértiles tierras llevan habitadas muchos miles de años. Griegos, fenicios, cartagineses, y romanos se establecieron aquí antes de que llegaran los musulmanes en el siglo VIII. Jaime I el Conquistador culminó en 1238 *(p. 64)* la reconquista de las provincias que integran hoy la Comunidad Valenciana.

Tras la conquista cristiana fue llegando a las zonas ganadas a los musulmanes población venida desde los territorios cristianos, principalmente Aragón y Cataluña, y gracias a ellos se impuso el idioma catalán, que desarrolló aquí su variante conocida como valenciano, de uso muy extendido .

La región de Murcia, al sur, también fue reconquistada a los árabes por Jaime I, en 1266, pero en 1304 fue incorporada a la corona de Castilla. Durante los siglos XVI a XVIII, el centro urbano de Murcia comenzó a crecer, superando el perímetro de las viejas murallas, y se construyeron varias iglesias, que siguen destacando en el perfil urbano de la ciudad. Por desgracia, a lo largo de los siglos la región ha sido víctima de numerosas catástrofes naturales, como inundaciones y terremotos, que han devastado partes importantes de la región.

Mar
Mediterráneo

La Poble de Benifassà
CATALUÑA
p. 150
MORELLA **3**
La Sènia
Cinctorres
EL MAESTRAT **4**
Sant Mateu
Vinaròs
Ares del Maestre
Benicarló
Vilafranca del Cid
Albocàcer
N340
PEÑÍSCOLA **5**
Cuevas de Vinromá
Alcalá de Chivert
Peñagolosa △ 1.813 m
CV13
Lucena del Cid
Torreblanca
Zucaina
VILAFAMÉS **7**
Puebla Tornesa
Oropesa
CV10 **AP7**
Benicàssim
ONDA **10**
CASTELLÓN DE LA PLANA **6**
Almassora
Vila-Real
8
Borriana
COVES DE SANT JOSEP
Nules
N340
Almenara
A23
SAGUNT **13**
étera
MONASTERIO DEL PUIG **12**
AP7
Burjassot
VALENCIA **1**
Valencia
Silla
L'ALBUFERA **14**
AP7
Sueca
Cullera
Alzira
Tavernes de la Valldigna
N332
XÀTIVA
GANDÍA **15**
40
CV60
Oliva
Albaida
Pego
DENIA **16**
XÀBIA (JÁVEA) **18**
GUADALEST
AP7
Gata de Gorgos
ALCOI **21** **19**
Calp
N332
PEÑÓN DE IFACH **17**
800
Altea
Xixona
BENIDORM **23**
La Vila Joiosa
Sant Joan d'Alacant
ALICANTE **22**
Alicante–Elche
ILLA DE TABARCA
26

COSTA DEL AZAHAR

Costa Blanca

Génova,
Livorno,
Civitavecchia,
Porto Torres →

Palma de Mallorca →

COMUNIDAD VALENCIANA Y MURCIA

Esencial
1 Valencia

Lugares de interés
2 Costa del Azahar
3 Morella
4 El Maestrat
5 Peñíscola
6 Castellón de la Plana
7 Vilafamés
8 Coves de Sant Josep
9 Alto Turia
10 Onda
11 Xàtiva
12 Monasterio del Puig
13 Sagunt
14 L'Albufera
15 Gandía
16 Denia
17 Peñón de Ifach
18 Xàbia (Jávea)
19 Guadalest
20 Novelda
21 Alcoi
22 Alicante
23 Benidorm
24 Elx (Elche)
25 Orihuela
26 Illa de Tabarca
27 Torrevieja
28 Murcia
29 Lorca
30 Costa Cálida
31 Mar Menor
32 Caravaca de la Cruz
33 Cartagena

Mar
Mediterráneo

0 kilómetros   50

N ↑

 1

VALENCIA

A E4 **A** Valencia **✈** 8 km al SO 🚌🚎🚊 **i** Plaça de l'Ajuntament 1; www.visitvalencia.com

La tercera ciudad más grande de España se asienta en medio de una fértil huerta, una de las regiones con mayor densidad de cultivos de Europa. De templado clima costero, Valencia cuenta con una animada vida al aire libre. En marzo se celebran las Fallas, una de las fiestas más espectaculares del país, con la tradicional quema en la calle de los gigantescos ninots de cartón piedra.

💬 CONSEJO DK
Arte en la calle

Valencia está llena de grafitis que llaman a la reflexión, con obras de artistas como el argentino Escif. Una ruta recorre algunos de los mejores *(www.freetour valencia.com)*.

①
Palau de la Generalitat

A Plaça de Manises **C** 963 42 46 36 **O** 9.00-14.00 lu-vi solo previa cita

Este palacio, sede del Gobierno autónomo, fue construido en estilo gótico entre 1482 y 1579, y ampliado en los siglos XVII al XX. Está edificado en torno a un patio de piedra del que arranca una escalera que lleva a unas ornamentadas estancias.

El salón de las Cortes tiene encofrados policromados en el techo y un bello zócalo de azulejos. La sala Dorada cuenta con un magnífico artesonado.

¡Lo sabías?

La paella, plato emblemático de la región valenciana, ofrece distintas variantes locales.

②
Colegio del Patriarca

A Carrer de la Nau **O** mado, solo previa cita **C** Ago **w** patriarcavalencia.es

Este seminario fue construido en 1548 en torno a un patio renacentista. Las paredes y techos de la iglesia están cubiertos con frescos de Bartolomé Matarana. Durante la misa de los viernes, el cuadro situado sobre el altar mayor –*La Última Cena*, de Francisco Ribalta– se baja para dejar ver una Crucifixión, obra de un escultor alemán anónimo del siglo XV.

---

③
Torres dels Serrans

A Plaça dels Furs **C** 963 91 90 70 **O** 10.00-14.00 y 15.00-19.00 lu-vi, 10.00-14.00 sá-do **O** 1 ene, 6 ene, 1 may, 25 dic

Erigida en 1391 como arco triunfal en las murallas, esta puerta combina lo defensivo con lo decorativo. Sus dos imponentes torres ostentan almenas y tracería gótica. En

←

Vista aérea de
Valencia desde lo alto
del Miguelete

caso de lluvias fuertes, las
torres pueden permanecer
cerradas por seguridad.
Entrada gratuita los domingos.

Catedral

🏛 Plaça de la Reina
📞 963 91 81 27 🕐 Catedral y
museo: 10.00-18.30 lu-sá
oct-jun hasta 17.30 sá),
14.00-18.00 do y festivos;
Miguelete: mar-nov: 10.00-
18.45 lu-vi, 10.00-14.30 y
15.30-18.45 sá y do; dic-feb:
10.00-18.45 lu-vi, 10.00-
14.30 y 5.30-18.45 sá y do
🌐 catedraldevalencia.es

Construida en 1262, la catedral
ha sido ampliada a lo largo de
los siglos y sus tres puertas son
de estilos diferentes. La más
antigua es la románica puerta
del Palau, pero la entrada principal es el ondulante pórtico
barroco conocido como la
puerta de los Hierros.

En la puerta de los Apóstoles,
gótica, celebra sesión cada jueves a mediodía el Tribunal de
las Aguas, que zanja los litigios
entre agricultores por la distri-
bución del riego de la huerta.

Dentro de la catedral, una
capilla guarda una copa de
ágata que se tiene por el Santo
Grial; según la leyenda, llegó a
Valencia desde Jerusalén pasando por San Juan de la Peña
(p. 184). El campanario de la catedral (68 m), el Miguelete, es
popular por sus vistas. La catedral alberga un museo.

---

⑤

Llotja

🏛 Plaza del Mercado 📞 962
08 41 53 🕐 9.30-19.00 lu-
sá, 9.30-15.00 do

Este edificio gótico flamígero,
erigido entre 1482 y 1498 para

albergar la alhóndiga y como
lugar de fiestas cortesanas, se
destina hoy a conciertos y exposiciones. Los muros exteriores están coronados por gárgolas de figuras grotescas. El
techo de la sala de la Bolsa
está formado por bóvedas estrelladas sustentadas por airosas columnas salomónicas.

---

⑥

Museo Nacional
de Cerámica
Gonzalez Martí

🏛 Carrer del Querol 📞 963
08 54 29 🕐 10.00-14.00 y
16.00-20.00 ma-sá, 10.00-
14.00 do 🗓 1, 6 y 22 ene,
1 may, 24, 25 y 31 dic

El museo ocupa el palacio barroco del Marqués de Dos
Aguas, una fantasía dieciochesc-
ca de yeso policromado y portada con esculturas de Ignacio
Vergara. La colección incluye

cerámica prehistórica, griega y
romana, y obras de Picasso.
Entrada gratuita los sábados
por la tarde y domingos.

Esencial
☆

Mercado Central
Inaugurado en 1928,
este edificio modernista
de hierro, cristal y
azulejos, coronado por
dos veletas con la forma
de una cotorra y un pez
espada, es el mercado
más grande y bonito de
Europa. Sus cerca de
300 puestos venden
todo tipo de alimentos.

🏛 Plaça del Mercat 6
📞 963 82 91 00
🕐 7.30-15.00 lu-sá

Estos son tres de los mejores restaurantes especializados en paellas.

Restaurante Navarro
 Carrer de l'Arquebisbe Mayoral 5 Wrestaurante navarro.com

€€€

Casa Carmela
 Carrer d'Isabel de Villena 155
Wcasa-carmela.com

€€€

La Pepica
Passeig de Neptú 6
Wlapepica.com

€€€

↑ La basílica de la Virgen de los Desamparados se alza en la plaza de la Virgen, una de las agradables plazas de la ciudad

⑦

Jardín del Turia

 Durante las horas de luz

Lo que antes fue cauce del río es hoy una franja de 10 km de jardines, campos deportivos y parques infantiles cruzados por una docena de puentes. En una posición prominente se alza el Palau de la Música, auditorio construido en la década de 1980. La estrella del cercano parque infantil es una gigantesca figura de Gulliver cubierta de escaleras y toboganes. El Jardín de Cabecera es un parque que pretende recrear el paisaje original del río Turia. Presta especial atención al agua y en el antiguo cauce del río posee un lago, una playa, un molino de agua y un bosque ribereño.

El mayor de los Jardines Reales ocupa el emplazamiento de un antiguo palacio. Distribuidas en los jardines hay varias esculturas y elementos arquitectónicos procedentes de derribo.

El Jardín Botánico fue creado en 1802; tiene más de 7.000 especies de árboles y arbustos.

⑧

Basílica de la Virgen de los Desamparados

Plaça de la Verge
963 91 92 14 7.30-14.00 y 16.30-21.00

La imagen de la patrona de Valencia se halla en el altar mayor de esta iglesia del siglo XVII. En el interior destaca la cúpula pintada al fresco por Antonio Palomino. Durante las Fallas se tributa a la Virgen una ofrenda floral.

Museu de Belles Arts

Carrer de Sant Pius V 9
10.00-20.00 ma-do
1 ene, 25 dic Wmuseo bellasartesvalencia.gva.es

Este antiguo seminario y convento, construido entre 1683 y 1744, guarda una importante colección de 2.000 cuadros y esculturas que van desde la antigüedad al siglo pasado.

El arte valenciano de los siglos XIV-XV está represen-

tado por una serie de retablos dorados, obra de Alcanyis, Pere Nicolau y el maestro del Bonastre. *La Pasión,* un tríptico del Bosco, está en la primera planta, junto con el autorretrato de Velázquez y varias obras del Greco, Murillo, Ribalta, Van Dyck y el pintor renacentista valenciano Juan de Juanes.

La planta superior reúne una amplia colección de coloristas obras de Antonio Muñoz Degrain, entre ellas la perturbadora *Amor de madre.*

→

La fantástica estructura de la Ciudad de las Artes y de las Ciencias

Institut Valencià d'Art Modern

⌂ Carrer de Guillem de Castro 118 ⊙ 11.00-19.00 ma-do (hasta 20.00 vi)
🌐 ivam.es

Este instituto constituye uno de los espacios dedicados al arte moderno más importantes de España. El núcleo de la exposición permanente se basa en la obra del escultor del siglo XX Julio González. Todas las formas artísticas están representadas en las exposiciones temporales, aunque se dedica una especial atención a la fotografía. Una de las galerías incorpora un tramo de las murallas de la vieja ciudad.

 CONSEJO DK
¡A la playa!

Las playas del Cabañal y de la Malvarrosa, al este de la ciudad, están bordeadas de un amplio paseo. Sus antiguos barrios de pescadores conservan algunas de sus casas pintorescas, cubiertas de azulejos para mantenerse frescas en verano.

⑪

Museu d'Història de València

⌂ Carrer València 42, Mislata ⊙ 10.00-19.00 ma-sá, 10.00-14.00 do
🌐 mhv.valencia.es

El Museo de Historia de Valencia se halla en una cisterna del siglo XIX que suministraba agua a Valencia. En sus galerías con arcos y paredes de ladrillo visto se narra la evolución de la ciudad de Valencia. Comienza con la fundación romana y finaliza en nuestros días. En cada sección se sitúa una máquina del tiempo con una pantalla en la que el visitante contempla una escena de la vida cotidiana de la época.

⑫

Ciutat de les Arts i de les Ciències

⌂ Avinguda del Professor López Piñero 7 ☎ 961 97 46 86 ⊙ Horarios varían; llamar antes

El futurista complejo de la Ciudad de las Artes y de las Ciencias se levanta al final de los jardines del río Turia. Está compuesto por cinco impresionantes edificios (cuatro de los cuales han sido diseñados por el arquitecto valenciano Santiago Calatrava). El Palau de les Arts, la última construcción incorporada, tiene un auditorio con un teatro al aire libre.

En el otro lado del puente de Monteolivete se sitúa L'Hemisfèric, que con su forma evoca un ojo. Alberga una sala equipada con un cine IMAX y un planetario. Próximo a este se encuentra el Museu de les Ciències Príncipe Felipe, formado por una estructura de cristal y brillantes arcos de acero blancos. La exposición está enfocada principalmente a los escolares.

Enfrente del museo se halla L'Umbracle, una gran pérgola formada por arcos parabólicos que cubre una zona verde y un paseo de esculturas. Por último, la ciudad se completa con el acuario, diseñado por el arquitecto Félix Candela como una serie de lagunas y pabellones conectados por puentes y túneles.

LUGARES DE INTERÉS

Costa del Azahar

E4 **Castellón**
Castellón de la Plana
Castellón de la Plana
**Plaza de la Hierba s/n,
Castellón de la Plana; www.
turismodecastellon.com**

Esta franja de litoral debe su nombre a la flor de los tupidos naranjales de la llanura costera. Los tres centros principales de veraneo son Oropesa, Peñíscola y Benicàssim, donde a las antiguas villas se han sumado hoteles modernos y otras instalaciones turísticas. Alcossebre tiene también playas muy concurridas. Vinaròs y Benicarló son activos puertos pesqueros que mantienen surtidos de langostinos y mejillones a los restaurantes de la zona.

Morella

E3 **Castellón**
**Plaza de San Miguel;
www.morella.net/
morellaturistica**

Construida sobre un alto afloramiento rocoso y coronada por un castillo, Morella presenta una silueta espectacular. Vale la pena emprender el duro ascenso hasta el castillo; algunas partes se han restaurado y contienen puntos de información. En el camino se encuentra el convent de Sant Francesc.

También se puede pasear por su muralla medieval, accediendo por una de sus seis puertas, que se abren a un abanico de callejas sombreadas por los aleros de antiguas casonas. La calle mayor está bordeada de soportales. En la parte alta de la ciudad se halla la basílica de Santa María la Mayor, con una magnífica arquitectura gótica y un interior que guarda un rico retablo churrigueresco. Destaca su galería del coro, a la que se accede por una escalera de caracol de bella factura (venta de entradas en taquilla).

EL MILAGRO DE MORELLA

En la calle de la Virgen, en la localidad castellonense de Morella, una placa señala la casa donde cuentan que san Vicente Ferrer obró un milagro a principios del siglo XV. Cierta mujer, atribulada por no tener carne que ofrecer al santo, despedazó a su hijo y lo puso al fuego. Cuando san Vicente descubrió el terrible hecho recompuso entero al muchacho, a falta de un dedo que se había comido la madre para probar el punto de sal.

El Maestrat

E3 **Castellón y Teruel**
Morella **Calle Mayor
15, Cantavieja; www.
comarcamaestrazgo.es**

Los miembros de la Orden del Temple y los caballeros de Montesa –llamados maestres (maestros)– dieron nombre a esta solitaria región. Para controlar esta tierra fronteriza, a caballo entre el reino de Valencia y Aragón, erigieron plazas fortificadas en puntos estratégicos, con frecuencia en lo alto de farallones. La mejor conservada es Morella. No lejos queda Forcall, con dos mansiones del siglo XVI en su plaza porticada. Al sur, el pueblo de Ares del Maestre se

(EXPLORA Comunidad Valenciana y Murcia)

↑ Tiendas jalonando las callejuelas del casco antiguo de Peñíscola

enclava al pie de una pared rocosa de 1.318 m.

Cantavieja, la localidad más importante de la parte aragonesa de El Maestrazgo tiene una bonita plaza con soportales. La cercana Mirambel ha recuperado su traza medieval tras una meticulosa restauración.

En El Maestrazgo existen varios santuarios marianos, entre los que cabe destacar la cueva de La Balma en Zorita, a la que se llega a través de un saliente rocoso.

El paisaje es realmente impresionante: los fértiles valles alternan con precipicios sobrecogedores y montañas peladas. El desarrollo turístico de esta zona es lento debido a la escasez de alojamientos.

─────────

 5

Peñíscola

A F4 **M** Castellón 🚌
i Paseo Marítimo; www.peniscola.es

La ciudad de Peñíscola se apiña en torno a la base de un castillo rodeado por el mar en tres de sus caras. Este laberinto de calles estrechas y casas blancas está ceñido por sólidas murallas a las que se accede por la puerta Fosch –desde una rampa en la plaza del Caudillo– o por la de San Pedro, subiendo desde el puerto.

El **castillo del Papa Luna** fue levantado sobre una muralla árabe a finales del siglo XIII por los templarios, cuya cruz remata la puerta. Más tarde se convirtió en residencia de Pedro de Luna, cardenal de Aragón, elegido papa con el nombre de Benedicto XIII durante el cisma que dividió a la Iglesia en el siglo XIV. Aunque fue depuesto en 1414, continuó reivindicando su derecho al papado hasta morir en 1423.

Castillo del Papa Luna
♿🕑 **M** Calle Castillo **C** 964 48 00 21 **O** Horarios varían, consultar web **M** 1 y 6 ene, 9 sep, 9 oct, 25 dic **w** castillo depeniscola.dipcas.es

← La localidad de Morella a los pies de su impresionante castillo

---

❻

Castellón de la Plana

🅰E4 🅰Castellón 🚆🚌
ℹ️ Plaza de la Hierba s/n; www.castellonturismo.com

Fundada en un principio tierra adentro, la capital de la provincia de Castellón (Castelló) se trasladó a las proximidades de la costa a finales del siglo XIII. La plaza mayor está bordeada por el mercado, el ayuntamiento, la catedral y el Fadrí, un campanario octogonal de 58 m que se terminó de construir en 1604.

El **Museo de Bellas Artes** contiene objetos de mediados del Paleolítico, cuadros de los siglos XIV a XIX y cerámica moderna de la región. También alberga una valiosa colección de cuadros atribuidos a Zurbarán.

En **El Planetari** se efectúan sesiones ilustrativas del cielo nocturno, el sistema solar y las estrellas, además de exposiciones temporales.

Museo de Bellas Artes
🅰 🅰 🅰Avda Hermanos Bou 28
🕐10.00-14.00 y 16.00-20.00 ma-sá, 10.00-14.00 do
🌐mbacas.ivc.gva.es

El Planetari

🅰 🅰Paseo Marítimo 1, Grao
📞964 28 29 68 🕐Oct-jun: 9.30-14.45 ma-vi, 10.30-13.45 y 16.30-19.45 sá, 10.30-13.45 do (mar-jun y oct, también 4.30-19.45 ma-vi); jul-sep: 9.30-14.30 y 16.30-20.45 todos los días

---

❼

Vilafamés

🅰E4 🅰Castellón 🚌
ℹ️Plaza del Ayuntamiento 2; 964 32 99 70

Esta ciudad medieval trepa desde un llano por un resalte rocoso hasta la restaurada torre del homenaje de su castillo. La parte alta, más antigua, es una maraña de calles empinadas. Una mansión del siglo XV alberga el **Museo de Arte Contemporáneo de Vilafamés,** con obras que datan de 1959 hasta la actualidad.

Museo de Arte Contemporáneo de Vilafamés
🅰 🅰Casa del Batlle, Calle Diputación 20 🕐10.00-14.00 y 16.00-18.30 ma-do 🌐macvac.es

El Fadrí, junto a la catedral de Castellón de la Plana
↓

La Vinya

En este local acogedor se puede comer a la carta o de tapas.

🅰E4 🅰Calle La Fuente 17, Vilafamés
📞664 38 67 38

€€€

Asoko

Elegante restaurante japonés que prepara su imaginativo *sushi* con la pesca del día.

🅰E4 🅰Sierra de Espadán 86, Onda
📞964 91 92 93

€€€

---

❽

Coves de Sant Josep

🅰E4 🅰Vall d'Uixó, Castellón 🚌Vall d'Uixó
🕐Mar-oct: 10.00-13.30 y 15.30-18.00 todos los días; nov-feb: 10.00-14.00 todos los días 🕐1 y 6 ene, 25 dic
🌐covesdesantjosep.es

Las cuevas de San José fueron exploradas por primera vez en 1902. El curso del río subterráneo que las formó ha sido tra-

zado en casi 3 kilómetros; pero todavía no se ha descubierto su fuente y el recorrido es solamente parcial.

Los visitantes remontan en barca el sinuoso curso del río, y a veces deben agacharse para no golpearse la cabeza. Las estrechas cuevas se abren en cámaras como la sala de los Murciélagos, así llamada por la gran población de quirópteros que había en ella y que desaparecieron al instalarse los reflectores. El agua alcanza los 12 m de profundidad en el lago Azul. La exploración puede continuar a pie otros 250 m por la galería Seca. Las estalactitas y estalagmitas son uno de sus principales atractivos. Suelen cerrarse cuando llueve intensamente.

LA TOMATINA

El momento cumbre de las fiestas de Buñol, cerca del Alto Turia, es el pintoresco combate que tiene lugar el último miércoles de agosto. El ayuntamiento facilita a los participantes camiones de tomates maduros para que se los arrojen unos a otros. Nadie puede considerarse a salvo de los atacantes.

La batalla se originó en 1944. Unos dicen que empezó siendo una pelea entre amigos; otros, que durante una procesión un grupo de lugareños lanzaron tomates a las autoridades.

 9

Alto Turia

A E4 **A** Valencia **Chelva** **i** Plaza Mayor 1, Chelva; www.altoturia.es

La comarca del Alto Turia comprende los bellos cerros boscosos de los altos del río Turia. La cumbre más alta de la zona es el Pico del Remedio (1.054 m), desde cuya cima se divisa la localidad de Chelva, famosa por el original reloj de su iglesia, que no solo indica la hora, sino también el día y el mes.

El pueblo más atractivo e interesante de la zona del Alto Turia es Alpuente, situado sobre una garganta seca. Entre 1031 y 1089, año de su conquista por el Cid *(p. 380)*, fue capital de un pequeño reino de taifa. En el siglo XIV seguía siendo lo bastante importante como para que las Cortes del Reino de Valencia se reunieran aquí. El ayuntamiento se reduce a una pequeña torre sobre una portada del siglo XIV; en el siglo XVI se le añadió un salón de sesiones de planta rectangular.

Requena, al sur, es el principal pueblo vinícola de la provincia de Valencia. Más al sur, el Júcar abre formidables hoces cerca de Cortes de Pallás, tras pasar por la Muela de Cortes. Esta gran meseta y reserva natural está atravesada por una carretera y una pista de tierra.

 10

Onda

A E4 **A** Castellón **i** Calle Ceramista Peyró; www.onda.es

Onda, sede de una próspera industria cerámica, está presidida por su fortaleza del siglo X, conocida también como el Castillo de las 300 Torres. Según la leyenda local, ese sobrenombre viene de las palabras de un escritor medieval, que habría dicho que el castillo tenía "casi tantas torres como días tiene el año".

La fortaleza, en su momento controlada por Rodrigo Díaz de Vivar, el Cid, ha sido reconstruida muchas veces a lo largo del tiempo y ofrece vistas espectaculares sobre el centro medieval de la población. En la actualidad alberga un museo de historia local.

↑ Banco cubierto de artísticos azulejos fabricados en la ciudad de Onda

11

Xàtiva

A E5 **A** Valencia **A** **A**
i Alameda de Jaime I 50;
www.xativaturismo.com

En la estrecha cresta del monte Vernissa, sobre Játiva, yacen las ruinas de un **castillo** de 30 torres destruido en gran parte por Felipe V durante la guerra de Sucesión. El monarca incendió además la ciudad, que se ha tomado venganza de la forma más inopinada: colgando el retrato del rey boca abajo en el **Museo de Bellas Artes.** El museo también cuenta con obras maestras de Ribera, que nació en Játiva en 1591, y una valiosa colección de la serie de grabados de Goya conocida como *Los disparates.*

Jàtiva es rica en monumentos. En el casco antiguo destacan un hospital con una rica fachada barroca y la fuente gótica de la plaça de la Trinitat, que data del siglo XV. El gran número de fuentes en la localidad ha hecho que se la conozca como la Ciudad de las Mil Fuentes.

La iglesia más antigua de Jàtiva es la ermita de San Feliu, en la subida de la fortaleza; data de 1262 y conserva varios retablos de los siglos XIV a XVI.

Castillo de Jàtiva
A **A** Subida del Castillo
C 962 27 42 74
O 10.00-21.00 ma-do
w xativaturismo.com/entradas-castillo

Museo de Bellas Artes
A **A** Plaza Arzobispo Mayoral 2 **C** 962 28 24 55
O 10.00-14.00 y 16.00-18.00 ma-sá, 10.00-14.00 do

Momo
Una elegante tienda de ropa para hombre, mujer y niños. Momo cuenta con prendas estilosas de diario y otras más exclusivas para ocasiones especiales.

A E5 **A** Calle Zarandona 1, Murcia
w momo.com.es

Mercadillo
Todos los martes y viernes, en la plaza del mercado de Játiva se celebra este mercadillo de productos frescos y artículos para el hogar hechos a mano.

A E5 **A** Plaça del Mercat, Játiva
C 962 27 33 46 **O** ma y vi mañana

¿Lo sabías?

En el siglo XII Játiva era el principal productor de papel de Europa.

↑ El espectacular enclave del castillo medieval de Játiva

Monasterio de El Puig

A E4 **Q** El Puig, Valencia **R** **S** El Puig **O** ma-sá solo con visita guiada a las 10.00, 11.00, 12.00, 16.00 y 17.00 **W** monasteriodelpuig.org

Este monasterio de la orden mercedaria fue fundado por el rey Jaime I de Aragón, que conquistó Valencia a los árabes en el siglo XIII. El monasterio alberga hoy el Museo de la Imprenta y de la Obra Gráfica, que conmemora la impresión del primer libro en España, llevada a cabo en Valencia en el año 1474.

Sagunt

A E4 **Q** Valencia **R** **S** **i** Plaza Cronista Chabret; www.saguntoturismo.com

En el año 219 a. C., Aníbal saqueó Saguntum, aliado de Roma. Se dice que todos los habitantes de la ciudad murieron en el asalto. Este incidente desencadenó la segunda gue-

rra púnica, que resultó desastrosa para los cartagineses y trajo aparejada la expulsión de estos y la posterior ocupación romana de la Península.

La ciudad contiene aún muchos restos de la civilización romana, entre ellos el teatro, del siglo I d. C., que hoy acoge conciertos y el festival anual de teatro de Sagunto.

Las ruinas del **castillo,** en la cresta de una colina que domina la ciudad moderna, marca el emplazamiento original de Sagunto.

Castillo de Sagunto

C 962 61 72 67 **O** 10.00-20.00 ma-sá (oct-mar hasta 18.00), 10.00-14.00 do

L'Albufera

A E4 **Q** Valencia **S** **i** Carretera del Palmar, Racó de l'Olla; 963 86 80 50

Este lago de agua dulce es una importantísima reserva de aves. Lo separa del mar una boscosa franja de arena y los arrozales que lo bordean producen una tercera parte del arroz español.

La Albufera está regada por el Turia y conectada con el mar por tres canales dotados de compuertas que regulan el nivel de las aguas. El lago alcanza una profundidad máxima de

TOP 5 **FIESTAS POPULARES**

Las Fallas
Los ninots toman las calles y plazas de Valencia (15-19 mar).

Viernes Santo
Distintos pasos compiten en el Desfile Bíblico Pasional de Lorca.

Moros y cristianos
Del 21 al 24 de abril, los dos *ejércitos* de Alcoy rememoran la Reconquista.

Misteri d'Elx
Drama musical sagrado que se celebra en la iglesia de Santa María (11-15 ago).

La Tomatina
Batalla de tomates en Buñol *(p. 203).*

2,5 m y está achicándose por el encenagamiento natural y la desecación; en la Edad Media su superficie era alrededor de diez veces mayor que la actual.

El centro de visitantes de Racó de l'Olla, en la orilla oeste de la Albufera, facilita información sobre el ecosistema del lago.

↑ Pareja avistando aves en el observatorio de la reserva natural de l'Albufera

Exterior del Palau
Ducal de Gandía
y su suntuosa
galería Dorada

⓯

Gandía

🅰 E4 🏠 Valencia 🚉🚌
ℹ️ Avinguda Marqués
de Campo; www.
visitgandia.com

En 1485 se concedió a Rodrigo
Borgia (el que sería después
papa Alejandro VI) el título de
duque de Gandía (Gandia).
Fundador del linaje de los
Borgia, se implicó con sus
hijos en los más tremebundos
episodios de crimen y
libertinaje. El bisnieto de
Rodrigo limpió el nombre de
la familia al hacerse jesuita;
fue canonizado por el papa
Clemente X en 1671 con el
nombre de Francisco de Borja.

Se puede visitar la casa en
que nació, el **Palau Ducal,** hoy
propiedad de la Compañía de
Jesús. Su sobrio patio gótico
oculta las suntuosas estancias
interiores, entre las que se encuentra la galería Dorada. Al
atractivo histórico de la ciudad se unen sus playas de
arenas doradas.

Palau Ducal
🎫 🕐 🏠 Carrer Duc Alfons
el Vell 1 🕐 10.00-14.00 y
17.00-20.00 ma-sá
🌐 palauducal.com

⓰

Denia

🅰 E5 🏠 Alicante 🚉🚌🚢
ℹ️ Plaza Oculista Baigues 9;
www.denia.net

Esta ciudad debe su nombre a
la diosa romana Diana, a
quien estaba dedicado uno de
los templos aquí exhumados.

Puerto pesquero y pobla-
ción de veraneo, el centro urbano de Denia (Dènia) rodea
un altozano en cuya cima se
yergue un gran **castillo,** antes
fortaleza musulmana; se conserva la puerta de entrada, el
Portal de la Vila, reformada en
el siglo XVII. El palacio del Gobernador, en el interior del
castillo, alberga un museo arqueológico que ilustra el desarrollo de Denia desde el siglo II a. C. hasta el siglo XVIII.

Al norte del puerto está la
playa de Las Marinas y, al sur,
la de Les Rotes, muy
adecuada para el buceo.

Castillo de Denia
🎫 🏠 Carrer Sant Francesc
📞 966 42 06 56 🕐 Los
horarios varían, consultar
web 🕐 1 ene, 25 dic 🌐 denia.
net/castillo-de-denia

MEJORES VISTAS
Desde el peñón

Durante la subida al Peñón de Ifach se contemplan unas vistas espectaculares de una larga franja de la Costa Blanca; en días despejados, desde su cumbre se avista la silueta de Ibiza.

🕑 Peñón de Ifach

 E5 Calpe, Alicante Calp Calpe Carrer Illa de Formentera s/n, Calp; 965 69 33 00

Conocido por los fenicios como Roca del Norte, el afloramiento rocoso del Peñón de Ifach (Penyal d'Ifac) aparenta emerger del mar en vertical. Este peñón calizo de 332 m, una de las estampas más espectaculares de la Costa Blanca, parece imposible de escalar; sin embargo, numerosos deportistas suben a la cumbre por la cara sur. Un corto túnel construido en 1918 (abierto jul-ago) permite acceder a las vertientes del lado del mar, más suaves. La excursión dura unas dos horas y hay cupo de entrada. Se parte del centro de visitantes, sobre el puerto de Calpe, y se asciende por laderas cubiertas de enebros y palmeras.

El Peñón de Ifach es morada de más de 300 clases de plantas, entre ellas varias especies raras. Las aves migratorias lo usan como punto de referencia, y las salinas que hay debajo les sirven de hábitat. La roca fue de propiedad privada hasta 1987, año en que el Gobierno autónomo la adquirió para convertirla en reserva natural.

Bajo el peñón se encuentra el pueblo de Calp (Calpe), famoso por sus playas.

🕣 Xàbia (Jávea)

 E5 Alicante Plaza de la Iglesia 4; www.xabia.org

El centro de la ciudad de Jávea se encarama en una colina, tierra adentro, donde hubo un recinto íbero amurallado. Muchos de los edificios que bordean las calles están hechos de la piedra arenisca del lugar. La iglesia de San Bartolomé, del siglo XVI, se fortificó para servir a los fieles de refugio en caso de invasión; sobre la puerta se ven unas aberturas para disparar a los atacantes.

El rocoso litoral de Jávea, que en el pasado sirvió de escondite a piratas y contrabandistas, hoy está jalonado de modernos apartamentos, aunque sigue conservando unas bonitas playas.

Vivood Landscape Hotel

Un hotel *boutique* de Alicante con spa y restaurante.

 E5 Ctra Guadalest-Alcoy 10, Benimantell, Alicante vivood.com

€€€

Hotel RH Bayren & Spa

Hotel moderno a orillas de la playa de Gandía. Reservar con tiempo.

 E4 Carrer de Mallorca 19, Playa de Gandía rhbayrenparc.com

€€€

Villa del Mar Hotel

Hotel de cuatro estrellas frente a la playa con bar en la azotea.

 E5 Avenida de la Armada Española 1, Benidorm hotel villadelmar.com.es

€€€

↑ Vista de Calpe y su playa, con el Peñón de Ifach alzándose en la distancia

Vista sobre la ciudad de Alicante y el mar al atardecer ↑

 19

Guadalest

🅰E5 🅰Alicante ℹAvenida de Alicante; www.guadalest.es

A pesar de los autocares cargados de excursionistas, el bonito pueblo de montaña de Guadalest permanece relativamente virgen. Esto se debe a que su parte más antigua solamente es accesible a pie y por una única entrada: un túnel abierto en la roca sobre la que se encaraman precariamente las ruinas del castillo y el característico campanario de la iglesia.

Guadalest fue fundada por los musulmanes, que transformaron las laderas circundantes en bancales de cultivo, tierras que aún se riegan con las acequias que ellos construyeron.

En el enigmático **Museo de Microminiaturas** destacan *Los fusilamientos del 3 de mayo* de Goya reproducido en un grano de arroz, *La maja desnuda*, en el ala de una mosca, y la figura de un camello pasando por el ojo de una aguja.

Museo de Microminiaturas
🕯 🅰Plaza San Gregorio 14
🅲Verano: 10.00-20.00 diario; invierno: 10.00-18.00 diario
🆆miniaturasguadalest.com

 20

Novelda

🅰E5 🅰Alicante 🚻🚌
ℹCarrer Mayor 6; www.novelda.es

Lo más interesante de Novelda, ciudad industrial con fábricas de mármol, es la magníficamente conservada **Casa Museo Modernista,** que fue construida en 1903 y se salvó de la demolición en 1970. El edificio está decorado y amueblado en estilo *art nouveau*. Escasean las líneas rectas y las formas funcionales: cada centímetro de pared luce adornos florales o jocosos.

Casa Museo Modernista
🕯 🅰Calle Mayor 24 🅲965 60 02 37 🅲Visitas 11.00, 12.00 y 13.00 ma-sá

 21

Alcoi

🅰E5 🅰Alicante 🚊🚌
ℹPlaça de Espanya, 14; www.alcoyturismo.com

En la unión de tres ríos y rodeada de montañas, Alcoy es una ciudad industrial conocida por las batallas de moros y cristianos *(p. 205)* y las peladillas (almendras cubiertas de azúcar).

En las laderas que la presiden está la Font Roja, reserva natural y santuario con una gran imagen de la Virgen María. Al norte de Alcoy está la sierra de Mariola, cordillera famosa por sus hierbas medicinales y culinarias y las vistas. El mejor acceso es desde Agres. Una ruta asciende desde el norte de Agres hasta la cima del Mont Cabrer (1.390 m).

 22

Alicante

🅰E5 🅰Alicante 🚊🚉🚌🚌
ℹRambla Méndez Núñez 41; www.alicanteturismo.com

Puerto comercial en torno a una bahía, Alicante (Alacant) fue fundado por los romanos en el 200 a. C. a unos 3 km de su situación actual. Durante el siglo XVIII los árabes refundaron la ciudad a la sombra del monte Benacantil, donde ahora se alza el **castillo de Santa Bárbara,** que data del siglo XVI. Desde sus almenas se puede contemplar la ciudad.

El eje de Alicante es la Explanada de España, un paseo marítimo bordeado de palmeras. El **ayuntamiento,** de estilo barroco dieciochesco, merece una visita por el salón Azul. En la escalera, de mármol rosa, hay un disco de metal que se utiliza como punto de referencia para medir la altitud de cualquier punto de España.

El pintor alicantino Eusebio Sempere (1924-1985) reunió la colección de arte del siglo XX que se expone en el **Museo de Arte Contemporáneo (MACA)** con obras de Dalí, Miró, Picasso y el propio Sempere.

Castillo de Santa Bárbara

🎨🚶 🏛Playa del Postiguet ☎965 14 71 60 🕐10.00-22.00 todos los días; jun-sep y nov-feb: horarios varían, consultar web 🌐castillo desantabarbara.com

Ayuntamiento

🏛Plaza del Ayuntamiento 1 ☎966 90 08 86 🕐9.00-14.00 lu-vi

Museo de Arte Contemporáneo (MACA)

🏛Plaza de Santa María 3 🕐Verano: 11.00-20.00 ma-sá, 11.00-14.00 do; invierno: 10.00-14.00 ma-vi 🕐1 y 6 ene, 1 mayo, 25 dic y festivos 🌐maca-alicante.es

¿Lo sabías?

Benidorm es la tercera ciudad con más rascacielos de Europa tras Londres y Milán.

㉓

Benidorm

🅰E5 🏛Alicante 🚆🚌 🛈Plaza Canalejas, El Torrejó; www. visitbenidorm.es

Con los rascacielos que se alzan hacia el cielo presidiendo sus dos playas, este famoso centro de veraneo dista mucho de ser el pueblecito de pescadores que fue hasta comienzos de la década de 1950.

Benidorm cuenta con más plazas hoteleras que ningún otro centro turístico mediterráneo, pero su clientela ha cambiado desde la década de 1980, cuando su nombre evocaba un turismo barato. Un enorme parque y un auditorio al aire libre –el parque de l'Aigüera, usado para actos culturales– son dos emblemas del lavado de cara acometido por Benidorm en los últimos años.

La ciudad atrae a veraneantes ancianos del norte de España y a británicos, que acuden en busca de playas de arena y sol. También cuenta con una animada oferta para el colectivo LGTBIQ+.

Entre las playas de Levante y Poniente, en un promontorio llamado el Balcón del Mediterráneo, hay un pequeño parque que termina en una fuen-

Kafee Klee

Un animado bar de Benidorm con divertidas actuaciones drag. Es aconsejable llegar pronto.

🅰E5 🏛Calle Pal 9, Benidorm ☎619 93 47 88

26 Cocktail Room

Este bar de Alicante sirve una amplia variedad de deliciosos y bien presentados cócteles, con y sin alcohol.

🅰E5 🏛Plaza Portal de Elche 6, Alicante ☎965 20 05 52

Bro

Elegante y simpática coctelería de Murcia. Su personal profesional prepara cualquier mezcla que se le pida.

🅰E5 🏛Calle Poeta y Periodista Raimundo de los Reyes 2, Murcia ☎665 09 75 71

te con un gran surtidor. Desde aquí se contempla una vista panorámica de casi todo Benidorm. En el centro de la bahía se encuentra la Illa de Benidorm, a la que se puede acceder en ferri y que es una reserva natural para aves.

La Vila Joiosa (Villajoyosa), al sur, es mucho más antigua que Benidorm. Lo más destacable es la hilera de casas de colores que asoman sobre el lecho del río.

El casco antiguo de Altea, al norte de Benidorm, se asienta en las faldas de una colina. Posee casas blancas, callejas estrechas y largos tramos de escaleras en torno a una iglesia coronada por una cúpula de color azul.

24
Elx (Elche)

🅐E5 🏠Alicante 🚉🚌
ℹ️Plaza Parque 3;
www.visitelche.com

El bosque de más de 300.000 palmeras que rodea Elche por tres de sus lados fue plantado al parecer por los fenicios hacia el año 300 a. C. Una parte del palmeral, el llamado **Huerto del Cura,** se ha convertido en un jardín privado. Algunas de las palmeras están dedicadas a personajes ilustres.

La basílica de Santa María, de estilo barroco y cúpula azul, se levantó en el siglo XVII y supone un magnífico marco para las representaciones del Misteri d'Elx. Al lado está la torre gótica de **La Calahorra.**

El reloj del ayuntamiento tiene dos figuras mecánicas del siglo XVI que marcan las horas golpeando unas campanas.

Jardín Huerto del Cura
🌳🕙 🏠Porta de la Morera 49
🕙Diario (los horarios varían; consultar web)
🌐huertodelcura.com

La Calahorra
🏠Calle Uberna 14 ☎966 65 82 43 🕙10.00-14.00 y 15.00-18.00 ma-sá, 10.00-14.00 do

↑ Un paseo entre las palmeras en el Jardín Huerto del Cura de Elche

25
Orihuela

🅐E5 🏠Alicante 🚉🚌
ℹ️Plaza de la Soledad 1;
www.orihuelaturistica.es

En el siglo XV Orihuela era lo bastante próspera para que los Reyes Católicos se detuvieran en ella camino de Granada a fin de recabar hombres y dinero. La catedral gótica alberga *La tentación de santo Tomás,* de Velázquez. Entre los pasos procesionales expuestos en el **Museo San Juan de Dios,** dedicado a la arqueología, hay uno del siglo XVIII llamado *La diablesa.*

Museo San Juan de Dios
🕙 🏠Calle del Hospital
☎966 74 31 54 🔒Cerrado por renovación

26
Illa de Tabarca

🅐E5 🏠Alicante ⛴️Desde Santa Pola/Alicante
ℹ️Santa Pola; 966 69 22 76

El mejor punto de partida para ir a la isla de Tabarca es Santa Pola. La isla, pequeña y llana, está dividida en dos partes: una zona pelada y pedregosa a la que llaman *el campo* y un recinto amurallado al que se accede por tres monumentales portones. El recinto fue trazado a cuadrícula en el siglo XVIII por orden de Carlos III y fortificado para evitar que la isla fuera utilizada por los piratas.

📷 LA MEJOR FOTO
Tabarca

A pesar de su pequeño tamaño, la isla de Tabarca cuenta con numerosos lugares pintorescos para fotografiar, entre los que destaca su diminuto puerto con las barcas meciéndose en el mar.

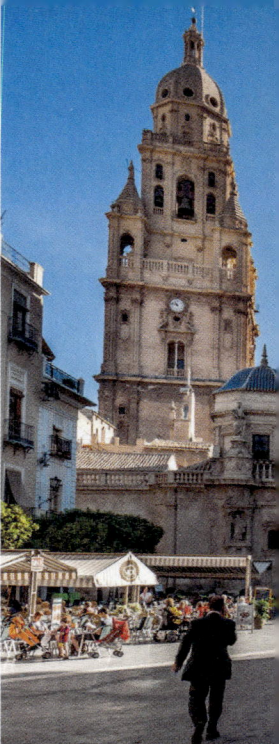

27
Torrevieja

🅐E5 🏠Alicante ℹ️Paseo Vista Alegre; www.turismo detorrevieja.com

Durante la década de 1980 Torrevieja creció a un ritmo vertiginoso y miles de europeos adquirieron casas en ella; pero antes del auge turístico su fuente de riqueza eran las salinas, las más productivas de Europa. Torrevieja acoge un famoso festival de habaneras, la música que trajeron de Cuba los exportadores de sal.

28
Murcia

🅐E5 🏠Murcia 🚉🚌
ℹ️Plaza Cardenal Belluga, edificio ayuntamiento; www.turismodemurcia.es

Esta ciudad universitaria bañada por el río Segura fue fundada por los musulmanes

La imponente catedral de Murcia frente a la plaza del Cardenal Belluga

en el año 825 y se extiende alrededor de la peatonal calle de la Trapería, que une la catedral con el antiguo mercado (hoy plaza de Santo Domingo). En ella se levanta el **casino**, fundado en 1847. Se accede al interior por un patio de estilo mudéjar que imita los aposentos reales de la Alhambra. La vasta y romántica sala de baile tiene un lustroso parqué y grandes arañas.

Las obras de la catedral comenzaron en 1394 en el solar de la mezquita central de Murcia y fue por fin consagrada en 1467, creciendo a lo largo de los años. Lo más destacado de la catedral son dos capillas laterales de exquisita decoración. La primera, la capilla de los Vélez, se construyó entre 1490 y 1507; la del Junterón, renacentista, data de comienzos del siglo XVI.

En el Museo Catedralicio se pueden contemplar grandes retablos góticos y el friso de un sarcófago romano.

El **Museo Salzillo** alberga nueve esculturas del gran escultor murciano Francisco Salzillo (1707-1783).

A 7 km de la ciudad, en Alcantarilla, el **Museo Etnológico de la Huerta de Murcia** contiene una típica barraca murciana con techo de paja.

Casino

⊗⊗ ⌂ Calle de la Trapería 18 📞 968 21 53 99 🕒 ago: 10.30-14.30 lu-sá; sep-jul: 10.30-19.30 diario

Museo Salzillo

⊗ ⌂ Plaza de San Agustín 3 🕒 15 jun-15 sep: 10.00-17.00 lu-vi; 16 sep-14 jun: 10.00-17.00 lu-sá, 11.00-14.00 do y festivos 🌐 museosalzillo.es

Museo Etnológico de la Huerta de Murcia

⌂ Avda Príncipe, Alcantarilla 🕒 Jun, jul, sep: 9.00-20.00 ma-vi, 10.00-14.00 y 16.00-19.30 sá, 10.00-14.00 do; oct-may: 9.00-19.00 ma-vi, 10.00-14.00 y 16.00-19.30 sá, 10.00-14.00 do 🚫 Ago y festivos 🌐 museodelahuerta.es

Cabaña Buenavista

El magnífico menú degustación de este restaurante premiado por Michelin ofrece una experiencia gastronómica internacional.

🅰 E5 ⌂ Urb Buenavista, El Palmar, Murcia 🌐 restaurantela cabaña.es

---

Mano A Mano

Esta pizzería y empanadillería italo-argentina ofrece calidad a precios imbatibles.

🅰 E5 ⌂ Calle Gutiérrez Mellado 9, Murcia 🌐 manoamano-pye.com

El puerto de Mazarrón, en la Costa Cálida, iluminado al anochecer ↑

29 Lorca

 D5 🏛 **Murcia** 🚆🚌
🛈 **Plaza de España 7;**
www.lorcaturismo.es

La fértil huerta de Lorca es un oasis en medio de una de las zonas más áridas de Europa. Lorca fue escala obligada de la Vía Heraclea, como lo atestigua el mojón romano que se alza en una esquina de la plaza de San Vicente. Durante las guerras entre musulmanes y cristianos de los siglos XIII al XV, Lorca fue ciudad fronteriza entre al-Ándalus y los territorios castellanos de Murcia. De esta época data el castillo, aunque solo se conservan dos de las 35 torres primitivas. Muy afectado por el terremoto de 2011, se restauró y ahora lo ocupa un parador. Después de la reconquista de Granada, la ciudad perdió importancia y, salvo una puerta, sus murallas fueron demolidas. La plaza de España, centro de la ciudad, está bordeada de nobles edificios de piedra. Uno de los lados de la plaza lo ocupa la colegiata de San Patricio, construida entre 1533 y 1704, renacentista, con fachada lateral obra de Andrés de Vandelvira.

---

30 Costa Cálida

 E6 🏛 **Murcia** 🚆 **Murcia** 🚌 **Murcia** 🛈 **Plaza Antonio Cortijos, Águilas; www. turismoregiondemurcia.es**

Los centros de veraneo más populares de esta franja del litoral murciano se sitúan en torno al Mar Menor. Entre el cabo de Palos y el cabo Tiñoso hay unas pocas playas situadas al pie de los acantilados y promontorios. Los centros del sur de la costa son relativamente tranquilos. En Puerto de Mazarrón hay playas de fina arena, y en el cercano Bolnuevo el viento ha moldeado caprichosamente la roca. Águilas, cada vez más populosa, marca el extremo sur de la costa, lindante ya con Andalucía.

---

31 Mar Menor

 E5 🏛 **Murcia** ✈ **San Javier** 🚆 **A Cartagena, después autobús** 🚌 **La Manga** 🛈 **Gran Vía Km 0, La Manga; www. turismoregion demurcia.es**

Construido sobre una larga y estrecha franja de tierra, el enclave turístico de La Manga del Mar Menor separa el Mediterráneo de una abrigada y gran laguna cuya temperatura estival llega a superar en 5 ºC a la del mar. Su frágil ecosistema se ha visto amenazado durante años por el desarrollo urbanístico y la agricultura intensiva; las leyes promulgadas no están siendo capaces de frenar el deterioro.

Desde Santiago de la Ribera se puede tomar un ferri hacia dos de las cinco islas del Mar Menor.

La región está muy urbanizada en la actualidad, pero se puede escapar de las multitudes en el Parque Regional de Calblanque, un paraje salvaje con hermosas dunas y playas todavía bastante bien conservadas.

EL TERREMOTO DE LORCA DE 2011

El 11 de mayo de 2011 una serie de temblores golpearon Lorca; el más fuerte de todos llegó a las 18.47 y alcanzó una magnitud de 5,1. Esta catástrofe acabó con la vida de 10 personas e hirió a otras muchas. Numerosos edificios sufrieron daños, incluyendo una torre del castillo y la iglesia de Santiago. Fue el peor seísmo sufrido en España tras el de 1956, que mató a 12 personas en Granada.

Caravaca de la Cruz

D5 **Murcia**
Calle de las Monjas 17;
www.caravaca.org

Ciudad de antiguas iglesias, su fama le viene de su castillo, que alberga el santuario de la Vera Cruz, donde se conserva un madero de dos brazos al que se atribuye una aparición en 1231, 12 años antes de que los cristianos tomaran Caravaca.

El momento culminante de las fiestas de la Vera Cruz es la carrera de los Caballos del Vino, que conmemora el fin del asedio árabe al castillo. La cruz de Caravaca fue sumergida en vino, que bebieron los sedientos defensores y que les devolvió las fuerzas para seguir luchando.

Al norte queda el bonito pueblo de Moratalla, un conjunto de calles empinadas y casas de vivos colores al pie de un castillo del siglo XV. Cehegín, al este, es un pueblo medieval parcialmente conservado.

↑ La cruz relicario del Santuario de la Vera Cruz de Caravaca de la Cruz

↑ Exposición en el Museo Nacional de Arqueología Subacuática, Cartagena

Cartagena

E5 **Murcia** **San Javier** **Palacio Consistorial, Plaza del Ayuntamiento 1; www. turismo.cartagena.es**

El primer asentamiento fundado en el puerto natural de Cartagena fue construido en el 223 a. C. por los cartagineses. Aunque Cartagena perdió importancia en la Edad Media, su prestigio aumentó en el siglo XVIII al convertirse en una importante base naval.

El impresionante teatro romano y su museo, el **Museo del Teatro Romano,** recorren este periodo de la historia de la ciudad. También se puede pasear por una calle romana y ver una sección de la muralla bizantina, construida entre 589 y 590, en la sala de exposiciones **Domus del Pórtico.** Otros lugares de interés son el **Museo Nacional de Arqueología Subacuática,** con exposiciones que cubren todos los periodos históricos de la ciudad, y el **Museo-Refugio de la Guerra Civil,** donde se puede aprender acerca del papel de Cartagena en la contienda.

Museo del Teatro Romano

Plaza del Ayuntamiento 9 may-sep: 10.00-20.00 ma-sá, 10.00-14.00 do; oct-abr: 10.00-18.00 ma-sá, 10.00-14.00 do teatro romanocartagena.org

Domus del Pórtico

Calle Doctor Tapia Martínez 968 50 79 66 10.00-13.30 y 17.00-20.00 ma-vi, 10.00-13.30 sá y do

Museo Nacional de Arqueología Subacuática

Paseo Alfonso XII 15 abr-15 oct: 10.00-21.00 ma-sá, 10.00-15.00 do; 16 oct-14 abr: 10.00-20.00 ma-sá, 10.00-15.00 do y festivos www.culturaydeporte. gob.es/mnarqua

Museo Arqueológico Municipal

Calle Ramón y Cajal 45 10.00-14.00 y 17.00-20.00 ma-vi, 11.00-14.00 sá y do museo arqueologico.cartagena.es

Museo-Refugio de la Guerra Civil

Calle Gisbert 10 968 50 00 93 16 mar-4 nov: 10.00-19.00 ma-do (jul-15 sep: 10.00-20.00 diario); 5 nov-15 mar: 10.00-17.30 ma-do

Hotel Isla Tabarca
Un pequeño hotel *boutique* en la isla de Tabarca con una agradable terraza al sol. Perfecto para relajarse.

E5 **Illa de Tabarca** hotelislatabarca.com

——————

Hotel Huerto del Cura
Un apartado y tranquilo hotel de Elche en un enclave idílico rodeado de palmerales y jardines.

E5 **Calle Porta de la Morera 14, Elche** hotelhuertodel cura.com

RUTA EN COCHE
LA COSTA BLANCA

Longitud 180 km **Paradas** Denia; Benidorm; Alicante
Dificultad Un recorrido agradable por la carretera N332

Más tranquila que la Costa del Sol *(p. 522)* y con inviernos más templados que la Costa Brava *(p. 172)*, la Costa Blanca ocupa una franja privilegiada del litoral. Esta ruta sale de Gandía, el punto más cercano a Valencia, y desciende por la costa hasta Torrevieja. Entre Gandía y Altea, las playas se hallan cortadas por calas y acantilados, mientras que entre Altea y Alicante hay largos trechos de playa donde se han construido multitud de hoteles y bloques de apartamentos. Al sur de Alicante, y hasta Torrevieja, el paisaje es más seco y yermo, aliviado sólo por las dunas arboladas de Guardamar del Segura.

Es mejor evitar el centro de **Alicante** *y dirigirse directamente a la popular playa del Postiguet (p. 208).*

La **Platja de Sant Joan** *tiene una larga franja de arena bordeada por una carretera y un ferrocarril que da fácil acceso a la playa.*

Santa Pola *es un activo puerto pesquero, pero sus largas playas atraen a un gran número de visitantes.*

Guardamar del Segura *tiene una de las playas más singulares de la costa, bordeada de ventosas dunas y un palmeral.*

La **Illa de Tabarca** *atrae a los excursionistas por sus bellezas naturales y sus límpidas aguas (p. 210).*

Torrevieja *es un centro de veraneo muy popular con anchas playas de arena al sur y el lugar perfecto para descansar tras finalizar la ruta (p. 210).*

Benillup
Gorga
Sant Rafel
Benasau
Benifallim
La Torre de les Maçanes
Relleu
Hoya Mayor
Tibi
Xixona (Jijona)
Aigües
Montnegre
Busot
Sant Joan d'Alacant
El Campello
Alicante (Alacant)
Platja de Sant Joan
Cap de las Huertas
Torrellano
L'Altet
Els Arenals del Sol
Gran Alacant
Elx (Elche)
Aeropuerto de Alicante El Altet
Valverde
Santa Pola
Matola
La Foia
Cap de Santa Pola
El Realenc
La Platja Lissa
Illa de Tabarca
Catral
El Pinet
La Marina
Dolores
San Fulgencio
Callosa de Segura
Almoradí
Segura
Guardamar del Segura
Algorfa
Benijófar
Platja del Campomar
Jacarilla
Laguna Salada de la Mata
Los Montesinos
La Mata
El Chaparral
Laguna Salada de Torrevieja
LLEGADA
Torrevieja

Gandía marca el extremo sur de la costa de Valencia, sus grandes playas de fina arena y aguas poco profundas son muy populares(p. 206).

En **Denia,** la playa de Les Rotes es buena para practicar el submarinismo (p. 206).

Mapa de situación
Para más detalles ver p. 194

COMUNIDAD VALENCIANA Y MURCIA

La Costa Blanca

En **Jávea,** calas y acantilados salpican casi todo el litoral (p. 207).

Altea tiene un casco antiguo blanco y bien conservado en lo alto de una colina (p. 209); a sus pies se extiende una larga playa de guijarros.

La playa de Levante de **Benidorm** está considerada una de las diez mejores del mundo; tiene una amplia oferta hostelera (p. 209).

El Grau
Gandia
INICIO
AP7
Bellreguard
Oliva
N332
AP7
Pego
La Vall d'Ebo
Ondara
Pedreguer
Denia
Les Rotes
Cap de Sant Antoni
Xàbia (Jávea)
CV734
Beniaia
Parcent
Gata de Gorgos
Alcalalí
N332
Cala Blanca
Cap de la Nau
Fageca
Castell de Castells
Benissa
La Granadella
Tàrbena
Moraira
Solgros
AP7
Punta de Moraira
Guadalest
Benimantell
Callosa d'en Sarrià
Calp
△ Aitana 1.557 m
N332
Peñón de Ifach
Polòp
L'Olla
Sella
Altea
B l a n c a
Aqualandia
l'Albir
Orxeta
Benidorm
AP7
N332
La Vila Joiosa
Isla de Benidorm
C o s t a

Mar Mediterráneo

0 kilómetros   15

N ↗

Bañistas en la cala del Palangre, una de las playas de Torrevieja ↑

¿Lo sabías?

El término Costa Blanca fue ideado por British Airways para promocionar sus vuelos.

NORTE
DE ESPAÑA

El puente que lleva a la ermita de San Juan de Gaztelugatxe, en la costa vasca

EL NORTE DE ESPAÑA

EN EL MAPA

Como se muestra en el mapa, esta guía divide el Norte de España en tres zonas diferenciadas por un código de colores. Las páginas siguientes ofrecen más información sobre cada zona.

Mar Cantábrico

Ortigueira

Ferrol
Viveiro
Ribadeo
Luarca
Luanco
Gijón
Avilés
Canero
A Coruña
Vilalba
Tineo
Oviedo
Villaviciosa
Carballo
Betanzos
Sierra de Meira
Infiesto
Santa Comba
ASTURIAS
Mieres
Lugo
Pola de Lena
Arzúa
Santiago de Compostela
GALICIA
p. 222
A Estrada
Lalín
Chantada
Ribeira
GALICIA
Ponferrada
León
Pontevedra
Monforte de Lemos
Astorga
Carballiño
Montes de León
Vigo
Ourense
Xinzo de Limia
Verín
Benavente
Bragança
Chaves
Barcelos
Braga
Mirandela
Miranda do Douro
Toro
Guimarães
Zamora
Amarante
Vila Real
Oporto
Penafiel
Espinho
Lamego
PORTUGAL
Salamanca
Viseu
Ciudad Rodrigo
Aveiro
Guarda

ESPAÑA

Golfo de Vizcaya

La Rochelle

Saintes

Royan

Soulac-sur-Mer

Bordeaux

Arcachon

FRANCIA

Dax

Orthez

Costa Verde

Biarritz

Santander

Llanes

Santoña

Castro-
Urdiales

Bermeo

Donostia/
San Sebastián

riondas

CANTABRIA

Laredo

Zarautz

ASTURIAS Y
CANTABRIA
p. 244

Bilbao

Eibar

Hernani

Pirineos

Llodio

PAÍS
VASCO

Zumarraga

NAVARRA

Vitoria-Gasteiz

Pamplona

PAÍS VASCO, NAVARRA
Y LA RIOJA
p. 260

Miranda de Ebro

CASTILLA Y LEÓN

Embalse
de Yesa

LA RIOJA

Burgos

Calahorra

Sierra de
la Demanda

Tudela

Palencia

Aranda de
Duero

Soria

Zaragoza

Valladolid

Peñafiel

ARAGÓN

Almazán

Calatayud

Medina del Campo

CASTILLA-
LA MANCHA

Segovia

Ávila

MADRID

Guadalajara

0 kilómetros   50

N

CONOCIENDO
EL NORTE DE ESPAÑA

El magnífico paisaje del norte atrae con sus playas atlánticas de arena bañadas por un mar azul intenso, montañas verdes y profundos valles. Pero también cuenta con ciudades fascinantes como Santiago de Compostela, San Sebastián o Bilbao, que no tienen nada que envidiar a Barcelona o Madrid.

PÁGINA 222

GALICIA

Esta región situada en la esquina noroeste de la península es una de las más verdes y marineras de España. Tres de sus cuatro provincias se abren a la costa atlántica, lo que hace que la pesca del día sea la principal base de su cocina. El interior conserva cierto aire medieval, con sus prados verde esmeralda cubiertos de niebla y salpicados de viejos pazos de granito. Recorrer el concurrido Camino de Santiago es una magnífica forma de apreciar esta región hasta su apoteosis final: la llegada a Santiago de Compostela, su magnífica capital.

Lo mejor
Sus paisajes verdes y pescados y mariscos frescos

Qué ver
Santiago de Compostela

Experiencias
Unirse a los peregrinos en el mítico Camino de Santiago

ASTURIAS Y CANTABRIA

Estas dos regiones, junto con la provincia de León, comparten el Parque Nacional de los Picos de Europa, cuyas cumbres atraen a senderistas y escaladores. Además de numerosas calas en su quebrada costa, cuentan con capitales universitarias con una rica vida cultural como Santander u Oviedo y villas antiguas como Santillana del Mar. Guardan también ejemplos de arte rupestre paleolítico en cuevas como la de Altamira (Cantabria) y la de Tito Bustillo (Asturias).

Lo mejor
Actividades al aire libre y arte paleolítico

Qué ver
Parque Nacional de los Picos de Europa

Experiencias
Las pinturas rupestres de la cueva de Tito Bustillo

PAÍS VASCO, NAVARRA Y LA RIOJA

Los vascos son unos magníficos pescadores de altura y el pescado es parte importante de su imaginativa cocina, considerada por muchos la mejor de España. A este paraíso gastronómico se suma, al sur, La Rioja, una región fértil con una rica huerta y famosos viñedos. Por último, Navarra atrae a gentes de todo el mundo a su capital durante el mes de julio, cuando Pamplona celebra sus Sanfermines.

Lo mejor
Cocina de fama internacional y tradiciones únicas

Qué ver
Bilbao, San Sebastián

Experiencias
Disfrutar de un buen vino tinto en una de las bodegas de La Rioja

La imponente Torre de Hércules, faro de época romana a las afueras de A Coruña

GALICIA

La presencia humana en Galicia se remonta a cerca de 120.000 años. Cuando los romanos llegaron a la zona en el siglo II a. C. se la encontraron poblada por los celtas *gallaeci*, a los que la región debe su nombre. Tras la caída del Imperio romano de Occidente, Galicia se convirtió en un territorio independiente, primero bajo control de los suevos, que se convirtieron al cristianismo y lo adoptaron como religión oficial, y luego de los visigodos. Tras una breve ocupación musulmana, Galicia fue reconquistada por los ejércitos cristianos y anexionada al reino de León, que posteriormente se uniría al de Castilla.

El descubrimiento de la supuesta tumba del apóstol Santiago en el siglo IX convirtió a Santiago de Compostela en el principal destino de peregrinación tras San Pedro de Roma. Peregrinos de toda Europa cruzaban los Pirineos y recorrían el territorio hasta este santuario a lo largo de una ruta señalizada por conchas de vieira que en el siglo XI se convertiría en el Camino de Santiago.

Con la unificación de España en el siglo XV, la lengua y la cultura gallegas quedaron relegadas a un segundo plano, una tendencia que continuó hasta el siglo XIX, cuando el Rexurdimento volvió a recuperar sus costumbres y, sobre todo, el uso del gallego como lengua literaria. Tras el franquismo, Galicia obtuvo el estatuto de autonomía en 1981 y su cultura volvió a renacer; actualmente, casi la mitad de los gallegos dominan y usan habitualmente el gallego.

GALICIA

Cabo Ortegal

Cedeira
Ortigueira

AC116
AC862
San Ramon
Narón
As Pont
de Garc
Rodrigu

Ferrol
Fene
AG64
Cabreiros

Cabo San
Adrián
A CORUÑA
Miño
N651
Pontedeume

Ría de Betanzos
Aeropuerto
de A Coruña
Cambre
Embalse
do Eume

Malpica
Caión
A6
BETANZOS

Corme-
Porto
Buño
Laracha
A6

Laxe
Ponteceso
AC419
AG55
Carballo
N550
Curtis-
Estación
Guitiriz

Camariñas
COSTA DA
MORTE
Baio Grande
Mesón do Vento
AP9
Baamon

Muxía
Santa Comba
Ordes
N634
Présaras
Fr

Cabo
Touriñán
AC552
Vimianzo
AC404
Pastor
Arzúa
Melide
VILAR
DE DONA

Dumbría
Embalse de
Fervenza
Tambre
N547
Palas
de Rei

Corcubión
SANTIAGO DE
COMPOSTELA
Aeropuerto de
Santiago de
Compostela
GALICIA
N640

Fisterra
AC550
Outes
AG56
A Golada

Cabo
Fisterra
Carnota
Ponte Ulla
AP53
Lalín
Taboada

Muros
Noia
PADRÓN
Ulla
A Estrada
N525
N540

Ría de Muros e Noia
Boiro
AG11
AP9
Cuntis
MOSTEIRO
DE OSEIRA
Chantada

Ribeira
Vilagarcía
Caldas de Reis
Souteto
N525
Embalse
dos Peares

Santa Eugenia
Illa de
Arousa
Cambados
N541
Brués
AG53
MOSTEIRO DE
SANTO ESTEVO

Ría de Arousa
A TOXA
Poio
PONTEVEDRA
Carballiño
OV5

A Lanzada
Combarro
Ponte
Caldelas
Ribadavia
OUREN

Portonovo
Marín
AP9
PO255
A52
Cortegada
N525

Ría de Pontevedra
Redondela
Mondariz
Balneario
A Cañiza
CELANOVA
Allariz

Cangas
N120
Xinzo de Limia

Illas Cíes
VIGO
Mos
Porriño
Ponteareas
Bande
Baltar

Ría de Vigo
BAIONA
Gondómar
A55
Salvaterra
de Miño
Limia

TUI
Monção
Acerede

Sanxián
A GUARDA
Vila Nova de Cerveira

Caminha
N201
Arcos de
Valdevez
Montalegre
Boticas

Viana
do Castelo
Ponte
de Lima
Fonte da
Barca
Terras do Bouro
PORTUGAL
N103

Vila Verde
N103
A3
A27
Vila Verde

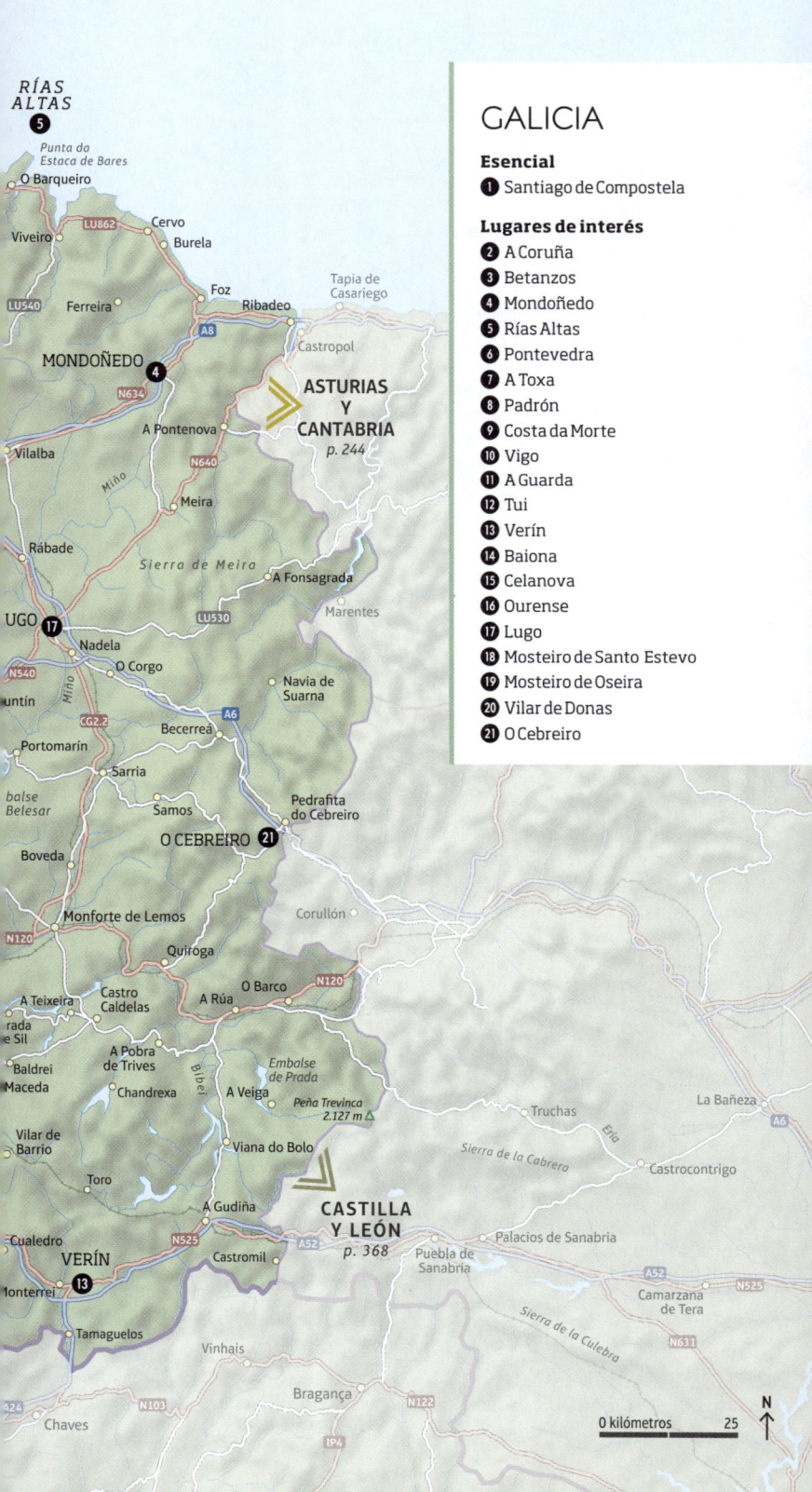

↑ El enorme complejo del monasterio de San Martiño Pinario

①

SANTIAGO DE COMPOSTELA

🅰 A2 🚉 A Coruña ✈ 10 km al norte 🚌 🚆 ℹ Calle Rúa do Vilar 63; www.santiagoturismo.com

Durante la Edad Media, Santiago de Compostela fue el tercer destino de peregrinación más importante de toda la cristiandad, tras Jerusalén y Roma *(p. 223)*. Hoy, acoge a más de 300.000 peregrinos al año.

①

Museo das Peregrinacións e de Santiago

🏛 Praza das Praterías 2 📞 881 867 315 🕐 9.30-20.30 ma-vi, 11.00-19.30 sá, 10.15-14.45 do 🚫 1 y 6 ene, 1 may, 16 ago, 24-25 y 31 dic

Fundado en 1951, este museo se divide en tres secciones: aborda la peregrinación como concepto general, analiza el Camino de Santiago y se centra en la ciudad de Santiago de Compostela como destino final. También acoge exposiciones temporales sobre peregrinaciones de todo el mundo. La entrada al museo es gratuita todos los días del año.

②

Mosteiro de San Martiño Pinario

🏛 Praza da Inmaculada 5 🕐 Iglesia: 11.00-14.00 y 15.30-19.30 mi-lu; visitas monasterio: 12.30 y 17.30 lu y ju; 12.30, 16.00 y 17.30 vi-do 🌐 espaciocultural smpinario.com

Este monasterio, el segundo más grande de España, domina la plaza de la Inmaculada. Actualmente alberga una escuela de teología y solo se puede acceder en visita guiada. También merece una visita su impresionante iglesia barroca, que tiene un retrocoro tras el altar mayor y una ornamentada fachada plateresca con imágenes talladas de obispos y santos.

③

Museo do Pobo Galego

🏛 Costa de San Domingos s/n 🕐 11.00-18.00 ma-sá (hasta 14.00 do y festivos) 🌐 museodopobo.gal

Ocupando el antiguo convento de Santo Domingo de Bonaval, este museo se

---

 LA MEJOR FOTO
Escalera al cielo

En el interior del Museo do Pobo Galego destaca su fotogénica triple escalera helicoidal, con sus tramos que parecen caracolear elegantemente hacia lo alto en busca de la luz del sol.

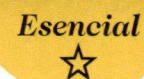

dedica al estudio, divulgación y preservación de la historia y cultura de Galicia. Su magnífico edificio merece la visita por si solo, sobre todo por su triple escalera helicoidal y su iglesia aneja, cuya visita está incluida en la entrada al museo.

___

④
Hostal dos Reis Católicos

🅐 **Praza do Obradoiro 1**
🅦 **parador.es**

Construido por los Reyes Católicos a finales del siglo XV como hospital para peregrinos enfermos, este magnífico edificio se alza orgulloso en la Praza do Obradoiro. Actualmente es un parador y está considerado como uno de los hoteles más antiguos del mundo. Varias zonas, como sus patios, están abiertas al público. Destaca su elaborada fachada plateresca.

⑤
Centro Galego de Arte Contemporánea (CGAC)

🅐 **Rúa Valle Inclán 2**
🅒 **11.00-20.00 ma-do**
🅦 **cgac.xunta.gal**

Esta impresionante colección de arte contemporáneo se encuentra en un sobrio edificio de granito diseñado por el arquitecto portugués ganador del premio Pritzker Álvaro Siza entre 1988 y 1993. El museo se fundó para promocionar a los artistas gallegos contemporáneos, pero también cuenta con obras de artistas del resto de España, de Portugal y de Sudamérica.

Entre las más de 1.200 obras expuestas, algunas se crearon específicamente para este espacio. Junto a la colección permanente, su galería iluminada con luz natural acoge exposiciones temporales y talleres tanto para adultos como para niños.

En el exterior, Siza colaboró con la paisajista gallega Isabel Aguirre en la conservación de un huerto y jardín que formaba parte de las dependencias del convento. Siza proyectó meticulosamente el edificio para que formase parte del muro que rodea el jardín, logrando un enclave encantador, perfecto para relajarse tras visitar el museo o disfrutar de las vistas de la ciudad desde su terraza.

Casa Marcelo
Un local galardonado con una estrella Michelin a precios razonables. Sus cocineros interactúan con los clientes para ayudarles a elegir.

🅐 **Rúa Hortas 1**
📞 **981 55 85 80**

€€€

___

O Curro da Parra
Situado junto al mercado, este moderno restaurante emplea ingredientes frescos de la zona para crear sus especialidades gallegas.

🅐 **Rúa Traversa 20**
🅦 **ocurrodaparra.com**

€€€

___

Abastos 2.0
Hay que disfrutar de la cercanía del océano saboreando el delicioso marisco de este pequeño pero impresionante local. También dispone de un variado menú de degustación.

🅐 **Praza Abastos, Caestas 13-18** 🅒 **do** 🅦 **abastos douspuntocero.com**

€€€

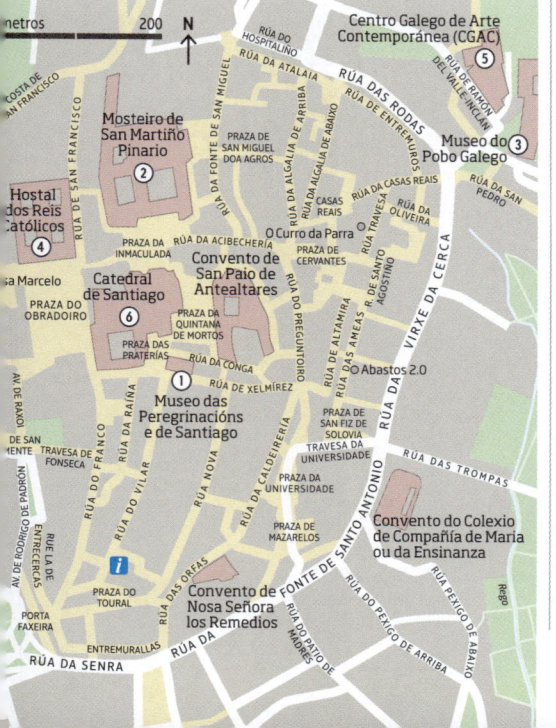

(6) ⛎ ⚑

CATEDRAL
DE SANTIAGO

📍 Praza do Obradoiro 🕐 Catedral: 7.00-21.00 todos los días;
Museo: 10.00-20.00 todos los días 🚫 1 ene, 25 jul, 25 dic
🌐 catedraldesantiago.es

Con sus dos torres gemelas barrocas apuntando al
cielo, este monumento al apóstol Santiago ofrece una
visión majestuosa, como corresponde al destino final
del Camino de Santiago *(p. 232)*.

Construida entre los siglos XI y XIII, la catedral
ocupa el solar de la primitiva basílica del siglo IX
que fue construida por Alfonso II. La mezcla de
estilos arquitectónicos del edificio sirve para
recordar su categoría como uno de los principales
santuarios de la cristiandad. Una vez franqueado
el famoso pórtico da Gloria, se ve el mismo interior
suntuoso que acogió a los peregrinos del medievo.

¿Lo sabías?

La venera que señaliza
el Camino recuerda el
hecho de que Santiago
era un pescador.

*Las torres
gemelas,
de 74 m*

Estatua de Santiago

*La fachada barroca
del Obradoiro, ricamente
esculpida, se añadió
en el siglo XVIII.*

*Pazo de Xelmírez, el antiguo
palacio arzobispal.*

*El pórtico de la
Gloria está
esculpido con
estatuas de
apóstoles.*

*Se cree que tocar la
frente del Santo dos
Croques aporta suerte
y sabiduría.*

← Fuente bajo la torre
del reloj de la
catedral de Santiago

El botafumeiro, un gigantesco incensario, se hace oscilar sobre el altar movido por ocho hombres durante los oficios más solemnes.

Los visitantes pasan tras el altar mayor para besar el manto plateado de la estatua del apóstol Santiago.

Descendiendo el botafumeiro durante un servicio en la catedral ↑

La capilla de Mondragón (1521) tiene bóveda y elaboradas rejas de forja.

Torre del reloj

Según la creencia, los restos del apóstol Santiago y dos discípulos yacen en una urna situada en la cripta, bajo el altar, en los cimientos originales del siglo IX.

La porta das Praterías luce ricos bajorrelieves del siglo XII con escenas bíblicas.

Claustros

El Museo Catedralicio da acceso al claustro, sala capitular, biblioteca, sala de las Reliquias y cripta, y contiene una versión del tapiz de Goya El columpio.

← La catedral de Santiago con sus torres gemelas

Sala capitular

CURIOSIDADES
Tapices de Goya

En la tercera planta del museo de la catedral de Santiago se conserva una impresionante colección de textiles, incluyendo tapices del gran Francisco de Goya.

UN PASEO
SANTIAGO DE COMPOSTELA

Distancia 1 km **Estación de tren** Santiago de Compostela **Tiempo** 15 minutos

Con sus calles estrechas y recoletas plazas, el casco antiguo de la ciudad es lo suficientemente compacto para ofrecer un agradable paseo, además de una magnífica opción para aquellos que no se sientan con fuerzas para emprender el Camino de Santiago. Este recorrido también tiene como punto de llegada la inmensa praza do Obradoiro, que reúne un conjunto de edificios históricos sin apenas parangón en Europa. El granito del país confiere una armoniosa unidad a la amalgama de estilos arquitectónicos, entre los que sin duda destaca la reverenciada catedral de Santiago de Compostela.

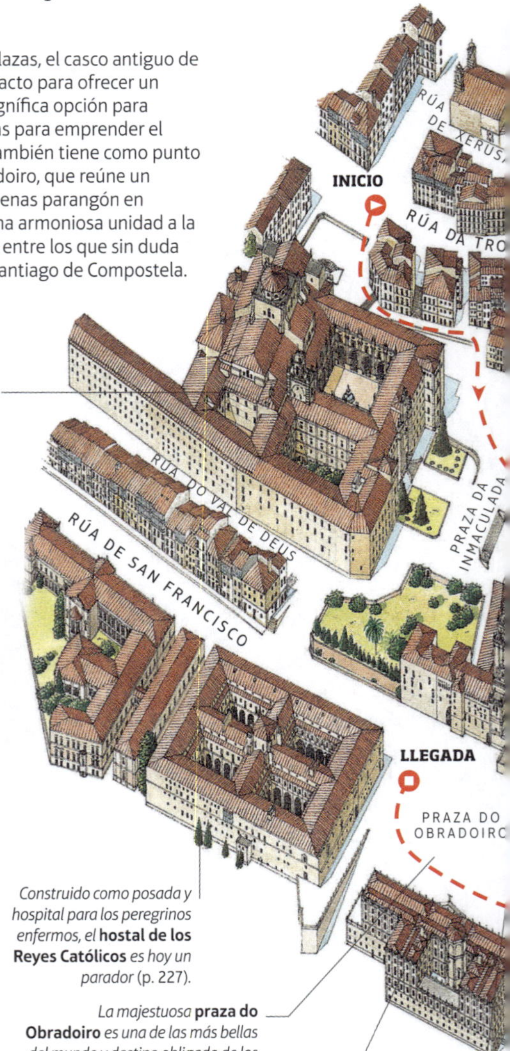

La iglesia barroca del **monasterio de San Martiño Pinario** *tiene un enorme altar y una ornamentada fachada plateresca con figuras de santos y obispos* (p. 226).

RÚA DE XERUS...

INICIO

RÚA DA TRO...

PRAZA DA INMACULADA

RÚA DO VAL DE DEUS

RÚA DE SAN FRANCISCO

LLEGADA

PRAZA DO OBRADOIRO

Construido como posada y hospital para los peregrinos enfermos, el **hostal de los Reyes Católicos** *es hoy un parador* (p. 227).

La majestuosa **praza do Obradoiro** *es una de las más bellas del mundo y destino obligado de los peregrinos que llegan a la ciudad.*

El **pazo de Raxoi,** *de fachada clásica, se construyó en 1772 y es la sede del ayuntamiento.*

Catedral de Santiago (p. 228)

↑ La catedral de Santiago desde la praza do Obradoiro, al anochecer

Músicos en
la praza das
Praterías, junto a
la catedral

El convento de San Paio de Antealtares,
*uno de los más antiguos de Santiago, fue
fundado en el siglo IX en las proximidades de
la tumba de Santiago, hoy en la catedral.*

La **praza da Quintana,** *dominada por
la torre del reloj de la catedral, es una de
las plazas más elegantes de la ciudad.*

*La porta das Praterías de la catedral
da a la encantadora* **praza das
Praterías,** *donde se alza en el
centro una fuente de piedra.*

Rúa Nova *es una antigua
calle porticada que une la
catedral con la parte
nueva de la ciudad.*

RÚA DE ACEVECHERÍA

A SACRA

RÚA DE GELMÍREZ

RÚA NOVA

RÚA DO VILAR

RÚA DA RAIÑA

RÚA DO FRANCO

**Colegio de
San Jerónimo**

0 metros   100   N

¿Lo sabías?

La praza do Obradoiro
debe su nombre a los
canteros que
trabajaban en
la catedral.

UN RECORRIDO LARGO
CAMINO DE SANTIAGO

Distancia Aproximadamente 770 km
Tiempo Cuatro semanas **Dificultad** El recorrido comienza con duras pendientes en la zona de los Pirineos y cuenta con varios tramos difíciles más.

Según la leyenda, el cuerpo del apóstol Santiago fue llevado a Galicia. En el año 813 sus restos fueron al parecer descubiertos en Santiago de Compostela, donde se erigió una catedral en su honor *(p. 228)*. Durante la Edad Media, cientos de miles de peregrinos procedentes de toda Europa acudían todos los años a la ciudad cruzando los Pirineos por Roncesvalles *(p. 286)* o por el paso de Somport *(p. 182)*. Llevaban la tradicional capa, un largo cayado y un sombrero de fieltro adornado con conchas de vieiras, símbolo del santo. Aquellas rutas, jalonadas de catedrales, iglesias, posadas y hospitales, son las mismas que siguen los viajeros actuales. Esta ruta corresponde al Camino Francés.

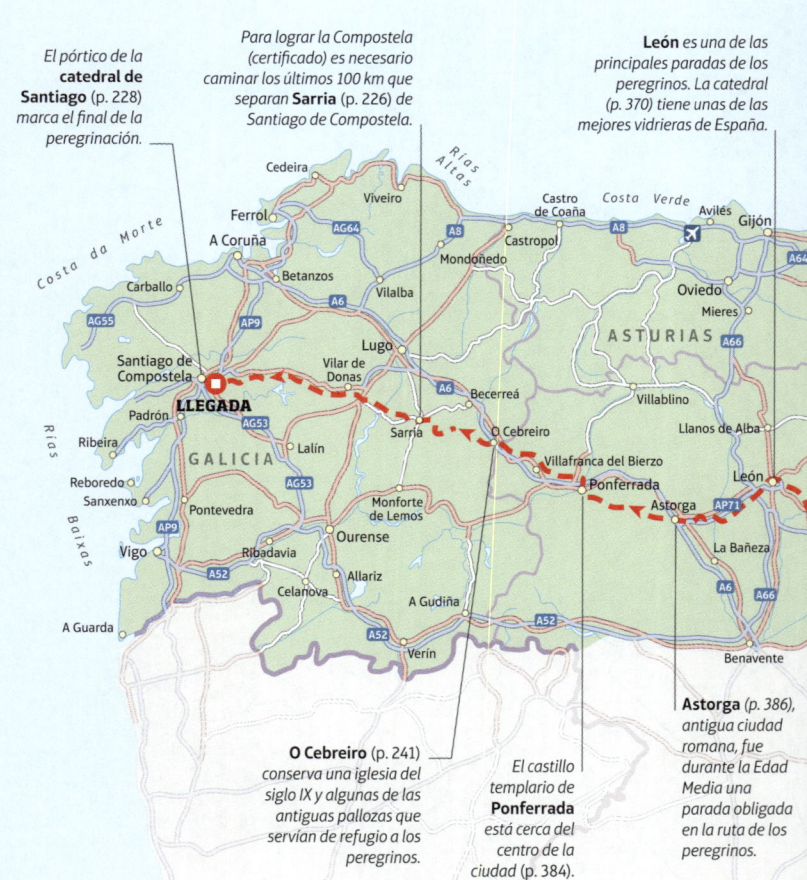

El pórtico de la **catedral de Santiago** *(p. 228) marca el final de la peregrinación.*

Para lograr la Compostela (certificado) es necesario caminar los últimos 100 km que separan **Sarria** *(p. 226) de Santiago de Compostela.*

León *es una de las principales paradas de los peregrinos. La catedral (p. 370) tiene unas de las mejores vidrieras de España.*

Mar Cantábrico

O Cebreiro *(p. 241) conserva una iglesia del siglo IX y algunas de las antiguas pallozas que servían de refugio a los peregrinos.*

El castillo templario de **Ponferrada** *está cerca del centro de la ciudad (p. 384).*

Astorga *(p. 386), antigua ciudad romana, fue durante la Edad Media una parada obligada en la ruta de los peregrinos.*

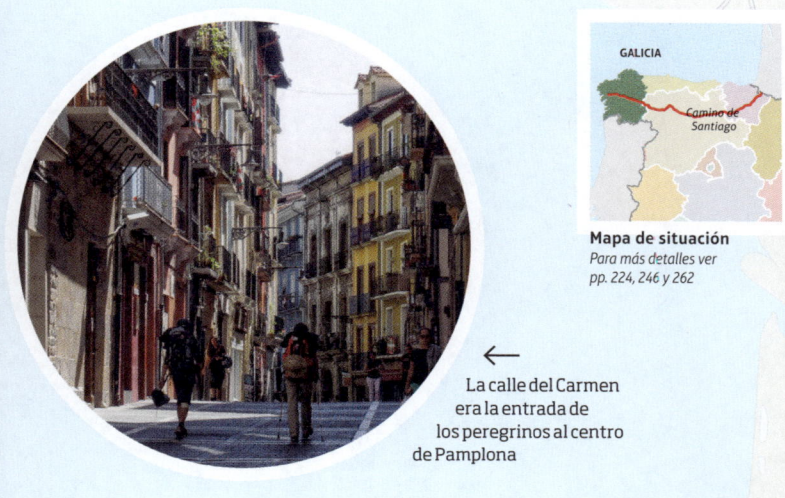

La calle del Carmen era la entrada de los peregrinos al centro de Pamplona

GALICIA
Camino de Santiago

Mapa de situación
Para más detalles ver pp. 224, 246 y 262

Frómista (p. 394) *conserva una de las más bellas iglesias románicas del Camino Francés.*

El hospital de peregrinos de **Santo Domingo de la Calzada** (p. 279) *es hoy un parador de turismo.*

Puente la Reina *(p. 282) debe su nombre al puente peraltado del siglo XI construido para los peregrinos y todavía en uso.*

La catedral gótica de **Pamplona** (p. 284) *es uno de los primeros altos en el camino de los peregrinos tras cruzar los Pirineos.*

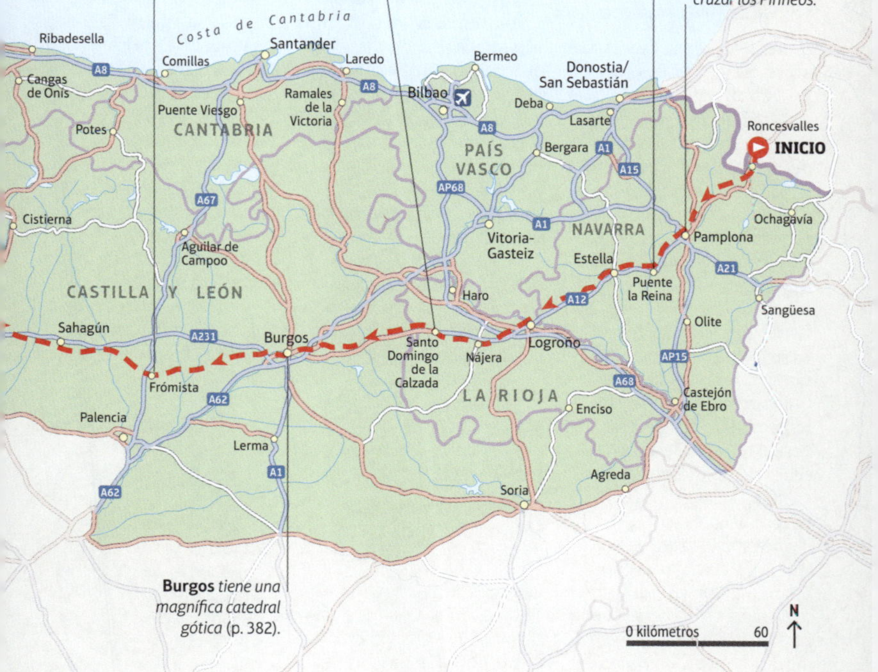
Golfo de Vizcaya
Costa de Cantabria
Ribadesella
Comillas
Santander
Laredo
Bermeo
Donostia/
San Sebastián
Cangas de Onís
A8
Bilbao
Puente Viesgo
Ramales de la Victoria
Deba
Lasarte
Roncesvalles
INICIO
Potes
CANTABRIA
PAÍS VASCO
Bergara
A1
A15
AP68
A67
Cistierna
A1
NAVARRA
Ochagavía
Aguilar de Campoo
Vitoria-Gasteiz
Estella
Pamplona
CASTILLA Y LEÓN
Puente la Reina
A21
A12
Haro
Sangüesa
Sahagún
A231
Burgos
Santo Domingo de la Calzada
Logroño
Olite
Nájera
AP15
Frómista
A62
LA RIOJA
A68
Castejón de Ebro
Palencia
Enciso
Lerma
A1
Agreda
A62
Soria
0 kilómetros 60
N

Burgos *tiene una magnífica catedral gótica* (p. 382).

LUGARES DE INTERÉS

A Coruña

A1 **La Coruña** **Praza de María Pita;
www.turismocoruna.com**

Esta espléndida ciudad y su activo puerto han desempeñado un papel destacado en la historia marítima de España. De aquí zarpó la Armada Invencible hacia Inglaterra en 1588. Hoy, el crecimiento de los barrios industriales contrasta con el elegante centro urbano, tendido sobre un istmo que lleva a un promontorio. La Torre de Hércules, el faro en funcionamiento más antiguo de Europa, es todo un símbolo de la ciudad. Construido por los romanos y reconstruido en el siglo XVIII, sus destellos iluminan la noche; subiendo sus 242 peldaños se contempla una amplia perspectiva del océano.

En la amplia praza de María Pita, la porticada plaza principal de la ciudad, está el ayuntamiento. Desde aquí se puede caminar hasta el paseo marítimo de La Marina, bordeado de casas con galerías acristaladas; el apelativo de La Coruña como la Ciudad de Cristal se debe a estas galerías construidas como protección contra el azote del viento. La Coruña cuenta con varios y bellos templos románicos, como la iglesia de Santiago, con una imagen esculpida del santo a caballo bajo el tímpano, y la iglesia de Santa María. Esta última, cuyo tímpano ostenta una Adoración de los Magos, es uno de los edificios del siglo XII mejor conservados de Galicia.

El jardín de San Carlos alberga la tumba del general escocés *sir* John Moore, caído en 1809 durante la guerra de Independencia.

Betanzos

A1 **La Coruña** **Praza de Galicia 1; 981
77 66 66**

Betanzos ocupa un fértil valle cercano al mar. La amplia plaza mayor luce una copia de la fuente de Diana, en Versalles. En sus calles, estrechas y empinadas se levantan casas antiguas e iglesias góticas. La iglesia de Santiago, construida en el siglo XV por el gremio de sastres, muestra sobre la puerta una estatua de Santiago a caballo. En la iglesia de San Francisco, fechada en 1387, pueden verse estatuas de jabalíes y el emblema heráldico del conde Fernán Pérez de Andrade, cuya tumba, del siglo XIV, se encuentra en el interior; esta familia dominó la región durante siglos.

Unos 20 km al norte queda el bonito pueblo pesquero de Pontedeume, con sus callejas angostas y empinadas y un puente medieval.

¿Lo sabías?

La imagen de Nuestra Señora la Inglesa se rescató de la catedral de Londres durante la Reforma luterana.

El elegante ayuntamiento de La Coruña en la praza de María Pita

④ Mondoñedo

AB1 **A**Lugo 🚌 **i**Praza da Catedral 34; 982 50 71 77

Esta bonita ciudad se asienta en un fértil valle del interior. En la plaza Mayor se ven casas solariegas con escudos de armas y galerías acristaladas. Domina la plaza la catedral, un edificio de piedra dorada, coronado por una torre barroca del siglo XVIII. En su interior, el altar mayor guarda la estatua policromada de Nuestra Señora la Inglesa.

El **Museo Diocesano**, al que se accede desde la catedral, guarda tablas flamencas del siglo XVI e importantes piezas de plata y marfil, además de obras de Zurbarán y El Greco.

Museo Diocesano

⊗ **A** Praza da Catedral 📞 673 56 87 09 ⊙ 9.30-18.30 lu y mi-sá (ma hasta 14.30 y 15.30-18.30); 13.30-15.00 y 15.30-20.00 do

⑤ Rías Altas

AB1 **A**Lugo y La Coruña 🚆 Ribadeo 🚌 Viveiro **i** Travesía da Travesía Riveira 4, Foz; 982 13 24 26

Las profundas rías de la agreste costa norte, entre Ribadeo y A Coruña, están jalonadas de calas y promontorios. En el interior se ven colinas cubiertas de pinos y eucaliptos. Hay muchos pueblos de pescadores y localidades veraniegas llenos de encanto.

La preciosa y serpenteante ría de Ribadeo hace frontera con la Costa Verde asturiana. Al oeste del río queda el puerto pesquero de Foz, con dos buenas playas. No lejos, sobre una loma, se alza solitaria la iglesia medieval de San Martín de Mondoñedo, con escenas bíblicas esculpidas en los capiteles del crucero en las que se narra, entre otras, la historia de Lázaro. Viveiro (a 37 km) es una bonita ciudad rodeada de murallas y portones renacentistas, con galerías acristaladas y una iglesia románica. Cerca de la bella villa pesquera de O Barqueiro se encuentra el cabo de Estaca de Bares, con un faro y un parque eólico.

Siguiendo por la costa hacia el oeste, la preciosa ría de Ortigueira conduce al puerto pesquero del mismo nombre, con sus pulcras y típicas casas blancas. En torno a esta zona hay muchas playas vírgenes.

Los altos farallones emergen del mar cerca del pueblo de San Andrés de Teixido, a cuya iglesia acuden los peregrinos el 8 de septiembre; según una leyenda del lugar,

← Nuestra Señora la Inglesa, en el altar mayor de la catedral de Mondoñedo

Restaurante O Fado

En el barrio de Monte Alto, en la capital coruñesa, las especialidades de este restaurante son el marisco y unos cremosos arroces.

AA1 **A**Estrada Circunvalación, A Coruña **w** restaurante-o-fado.negocio.site

€€€

Bar Puerto

Este restaurante junto al animado puerto de Vigo se enorgullece de su comida típica gallega y de su marisco, que llega a diario desde el mercado local.

AA2 **A**Rúa República Argentina 15, Vigo 📞 986 22 20 44

€€€

Restaurante Rocamar

Restaurante tradicional de Baiona que ofrece un marisco y unas vistas del mar igualmente increíbles. La pesca del día es siempre de la zona.

AA2 **A**Lugar Baredo s/n, Baiona **w** restaurante rocamar.com

€€€

todos aquellos que no la visiten en vida irán a visitarla después de muertos. El pueblo de Cedeira, situado en una recoleta bahía, es una próspera localidad veraniega con cuidados jardines, casas modernas y una larga y curvada playa.

6

Pontevedra

 A2 ⬡ Pontevedra 🚌🚆
ℹ️ Plaza de España s/n; 986
09 08 90 www.visit-
pontevedra.com

Pontevedra está situada en la cabecera de una ría con verdes colinas al fondo. El casco antiguo, típicamente gallego, es un laberinto de callejas empedradas y plazuelas con cruceros de granito, soportales y balcones cargados de flores.

En la praza da Leña, dos mansiones del siglo XVIII junto con otros dos edificios en las calles adyacentes integran el **Museo de Pontevedra**, uno de los mejores de Galicia, con una soberbia colección de tesoros celtas de la Edad del Bronce. Entre los cuadros expuestos figuran obras de los primitivos españoles del siglo XV y lienzos de Zurbarán y Goya. La última planta alberga una colección de dibujos y pinturas de Alfonso Castelao, artista, escritor y defensor de la identidad nacional de Galicia que ilustró con vigor las miserias sufridas durante la Guerra Civil.

Al sur del casco antiguo, las ruinas góticas de

San Domingos, también parte del Museo de Pontevedra, contienen estelas romanas, así como lápidas y escudos heráldicos de personajes de la ciudad.

Museo de Pontevedra

🏠 Calle Pasanteria 2-12
🕐 10-21.00 ma-sá, 11.00-
14.00 do 🌐 museo.depo.gal

Ruinas de San Domingos

 🏠 Avenida Montero Rios
1 🕐 10.00-14.00 y 16.00-
19.30 ma-sá, 11.00-14.00 do
🌐 museo.depo.es

___

7

A Toxa

 A2 🏠 Cerca de O Grove,
Pontevedra 🚌 ℹ️ Praza do
Corgo, O Grove; 986 73 14 15

La Toja, una pequeña isla cubierta de pinos y unida a tierra por un puente, es uno de los balnearios más distinguidos de Galicia. El palacete que alberga el hotel, de estilo *belle époque*, y las lujosas villas contribuyen al ambiente elegante de la isla. Lo más conocido de La Toja es la pequeña iglesia cubierta de conchas de vieiras. Al otro lado del puente queda O Grove, un floreciente centro de veraneo y puerto pesquero, con hoteles y apartamentos a orillas de sus magníficas playas.

CONSEJO DK
Pica, pica

Cuidado con los famosos pimientos verdes de Padrón. Por lo general tienen un sabor suave, pero siempre hay uno escondido que sorprende por su fuerte picor.

8

Padrón

A2 ⬡ La Coruña 🚌🚆
ℹ️ Avenida Compostela;
646 59 33 19

Tranquilo pueblo a orillas del río Ulla, tuvo importancia como puerto de mar hasta que se encenagó. Según la leyenda, aquí arribó la nave que llevaba a Galicia el cuerpo del apóstol Santiago *(p. 232)*. La piedra en que se supone que amarró, o *pedrón*, se conserva bajo el altar de la iglesia, junto al puente.

En la avenida contigua a la iglesia ocupan un destacado lugar los poemas de Rosalía de Castro (1837-1885), nacida en la villa. En las afueras, la casa donde pasó sus últimos años ha sido convertida en museo.

Museo Rosalía de Castro

🏠 A Matanza 🕐 jul-sep:
10.00-14.00 y 16.00-20.00 ma-
sá, 10.00-13.30 do; oct-jun:
10.00-13.30 ma-do 🌐 museos
xunta.gal/gl/casa-rosalia

El litoral rocoso de Cabo Vilán, Costa de la Muerte

 9

Costa da Morte

🅰A2 🏛La Coruña 🚌A Coruña, Malpica ℹ️Praza de María Pita, A Coruña; www.turismo.gal/que-visitar/xeodestinos/costa-da-morte

De Malpica a Fisterra (Finisterre), la costa es agreste y solitaria. Se la llama Costa de la Muerte por los muchos barcos que se han perdido por las tormentas o se han estrellado contra los acantilados debido a las galernas. No hay grandes poblaciones costeras, sino tan solo pequeñas aldeas de pescadores que capturan donde se cogen los percebes, destinados a los restaurantes de todo el país.

Uno de los puntos más septentrionales de la Costa da Morte, Malpica, tiene un pintoresco puerto pesquero. Laxe cuenta con buenas y seguras playas. Camariñas, uno de los

> **Se la llama Costa de la Muerte por los muchos barcos que se han perdido por las tormentas o se han estrellado contra los acantilados.**

 ←

La original Capela das Cunchas en la isla de La Toja

rincones más atractivos de este litoral, es un pueblo de pescadores en cuyas calles se ve aún a las mujeres haciendo encaje de bolillos, mientras en Cabo Vilán, junto al faro, gira un grupo de generadores eólicos. Cerca se halla Corcubión, que rezuma una vieja elegancia, y por último Fisterra (Finisterre), con su faro, un magnífico lugar para contemplar la puesta del sol en el Atlántico.

 10

Vigo

🅰A2 🏛Pontevedra ✈️🚗🚌 ℹ️Cánovas del Castillo 3; www.turismodevigo.org

La mayor ciudad de Galicia es también el primer puerto pesquero de España. Está situada en la boca de una profunda ría atravesada por un puente colgante y rodeada de colinas boscosas. En Vigo no abundan los edificios antiguos, pero sí tiene llamativas esculturas modernas, como los caballos del artista local Juan José Oliveira, que pueden verse en la praza de España. La parte más vieja, el antiguo barrio marinero del Berbés, se encuentra junto al puerto. Sus calles empedradas están atestadas de bares donde degustar excelentes tapas. El mercado de A Pedra, cerca del puerto, vende pescados y mariscos a buen precio.

Sercotel Blue Coruna
Elegante y cercano a las playas y lugares de interés de A Coruña; ofrece bebidas gratis por las tardes.

🅰A1 🏛Rúa Juana de Vega 7, La Coruña 🌐hotelbluecoruna.com

 €€€€

A Maquia
Un hotel *boutique* rural con magníficas vistas de la ría de Pontevedra, a pocos pasos de la playa y con piscina.

🅰A2 🏛Avenida de Laño 17, Pontevedra 🌐amaquia.com

 €€€€

Gran Hotel Nagari Boutique & Spa
Este hotel de Vigo, de cinco estrellas pero no muy caro, tiene una estupenda piscina en la azotea.

🅰A2 🏛Plaza de Compostela 21, Vigo 🌐granhotelnagari.com

 €€€€

↑ Ruinas del castro celta sobre el monte de Santa Tecla, en La Guardia

A Guarda

A2 **Pontevedra**
i Praza do Reloxo 1;
www.turismoaguarda.es

El puerto pesquero de La Guardia es famoso por el marisco y en especial por la calidad de sus langostas.

En la ladera del monte de Santa Tecla se hallan los restos de un asentamiento celta del 600-200 a. C. formado por unos 200 habitáculos de piedra y cuya historia recorre el **Museo del Monte de Santa Tecla.**

LA PESCA EN GALICIA

Los españoles consumen más pescado que ningún otro país europeo, a excepción de Portugal. El país tiene la mayor flota pesquera de Europa en cuanto a capturas. Una buena parte de la pesca se captura en alta mar, donde abundan el pulpo, las almejas, la langosta o la caballa. Sin embargo, la sobrepesca y el vertido de petróleo de 2002 obligaron a faenar en caladeros remotos y actualmente la flota pesquera se ha reducido a unos 8.700 barcos.

Unos 10 km al norte, el barroco monasterio de Santa María se levanta en Oia, junto a la playa. Por las colinas aledañas vagan caballos semisalvajes que en mayo y junio, con ocasión de las fiestas, son agrupados en la *rapa das bestas*.

Museo del Monte de Santa Tecla

 La Guardia **690 01 70 38** **Verano: 10.00-20.00 ma-do; invierno: 11.00-17.00 ma-do** **Ene-med feb**

Tui

A2 **Pontevedra**
i Paseo Calvo Sotelo 16;
www.tui.gal

Fronterizo con Portugal, Tuy se alza sobre una colina, junto al río Miño. Sus viejas calles ascienden tortuosamente hasta el casco antiguo y la catedral del siglo XII, que corona la colina. Debido a las frecuentes guerras hispano-portuguesas libradas durante la Edad Media, fue construida a modo de fortaleza, con torres y almenas. Destacan el claustro, la sillería del coro y el pórtico, profusamente decorado.

Cerca queda la iglesia de San Telmo, dedicada al patrono de los pescadores, cuya ornamentación barroca acusa influencias portuguesas. Más

abajo de la catedral se halla el Puente Internacional, un puente de hierro construido por Gustave Eiffel en 1884, que cruza el río hasta Valença do Minho, en Portugal.

En la románica iglesia de Santo Domingo, junto al parque de la Alameda, pueden verse los claustros tapizados de yedra y las tumbas con efigies labradas. El templo se asoma al río, que en agosto, con el Descenso Internacional del Miño, se llena de piraguas.

Verín

B2 **Orense** **i Rúa Irmáns La Salle s/n; 988 41 16 14**

Aunque rodeado de viñedos, Verín cuenta con una pujante industria de agua embotellada gracias a sus fuentes termales. Tiene un buen número de casas antiguas con soportales y galerías acristaladas. El castillo de Monterrei, construido durante las guerras con Portugal y que tuvo funciones de monasterio y hospital (abierto para visitantes mi-do), queda 3 km al oeste. Sus tres anillos de murallas encierran dos to-

→

El opulento interior del monasterio de San Salvador, Celanova

¿Lo sabías?

Se dice que la queimada gallega protege contra los maleficios y los malos espíritus.

rres del homenaje, un patio porticado y una iglesia del siglo XIII con un portal delicadamente labrado. Fue monasterio y hospital, pero hoy es un parador y se puede seguir viendo con una visita guiada.

14

Baiona

A2 Pontevedra Avenida Arquitecto Jesús Valverde; www.turismodebaiona.com

En este pequeño puerto atracó *La Pinta* el 1 de marzo de 1493 con las primeras noticias del descubrimiento del Nuevo Mundo. Hoy Bayona es un popular centro de veraneo y en su puerto conviven las barcas pesqueras con las de recreo. La antigua colegiata de Santa María data de los siglos XII al XVII y es románica con influencias cistercienses. Los martillos, cinceles y hachas esculpidos en los arcos aluden a los gremios que contribuyeron a levantar la iglesia.

En el promontorio de Monterreal, al norte, hubo una fortaleza. Secciones de las murallas aún se conservan, pero el interior se ha convertido en un parador. Un paseo por las almenas ofrece buenas vistas de la costa.

A unos 3 km al sur se alza una colosal estatua de granito de la Virgen de la Roca, esculpida por Antonio Palacios en 1930. Los visitantes pueden subir por el interior hasta lo alto.

15

Celanova

A2 Orense Praza Maior 1; 988 43 22 01

En la plaza Mayor de este pueblecito se alza la mole del monasterio de San Salvador, conocido también como monasterio de San Rosendo, su fundador. Erigido en el siglo X y reconstruido después, es de estilo predominantemente barroco, aunque uno de sus dos claustros es renacentista. La enorme iglesia de este monasterio benedictino tiene un ornamentado retablo y una sillería gótica. En el jardín se levanta la iglesia de San Miguel, mozárabe.

TOP 4 FIESTAS POPULARES

Os Peliqueiros
El domingo de Carnaval, hombres con trajes y máscaras recorren las calles de Laza (feb-mar).

Tapices florales
Las calles de Ponteareas por las que pasa la procesión del Corpus Christi se cubren con pétalos de alegres colores (may-jun).

A Rapa das Bestas
En diferentes pueblos, caballos semisalvajes son agrupados en *curros* (recintos) para recortarles crines y cola (may-ju).

Festividad de Santiago
Fuegos artificiales iluminan la praza do Obradoiro de Santiago de Compostela (noche 24-25 jul).

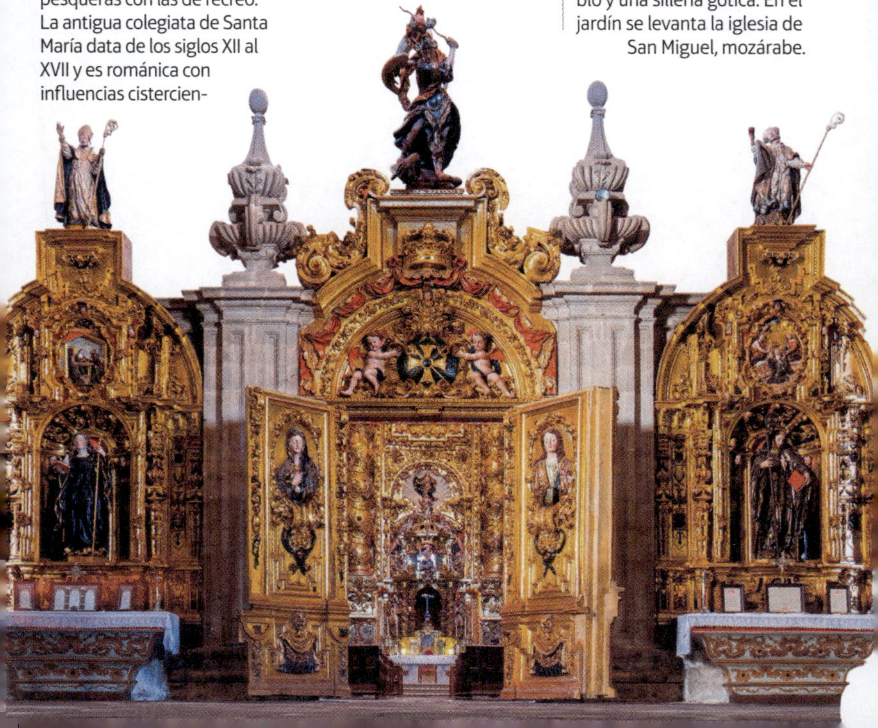

Ourense

A2 **Orense** 🚆🚌
🛈 **Isabel la Católica 2**
ⓦ **turismodeourense.gal**

El casco antiguo de Orense creció en torno a sus conocidas fuentes termales, Fonte das Burgas, que todavía hoy manan agua a 65 °C de sus tres manantiales.

La parte antigua de la ciudad es la más interesante, sobre todo los alrededores de la porticada plaza Mayor. La catedral, fundada en el 572 y reconstruida en los siglos XII-XIII, tiene un retablo dorado obra de Cornelis de Holanda. El pórtico, de triple arcada, se adorna con figuras policromadas que recuerdan a las del Pórtico de la Gloria, en Santiago. Cerca queda el armonioso claustro de San Francisco, del siglo XIV.

Otro símbolo de Orense es el puente romano, del siglo XIII, que con sus siete arcos salva el río Miño al norte de la ciudad; se construyó sobre cimientos romanos y ahora está peatonalizado.

Allariz, situado a 25 kilómetros al sur, y Ribadavia, al oeste, tienen sendos barrios judíos con calles estrechas e iglesias románicas. Esta última población es famosa también por sus vinos de Ribeiro y tiene un museo enológico.

Lugo

B2 **Lugo** 🚆🚌
🛈 **Praza do Campo 11**
ⓦ **turismo.gal**

La capital de la provincia más extensa de Galicia fue un centro importante en tiempos de los romanos. Atraídos por sus fuentes termales, construyeron lo que hoy es la más perfecta muralla romana que se conserva en España. La muralla, que ciñe la ciudad, tiene unos 6 m de grosor y 10 m de alto, con diez puertas. Seis de estas tienen escaleras hasta lo alto del bastión, desde donde se contempla una buena vista de la ciudad.

Dentro del recinto, el casco antiguo es a un tiempo señorial y animado, con bonitas plazas. En la praza de Santo Domingo se alza la estatua negra de un águila romana que conmemora la toma de Lugo a los celtas por Augusto en el siglo I a. C. La catedral románica, inspirada en la de Santiago, es espaciosa y laberíntica. Tiene un hermoso claustro barroco y una capilla con la estatua de alabastro de Nuestra Señora de los Ojos Grandes. El **Museo Provincial** alberga piezas celtas y romanas de la zona, y el **Museo Interactivo da Historia de Lugo** presenta la historia de la ciudad con exposiciones de alta tecnología en un sorprendente edificio moderno.

LA LENGUA GALLEGA

El gallego es, junto con el castellano, una de las lenguas oficiales de Galicia. Aunque al ser ambas lenguas latinas tienen muchas similitudes, el gallego se parece mucho más al portugués y gallegos y portugueses suelen entenderse sin dificultad. Actualmente, casi la mitad de la población habla gallego de forma habitual y existen numerosas iniciativas del gobierno de la Xunta para seguir generalizando su uso.

→ Las terrazas de los cafés ocupan la plaza Mayor de Orense

Museo Provincial

⌂ Praza da Soidade
🕐 10.00-13.30 y 16.00.20.30
ma-sá, 10.30-15.00 do
🌐 museolugo.org

Museo Interactivo da Historia de Lugo

⌂ Parque da Milagrosa 🕐 Jun-oct: 10.00-14.00 y 16.30-20.30
todos los días; nov-may:
10.00-13.30 y 16.00-19.30 ma-vi, 14.30-19.30 sá y do
🌐 museoslugo.gal

 18

Mosteiro de Santo Estevo

🅰 B2 ⌂ Ribas de Sil, Orense
📞 988 01 01 10 🕐 Todos los
días 🚫 Ene y feb

Cerca de su unión con el Miño, a 28 km de Orense, el río Sil abre una profunda garganta. Una carretera asciende a lo alto de un farallón para llegar al monasterio románico-gótico de Santo Estevo de Ribas de Sil, convertido en parador. Uno de sus claustros está protegido por una mampara de cristal.

 19

Mosteiro de Oseira

🅰 A2 ⌂ Oseira, Orense
🕐 Solo visitas guiadas a las
10.30, 12.00, 15.30, 16.30,
17.00 y 18.30 lu-sá, 12.45,
15.30, 17.00 y 18.30 do
🌐 mosteirodeoseira.org

Este monasterio se yergue solitario en un boscoso valle

MEJORES VISTAS
Cañón del Sil

La subida al monasterio de Santo Estevo de Ribas de Sil ofrece unas vistas espectaculares del cañón de este afluente del río Miño. Al fondo de la garganta destaca el color verde intenso de los diferentes embalses del río Sil.

↑ El grandioso exterior del monasterio de Oseira, con sus cuidados jardines

cercano a la villa de Oseira, cuyo nombre proviene de los osos que en el pasado habitaban estos contornos. Es un gran edificio barroco con una bóveda que se apoya en cuatro columnas. En el pórtico puede verse una estatua de la Virgen con san Bernardo arrodillado a sus pies. El interior de la iglesia, de los siglos XII-XIII, es de una sencillez típicamente cisterciense.

 20

Vilar de Donas

🅰 B2 ⌂ Lugo 🛈 Palas de
Rei, Avenida de Compostela
28; 982 38 00 01

Esta aldea del Camino de Santiago *(p. 232)* cuenta con la pequeña iglesia de San Salvador. Dentro se hallan las tumbas de algunos caballeros de la Orden de Santiago y unos magníficos frescos del siglo XV obra de las monjas que vivieron aquí hasta esa fecha.

El cisterciense monasterio de Sobrado de los Monjes, al noroeste, conserva una cocina y una sala capitular medievales, así como una iglesia con bellas cúpulas.

21

O Cebreiro

🅰 B2 ⌂ Lugo 🚌 🛈 Plaza
de España 4; 982 36 71 03

Al este de Galicia se halla uno de los pueblos más singulares del Camino de Santiago. Su iglesia, del siglo IX, fue al parecer escenario de un milagro en 1300, cuando el vino se convirtió en sangre y el pan en carne. Cerca hay varias pallozas, casas redondas de piedra con techo de paja. Algunas de estas antiguas viviendas han sido restauradas y forman parte de un **museo etnográfico.**

Museo Etnográfico

⌂ Pedrafita do Cebreiro
📞 982 82 87 30 🕐 Med jun-med sep: 8.30-14.30 ma-sá;
med sep-med jun: 11.00-18.00 ma-sá

→ Cruz en el interior de la iglesia del siglo IX de O Cebreiro

RUTA EN COCHE
RÍAS BAIXAS

Longitud 270 km **Paradas** Vilagarcía de Arousa; Cambados; Pontevedra; Hio **Dificultad** Carreteras costeras serpenteantes

En la parte sur de la costa occidental de Galicia se abren cuatro grandes rías o ensenadas entre lomas cubiertas de pinares. Este recorrido ayuda a descubrir sus numerosos encantos: las playas son excelentes, el paisaje seductor, el baño seguro y el clima mucho más benigno que en la costa norte. Aunque Vilagarcía de Arousa y Panxón se han convertido en populares centros de veraneo, buena parte del litoral de las Rías Baixas continúa siendo virgen, como la franja que va de Muros a Noia. Esta parte de la costa es uno de los caladeros de pesca más abundantes de España. A lo largo de las rías se ven las hileras de bateas mejilloneras, que parecen submarinos medio sumergidos; al final del verano se recogen las almejas. Nada mejor que una pausa al mediodía para disfrutar de sus fresquísimos pescados y mariscos.

↑ Isla de San Martiño vista desde el faro de Cíes

Muros, *punto de inicio de la ruta, es un pequeño puerto fortificado.*

Hio, *un pueblecito de pescadores con una buena playa, posee uno de los mejores cruceiros de Galicia.*

Las **islas Cíes** *tienen playas de aguas claras y un santuario de aves marítimas.*

Panxón *es un excelente final de trayecto; sus playas de arena son perfectas para descansar al sol.*

Carnota
Lira
Serra de Outes
AC554
Esteiro
Muros
INICIO
Ría de Muros e Noia
Boa
Noia
Punta Louro
Porto do Son
Tállara
Ponte Beluso
Xuño
Oleiros
AG11
Boiro
Corrubedo
A Pobra Caramiñal
Xarás
Ribeira
Ría de Arousa
Illa de Arousa
AC550
Arousa
Punta de Couzo
Illa de Sálvora
O Grove
San Vicente do Grove
Vilalonga
A Lanzada
Illa de Ons
Cabo de Udra
Cabo de Home
PO315
Hio
Illas Cíes
Illa de Monteagudo
Illa do Faro
Oia
Illa de San Martiño
Panxón
LLEGADA
Nigrán
Baiona

La ciudad industrial de **Pontecesures,** junto al río Ulla, forma parte del Camino de Santiago.

GALICIA

Rías Baixas

Mapa de situación
Para más detalles ver p. 224

Vilagarcía de Arousa *tiene un agradable paseo marítimo y buenas instalaciones para los deportes náuticos.*

¿Lo sabías?

Rías Baixas es una denominación de origen de la uva albariño.

Cambados, *famoso por su vino blanco, es perfecto para una pausa al mediodía. Tiene una plaza empedrada, la praza de Fefiñanes, rodeada de bellas casas antiguas.*

Combarro *es un pueblo de pescadores conocido por sus hórreos a orillas del mar.*

Pontevedra (p. 236) *goza de un privilegiado emplazamiento junto a una profunda ría.*

Rianxo

Bamio

Vilagarcía de Arousa

Pontecesures

Caldas de Reis

Umia

Cambados

O Mosteiro

Poio

Combarro

Pontevedra

Sanxenxo

Ría de Pontevedra

Marín

Bueu

Moaña

Redondela

Cangas

Teis

Ría de Vigo

Vigo

Coia

Gente comiendo en una de las agradables plazuelas de Pontevedra

0 kilómetros 10

N

ASTURIAS Y CANTABRIA

El terreno montañoso de Asturias ha contribuido a su larga historia de resistencia ante las invasiones. Aunque la zona fue conquistada por los romanos, estos nunca lograron someter plenamente a sus habitantes. La batalla en las montañas de Covadonga, en la que tropas cristianas vencieron a las fuerzas musulmanas, marcaría el inicio de la Reconquista en toda la Península en el año 722. El reino de Asturias se fundó en el siglo VIII, llegando a alcanzar posteriormente tierras del actual País Vasco y del norte de Portugal a medida que los asturianos iban conquistando territorio a los musulmanes. Tras unirse al reino de Castilla en 1230, la zona conocida actualmente como Asturias pasó a convertirse en el siglo XIV en el principado del heredero a la corona española, una tradición que se ha mantenido hasta la actualidad.

Cantabria también opuso una fiera resistencia ante el invasor romano y logró mantenerse libre del dominio musulmán en sus territorios septentrionales, gracias a su alianza con la vecina Asturias. A finales del siglo XIX, varias comarcas se unieron creando la provincia de Cantabria. Su capital, Santander, tiene una larga historia como asentamiento romano, ciudad medieval y posteriormente como importante puerto comercial con América. Desgraciadamente quedan pocos restos de este rico pasado, ya que en 1941 un gran incendio destruyó más de 400 edificios del centro histórico.

ASTURIAS Y CANTABRIA

Esencial
1. Parque Nacional de los Picos de Europa

Lugares de interés
2. Taramundi
3. Teverga
4. Castro de Coaña
5. Costa Verde
6. Avilés
7. Gijón
8. Oviedo
9. Potes
10. Valdediós
11. Cangas de Onís
12. Ribadesella
13. Comillas
14. Alto Campoo
15. Valle de Cabuérniga
16. Cuevas de Altamira
17. Puente Viesgo
18. Santander
19. Santillana del Mar
20. Laredo
21. Castro Urdiales

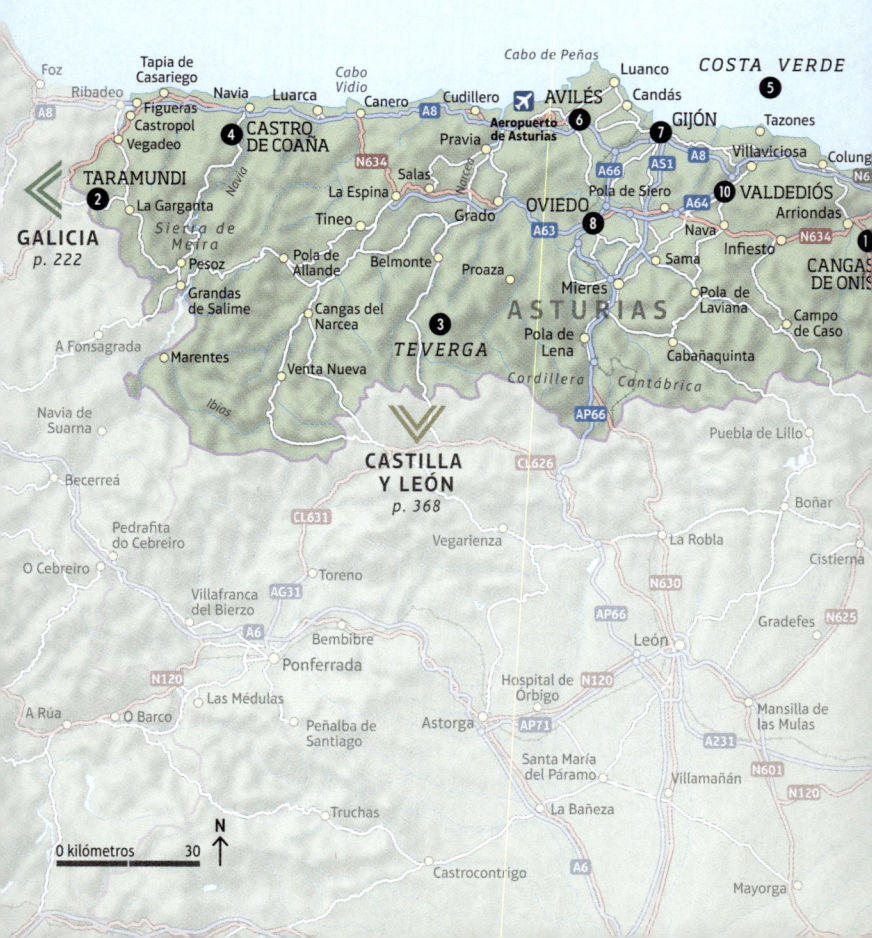

ASTURIAS Y
CANTABRIA

Golfo de Vizcaya

Mar Cantábrico

RIBADESELLA

Cabo
de Ajo

SANTANDER

12

Llanes

A8

SANTILLANA
DEL MAR

Noja

COMILLAS

Santoña

18

El Astillero

CASTRO
URDIALES

PARQUE NACIONAL
DE LOS PICOS
DE EUROPA

Unquera

13

16

19

A8

Areeta

Torrelavega

A8

20

21

CUEVAS DE
ALTAMIRA

Solares

LAREDO

Panes

N634

Santurtzi

Tresviso

La Hermida

Los Corrales
de Buelna

Arredondo

1

Bulnes

17

PUENTE
VIESGO

Espinama

15

Ramales de la
Victoria

9

POTES

VALLE DE
CABUÉRNIGA

Ontaneda

PAÍS VASCO,
NAVARRA Y
LA RIOJA
p. 260

Riaño

ALTO
CAMPOO

CANTABRIA

N621

Puerto de
San Glorio

14

N629

Besande

Reinosa

Corconte

Villasana
de Mena

San Salvador
de Cantamuda

N611

Soncillo

Espinama

A67

Fombellida

Villarcayo

N232

Cervera de
Pisuerga

Escalada

AP68

Guardo

Cantoral

Aguilar
de Campóo

Trespaderne

N232

Almansa

Buenavista
de Valdavia

N611

N627

Pancorbo

AP68

Herrera de Pisuerga

La Nuez de Arriba

Briviesca

Casalarreina

Saldaña

A67

Villadiego

AP1

Santo Domingo
de la Calzada

Sahagún

Osorno

Melgar de
Fernamental

Villanueva
de Argaño

Sotopalacios

Belorado

N120

Carrión de
los Condes

Frómista

A231

Burgos

N120

Pradoluengo

Ezcaray

Villada

Castrojeriz

N611

Astudillo

A62

N234

Sierra de la Demanda

Los prados verdes junto al lago de la Ercina, con los Picos de Europa de fondo ↑

❶

PARQUE NACIONAL DE LOS PICOS DE EUROPA

🅰C2 🏠Asturias, Cantabria y Castilla y León 🚌Oviedo a Cangas de Onís
ℹ Avenida Covadonga 43, Cangas de Onís; www.parquenacionalpicoseuropa.es

Este parque nacional abarca un área de 647 km² en tres regiones distintas. Está dominado por los Picos de Europa, nombre dado por los marineros a las primeras cumbres que divisaban desde el mar cuando regresaban a a casa.

El Parque Nacional de los Picos de Europa, con sus profundas gargantas serpenteantes y valles verdes, es perfecto para los montañeros. Un espectacular sendero bordea el desfiladero del río Cares, en el corazón de la cordillera, cruzando túneles y salvando puentes. Para algo más tranquilo, un teleférico asciende los 753 metros desde Fuente Dé hasta una meseta rocosa horadada de cráteres, ofreciendo a su paso un espectacular panorama de cumbres y valles. Destacan además la formación dentada del Naranjo de Bulnes, los centelleantes lagos Enol y Ercina y la basílica de Covadonga, lugar donde don Pelayo inició la Reconquista.

¿Lo sabías?

Cabrales, donde se produce el famoso y sabroso queso, está dentro del parque.

← Basílica de Santa
María la Real
de Covadonga

El teleférico
que asciende
desde
Fuente Dé ↓

DON PELAYO

La estatua de este noble visigodo que llegó a ser rey de Asturias preside la basílica de Covadonga. Fue cerca de este lugar donde en el año 722 don Pelayo y los suyos derrotaron a un ejército musulmán muy superior en número. La victoria animó a los cristianos del norte a emprender la reconquista de la Península. La tumba del guerrero, junto con una imagen de la Virgen, se halla en una cueva convertida en santuario.

LUGARES DE INTERÉS

Taramundi

 B1 Asturias
Calle Solleiro 18;
www.taramundi.es

Situada en la apartada región de Los Oscos, esta pequeña aldea cuenta con un centro de turismo rural que organiza excursiones por los bosques

EL OSO PARDO

La caza furtiva y la destrucción de los bosques, su hábitat natural, han reducido la población del oso pardo español (*Ursus arctos*) de unos mil ejemplares hace cien años a unos 370 en la actualidad. Hoy, gracias a reservas naturales como la de Somiedo -morada de casi todos los osos de Asturias- y a las nuevas leyes proteccionistas, se está consiguiendo que este espléndido animal vaya incrementando poco a poco y año tras año el número de ejemplares.

en vehículos todoterreno. Taramundi tiene una larga tradición en el arte del forjado. Los romanos fueron los primeros que extrajeron hierro en la zona. Hay cerca de una docena de forjas, y aún puede verse a los artesanos haciendo los tradicionales cuchillos y navajas de mangos de madera caprichosamente labrados.

Teverga

B2 Asturias La Plaza
Dr García Miranda 14, San Martín de Teverga; www.tevergaturismo.com
Todos los días

Esta zona, al suroeste de Oviedo, reúne espléndidos paisajes y numerosas iglesias antiguas. Cerca del extremo sur de la garganta de Teverga está La Plaza. Su iglesia de San Pedro es un buen ejemplo de arquitectura románica.

Al oeste de La Plaza se halla Villanueva, con la iglesia románica de Santa María.

El cercano Parque Natural de Somiedo es un santuario para el oso pardo. La vía verde de la Senda del Oso recorre los límites del parque.

Castro de Coaña

B1 Asturias 5 km desde Navia 985 97 84 01 10-30-16.30 mi-do

El castro de Coaña es uno de los yacimientos prehistóricos mejor conservados de la zona. El lugar estuvo ocupado por los romanos. En una ladera del valle del Navia se encuentran los restos de las fortificaciones y los cimientos de piedra de castros circulares y rectangulares. En el interior de los muros pueden verse varias piedras vaciadas que se cree que se pudieron utilizar para moler grano. El museo del yacimiento exhibe muchas piezas que han sido encontradas en el castro de Coaña.

Costa Verde

B1 Asturias Avilés
Oviedo, Gijón Avilés, Calle Ruiz Gómez 21; 985 54 43 25

Este litoral es una sucesión de calas arenosas e imponentes acantilados, entre los que surgen pueblos en los recodos

V. Crespo

Local elegante y cocina asturiana creativa; destaca su menú degustación.

🅰 C1 🏠 Calle Periodista Adeflor 3, Gijón restaurante vcrespo.es

€€€

Ronda 14

En este bar de tapas de Avilés, el chef reinterpreta las cocinas japonesa y peruana para crear platos únicos.

🅰 B1 🏠 Calle de Alfonso VII 20, Avilés ronda14.com

€€€

---

más abrigados. En el interior se extienden verdes prados y bosques de pino y eucalipto en las laderas montañosas.

Dos bonitos pueblos de pescadores, Castropol y Figueras, ocupan la ribera oriental de la ría del Eo, fronteriza con

 Calles porticadas de origen medieval y fachadas de colores vivos en el centro de Avilés

Galicia. Al este se alzan otros pueblos pintorescos como Tapia de Casariego y Ortiguera, en una caleta rocosa. Siguiendo por la costa, Luarca, tendida en un promontorio a los pies de una iglesia tiene un bonito puerto pintoresco. El pueblo de Cudillero es aún más encantador: las terrazas y las sidrerías se agolpan en una plazuela, junto al puerto; al fondo, las casitas multicolores trepan por las escarpadas laderas.

Continuando por la costa surge el promontorio de cabo de Peñas; más al este, en Candás, se celebran capeas en la arena el 14 de septiembre. Al este de Gijón, Lastres está al pie de un gran acantilado, y La Isla tiene una ancha playa. Pasado Ribadesella se encuentra la localidad de Llanes, famosa por sus murallas y sus playas.

---

❻ Avilés

🅰 B1 🏠 Asturias ✈🚉🚌 🛈 Calle Ruiz Gómez 21; 985 54 43 25

Avilés se convirtió en capital de las acerías asturianas a finales del siglo XIX, y todavía hoy está ceñida por un cintu-

 Picos calizos y manchas de bosque autóctono rodean el pueblo de Páramo, en Teverga

rón industrial. La ciudad esconde un casco medieval que se extiende por los aledaños de la plaza de España. La iglesia de San Nicolás de Bari está decorada con frescos antiguos y tiene un claustro renacentista. La iglesia de los Padres Franciscanos alberga una bella capilla del siglo XIV y la tumba del primer gobernador de Florida. En torno a esta zona arrancan calles porticadas con bares muy animados.

TOP 5 PLAYAS DE LA COSTA VERDE

Playa del Silencio
Cerca de Castañeras, tiene unas vistas increíbles de los acantilados.

Playa de Langre
Para los amantes del sol, el surf y los paseos.

Playa de Cuevas del Mar
Cercana a Llanes, tiene cuevas para explorar.

Playa de San Lorenzo
Una concurrida playa familiar cercana a Gijón.

Playa de Santa Marina
La larga playa de arena de Ribadesella es ideal para pasear.

❼

Gijón

🅰C1 🏛Asturias 🚆🚌
ℹ️ **Puerto Deportivo,
Espigón Central de
Fomento; www.gijon.es**

Este puerto industrial, la
mayor ciudad de Asturias,
fue reconstruido tras la
Guerra Civil, cuando sufrió
los bombardeos fascistas.
El hijo más ilustre de la
ciudad es Gaspar Melchor
de Jovellanos, el escritor
y político ilustrado del
siglo XVIII.

El casco antiguo de Gijón
se asienta en un pequeño
istmo con vistas a la playa.
Tiene por centro la porticada
plaza Mayor y el diecio-
chesco **palacio de Revillagigedo,** una fantasía neorrenacentista con torres y
almenas. La larga playa de
San Lorenzo está muy con-
currida en verano.

Palacio de Revillagigedo
(Centro Cultural Cajastur)

🏠 Plaza del Marqués 2
📞 985 34 69 21 ⏰ Para
exposiciones temporales: jul-
ago: 11.00-13.30 y 16.00-
19.00 ma-sá, 12.00-14.30 do y
festivos; sep-jun: 11.30-13.30
y 17.00-20.00 ma-sá, 12.00-
14.00 do y festivos

❽

Oviedo

🅰B1 🏛Asturias
🚆🚌 ℹ️ **Plaza de la
Constitución 4; www.
turismoasturias.es**

Oviedo, ciudad universitaria y
capital cultural y comercial de
Asturias, se extiende en una
fértil llanura, sobre una ligera
elevación. Las cercanas minas
de carbón han hecho de ella un
importante centro de actividad
económica desde el siglo XIX.

En Oviedo y sus alrededores
hay muchos edificios
prerrománicos, estilo que floreció entre los siglos VIII al X y
quedó confinado en una pequeña zona del reino de Asturias, uno de los pocos rincones
de España que no fueron ocu-
pados por los musulmanes. El
corazón de la ciudad histórica
es la plaza de Alfonso II, rodeada por antiguos palacios. Aquí
se alza la catedral, de estilo gótico flamígero, con una alta torre y su asimétrica fachada hacia poniente. El interior alberga
tumbas de reyes asturianos y
un majestuoso retablo dorado
del siglo XVI. El mayor tesoro
de la catedral es la Cámara
Santa, una capilla restaurada
del siglo IX que contiene expre-
sivas estatuas de Cristo y los
apóstoles; esta capilla encierra

¿Lo sabías?

Según la leyenda,
Oviedo fue fundada
en 761 por los monjes
Máximo
y Fromestano.

también dos cruces y un relicario realizados en oro, plata y
piedras preciosas.

En la plaza de Alfonso II se
halla también la iglesia de San
Tirso. Construida en el siglo IX,
tras diversas restauraciones el
único rasgo prerrománico que
conserva es la ventana que se
abre en la fachada este.

A espaldas de la catedral
queda el **Museo Arqueológico,** situado en el antiguo monasterio benedictino de San
Vicente, que contiene tesoros
prehistóricos, románicos y
prerrománicos de la localidad.

El **Museo de Bellas Artes**
atesora una colección de pintura asturiana y española, que incluye un retrato de Carlos II, del
asturiano Carreño, y obras del
Greco, Goya, Miró, Dalí y Picasso.

Dos de las más bellas iglesias prerrománicas se encuentran en el monte Naranco, a la
salida de la ciudad en dirección
norte. Destaca **Santa María**

↑ El viejo puerto de Gijón iluminado por las farolas

del Naranco, construida en el siglo IX como residencia de verano para Ramiro I. Los relieves de las jambas de **San Miguel de Lillo** remuestran a acróbatas y domadores en un circo.

La iglesia de San Julián de los Prados, también en la ciudad y de inicios del siglo IX, es la mayor de todas las iglesias prerrománicas y en ella destacan los frescos, que en su día cubrieron todo el interior.

Museo Arqueológico de Asturias

🅰 Calle San Vicente 3 🕘 9.30-20.00 mi-vi, 9.30-14.00 y 17.00-20 sá, 9.30-15.00 do y festivos 🇼 museoarqueologico deasturias.com

Museo de Bellas Artes

🅰 Calle Santa Ana 1 🕘 jul-ago: 10.30-14.00 y 16.00-20.00 ma-sá, 10.30-14.30 do; sep-jun: 10.30-14.00 y 16.30-20.30 ma-vi, 11.30-14.00 y 17.00-20.00 sá, 11.30-14.30 do 🇼 museobbaa.com

San Miguel de Lillo

🅰 Avda de los Monumentos 📞 638 26 01 63 🕘 Abr-sep: 9.30-13.00 y 15.30-19.00 ma-sá, 9.30-13.00 lu y do; oct-mar: 10.00-14.30 ma-sá, 10.00-12.30 lu y do

Santa María del Naranco

🌐 🅰 Avenida de los Monumentos 🕘 abr-sep: 9.30-13.00 y 15.30-19.00 ma-sá, 9.30-13.00 lu y do; oct-mar: 10.00-14.30 ma-sá, 10.00-12.30 lu y do 🇼 santamariadel naranco.es

Hotel La Rectoral de Taramundi

Encantador edificio de piedra con vistas a las colinas verdes. Las habitaciones con terraza permiten disfrutarlas aún más.

🅰 B1 🅰 Cuesta de la Rectoral s/n, Taramundi 🇼 larectoral.com

€€€

El Môderne

Este elegante hotel con encanto ocupa un edificio antiguo con instalaciones de vanguardia. Dispone de *suites*.

🅰 C1 🅰 Calle del Marqués de San Esteban 27, Gijón 🇼 elmodernehotel.com

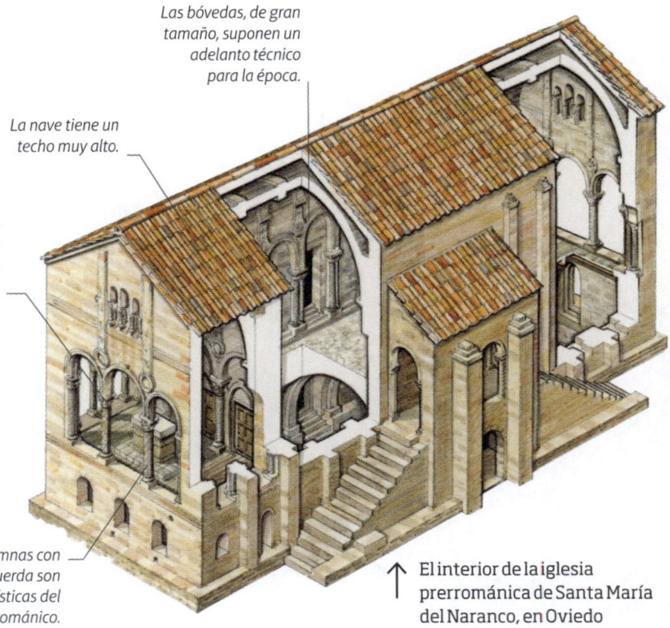

€€€

Las bóvedas, de gran tamaño, suponen un adelanto técnico para la época.

La nave tiene un techo muy alto.

Las arquerías de los extremos favorecen la entrada de la luz.

Las columnas con decoración de cuerda son características del prerrománico.

↑ El interior de la iglesia prerrománica de Santa María del Naranco, en Oviedo

TOP 5 FIESTAS POPULARES

La Vijanera

Mascarada de invierno, de origen prerromano, que se celebra el primer domingo de enero en Silió (Cantabria).

La Folía

Procesión marítimo-terrestre que se celebra el segundo domingo después de Pascua en San Vicente de la Barquera (Cantabria). Los picayos cantan y bailan en honor a la Virgen.

Fiesta del Pastor

Celebración con danzas regionales junto al lago Enol, en el Parque Nacional de Picos de Europa (25 jul).

Batalla de Flores

Carrozas adornadas con flores recorren el último viernes de agosto las calles de Laredo (Cantabria).

Nuestra Señora de Covadonga

Miles de peregrinos suben al santuario de Covadonga para homenajear a la patrona de Asturias (8 sep).

9 Potes

🅰C2 🏠Cantabria 🛈Plaza de la Independencia s/n; 942 73 07 87

Pequeño y antiguo pueblo con sus viejas casas asomadas al río, Potes se extiende al este de los Picos de Europa (p. 248). Está situado en el ancho valle de Liébana, en cuyo fértil suelo crecen nogales, cerezos y viñas. En el pueblo se elabora además un fuerte orujo. La torre del Infantado, situada en la plaza Mayor, fue construida con fines defensivos en el siglo XV.

Entre Potes y la costa corre el desfiladero de la Hermida, con profundas pendientes de piedra caliza salpicadas de robles. A mitad de camino está Santa María de Lebeña, una iglesia mozárabe del siglo X de piedra y con arcos de herradura.

Al oeste de Potes queda la iglesia y monasterio de Santo Toribio de Liébana, uno de los lugares más venerados de los Picos de Europa. Fundado en el siglo VII, se hizo famoso un siglo después al recibir, según reza la tradición, un fragmento de la Santa Cruz –el mayor conocido hasta entonces–, que se conserva en un relicario de plata. La iglesia también es conocida por ser donde el Beato de Liébana, un monje del siglo VIII, escribió el *Comentario al Apocalipsis*. El restaurado monasterio románico está habitado por franciscanos.

10 Valdediós

🅰C1 🏠Asturias 🛈Monasterio de Santa María; 985 97 49 66

La iglesia de San Salvador (el Conventín), del siglo IX, es una joya del arte prerrománico. El techo se cubre de vívidos frescos y junto al portal hay unos nichos donde dormían los peregrinos. Justo al lado, la iglesia del **monasterio de Santa María** es cisterciense, del siglo XIII, con claustros del XVI.

Al norte, entre manzanos, se encuentra Villaviciosa. En la cercana Amandi, sobre una loma, la iglesia de San Juan tiene delicados frisos y esculturas.

Monasterio de Santa María 📞985 97 49 66 🕒Abr-sep: 10.30-13.30 y 16.00-19.00 ma-do; oct-mar: 10.30-13.30 ma-do

←

La iglesia prerrománica de San Salvador, en Valdediós (Asturias)

> La encantadora villa de Ribadesella se asienta en un amplio estuario. A un lado queda el viejo puerto, actualmente lleno de tascas.

lago de la Ercina). La mejor manera de disfrutarlos es en bicicleta; se pueden alquilar y luego salir a sudar la camiseta.

Cueva del Buxu

⊘ ⊗ 📞 608 17 54 67 (llamar de 15.00 a 17.00 mi-do)
🕐 10.00-17.00 mi-do

↑ Puesta de sol sobre las coloridas casas de Ribadesella

11

Cangas de Onís

🅰 C2 🏛 Asturias 🚌
ℹ Avenida Covadonga 1; www.cangasdeonis.es

En este lugar, a las puertas de los Picos de Europa, estableció su corte don Pelayo *(p. 249)*, noble visigodo del siglo VIII y primer héroe de la Reconquista. El pueblo tiene un puente romano, y en la capilla de Santa Cruz, del siglo XV, se guarda un dolmen de la Edad del Bronce.

A unos 20 km al sureste están los Lagos de Covadonga, que deben su nombre a la Santa Cueva de Covadonga. Estos dos lagos glaciares de Picos de Europa (lago Enol y

12

Ribadesella

🅰 C1 🏛 Asturias 🚆🚌
ℹ Paseo Princesa Letizia; www.ribadesella.es

Esta encantadora villa marítima se asienta en un amplio estuario. A un lado queda el viejo puerto, lleno de tascas; la orilla opuesta es la zona de veraneo. Todos los años, el primer sábado de agosto, llega desde Arriondas (río arriba) la abigarrada flotilla de piraguas que participa en el descenso internacional del Sella.

En los límites del pueblo está la **cueva de Tito Bustillo,** rica en estalactitas pero conocida sobre todo por los

dibujos rupestres, algunos de los cuales tienen una antigüedad de 18.000 años. Para proteger las pinturas solamente se permiten 150 visitantes diarios; hay que comprar las entradas con antelación. También cuenta con un museo que exhibe réplicas fidedignas.

Cueva de Tito Bustillo

⊘ ⊗ 🏛 Ribadesella
📞 985 18 58 60 🕐 Mar-oct: 10.15-17.00 mi-do (solo visitas guiadas).

 LA MEJOR FOTO
Descenso del río Sella

El primer sábado de agosto, una flotilla de piraguas llega a Ribadesella para participar en el descenso hacia el mar. Desde el puente se las puede ver pasar.

 13

Comillas

🅰️ C1 🏛️ Cantabria ℹ️ Plaza Joaquín del Piélago 1; 942 72 25 91

Esta bonita localidad es famosa por sus edificios modernistas, obra de arquitectos catalanes. Antonio López y López, el primer marqués de Comillas, encargó a Joan Martorell el diseño del **palacio de Sobrellano** (1881). El interior tiene un gran salón con chimeneas de madera tallada, decoradas con dragones de Gaudí, mientras su comedor tiene un techo de artesonado dorado.

Sin embargo, el monumento más conocido de Comillas es El Capricho, obra de Antoni Gaudí, que ahora alberga un restaurante. Diseñado para un hombre de negocios entre 1883 y 1889, es una fantasía de inspiración mudéjar con una torre a modo de alminar cubierta de azulejos. Otro edificio modernista es la Universidad Pontificia. La diseñó Joan Martorell según un proyecto de Domènech i Montaner.

El puerto pesquero de San Vicente de la Barquera, 10 km al este, merece una visita por sus calles porticadas y murallas.

Palacio de Sobrellano

👁️👁️ 🏛️ Barrio Sobrellano s/n 📞 942 59 84 25 🕐 Abr-med jun y med sep-oct: 9.50-18.30 lu-

sá (hasta 16.00 do); med jun-med sep: 10.00-19.30 todos los días; nov-mar: 9.30-15.30 ma-vi y do (hasta 17.30 sá)

___

 14

Alto Campoo

🅰️ C2 🏛️ Cantabria 🚉 Reinosa ℹ️ Estación de Montaña, 942 31 07 08 (solo antes 12.00); Reinosa, www.altocampoo.com

Encaramada en lo más alto de las montañas cántabras, esta estación invernal está al pie del pico de Tres Mares (2.175 m), así llamado porque cerca de él nacen tres ríos que van a desembocar a tres mares distintos: Mediterráneo, Atlántico y Cantábrico. El Ebro nace aquí cerca, en Fontibre, un rincón de gran belleza. Por carretera o en telesilla se llega a la cima de Tres Mares, desde donde se contempla una vista sobrecogedora de la Cordillera

---

> **Esta estación invernal está al pie del pico Tres Mares (2.175 m), así llamado porque cerca de él nacen tres ríos que van a desembocar a tres mares distintos: Mediterráneo, Atlántico y Cantábrico.**

 ↑ El Capricho, un edificio diseñado por Antoni Gaudí en Comillas

Cantábrica. La citada estación de esquí dispone de remontes y 22 pistas que suman un total de 32 kilómetros de recorrido.

Reinosa, unos 26 kilómetros al este de Alto Campoo, es un pueblo con mercado y viejas casas de piedra. Más al sureste se encuentra Retortillo, lugar donde pueden verse los vestigios de Julióbriga, que fue la mayor ciudad romana en territorio cántabro.

La carretera principal que sale de Reinosa en dirección sur conduce a Cervatos, cuya antigua colegiata muestra en la fachada esculturas eróticas cuyo objeto era disuadir a los fieles de los placeres terrenales.

En Arroyuelo y Cadalso, al sureste, hay dos iglesias rupestres (construidas en la roca) en los siglos VIII y IX.

___

15

Valle de Cabuérniga

🅰️ C2 🏛️ Cantabria 🚉 Bárcena Mayor ℹ️ Ayuntamiento de Cabuérniga; 942 70 60 01

Dos pueblos, famosos por sus soberbios ejemplos de arquitectura rural, atraen a los visitantes al valle de Cabuérniga. El primero de estos pueblos, Bárcena Mayor, estuvo en su momento aislado pero ahora cuenta con una buena carretera. Sin embargo, parece anclado en el tiempo, con sus calles empedradas e iluminadas por viejos faroles bordeadas de casas que lucen balcones cargados de flores y establos en la planta baja.

El segundo de los tesoros del valle es Carmona, situada a unos 20 km al noroeste de Bárcena Mayor. Sus recias casas de piedra, con tejados rojos y balcones de madera, son típicamente cántabras. El tallado de la madera, oficio tradicional de la región, se practica aún hoy en el pueblo, donde se puede ver a algún artesano haciendo cuencos, albarcas, rabeles o pequeños muebles. En el centro, el palacio de los Mier, mansión del siglo XIII, se ha convertido en hotel.

Gran parte del valle de Cabuérniga está incluido en el Parque Natural Saja- Besaya, que cuenta con grandes hayedos y robledales, además de poblaciones importantes de lobo, ciervo y corzo.

Cuevas de Altamira

🅰C1 🏛Cantabria
🚌Santillana del Mar
🕐Museo: 9.30-18.00 ma-sá (hasta 20.00 may-oct), 9.30-15.00 do 🗓1 y 6 ene, 1 may, 28 jun, 24, 25 y 31 dic
🌐museodealtamira.mcu.es

Estas cuevas descubiertas en 1879 contienen uno de los mejores conjuntos de arte prehistórico del mundo. Los grabados y dibujos más antiguos se remontan al 30 000 a.C. Aunque no se permite el acceso a la cueva, un magnífico museo muestra una reproducción exacta en tres dimensiones, basada en estudios científicos sobre los materiales y métodos empleados en época prehistórica. Además de acercar a los visitantes al hábitat y las pinturas rupestres de las cuevas, tiene un programa de exposiciones temporales.

Yacimientos similares se hallan en la cercana Puente Viesgo (p. 258), Ribadesella (p. 254) y Nerja (p. 512), en Andalucía.

Little Bobby Speakeasy
Coctelería con decoración Chicago años 20 y películas clásicas de fondo.

🅰C1 🏛Calle Sol 20, Santander
🌐littlebobby.es

Pub la Lolita
Un local de ambiente tranquilo, perfecto para relajarse tomando una copa.

🅰C1 🏛Calle Río 2, Santillana del Mar

Rvbicón
Bar de jazz desenfadado para tomarse una copa escuchando música en directo.

🅰C1 🏛Calle del Sol 4, Santander
🌐rubiconbar.es

↑ Pinturas prehistóricas en la réplica de las Cuevas de Altamira

17

Puente Viesgo

A C2 **A** Cantabria
i Calle Manuel Pérez
Mazo 2; 942 59 81 05

Puente Viesgo es conocido por su balneario y por el **monte Castillo,** un complejo de cuevas que se abre en las colinas de piedra caliza que dominan el pueblo. Se cree que los moradores, de fines del Paleolítico, usaban el espacio como santuario. Aquí dejaron dibujos de animales y unas 50 huellas de manos. Los colores usados se hacían con mineral extraído de la cueva.

Al sureste, en la población principal del valle del Pas, Vega de Pas, pueden comprarse dos especialidades pasiegas: sobaos –unos esponjosos bizcochos– y quesadas, hechas con leche, mantequilla y huevos.

Monte Castillo
A Puente Viesgo **C** 942 59 84 25 **O** Mar-oct: 9.00-13.30 y 14.30-18.00 ma-sá, 9.00-14.30 do (med jun-med sep: 9.30-13.30 y 14.30-18.30 ma-sá, 9.30-15.00 do); nov-feb: 9.00-15.00 ma-vi y do, 9.00-14.00 y 15.00-17.00 sá

18

Santander

A C1 **A** Cantabria
i Jardines de Pereda s/n; www.turismode cantabria.com

Capital de Cantabria y activo puerto, disfruta de un espléndido emplazamiento en una profunda bahía. Cuenta con varios museos: el **MAS** tiene obras modernas y contemporáneas; el **Museo de Prehistoria y Arqueología** expone hallazgos de las cuevas de Altamira y Puente Viesgo; el **Museo Marítimo** reúne esqueletos de ballenas; y el **Centro Botín** celebra talleres artísticos y exposiciones.

Uno de los puntos destacados de la ciudad es la península de la Magdalena, un promontorio donde se sitúa el palacio de la Magdalena, residencia construida para Alfonso XIII en 1912 como lugar de veraneo.

MAS
A Calle Rubio 6 **O** Por renovación; consultar web **w** museosantandermas.es

Museo de Prehistoria y Arqueología
A Calle Bailén s/n **C** 942 20 99 22 **O** 10.00-14.00 y 17.00-20.00 ma-do

Museo Marítimo
A Calle Severiano Ballesteros s/n **C** 942 27 49 62 **O** Oct-may: 10.00-18.00 ma-do; may-sep: 10.00-19.30 ma-do

Centro Botín
 A Muelle de Albareda, Jardines de Pereda s/n **O** 10.00-14.00 y 16.00-20.00 ma-vi, 10.00-20.00 sá y do **O** 1 ene, 25 dic **w** centrobotin.org

19

Santillana del Mar

A C1 **A** Cantabria
i Plaza Mayor **w** santillana delmarturismo.com

Situada tierra adentro en contradicción con su nombre, esta localidad es una de las

> **Q CURIOSIDADES**
> **Santa Justa**
>
> En Ubiarco, muy cerca de Santillana del Mar, se encuentra la apacible playa de Santa Justa. Un paseo por esta franja de arena lleva hasta la ermita de Santa Justa, semiexcavada en una cueva.

→
El futurista exterior del Centro Botín, en Santander

más bellas de España. Su conjunto de casas de piedra de los siglos XV al XVIII se conserva casi intacto.

La ciudad creció en torno a la colegiata románica, que fue importante centro de peregrinaje. La iglesia alberga la tumba de santa Juliana, mártir local de comienzos de la Edad Media, y contiene un retablo pintado del siglo XVII y una puerta labrada en el lado sur. Los capiteles de su magnífico claustro representan con gran dramatismo escenas bíblicas. En las dos calles principales, empedradas, se suceden las casas de la nobleza local, con galerías de madera o balcones de hierro y escudos de armas en sus fachadas de piedra. Uno de los nobles edificios de su plaza Mayor se ha convertido en parador.

El **Museo Diocesano** se aloja en el restaurado convento de Regina Coeli, al este de la villa, y alberga una colección de tallas policromadas medievales y barrocas, así como orfebrería de plata.

Museo Diocesano

 El Cruce s/n 942 84 03 17 10.00-13.30 y 16.00-18.30 ma-do

↑ Una calle empedrada de la bonita población de Santillana del Mar

20

Laredo

 D1 Cantabria Alameda Miramar; 942 61 10 96

La magnífica playa de arena de esta localidad la ha convertido en uno de los pueblos de veraneo más populares de Cantabria. Por las estrechas calles de la parte antigua se sube a la iglesia de Santa María de la Asunción, del siglo XIII, con altar flamenco y facistoles de bronce. Uno de los momentos cumbre del año es la vistosa Batalla de Flores, que se celebra en agosto *(p. 254)*.

21

Castro Urdiales

D1 Cantabria Parque Amestoy, Avenida de la Constitución s/n; 942 87 15 12

Activo centro pesquero y popular lugar de veraneo, Castro Urdiales se despliega en torno a un pintoresco puerto lleno de barcas. En un alto promontorio se alza la rosácea iglesia gótica de Santa María, comparable por su tamaño a una catedral. A su lado hay un castillo restaurado que se dice que fue construido por los templarios y convertido en faro. En el elegante paseo marítimo se alinean las casas con bellas galerías acristaladas. La pequeña playa suele estar abarrotada, pero las hay mayores al oeste, como la de Ostende.

Cerca de Ramales de la Victoria, 40 km al sur, hay cuevas prehistóricas a las que se llega por una empinada carretera de montaña.

El Marqués
A orillas del río, este restaurante ofrece un menú a la carta, además de variedad de tapas. Especializado en marisco.

C2 Calle Manuel Pérez Mazo s/n, Puente Viesgo 942 59 86 94

La Vinoteca
Este restaurante fusión sirve especialidades españolas con un toque mediterráneo único.

C1 Calle Hernán Cortés 38, Santander restaurante lavinoteca.com

PAÍS VASCO, NAVARRA Y LA RIOJA

El pueblo vasco está considerado uno de los más antiguos de Europa y se piensa que podría descender de los primitivos pueblos íberos, agrícolas y ganaderos. Durante siglos, los vascos ocuparon una región que se extendía a ambos lados de la frontera entre Francia y España, en un territorio de difícil acceso, lo que ayudó a que permanecieran casi ajenos a influencias externas. Su cultura es distinta a cualquier otra de las que hay en España y su lengua, el euskera, no tiene relación con ningún dialecto conocido, vivo o muerto. La sociedad vasca, que sufrió como el resto de regiones con una cultura propia los excesos centralizadores del franquismo, se vio sacudida al llegar la democracia por la lacra del terrorismo de ETA, que asesinó a 864 personas antes de anunciar su disolución en 2018.

Navarra fue un reino independiente que incluyó zonas de la actual Navarra, el País Vasco, La Rioja y hasta territorios de la actual Francia, hasta que a principios del siglo XVI Fernando el Católico la conquistó para unirla a los reinos de Castilla y Aragón. En la transición de finales de la década de 1970, tras la muerte de Franco, Navarra logró que se reconocieran sus derechos históricos como Comunidad Foral de Navarra.

La Rioja estuvo controlada por romanos, visigodos y musulmanes antes de ser reconquistada por los cristianos en el siglo X. Hoy es una región conocida mundialmente por su producción vinícola.

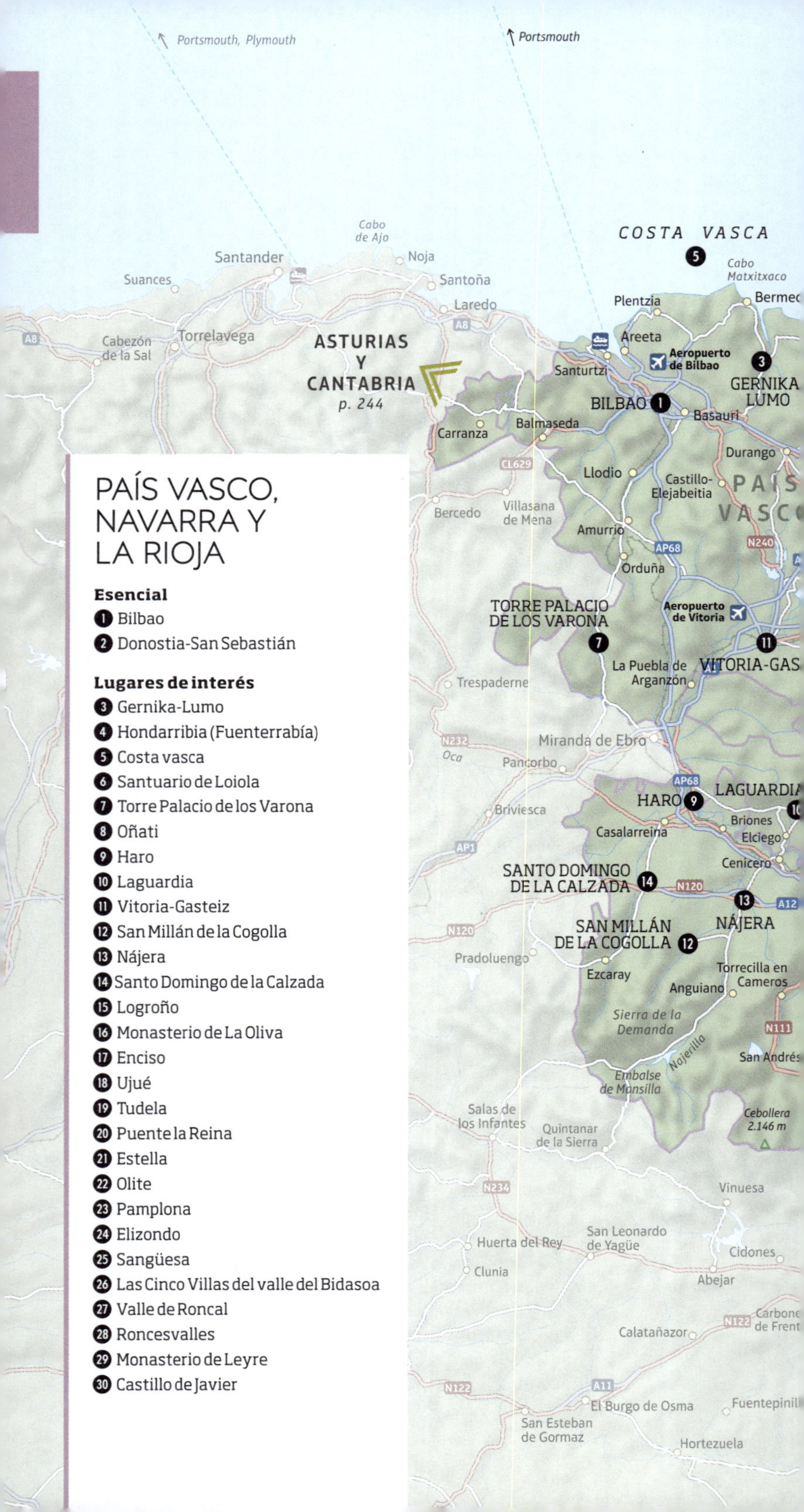

PAÍS VASCO, NAVARRA Y LA RIOJA

Golfo de Vizcaya

PAÍS VASCO, NAVARRA
Y LA RIOJA

FRANCIA

Biarritz

Lekeitio
Ondarroa
Deba
goibar
Elbar
Bergara
OÑATI
Arrasate
(Mondrágon)
Arantzazu
Alsasua (Altsasu)
gómaniz
Salvatierra

Zarautz

DONOSTIA/SAN
SEBASTIÁN

Azpeitia

SANTUARIO
DE LOIOLA

Zumarraga

Beasain

Ordizia

Betelu

Etxarri-
Aranatz

HONDARRIBIA
(FUENTERRABÍA)

Irún

Errenteria
(Rentería)

Hernani

Tolosa

Leitza

Lekunberri

LAS CINCO VILLAS
DEL VALLE
DEL BIDASOA

Dantxarinea

Zugarramurdi

ELIZONDO

Almándoz

Anué
(Olagüe)

Irurtzun

Valcarlos

RONCESVALLES

Zubiri

Mauléon-
Licharre

Tardets-
Sorholus

Ste-Enggrace

Orhy
2.021 m

Pirineos

Ochagavía

Izaba
(Isaba)

VALLE DE
RONCAL

Roncal

NAVARRA

PAMPLONA

Acedo

ESTELLA

Los Arcos

LOGROÑO

Navarrete

Ausejo

El Villar de Arnedo

LA RIOJA

ENCISO

Cornago

Cervera del
Río Alhama

PUENTE LA
REINA

Artajona

Tafalla

OLITE

Peralta

Calahorra

Rincón de Soto

Arnedo

Alfaro

Castejón

Fitero

Cintruénigo

Monteagudo

Aoiz

MONASTERIO
DE LEYRE

Lumbier

SANGÜESA

UJUÉ

Carcastillo

Caparroso

MONASTERIO
DE LA OLIVA

Navascués

Sigüés

Yesa

CASTILLO
DE JAVIER

ARAGÓN
p. 174

Sádaba

Ansó

Santa María

Agüero

Puente la
Reina

Ardisa

Erla

Castejón de
Valdejasa

CASTILLA
Y LEÓN
p. 368

TUDELA

Cortes

Tauste

Gallur

Ejea de los
Caballeros

Valareña

Tarazona

Matalebreras

Soria

Almenar de Soria

Gomara

Torrelapaja

Ágreda

Borja

Villarroya
de la Sierra

Sierra del
Moncayo

Tierga

Almazán

Alágon

Villanueva
de Gállego

0 kilómetros   25

N

2 DONOSTIA/SAN SEBASTIÁN
4 HONDARRIBIA
6 SANTUARIO DE LOIOLA
8 OÑATI
15 LOGROÑO
16 MONASTERIO DE LA OLIVA
17 ENCISO
18 UJUÉ
19 TUDELA
20 PUENTE LA REINA
21 ESTELLA
22 OLITE
23 PAMPLONA
24 ELIZONDO
25 SANGÜESA
26
27 VALLE DE RONCAL
28 RONCESVALLES
29 MONASTERIO DE LEYRE
30 CASTILLO DE JAVIER

↑ Pintorescas casas antiguas a lo largo del río en el Casco Viejo de Bilbao

1

BILBAO

🅰D2 🏛Vizcaya 🚇🚌🚐 ℹPlaza Circular 1;
www.bilbaoturismo.net

Bilbao (Bilbo), un puerto importante y la ciudad más grande del País Vasco, rivaliza con Madrid y Barcelona con su cultura única, rica historia y fabulosos museos alojados en espectaculares edificios. El desarrollo de la ciudad tomó impulso a mediados del siglo XIX, con la extracción de mineral de hierro de unos depósitos al noreste de la ciudad. A inicios del siglo XXI, los viejos astilleros, acerías y fábricas se transformaron en fascinantes espacios públicos.

①

Museo de Bellas Artes

📍Plaza del Museo 2
🕐10.00-20.00 lu y mi-sá (hasta 15.00 do)
🌐bilbaomuseoa.eus

Situado en el parque de Doña Casilda Iturrizar, este museo de bellas artes es uno de los mejores de España. Sus piezas incluyen desde arte vasco y catalán del siglo XII a obra de artistas modernos famosos

→ Retrato de Felipe II, de Antonio Moro, en el Museo de Bellas Artes

como Vasarelly, Kokoschka, Baco, Delaunay y Léger. También muestra pinturas de artistas vascos.

La entrada al museo es gratuita. Ofrece visitas guiadas en español y euskera; para otros idiomas hay que reservar con antelación.

②

Euskal Museoa Bilbao Museo Vasco

📍Plaza Miguel de Unamuno 4 🕐10.00-19.00 lu y mi-sá, 10.00-14.00 do
🔒Cerrado por renovación, consultar web
🌐euskalmuseoa.eus

Ocupando un edificio del siglo XVII en el corazón medieval de la ciudad, la colección permanente del Museo Vasco incluye piezas de arte, artesanía popular y fotografías sobre la vida en el País Vasco. Destaca el ídolo de Mikeldi, una escultura zoomorfa de los siglos III a II a.C. situada en el claustro.

③   🍴

Palacio de Congresos y de la Música Euskalduna Jauregia

📍Avenida Abandoibarra 4
🕐Para conciertos
🌐euskalduna.eus

Este magnífico edificio se alza sobre los antiguos astilleros y con su forma de barco rinde tributo al pasado industrial de la ciudad. El Palacio es la sede de la asociación ABAO Bilbao Opera y la orquesta sinfónica de Bilbao. En el interior hay un auditorio, salas de congresos y un espacio expositivo. Los sábados ofrece visitas guiadas en español –a veces en vasco e inglés– a las 10.15 y 12.00.

Azkuna Zentroa

📍 Plaza Arriquibar 4
🕐 9.00-21.00 diario
🌐 azkunazentroa.eus

En 2010, este antiguo almacén de vino que había permanecido vacío durante 30 años, se transformó en un espectacular centro cultural. Conocido originalmente como la Alhóndiga de Bilbao,

> ### 🏔 MEJORES VISTAS
> ### Funicular
>
> Para escapar del bullicio de la ciudad, el Funicular de Artxanda, al oeste de la ciudad, asciende hasta el pueblo de La Reineta y ofrece unas magníficas vistas de los astilleros.

su nombre cambió en 2015 en honor al alcalde Iñaki Azkuna, fallecido el año anterior. El centro acoge tiendas de diseño, restaurantes, una biblioteca, una estupenda piscina y un bar en la azotea.

Itsasmuseum Bilbao

📍 Ramón de la Sota Kaia 1
🕐 11.00-19.00 ma-do
🌐 itsasmuseum.eus

Este museo, situado en los antiguos diques, expone de forma magistral la historia marítima de la ciudad. Las exposiciones ocupan el interior y exterior del museo, y trazan la historia del estuario de Bilbao, uno de los motores económicos de la ciudad. Su app gratuita ofrece información suplementaria durante la visita, incluyendo una audioguía. Es mejor comprar las entradas con antelación; no se aceptan pagos en efectivo. Los martes la entrada es gratuita.

Mercado de la Ribera

Con un restaurante elegante y bares de *pintxos*.

📍 Erribera Kalea 20
🌐 lariberabilbao.com

€€€

Bikandi Etxea

Sirve cocina tradicional vasca.

📍 Paseo Campo Volantin 4
🌐 bikandi-etxea.negocio.site

€€€

Casa Rufo

Auténtico y de gran calidad. No hay que perderse el chuletón.

📍 Calle Hurtado de Amezaga 5
🌐 casarufo.com

€€€

(Map of Bilbao)

(6) ⚡ Ⓜ 🍴 🥤 🛍

MUSEO GUGGENHEIM BILBAO

🏠 Avenida Abandoibarra 2 Ⓜ Moyua 🚌 1, 10, 11, 13, 18, 27, 38, 48, 71 🕐 10.00-19.00 ma-do (jul-ago 10.00-20.00 todos los días) 🌐 guggenheim-bilbao.eus

El Museo Guggenheim se ha convertido en el símbolo más representativo de Bilbao. Se trata de una pasmosa combinación de curvas plateadas, nacida de la mente creativa del arquitecto estadounidense Frank Gehry, que recuerda tanto un barco como una flor metálica. En el interior, su colección es igualmente impresionante.

La colección del Guggenheim de Bilbao abarca un amplio espectro del arte moderno y contemporáneo, con obras de expresionistas abstractos como Willem de Kooning y Mark Rothko. El programa del museo combina su magnífica colección y exposiciones temporales con obras de las colecciones permanentes de las sedes de Nueva York y Venecia.

La forma de proa y los elementos metálicos de la techumbre hacen que la estructura recuerde la fisonomía de un barco.

En 2007, Daniel Buren pintó el antiguo Puente de la Salve, convirtiéndolo en la escultura Arcos Rojos.

La torre fue diseñada a imagen y semejanza de un velero. No es un espacio expositivo.

La Serpiente es una enorme instalación del escultor Richard Serra.

Nerua, el restaurante del museo, tiene una estrella Michelin.

💬 CONSEJO DK
Visita guiada

Los que estén cortos de tiempo pueden apuntarse a una de las visitas gratuitas del museo. Un guía experto conduce ante las piezas más relevantes de la colección.

La escultura Mama, de Louise Bourgeois, es un alto homenaje (9 metros) a la madre de la artista.

Fuente de fuego, de Yves Klein, se compone de cinco fuentes que despiden afiladas emisiones de fuego.

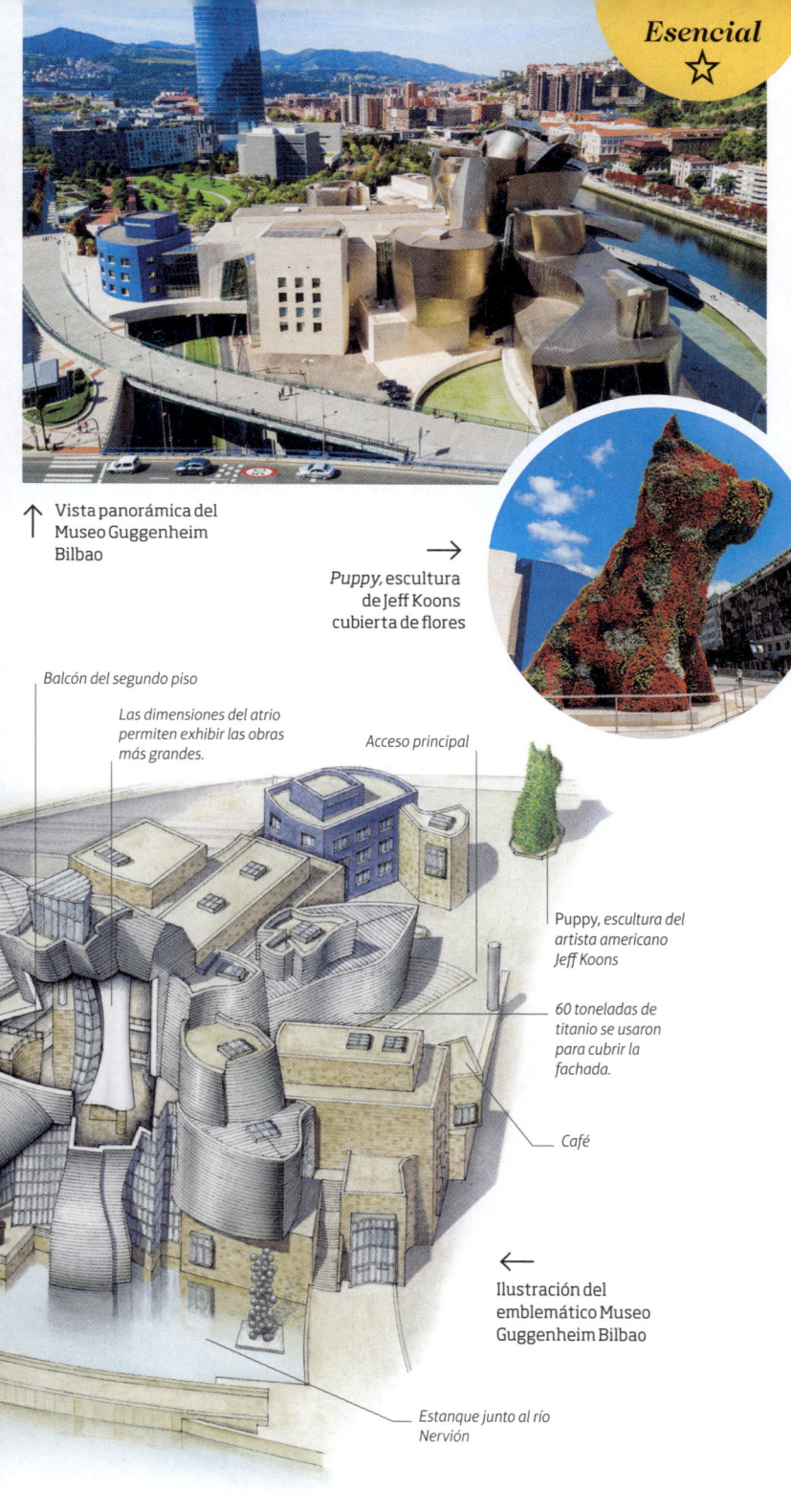

↑ Vista panorámica del Museo Guggenheim Bilbao

→ *Puppy,* escultura de Jeff Koons cubierta de flores

Balcón del segundo piso

Las dimensiones del atrio permiten exhibir las obras más grandes.

Acceso principal

Puppy, *escultura del artista americano Jeff Koons*

60 toneladas de titanio se usaron para cubrir la fachada.

Café

← Ilustración del emblemático Museo Guggenheim Bilbao

Estanque junto al río Nervión

2

DONOSTIA/ SAN SEBASTIÁN

 D2 🏔 Guipúzcoa ✈ Hondarribia (22 km) 🚌🚆
ℹ️ Alameda del Bulevard 8; www.sansebastianturismo.com

Con su bello emplazamiento en una bahía con forma de concha, San Sebastián (Donostia) se convirtió a finales del siglo XIX en la ciudad veraniega más elegante y con mayor solera de España. Aunque sigue destacando por sus tiendas de lujo y su señorial hotel María Cristina, hoy son sus festivales de verano y su deliciosa cocina los que le dan nombre.

 ①
Plaza de la Constitución

Entre la bahía y el río Urumea se extiende la emblemática Parte Vieja de San Sebastián. En su corazón está la porticada plaza de la Constitución. Los números de los balcones datan de cuando se usaba como plaza de toros. Desde aquí se pueden explorar los callejones, repletos de bares y restaurantes, especialmente animados durante la noche. El mercado local está lleno de puestos de pescado, testimonio de la importancia marinera de la ciudad.

②
Monte Urgull

Este monte se levanta detrás de la Parte Vieja. Aunque bastante empinado, vale la pena subir a su cima para disfrutar de las vistas. En lo alto hay una estatua de Cristo y las ruinas del castillo de Santa Cruz de la Mota, con sus viejos cañones.

③
Basílica de Santa María

 Calle 31 de Agosto 46
📞 943 48 11 66 🕐 10.30-13.00 y 16.00-19.00 todos los días

La fachada de esta iglesia del siglo XVIII muestra una impresionante portada en forma de nicho. Construida sobre una antigua iglesia románica,

→
Gente reunida ante la fachada de la basílica de Santa María

←

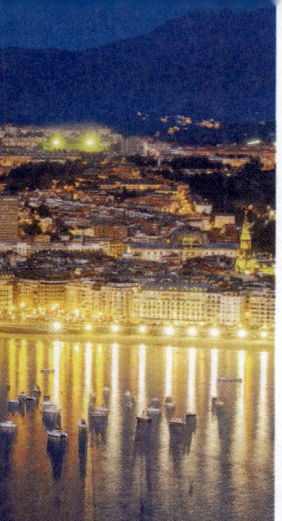

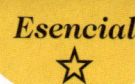

Bonita vista de la ciudad de San Sebastián iluminada por la noche

está considerada la más antigua de la ciudad. Tiene un magnífico museo con piezas litúrgicas.

¿Lo sabías?

Tras el asedio de San Sebastián en 1813, las tropas inglesas y portuguesas quemaron la ciudad.

④

Isla de Santa Clara

Bahía de La Concha
Jun-oct Nov-may
sansebastianturismoa.eus

Este islote está en medio de la bahía de La Concha, a 1 km de la playa de Ondarreta. En 1597 aquellos que se infectaban de peste en la ciudad eran trasladados aquí. Hoy es una popular excursión de verano, con una pequeña playa, piscina natural y un bar. Desde ella se pueden avistar aves marinas y, si hay suerte, incluso ballenas y delfines.

Esencial ☆

FESTIVAL DE CINE DE SAN SEBASTIÁN

Desde 1953 este festival es uno de los cinco mejores de Europa. Se celebra en septiembre y congrega a más de 200.000 espectadores. El premio especial Donostia se concede al conjunto de la obra de un actor o director: entre los ganadores se encuentran Meryl Streep o Ian McKellen. Visitantes ilustres han sido Quentin Tarantino, Ethan Coen y Bertrand Tavernier. Una de las primeras películas ganadoras fue *Vértigo*, de Alfred Hitchcock. La página web oficial del festival es www.sansebastianfestival.com

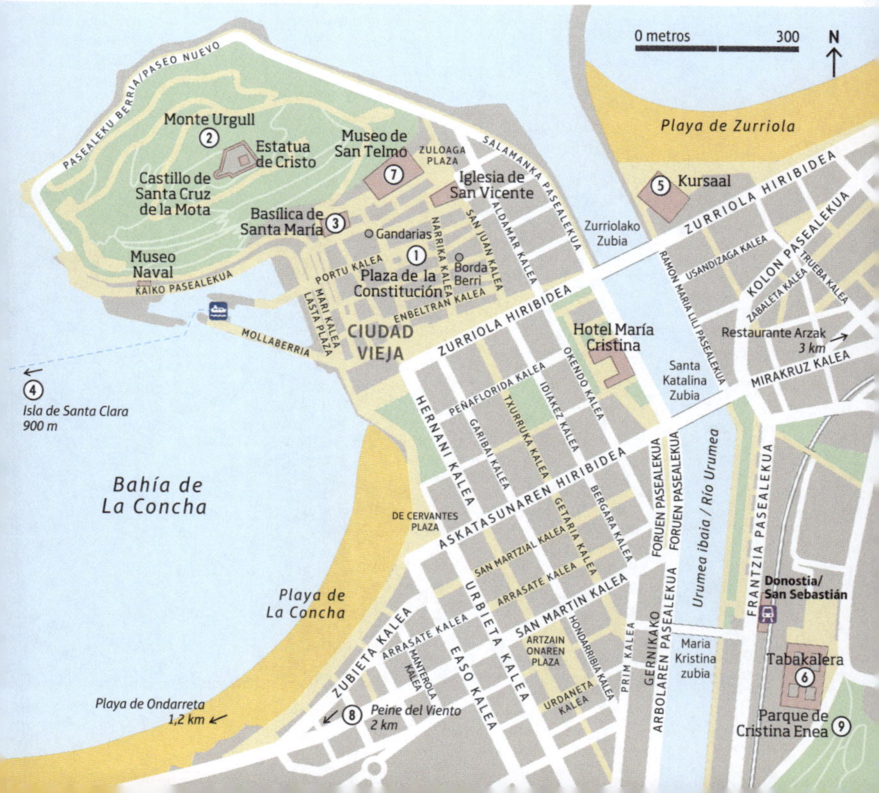
0 metros 300
N
Playa de Zurriola
Pasealeku Berria/Paseo Nuevo
Monte Urgull
2
Estatua de Cristo
Castillo de Santa Cruz de la Mota
Museo de San Telmo
7
Zuloaga Plaza
Iglesia de San Vicente
Basílica de Santa María
3
Gandarias
Salamanka Pasealekua
5
Kursaal
Zurriolako Zubia
Zurriola Hiribidea
Museo Naval
Kaiko Pasealekua
Portu Kalea
1
Plaza de la Constitución
Narrika Kalea
San Juan Kalea
Aldamar Kalea
Borda Berri
Embeltran Kalea
Mari Kalea
Lasta Plaza
Mollaberria
Ciudad Vieja
Zurriola Hiribidea
Hotel María Cristina
Usandizaga Kalea
Ramon Maria Lili Pasealekua
Kolon Pasealekua
Zabaleta Kalea
Trueba Kalea
Restaurante Arzak 3 km
Mirakruz Kalea
Santa Katalina Zubia
4
Isla de Santa Clara 900 m
Peñaflorida Kalea
Okendo Kalea
Idiakez Kalea
Txurruka Kalea
Garibai Kalea
Hernani Kalea
Bahía de La Concha
De Cervantes Plaza
Askatasunaren Hiribidea
Getaria Kalea
Bergara Kalea
San Martzial Kalea
Arrasate Kalea
Foruen Pasealekua
Urumea ibaia / Río Urumea
Frantzia Pasealekua
Donostia/ San Sebastián
Playa de La Concha
Urbieta Kalea
San Martin Kalea
Zubieta Kalea
Arrasate Kalea
Manterola Kalea
Easo Kalea
Artzain Onaren Plaza
Hondarribia Kalea
Prim Kalea
Gernikako Arbolaren Pasealekua
Maria Kristina zubia
Tabakalera
6
Urdaneta Kalea
Playa de Ondarreta 1,2 km
8
Peine del Viento 2 km
Parque de Cristina Enea
9

⑤

Kursaal

🏠 **Avenida de Zurriola 1**
🌐 **kursaal.eus**

Este centro cultural ocupa un emblemático edificio hecho con cubos. Diseñado por Rafael Moneo, se inauguró en 1999 y se levantó sobre el antiguo Gran Kursaal, el viejo casino de San Sebastián y espacio para eventos que fue demolido en 1972. Aunque el proyecto fue millonario, estos dos cubos gigantescos se han convertido en un símbolo de la ciudad. El centro cuenta con varios auditorios que acogen conferencias, conciertos y las actuaciones de la Orquesta Sinfónica de Euskadi, así como exposiciones temporales de arte en la Kubo-Kutxa Gallery. También es la sede del Festival de Cine de San Sebastián *(p. 269)*.

⑥

Tabakalera

🏠 **Andre Cigargoiles**
🕐 **10.00-21.00 ma-ju y do (hasta 22.00 vi y sá)**
🌐 **tabakalera.eus**

Ubicado en una antigua fábrica de tabaco, este Centro Internacional de Cultura Contemporánea tiene cinco plantas conectadas por una delicada escalera de madera antigua y una planta superior con azotea que ofrece magníficas vistas de la ciudad. La entrada al edificio es gratuita e incluye el acceso a las exposiciones temporales (consultar web). Hay visitas guiadas gratuitas, pero hay que registrarse con antelación.

Muy popular entre la población local, este centro cultural tiene su propio centro mediático y sala de cine, y una gran biblioteca con espacios de trabajo con wifi gratis. También alberga el One Shot Tabakalera House, un hotel de cuatro estrellas.

El espectacular exterior del Kursaal y un espacio de trabajo dentro del centro

⑦

Museo de San Telmo

🏠 **Plaza Zuloaga 1** 🕐 **Abr-oct: 10.00-20.00 ma-do; nov-mar 10.00-19.00 ma-do**
📅 **1 y 20 ene, 25 dic**
🌐 **santelmomuseoa.eus**

Este gran museo, al pie del monte Urgull, está dedicado a la historia de la cultura vasca. Ubicado en un monasterio del siglo XVI, se han ido añadiendo nuevas instalaciones, cuidadosamente diseñadas para

TOP 3 PLAYAS EN SAN SEBASTIÁN

La Concha
Esta pintoresca playa de arena está considerada de las mejores del mundo.

Ondarreta
Cercana a La Concha, es incluso más tranquila y adecuada para las familias.

Zurriola
Una playa perfecta para practicar paddle en el mar y para surfistas con experiencia.

↑ El grupo escultórico *Peine del Viento* parece emerger de la roca

fundirse con el edifico original. El claustro exhibe una colección de columnas funerarias vascas de los siglos XV a XVII. El museo, operativo desde 1900, ocupaba dos sedes más pequeñas hasta ser trasladado a esta en 1932.

El museo también muestra piezas de mobiliario, herramientas y otros objetos, así como pinturas de artistas locales: obras del siglo XIX de Antonio Ortiz de Echagüe, pinturas de Ignacio Zuloaga, retratos de Vicente López, y obras maestras del Greco. La capilla conserva 11 murales del artista catalán Josep Maria Sert que retratan leyendas vascas y tradiciones culturales de la zona.

Las visitas guiadas de las colecciones, tanto permanente como temporales, se pueden reservar con antelación; los martes, la visita a todo el museo es gratuita.

⑧ *Peine del Viento*

🅰 **Ondarreta Beach**

El escultor Eduardo Chillida y el arquitecto Luis Peña Ganchegui, ambos originarios de San Sebastián, colaboraron en la creación de estas tres esculturas de acero. Su emplazamiento se ve realzado por el azote de las olas contra las rocas, que salpican a los que acuden a verlas.

⑨ Parque de Cristina Enea

🅰 **Paseo Duque de Mandas**
🕑 **6.30-22.30 todos los días**
Ⓦ **cristinaenea.eus**

Proyectado por Pierre Ducasse siguiendo las instrucciones del duque de Mandas, que quería crear un parque para su esposa,

Arzak

Este restaurante con tres estrellas Michelin ofrece cocina vasca con ingredientes frescos. Tiene menú degustación.

🅰 **Avenida Alcade José Elosegui 273** Ⓦ **arzak.es**

€€€

Borda Berri

En la Parte Vieja, este restaurante rústico sirve los típicos pinchos. Muy popular entre turistas y vecinos, suele haber cola, pero siempre vale la pena esperar a que quede una mesa libre.

🅰 **Calle Fermin Calbeton 12**
📞 **943 43 03 42**

€€€

Gandarias

Un bar-restaurante escondido en el corazón de la Parte Vieja. Auténtica cocina vasca, con una variada selección de pinchos y platos a la carta.

🅰 **Calle 31 de Agosto 23** Ⓦ **restaurante gandarias.com**

€€€

Cristina Brunetti de los Cobos, este parque urbano es un lugar tranquilo y relajante, perfecto para aquellos que quieren escapar del bullicio de la ciudad. Se puede pasear entre enormes secuoyas rojas y magníficos cedros del Líbano, y en sus jardines, junto a frondosas praderas verdes, se pueden ver patos e incluso pavos reales.

Vidriera que muestra el árbol de Gernika, en la Casa de Juntas

A 5 km al noreste de Gernika, están las **cuevas de Santimamiñe,** descubiertas en 1917. En una de las cámaras se ven dibujos de bisontes y otros animales realizados por cromañones, nuestros antepasados directos, que vivieron aquí hacia el año 11000 a. C. Por motivos de conservación las cuevas están cerradas al público, pero hay una simulación en 3D en la ermita cercana y sobre los muros de la entrada se proyectan réplicas de las pinturas. Hay visitas guiadas que duran 90 minutos, previa cita.

Museo de la Paz de Gernika

🎟️🅰️ Foru Plaza 1 🕐 Los horarios varían; consultar web 🔒 ene 🌐 museodelapaz.org

Casa de Juntas

🅰️ Calle Allende Salazar ☎ 946 25 11 38 🕐 10.00-14.00 y 16.00-18.00 todos los días (jun-ago hasta 19.00) 🔒 1 y 6 ene, 16 ago, 24, 25 y 31 dic

Cuevas de Santimamiñe

🎟️🅰️ Kortezubi ☎ 944 65 16 57 🕐 may-oct: 10.00-17.30 diario; nov-abr: 10.00-13.00 ma-do

LUGARES DE INTERÉS

 3

Gernika-Lumo

🅰️ D2 🅰️ Vizcaya 🚗🚌 ℹ️ Artekalea 8; www.gernika-lumo.net

Esta pequeña localidad es conocida por haber sido el objetivo del primer bombardeo de saturación de la historia, ejecutado por la aviación nazi a instancias de Franco el 26 de abril de 1937. El impactante cuadro *Guernica* de Picasso se encuentra en el Museo Centro de Arte Reina Sofía de Madrid *(p. 322)*, pero es en el **Museo de la Paz de Gernika** donde se examina este acontecimiento y sus consecuencias.

Pero Guernica tiene muchísima más historia. Durante siglos, al pie de un roble, se reunían aquí las juntas que gobernaban las anteiglesias y villas de Vizcaya. Conocido como *Gernikako Arbola,* es el tronco petrificado de un roble de 300 años que se ha convertido en símbolo de las antiguas tradiciones del pueblo vasco.

El núcleo de la **Casa de Juntas** es la iglesia juradera de Nuestra Señora la Antigua, una capilla donde se reúne la Diputación Foral de Vizcaya. En una de las salas, una vidriera muestra el árbol de Gernika, y en torno a él una asamblea de ciudadanos debate sobre sus derechos.

El vecino parque de los Pueblos de Europa tiene grupos escultóricos de Henry Moore y Eduardo Chillida.

 4

Hondarribia (Fuenterrabía)

🅰️ D2 🅰️ Guipúzcoa 🚗🚌 ℹ️ Arma Plaza 9; www.bidasoaturismo.com

Fuenterrabía, ciudad histórica, en la desembocadura del Bidasoa, sufrió los ataques franceses a lo largo de los siglos. A la parte alta, protegida por murallas del siglo XV, se accede por la Puerta de Santa

> **Esta pequeña localidad es conocida por haber sido el objetivo del primer bombardeo de saturación de la historia, ejecutado por la aviación nazi a instancias de Franco.**

María. En las calles empedradas del recinto amurallado hay mansiones blasonadas.

Las casas se apiñan en torno a la iglesia de Santa María de la Asunción y del Manzano, con poderosos arbotantes, una alta torre barroca y un retablo de oro. En el punto más elevado de la ciudad está el castillo, del siglo X, hoy parador.

En La Marina, el barrio pesquero de Fuenterrabía, hay cafés frente al mar, y hay buenas playas hacia el norte.

5

Costa vasca

 D1 🏛 Vizcaya y Guipúzcoa 🚆 Bilbao ✈ Bilbao 🛈 Muelle de Ereaga, s/n, Getxo; 944 91 08 00

En los 176 km del litoral vasco, los acantilados alternan con las calas sobre un fondo de boscosas colinas. Al este queda Bakio, pueblo de pescadores. A su espalda, la BI-3101, una carretera desde la que se ve el santuario de San Juan de Gaztelugatxe y el faro del cabo Matxitxako. La carretera pasa por Bermeo, donde está el **Museo del Pescador.**

En Lekeitio, las antiguas casas de estilo vasco se alinean a los pies de la iglesia gótica de Santa María, del siglo XV. La larga playa de Saturrarán se extiende junto al puerto de Ondarroa.

En Zumaia, el **Espacio Cultural Ignacio Zuloaga,** ubicado en la casa natal del célebre pintor (1870-1945), expone muchas de sus obras. Getaria, en la costa, se extiende alrededor del puerto, y tiene animados cafés.

Museo del Pescador

♿ 🏛 Torre de Ercilla, Bermeo 📞 946 88 11 71 🕐 Abr-oct 10.00-19.00 ma-sá (nov-mar hasta 16.00); 10.30-14.30 do 🚫 lu y festivos

Espacio Cultural Ignacio Zuloaga

♿♿ 🏛 Santiago Auzoa 3, Zumaia 🕐 Abr-sep: 10.00-14.00 y 16.00-20.00 lu-sá 🌐 espaciozuloaga.org

La Casa de los Arquillos

Esta antigua sastrería tiene unas habitaciones luminosas.

 D2 🏛 Calle de Los Arquillos 1-2, Vitoria 🌐 lacasadelos arquillos.com

€€€

Parador de Hondarribia

Un castillo del siglo X con terrazas soleadas.

 D2 🏛 Plaza de Armas 14, Hondarribia 🌐 parador.es

€€€

Hotel Los Agustinos

Situado en un antiguo convento, conserva el encanto de antaño.

 D2 🏛 San Agustín 2, Haro 🌐 hotellos agustinos.com

€€€

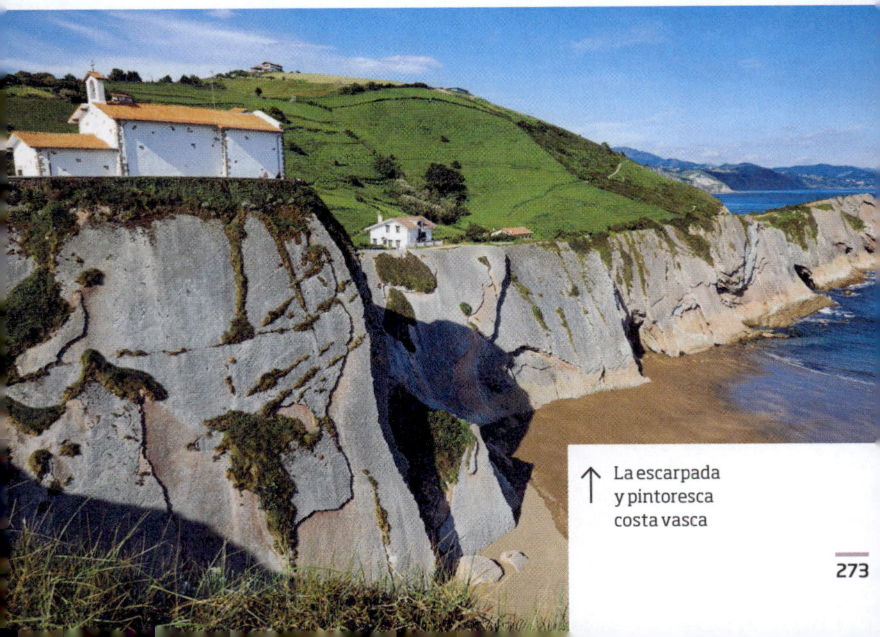

↑ La escarpada y pintoresca costa vasca

6
Santuario de Loiola

A D2 **📍** Loiola Auzoa 16
🚌 **🕐** 8.00-14.00
y 15.30-19.00 diario
W santuariodeloyola.org

San Ignacio de Loyola nació en la década de 1490 en la Santa Casa, una mansión de piedra cercana a Azpeitia. En el siglo XVII la casa pasó a formar parte de la basílica de San Ignacio, y las estancias donde residía la aristocrática familia Loyola se convirtieron en capillas. La capilla de la Conversión es el cuarto donde el joven soldado Ignacio vivió una profunda experiencia religiosa mientras se recuperaba de una herida.

Un diorama retrata diversos episodios de su vida: consagrando su existencia a Cristo en el monasterio de Montserrat *(p. 154)*, escribiendo sus *Ejercicios espirituales*, su encarcelamiento por la Inquisición y su peregrinaje a Tierra Santa. Construida entre 1681 y 1783, la basílica consta de una sola nave circular, con paredes esculpidas, que remata en una cúpula churrigueresca.

FUNDACIÓN DE LA ORDEN DE LOS JESUITAS

La Sociedad de Jesús fue fundada en Roma en 1539 por san Ignacio y un grupo de sacerdotes que se habían dedicado a socorrer a los pobres. El papa Pablo III no tardó en aprobar los estatutos de la orden, designando a Ignacio como superior general. Los jesuitas juraron obediencia militar al Papa y se convirtieron en su arma más poderosa contra la Reforma. Más de 15.000 jesuitas trabajan hoy en 112 países, sobre todo en labores educativas.

7
Torre Palacio de los Varona

A D2 **📍** Villanañe, Álava
📞 945 35 30 40 **🕐** 11.00-14.00 y 16.00-19.00 ma-sá, 11.00-14.00 do (invierno: 11.00-14.00 solo sá-do)

La pequeña localidad de Villanañe alberga un bello ejemplo de arquitectura civil medieval, la torre y mansión de la familia Verona. Situada sobre una colina, esta imponente construcción es el edificio militar fortificado mejor conservado de la región, que data del siglo XIV y se ha convertido en museo.

Las habitaciones superiores están decoradas con papel pintado del siglo XVII, que sustituyó a los tapices que colgaban de sus muros. Algunos de los pisos son de madera, mientras otros lucen escenas del *Quijote* realizadas con azulejos.

En la carretera A-2622 de Pobes a Tuesta están las salinas de Añana, dispuestas en terrazas. El cercano pueblo de Tuesta tiene una iglesia románica con capiteles decorados con escenas bíblicas y una hermosa talla en madera de san Sebastián.

La imponente basílica del santuario de Loiola cubierta por una cúpula churrigueresca ↑

⑧ Oñati

🅐D2 🏛Guipúzcoa 🚌
ℹ Calle San Juan 14;
www.oñatiturismo.eus

La histórica ciudad de Oñate, en el valle de Udana, posee un ilustre pasado. Durante la primera guerra carlista, entre 1833 y 1839, fue sede de la corte de don Carlos, hermano del rey Fernando VII y aspirante al trono. Su **Universidad de Sancti Spiritus,** construida hacia 1549, fue durante siglos la única del País Vasco; tras la fachada renacentista, decorada con estatuas de santos, se puede ver un elegante patio interior.

En la plaza de los Fueros, la iglesia de San Miguel, en estilo gótico-flamenco, guarda la tumba del obispo Zuazola, fundador de la universidad.

Una carretera de montaña sube al santuario de Arantzazu, bajo el pico del Aitzgorri. En 1469 un pastor dijo haber visto aquí a la Virgen. Sobre la puerta de la iglesia, construida en la década de 1950, se ven esculturas obra de Jorge Oteiza.

Universidad de Sancti Spiritus

👁👁 🏛 Avenida de la Universidad Vasca 📞943783453
🕐 Diario para visitas guiadas (llamar a la oficina de turismo de Oñate con antelación)

Bar Benigno
Un acogedor restaurante de Haro con pinchos y tapas caseros hechos por sus encantadores dueños y excelentes vinos.

🅐D2 🏛Calle Navarra 1, Haro 📞629125852

€€€

↑ El claustro porticado de la antigua Universidad de Sancti Spiritus, en Oñate

⑨ Haro

🅐D2 🏛La Rioja 🚃🚌
ℹ Plaza de la Paz;
www.haroturismo.org

A orillas del Ebro y rodeado de viñedos, la elegante ciudad de Haro es la capital de la región vinatera de la Rioja Alta. El monumento más destacado de su casco antiguo es la basílica barroca dedicada a su santa patrona, Nuestra Señora de la Vega, con su imagen gótica presidiendo el altar mayor. También es importante la iglesia de Santo Tomás, con una portada plateresca que parece un retablo, con escenas de la crucifixión.

Pero el auténtico protagonista de Haro, presente en cada rincón, es el vino. Los suelos arcillosos y la sierra que abriga Haro por el norte crean las condiciones ideales para la elaboración de sus afamados vinos. Muchas bodegas organizan visitas guiadas que incluyen la degustación; es preciso inscribirse con antelación en la bodega y veces se cobra una pequeña cantidad. Los encantadores cafés de la parte antigua también ofrecen vinos del país y tapas a buenos precios en un ambiente muy animado.

Las fiestas locales (p. 280), en junio, tienen como remate final una batalla del vino.

→ Popular monumento dedicado a los vinateros en Haro (La Rioja)

 Bodega Yslos, cerca de Laguardia, una de las muchas bodegas de esta región vinícola

🔟 Laguardia

🅐D2 🏛Álava ℹ️Calle Mayor 52; 945 60 08 45

Este pueblo vinícola es la capital de La Rioja Alavesa, comarca del sur de la provincia vasca donde llevan siglos produciendo vino. Se trata de una fértil llanura alfombrada de viñedos y resguardada al norte por altos cerros; desde la carretera que sube al puerto de Herrera se tiene una vista panorámica. Laguardia es un pueblo medieval emplazado en un altozano, y las murallas, torres y puertas fortificadas que la cercan son visibles desde lejos. En sus estrechas calles empedradas hay bodegas que ofrecen degustación de vinos y visitas (por lo general con cita previa). En la plaza Mayor se encuentran el viejo ayuntamiento del siglo XVI y su nueva sede, un edificio del siglo XIX. La gótica iglesia de Santa María de los Reyes ostenta una austera fachada, aunque posee un magnífico y bien conservado pórtico policromado.

Otra iglesia que merece una visita es la de San Juan Bautista, un templo-fortaleza del siglo XII. La mayor parte de la iglesia se construyó en los siglos XIII y XIV en estilo gótico, y las modificaciones del siglo XVI redujeron su aspecto fortificado. Actualmente es un museo de arte litúrgico.

A un paseo de Laguardia está el Poblado de la Hoya, un yacimiento arqueológico que explora la historia de los pueblos celtíberos que habitaron la zona.

⓫ Vitoria-Gasteiz

🅐D2 🏛Álava 🚅🚌🚌 ℹ️Plaza de España 1; www. vitoria-gasteiz.org/turismo

Vitoria, sede del Gobierno vasco, se fundó sobre una colina, el punto más alto de la provincia y asiento del antiguo pueblo vasco de Gasteiz. La parte vieja, el campo Suso, ue reconstruida tras una victoria sobre los árabes. La ciudad creció gracias al hierro y los paños.

El corazón del casco antiguo es la plaza de la Virgen Blanca, donde se alza un monumento a la batalla de 1813 y en la que el duque de Wellington venció a los franceses. Rodean la plaza casas antiguas con miradores.

En la colina, sobre la plaza, preside la gótica iglesia de San Miguel. Una hornacina contiene la imagen de la Virgen Blanca, patrona de Vitoria, cuya

 LA MEJOR FOTO
Por el ojo de la cerradura

Si se aumenta el contraste, se pueden obtener todos los detalles de las coloridas esculturas del intrincado pórtico doble de la iglesia de Santa María de los Reyes, en Laguardia.

→ Plaza de la Virgen Blanca con la iglesia de San Miguel al fondo, Vitoria

fiesta se celebra en agosto. En la fachada lateral de San Miguel que da a la plaza del Machete hay un nicho con la réplica del machete sobre el que los señores juraban respetar las leyes o morir ajusticiados.

El casco antiguo tiene varios palacios renacentistas, entre ellos el de Escoriaza-Esquivel, del siglo XVI, con un patio plateresco.

La ciudad tiene dos catedrales. La más antigua, en la parte vieja, es la de Santa María, con una portada esculpida en el oeste. Cerca, en la calle Correría, entre casas antiguas, está El Portalón, hospedería desde el siglo XV. El edificio, con muebles y obras de arte vascos, es hoy un restaurante.

Entre las joyas tardías de la ciudad están Los Arquillos, una calle con soportales, y la contigua plaza de España, también porticada; datan de fines del siglo XVIII y nacieron para unir la ciudad vieja con el barrio nuevo, entonces en construcción. Al sur del casco antiguo queda la neogótica catedral de María Inmaculada, comenzada en 1907 y acabada en 1973.

Situado en el centro del casco antiguo está **Artium,** el Museo Vasco de Arte Contemporáneo, un edificio blanco con tres grandes salas que guarda una de las mayores

LA CULTURA VASCA

Los vascos son quizá el pueblo más antiguo de Europa y se cree que podrían descender de los cromañones que vivieron en los Pirineos hace 40.000 años. Los dólmenes y las tallas en piedra dejados por sus ancestros demuestran las raíces paganas de su cultura. Aislados en sus montañas, los vascos conservaron su lengua, sus mitos y sus tradiciones durante milenios. Hoy día, muchas familias residen en los caseríos de piedra construidos por sus antepasados. Su música y sus bailes apenas guardan relación con otras culturas, y su gastronomía es variada e imaginativa. Los fueros, las leyes antiguas y los derechos históricos del país quedaron suprimidos durante la dictadura franquista, pero a partir de la llegada de la democracia en 1977, el País Vasco obtuvo altas cotas de autogobierno.

colecciones de España de arte moderno y contemporáneo. La colección permanente se centra en artistas como Dalí, Miró, Tàpies y Chillida. La entrada es gratuita de 17.00 a 20.00 de lunes a sábado y todo el día el domingo.

El **Museo de Arqueología y Naipes** tiene 1.500 piezas, como objetos prehistóricos y esculturas romanas halladas en Álava. El museo cuenta con instalaciones multimedia y efectos de sonido. El nieto de Heraclio Fournier, que fundó una fábrica de naipes en Vitoria en 1868, expone aquí una gran colección de barajas. Las más antiguas son italianas, de finales del siglo XIV. Entre las muchas barajas de tarot hay una diseñada por Dalí en la década de 1980.

Artium
♿ 🅟 🅰 Calle de Francia 24
🕐 11.00-14.00 y 17.00-20.00 ma-vi, 11.00-20.00 sá y do
🌐 artium.eus

Museo de Arqueología y Naipes (BIBAT)
🅰 Palacio de Bendaña, Calle Cuchillería 54
📞 945 20 37 00 🕐 10.00-14.00 y 16.00-18.30 ma-sá, 11.00-14.00 do

¿Lo sabías?

El símbolo de Vitoria, la cruz patada, se usa desde 1811 y puede verse en algunas farolas de la ciudad.

La Rioja cuenta con algunas de las mejores bodegas del país. Esta es nuestra selección.

Marqués de Riscal
🅐D2 🅐Calle Torrea 1, Elciego 🅦marques deriscal.com

Bodegas Franco-Españolas
🅐D2 🅐Calle Cabo Noval 2, Logroño 🅦franco espanolas.com

Bodegas Ruiz de Viñaspre
🅐D2 🅐Camino de la Hoya s/n, Laguardia 🅦bodegaruizde vinaspre.com

Bodegas Ysios
🅐D2 🅐La Hoya Bidea s/n, Laguardia 🅦bodegasysios.com

Vivanco
🅐D2 🅐Carretera Nacional 232, Briones 🅦vivancocultura devino.es

San Millán de la Cogolla

🅐D2 🅐La Rioja 🚌Desde Logroño 🛈Calle Mayor 50 🅦sanmillandelacogolla.es

Esta es una población nacida en torno a dos monasterios. Sobre una colina se alza el **monasterio de San Millán de Suso** (suso significa 'arriba'), construido en el siglo X en el solar de un oratorio fundado por san Millán, pastor ermitaño, en el año 537. La iglesia de piedra caliza rosada contiene la tumba de san Millán y de los siete infantes de Lara que, según la leyenda, fueron raptados y decapitados por los musulmanes.

El **monasterio de San Millán de Yuso**, o de abajo, se sitúa en el valle de Cárdenas y fue construido entre los siglos XVI y XVIII.

El tesoro contiene una colección de tablillas de marfil que es parte de dos relicarios del siglo XI que fueron saqueados por las tropas francesas en 1813.

Monasterio de San Millán de Suso
 🅐Reservar con antelación 🅦monasterio deyuso.org

Monasterio de San Millán de Yuso
🅦🅦 🅐Semana Santa-sep: 10.00-13.30 y 16.00-18.30 ma-do; oct-Semana Santa: 10.00-13.00 y 15.30-17.30 ma-sá 🅦monasteriode yuso.org

Nájera

🅐D2 🅐La Rioja 🚉 🛈Paseo de San Julián 4; www.najeraturismo.es

La vieja Nájera fue capital de La Rioja y Navarra hasta 1076, cuando la primera se incorporó a Castilla. Las familias reales de Navarra, León y Castilla están enterradas en el **monasterio de Santa María la Real.** Este monasterio fue fundado en el siglo XI por García Sánchez III junto a un macizo de piedra caliza donde se halló una imagen de la Virgen; la estatua, del siglo XIII, puede verse en la propia cueva.

Monasterio de Santa María la Real
🅦 🅐Plaza Santa María 1, Nájera 🅐abr-oct: 10.00-13.30 y 16.00-19.00 ma-sá, 10.00-13.30 y 16.00-17.30 do; nov-mar: 10.00-13.30 y 16.00-17.30 diario 🅦santa marialareal.net

↑ La calle del Laurel, en Logroño, famosa por sus bares de tapas

 14

Santo Domingo de la Calzada

D2 **La Rioja** **Calle Mayor 33; 941 34 12 38**

Esta localidad del Camino de Santiago (*p. 232*) debe su nombre al santo del siglo XI que construyó puentes y calzadas para los peregrinos. Santo Domingo levantó además un hospital para los viajeros enfermos, convertido hoy en un parador. Los milagros del santo se evocan en las esculturas de su tumba, que se encuentra en la catedral, a medio camino entre el gótico y el románico, y en las pinturas murales del coro. En una jaula empotrada en la pared y profusamente decorada se guardan desde hace siglos un gallo y una gallina en recuerdo de uno de los milagros. La catedral luce en el altar mayor

 ←

El monasterio de San Millán de Yuso, situado en el incomparable valle de Cárdenas

un retablo de nogal labrado, la última obra de Damià Forment, de 1541. También merece la pena ver las murallas de la ciudad, del siglo XIV

———————————

 15

Logroño

D2 **La Rioja** **Escuelas Trevijano, Calle Portales 50; www.lariojaturismo.com**

La capital de La Rioja es una pulcra y moderna ciudad de anchos bulevares y tiendas elegantes, centro comercial de una fértil llanura donde, además de los vinos de Rioja, se cultivan verduras de la mayor calidad. En el bonito casco antiguo de Logroño, de callejas lindantes con el Ebro, está la catedral, de estilo gótico, con torres gemelas. Sobre la portada sur de la cercana iglesia de Santiago el Real hay una estatua ecuestre barroca de Santiago Matamoros.

A unos 50 km al sur de Logroño, la N-111 serpentea por el valle del Iregua, hasta la sierra de Cameros.

EL GALLO Y LA GALLINA DE SANTO DOMINGO

En la catedral de Santo Domingo de la Calzada se guardan un gallo y una gallina vivos como homenaje a los poderes milagrosos del santo. Se cuenta que un peregrino alemán rechazó a una muchacha del pueblo que, despechada, lo acusó de ladrón, delito por el que fue ahorcado. Al ir sus padres a recoger el cuerpo, lo hallaron vivo en el cadalso y acudieron al juez, que dijo: "¡Qué disparate! Tan vivo está como el pollo asado que tengo en el plato". Y entonces el pollo se puso en pie y cacareó.

TOP 4 FIESTAS POPULARES

Fiesta del Santo
Santo Domingo de la Calzada celebra sus fiestas patronales con bailes y divertidas procesiones (10-15 may).

Batalla del vino
En Haro *(p. 275)*, capital de la Rioja Alta, los participantes vestidos de blanco se remojan con vino hasta quedar morados (29 jun).

Danza de los Zancos
Anguiano, en La Rioja, celebra esta fiesta de origen desconocido en la que jóvenes provistos de altos zancos se lanzan por una cuesta empedrada desde la iglesia hasta la plaza Mayor (21-23 jul y último sa-do sep).

La Virgen Blanca
En la fiesta grande de Vitoria, Celedón desciende desde lo alto de la iglesia de san Miguel hasta el balcón de una casa, para salir a la calle ya convertido en humano (4 ago).

16
Monasterio de La Oliva

E2 Carcastillo, Navarra **Desde Pamplona** Por renovación; consultar web **monasteriodelaoliva.org**

Se debe a los monjes cistercienses franceses la edificación de este pequeño monasterio en el siglo XII, en una remota llanura. La iglesia es sencilla, pero se adorna con rosetones y una torre del siglo XVII. El sereno claustro, de los siglos XIV y XV, es anejo a la sala capitular. Los monjes se mantienen hoy vendiendo miel, queso y vino, y acogiendo huéspedes de pago.

17
Enciso

D2 La Rioja **Desde Logroño** Plaza Mayor; 941 39 60 80

Cerca de esta apartada aldea de montaña al oeste de Calahorra abre sus puertas el Parque Jurásico riojano. Sobre un riachuelo, y empotradas en la roca, se ven huellas de dinosaurios de hasta 30 cm de longitud. Datan de hace 150 millones de años, cuando

> Ujué, al final de una carretera sinuosa, es un encantador laberinto de callejuelas empedradas y empinadas escaleras muy bien conservado.

estos colosos se movían a sus anchas entre los pantanos del valle del Ebro, entonces un mar, y estas colinas. Hay más huellas semejantes en otros puntos de la zona.

Arnedillo, 10 km al norte de Enciso, es un balneario de aguas termales visitado por Fernando VI. Autol, al este, tiene dos extraños picos de roca caliza.

18
Ujué

E2 Navarra **Plaza Municipal; www.ujue.info**

Ujué, uno de los pueblos mejor conservados de España, corona el final de una sinuosa carretera. El pueblo es un encantador laberinto de callejuelas empedradas y empinadas escaleras.

La impresionante y austera iglesia de Santa María es de estilo gótico, con presbiterio

←

Calle de Tudela, jalonada de
casas de arenisca y con la
catedral al fondo

románico y galería exterior.
Desde la fortaleza en ruinas
que la rodea se ven los Pirineos.

Todos los años, el domingo
posterior al 25 de abril,
acuden peregrinos vestidos
con capas negras a visitar la
imagen de la Virgen de Ujué.

⑲ Tudela

**Ⓐ E2 Ⓝ Navarra 🚆🚌
ⓘ Plaza Fueros 5; 948
84 80 58**

La segunda ciudad de Navarra
es el núcleo comercial del fértil
territorio agrícola del valle del
Ebro conocido como la Ribera
navarra. Aunque en gran parte
de Tudela priman las
construcciones modernas, sus
orígenes son antiguos. Salva el
Ebro un puente del siglo XIII

←

Reproducción de dinosaurio
en la zona que habitaron hace
millones de años, Enciso

con 17 arcos irregulares. En el
casco antiguo se pueden visitar
dos barrios judíos bien
conservados.

La deliciosa plaza de los
Fueros es la plaza mayor de la
Tudela vieja. La rodean casas
con balcones de forja y
pinturas de tema taurino en la
fachada, recuerdo de los días
en que la plaza se destinaba
a la lidia. La catedral, que se
comenzó en 1194, da fe de
la tolerancia religiosa que
imperó en Tudela después
de la Reconquista.

Es protogótica, con un
pórtico labrado que ilustra el
Juicio Final. También tiene un
claustro románico y, justo al
lado, una capilla del siglo IX.

Al norte quedan las Bardenas Reales, paraje yermo de
farallones calizos. Este paisaje
desértico es el resultado de
los tórridos veranos y fríos inviernos, así como de las largas
temporadas de sequía que su-
fre la zona.

A unos 20 km al oeste de
Tudela está el balneario de
Fitero, con el monasterio de
Santa María, del siglo XII.

↑ El puente de los peregrinos sobre el río Arga en Puente la Reina y ciclistas cruzándolo

⑳ Puente la Reina

Ⓐ D2 Ⓝ Navarra ⓘ Puente de los Peregrinos 1; 948 34 13 01 (cerrado ene y feb)

Pocos pueblos del Camino de Santiago (*p. 232*) evocan el pasado con tanta nitidez como Puente la Reina, que debe su nombre al puente peatonal peraltado que salva el río Arga, construido en el siglo XI para los peregrinos por orden del rey.

En la estrecha calle mayor de Puente la Reina está la iglesia de Santiago, en cuya puerta oeste se ve una estatua dorada del apóstol peregrino.

Al borde del pueblo se halla la iglesia del Crucifijo, otro templo para peregrinos levantado por los templarios en el siglo XII. En el interior hay un crucifijo de madera con forma de "Y" que muestra a un patético Cristo crucificado con los brazos alzados, supuesto regalo de un peregrino alemán del siglo XIV.

Aislada en el campo a unos 5 km al este está la iglesia de Santa María de Eunate. Este templo románico de planta octogonal está flanqueado por un precioso claustro, con numerosos arcos, que pueden haber dado nombre a la iglesia, ya que *ehun atea* significa en vasco 'cien puertas'. Al oeste de Puente la Reina surge sobre un altozano Cirauqui, pueblecito lleno de encanto aunque restaurado en exceso. Las casitas con balcones jalonan tortuosas callejas unidas entre sí por escaleras. En lo alto, la iglesia de San Román, del siglo XIII, luce esculturas en la portada oeste.

㉑ Estella

Ⓐ D2 Ⓝ Navarra ▣ ⓘ Calle de San Nicolás 1; www. estella-lizarra.com

El rey Sancho Ramírez, que fundó Estella (Lizarra) en el siglo XI, se aseguró de que el Camino de Santiago pasara por la ciudad y durante la Edad Media fue el centro de la corte navarra y parada forzosa de los peregrinos. Bastión del carlismo durante el siglo XIX, la ciudad celebra una fiesta conmemorativa el primer domingo de mayo.

Los monumentos más importantes de Estella se localizan en las afueras, al otro lado del puente que salva el río Ega. Desde la porticada plaza de San Martín, una empinada escalera sube hasta la iglesia de San Pedro de la Rúa, construida en los siglos XII al XIV en lo alto de un acantilado. Los capiteles labrados son cuanto que-

> **En la estrecha calle mayor de Puente la Reina está la iglesia de Santiago, en cuya puerta oeste se ve una estatua dorada del apóstol peregrino.**

da del claustro románico, destruido en 1592 junto con el castillo que presidía la iglesia. Al otro lado de la plaza de San Martín, el palacio de los Reyes de Navarra, ejemplo de arquitectura civil románica, es sede de un museo de arte navarro.

La iglesia de San Juan Bautista, en la porticada plaza de los Fueros, tiene una portada románica. El pórtico norte de la iglesia de San Miguel se adorna con las esculturas románicas de san Miguel dando muerte a un dragón.

El monasterio de Nuestra Señora de Irache, 3 km al suroeste de Estella, fue un cenobio benedictino que albergaba a los peregrinos que iban camino de Santiago. La iglesia es de estilo gótico de transición, pero con ábsides románicos, un claustro plateresco y una muy notable cúpula.

Junto a la iglesia, una bodega provee de vino a los peregrinos a través de un caño.

Una pequeña carretera arranca de la NA-120 al norte de Estella y llega al monasterio de Iranzu, de los siglos XII-XIV. La austeridad de la iglesia y los claustros es típicamente cisterciense.

22
Olite

🅐D2 🏛Navarra 🚃🚌
ℹ️ **Plaza de Teobaldos 10; www.olite.es**

La histórica villa de Olite fue fundada por los romanos y designada después residencia de los reyes de Navarra. Todavía se ve una parte de las viejas murallas, pero Olite es principalmente una ciudad repleta de construcciones góticas.

En el siglo XV, Carlos III el Noble ordenó la construcción del monumental **Palacio Real de Olite,** considerado un tesoro del estilo gótico navarro. Muy fortificado, luce una brillante decoración mudéjar de azulejos y techos taraceados. Al borde de los senderos se plantaron viñedos y naranjos,

y hay además un palomar y una curiosa leonera. Otra de las principales diversiones era la celebración de torneos, que podían verse desde la torre de los Cuatro Vientos.

Durante la guerra de Independencia el castillo fue incendiado para evitar que cayera en manos francesas. Fue meticulosamente restaurado en 1937 y actualmente alberga un parador, aunque aún pueden visitarse su laberinto de patios, corredores, escaleras, grandes salones, cámaras reales, almenas y torres. Aneja al castillo se halla la antigua capilla real del siglo XIII, la iglesia de Santa María, con una portada gótica de ricamente labrada.

El resto de Olite es un mágico conjunto de callejuelas empinadas y plazuelas, iglesias escondidas y viviendas barrocas, junto a las consabidas bodegas que corresponden a esta región vinícola.

Palacio Real de Olite
 🏛 Plaza de Carlos III
📞 948 74 12 73 🕐 10.00-19.00 diario (jul-ago: 10.00-20.00)

Parador de Olite
Las habitaciones de este majestuoso palacio del siglo XV tienen camas con cuatro columnas.

🅐D2 🏛 Plaza de Teobaldos 2, Olite
🌐 parador.es

€€€

Hotel Bed4U Tudela
Un hotel básico pero cómodo y bien cuidado, a muy buen precio. Además, cuenta con un buen emplazamiento cerca de Tudela.

🅐E2 🏛 Calle Canal de Mañeru s/n, Tudela
🌐 bed4uhotels.com/tudela

€€€

↑ Las enormes torres y bastimentos del Palacio Real de Olite, del siglo XV

← Bares, tiendas y cafés en la calle Mercaderes, que conduce a la catedral de Pamplona

siglo XIV, exhibe una colección de estatuas policromadas procedentes de toda Navarra y un relicario francés del siglo XIII del Santo Sepulcro.

Al oeste de la catedral se encuentra el casco viejo, antiguo barrio judío, surcado de callejas. El neoclásico **palacio de Navarra** está en la plaza del Castillo y es sede del Gobierno navarro. En el exterior, una estatua de 1903 representa la figura de una mujer sosteniendo los fueros de Navarra. Al norte del palacio quedan la medieval iglesia de San Saturnino, también llamado San Cernín, levantada en el supuesto lugar donde san Saturnino bautizó a cerca de cuarenta mil paganos, y el ayuntamiento, una edificación de fábrica barroca.

Debajo de las murallas, un hospital del siglo XVI con fachada plateresca alberga el **Museo de Navarra,** dedicado a la arqueología, historia y arte de la región. Entre las piezas expuestas se incluyen mosaicos romanos y un joyero en marfil del siglo XI de inspiración islámica. Hay además pinturas murales de los siglos XIV a XVI, un retrato

 23

Pamplona

🅐 D2 🅐 Navarra ✈🚌🚆
🅘 Calle San Saturnino 2;
www.turismode
pamplona.es

Dicen que la antigua plaza fuerte de Pamplona (Iruña) fue fundada por el general romano Pompeyo. En el siglo IX se convirtió en capital del reino de Navarra. Esta ciudad, tranquila el resto del año, estalla al llegar julio con los Sanfermines y sus famosos encierros.

Desde las murallas se obtienen buenas vistas de Pamplona. La cercana catedral, de piedra ocre, se yergue en un recodo del río Arga. Se construyó en el solar de la precedente, del siglo XII, y es de estilo gótico, con torres gemelas y fachada del siglo XIX. Dentro hay una preciosa sillería y la tumba

de alabastro de Carlos III el Noble y la reina Leonor.

La entrada sur del claustro es la medieval puerta de la Preciosa. Los sacerdotes se reunían aquí para cantar un himno a la Preciosa (la Virgen) antes del oficio nocturno.

El Museo Diocesano, alojado en la cocina y el refectorio de la catedral, del

---

EL ENCIERRO

El encierro es una tradición taurina que se celebra en muchos lugares de España, en la que se suelta un grupo de toros en un recorrido urbano protegido para que la gente corra delante de ellos, intentando esquivarlos y no ser cogidos. Sin duda, los más famosos son los que se celebran en Pamplona durante los Sanfermines. Grupos en defensa de los derechos de los animales protestan regularmente contra esta celebración. El encierro comienza a las 8.00 cada día durante todas las fiestas y dura entre dos y tres minutos. La masiva afluencia de los últimos años ha aumentado su peligrosidad.

firmado por Goya y una colección de cuadros de artistas vascos.

Al sureste se levanta la imponente ciudadela, del siglo XVI, erigida durante del reinado de Felipe II y diseñada con cinco bastiones con forma de estrella. Detrás de esta se abren los amplios bulevares de la ciudad nueva y el campus universitario.

Palacio del Gobierno de Navarra

Avenida Carlos III 2 848 42 71 27 Solo previa cita

Museo de Navarra

Cuesta de Santo Domingo 47 848 42 89 26 9.30-14.00 y 17.00-19.00 ma-sá, 11.00-14.00 do y festivos 1 ene, 6 y 7 jul, 25 dic

---

 24

Elizondo

E2 Navarra Palacio de Arizkunenea (cerrado lu-ju en invierno); www.baztan.eus

Es el mayor de un rosario de típicos pueblos vascos en el bellísimo valle de Baztán. Junto al río se alzan casas blasonadas.

Arizkun, valle arriba, tiene antiguas casas fortificadas y un convento del siglo XVII. Las cuevas de Zugarramurdi fueron escenario de supuestos aquelarres, y sus protagonistas, condenadas por la Inquisición.

 25

Sangüesa

E2 Navarra Calle Mayor 2 (cerrado lu en invierno); www.sanguesa.es

Este pueblo vecino a un puente que cruza el río Aragón ha sido desde el Medievo parada del Camino de Santiago *(p. 232)*.

La portada sur de la iglesia de Santa María la Real, profusamente esculpida, es un tesoro del arte románico de los siglos XII-XIII, con escenas del Juicio Final y de la sociedad del siglo XIII.

También merece la pena ver la románica iglesia de Santiago y la iglesia de San Francisco, del siglo XII-XIII y estilo gótico. La primera está decorada con símbolos del Camino, incluyendo la venera y el bastón de peregrino.

Al norte de Sangüesa se abren dos profundas y estrechas gargantas. La más impresionante es la hoz de Arbayún, en cuyas paredes calizas viven colonias de buitres; el mejor sitio para verla es la NA-178, al norte de Domeño. La hoz de Lumbier se puede contemplar desde la carretera A21.

 MEJORES VISTAS
Entre dos países

El pico Larrún se alza sobre el valle del Bidasoa y marca la frontera con Francia. Un sendero sale de Bera hasta su cumbre, desde donde se disfrutan unas maravillosas vistas panorámicas de los Pirineos.

 26

Las Cinco Villas del valle del Bidasoa

E2 Navarra Pamplona, San Sebastián baztan-bidasoa.com

En el valle del Bidasoa hay cinco pueblitos que deben su carácter a su proximidad con Francia. El mayor es Bera (Vera de Bidasoa), cuna del escritor Pío Baroja. Al sur se encuentra Lesaka, con sus típicas casas de balcones de madera. Más al sur se llega a Igantzi (Yanci), el más pequeño de todos.

Aunque Arantza es la localidad más remota, Etxalar (Echalar) es la que parece más anclada en el tiempo.

↓ Casas típicas en el pintoresco pueblo de Etxalar, valle del Bidasoa

↑ Bosque de Larra-Belagua tapizado de hojas en otoño, valle de Roncal

 Valle de Roncal

🅐E2 🏔Navarra 🚌Desde Pamplona 🛈Paseo Julián Gayarre s/n, Roncal; www.vallederoncal.es

Este valle, perpendicular a los Pirineos, es la zona más montañosa de Navarra y alberga su pico más alto, la

TOP 5 PINCHOS

La Gilda
Una anchoa alrededor de una guindilla y una aceituna a cada lado.

Tortilla
Con huevos y patatas, con o sin cebolla.

Pimiento, anchoa y ajo
Con pimientos del piquillo y sobre una rebanada de pan.

Pimientos rellenos
Pimientos del piquillo rellenos de bacalao.

Espárragos
Espárragos blancos acompañados de distintas salsas. Típicos de Navarra.

Mesa de los Tres Reyes. Este paisaje es perfecto para la explotación forestal y ganadera, y el valle es famoso por su queso de oveja y sus rutas de montaña.

El centro de esquí de Isaba, la villa más grande del valle, tiene un interesante museo de historia y tradiciones locales. Una carretera espectacular discurre desde Isaba hasta Ochagavía, en el valle de Salazar. Al norte, la Selva de Irati, uno de los mayores bosques de Europa, se adentra en Francia salvando los Pirineos, a los pies del monte Ori (2.017 m).

 Roncesvalles

🅐E2 🏔Navarra 🛈Antiguo Molino s/n; www.roncesvalles.es

Es uno de los abruptos puertos pirenaicos y parada principal del Camino de Santiago (*p. 232*). Antes de su vinculación a la ruta del apóstol, Roncesvalles (Orreaga) fue escenario de una gran batalla en 778, cuando los vascos de Navarra exterminaron a la retaguardia del ejército de Carlomagno, hechos que se atribuyeron al ejército

musulmán en el poema épico francés *La Chanson de Roland*, del siglo XII.

La colegiata Real, del siglo XIII, que ha recibido a los viajeros durante siglos, la *Virgen con Niño*, imagen de plata bajo baldaquino. En la sala capitular, junto al claustro, se halla la tumba de alabastro de Sancho VII el Fuerte (1170-1234) bajo una vidriera alusiva a su gran victoria: la batalla de Las Navas de Tolosa. En el museo de la iglesia se expone, entre otros objetos, el ajedrez de Carlomagno, un relicario esmaltado llamado así por su diseño cuadriculado.

El impresionante castillo de Javier, donde nació san Francisco Javier ↑

29

Monasterio de Leyre

E2 Yesa, Navarra Yesa
10.00-18.00 todos los días
1 y 6 ene, 25 dic
monasteriodeleyre.com

El monasterio de San Salvador de Leyre está situado sobre un embalse, en medio de un paraje imponente y con farallones de piedra caliza a su espalda. La abadía, del siglo XI, fue un gran centro espiritual. Sancho III y sus sucesores lo convirtieron en el panteón de los reyes de Navarra. El declive del monasterio comenzó en el siglo XII. Abandonado en 1836, fue restaurado en 1954 por los benedictinos, que convirtieron parte del edificio en un hotel. Para ver el monasterio hay que inscribirse en las visitas organizadas de mañana o tarde. Se puede organizar la visita para que coincida con los oficios en que los monjes interpretan cantos gregorianos (*p. 397*) a las 7.30, 9.00, 19.00 o 21.10.

La gran iglesia del siglo XI tiene un arco gótico y tres altos ábsides. En la portada oeste se ven esculturas de bestias y figuras bíblicas. La cripta, del siglo XI, se sostiene sobre columnas cortas con macizos capiteles. Los monjes interpretan cantos gregorianos durante los oficios.

↑ Monjes caminando junto a la iglesia del monasterio de Leyre

30

Castillo de Javier

E2 Javier, Navarra
Desde Pamplona 948 88 40 24 Mar-oct: 10.00-19.00 diario; nov: 10.00-18.00 diario; dic-feb: 10.00-16.00 diario 1 ene, 24, 25 y 31 dic

San Francisco Javier, patrón de Navarra, nació en 1506 en este castillo del siglo XIII. Hoy, es un centro jesuita con un museo en la torre del homenaje dedicado a su vida. En el oratorio hay un macabro mural llamado la *Danza de la Muerte*.

Bar Gaucho
Con terraza para disfrutar de su selección de pinchos.

 D2 Calle Espoz y Mina 7, plaza del Castillo, Pamplona cafe bargaucho.com

€€€

La Mandarra de la Ramos
Un típico bar de pinchos, con jamones colgados y muy animado.

D2 Calle San Nicolás 9 Bajo, Pamplona lamandarrade laramos.com

€€€

Casa Sabina
Restaurante de Roncesvalles con menú del peregrino.

E2 Carretera Francia s/n, Roncesvalles casasabina. roncesvalles.es

€€€

MADRID

El espectacular edificio Metrópolis, en la Gran Vía

MADRID
EN EL MAPA

Esta guía divide Madrid en dos zonas, como puede verse en el mapa. En las páginas siguientes se amplía la información de cada zona.

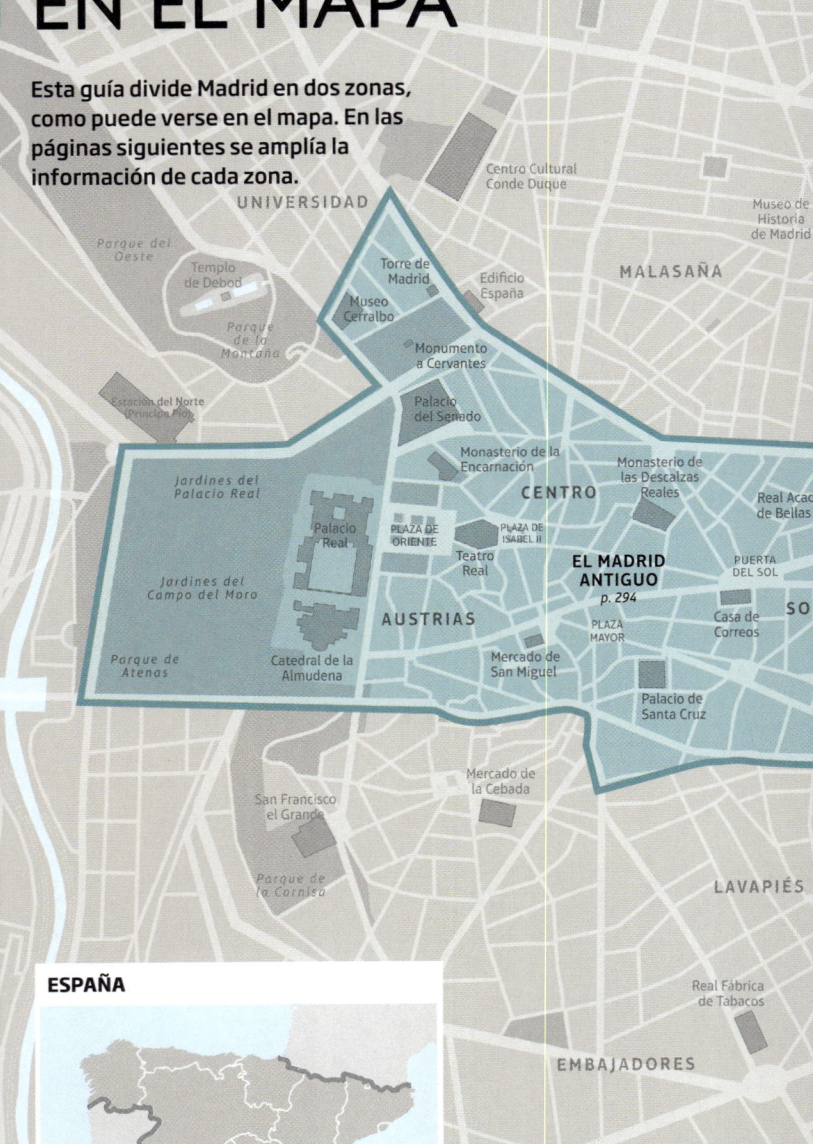

UNIVERSIDAD

Parque del Oeste

Templo de Debod

Parque de la Montaña

Estación del Norte (Príncipe Pío)

Jardines del Palacio Real

Palacio Real

Jardines del Campo del Moro

Parque de Atenas

Catedral de la Almudena

AUSTRIAS

Centro Cultural Conde Duque

Museo de Historia de Madrid

Torre de Madrid

Edificio España

MALASAÑA

Museo Cerralbo

Monumento a Cervantes

Palacio del Senado

Monasterio de la Encarnación

CENTRO

Monasterio de las Descalzas Reales

Real Academia de Bellas Art

PLAZA DE ORIENTE

PLAZA DE ISABEL II

Teatro Real

EL MADRID ANTIGUO
p. 294

PUERTA DEL SOL

SOL

PLAZA MAYOR

Casa de Correos

Mercado de San Miguel

Palacio de Santa Cruz

San Francisco el Grande

Mercado de la Cebada

LAVAPIÉS

Parque de la Cornisa

ESPAÑA

Real Fábrica de Tabacos

EMBAJADORES

ARGANZUELA

Fundación
Lázaro
Galdiano

Museo
Sorolla

Museo de
Arte Público

Palacio de
Amboage

Fundación
Carlos de Amberes

Fundación
Juan March

TRAFALGAR

Museo del
Romanticismo

Audiencia
Nacional

Mercado de
la Paz

SALAMANCA

JUSTICIA

Museo
de Cera

Jardines del
Descubrimiento

Biblioteca
Nacional de España

CHUECA

Museo
Arqueológico
Nacional

RECOLETOS

Palacio de
Linares

Puerta de
Alcalá

Banco de
España

Palacio de
Comunicaciones

Museo Nacional
de Artes Decorativas

Teatro de la
Zarzuela

Museo
Naval

Congreso de
los Diputados

Museo
Thyssen-
Bornemisza

Salón de Reinos

Teatro
Español

Basílica Jesús
de Mendinaceli

CORTES

Museo
del Prado

EL MADRID
DE LOS BORBONES
p. 312

*Parque
del Retiro*

Real Academia
de la Historia

Cine Doré

*Real Jardín
Botánico*

El Ángel Caído

CaixaForum

*Viveros
Municipales*

Palacio de
Fernán Núñez

Convento
Santa Isabel

Museo Nacional
Centro de
Arte Reina Sofía

Ministerio de
Agricultura

Casa
Encendida

Estación de
Atocha

Museo
Nacional de
Antropología

Real Fábrica
de Tapices

ATOCHA

CALLE DE MÉNDEZ ÁLVARO

PACÍFICO

ADELFAS

N

0 metros   400

CONOCIENDO
MADRID

La capital de España, una amalgama de barrios con arquitecturas y ambientes diferentes, conserva en su casco antiguo magníficos monumentos de la época de los Austrias y los Borbones. Junto a la Gran Vía se extienden Malasaña y Chueca mientras que el elegante barrio de Salamanca se encuentra al noroeste del centro histórico.

EL MADRID ANTIGUO

PÁGINA 294

También conocido como Madrid de los Austrias, la zona comprendida entre los frondosos Jardines del Campo del Moro y la Puerta del Sol contiene edificios palaciegos, restaurantes con solera y bonitas calles peatonales. Considerado el corazón de la ciudad, y por extensión del país, las calles de este barrio emblemático siempre bullen de animación; la plaza Mayor es un típico lugar de reunión para tomarse un café en una de sus soleadas terrazas y su amplia oferta hotelera la convierten en la base perfecta para visitar la ciudad. Todo ello sin perder su antiguo encanto.

Lo mejor
Paseos por la ciudad

Qué ver
Palacio Real, plaza Mayor

Experiencias
Tomar un café en la plaza de Oriente, con vistas al Palacio Real

EL MADRID DE LOS BORBONES

El Triángulo del Arte, que reúne sus tres incomparables museos, se extiende junto al paseo del Prado. A una de las orillas de esta arteria central se encuentra el barrio de las Letras, donde el ambiente artístico permea cada aspecto de la vida y las calles adoquinadas muestran placas con citas literarias. Aquí se pueden seguir los pasos de los genios literarios mientras se disfruta de sus animadas tascas. Al otro lado del paseo del Prado se encuentra el espectacular pulmón verde de la ciudad, el parque del Retiro, perfecto para escapar del bullicio de la ciudad.

Lo mejor
Escena artística

Qué ver
Museo del Prado, Museo Thyssen-Bornemisza, Museo Nacional Centro de Arte Reina Sofía, parque del Retiro

Experiencias
Disfrutar de una muestra de arte contemporáneo en el palacio de Cristal del parque del Retiro

FUERA DEL CENTRO

Algunos de los barrios más animados de Madrid se encuentran junto al casco antiguo, desde el sofisticado barrio de Salamanca, con sus calles en cuadrícula llenas de tiendas lujosas, a los más mundanos Malasaña y La Latina, donde los puestos se agolpan en el famoso Rastro. Las banderas arco iris ondean en Chueca, la principal zona LGTBIQ+ de Madrid, mientras Malasaña debe gran parte de su ambiente bohemio a la cercana población universitaria; corazón de *la movida*, este último es el destino idóneo una vez anochece.

Lo mejor
Vida nocturna y tiendas vintage

Qué ver
Museo Lázaro Galdiano

Experiencias
Tomar un vermú el domingo al mediodía en una de las plazas de La Latina

EL MADRID ANTIGUO

Cuando Felipe II estableció definitivamente la corte en Madrid en 1561, esta no era más que una pequeña villa castellana. Con el paso de los años, la nueva capital de España se convertiría en el centro neurálgico de un poderoso imperio.

Según la tradición, quien levantó la primera fortificación junto al río Manzanares fue el caudillo musulmán ben Abd al Rahman. Magerit, que así se llamaba el poblado árabe, fue conquistada por Alfonso VI de Castilla entre 1083 y 1086. Las colinas que rodeaban la alcazaba se fueron rodeando de iglesuelas medievales y de un denso caserío surcado por callejas. Tras el incendio del viejo alcázar en 1734, los Borbones edificaron sobre su solar el actual Palacio Real.

Al convertirse en capital del Estado, Madrid apenas contaba con 20.000 habitantes; al final de aquel siglo la población se había triplicado. A esta zona de la ciudad, construida a partir del siglo XVI, se la llama el Madrid de los Austrias, pues fue esta dinastía la que impulsó su desarrollo con la construcción de monasterios reales e iglesias, mientras la nobleza levantaba sus palacios para estar cerca de la corte. En el siglo XVII se dotó a la ciudad de la plaza Mayor, y la Puerta del Sol se convirtió más tarde en el corazón de Madrid y centro geográfico de España.

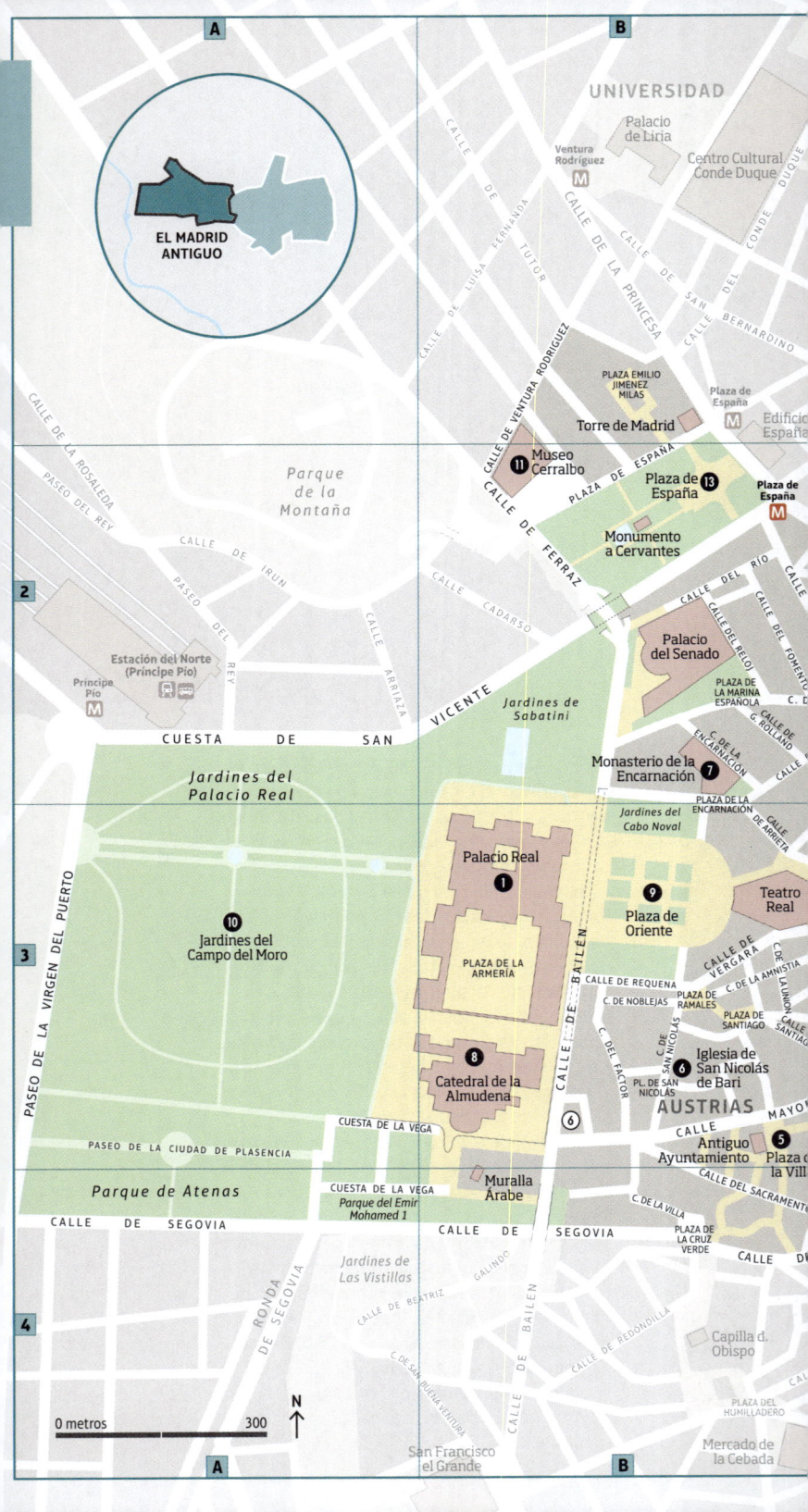

A

B

EL MADRID
ANTIGUO

UNIVERSIDAD

Palacio
de Liria

Centro Cultural
Conde Duque

Ventura
Rodríguez Ⓜ

CALLE DE SAN BERNARDINO

CALLE DE LA PRINCESA

PLAZA EMILIO
JIMENEZ
MILAS

Plaza de
España

Edificio
España

Torre de Madrid

Ⓜ

Museo
Cerralbo ⑪

Plaza de
España ⑬

PLAZA DE ESPAÑA

**Plaza de
España**
Ⓜ

*Parque
de la
Montaña*

CALLE DE VENTURA RODRIGUEZ

CALLE DE FERRAZ

**Monumento
a Cervantes**

2

CALLE DE IRUN

CALLE CADARSO

Palacio
del Senado

PLAZA DE
LA MARINA
ESPAÑOLA

CALLE DEL RIO

CALLE DEL RELOJ

CALLE DEL FOMENTO

Estación del Norte
(Príncipe Pío)

Príncipe
Pío
Ⓜ

CALLE ARRIAZA

DE
VICENTE

*Jardines de
Sabatini*

C. DE LA
ENCARNACIÓN

**Monasterio de la
Encarnación** ⑦

CUESTA   DE   SAN

PLAZA DE LA
ENCARNACIÓN

*Jardines del
Palacio Real*

*Jardines del
Cabo Noval*

PASEO DE LA VIRGEN DEL PUERTO

Palacio Real ①

**Jardines del
Campo del Moro** ⑩

PLAZA DE LA
ARMERÍA

**Plaza de
Oriente** ⑨

**Teatro
Real**

CALLE DE VERGARA

3

CALLE DE REQUENA

C. DE LA AMNISTIA

C. DE NOBLEJAS

PLAZA DE
RAMALES

PLAZA DE
SANTIAGO

CALLE SANTIAGO

C. DE SAN NICOLAS

**Iglesia de
San Nicolás
de Bari** ⑥

**Catedral de la
Almudena** ⑧

CALLE DE BAILÉN

CALLE DEL FACTOR

PL. DE SAN
NICOLÁS

⑥

AUSTRIAS

CALLE   MAYOR

CUESTA DE LA VEGA

**Muralla
Árabe**

CALLE

**Antiguo
Ayuntamiento**

**Plaza de
la Villa** ⑤

PASEO DE LA CIUDAD DE PLASENCIA

CALLE DEL SACRAMENTO

Parque de Atenas

CUESTA DE LA VEGA
*Parque del Emir
Mohamed 1*

CALLE   DE
SEGOVIA

C. DE LA VILLA

PLAZA DE
LA CRUZ
VERDE

CALLE

CALLE   DE   SEGOVIA

RONDA DE SEGOVIA

*Jardines de
Las Vistillas*

CALLE DE BEATRIZ

CALLE DE BAILÉN

GALINDO

CALLE DE REDONDILLA

Capilla d.
Obispo

4

C. DE SAN BUENAVENTURA

PLAZA DEL
HUMILLADERO

0 metros   300

N

San Francisco
el Grande

Mercado de
la Cebada

A

B

EL MADRID ANTIGUO

Esencial

1 Palacio Real
2 Plaza Mayor

Lugares de interés

3 Colegiata de San Isidro
4 Puerta del Sol
5 Plaza de la Villa
6 Iglesia de San Nicolás de Bari
7 Monasterio de la Encarnación
8 Catedral de la Almudena
9 Plaza de Oriente
10 Jardines del Campo del Moro
11 Museo Cerralbo
12 Monasterio de las Descalzas Reales

13 Plaza de España
14 Real Academia de Bellas Artes de San Fernando
15 Gran Vía

Dónde comer

① Botín
② Mercado de San Miguel
③ Restaurante Ferretería

Dónde beber

④ Casa Labra
⑤ Casa Revuelta
⑥ El Anciano Rey de los Vinos
⑦ Lateral Santa Ana

CONSEJO DK
El cambio de guardia

Todos los miércoles y sábados, en la plaza de la Armería, la guardia real desfila frente al palacio al son de pífanos, tambores y relinchos de caballos. Se aconseja llegar pronto.

La fachada norte en piedra caliza del Palacio Real, bañada por el sol ↑

1 🗝️ 🎨 💻 🏛️

PALACIO REAL

📍 B3 🏛️ Calle de Bailén Ⓜ️ Ópera, Príncipe Pío, Plaza de España 🚌 3, 25, 39, 46, 75, 138, 148 🕐 Palacio: abr-sep: 10.00-19.00 todos los días; oct-mar: 10.00-18.00 todos los días; Cambio de guardia: 11.00-14.00 mi y sá (cada 30 min) 🚫 Actos oficiales y algunos días festivos 🌐 patrimonionacional.es

Con su grandeza y su elegancia, el Palacio Real de Madrid fue concebido para impresionar. En esta plataforma junto al río Manzanares estuvo durante siglos el alcázar real, que ardió en 1734. En su lugar, Felipe V encargó la construcción de una residencia auténticamente palaciega.

El espléndido Palacio Real se alza sobre una antigua fortaleza árabe. Tras la reconquista de Madrid en 1085, este alcázar fue la residencia temporal de los monarcas. Remodelado en 1561, fue ocupado por Felipe II hasta que finalizaron las obras de El Escorial *(p. 358)* en 1584.

Un incendio producido en la Nochebuena de 1734, durante el reinado de Felipe V, destruyó por completo el castillo. Este primer Borbón aprovechó para encargar la construcción de un nuevo palacio de estilo francés inspirado en el Versalles de su infancia.

La mayor parte del edificio de piedra caliza se debe a Giovanni Battista Sachetti, aunque contiene modificaciones posteriores de otros arquitectos. Su ambicioso proyecto tardó en construirse desde 1738 hasta 1755, cuando Felipe V ya había fallecido. Su hijo, Carlos III, fue el primer rey en vivir en el palacio, que se convirtió en residencia de los monarcas españoles hasta el exilio de Alfonso XIII en 1931. Junto al Palacio Real está la Galería de las Colecciones reales, un museo que documenta la historia y el gusto artístico de la monarquía y el Imperio español desde la Edad Media hasta hoy. El edificio, terminado en 2023, tiene 6 plantas y expone 650 piezas pertenecientes a Patrimonio Nacional, que incluyen importantes obras de arte y varios carruajes reales.

↑ Los jardines artísticos de la plaza de Oriente, junto al Palacio Real

↑ Espectacular bóveda pintada sobre la escalera central del Palacio Real

Cronología

1561
▽ Felipe II traslada la corte a Madrid.

1738
▽ Comienza a construirse el palacio bajo las órdenes de Felipe V.

1764
Carlos III se traslada al nuevo palacio.

s. IX
△ Se construye el alcázar.

1734
Incendio del viejo alcázar.

1931
△ Alfonso XIII es el último monarca en vivir en el palacio hasta su exilio voluntario.

↑ Las lámparas de bronce y cristal iluminan el enorme comedor de gala

Interior del Palacio Real

El interior del Palacio Real iguala en grandiosidad a su fachada. Sus exuberantes salones guardan una rica colección de mobiliario y artes decorativas, incluyendo impresionantes alfombras, tapices y piezas de orfebrería. Se puede visitar en un recorrido guiado o atreverse a deambular en solitario por algunas de sus 3.418 estancias, para disfrutar de sus fascinantes tesoros, entre los que destacan la Real Armería, algunas obras maestras de Goya o el magnífico cuarteto Stradivarius.

¿Lo sabías?

El Palacio Real es el palacio de mayor superficie de toda Europa.

La escalera principal de mármol del Palacio Real ↑

TOP 5 **PIEZAS DEL PALACIO**

Escalera monumental
Realizada en mármol y coronada por frescos de Corrado Giaquinto.

Mesa del siglo XIX
Sobre esta mesa del Salón de Columnas se firmó la adhesión de España a la Unión Europea.

Paredes en 3D
La Sala de Porcelana está cubierta de porcelanas del Buen Retiro.

Stradivarius
Cuatro instrumentos Stradivarius en una sala junto al comedor de gala.

Armadura
Destaca la elaborada armadura de Carlos I.

Dependencias de palacio

Zaguanes de entrada

La primera parada obligada es el Salón de Alabarderos, decorado con un fresco de Tiépolo. Al lado se encuentra el Salón de Columnas, que sirvió como sala de banquetes hasta la incorporación del Comedor de gala en el siglo XIX y que actualmente acoge las recepciones y actos oficiales. Después sigue el Salón del Trono, de estilo rococó; finalizado en 1772, tiene dos lámparas de cristal de roca, numerosos candelabros y espejos, y sus paredes están tapizadas con terciopelo bordado en plata. Los dos tronos son bastante recientes (1977), pero los leones de bronce que los escoltan datan de 1651. El salón sigue acogiendo actos oficiales, como la recepción real del Día de la Hispanidad o la presentación anual de credenciales de nuevos embajadores.

Salas de Carlos III

▷ A la salida del Salón del Trono se disponen las cámaras privadas del rey, como la Sala Gasparini, que actuaba de comedor privado; la reina contaba también con su propio comedor. En la Cámara Gasparini, con techo de estuco y paredes de seda bordada, se vestía al rey en presencia de los cortesanos.

Comedor de gala

La sala de comedor de 400 m² se construyó en 1879, durante el reinado de Alfonso XII, uniendo todas las habitaciones privadas de la reina. Ricamente decorada con pan de oro y plata en su techo y paredes, frescos, arañas de cristal, tapices flamencos, tibores chinos y cortinas bordadas, contiene una mesa con capacidad para 160 comensales. El salón anejo está dedicado a las medallas conmemorativas y también guarda el rico centro de mesa empleado durante los banquetes. En otras salas se guardan las piezas de plata, porcelana, cristalería y una extraordinaria colección de instrumentos musicales.

Capilla y salas anejas

Construida entre 1749 y 1757, la Real Capilla sigue empleándose para los oficios religiosos y como sala de conciertos. Aunque su decoración es lujosa, es su cúpula con murales de Giaquinto la que atrae todas las miradas. A su lado se encuentran el Salón de Paso y las habitaciones de María Cristina. Durante el reinado de Alfonso XII, estas cuatro habitaciones sirvieron para albergar el billar, el fumadero de estilo japonés, el Salón de Estucos (habitación de la reina) y el Gabinete de Maderas de Indias, empleado como oficina.

Real Armería

◁ En la plaza de la Armería, junto a la oficina de venta de entradas, se encuentra la Real Armería, que ocupa un pabellón construido en 1897, copia del anterior que fue destruido por un incendio. Contiene armas y armaduras de los monarcas, entre las que destaca una profusamente decorada perteneciente a Carlos I. La armería puede considerarse el primer museo de Madrid, ya que lleva abierta al público desde que Felipe II heredó la colección de su padre.

2 🍴 🖥 👜

PLAZA MAYOR

📍C3 Ⓜ Ópera, Sol, Tirso de Molina

Esta espléndida plaza rectangular, a la que se abren innumerables balcones, está formada por casas de tres pisos rematadas con chapiteles en las esquinas. Este singular recinto posee un carácter muy castellano; aquí se organizaban múltiples actos, como corridas de toros, fiestas o juicios de la Inquisición *(p. 278)*, a los que asistía una gran multitud, a veces presidida por el rey y la reina.

Esta espléndida plaza rectangular, rematada por chapiteles y buhardillas, se inició en 1617 y se terminó en solo dos años sobre el solar de la antigua plaza del Arrabal. El arquitecto, Juan Gómez de Mora, fue discípulo de Juan de Herrera, autor del monasterio de El Escorial *(p. 358)*; siguió el estilo de su maestro, en una línea menos austera. Más tarde lo reformó Juan de Villanueva. En la fachada de la Casa de la Panadería, con frescos alegóricos restaurados, se encuentra la oficina de turismo principal de Madrid.

Preside la plaza una estatua ecuestre de Felipe III, a quien se debe su construcción. En la actualidad, sobre su suelo de adoquines se disponen muchas terrazas y los domingos tiene lugar un mercado filatélico, además de ocasionales conciertos y celebraciones diversas.

→

La exuberante fachada de la Casa de la Panadería, con sus balcones y frescos alegóricos

ESCENARIO HISTÓRICO

La Plaza Mayor ha sido testigo de numerosos acontecimientos históricos. En 1622 tuvo lugar la canonización de san Isidro, el patrón de Madrid, y en 1760 se celebró el recibimiento del rey Carlos III a su llegada de Italia. Pero el acto que ha perdurado más en la memoria popular es la ejecución de Rodrigo Calderón, secretario de Felipe II, en 1621. Aunque odiado por el pueblo madrileño, su digno comportamiento dio lugar a la frase "tiene más orgullo que don Rodrigo en la horca".

↑ El arco de Cuchilleros, una de las salidas de la plaza

237

Número de balcones que decoran las fachadas de la plaza Mayor.

↑ Una de las muchas terrazas dispuestas sobre los adoquines de la plaza Mayor

↑ *Auto de fe*, obra de
Francisco Rizi que retrata
un juicio en la plaza Mayor

LA SANTA INQUISICIÓN

Los Reyes Católicos fundaron la Santa Inquisición
en 1478 para imponer la unidad religiosa en
España. Entre otras actuaciones investigó la
herejía protestante y los casos de los llamados
falsos conversos, judíos y musulmanes que
adoptaban la fe cristiana.

UN FALSO JUICIO

Sancionada por una bula papal, esta institución se
constituyó en tribunal, presidido por un inquisidor
general. Sin embargo, a los acusados no se les permitía
tener defensa ni se les informaba de los cargos que se
les imputaban. A menudo se les sometía a tortura para
que confesaran. Las condenas podían oscilar entre la
prisión, la horca o la hoguera. Este formidable sistema
de control ideológico y político fue aprovechado como
arma de propaganda por los protestantes, enemigos de
la Corona española; así surgiría la leyenda
negra que acompañó a la institución hasta su
disolución en 1834.

AUTO DE FE EN LA PLAZA MAYOR

En esta obra de Francisco Rizi (1683) se
describe un juicio, o auto de fe, celebrado en la
plaza Mayor de Madrid el 30 de junio de 1680. En
España, la Inquisición la presidía el monarca
reinante, en este caso Carlos II, que está
acompañado de la reina. Se ve a dos acusados en
el banquillo vistiendo el sambenito amarillo. Los
soldados que se ven en la parte inferior serían
los encargados de ajusticiar a los reos si la
condena fuera a muerte.

> **CONSEJO DK**
> **Paseo por el
> lado oscuro**
>
> Sandemans ofrece una
> excursión de tres horas
> por los lugares en los
> que actuó la Inquisición
> (*www.neweurope
> tours.eu*), rememorando
> una época de juicios y
> torturas, exorcismos
> y ejecuciones. La ruta
> empieza y termina en la
> plaza Mayor.

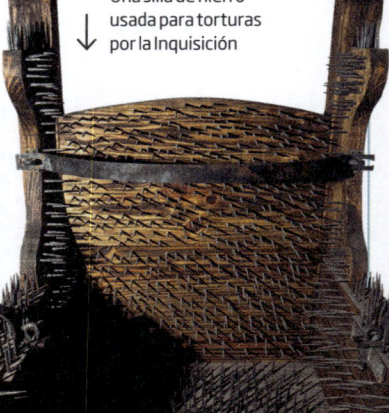

Una silla de hierro
↓ usada para torturas
por la Inquisición

LUGARES DE INTERÉS

Colegiata de San Isidro

📍 C4 🏠 Calle de Toledo 37 ☎ 91 369 23 10 Ⓜ La Latina, Tirso de Molina 🕐 Verano: 7.30-13.00 y 17.00-21.00 todos los días; invierno: 7.30-13.00 y 19.00-21.00

La iglesia, barroca, se comenzó en 1626 para el colegio de la Compañía de Jesús, y fue la catedral de Madrid hasta la conclusión de la Almudena (p. 307), en 1993. Tras la expulsión de los jesuitas en 1767 por orden de Carlos III, pasó a la advocación de san Isidro, patrono de Madrid, y dos años después se trasladaron sus restos desde la iglesia de San Andrés.

Puerta del Sol

📍 D3 Ⓜ Sol

Uno de los puntos de encuentro más populares de la ciudad, esta plaza, siempre animada, está el corazón del Madrid tradicional.

Antiguamente este era el acceso oriental a la ciudad, custodiado por una puerta y una fortaleza. Hace siglos que ambas fueron reemplazadas por una serie de iglesias y conventos. A finales del siglo XIX se reordenó la zona en una plaza y sus cafés aglutinaron la vida social de la ciudad. En la actualidad la plaza tiene forma de media luna y muestra la estatua de Carlos III. El lado meridional está ocupado por un austero edificio de ladrillo rojo, que actualmente es la sede del Gobierno de la Comunidad Autónoma de Madrid. Los edificios de enfrente están dispuestos en forma semicircular y llenos de tiendas y cafés. Construido en 1760 para Casa de Correos por orden de Carlos III, en 1847 se convirtió en sede del Ministerio de la Gobernación. La torre, que es uno de los rasgos más característicos del edificio,

se incorporó en 1866 para albergar el reloj que en Nochevieja marca las 12 campanadas. Durante el franquismo, albergó los calabozos de la Dirección General de Seguridad.

La Puerta del Sol ha sido testigo de acontecimientos de gran importancia. Aquí comenzó el levantamiento del 2 de mayo de 1808 contra las fuerzas francesas. En 1912 José Canalejas, jefe del Gobierno liberal, fue asesinado en esta plaza. Desde el balcón del entonces Ministerio de la Gobernación se proclamó la Segunda República en 1931.

¿Lo sabías?

La estatua del oso y el madroño que puede verse en la Puerta del Sol es el símbolo de Madrid.

↑ La Puerta del Sol, popular lugar de encuentro, al atardecer

Plaza de la Villa

⊠B3 Ⓜ Ópera, Sol

Restaurada, esta plaza es uno de los lugares más característicos de Madrid. Aquí se encuentra ubicado un conjunto de valiosos edificios cargados de historia.

La torre de los Lujanes es el más antiguo, realizado a principios del siglo XV y del que solo quedan la torre y dos portadas, una gótica con arco mixtilíneo y otra de arco de herradura. La Casa de Cisneros fue construida en 1537 para el sobrino del cardenal Cisneros, fundador de la Universidad de Alcalá de Henares (p. 364). La fachada principal da a la calle Sacramento y es un ejemplo del estilo plateresco.

Unido a este edificio por un pasillo interior, que forma un puente, está el antiguo ayuntamiento, proyectado en la década de 1640 por el arquitecto Juan Gómez de Mora, autor de la plaza Mayor. Comparte con ella su línea austera de ladrillo y piedra y los torreones que rematan la fachada. En 1670 Teodoro Ardemans incorporó la portada barroca y los escudos. Posteriormente, Juan de Villanueva, arquitecto del Prado (p. 316), realizó la columnata neoclásica, desde cuyo balcón la familia real asistía a la procesión del Corpus.

Iglesia de San Nicolás de Bari

⊠B3 Ⓐ Plaza de San Nicolás 6 ☎91 559 40 64 Ⓜ Ópera ⏰8.30-9.30 y 19.00-20.30 lu-sá, 10.00-14.00 y 19.00-21.00 festivos

La primera referencia sobre esta iglesia se remonta a 1202. Su torre de ladrillo, con arcos de herradura, es la construcción religiosa más antigua que se conserva en Madrid. De estilo mudéjar, se cree que data del siglo XII y que pudo haber sido el alminar de una mezquita.

⑦

Monasterio de la Encarnación

⊠B2 Ⓐ Plaza de la Encarnación 1 Ⓜ Ópera, Santo Domingo ⏰10.00-14.00 y 16.00-18.30 ma-sá, 10.00-15.00 do y festivos 🔒Semana Santa, 17-20 abr, 1 may, 24, 25 y 31 dic 🌐patrimonionacional.es

Este convento agustino, que se levanta en una plazuela umbría, fue fundado en 1611 por Margarita de Austria, esposa de Felipe III.

Ocupado aún hoy por monjas, el interior conserva el ambiente castellano, con azulejos de Talavera azules y blancos, puertas y

El Sobrino de Botín

Este restaurante, el más antiguo del mundo, tiene un entorno rústico y es famoso por su delicioso cochinillo.

⊠C4 Ⓐ Calle Cuchilleros 17 🌐botin.es

€€€

Mercado de San Miguel

Una elegante construcción de hierro y cristal alberga este mercado gastronómico.

⊠C3 Ⓐ Plaza de San Miguel s/n 🌐mercadodesan miguel.es

€€€

Restaurante Ferretería

Jamón ibérico y sofisticados cócteles en esta antigua ferretería reconvertida en restaurante.

⊠D4 Ⓐ Calle Atocha 57 🌐ferreteria restaurante.com

€€€

vigas de madera y retratos de los mecenas reales. Alberga una colección de arte del siglo XVII, con cuadros de José de Ribera y Vicente Carducho, así como tallas de madera policromada, como el Cristo yacente de Gregorio Fernández.

Uno de los lugares más importantes es la cámara del relicario, cuya bóveda está pintada al fresco por Carducho. También se conserva en una ampolla la sangre de san Pantaleón, que, según la creencia popular, se licua todos los años el 27 de julio, el aniversario de la muerte del santo. Se dice que el año que no se produce este fenómeno sucede algún desastre en Madrid.

Catedral de la Almudena

B3 Ópera Jul-ago: 10.00-21.00 todos los días (sep-jun hasta 20.00) catedraldelaalmudena.es

En 1883 comenzaron las obras de esta catedral, terminada en 1993. El interior es neogótico purista y la fachada principal, gris y blanca, se integra en el conjunto del Palacio Real, que está frente a ella. En la cripta neorrománica se conserva una imagen de la Virgen de la Almudena del siglo XVI. La cúpula ofrece magníficas vistas de la ciudad. El enlace real entre el rey Felipe VI y Letizia Ortiz, en mayo de 2004, fue la primera boda celebrada aquí.

Plaza de Oriente

B3 Ópera

Durante su reinado, José Bonaparte mandó despejar de casas viejas la zona oriental del Palacio Real y abrir una plaza, desde la que se contempla una espléndida panorámica del edificio. Las máximas autoridades hacían sus apariciones públicas desde el balcón central del palacio. Las estatuas de los reyes que adornan la plaza se proyectaron como decoración del alero del palacio, pero no se utilizaron para este fin por su excesivo peso. La estatua ecuestre de Felipe IV que preside la plaza es obra del italiano Pietro Tacca y sirvió de modelo para diversos bocetos de Velázquez. Al otro lado de la plaza se levanta el edificio del teatro Real, o de la Ópera, inaugurado en 1850 por Isabel II.

 Visitantes ante la imagen de la Virgen, catedral de la Almudena

Jardines del Campo del Moro

A3 Paseo de la Virgen del Puerto s/n Ópera, Príncipe Pío Abr-sep 10.00-20.00 todos los días (oct-mar hasta 18.00) 1 y 6 ene, 1 y 15 may, 12 oct, 9 nov, 24, 25 y 31 dic y para actos oficiales patrimonionacional.es

El Campo del Moro es un parque encantador que se abre junto al río Manzanares, desde donde se contempla uno de los panoramas más bellos del Palacio Real.

La historia del parque es larga y compleja. En 1109 acamparon aquí las huestes árabes de Ali ben Yusuf; de aquí deriva su nombre. Más tarde se usó este espacio para torneos medievales y fiestas. A finales del siglo XIX acogió los juegos de los infantes y posteriormente se ajardinó al estilo inglés, con sendas que serpentean y decoración a base de fuentes y estatuas. Se abrió al público en 1931 durante la Segunda República. Cerrado en época de Franco, no volvió a abrirse hasta 1978.

 El antiguo ayuntamiento, en la madrileña plaza de la Villa

La elegante escalera principal del Museo Cerralbo decorada con obras de arte

La escalera está decorada con un fresco de Felipe IV y su familia contemplando la escena desde un balcón simulado, y un techo obra de Claudio Coello. En el primer piso hay un pequeño claustro, adornado con capillas repletas de obras de arte y objetos preciosos de los ajuares de las monjas. En la capilla principal se encuentra la tumba de doña Juana de Austria. En la gran sala de Tapices se exhiben magníficas piezas, una de las cuales fue tejida en 1627 para la hija de Felipe II, Isabel Clara Eugenia. Otra, *El triunfo de la Eucaristía*, está basada en dibujos de Rubens.

11

Museo Cerralbo

B2 Calle de Ventura Rodríguez 17 Plaza de España, Ventura Rodríguez 9.30-15.00 ma-sá (9.30-15.00 y 17.00-20.00 ju), 10.00-13.00 do lu, 1 y 6 ene, 1 may y algunos festivos culturaydeporte.gob.es/mcerralbo

Este palacio del siglo XIX rinde homenaje a Enrique de Aguilera y Gamboa, decimoséptimo marqués de Cerralbo, que donó sus colecciones a la nación en 1922, con la única condición de que todo quedara tal como él lo dejó. El recorrido por las salas muestra obras artísticas que abarcan desde los íberos hasta el siglo XIX.

Una de las piezas más importantes que se pueden admirar en este museo es el *Éxtasis de san Francisco de Asís*, del Greco. También se exponen obras de Ribera, Zurbarán, Alonso Cano y Goya. La estancia más espectacular del primer piso es el salón de baile. En esta planta destaca la colección de armas europeas y japonesas.

12

Monasterio de las Descalzas Reales

C3 Plaza de las Descalzas 3 Sol, Callao 10.00-14.00 y 16.00-18.30 ma-sá, 10.00-13.00 do y festivos 1 y 6 ene, Semana Santa, 1 may, 24, 25 y 31 dic patrimonionacional.es

En 1557, la hermana de Felipe II, Juana de Austria, decidió transformar el palacio renacentista que se levantaba en este lugar en un convento de monjas. Dan cuenta de su elevado rango social las riquezas que atesora.

 MEJORES VISTAS
Escalera al cielo
Si se levanta la mirada desde la base de la escalera de honor del museo Cerralbo, destaca una fotogénica armadura flanqueada por dos tapices del siglo XVII.

13

Plaza de España

B2 Plaza de España

Este centro neurálgico de tráfico está situado en las cercanías del Palacio Real *(p. 298)* y de los jardines de Sabatini.

La plaza adquirió su aspecto actual en la posguerra, con la construcción, en su lado norte, del edificio España entre 1947 y 1953. Haciendo esquina con la calle Princesa está la Torre de Madrid (1957), que durante algún tiempo se consideró la estructura de hormigón más alta del mundo. El sector más atractivo de la plaza es el centro, ocupado por un obelisco de piedra construido en 1928. Delante está situado el monumento a Cervantes *(p. 364)*, ante el cual don Quijote *(p. 419)* cabalga sobre Rocinante acompañado por Sancho Panza, que va a lomos de su burro. A su izquierda está Dulcinea, la amada de don Quijote.

En la rehabilitación concluida en 2021 se le añadieron más de 1.000 árboles y zonas peatonales.

⑭

Real Academia de Bellas Artes de San Fernando

📍 D3 🏛 **Calle de Alcalá 13** Ⓜ **Banco de España, Gran Vía, Sevilla, Sol** 🕐 **10.00-15.00 ma-do** 📅 **Ago y algunos festivos** 🌐 **realacademiabellasartes sanfernando.com**

Esta antigua escuela de Bellas Artes, con sede en un edificio del siglo XVIII, obra de Churriguera, contó entre sus antiguos alumnos con Dalí y Picasso. Se expone una amplia colección de obras, con excelentes dibujos de Rafael y Tiziano, entre otros. En la selección de maestros antiguos hay obras de Rubens y Van Dyck. Los artistas españoles de los siglos XVI al XIX están bien representados. Una de las joyas de la colección es Fray Pedro Machado, de Zurbarán.

Una sala está enteramente dedicada a Goya, que fue director de la academia. Se muestra un retrato de Manuel Godoy; el *Entierro de la sardina*; el retrato de *La tirana*, y un autorretrato pintado en 1815.

Tramo de la animada Gran Vía con el edificio ↓ Metrópolis

⑮

Gran Vía

📍 C2 Ⓜ **Plaza de España, Santo Domingo, Callao, Gran Vía**

La Gran Vía, inaugurada en 1910, es una de las principales arterias de la ciudad. Su construcción duró varias décadas. Hoy en día la Gran Vía es uno de los centros de la vida de la ciudad y se halla inmersa en un programa de restauración, pues sus icónicos edificios despiertan gran interés arquitectónico.

Los edificios más interesantes se encuentran cerca de la calle de Alcalá, empezando por el edificio Metrópolis *(p. 334)*, se puede considerar la antesala arquitectónica de la avenida, con sus columnas corintias, magníficas estatuas y una cúpula de azulejos.

El número 1 de Gran Vía está coronado con un templete decorado con azulejos *art nouveau* en su parte superior, a imitación de la arquitectura medieval catalana y aragonesa. En otro hay preciosos balcones de hierro forjado y detalles de piedra tallada en forma de cariátides con función de gárgolas, como las del número 12.

En la Red de San Luis se levanta el edificio de Telefónica, el primer rascacielos construido en la ciudad, entre 1926 y 1929.

El Madrid Antiguo reúne un gran número de tabernas típicas, en las que disfrutar de una cerveza o un vino acompañado de sabrosas tapas. Estas son algunas de las más auténticas.

Casa Labra
📍 C3 🏛 **Calle de Tetuán 12** 🌐 **casalabra.es**

Casa Revuelta
📍 C4 🏛 **Calle de Latoneros 3** 📞 **913 66 33 32**

El Anciano Rey de los Vinos
📍 B3 🏛 **Calle de Bailén 19** 🌐 **elancianorey delosvinos.es**

Lateral Santa Ana
📍 D3 🏛 **Calle del Príncipe 12** 📞 **914 20 15 82**

UN PASEO
EL MADRID ANTIGUO

Distancia 2 km **Metro** Tirso de Molina, Sol
Tiempo 30 minutos

El abigarrado corazón de Madrid está cargado de historia y repleto de lugares de interés, que surgen a cada paso de este recorrido por sus castizas calles y plazuelas. En ningún sitio es tan evidente como en la plaza Mayor que, además de servir de escenario a todo tipo de fiestas, fue testigo de juicios y ejecuciones de la Inquisición (p. 304). Esta plaza porticada es la joya del casco antiguo de Madrid y el ejemplo arquitectónico más interesante de los tiempos de la Casa de Austria (p. 295). Otros edificios dignos de mención son la colegiata de San Isidro y el palacio de Santa Cruz. Aunque este recorrido es bastante corto, vale la pena tomarse su tiempo y disfrutar de una pausa en uno de sus numerosos cafés o curioseando entre los puestos del mercado de San Miguel.

La **plaza Mayor,** *magnífica plaza porticada del siglo XVII, es uno de los lugares más atractivos de la zona. Los edificios tienen tres plantas y en los soportales se alojan tiendas de artesanía y comercios tradicionales.*

El **mercado de San Miguel** *está instalado en un edificio de hierro forjado (p306), construido a comienzos del siglo XX. Es un excelente lugar para tomar un tentempié.*

PLAZA
COMMANDANTE
MORENAS

CALLE MAYOR

INICIO

CORDÓN

PUÑONROSTRO

CUCHILLEROS

Antiguo ayuntamiento

Casa de Cisneros

La estatua de Álvaro de Bazán se alza en el centro de la **plaza de la Villa** *(p. 306).*

0 metros   100

N

Arco de Cuchilleros

La **basílica pontificia de San Miguel,** *del siglo XVIII, obra de Bonavía e inspirada en el barroco italiano, tiene una singular fachada convexa y el interior, con planta de entrantes y salientes curvos, se abre con una original bóveda.*

← Vista exterior del concurrido mercado de San Miguel al atardecer

El famoso reloj de la torre de la **Puerta del Sol** marca cada Nochevieja las 12 campanadas mientras una multitud en la plaza come las 12 uvas para celebrar un nuevo año de prosperidad (p. 305).

Iglesia de San Ginés de Arlés

Metro de Sol

Estatua ecuestre de Carlos III

PUERTA DEL SOL

CALLE DE ALCALÁ

LLEGADA

BORDADORES

CALLE DEL ARENAL

CALLE MAYOR

CALLE DE POSTAS

CALLE DE COREOS

CALLE PAZ

CALLE DE CARRETAS

BARCELONA

ESPOZ Y MINA

PLAZA MAYOR

PLAZA PROVINCIA

PLAZA DE JACINTO BENAVENTE

La **Casa de Correos** actualmente acoge la Presidencia del Gobierno de la Comunidad de Madrid.

CALLE DE TOLEDO

CALLE DUQUE DE RIVAS

CALLE DE LA COLEGIATA

El **palacio de Santa Cruz,** antigua Cárcel de Corte, data del siglo XVII. Hoy este palacio renacentista es la sede del Ministerio de Asuntos Exteriores.

Metro de Tirso de Molina

La **colegiata de San Isidro** (p. 305) fue la catedral de Madrid hasta que se terminó la Almudena. Está bajo la advocación de san Isidro, patrono de Madrid, ciudad en la que vivió durante el siglo XII.

EL MADRID ANTIGUO

Mapa de situación
Para más detalles ver p. 296

¿Lo sabías?

Madrid proviene de la palabra árabe *Magerit,* que significa 'tierra rica en agua'.

EL MADRID DE LOS BORBONES

Al este del primitivo núcleo de Madrid se abría una zona de huertas conocida como el Prado. En el siglo XVI se levantó en este paraje un monasterio, más tarde ampliado para convertirlo en palacio, del que solo se conservan fragmentos y cuyos jardines forman hoy el parque del Retiro.

Enseguida este rincón de la ciudad atrajo a una población de literatos y el antiguo barrio agrícola de Huertas se convirtió en el centro de reunión de los autores más famosos de la época. En el siglo XVII el barrio de las Letras se había convertido en lugar de residencia de genios como Miguel de Cervantes o Lope de Vega.

En el siglo XVIII los monarcas de la casa de Borbón, especialmente Carlos III, ampliaron y embellecieron la ciudad. Se construyeron amplias plazas, hermosas fuentes y una puerta conmemorativa y en 1785 se inició la construcción del edificio neoclásico que en un principio iba a albergar un museo de historia natural. Este proyecto no llegó a desarrollarse y en su lugar, en 1819 se abrió una pinacoteca que albergaba las magníficas Colecciones Reales: el Museo del Prado. En el siglo XX, el Museo Nacional Centro de Arte Reina Sofía, una colección de arte contemporáneo español e internacional, y el Museo Thyssen-Bornemisza, con obras internacionales de todos los tiempos, vinieron a unirse al Prado dando lugar al conocido como Triángulo del Arte.

EL MADRID DE LOS BORBONES

Esencial

1. Museo del Prado
2. Museo Thyssen-Bornemisza
3. Museo Nacional Centro de Arte Reina Sofía
4. Parque del Retiro

Lugares de interés

5. Puerta de Alcalá
6. Plaza de Cánovas del Castillo
7. Plaza de Cibeles
8. Biblioteca Nacional de España
9. Museo Nacional de Artes Decorativas
10. Salón de Reinos
11. Parroquia de San Jerónimo el Real
12. Real Academia de la Historia
13. Casa-Museo de Lope de Vega
14. Ateneo de Madrid
15. Teatro Español
16. Plaza de Colón
17. Museo Arqueológico Nacional
18. Estación de Atocha
19. Congreso de los Diputados
20. Calle de Serrano
21. CaixaForum
22. Real Jardín Botánico

Dónde comer

1. Taberna El Sur de Huertas
2. El jardín de Arzábal
3. TriCiclo

Dónde beber

4. Café Gijón

Dónde dormir

5. Mandarin Oriental Ritz
6. Hotel One Shot Prado 23

MUSEO DEL PRADO

F4 **Paseo del Prado** **Estación del Arte, Banco de España** **9, 10, 14, 19, 27, 34, 37, 45** **10.00-20.00 lu-sá, 10.00-19.00 do y festivos; 10.00-14.00 6 ene, 24 y 31 dic** **1 ene, 1 may, 25 dic** **museodelprado.es**

El Museo del Prado posee la mayor colección de pintura española del mundo –especialmente obras de Velázquez y Goya–, que abarca del siglo XII al siglo XIX. También cuenta con impresionantes colecciones de artistas extranjeros, sobre todo italianos y flamencos.

El edificio, de estilo neoclásico, fue diseñado por Juan de Villanueva en 1785 como gabinete y museo de ciencias naturales por encargo de Carlos III. No fue hasta 1819, bajo el reinado de su nieto Fernando VII, cuando abrió sus puertas como Museo de Pinturas y Esculturas. En un principio tan solo albergaba 311 pinturas, pero la actual colección de más de 20.000 obras es un reflejo del poder que llegó a adquirir la corona española, con obras procedentes de los Países Bajos y partes de Italia, entonces bajo dominio español, mientras el siglo XVIII muestra la gran influencia que adquirió Francia con la llegada de los Borbones. Aunque el Prado merece visitarse varias veces, los que no puedan hacerlo deben concentrarse en la pintura española del siglo XVII.

Tras el destronamiento y exilio de Isabel II en 1868, el museo pasó a manos del Estado y la colección se extendió más allá del edificio original. Las ampliaciones se han sucedido desde 1918; en 2007, el arquitecto Rafael Moneo diseñó el edificio anexo al claustro de los Jerónimos para albergar colecciones temporales y en 2016 se eligió el proyecto de Norman Foster y Carlos Rubio Carvajal para la incorporación del cercano Salón de Reinos.

 CONSEJO DK
Visita tardía

Dos horas antes del cierre del museo, la entrada es gratuita. Aunque son muchas obras para tan poco tiempo, es perfecto para presupuestos reducidos o para quienes quieran visitarlo varias veces.

La imponente puerta de Velázquez, mostrada aquí con la luz del atardecer

↑ Colección de estatuas griegas y romanas del museo

ARTE EN GUERRA

Con el estallido de la Guerra Civil, la Sociedad de Naciones recomendó el traslado a su sede en Ginebra de algunos de los más preciados tesoros del Museo del Prado. El personal del museo envió 353 pinturas y 168 grabados, junto al Tesoro del Delfín, primero a Valencia y luego a Gerona, hasta lograr llegar a su destino. Al finalizar la guerra en 1939 y con el estallido de la II Guerra Mundial, las obras regresaron al Prado, cruzando por la noche territorio francés.

↑ Estatua de Velázquez en la entrada principal del museo, paseo del Prado

↑ Entrada al Museo Nacional
del Prado

La colección del museo

La gran colección permanente del museo sigue un recorrido
cronológico distribuido en tres pisos. La escultura clásica
está en la planta baja, Velázquez en la primera planta y la
extensa obra de Goya ocupa las tres plantas de la fachada
Murillo. El acceso tanto a la colección permanente como
a las exposiciones temporales se hace por la entrada
de los Jerónimos.

¿Lo sabías?

Goya fue acusado de
obscenidad por su
versión desnuda de
La maja vestida; ambas
se exhiben juntas.

Pinturas bajo la tenue
iluminación de una
galería del museo ↓

La colección

Pintura española

Hasta casi el siglo XIX, la pintura española estuvo dominada por los temas religiosos y los relacionados con la monarquía. Los pintores desarrollaron un estilo, considerado típico de la pintura española, con un enfoque realista en el que predominaba la expresión de las emociones contenidas y la sobriedad de las formas, influido por el manierismo italiano del siglo XVI. El principal representante de la escuela española del siglo XVII es Diego Velázquez.

Pintura flamenca y holandesa

La importante relación de España con los Países Bajos conllevó una profunda admiración por los primitivos flamencos. El siglo XVII está representado por las casi 100 obras de Peter Paul Rubens, incluyendo *La Adoración de los Magos (derecha)*. En cuanto a la pintura holandesa, destaca *Judit en el banquete de Holofernes* de Rembrandt.

Pintura italiana

Las inquietantes tablas de Botticelli que relatan *Escenas de la historia de Nastagio degli Onesti* fueron el encargo de dos ricas familias florentinas. Rafael contribuye con su deliciosa *Sagrada Familia del Cordero (derecha),* mientras *El Lavatorio,* obra del primer periodo de Tintoretto, refleja el dominio de la perspectiva del pintor. También hay obras de Tiziano, que fue pintor de corte de Carlos I, y de Caravaggio.

Pintura francesa

Los matrimonios entre miembros de la realeza española y francesa en el siglo XVII culminaron en el acceso al trono de España de la casa de Borbón en el siglo XVIII y la consiguiente llegada de obras francesas. El Prado tiene ocho cuadros atribuidos a Poussin, como *Santa Cecilia* y *Paisaje con San Pablo Ermitaño,* junto con *El embarco de Santa Paula Romana en Ostia,* la mejor muestra de Claude Lorrain del museo. Representando el siglo XVIII están Antoine Watteau y Jean Ranc, además del retrato de *Felipe V* de Louis-Michel van Loo.

Pintura alemana

Aunque el arte alemán no cuenta con una extensa representación, el museo conserva algunos cuadros de Alberto Durero, como su interpretación clasicista de Adán y Eva *(izquierda)* o su Autorretrato de 1498, cuando contaba 26 años de edad, que es la pieza maestra de esta pequeña pero valiosa colección de pintura alemana. También pueden verse obras de Luchas Cranach y del pintor de finales del siglo XVIII Anton Raffael Mengs, incluyendo algunos magníficos retratos de Carlos III.

2 🔶 🎭 🍽 🖼 🛍

MUSEO THYSSEN-BORNEMISZA

📍 E3 🏠 Paseo del Prado 8 Ⓜ Banco de España, Sevilla 🚌 1, 2, 5, 9, 10, 14 y muchos más 🕐 Jun-med sep: 10.00-19.00 ma-do, 10.00-16.00 lu para exposiciones temporales; med sep-may: 12.00-16.00 lu, 10.00-19.00 ma-do 🚫🎫 ene, 1 may y 25 dic 🌐 museothyssen.org

Considerada por muchos críticos como la mejor colección privada de arte del mundo, el Museo Thyssen-Bornemisza recorre la historia del arte occidental desde los primitivos europeos hasta las obras del siglo XX. La colección del museo reúne más de 1.000 pinturas e incluye obras maestras de Goya, Van Gogh y Picasso.

Este magnífico museo muestra la colección reunida por el barón Heinrich Thyssen-Bornemisza y su hijo, Hans Heinrich. En 1992 se instaló en el dieciochesco palacio de Villahermosa, remodelado por Rafael Moneo, y fue adquirida por el Estado español al año siguiente. En 2004 se abrió al público la colección de arte impresionista de Carmen Thyssen. Las galerías del museo se disponen alrededor de un patio central. La planta superior está dedicada al arte italiano desde los primitivos hasta el siglo XVII, mientras la primera planta muestra obras holandesas del siglo XVII y del expresionismo alemán. La planta baja expone las obras del siglo XX.

↑ *Venus y Cupido,* una expresiva obra del pintor flamenco Peter Paul Rubens

TOP 5 OBRAS MAESTRAS

Retrato de Giovanna degli Albizzi Tornabuini (1489-1490)
Domenico Ghirlandaio hace un retrato personal.

Les Vessenots en Auvers (1890)
Un paisaje rural pintado por Van Gogh.

Venus y Cupido (1606-1611)
Peter Paul Rubens representa su ideal de belleza.

El Gran Canal desde San Vio, Venecia (c. 1723-1724)
Esta pintura de Canaletto destaca por su precisión topográfica.

Bailarina basculando (1877-1879)
Degas plasma el movimiento de la bailarina.

¿Lo sabías?

El barón Thyssen Bornemisza guardaba anteriormente la colección en su mansión de Lugano, Suiza.

←
Una sala de la colección permanente y el exterior del museo

3 🔨 📷 🍴 🏛 🛍

MUSEO NACIONAL CENTRO DE ARTE REINA SOFÍA

📍 E5 🏠 Calle de Santa Isabel 52 Ⓜ Estación del Arte
🚌 6, 14, 19, 27, 45, 55, 86 🕐 10.00-21.00 lu, mi-sá, 10.00-14.30 do 🚫 Ma, 1 y 6 ene, 1 y 15 may, 9 nov, 24, 25 y 31 dic, algunos festivos 🌐 museoreinasofia.es

La obra más famosa de este museo de arte del siglo XX es el *Guernica* de Picasso, aunque también cuenta con otras obras maestras de importantes artistas, como Miró o Dalí. El museo mantiene su espíritu innovador desde su fundación en 1992.

Ubicada en el antiguo Hospital San Carlos, la colección del museo es tan interesante y fascinante como su edificio. Construido a finales del siglo XVIII y diseñado por José Hermosilla y Francisco Sabatini, el hospital se cerró en 1965, pero sobrevivió a la demolición al ser declarado monumento nacional en 1977 tanto por su pasado como por su arquitectura única. Su restauración se inició bajo la dirección de Antonio Fernández Alba y en abril de 1986 el Centro de Arte Reina Sofía abría sus puertas por primera vez. Los tres ascensores panorámicos en torres de cristal y acero se añadieron en 1988 y son un diseño de los arquitectos españoles José Luis Íñiguez de Onzoño y Antonio Vázquez de Castro en colaboración con el británico Ian Ritchie. La colección permanente se inauguró finalmente en 1992. La última ampliación, diseñada por Jean Nouvel, se añadió en 2005; lleva el nombre de su autor y en su inmenso espacio museístico alberga la Colección 3: *De la revuelta a la posmodernidad,* una biblioteca, una cafetería y auditorios en los que se celebran diversos actos como proyección de películas y conciertos.

¿Lo sabías?

Jean Nouvel recibió el prestigioso premio Pritzker de arquitectura en 2008.

← *Wheat & Steak,* escultura del artista español Antoni Miralda

CONSEJO DK
Gratis

Excepto los martes y domingos, la entrada es gratuita a partir de las 19.00. Para dedicarle más tiempo, también se puede visitar los domingos entre las 12.30 y las 14.30.

↑ *Brushstroke* de Roy Lichtenstein, en la original ampliación de Jean Nouvel

Explorando la colección

El siglo XX sin duda ha sido el periodo de la historia del arte más brillante en España desde el siglo XVII y el Museo Reina Sofía cuenta con muestras de sus distintos movimientos artísticos. Escultura, pintura e incluso filmaciones del director surrealista Luis Buñuel ofrecen un didáctico recorrido por este prolífico siglo.

La Colección 1, en la segunda planta, incluye obras de 1900 a 1945 y salas dedicadas a movimientos como el cubismo y el surrealismo; la Colección 2, en la cuarta planta, está formada por trabajos de 1945 a 1968, con obras representativas del pop art, el minimalismo y otras tendencias recientes. La Colección 3 –"De la revuelta a la posmodernidad (1962-1982)"– se halla en el edificio Nouvel.

↑ Visitantes ante el espectacular *Guernica* de Picasso

¿Lo sabías?
—
El nombre del museo es un homenaje a la reina Sofía, madre del actual rey Felipe VI.

GUERNICA DE PICASSO

La obra más famosa del siglo XX, encargada por el Gobierno republicano para la exposición de París de 1937, es este lienzo de protesta contra la Guerra Civil. El artista halló su inspiración en el brutal ataque que la aviación alemana lanzó sobre el pueblo vasco de Gernika-Lumo *(p. 272).* La pintura permaneció en Nueva York hasta 1981 por deseo del pintor, que no quiso que la obra volviera a España hasta que la democracia estuviera consolidada. El cuadro fue trasladado al Reina Sofía desde el Prado en 1992.

Los inicios del arte moderno español

▶ Tras la tormenta de creatividad que culminó con Goya en el siglo XIX, la pintura española entró en un periodo de crisis. Unos cuantos artistas lograron romper el molde, apuntando el amanecer de una nueva era de creatividad artística. El museo muestra las obras de Gutiérrez Solana, gran retratista de las gentes de Madrid. Influido por los grandes maestros españoles, entre sus pinturas está *La Tertulia del Café Pombo* (1920, derecha).

Pablo Picasso

Las obras expuestas abarcan cinco décadas de la vida del genio. La primera obra que surge es la evocadora *Mujer en azul* (1901), uno de los primeros ejemplos del conocido como "periodo azul". En la sala 206 está la pieza más visitada de la colección, el inmenso *Guernica* (1937). Además de su incuestionable valor artístico, este lienzo tiene una enorme significación histórica.

Miró, Dalí y el surrealismo

Joan Miró desarrolló varios estilos. Sus experimentos surrealistas de los años 1920 reflejan su predilección por los colores vivos y las formas atrevidas del arte popular catalán. Salvador Dalí destaca principalmente como miembro del movimiento surrealista, que profundiza en la representación de las imágenes del subconsciente sin pasarlas por el filtro del pensamiento racional. Otros importantes pintores surrealistas con presencia en el museo son Benjamín Palencia, Óscar Domínguez y Luis Buñuel. La obra maestra de Dalí, *El gran masturbador* (1929) contrasta con la realista *Muchacha en la ventana* (1925) que cuelga a su lado. Dalí, al igual que otros, abrazó distintos estilos durante su carrera.

Julio González

◀ Amigo y contemporáneo de Gargallo y Picasso, Julio González es conocido como el padre de la escultura moderna española, sobre todo por ser un pionero en el uso del hierro en bruto. Destaca su humorístico autorretrato llamado *Tête dite de "Lapin"* o *Cabeza llamada "el conejo"* (1930, izquierda).

La escuela de París

La turbulenta historia de España en el siglo XX hizo que varios artistas españoles de talento decidieran abandonar el país. Muchos de ellos, incluido Picasso, Dalí, Juan Gris y Miró eligieron París como destino, algunos durante unos pocos meses y otros para pasar años. Allí se unieron a otros artistas de diversas nacionalidades y formaron la llamada Escuela de París. Las obras de este heterogéneo grupo jóvenes artistas, siempre unidos y siempre en evolución, reflejan sus mutuas influencias.

La Posguerra

La Guerra Civil (1936-1939) tuvo un enorme impacto en el desarrollo del arte en España. Bajo el franquismo, el estado estableció una férrea censura. Las salas de la cuarta planta del museo muestran piezas de arte contemporáneo del siglo XX, desde finales de la II Guerra Mundial en 1945 hasta 1968, que reflejan el desarrollo de los distintos movimientos. Entre los artistas representados están Robert Delaunay, Max Ernst, Francis Bacon y Georges Braque. También cuenta con obras tardías de Picasso y Miró, junto con esculturas de Julio López-Hernández y Jorge Oteiza.

↑ *Green-Blue, de* Gerhard Richter, y *Untitled, de* Bruce Nauman

4 ☕

PARQUE DEL RETIRO

📍 G4 🏠 Plaza de la Independencia 7 📞 91 530 00 41 Ⓜ Retiro, Ibiza, Estación del Arte 🕐 Abr-sep: 6.00-24.00 diario; oct-mar: 6.00-22.00 diario

En el pasado, recorrer los cuidados senderos del Retiro era privilegio de reyes y reinas, pero hoy constituye un agradable pasatiempo para madrileños y visitantes. Al atardecer, cuando la temperatura baja, parece que la mitad de la ciudad salga a disfrutar del frescor de sus jardines.

Este parque conserva el nombre del desaparecido palacio de Felipe IV, del que formó parte. De aquel Real Sitio solo quedan el Casón del Buen Retiro (p. 316) y el Salón de Reinos (p. 330).

Desde 1632, el parque fue de uso exclusivo de la familia real, que organizaba complejas representaciones, corridas de toros y batallas navales. Se permitió el acceso parcial al público en el siglo XVIII, siempre que los visitantes fuesen debidamente ataviados, hasta que en 1869 se abrió por completo.

Desde la entrada norte se baja por un paseo arbolado hasta el Estanque Grande, donde se pueden alquilar barcas de remos. En uno de los lados se alza una columnata semicircular que sirve de fondo a la estatua ecuestre de Alfonso XII. Al otro lado, gran número de pintores, echadores de cartas, músicos y malabaristas animan el paseo.

Al sur del lago existen dos bellos palacios: el de Velázquez, construcción de ladrillo rojo revestido de azulejos, y el de Cristal, de interesante estructura ferrovítrea. Ambos son obra de Ricardo Velázquez Bosco y se levantaron para la exposición de 1887. Hoy en día albergan exposiciones de arte contemporáneo.

Los jardines también cuentan con varias elegantes estatuas y monumentos de mármol. Destaca El Ángel Caído, una escultura de finales del siglo XIX de Ricardo Bellver que corona una de las fuentes del parque y que es una de las únicas tres dedicadas al diablo que hay en el mundo.

💬 CONSEJO DK
Mercado de libros

Al salir del parque por la puerta del Ángel Caído hacia Atocha se puede visitar el mercado de libros de la Cuesta de Moyano. Abierto desde 1925, la oferta va desde libros de segunda mano a valiosas primeras ediciones.

1 La columnata del monumento a Alfonso XII ofrece un tranquilo espacio sombreado.

2 Las aguas turquesas del Estanque Grande concentran la mayor actividad del parque.

3 Además de sus plantaciones de árboles, el parque del Retiro cuenta con jardines y parterres de estilo francés.

El palacio de Cristal al atardecer, en la zona sur del parque del Retiro

La Puerta de Alcalá y a sus pies un parterre de flores amarillas

LUGARES DE INTERÉS

⑤

Puerta de Alcalá

📍 F2 🅰 **Plaza de la Independencia** Ⓜ **Retiro**

Esta puerta conmemorativa fue trazada por Francisco Sabatini en 1769 para reemplazar una antigua puerta barroca que mandó construir Felipe III para recibir a su esposa Margarita de Austria y tardó nueve años en construirse. De estilo neoclásico, está realizada en granito, rematada con un gran frontón y decorada con alegorías militares y resulta especialmente hermosa con la iluminación nocturna.

⑥

Plaza de Cánovas del Castillo

📍 E3 Ⓜ **Banco de España**

Esta bulliciosa glorieta lleva el nombre de uno de los más notables estadistas del siglo XIX español, que fue asesinado en

1897. Preside la plaza la fuente de Neptuno, representado el dios sobre un carro tirado por dos caballos. La fuente fue trazada por Ventura Rodríguez en 1777 y formó parte de la remodelación urbanística que le encargó Carlos III para la zona oriental de Madrid. Ejecutó la fuente Juan Pascual de Mena.

---

⑦

Plaza de Cibeles

📍 E2 Ⓜ **Banco de España**

La plaza de Cibeles es uno de los lugares más emblemáticos y conocidos de la ciudad.

La fuente sella la confluencia del paseo del Prado con la calle de Alcalá, y está dedicada a la diosa grecorromana de la naturaleza, representada sobre un carro tirado por dos leones. Fue trazada por Ventura Rodríguez y José Hermosilla a finales del siglo XVIII.

La plaza reúne cuatro importantes edificios. El más representativo es el palacio de

Comunicaciones, sede del ayuntamiento y un espacio cultural, **CentroCentro.** Se construyó de 1905 a 1917 y su fachada blanca con torreones a menudo se compara con una tarta de boda.

En la esquina noreste se alza el palacio de los marqueses de Linares, construido hacia 1875, durante la segunda restauración borbónica. Estuvo a punto de ser demolido, pero finalmente se rehabilitó para albergar la **Casa de América,** sede de la cultura hispanoamericana. Estuvo cerrado durante muchos años pero

---

 MEJORES VISTAS
Cibeles a tus pies

Un ascensor (se cobra entrada) lleva al octavo piso del palacio de Comunicaciones, desde donde se tienen vistas increíbles de la ciudad, con la fuente de Cibeles justo debajo.

ahora acoge exposiciones y conferencias.

En la zona noroeste, rodeado de jardines, se encuentra el Cuartel General del Ejército. Ocupa el antiguo palacio de Buenavista, encargado por la duquesa de Alba en 1777. Su terminación se retrasó en dos ocasiones a causa de distintos incendios.

Frente a él, el Banco de España. Se construyó entre 1884 y 1891, inspirándose en el renacimiento veneciano. Son interesantes las decoraciones de hierro forjado de los balcones. Las obras de renovación devolvieron al edificio el esplendor del siglo XIX y ahora acoge exposiciones.

CentroCentro
🎨 🕐 10.00-20.00 ma-do
🚫 lu 🌐 centrocentro.org

Casa de América
🎨 🕐 9.00-15.00-16.00-20.00 lu-vi 🚫 ago y festivos
🌐 casamerica.es

→
La emblemática fuente de Cibeles, en la plaza de Cibeles

8 Biblioteca Nacional de España

📍 F1 🏠 Paseo de Recoletos 20-22 Ⓜ Colón, Serrano 🕐 9.00-20.00 lu-vi, 9.00-14.00 sá; museo y exposiciones: 10-00.20.00 lu-sá, 10.00-14.00 do 🚫 Festivos 🌐 bne.es

Desde que el rey Felipe V fundó la Biblioteca Nacional en 1712 es obligación de los impresores del país mandar aquí un ejemplar de cualquier libro publicado. En la actualidad atesora unos 28 millones de publicaciones, aparte de mapas, partituras y grabaciones sonoras. Entre sus joyas hay una primera edición del *Quijote* y dos manuscritos de Da Vinci.

Un museo repasa la historia de la biblioteca, así como la evolución de la escritura, la lectura y los sistemas de comunicación. La biblioteca también acoge exposiciones temporales, charlas y conciertos.

9 Museo Nacional de Artes Decorativas

📍 F3 🏠 Calle de Montalbán 12 Ⓜ Retiro, Banco de España 🕐 9.30-15.00 ma-sá (ju también 17.00-20.00, excepto jul y ago), 10.00-15.00 do 🚫 Festivos 🌐 mnartesdecorativas.mecd.es

Está instalado en el palacio Santoña del siglo XIX que da al

Mandarin Oriental Ritz

Un opulento hotel de estilo *belle époque* que transporta a otra época. Por su magnífico bar han pasado personajes como Dalí, Lorca o Hemingway.

📍 F3 🏠 Plaza de la Lealtad 5 🌐 mandarinoriental.com/ritzmadrid.

€€€

Hotel One Shot Prado 23

Habitaciones elegantes, algunas con balcones y todas con suelos de madera, a precios razonables.

📍 E3 🏠 Calle del Prado 23 🌐 hoteloneshotprado23.com

€€€

Retiro. Este museo exhibe una importante colección de muebles y objetos artísticos. Casi todas las piezas son de procedencia española y se remontan hasta tiempos fenicios. Destacan las magníficas piezas de cerámica de Talavera de la Reina *(p. 416)* y una colección de objetos del Lejano Oriente.

Salón de Reinos

F3 **Calle de Méndez
Núñez 1** **Retiro,
Banco de España**
Por reforma

El Salón de Reinos es una de
las dos secciones que quedan
en pie del palacio del Buen
Retiro (siglo XVII). Toma su
nombre de los escudos de los
24 reinos que componían la
monarquía española y que
adornaban las paredes del
salón. Parte de su decoración
fue supervisada por Velázquez. En tiempos de Felipe IV,
el salón se usaba para recepciones diplomáticas y
ceremonias oficiales.

Parroquia de San
Jerónimo el Real

F4 **Calle del Moreto 4**
91 420 30 78 **Banco
de España** **Oct-jun: 10.00-
13.00 y 17.30-19.30 todos
los días; jul-sep: 10.00-
13.00 y 18.00-20.30 todos
los días**

Los Reyes Católicos fundaron
en el inicio del siglo XVI el
monasterio al que perteneció
esta iglesia madrileña. A partir

del siglo XVII pasó a formar
parte del Real Sitio del Buen
Retiro, hoy desaparecido
(*p. 326*). Es de estilo gótico
pero fue muy restaurado
en el siglo XIX tras la guerra
de la Independencia. Algunas
partes forman un anexo del
Museo del Prado.

En esta iglesia contrajo
matrimonio Alfonso XIII
con Victoria Eugenia de
Battenberg en 1906. En 1975
se celebró aquí la coronación
del rey don Juan Carlos I.

Real Academia
de la Historia

D4 **Calle del León 21**
Antón Martín
Al público **rah.es**

La Real Academia de la Historia, fundada en 1735, ocupa un
edificio austero realizado por
Juan de Villanueva en 1788.
Fue proyectado para acoger
una entidad regentada por los
monjes de El Escorial y dedicada a la impresión de libros
de oración.

En 1898, el insigne intele-
ctual Marcelino Menéndez
Pelayo fue nombrado director
y ocupó este puesto hasta su
muerte en 1912. El edificio
está cerrado al público y sólo
se puede ver el exterior.

Taberna El Sur
de Huertas

Este simpático local
sirve tapas y comida
casera.

D4 **Calle de las
Huertas 24**
919 20 56 86

El jardín de Arzábal

Ubicado en el Museo
Reina Sofía, este
moderno restaurante
sirve cocina sabrosa en
una terraza sombreada.

E5 **Calle de Santa
Isabel 52** **arzabal.com**

TriCiclo

Este popular
restaurante de estilo
industrial sirve platos
españoles modernos
en tres diferentes
tamaños, para
adecuarse a todos
los presupuestos.

E4 **Calle de Santa
María 28** **eltriciclo.es**

13

Casa-Museo de Lope de Vega

◊ E3 ⌂ Calle de Cervantes 11 Ⓜ Antón Martín, Sevilla ◷ Solo previa cita: 10.00-18.00 ma-do ◷ 1 y 6 ene, 1 y 15 may, 24, 25 y 31 dic 🌐 casamuseolopedevega.org

Félix Lope de Vega y Carpio, *el Fénix de los Ingenios del Siglo de Oro*, se trasladó en 1610 a esta casa, donde escribió un tercio de sus comedias, cifradas en unas 1.000. En 1935 se restauró meticulosamente, utilizando algunos de los muebles del propio Lope de Vega. Se respira el ambiente de lo que fue la vida cotidiana madrileña en el siglo XVII. El centro de la casa está ocupado por una capilla sin ventanas, junto al dormitorio del dramaturgo, con el que se comunica por una celosía. En la parte posterior existe un pequeño jardín con un pozo, al que se refiere el autor en alguna de sus obras. Lope murió aquí en 1635.

 14

Ateneo de Madrid

◊ E3 ⌂ Calle del Prado 21 Ⓜ Antón Martín, Sevilla ◷ Solo previa cita: 10.00-13.00 lu-vi 🌐 ateneodemadrid.com

Esta institución privada se fundó en 1835 y tiene una arraigada tradición liberal. Ocupa un edificio modernista en el que destaca su amplia escalera; las paredes, forradas en madera, están cubiertas de cuadros con retratos de ilustres personajes españoles. Durante diversas etapas fue clausurado y sufrió la represión de gobiernos intolerantes. Cuenta entre sus socios con intelectuales, escritores y científicos de renombre.

 ←

La parroquia de San Jerónimo el Real, junto al Museo del Prado

↑ La fachada neoclásica del teatro Español, en la plaza de Santa Ana

 15

Teatro Español

◊ D3 ⌂ Calle del Príncipe 25 Ⓜ Sol, Sevilla ◷ Funciones desde 19.00 ma-do 🌐 teatroespanol.es

En la plaza de Santa Ana se encuentra ubicado el teatro más antiguo de Madrid. A partir de 1583 se empezaron a representar las obras de los dramaturgos más importantes en el antiguo Corral del Príncipe, que ocupó este solar. En 1802, tras un incendio, se reemplazó por el actual edificio del teatro Español.

La fachada neoclásica, ordenada a base de pilastras y medallones, es obra del arquitecto Juan de Villanueva; en ella se encuentran grabados los nombres de los más insignes dramaturgos españoles, entre ellos el de Federico García Lorca.

Una visita guiada de 1 hora (lu-vi 12.00, consultar web) muestra el escenario, el palco y distintos salones.

TOP 4 FIESTAS POPULARES

San Isidro
Las fiestas en honor al santo patrón de Madrid se celebran en torno al 15 de mayo con verbenas, conciertos, exposiciones, fuegos artificiales y romerías.

Corpus Christi
Festividad de la Eucaristía con procesiones por la ciudad a finales de mayo o principios de junio.

Dos de Mayo
Conmemora el levantamiento contra las tropas napoleónicas el 2 de mayo de 1808.

Nochevieja
Todo el país está pendiente de la Puerta del Sol *(p. 305)* para asistir a las campanadas que marcan el inicio del año nuevo.

→

Mosaico romano de las
Estaciones y los Meses,
Museo Arqueológico Nacional

 16

Plaza de Colón

📍 **F1** Ⓜ **Serrano, Colón**

Esta amplia plaza, importante
núcleo de la ciudad, está
dedicada al descubridor de
América.

En la esquina del paseo de
la Castellana con la calle de
Génova se alzan las pos-
modernas torres de Herón.
Cierra el lado sur de la plaza el
edificio que alberga la Biblioteca Nacional y el Museo
Arqueológico Nacional.

Sin embargo, el rasgo más
característico de la plaza es el
monumento dedicado al gran
navegante en los jardines del
Descubrimiento. Está com-
puesto por dos conjuntos bien
diferenciados: el más antiguo
y bello es la columna neogótica, realizada en 1885, que se
remata con una estatua de
Colón orientada a poniente.
La base está adornada con
bajorrelieves que describen
escenas de sus diversos viajes.
La escultura fue trasladada y
el antiguo zócalo que la sus-
tentaba sirve de escenario
para instalaciones rotativas.
Desde 2018 está ocupado por
la escultura *Julia*, de Jaume
Plensa, una cabeza de mujer
realizada en resina de poliés-
ter y polvo de mármol blanco.

Tras él, dando a la calle
Serrano, un segundo grupo
escultórico se articula en
cuatro grandes volúmenes de
hormigón grabados con citas
colombinas.

———

 17

Museo Arqueológico Nacional

📍 **F2** 🏛 **Calle de Serrano 13**
Ⓜ **Serrano, Retiro, Colón**
🚌 **1, 9, 19, 51, 74** 🕐 **9.30-20.00
ma-sá, 9.30-15.00 do** 🔒
Algunos festivos 🌐 **man.es**

Fundado por Isabel II en 1867,
el Museo Arqueológico de Madrid alberga una colección
que reúne piezas procedentes
de excavaciones españolas,
aunque también se exponen
objetos de las antiguas civilizaciones egipcia, griega, romana y etrusca.

En la planta de acceso se
muestran las colecciones prehistóricas, centradas en expli-
car los orígenes de la humanidad y las primeras sociedades
jerarquizadas. Aquí están también la tienda y la cafetería.

La primera planta está dedicada a la protohistoria, la
hispania romana –con impresionantes pavimentos de mosaico, esculturas y tumbas–, la
civilización visigótica –con el

tesoro de Guarrazar, la magnífica colección de coronas voti-
vas que datan del siglo VII, halladas en Toledo–, y el periodo
islámico –con piezas de cerámica procedentes de Medina
Azahara, en Córdoba y objetos
de bronce–. En esta planta
destacan dos singulares esculturas del arte íbero: *La dama
de Elche* y *La dama de Baza*.

Entre las piezas del periodo
medieval de los reinos cristianos que se exhiben en la segunda planta hay que distin-
guir el *Crucifijo de don Fernando
y doña Sancha*, donado por estos reyes a la basílica de San
Isidoro de León hacia 1063, y la
Virgen con el Niño procedente
de Sahagún, en León, una de
las obras maestras del arte español. Aquí se exponen además los vestigios de la edad
moderna y de otras civilizaciones del Mediterráneo.

 CONSEJO DK
Teatro gratis

La plaza de Colón alberga
el Teatro Fernán Gómez
Centro Cultural de la Villa,
que ofrece exposiciones,
teatro de títeres y
representaciones de
zarzuela gratuitas
(*www.teatrofernan
gomez.com*).

Estación de Atocha

 F5 **Plaza del Emperador Carlos V** **Atocha RENFE** **5.00-1.00 diario** **renfe.com**

El primer trayecto del ferrocarril entre Atocha y Aranjuez tuvo lugar en 1851. Cuarenta años después se construyó un nuevo edificio para la estación. La antigua estructura de cristal y hierro forjado alberga un jardín tropical con más de 500 especies.

Congreso de los Diputados

E3 **Plaza de las Cortes 1** **Sevilla** **Solo previa cita: 12.00 vi, 10.30, 11.15 y 12.00 sá** **Ago** **congreso.es**

Este imponente edificio es la sede del Parlamento español, las Cortes. Data de mediados del siglo XIX y ocupa el solar de un antiguo convento. Se caracteriza por sus inmensas columnas, sobre las que descansa el frontón, y por los dos leones que guardan la entrada, realizados en 1866. Es notable la decoración isabelina del interior. En 1981 fue escenario del fracasado intento de golpe de Estado del teniente coronel Tejero.

Calle de Serrano

F2 **Serrano**

La calle más elegante de Madrid lleva el nombre del político del siglo XIX Francisco Serrano y Domínguez. Comienza en la plaza de la Independencia y atraviesa el barrio de Salamanca, para terminar en la plaza del Ecuador. En sus grandes caserones se abren las tiendas más prestigiosas de Madrid. Hacia el centro de la calle tienen sus locales muchos de los diseñadores españoles más prestigiosos, como Adolfo Domínguez y Roberto Verino, además de dos centros de El Corte Inglés. En la calle de Serrano se han instalado modistos italianos como Armani y Versace y franceses como Hermès y Chanel. En la calle de Claudio Coello, paralela a Serrano, tienen sus establecimientos muchos anticuarios atraídos por la distinguida clientela de la zona. Esta calle también es conocida por las obras de arte contemporáneo que se pueden encontrar en sus numerosas galerías de arte. Bajo el puente de Juan Bravo está el Museo de Arte Público de Madrid, un espacio de escultura al aire libre (Paseo de la Castellana 40).

CaixaForum

F4 **Paseo del Prado 36** **Estación del Arte** **10.00-20.00 diario** **1 y 6 ene, 25 dic** **lacaixa.es/obrasocial**

Este centro cultural alberga exposiciones de arte moderno y fotografía, talleres educativos, conferencias y recitales de música y poesía. Ocupa una antigua estación eléctrica, rehabilitada en 2007 por los arquitectos suizos Herzog & de Meuron, y su estructura parece flotar sobre el suelo. El interior es una obra de arte por si mismo y junto al edificio hay un jardín vertical. También tiene una cafetería y restaurante en la última planta.

Café Gijón
Es el único superviviente de los cafés con tertulia que poblaban Madrid entre la década de 1920 y la Guerra Civil.

F2 **Paseo de Recoletos 21** **cafegijon.com**

Real Jardín Botánico

F4 **Plaza de Murillo 2** **Banco de España, Estación del Arte** **10.00-anochecer diario** **1 ene, 25 dic** **rjb.csic.es**

Al sur del Prado *(p. 316)* se encuentra el Real Jardín Botánico. Se proyectó en 1781 por deseo de Carlos III y realizaron las obras Gómez Ortega, Francesco Sabatini y Juan de Villanueva, autor del Prado. Durante la Ilustración creció el interés español por la flora suramericana y filipina, que se refleja en la gran variedad de árboles, arbustos, plantas medicinales y hierbas aromáticas que atesora.

↑ Parterre de alegres tulipanes en el Real Jardín Botánico, el lugar idóneo para relajarse

UN PASEO
PASEO DEL PRADO

Distancia 2,5 km **Metro** Banco de España **Tiempo** 40 minutos

Antes de que se configurara esta avenida con museos y residencias señoriales a finales del siglo XVIII, el paseo del Prado era un paraje arbolado al que los madrileños acudían para dejarse ver. Este recorrido combina el paseo por el bulevar con las visitas a sus pinacotecas. La más famosa es la del Museo del Prado, cuyas colecciones, junto con las del Museo Thyssen-Bornemisza, componen un conjunto de renombre internacional. La fuente de la diosa Cibeles y la Puerta de Alcalá, situadas en unas encrucijadas de intenso tráfico, son algunos de los monumentos levantados bajo el reinado de Carlos III.

Metro Banco de España

El **edificio Metrópolis,** *situado en la confluencia de la Gran Vía (p. 309) con la calle de Alcalá, es de estilo parisiense y data de 1910.*

INICIO

Banco de España

El **paseo del Prado,** *concebido como un espacio urbano dedicado a la difusión de las artes y las ciencias, se debe a la iniciativa de Carlos III.*

El **Museo Thyssen-Bornemisza** *se instaló en el neoclásico palacio de Villahermosa (p. 320).*

El **Congreso de los Diputados** *ha sido testigo de la transición hacia la democracia (p. 333).*

PLAZA CIBELES

BARQUILLO

VALDEIGLESIAS

CALLE DE ALCALÁ

CALLE DE LOS MADRAZO

DE CUBAS

ZORRILLA

PASEO DEL PRADO

PLAZA DE LAS CORTES

PLAZA DE CÁNOVAS

DEL CASTILLO

LLEGADA

Neptuno se alza en medio de la **plaza de Cánovas del Castillo** *(p. 328).*

Hotel Palace

↑ El moderno exterior de la ampliación del Museo Thyssen-Bornemisza

N

0 metros   100 ↑

La **Plaza de Cibeles** (p. 328), está dominada por la fuente con la estatua de la diosa romana Cibeles.

La **Puerta de Alcalá,** construida en granito, cobra especial belleza con la iluminación nocturna (p. 328).

Palacio del Marqués de Linares

Palacio de Comunicaciones y ayuntamiento

PLAZA DE LA INDEPENDENCIA

CALLE DE ALCALA

ALFONSO XI

CALLE DE MONTALBAN

CALLE DE ALFONSO XII

CALLE DE

PLAZA DE LA LEALTAD

CALLE ANTONIO MAURA

CALLE FELIPE IV

MORETO

Mapa de situación
Para más detalles ver p. 314

Paseo del Prado
EL MADRID DE LOS BORBONES

↑ La estatua de Cibeles decora la fuente de la plaza de Cibeles

El **Museo Nacional de Artes Decorativas,** cercano al Retiro, se fundó en 1912 como escaparate para la industria manufacturera española (p. 329)

El **Salón de Reinos** (p. 330), del palacic del Buen Retiro, antiguo Museo del Ejército, forma parte del Museo del Prado.

El **Casón del Buen Retiro** es un anexo del Museo del Prado (p. 316).

Con su interior modernista, el **Hotel Mandarin Oriental Ritz,** construido en 1906, es uno de los hoteles más elegantes de España (p. 329).

El **Monumento a los héroes del 2 de mayo** conmemora el levantamiento de Madrid contra la invasión francesa.

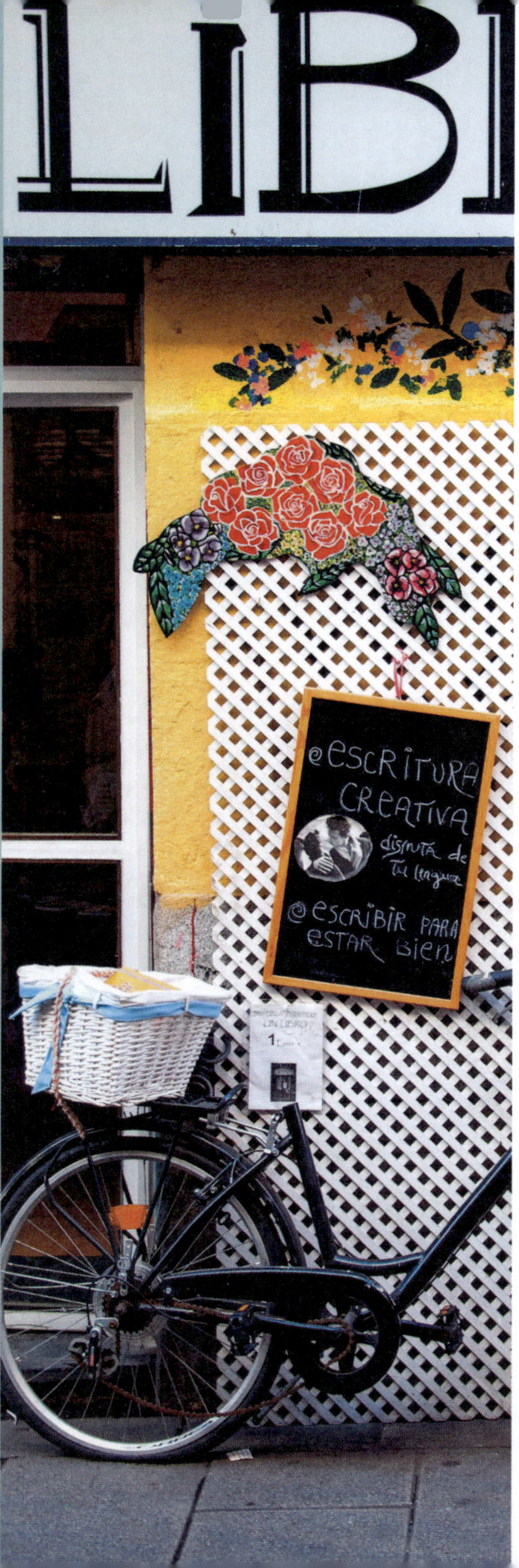

Bicicleta apoyada en una librería de Malasaña

Esencial

1 Museo Lázaro Galdiano

Lugares de interés

2 Templo de Debod
3 La Latina
4 Plaza de la Paja
5 Ermita de San Antonio de la Florida
6 Casa de Campo
7 El Rastro
8 Salesas
9 Malasaña
10 Museo de América
11 Palacio de Liria
12 Plaza de toros de Las Ventas
13 Lavapiés
14 Paseo de la Castellana
15 Parque El Capricho
16 Real Fábrica de Tapices
17 Matadero Madrid
18 Museo Sorolla

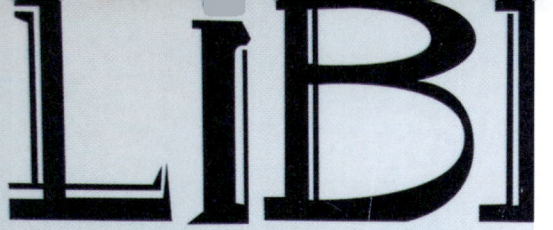

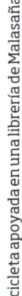

FUERA DEL CENTRO

Algunos de los barrios más interesantes de Madrid
están fuera del centro histórico. El señorial barrio
de Salamanca debe su nombre al aristócrata José de
Salamanca y Mayol, que construyó sus elegantes
mansiones en los años 1860. Totalmente distinto,
al oeste se extiende Chueca, originariamente un
barrio de ceramistas y herreros que a principios
de la década de 1980 se transformaría en un centro
cosmopolita y artístico al pasar a convertirse
en el barrio de la comunidad LGTBIQ+ de Madrid.
Por su parte, Malasaña, uno de los principales
protagonistas del levantamiento de 1808 contra
las tropas napoleónicas, también estuvo ligado al
movimiento social y cultural de la conocida como
Movida madrileña de la década de 1980 y hoy es
el centro bohemio de la ciudad.

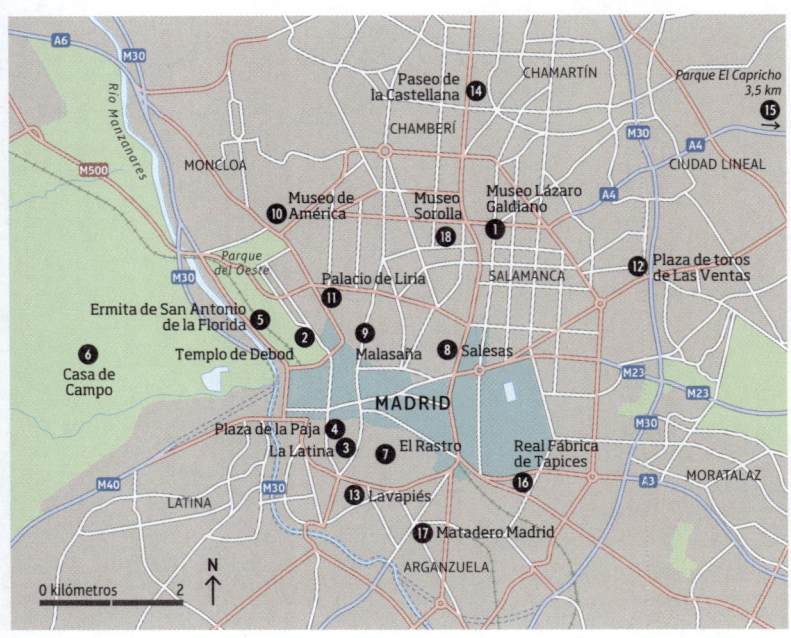

❶ ⟨🐾⟩ ⟨🔁⟩ ⟨🏛⟩

MUSEO LÁZARO GALDIANO

🏠 Calle de Serrano 122 Ⓜ Rubén Darío, Gregorio Marañón 🚌 7, 9, 12, 14, 16, 19, 27, 40, 51, 61, 145, 150 🕐 9.30-15.00 ma-do 🔒 Festivos Ⓦ flg.es

Este museo refleja el exquisito y cosmopolita gusto de su fundador, Lázaro Galdiano, con obras maestras del arte y la artesanía de los mejores artistas de Europa, que decoran las salas de este impresionante palacete de estilo italianizante.

Esta casa-museo perteneció al editor y financiero José Lázaro Galdiano. En 1903 se casó con la heredera argentina Paula Florido y juntos construyeron esta casa para exponer en ella su gran colección de arte. que en el momento de su muerte contaba con cerca de 13.000 piezas. Por deseo de este gran mecenas, su colección privada pasó al Estado tras su muerte en 1948.

La colección, que abarca desde el siglo VI al XX, es de una calidad excepcional, con singulares retratos de Goya y obras de otros autores, como *Salvador*, atribuido a un discípulo de Leonardo da Vinci. La pintura española está representada por obras de Madrazo, Zurbarán, Ribera, Murillo y el Greco, y la inglesa, por Constable, Turner, Gainsborough y Reynolds. Destaca una colección de leontinas que incluye un reloj cruciforme de bolsillo que utilizaba Carlos V, y otra de esmaltes de Limoges.

¿Lo sabías?

La Real Academia de Bellas Artes de San Fernando rechazó las obras de Goya en 1763 y 1766.

El interior del museo está decorado con pinturas y esculturas ↑

← *Cristo atado a la columna* de Michelangelo Naccherino

↑ El elegante exterior de ladrillo del Museo Lázaro Galdiano

TOP 5 PIEZAS DEL MUSEO

El aquelarre
Esta pintura de Goya de 1798, basada en una leyenda, muestra una reunión de brujas alrededor del diablo representado en forma de macho cabrío.

Cristo atado a la columna
Esculpida en mármol, a tamaño natural, por Michelangelo Naccherino en 1764.

Meditaciones de San Juan Bautista
Pintado por el Bosco hacia 1485-1510, san Juan aparece meditando en un paisaje pastoril salpicado de simbólicas plantas.

Báculo
Esta magnífica cabeza de báculo dorada y esmaltada fue realizada en Limoges en el siglo XIII.

Jarro tartésico
Esta pieza de bronce de mediados del siglo VI a. C. es una de las más antiguas del museo.

LUGARES DE INTERÉS

Templo de Debod

🅰 Calle Ferraz 1 Ⓜ Ventura Rodríguez, Plaza de España 🕐 Verano: 10.00-19.00 ma-do; invierno: 10.00-20.00 ma-do 🔒 Festivos y tardes ago 🌐 madrid.es/templodebod

Construido en el siglo II a.C., este templo egipcio fue cedido a España en 1970 en agradecimiento a la labor de la misión arqueológica española que colaboró en el rescate de los templos de Nubia que iban a ser anegados por las aguas de la presa de Asuán.

El templo está decorado con bajorrelieves, alineado con dos de sus tres puertas originales y elevado sobre el río Manzanares.

El templo de Debod se instaló en el parque del Oeste. Desde este punto se puede contemplar una vista magnífica de la Casa de Campo con la sierra de Guadarrama al fondo.

La Latina

Ⓜ La Latina

La Latina se sitúa en la zona meridional de la ciudad, a partir de la plaza de Puerta de Moros; muchas de las calles del extremo sur del barrio son ramales que forman parte del Rastro. Hacia el este se une con Lavapiés.

Las calles de La Latina, muchas de ellas empinadas, están flanqueadas por casas antiguas, un buen número de las cuales son corralas que están siendo rehabilitadas en los últimos años. En la zona de la plaza del Humilladero abundan los bares tradicionales, así como en el barrio de Lavapiés.

Plaza de la Paja

Ⓜ La Latina

El Madrid medieval creció alrededor de este lugar. Subiendo por la calle de Segovia, y tomando a la derecha por la calle Príncipe de Anglona en dirección a la plaza de la Paja, hay una preciosa vista de la torre mudéjar de la iglesia de San

¿Lo sabías?

El popular y tradicional barrio de La Latina se considera el corazón del Madrid castizo.

Pedro, que data del siglo XIV. Pasada la fuente, la plaza se cierra con los muros de la capilla del Obispo, de comienzos del siglo XVI, que formaba parte del adyacente palacio de Vargas, edificio de transición del gótico al renacimiento, con interesante nave poligonal rematada en una bóveda estrellada. El retablo plateresco de Francisco Giralte describe escenas del Antiguo y Nuevo Testamento. A la derecha sobresale la cúpula de la iglesia barroca de San Andrés. Frente a ella se entrecruzan diversas plazas que terminan en la de Puerta de Moros. Bajando por la Carrera de San Francisco se encuentra al fondo la impresionante basílica de San Francisco el Grande.

Ermita de San Antonio de la Florida

🅰 Glorieta San Antonio de la Florida 5 Ⓜ Príncipe Pío 🕐 9.30-20.00 ma-do 🔒 Festivos 🌐 esmadrid.com

Los admiradores de la pintura de Goya no deben dejar de visitar la ermita neoclásica de San Antonio de la Florida. La primera, pues junto a ella se erigió una réplica gemela para dedicarla al culto, fue

 El templo egipcio de Debod, con sus dos capillas de cabecera

construida durante el reinado de Carlos IV. Anteriormente había en el lugar otras dos iglesias dedicadas a san Antonio, una de Churriguera y la otra de Sabatini.

Goya, en 1798, realizó en tan solo cuatro meses el fresco que decora la cúpula. Describe el milagro del santo que resucitó a un muerto para probar la inocencia de su presunto asesino. Los personajes emergen de la vida cotidiana del siglo XVIII: gente humilde, majas, galanes y clérigos se mezclan en una deslumbrante composición. La cúpula de San Antonio de la Florida está considerada como una de las obras más importantes del pintor. Los restos del artista fueron trasladados aquí desde Burdeos, donde murió en el exilio en 1828.

⑥
Casa de Campo

🏛 Paseo Puerta del Angel 1 Ⓜ Batán, Lago, Príncipe Pío, Casa de Campo 🚗 Vehículos 🌐 esmadrid.com

Este antiguo coto real de caza, cuya vegetación cubre unas 1.740 hectáreas, se extiende al suroeste de la ciudad. Es uno de los lugares de esparcimiento preferidos por las familias madrileñas y en él se han celebrado tradicionalmente verbenas y comidas campestres.

En el lago se puede remar; también están aquí el zoo y el parque de atracciones. Los deportistas disponen de una piscina y pistas de atletismo.

⑦
El Rastro

🏛 Calle Ribera de Curtidores Ⓜ La Latina, Tirso de Molina 🕐 9.00-15.00 do y festivos

El famoso mercado dominical remonta sus orígenes a la Edad Media. Empieza en la plaza de Cascorro y baja por la Ribera de Curtidores hasta la Ronda de Toledo, ocupando las calles adyacentes. En esta zona estuvo el matadero, junto al que se curtían los cueros de las reses sacrificadas.

Aunque hay quien opina que el Rastro ha perdido atractivo en las últimas décadas, todavía son muchos los madrileños que vienen aquí de compras. Suelen buscar gangas en los múltiples puestos donde se vende desde muebles nuevos a ropa de segunda mano y hay pocos sitios tan entretenidos para pasar el domingo. También vale la pena pasar por Galerías Piquer (calle Ribera de Curtidores 29) y la plaza General Vara del Rey.

La calle de Embajadores, otra de las principales de este mercado, pasa junto a la fachada barroca de la iglesia de San Cayetano (un santo muy madrileño), obra de Churrigue-

Loewe
Fundada en 1872, es la mejor casa de moda española de lujo, especializada en bolsos y marroquinería.

🏛 Calle de Serrano 26 🌐 loewe.com

Lavinia
Una enorme tienda de vinos especializada en caldos españoles con cursos de cata.

🏛 Calle de José Ortega y Gasset 16 🌐 lavinia.es

La Duquesita
Esta elegante pastelería lleva más de un siglo vendiendo deliciosos dulces y chocolates con una cuidada presentación.

🏛 Calle de Fernando VI 2 🌐 laduquesita.es

ra y Pedro de Ribera. Algo más allá está la Real Fábrica de Tabacos (Tabacalera), que funcionó como monopolio y data de 1809. En los últimos años se ha convertido en un importante espacio de promoción artística.

 Un típico puesto del Rastro repleto de artículos de decoración

Salesas

Ⓜ Alonso Martínez, Chueca

Entre Chueca y Salamanca se extiende este barrio moderno lleno de galerías de arte, *concept stores, boutiques* elegantes, cafés y tiendas *delicatessen*. A lo largo de la calle de Fernando VI se encuentran el modernista palacio Longoria, el convento de las Salesas Reales del siglo XVIII y la parroquia neoclásica de Santa Bárbara.

Malasaña

Ⓜ Tribunal, Bilbao

Este barrio conserva en el trazado de sus calles y en muchas de sus viviendas y comercios parte del encanto del viejo Madrid, pese a que en los últimos años han proliferado los bares de copas. Desde la calle Carranza, bajando por San Andrés, se llega a la popular plaza del Dos de Mayo, presidida por el arco de Monteleón. Es el único resto del cuartel de artillería que defendieron Daoíz y Velarde frente a los franceses en 1808.

TupperWare, un popular local nocturno del barrio de Malasaña ↓

Saliendo hacia la Gran Vía, en la calle de la Puebla, está la iglesia de San Antonio de los Alemanes. De original planta elíptica, la fundó en 1606 Felipe III junto al hospital para emigrantes portugueses; más tarde pasaría a los alemanes. Destacan las pinturas murales de Lucas Jordán y los frescos de la cúpula, realizados por Carreño y Ricci. Cerca está el barrio de Conde Duque, una zona muy animada con una gran vida cultural.

Merecería la pena acercarse al **Museo de Historia de Madrid** aunque solo fuese por su fachada barroca, quizá la mejor de Madrid, del que fuera Real Hospicio de San Fernando, obra de Pedro de Ribera. El museo, instalado en 1929, explica a través de su variada colección de estampas, pinturas, fotografías y otros objetos la evolución histórica y urbanística de la ciudad. En los diversos grabados y planos (el más antiguo es el de Pedro Teixeira, de 1656) se aprecian los cambios de la ciudad a través de los años y puede verse una detallada maqueta de Madrid realizada en 1830 por León Gil de Palacio. Destaca también una reconstrucción del estudio de Ramón Gómez de la Serna, contertulio del café de Pombo.

Museo de Historia de Madrid
🏠 Calle de Fuencarral 78
🕐 10.00-20.00 ma-do
🌐 madrid.es/museodehistoria

🔟

Museo de América

🏠 Avenida de los Reyes Católicos 6 Ⓜ Moncloa
🕐 9.30-15.00 ma-sá (9.30-19.00 ju), 10.00-15.00 do
🚫 Algunos festivos
🌐 esmadrid.com

En este museo se exponen excepcionales colecciones

precolombinas y objetos de arte americano de influencia española. Muchas de las piezas que aquí se presentan llegaron gracias a las expediciones científicas y

El salón principal y exterior del palacio de Liria ↑

a los descubrimientos del siglo XVIII *(p. 65)*.

La colección ocupa las plantas primera y segunda. Junto a la documentación de los primeros colonizadores que cruzaron el Atlántico se presentan algunos de los objetos que trajeron de allí. Una de las piezas más interesantes es un casco de guerra que perteneció al pueblo Tlingit de Norteamérica. Representa un lobo, el lema del linaje y su espíritu protector, y se usaba como símbolo de poder y fuerza en la batalla.

Merece la visita también el tesoro de los Quimbayas (500-1000 d. C.), colección de 62 piezas funerarias procedentes de Colombia.

Hotel Único

Este hotel, en el barrio de la moda de Madrid, tiene habitaciones elegantes, suelos de mármol y un fabuloso restaurante con estrella Michelin.

 Calle de Claudio Coello 67 Ⓦ unico hotelmadrid.com

€€€

URSO Hotel & Spa

En el corazón de las Salesas, este hotel *boutique* ofrece lujosos tratamientos de *spa* y cenas excelentes.

 Calle de Mejía Lequerica 8 Ⓦ hotelurso.com

€€€

⑪ Ⓜ

Palacio de Liria

Ⓐ Calle Princesa 20 Ⓜ Ventura Rodríguez Ⓖ Solo visitas guiadas: 10.15-12.00 lu, 10.15-12.00 y 16.15-18.00 ma-vi, 9.45-12.00 y 15.45-18.00 sá, do y festivos Ⓦ esmadrid.com

Ventura Rodríguez terminó en 1780 este palacio

comenzado por Gilbert. Antigua residencia de la familia Alba, y todavía en propiedad de duque, solo puede ser visitada por quince personas a la vez previa solicitud.

En su interior se guarda una de las más importantes colecciones españolas de arte, en la que destacan los tapices flamencos. Posee cuadros de Tiziano, Rubens y Rembrandt, entre otros; pero es especialmente rica en pintura española: destacan magníficas obras del Greco, Zurbarán, Velázquez y Goya, como el retrato de la duquesa realizado en 1795.

Tras el palacio se levanta el Centro Cultural Conde Duque, que ocupa un antiguo cuartel realizado por Pedro de Ribera en 1720. Por la magnífica puerta barroca se accede en la actualidad al centro cultural, que alberga la hemeroteca municipal y programa exposiciones, teatro y conciertos.

12

Plaza de toros de Las Ventas

🏛 Calle Alcalá 237 Ⓜ Ventas
🕐 Plaza: visitas guiadas
previa cita; Museo Taurino:
abr-oct 10.00-18.00 todos
los días (nov-mar hasta
17.00) 🌐 lasventastour.
com

El coso de Las Ventas es uno
de los más bellos de España.
La plaza, que fue construida
en 1929 en estilo neomudéjar,
vino a sustituir a la que estaba
cerca de la Puerta de Alcalá.
En su exterior se alternan los
arcos de herradura con otros
geminados y polilobulados. El
conjunto, decorado con azulejos, compone un bello marco
para la temporada taurina,
que va de marzo a noviembre.

En el Museo Taurino, de entrada gratuita, se expone una
interesante colección de objetos relacionados con la lidia, así
como esculturas y cuadros de
los toreros más famosos.

13

Lavapiés

Ⓜ Embajadores, Antón Martín

El multicultural Lavapiés está
lleno de tabernas tradicionales
y restaurantes indios, galerías
de arte y restos medievales.
Destacan el centro cultural de
La Tabacalera de Lavapiés, con
exposiciones, música y actividades culturales colectivas de
carácter social, y el modernista
Cine Doré, sala de exhibiciones
de la Filmoteca Española.

14

Paseo de la Castellana

Ⓜ Santiago Bernabéu,
Cuzco, Plaza de Castilla,
Gregorio Marañón, Colón

La importante arteria que cruza
Madrid de sur a norte se divide
en varios tramos que reciben
nombres diferentes. La zona
más meridional corresponde al
paseo del Prado (p. 334) y comienza en la glorieta de Carlos V, junto a la estación de Atocha (p. 333). Data del reinado de
Carlos III, artífice del ordena-
miento de este sector de la ciudad. A partir de Cibeles recibe el
nombre de paseo de Recoletos,
animado con múltiples terrazas,
como la del café Gijón.

En la plaza de Colón arranca
el paseo de la Castellana. En
esta sección hay notables
ejemplos de arquitectura moderna, como los Nuevos Minis-
terios. A este de la plaza se halla el estadio del Real Madrid
(p. 52), el Santiago Bernabéu.
Más al norte, en plaza de Castilla, se ven los dos edificios que
forman la Puerta de Europa,
dos bloques de cristal que se
elevan inclinados uno frente el
otro y separados por la calzada.

15

Parque El Capricho

🏛 Paseo de la Alameda de
Osuna s/n 📞 915 88 01 14
Ⓜ El Capricho 🕐 Abr-sep:
9.00-21.00 sá, do y festivos;
oct-mar: 9.00-18.30 sá, do y
festivos

Este remoto parque es uno de
los únicos y encantadores

 LA MEJOR FOTO
En tecnicolor

En el extremo oeste del
parque El Capricho se
extiende el Jardín de
Flores, un festival de
color a lo largo de todo el
año, rodeado de árboles
de hoja perenne y con el
Casino del Baile de
fondo.

ejemplos de jardín paisajístico
de España. Construido en estilo romántico por el capricho de
una duquesa de finales del siglo XVIII, tiene influencias tanto francesas como italianas. La
vida vegetal es abundante, especialmente en primavera.
Otros lugares interesantes son
el canal artificial que lleva a un
lago con patos y cisnes, la casa
bote cubierta de cañas (Casa
de las Cañas), el Casino de Baile, un pequeño templo, un mo-
desto palacio con un salón de
baile y búnkeres subterráneos
de la época de la Guerra Civil.

16

Real Fábrica de Tapices

🏛 Calle Fuenterrabía 2
Ⓜ Menéndez Pelayo
🕐 10.00-14.00 lu-vi solo cita
previa 🚫 Festivos y ago
🌐 realfabricadetapices.com

Fundada por Felipe V en 1721, la
Real Fábrica de Tapices es la
única que queda del conjunto
de manufacturas creadas por
los Borbones en el siglo XVIII. En
1889 se trasladó al edificio que
ahora ocupa, al sur del Retiro.

Los visitantes pueden ver
cómo se realizan tapices y alfombras artesanalmente. Goya
y su cuñado Francisco Bayeu,
entre otros pintores famosos,
realizaron cartones para los tapices de la familia real. Aquí se
exponen algunos de ellos; el
resto está en el Museo del Pra-

←

El Templo de Baco rodeado
de árboles en el parque
El Capricho

Visitantes descansando en el exterior del centro cultural Matadero Madrid

do. Otros tapices de Goya y Bayeu se guardan en El Pardo y en El Escorial. En la actualidad, la tarea principal consiste en realizar o reparar las alfombras que decoran distintos edificios públicos y privados, entre estos el hotel Ritz de Belmond.

Matadero Madrid

 Plaza de Legazpi 8 Ⓜ Legazpi ⏰ 9.00-22.00 diario 🌐 mataderomadrid.org

Este complejo de edificios dedicados en el pasado a realizar las funciones de matadero y mercado de ganado, situado a orillas del Manzanares, forma parte de un importante proceso de reconversión de las instalaciones de la zona sur de la ciudad. De estilo neomudéjar, con intrincado trabajo de ladrillo, guarda restos de su antiguo pasado como los rótulos de azulejos en las naves que indican sus distintos usos como "Aves", "Degüello" o "Cerdos".

Actualmente es un centro cultural y cada uno de sus edificios está dedicado a una disciplina distinta, como música, cine o literatura entre otras. Tiene un programa regular de exposiciones, actuaciones y talleres. También merece la pena visitarlo únicamente par darse un paseo, sentir el ambiente y tomarse algo en su cantina, que sirve productos orgánicos de cultivo local, o en su bar-terraza.

⑱ Museo Sorolla

🏛 Paseo del General Martínez Campos 37 Ⓜ Rubén Darío, Iglesia, Gregorio Marañón ⏰ 9.30-20.00 ma-sá, 10.00-15.00 do 🔒 Algunos festivos 🌐 culturaydeporte.gob.es/msorolla/el-museo

La casa que alberga el estudio del pintor valenciano Joaquín Sorolla está prácticamente como él la dejó al morir, en el año 1923.

Aunque se ha hecho famoso por sus composiciones mediterráneas plenas de luz, aquí se puede apreciar la evolución de su pintura, con retratos costumbristas y escenas de la vida cotidiana. El entorno conserva los objetos que lo acompañaron durante los últimos años de su vida, pues la casa data de 1910. Él mismo diseñó el bello jardín mediterráneo decorado con azulejos que precede al palacete. Es particularmente interesante el estudio del pintor valenciano, de abigarrada decoración, en el que se puede contemplar la obra *Después del baño*.

La Tasquita de Enfrente

Sin carta fija, cada día ofrece una selección de imaginativos platos hechos con productos frescos locales.

🏛 Calle de la Ballesta 6 🌐 latasquitadeenfrente.com

Ástor

Un pequeño restaurante familiar con una carta tradicional actualizada.

🏛 Calle del Almendro 9 🌐 astor.es

Celso y Manolo

Un lugar apreciado por los madrileños que sirve sabrosa cocina tradicional.

🏛 Calle Libertad 1 🌐 celsoymanolo.es

CENTRO
DE ESPAÑA

El alcázar de Toledo se alza sobre la ciudad

EL CENTRO DE ESPAÑA
EN EL MAPA

Esta guía divide el centro de España en cuatro zonas, cada una diferenciada con un color, como puede verse en el mapa. En las páginas siguientes se amplía la información de cada zona.

ASTURIAS
Mieres

Cordillere

Ponferrada

Montes de León   Astorga

Benavente

Embalse de Ricobayo

Miranda do Douro

Mirandela

Peñafiel   Vila Real

Oporto

Lamego

PORTUGAL

Zamora

Embalse de Almendra

Salamanca

Aveiro

Viseu

Guarda

Ciudad Rodrigo

Covilhã

Béjan

Fogueira da Foz

Coimbra

Coria   Plasencia

Pombal

Castelo Branco

Embalse de Alcántara

Navalmora de la Mata

Alcántara

Sierra de San Pedro   Cáceres   Trujillo

EXTREMADURA
p. 426

Villanueva de la Serena

Badajoz   Mérida

La Serena

Almendralejo

Castuer

Villafranca de los Barros

Jerez de los Caballeros   Zafra

Azuaga

Sierra Morena

ESPAÑA

CONOCIENDO
EL CENTRO DE ESPAÑA

Gran parte de la meseta española está cubierta por campos de trigo o llanuras secas y arenosas. Sin embargo, este árido territorio ha sido escenario de acontecimientos vitales en la historia del país; ruinas romanas, catedrales góticas e imponentes castillos son el testimonio de este pasado.

PÁGINA 354

COMUNIDAD DE MADRID

A un corto viaje en tren del activo centro de la ciudad se alzan los picos nevados de la sierra de Guadarrama, el parque de recreo de los madrileños, que acuden a practicar senderismo, esquiar o simplemente dejar atrás el bullicio de la capital. Bonitas poblaciones como Chinchón, Aranjuez y Alcalá de Henares, y un par de espléndidos palacios, incluyendo el impresionante monasterio de El Escorial, esperan a los que prefieren un plan más tranquilo.

Lo mejor
*Senderismo
y palacios reales*

Qué ver
El Escorial

Experiencias
*Senderismo con guía
por la sierra*

PÁGINA 366

CASTILLA Y LEÓN

Un territorio de palacios magníficos y catedrales imponentes, Castilla y León tal vez sea la región que mejor refleje la historia de España a gran escala. Desde la maravillosa Segovia, con su alcázar que parece sacado de un cuento, a las grandes catedrales de Burgos y León, las impresionantes murallas de Ávila y la incomparable ciudad universitaria de Salamanca, esta zona reúne toda la diversidad del paisaje urbano español. A las afueras, las llanuras castellanas, cubiertas de amapolas cada primavera, se pierden en el horizonte.

Lo mejor
Castillos y catedrales

Qué ver
Catedral de León, Salamanca, Segovia, Burgos

Experiencias
El canto gregoriano de los monjes del monasterio de Santo Domingo de Silos

→

CASTILLA-LA MANCHA

La austera belleza de la Mancha, tierra de don Quijote, con sus molinos y castillos medievales recortándose contra las sierras, está salpicada de campos de olivos, formaciones de piedra caliza y las mayores extensiones del mundo de viñedos. En otoño, durante la vendimia, los campos que rodean Consuegra y Albacete se tiñen del suave morado de las flores de azafrán. Sus ciudades también destilan encanto, en especial Cuenca y sus casas colgadas, que parecen hacer equilibrio sobre una cornisa rocosa de la hoz del río Huécar.

Lo mejor
Seguir los pasos de don Quijote

Qué ver
Toledo, Cuenca

Experiencias
Un recorrido por los viñedos de la Mancha

EXTREMADURA

Extremadura es una de las regiones de España de más difícil acceso y por ello de las menos explotadas. Sus suaves sierras verdes salpicadas de peñascos se extienden hacia el sur, mientras los bosques y pantanos son el refugio de una rica vida salvaje. Las ciudades, con sus evocadores cascos antiguos y nidos de cigüeña sobre las agujas y los campanarios, están llenas de encanto. Trujillo y Cáceres, tierra de conquistadores, parecen suspendidas en el tiempo; no es de extrañar que en numerosas ocasiones hayan servido de escenario para películas de época.

Lo mejor
Ruinas romanas y ciudades medievales

Qué ver
Mérida, Real Monasterio de Nuestra Señora de Guadalupe, Cáceres

Experiencias
Disfrutar del entorno salvaje del Parque Nacional de Monfragüe

Senderistas recorriendo el agreste paisaje de la sierra de Guadarrama

COMUNIDAD DE MADRID

Durante la ocupación romana, cuando Hispania estaba dividida en tres provincias, la mayor parte de esta región pertenecía a la Citerior Tarraconense, mientras el suroeste formaba parte de Lusitania. Gracias a su emplazamiento en la ribera del río Henares, la región se convirtió en un enclave mercantil estratégico, cruzado por dos grandes calzadas romanas. El consecuente aumento del comercio supuso el florecimiento de la ciudad de Complutum (actual Alcalá de Henares).

Los musulmanes construyeron la fortaleza de Mayrit (Madrid) en el siglo IX, siendo reconquistada en 1083 por el rey Alfonso VI de Castilla como parte de su campaña hacia el sur. En 1561 Felipe II trasladó la corte desde Toledo a Madrid y la ciudad se convirtió en la capital de facto del país. Felipe construyó el enorme complejo del Real Monasterio de El Escorial a los pies de la sierra de Guadarrama y Madrid comenzó a crecer a consecuencia de su recién obtenido estatus, con un aumento de la población así como de su importancia económica y cultural.

Durante la Guerra Civil, la región fue el campo de batalla entre el ejército republicano que controlaba Madrid y las tropas franquistas. Tras un periodo de asedio, Madrid cayó el 28 de abril de 1939 y poco después Franco proclamó su victoria en la Guerra Civil.

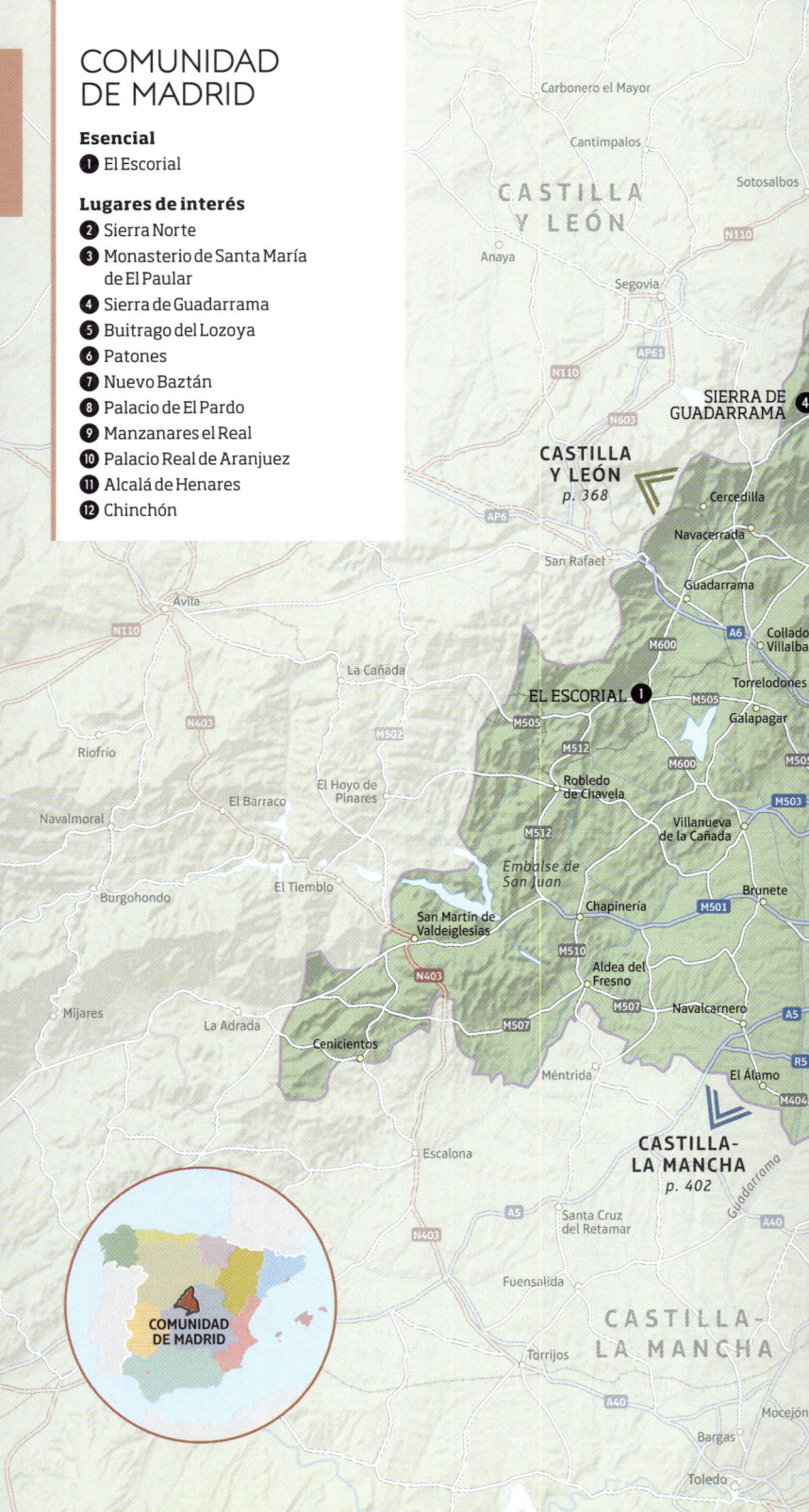

COMUNIDAD DE MADRID

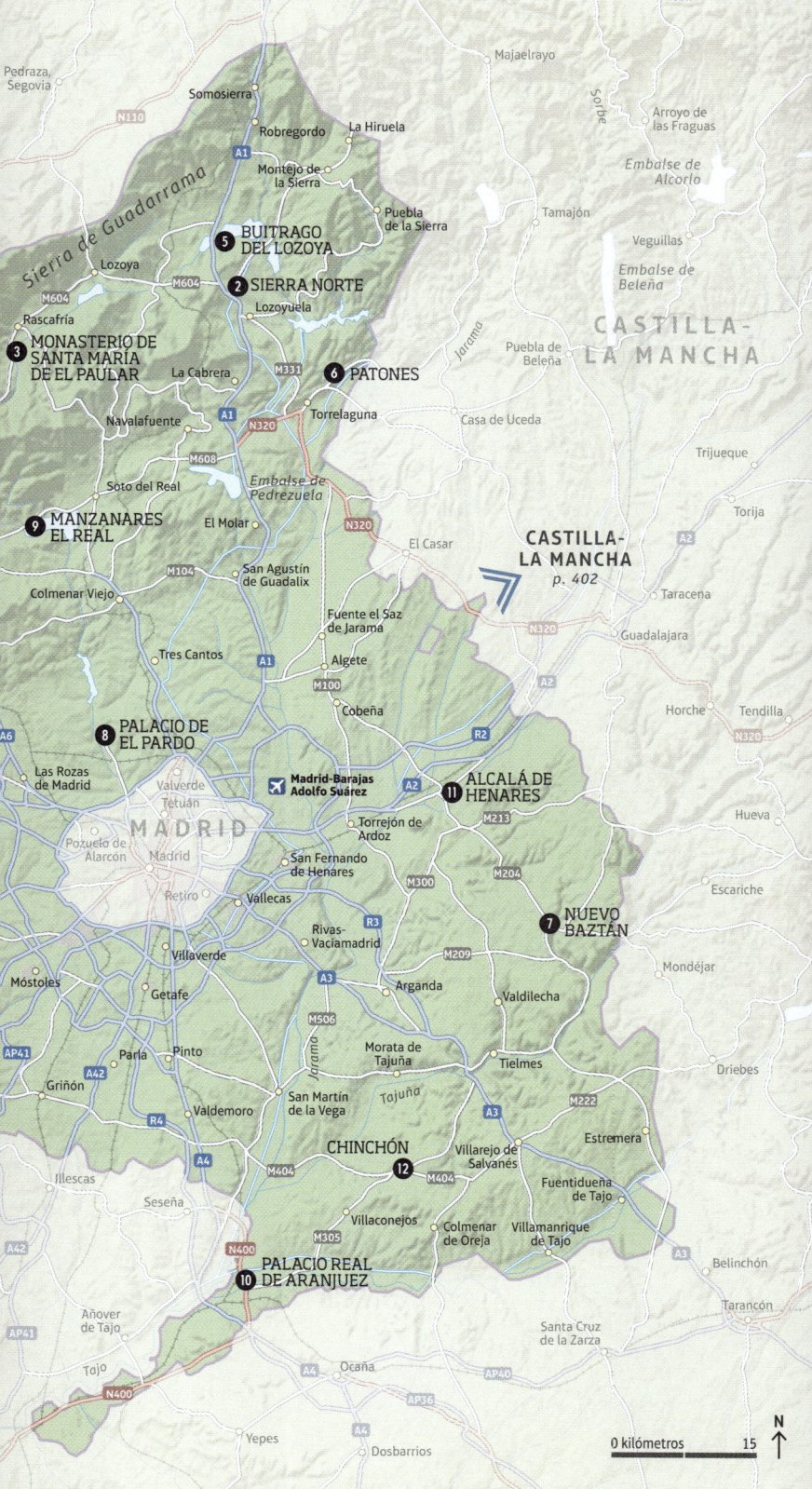

Pedraza,
Segovia

N110

Sierra de Guadarrama

Somosierra

Robregordo

La Hiruela

A1

Montejo de
la Sierra

Puebla
de la Sierra

5 **BUITRAGO
DEL LOZOYA**

Lozoya

M604

2 **SIERRA NORTE**

Rascafría

M604

Lozoyuela

3 **MONASTERIO DE
SANTA MARÍA
DE EL PAULAR**

La Cabrera

M331

6 **PATONES**

Navalafuente

Torrelaguna

A1

N320

M608

Soto del Real

*Embalse de
Pedrezuela*

9 **MANZANARES
EL REAL**

El Molar

N320

Colmenar Viejo

M104

San Agustín
de Guadalix

Fuente el Saz
de Jarama

Tres Cantos

A1

Algete

M100

Cobeña

8 **PALACIO DE
EL PARDO**

A6

Las Rozas
de Madrid

Valverde

Tetuán

Madrid-Barajas
Adolfo Suárez

A2

11 **ALCALÁ DE
HENARES**

MADRID

Pozuelo de
Alarcón

Madrid

Torrejón de
Ardoz

M213

Retiro

San Fernando
de Henares

M300

M204

Vallecas

7 **NUEVO
BAZTÁN**

Móstoles

Villaverde

Rivas-
Vaciamadrid

R3

Getafe

A3

Arganda

M209

Valdilecha

Parla

Pinto

M506

AP41

A42

Morata de
Tajuña

Tielmes

Griñón

Valdemoro

San Martín
de la Vega

Tajuña

A3

M222

R4

CHINCHÓN

Villarejo de
Salvanés

Estremera

Illescas

12

M404

Fuentidueña
de Tajo

Seseña

Villaconejos

Colmenar
de Oreja

Villamanrique
de Tajo

A3

M305

Belinchón

N400

**PALACIO REAL
DE ARANJUEZ**

10

AP41

Añover
de Tajo

Tajo

N400

Ocaña

A4

AP40

Tarancón

Santa Cruz
de la Zarza

A42

AP36

Yepes

A4

Dosbarrios

Majaelrayo

Solbe

Arroyo de
las Fraguas

*Embalse de
Alcorlo*

Tamajón

Veguillas

**CASTILLA-
LA MANCHA**

*Embalse de
Beleña*

Jarama

Puebla de
Beleña

Casa de Uceda

Trijueque

El Casar

**CASTILLA-
LA MANCHA**
p. 402

Torija

A2

Taracena

Guadalajara

N320

Horche

Tendilla

A2

N320

Hueva

Escariche

R2

Mondéjar

Driebes

0 kilómetros 15

N

❶ ⊗ ⊗ ⊡ 🖰

EL ESCORIAL

🅰C3 🏠 Avenida de Juan de Borbón y Battemberg 🚇 Desde la Estación del Arte, Sol o Chamartín 🚌 661, 664 🕐 Abr-sep: 10.00-19.00 ma-do; oct-mar: 10.00-18.00 ma-do 🗓 1 may, 8 sep, 24, 25 y 31 dic 🌐 patrimonionacional.es

El imponente monasterio de granito de Felipe II se alza en las estribaciones de la sierra de Guadarrama. Construido entre 1563 y 1584, su austeridad marcó un estilo arquitectónico con gran influencia en el arte español.

El Real Monasterio de San Lorenzo de El Escorial fue concebido como panteón real más que como palacio y tal vez sea esa la razón de su austeridad. A la muerte de su primer arquitecto Juan Bautista de Toledo en 1567, le sustituyó Juan de Herrera, inspector de monumentos de la Corona. Su exterior de estilo clasicista desornamentado, que a partir de entonces se conocería como herreriano, esconde algunas de las piezas más importantes de las colecciones reales de los Austrias, distribuidas a lo largo de sus museos, salas capitulares, panteón real y biblioteca.

↑ La Real Biblioteca, con su bóveda cubierta por frescos del siglo XVI

¡Lo sabías?

El diseño de El Escorial reproduce una parrilla en recuerdo al modo en que fue martirizado san Lorenzo.

Museo de Arquitectura

Sala de Batallas

Palacio de los Borbones

El Real Colegio Alfonso XII fue fundado por los frailes en 1875.

El sobrio exterior y jardines paisajísticos de El Escorial ↑

En el Museo de Pintura destaca El Calvario, del artista flamenco del siglo XV Roger van der Weyden.

Las estancias reales de los Austrias, en la segunda planta, son muy austeras.

El patio de los Evangelistas es obra de Juan de Herrera.

La gloria de la monarquía española, de Lucas Jordán, preside la escalera principal.

Las salas capitulares acogen el altar portátil de Carlos V.

El monasterio fue fundado en 1567, y desde 1885 está a cargo de los frailes agustinos.

La biblioteca contó con 40.000 volúmenes

Patio de los Reyes

El retablo del altar mayor es la joya de esta basílica profusamente decorada.

↑ El Real Monasterio de San Lorenzo de El Escorial, al noroeste de Madrid

←
El hayedo de Montejo, en la Sierra Norte, se tiñe con los colores del otoño

LUGARES DE INTERÉS

2

Sierra Norte

D3 Madrid Montejo de la Sierra Calle Real 64, Montejo; 9.30-15.00 diario; www.sierradelrincon.org

Los pueblecitos de pizarra de la sierra Norte, llamada sierra Pobre, forman el conjunto rural más atractivo de Madrid.

En el centro de información de Montejo de la Sierra se facilita información sobre alojamiento rural y se organizan paseos a caballo y visitas gratuitas al cercano hayedo de Montejo (previa reserva). Declarado patrimonio de la humanidad en 2017, es el más meridional de Europa, y el viajero profano en temas arbóreos podrá identificar, gracias a la cartelería, las especies y los ejemplares más notables.

Las montañas del sur, más áridas, alcanzan hasta el embalse de Puentes Viejas, rodeado de chalés junto a playas artificiales. En el extremo oriental de la sierra está Patones de Arriba, que quedó al margen de la conquista árabe y la invasión napoleónica gracias a su emplazamiento.

3

Monasterio de Santa María de El Paular

C3 Southwest of Rascafría on M604, Madrid Rascafría 11.00-14.00 y 16.00-19.00 diario (nov-med abr: hasta 18.00) Algunos festivos monasteriopaular.com

Este monasterio, el primero que estableció en Castilla la orden cartuja, se levanta sobre el solar de un antiguo pabellón real de caza y fue fundado por Juan I. Aunque se comenzó en 1390 en estilo gótico, se incorporaron posteriormente elementos platerescos y renacentistas. En 1836 fue abandonado, hasta que en la década de 1950 se comenzó su reparación En la actualidad comprende una comunidad benedictina y un hotel.

La iglesia conserva un delicado retablo de alabastro, gótico tardío, que se atribuye a un maestro flamenco. Los paneles describen escenas de la vida de Jesús. Detrás del altar mayor se encuentra el camarín barroco que diseñó Francisco Hurtado en 1718. El claustro tiene impresionantes pinturas de Vicente Carducho.

Los monjes cantan todos los domingos una misa gregoriana. Si disponen de tiempo, se prestan a enseñar las hermosas bóvedas de crucería del claustro y el doble reloj de sol.

Desde aquí se puede visitar las cercanas villas de Rascafría y Lozoya, situadas en el valle del Lozoya. Al suroeste se encuentra la reserva natural de las lagunas de Peñalara.

→
Buitrago del Lozoya, ciudad amurallada junto al río del mismo nombre

MEJORES VISTAS
Desde el mirador

Buitrago del Lozoya está rodeado de miradores, pero ninguno es tan impresionante como el mirador natural situado al norte de la población, en la otra orilla del río. Desde aquí se disfruta de una vista completa de la ciudad amurallada.

 4

Sierra de Guadarrama

A C3 **Madrid** **Puerto de Navacerrada, Cercedilla** **Navacerrada, Cercedilla** **Cuartel 1, Navacerrada, Cercedilla; www.sierra guadarrama.info**

Las frondosas laderas de pinos y granito de la sierra de Guadarrama están salpicadas de chalés. Pueblos como Navacerrada y Cercedilla se han convertido en animados centros de esquí, alpinismo, bicicleta de montaña y equitación. También son muchos los senderistas que disfrutan de la sierra por los caminos que salen de Navacerrada.

Para llegar al valle de la Fuenfría, una reserva forestal, conviene partir desde Cercedilla. Se conserva un tramo en buen estado de la calzada romana y existen también caminos bien señalizados y áreas de pícnic.

 5

Buitrago del Lozoya

A D3 **Madrid** **Calle Tahona 19; www.ayto-buitragodellozoya.es**

La ciudad amurallada de Buitrago del Lozoya está situada en un pintoresco meandro del río Lozoya. El **castillo** gótico mudéjar, del siglo XIV, está en ruinas. Sin embargo, aún está en pie parte de la muralla y una torre de puerta abovedada con dos arcos. En la zona moderna de la ciudad se encuentra el **Museo Picasso,** con una colección de grabados, dibujos y cerámica donada por su peluquero, Eugenio Arias.

Castillo

Plaza del Castillo s/n **11.30-13.45 y 16.00-17.45 ma-vi (hasta 18.45 sá), 11.30-16.00 do**

Museo Picasso

Plaza de Picasso 1 **11.00-13.45 y 16.00-18.00 ma-vi, 10.00-14.00 y 16.00-19.00 sá, 10.00-14.00 do y festivos** **madrid.org/museopicasso**

Casa José

Situado en una casa señorial, sirve platos cuidados y originales hechos con verduras de la huerta de Aranjuez.

A D4 **Calle de los Abastos 32, Aranjuez** **casajose.es**

Montia

Platos creativos con productos orgánicos en este restaurante con estrella Michelin.

A C3 **Calle de Juan de Austria 7, San Lorenzo de El Escorial** **montia.es**

El Rumba

Cocina española original con magníficas carnes a la parrilla de carbón.

A C3 **Plaza del Dr Gereda 1, Navacerrada** **elrumba.com**

6

Patones

 D3 Madrid
 Patones de Abajo
 65 desde Avenida de
Juan Prieto esmadrid.com

El tranquilo pueblo de
Patones está formado por
dos poblaciones distintas:
Patones de Arriba y Patones
de Abajo. Patones de Arriba
es la más antigua de las dos,
con calles empedradas y
edificios de pizarra que se
extienden por la ladera de la
montaña. Antes del siglo XVI
formaba parte de la villa de
Uceda, pero la familia local
Patón decidió separarse y
elegir a su propio rey,
manteniéndose como reino
independiente hasta el
siglo XVIII. En el siglo XX, los
vecinos de Patones de Arriba
empezaron poco a poco a
bajar de la montaña hacia
las llanuras y fundaron la
ciudad de Patones de Abajo,
que hoy es la que cuenta
con mayor número de
habitantes.

Una de las mejores
maneras para descubrir
esta encantadora ciudad
es seguir los senderos
señalizados por el pueblo,
que permiten explorar
desde su arquitectura
a su sabrosa cocina.
En cada cruce
hay una señal
informativa

(con su respectivo código
QR) que ofrece datos de
interés.

7

Nuevo Baztán

 D3 R3, km 92, Madrid
 261 desde Plaza de la
Iglesia 3 turismo.
ayto-nuevobaztan.es

Fundado en 1700 con la
llegada de los Borbones, este
pueblo se construyó como
modelo de ciudad industrial
incorporando tendencias
arquitectónicas de moda en
Francia en ese momento.
Financiada por la familia
Goyeneche, su nombre es un
homenaje al valle del Baztán,
su lugar de nacimiento en
Navarra.

El pueblo se extiende alrededor del conjunto palaciego
de Goyeneche, diseñado por
José de Churriguera. El complejo incluye el palacio, una iglesia
y fábricas de vidrio y paños.

Se puede iniciar la visita en
la antigua bodega del palacio,
que ahora alberga el centro de
información turística, con una
interesante exposición sobre
la historia del pueblo. Y tras
recorrer el palacio y la
colindante iglesia de San
Francisco Javier, con su
famoso altar de mármol rojo,
terminar con un paseo por las
amplias calles y plazuelas de
los alrededores.

¿Lo sabías?

El Cid (1961), con
Charlton Heston y Sofía
Loren, se rodó en
Manzanares.

8

Palacio Real de El Pardo

 C3 El Pardo, , noroeste
de Madrid, salida de la A6,
Madrid 601 desde
Moncloa 10.00-19.00 ma-
do Durante visitas
oficiales y festivos
 patrimonionacional.es

Aquí vivió Francisco Franco.
Carlos V mandó levantar a
mediados del siglo XVI un
pabellón que cincuenta años
después fue parcialmente
destruido por un incendio.
La reconstrucción fue obra
de Francisco de Mora y en el
siglo XVIII lo amplió Sabatini.
La decoración cuenta con
interesantes frescos y una
de las mejores colecciones
españolas de tapices, algunos
realizados sobre cartones de
Goya. Hoy se utiliza como
residencia de jefes de Estado
durante las visitas
oficiales. El entorno
está rodeado de
bosque. Son
interesantes la

↑ Cabras montesas pastando en La Pedriza, Manzanares el Real

Casita del Príncipe, de Juan de Villanueva, y el Cristo de Gregorio Fernández en la iglesia de El Pardo.

⑨
Manzanares el Real

 C3 🏠 Madrid 🚌 ℹ️ Plaza del Pueblo 1; www.manzanareselreal.org

Manzanares el Real está dominado por su castillo del siglo XV. Residencia de los duques del Infantado, esta obra de Juan Guas combina los elementos defensivos con los ornamentales, entre los que destacan la espléndida galería gótica y los adornos de bolas del exterior. A sus pies se levanta la iglesia parroquial de principios del siglo XVI, de pórtico renacentista y bellos capiteles. Detrás del pueblo, en las estribaciones de la sierra de Guadarrama, La Pedriza es un espacio natural con curiosas formaciones de granito.

Colmenar Viejo, a 12 km al sureste de Manzanares, cuenta con la espléndida basílica gótico-renacentista de la Asunción de Nuestra Señora.

← El tranquilo enclave de Patones de Arriba, con la iglesia al fondo

Condesa de Chinchón
Un pequeño hotel distribuido en torno a un patio, con bonitas habitaciones y muebles antiguos.

D4 🏠 Calle de los Huertos 26, Chinchón 🌐 condesadechinchon.com

€€€

Hotel Posada Don Jaime
Este hotel antiguo muestra una decoración tradicional, una terraza llena de plantas y una piscina de inmersión.

C3 🏠 Calle de San Antón 24, San Lorenzo de El Escorial 🌐 posadadonjaime.es

€€€

Palacio Real de Aranjuez

⚑D4 ⌂Plaza de Parejas, Aranjuez, Madrid ⊞⊟
🕐Abr-sep: 10.00-19.00 ma-do; oct-mar: 10.00-18.00 ma-do 🗓Algunos festivos 🌐patrimonionacional.es

El Real Sitio de Aranjuez es uno de los espacios barrocos mejores de España. La que fue en su origen finca real de recreo, en la confluencia de los ríos Tajo y Jarama, se convirtió con los Borbones en residencia de la corte.

El edificio actual es el resultado de distintas obras realizadas en el siglo XVIII sobre un proyecto anterior de Juan de Herrera y en las que intervinieron, durante el reinado de Fernando VI, Santiago Bonavía y Alejandro González Velázquez; Sabatini recibió de Carlos III el encargo de la ampliación del palacio. En su interior destacan la escalera, el salón de los Espejos, la real capilla, la sala de fumar, réplica de la sala de las Dos Hermanas de la Alhambra, y la sala de Porcelana, obra de José Gricci con piezas de la Real Fábrica de Porcelana del Buen Retiro. Aunque solo fuese por disfrutar de las delicias de las 300 hectáreas de jardines, merecería la pena visitar el entorno

La plaza de Cervantes bordeada de plátanos, Alcalá de Henares

que inspiró a Joaquín Rodrigo el *Concierto de Aranjuez*. El del Parterre y el de la Isla son dos bellos ejemplos. Entre el palacio y el río Tajo se extiende el dieciochesco jardín del Príncipe, decorado con fuentes y esculturas, y donde se alza la casa de Marinos, con el museo de chalupas reales. No hay que dejar de visitar la Casita del Labrador, un pabellón real encargado por Carlos IV.

En los restaurantes de la ciudad se sirven los productos de la vega, especialmente

espárragos y fresas. En primavera y verano circula desde Madrid el Tren de la Fresa, de vapor.

---

⑪ Alcalá de Henares

⚑D3 ⌂Madrid ⊞⊟
ℹPlaza de los Santos Niños s/n; www.turismoalcala.es

La antigua Complutum romana se convirtió en sede de la Universidad fundada por el cardenal Cisneros en 1499. En el Colegio de San Ildefonso destacan sus patios y el Paraninfo, de deslumbrantes yeserías y artesonado, donde se formaron los más insignes del Siglo de Oro español, como Quevedo y Tirso de Molina. La fachada plateresca fue concebida por Rodrigo Gil de Hontañón. La iglesia de San Ildefonso, contigua a la universidad, sirve de marco al sepulcro del cardenal Cisneros, obra de Fancelli, terminado por Bartolomé Ordóñez.

Otros magníficos edificios son la iglesia Magistral, la de las Bernardas o la de los Jesuitas, el pa-

MIGUEL DE CERVANTES

Miguel de Cervantes y Saavedra, gran figura de las letras españolas, nació en Alcalá de Henares en 1547. Tras la batalla de Lepanto cayó prisionero y estuvo cautivo en Argel durante más de cinco años. En 1605, con casi 60 años, publicó con gran éxito la primera parte de la historia de *El ingenioso hidalgo Don Quijote de la Mancha (p. 419)*. Tras escribir sus 12 *Novelas ejemplares,* numerosas piezas de teatro y una extensa obra poética, murió en Madrid el 23 de abril de 1616, el mismo día que Shakespeare.

> Chinchón posiblemente sea el pueblo más pintoresco de Madrid. Su plaza Mayor se considera la mejor de las plazas porticadas populares de Castilla.

lacio de Laredo y los restos del palacio arzobispal. El **Museo Casa Natal de Cervantes** es una reconstrucción de una vivienda del siglo XVI en el solar donde estuvo la casa del escritor.

Museo Casa Natal de Cervantes

🏠 Calle Mayor 48 🕐 10.00-18.00 ma-do 🚫 Algunos festivos 🌐 museocasanatal decervantes.org

Chinchón

🅰 D4 🏠 Madrid 🚇
ℹ️ Plaza Mayor 6; www. ciudad-chinchon.com

Posiblemente sea el pueblo más pintoresco de Madrid. Su plaza Mayor, de planta muy irregular, se considera la mejor de las plazas porticadas

populares de Castilla. Su singular espacio, que alberga varios cafés y restaurantes, cobra especial interés durante la representación de la Pasión el sábado de Semana Santa y en las corridas de agosto.

El altar mayor de su iglesia, del siglo XVI, está presidido por la *Asunción de la Virgen*, de Goya, cuyo hermano fue párroco de esta iglesia. El antiguo convento de agustinos del siglo XVIII, de bello claustro, ha sido transformado en parador. Desde las ruinas del castillo, que no se puede visitar, las vistas son espléndidas.

Chinchón es un popular destino de fin de semana para los madrileños, que vienen aquí para degustar el excelente chorizo y el anís de producción local en las numerosas tabernas del pueblo.

Terraza Los Huertos
Este soleado local, con un espacio acristalado y terraza exterior, hace referencia al antiguo huerto del convento que antes ocupaba el lugar.

🅰 D4 🏠 Calle de los Huertos 3, Chinchón
📞 918 94 00 02

El rey de Patones
La terraza de la azotea de este local ofrece vistas panorámicas de la sierra, que se pueden admirar al tiempo que se disfruta de un refrescante cóctel.

🅰 D3 🏠 Calle Azas 13, Patones de Arriba
🌐 reydepatones.com

El apacible claustro del monasterio de Santo Domingo de Silos

CASTILLA Y LEÓN

El territorio de estos dos reinos rivales, Castilla y León, que en el Medievo se disputaron el dominio de la meseta central, forma ahora la mayor comunidad autónoma de la Península.

Fue Fernando I el Magno quien, por vez primera, reunió ambos reinos bajo una misma corona en 1038 y juntos constituyeron una de las fuerzas motrices más importantes de la Reconquista, uno de cuyos personajes simbólicos más representativos es el Cid. Los dos reinos se dividieron de nuevo a la muerte de Alfonso VII en 1157 y no pasaron a consolidarse como una unidad hasta 1230. Alfonso IX de León había dividido el reino entre sus dos hijas mayores, Sancha y Dulce, pero su hijo Fernando III de Castilla, tras lograr que sus medio hermanas renunciasen a sus derechos, unió ambas coronas formando el reino de Castilla y León.

Este nuevo reino se convirtió en el germen de la nación. El matrimonio de Isabel I de Castilla y Fernando II de Aragón en 1469, y las posteriores conquistas de Granada en 1492 y de Navarra en 1512, dieron lugar al nacimiento de una España unificada.

Las riquezas procedentes del comercio de la lana y posteriormente de América alcanzaron su cenit en el siglo XVI y sirvieron para financiar muchos de los grandes edificios y tesoros artísticos que se pueden ver hoy en las ciudades castellano-leonesas, incluyendo la exuberante catedral gótica de Burgos, la catedral de León y sus incomparables vidrieras y los edificios de la universidad de Salamanca.

CASTILLA Y LEÓN

Esencial
1 Catedral de León
2 Salamanca
3 Segovia
4 Burgos

Lugares de interés
5 El Bierzo
6 Ponferrada
7 Villafranca del Bierzo
8 Astorga
9 Cueva de Valporquero
10 Ciudad Rodrigo
11 Puebla de Sanabria
12 Sierra de Gredos
13 Palacio Real de La Granja de San Ildefonso
14 Zamora
15 Sepúlveda

16 Ávila
17 Pedraza de la Sierra
18 Castillo de Coca
19 Valladolid
20 Medina del Campo
21 Tordesillas
22 Frómista
23 Palencia
24 Medina de Rioseco
25 Briviesca
26 Aguilar de Campoo
27 Covarrubias
28 Monasterio de Santo Domingo de Silos
29 Peñaranda de Duero
30 Lerma
31 Soria
32 El Burgo de Osma
33 Medinaceli

CATEDRAL DE LEÓN

Ⓐ C2 Ⓜ Plaza de Regla, León Ⓡ🚌 Ⓒ Catedral: oct-abr: 9.30-13.30 y 16.00-19.00 lu-sá, 9.30-10.30 y 16.00-20.00 do; may-sep: los horarios varían, consultar web; museo: los horarios varían, consultar web Ⓦ catedraldeleon.org

La catedral de Santa María de León es uno de los símbolos religiosos más importantes de España, expresión de la devoción del pueblo que la construyó y que aún inspira admiración. Lo más destacado son sus vidrieras, que representan la vida local a lo largo de los siglos.

La estructura actual de piedra arenisca dorada, construida sobre el palacio del siglo X del rey Ordoño II, se inició a mediados del siglo XIII y se terminó en menos de 100 años. La fachada está cubierta de espléndidas tallas góticas del siglo XIII, entre las que destaca la escena del Juicio Final que corona la puerta de la Virgen Blanca.

Sobre su planta de cruz latina se alzan tres armoniosas naves de gran altura, que alcanzan los 90 m de altura por 40 m de ancho y que están perforadas con numerosos vanos ornados con unas vidrieras policromadas que inundan de luz el interior, sobre todo en días soleados. Entre los tesoros del museo catedralicio destaca el cuadro *La adoración de los Reyes Magos*, de Pedro Campaña.

LAS VIDRIERAS DE LA CATEDRAL DE LEÓN

El gran tesoro de la catedral de León son sus vidrieras. Hay 737 entre grandes, medianas y pequeñas, incluyendo los tres rosetones. Las más antiguas datan del siglo XIII, y las más recientes, del siglo XX, y tocan temas diversos, como la caza en *La cacería*, del ala norte, o la peregrinación a Compostela *(p. 228)*, en el rosetón de la capilla del Nacimiento. Las visitas guiadas ofrecen más detalles sobre las escenas.

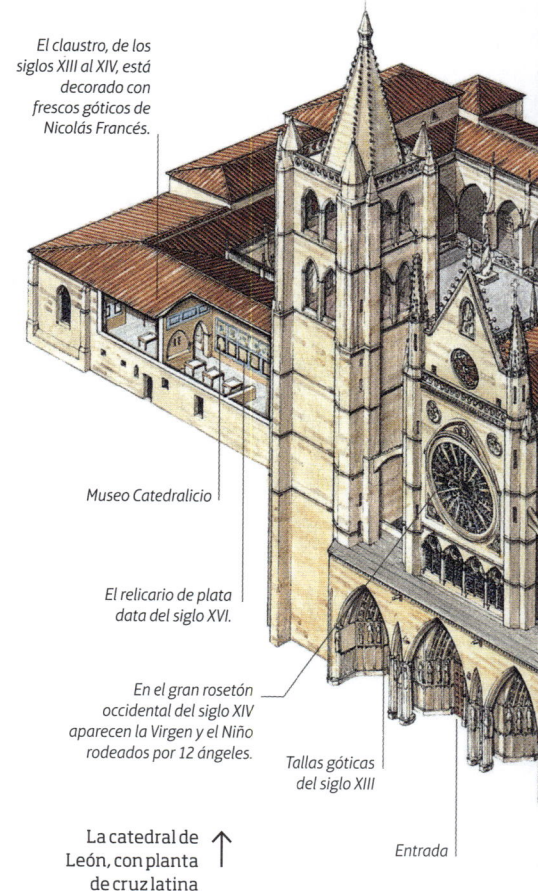

El claustro, de los siglos XIII al XIV, está decorado con frescos góticos de Nicolás Francés.

Museo Catedralicio

El relicario de plata data del siglo XVI.

En el gran rosetón occidental del siglo XIV aparecen la Virgen y el Niño rodeados por 12 ángeles.

Tallas góticas del siglo XIII

Entrada

La catedral de León, con planta de cruz latina ↑

TOP 4 OTROS HITOS DE LEÓN

Colegiata de San Isidoro
Esta bonita basílica contiene el panteón de los reyes de León.

Museo de León
Un interesante museo de historia local; destaca el Cristo de Carrizo.

Plaza Mayor
Las calles que la rodean acogen multitud de bares y cafés.

MUSAC
Un rompedor museo de arte contemporáneo.

1. La catedral se alza sobre la animada plaza de Regla.

2. El trascoro renacentista en forma de arco muestra esculturas de alabastro.

3. La nave central abovedada está decorada con grandes vidrieras.

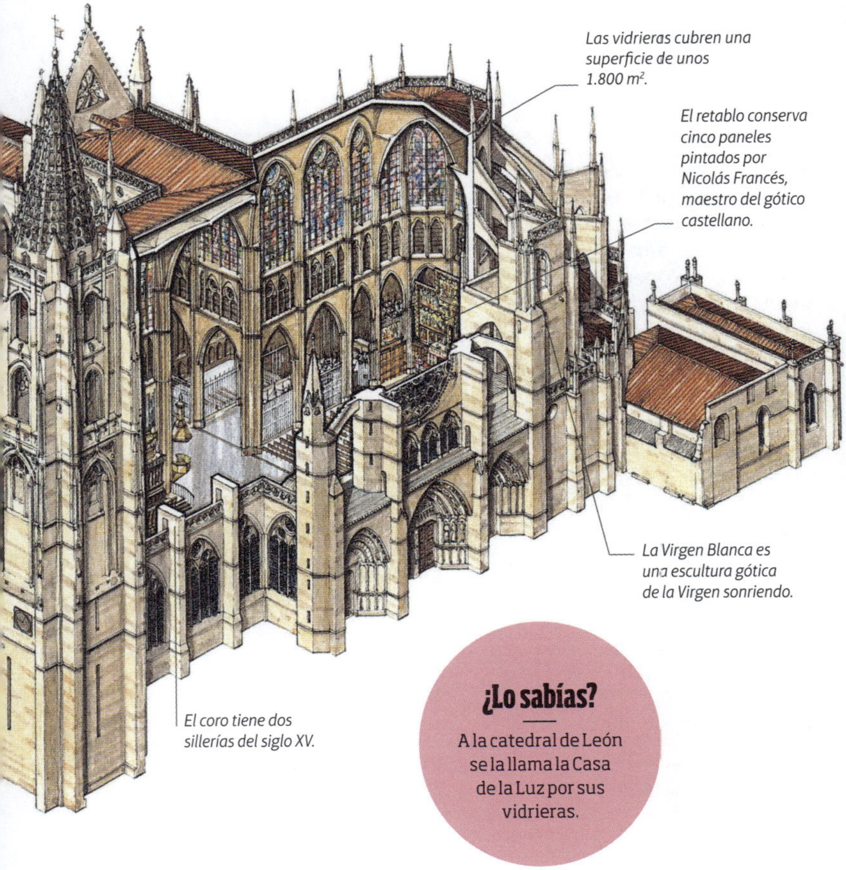

Las vidrieras cubren una superficie de unos 1.800 m².

El retablo conserva cinco paneles pintados por Nicolás Francés, maestro del gótico castellano.

La Virgen Blanca es una escultura gótica de la Virgen sonriendo.

El coro tiene dos sillerías del siglo XV.

¿Lo sabías?

A la catedral de León se la llama la Casa de la Luz por sus vidrieras.

Plaza Mayor iluminada, con el ayuntamiento en el centro

2

SALAMANCA

🅰 C3 🏛 Salamanca ✈ 15 km al este 🚌🚏 ℹ Plaza Mayor 32; www.salamanca.es

Fundada por los íberos en el año 217 a. C., Salamanca cayó en manos de Aníbal. Tras una época de florecimiento, hoy es el más hermoso ejemplo de arquitectura renacentista y plateresca de España. Ha sido cuna de brillantes artistas, como los hermanos Churriguera. En sus hermosos edificios se reconocen muchos vestigios de su obra, cuyo mejor exponente es la espléndida plaza Mayor. Del conjunto arquitectónico de la ciudad destacan sus dos catedrales y la Universidad, creada en el siglo XIII, una de las más antiguas e importantes de Europa.

①

Plaza Mayor

Felipe V promovió la construcción de esta magnífica plaza en agradecimiento por el apoyo salmantino en la guerra de Sucesión (1701-1714). El proyecto, de Alberto de Churriguera, se realizó entre los años 1729 y 1755. Usada en otros tiempos como coso taurino, hoy se ha convertido en un espacio de ocio. Entre las tiendas y cafés de sus soportales se halla el ayuntamiento barroco; frente a él está el pabellón Real, desde donde la familia real presidía los actos de la plaza. La piedra de los edificios adquiere hermosas tonalidades al atardecer.

②

Catedrales Vieja y Nueva

🏛 Plaza de Juan XXIII
🕐 10.00-20.00 diario (oct-mar: 10.00-18.00)
🌐 catedralsalamanca.org

La catedral Nueva, construida entre los siglos XVI y XVIII, no sustituyó al edificio anterior, sino que se levantó junto a él. Combina el gótico con añadidos renacentistas y

¿Lo sabías?

En la puerta de la catedral Nueva se puede ver un astronauta tallado en 1992.

barrocos. La fachada oeste exhibe un trabajo de cantería del gótico tardío.

Se accede a la catedral Vieja, románica de los siglos XII al XIII, a través de la Nueva. Destaca el magnífico retablo del altar mayor, de 53 paneles,

↑ ⑩ Casa de las Muertes
(70 m)

⑨ ←

Colegio de Fonseca
o de los Irlandeses
(350 m)

→

El casco antiguo
de Salamanca

CALLE DE LA COMPAÑÍA

CALLE DEL PRADO

①

⑥

RÚA MAYOR

④

CALLE DE SAN PABLO

⑪

CALLE DEL CONSUELO

CALLE DE LOS LIBREROS

⑤

⑧

PLAZA DEL CONCILIO
DE TRENTO

②

③

⑦

ARROYO SANTO DOMINGO

PASEO DEL RECTOR ESPERABÉ

Puente romano, construido en el
siglo I sobre el río Tormes.

---

atribuido a Nicolás Florentino.
En el centro se guarda la talla
románica de influencia bizantina de la Virgen de la Vega,
patrona de Salamanca, realizada en esmalte de Limoges
en el siglo XII. Sobre el retablo,
un fresco con escenas del Juicio Final, pintado también por
Nicolás Florentino.

La capilla de Anaya, del
siglo XV, contiene el
maravilloso sepulcro de
alabastro del arzobispo de
Salamanca Diego de Anaya.

Ofrece unas magníficas
visitas guiadas, además de
audioguías en cuatro idiomas.

↑ El espectacular retablo mayor de la catedral
Vieja representa escenas de la vida de Cristo

③

Iglesia-convento de San Esteban

📍 Plaza del Concilio de Trento s/n ☎ 923 21 50 00 🕐 10.00-14.00 y 16.00-18.00 todos los días 🚫 Festivos

La fachada plateresca de este monasterio dominico, construido entre 1524 y 1610, es excepcional. Está presidida por una escena de la lapidación de san Esteban, realizada por Juan Antonio Ceroni en 1610. Arriba hay un friso con figuras de niños y caballos.

El luminoso interior, de una sola nave, es de líneas muy armoniosas. El retablo barroco, iniciado en 1692 por José Benito de Churriguera, impresiona por el brillo logrado y por sus columnas salomónicas. Corona la obra uno de los últimos lienzos de Claudio Coello, *El martirio de san Esteban*.

El doble claustro de los Reyes, de estilo plateresco, se terminó en 1591. El piso alto está decorado con medallones de los profetas de Israel.

El nombre de Casa de las Conchas se debe a la decoración de sus muros, el emblema de la Orden de Santiago.

④

Casa de las Conchas

📍 Calle de la Compañía 2 ☎ 923 26 93 17 🕐 Horarios varían, llamar previamente

Su nombre se debe a la decoración de sus muros, el emblema de la Orden de Santiago, de la que era caballero Rodrigo Arias Maldonado, que mandó construirla a principios del siglo XVI. Alberga una biblioteca.

---

⑤

Universidad

📍 Calle Libreros 🕐 Abr-med sep: 10.00-20.00 lu-sá, 10.00-14.00 do y festivos; med sep-mar: 10.00-19.00 lu-sá 🚫 1 y 6 ene, 25 dic y para actos oficiales 🌐 usal.es

La Universidad de Salamanca, la más antigua de España, fue fundada por Alfonso IX de León en 1218. Frente a la fachada del siglo XVI que da al patio de las Escuelas se levanta una estatua de Fray Luis de León, que impartió teología en la Universidad, y en el interior se conserva su aula. En las escuelas Menores hay un enorme fresco del Zodiaco llamado *El cielo de Salamanca*.

---

⑥

Palacio de Monterrey

📍 Plaza de Monterrey 2 🕐 Horarios varían, consultar página web 🌐 palaciodemonterrey.com

Este palacio del siglo XVI, construido por el tercer conde de Monterrey, está considerado uno de los mejores ejemplos de estilo plateresco, debido a su intrincada fachada. Hay que echarle un ojo a la exuberante colección de arte del edificio antes de subir a la torre para disfrutar de estupendas vistas.

---

⑦

Casa Lis Museo Art Nouveau y Art Déco

📍 Calle Gibraltar 14 🕐 11.00-19.00 do-vi (hasta 20.00 sá) 🌐 museocasalis.org

Esta colección comprende mobiliario, joyas y otras artes

↑ Las magníficas vidrieras del interior de la Casa Lis Museo Art Nouveau y Art Déco

industriales, así como pintura europea. Hay salas dedicadas a la porcelana y el esmalte de Limoges, objetos de cristal de Lalique y criselefantinas.

 ⑧

Convento de las Dueñas

🏛 Plaza del Concilio de Trento 1 ☎ 923 21 54 42 🕐 10.30-12.45 y 16.30-19.00 lu-sá (nov-mar: 10.30-12.45 y 16.30-18.00 lu-sá 🔒 Festivos

Lo más destacado de este convento dominico, frente al de San Esteban, es su patio renacentista de dos pisos. Sus jardines parecen ajenos a los monstruos que decoran los capiteles.

 ⑨

Colegio de Fonseca o de los Irlandeses

🏛 Calle de Fonseca 4 ☎ 923 29 45 70 🕐 9.00-13.30 y 16.00-19.00 lu-vi

También llamado colegio de los Irlandeses porque fue seminario para clérigos

 ←

La extraordinaria fachada de la iglesia-convento de San Esteban

irlandeses en el siglo XIX, la fachada concentra sus elementos decorativos en la puerta. La doble arquería del patio de este antiguo colegio mayor fundado por el arzobispo de Santiago Alonso de Fonseca es un modelo de construcción italianizante de armonía renacentista. Tiene una capilla realizada por Juan de Álava y Rodrigo Gil de Hontañón. Hoy alberga un restaurante, un hotel y dependencias de la universidad.

⑩

Casa de las Muertes

🏛 Calle Bordadores 🕐 Casa-Museo de Unamuno: 10.00-14.00 lu-sá 🔒 Casa de las Muertes: al público

El nombre de este palacio plateresco procede de las calaveras que embellecen su fachada, donde también figuran querubines, amorcillos y motivos vegetales, y constituye un maravilloso ejemplo del estilo plateresco temprano. En la finca adyacente murió en 1936 el escritor y filósofo Miguel de Unamuno y su casa-museo, contigua a la universidad, contiene su despacho y objetos personales.

Torre del Clavero

🏛 Plaza de Colón 🔒 Al público

La torre es el último vestigio de un palacio construido hacia 1480; lleva el nombre de su antiguo dueño, que fue clavero mayor (guardián de las llaves) de la Orden de Alcántara. Sus garitas están decoradas con el escudo de armas de sus fundadores y cestería.

La Cocina de Toño

Este restaurante galardonado con estrella Michelin sirve nueva cocina castellana con un toque vasco. Su bar también tiene unas excelentes tapas.

🏛 Espoz y Mina 30 🌐 lacocinadetoño.es

€€€

iPan iVino

Un animado bar frente al palacio de la Salina con la mejor selección de vinos de la ciudad y tapas creativas.

🏛 Calle Felipe Espino 10 🌐 ipanivino.com

€€€

Zazu Bistro

Situado en el corazón de Salamanca, este elegante restaurante ofrece platos mediterráneos con influencias francesa e italiana. En verano se puede cenar en la terraza.

🏛 Plaza Libertad 8 🌐 restaurantezazu.com

€€€

3

SEGOVIA

 **C3** 🅿🚆 ℹ **Plaza del Azoguejo, 1; 921 46 67 20; www.turismodesegovia.com**

Segovia, situada sobre un resalte rocoso y rodeada por los ríos Eresma y Clamores, tiene un emplazamiento espectacular, sobre todo vista desde el fondo del valle. A menudo se la compara con un barco: el alcázar, sobre su afilado peñasco, formaría la proa, los pináculos de la catedral los mástiles y el acueducto que asoma detrás el timón.

Museo de Segovia

🏠 **Casa del Sol, Calle Socorro 11** 📞 **921 46 06 13** 🕐 **Jul-sep: 10.00-14.00 y 16.00-19.00 ma-sá, 10.00-14.00 do; oct-jun: 10.00-14.00 y 17.00-20.00 ma-sá, 10.00-14.00 do**

Este museo arqueológico contiene grabados de la Edad de Piedra, así como herramientas antiguas, armas, cerámica y metales. También guarda monedas romanas, fragmentos de muros de casas árabes y una colección de hebillas y fíbulas. Destacan sus verracos de piedra celtas, excavados en la calle Mayor, considerados protectores de la población y el ganado. En la vecina provincia de Ávila, otros similares están vinculados con enterramientos.

②

Convento de San Juan de la Cruz

🏠 **Alameda de la Fuencisla** 📞 **921 43 13 49** 🕐 **16.00-19.00 lu, 10.00-13.30 y 16.00-19.00 ma-do (jun-sep: hasta 20.00)**

En un recóndito valle del Eresma, san Juan de la Cruz fundó este convento en el siglo XVI, del que fue prior de 1588 a 1591. El poeta místico también fue cofundador, junto con santa Teresa, de la orden de los carmelitas descalzos, que se regía por una estricta disciplina.

③

Casa de los Picos

Dentro del recinto amurallado, esta mansión tiene una fachada del siglo XV adornada con piedras en forma de diamante. El edificio alberga una galería de arte y una escuela.

———

④

Museo Zuloaga

🏠 **Plaza de Colmenares 4** 📞 **921 46 33 34** 🕐 **10.00-14.00 y 16.00-19.00 lu-vi, 10.00-14.00 sá y do**

Ubicado en la iglesia de San Juan de los Caballeros, este museo expone la obra de la familia Zuloaga, entre la que destacan las pinturas de Ignacio y la cerámica de Daniel.

———

⑤

Monasterio de Santa María del Parral

🏠 **Subida al Parral** 📞 **921 43 12 98** 🕐 **11.00-17.00 mi-do (aconsejable reservar)**

Al norte de las murallas se encuentra este monasterio, el mayor de Segovia, con cuatro claustros y un altar plateresco. Las tumbas de su benefactor,

←

Las dos arcadas del acueducto romano de Segovia (siglo I a. C.)

el marqués de Villena, y su esposa María, también son de estilo plateresco del siglo XV.

---

⑥

Catedral

📍 Plaza Mayor ☎ 921 46 22 05 🕐 9.30-18.30 lu-sá (10.00-18.30 do)

Esta estructura gótica de 1525 sustituyó a la antigua catedral, destruida en 1520 durante la guerra de las Comunidades. Solo sobrevivió el antiguo claustro, que fue incorporado al nuevo diseño, elegante y austero, del arquitecto Juan Gil de Hontañón. Los arbotantes flotantes, pináculos, torre y cúpula forman una espectacular silueta, mientras su interior es un luminoso espacio abovedado horadado de vidrieras y con un altar mayor diseñado por el arquitecto italiano Sabatini en 1768. Alrededor de la nave y girola hay 18 capillas, muchas cerradas por rejas; destaca la capilla de la Piedad, que debe su nombre a la escultura de Juan de Juni. El claustro de arcos apuntados tiene acceso a través de la portada gótica de la capilla del Cristo del Consuelo, obra de Juan Guas, y desde él se llega al museo de la sala capitular, que contiene tapices de Bruselas del siglo XVII, monedas, pinturas, esculturas, piezas de plata, mobiliario y libros.

---

⑦

Acueducto

📍 Plaza del Azoguejo 1

En uso hasta finales del siglo XIX, este acueducto se construyó hacia finales del siglo I a. C. por los romanos, que convirtieron la antigua Segovia en una importante base militar. Hicieron falta dos hileras de arcos, que se extienden a lo largo de 728 m y alcanzan una altura máxima de 29 m, para salvar la pendiente del terreno. Gracias a esta descomunal obra de ingeniería, el agua del río Frío fluía hasta la ciudad, filtrándose por el camino a través de una serie de tanques.

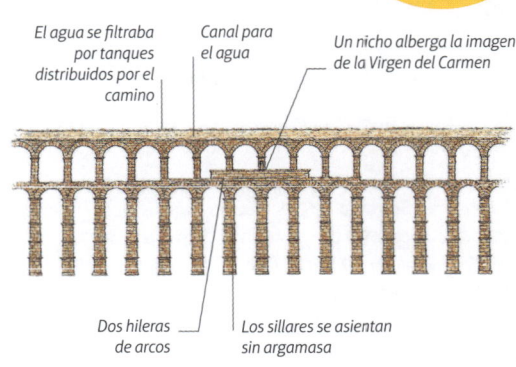

El agua se filtraba por tanques distribuidos por el camino

Canal para el agua

Un nicho alberga la imagen de la Virgen del Carmen

Dos hileras de arcos

Los sillares se asientan sin argamasa

↑ Ilustración del acueducto romano de Segovia en detalle

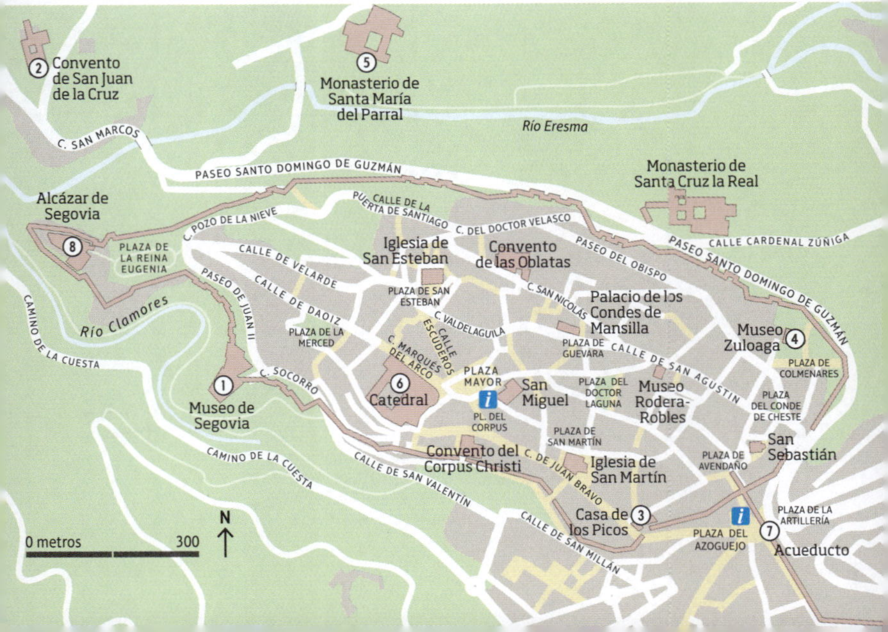

Convento de San Juan de la Cruz ②

Monasterio de Santa María del Parral ⑤

Río Eresma

C. SAN MARCOS

PASEO SANTO DOMINGO DE GUZMÁN

Monasterio de Santa Cruz la Real

Alcázar de Segovia

⑧

PLAZA DE LA REINA EUGENIA

C. POZO DE LA NIEVE

CALLE DE LA PUERTA DE SANTIAGO

C. DEL DOCTOR VELASCO

PASEO DEL OBISPO

CALLE CARDENAL ZÚÑIGA

PASEO SANTO DOMINGO DE GUZMÁN

CALLE DE VELARDE

Iglesia de San Esteban

Convento de las Oblatas

CAMINO DE LA CUESTA

Río Clamores

PASEO DE JUAN II

CALLE DE DAOIZ

PLAZA DE SAN ESTEBAN

PLAZA DE LA MERCED

C. VALDELAGUILA

C. SAN NICOLÁS

Palacio de los Condes de Mansilla

PLAZA DE GUEVARA

CALLE DE SAN AGUSTÍN

Museo Zuloaga ④

PLAZA DE COLMENARES

①

Museo de Segovia

C. SOCORRO

C. MARQUÉS DEL ARCO

CALLE ESCUDEROS

PLAZA MAYOR

⑥ Catedral

PL. DEL CORPUS

San Miguel

PLAZA DEL DOCTOR LAGUNA

Museo Rodera-Robles

PLAZA DEL CONDE DE CHESTE

CAMINO DE LA CUESTA

CALLE DE SAN VALENTÍN

Convento del Corpus Christi

PLAZA DE SAN MARTÍN

C. DE JUAN BRAVO

Iglesia de San Martín

PLAZA DE AVENDAÑO

San Sebastián

Casa de los Picos ③

CALLE DE SAN MILLÁN

PLAZA DEL AZOGUEJO

PLAZA DE LA ARTILLERÍA

Acueducto ⑦

0 metros   300

N ↑

⑧ ⊗ ⊗ ⊡

ALCÁZAR DE SEGOVIA

⌂ Plaza de la Reina Victoria Eugenia ⊙ oct-mar: 10.00-20.00 todos los días; abr-sep: 10.00-19.00 diario ⊗ 1 y 6 ene, 24 y 25 dic ⊠ alcazardesegovia.com

Con sus tejados a dos aguas, torretas y almenas, el alcázar de Segovia se eleva sobre un peñasco y parece un castillo sacado de un cuento de hadas. En su interior guarda un museo de armas y varias estancias ricamente decoradas.

La planta del alcázar de Segovia está marcada por el contorno de la roca sobre la que se asienta. Aunque su origen se remonta al siglo XII, la mayor parte de la construcción se realizó entre 1410 y 1455. Tras el incendio de 1862 tuvo que ser prácticamente reconstruido. Sus habitaciones están decoradas con armaduras, pinturas y muebles que realzan su aire medieval. En 1764, Carlos III fundó aquí la Real Escuela de Artillería, de la que fueron alumnos Daoiz y Velarde, héroes del levantamiento de Madrid contra los franceses *(p. 342)*.

¿Lo sabías?

En el musical *Camelot* de 1967, el alcázar era el castillo de la Guardia Gozosa, hogar de Lanzarote del Lago.

MEJORES VISTAS
La torre de Juan

Unas escaleras ascienden por la torre de Juan II y ofrecen unas vistas espectaculares de Segovia y la sierra de Guadarrama. La mandó construir Enrique IV en honor a su padre durante el siglo XV.

→

El alcázar de Segovia, sobre un saliente rocoso

Atalayas

En la torre de Juan II se hallan los calabozos.

↑ La imponente estructura del alcázar destaca sobre la ciudad de Segovia

En la barbacana, con el escudo de armas de los Reyes Católicos tallado sobre la puerta, están los rastrillos y el cuarto de guardia.

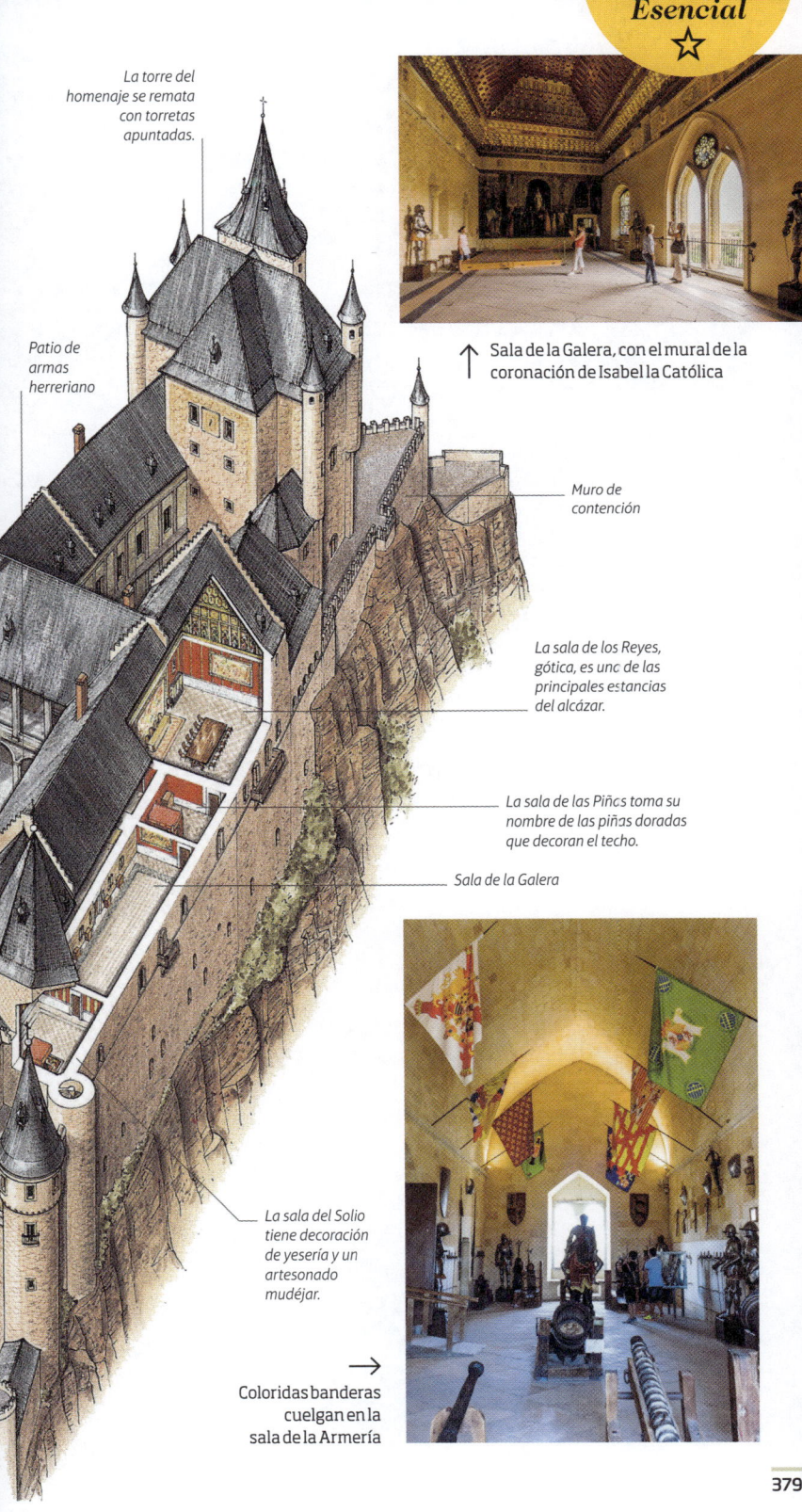

La torre del homenaje se remata con torretas apuntadas.

Patio de armas herreriano

↑ Sala de la Galera, con el mural de la coronación de Isabel la Católica

Muro de contención

La sala de los Reyes, gótica, es una de las principales estancias del alcázar.

La sala de las Piñas toma su nombre de las piñas doradas que decoran el techo.

Sala de la Galera

La sala del Solio tiene decoración de yesería y un artesonado mudéjar.

→ Coloridas banderas cuelgan en la sala de la Armería

4

BURGOS

⚑D2 ⌂Burgos 🚌🚃 ℹPlazadeAlonsoMartínez7;
www.turismoburgos.org

Fundada en el año 884, la ciudad de Burgos ha jugado un trascendental papel político y militar en la historia de España. Fue capital del reino unificado de Castilla y León desde 1073 hasta la caída de Granada. Durante los siglos XV y XVI basó su esplendor en el comercio de la lana y gran parte de sus riquezas se invirtieron en la construcción de nobles edificios, sobre todo góticos e isabelinos.

①

Iglesia de San Esteban

⌂CalleSanEsteban1
🕐Abr-oct:10.00-14.00y
17.00-20.00ma-do(jul-sep
tambiénlu);nov-mar:10.00-
14.00y16.00-19.00ma-do

Esta iglesia gótica ocupa el solar de una antigua iglesia románica. Aunque ya no se utiliza para el culto, alberga el Museo del Retablo, una colección de 18 retablos traídos de iglesias de toda la región para ser restaurados y expuestos. Una segunda colección incluye pinturas religiosas, crucifijos y cálices.

②

Iglesia de Santa Águeda

⌂CalleSantaAgueda12

También conocida como Santa Gadea, esta iglesia se asienta en el lugar donde el Cid hizo jurar al rey Alfonso VI que no había participado en la muerte de su hermano mayor, el rey Sancho II, en 1072. Este episodio se representa en las noches de verano.

③

Real Monasterio de las Huelgas

⌂Plaza del Compás
📞9472016 30 🕐10.00-
14.00y16.00-18.30ma-sá,
10.30-15.00do 🚫Algunos
festivos

Fundado por Alfonso VIII, este convento cisterciense del siglo XII contiene el Museo de Ricas Telas, con tejidos antiguos tomados de las tumbas reales.

EL CID (1043-1099)

Rodrigo Díaz de Vivar nació en Vivar del Cid, al norte de Burgos, en 1043. Fue expulsado de Castilla al verse envuelto en las luchas fratricidas de los hijos del rey, Sancho II y Alfonso VI. Luchó junto a los árabes, pero de nuevo cambió de bando, conquistó Valencia para la causa cristiana en 1094 y gobernó la ciudad hasta su muerte. Por su heroísmo se le llamó el Cid, del árabe *sidi* ('señor'). Su sepulcro se encuentra en la catedral de Burgos.

↑ La catedral domina el perfil urbano de la ciudad de Burgos

Iglesia de San Lorenzo

📍 Calle San Lorenzo 8

Situada junto a la catedral (*p. 382*), esta iglesia dedicada a san Lorenzo contiene unas magníficas bóveda y cúpula barrocas.

⑤

Arco de Santa María

📍 Plaza Rey San Fernando 9

El puente de Santa María conduce al casco antiguo de Burgos a través del restaurado arco de Santa María, una puerta tallada con esculturas de personajes burgaleses.

⑥

Casa del Cordón

📍 Plaza de la Libertad

Actualmente un banco, este palacio del siglo XV es reconocible por el motivo del cordón franciscano tallado sobre el portal. Una placa declara que fue aquí donde los Reyes Católicos dieron la bienvenida a Colón en 1497, a su regreso del segundo de sus famosos viajes a las Américas.

⑦ 🎨

Museo de Burgos

📍 Calle Miranda, 13 🕐 jul-sep: 10.00-14.00 y 17.00-20.00 ma-sá, 10.00-14.00 do; oct-jun: 10.00-14.00 y 16.00-19.00 ma-sá, 10.00-14.00 do 🚫 1 y 6 ene, 11 y 29 jun, 1 nov, 24, 25 y 31 dic 🌐 museodeburgos.net

La Casa de Miranda, un palacio renacentista, contiene el Museo de Burgos. La sección arqueológica expone restos romanos hallados en Clunia.

⑧ 🎨 🏛

Museo de la Evolución Humana

📍 Paseo Sierra de Atapuerca 🕐 10.00-14.30 y 16.30-20.00 ma-vi, 10.00-20.00 sá, do y festivos 🌐 museoevolucion humana.com

Esta inmenso museo exhibe fósiles que se remontan a 780.000 años atrás. Una entrada combinada incluye el transporte y la entrada a los yacimientos de Atapuerca, el primer asentamiento humano de Europa.

Esencial ☆

AC Hotel Burgos

Un elegante hotel en pleno corazón de la ciudad. Cuenta con un suculento bufé de desayuno para tomar fuerzas antes de salir a explorar y un bar donde finalizar el día.

📍 Paseo de la Audiencia 7 🌐 marriott.co.uk hotels/travel/rgsbu-ac-hotel-burgos

€€€

NH Collection Palacio de Burgos

Un convento del siglo XVI situado en el centro, con amplias habitaciones, un claustro gótico y un magnífico restaurante.

📍 Calle de la Merced 13 🌐 nh-collection.com

€€€

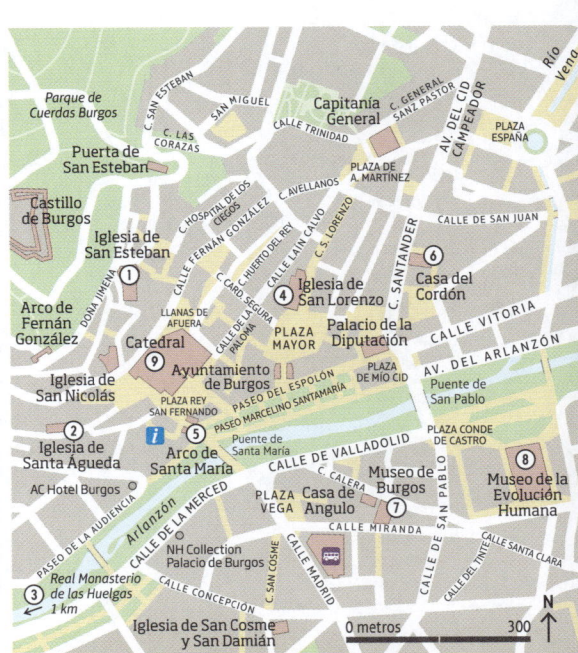

⑨ 🏃 🏛

CATEDRAL DE BURGOS

📍 **Plaza de Santa María** 🕐 **10.00-19.00 diario** 🌐 **catedraldeburgos.info**

Las grisáceas agujas caladas de la Santa Iglesia Catedral Basílica Metropolitana de Burgos se elevan sobre la ciudad. Es la tercera catedral más grande de España, conocida principalmente por contener la tumba del burgalés más famoso: el Cid *(p. 380)*.

La catedral de Burgos fue fundada en 1221 por el arzobispo Mauricio, durante el reinado de Fernando III el Santo. La planta, de cruz latina, mide 84 por 59 m. La construcción se realizó en varias etapas a lo largo de tres siglos. Es gótica en casi su totalidad y muestra influencias alemanas, francesas y holandesas. Los arquitectos adaptaron el edificio a la inclinación del terreno, incorporando escaleras en el interior y el exterior. En la nave central se halla el famoso Papamoscas, que entra en funcionamiento al sonar las horas. En el claustro, de puro estilo gótico del siglo XIV, destaca la decoración escultórica.

¿Lo sabías?

Las tres portadas de la fachada de Santa María representan el Perdón, la Asunción y la Inmaculada Concepción.

↑ Las agujas caladas de la catedral elevándose sobre la puerta de Santa María

La escalera dorada renacentista de Diego de Siloé data de 1519-1522. Salva la diferencia de nivel entre el templo y la calle.

El retablo principal de la capilla de Santa Ana (1490) es obra de Gil de Siloé.

Capilla de Santa Tecla

→ La espectacular arquitectura de la catedral de Burgos

Puerta de Santa María

La capilla de los Condestables contiene las tumbas del condestable de Castilla y su esposa.

Los magníficos relieves del trasaltar de la girola son obra de Felipe Bigarny.

Linterna

Tumba del Cid

↑ El elegante claustro abovedado de la catedral

Capilla de San Juan Bautista y museo

↑ Altar de la capilla de Santa Ana, de Gil de Siloé

La sacristía (1765) se reconstruyó en estilo barroco.

Centro de interpretación

Los restos del Cid y doña Jimena descansan en el crucero, bajo una bóveda de estrella.

La puerta del Sarmental es la entrada para las visitas.

Capilla de la Visitación

Recepción e información

Capilla de la Presentación (1519-1524). Esta capilla funeraria se remata con una bóveda.

Capilla del Santísimo Cristo

Esencial ☆

LUGARES DE INTERÉS

❺

El Bierzo

🅐B2 🄰León 🄰Ponferrada
🚌Ponferrada ℹ️Calle de Gil
y Carrasco 4, Ponferrada;
www.turismodelbierzo.es

Esta comarca del noroeste de la provincia de León, atravesada por el río Sil, fue en tiempos remotos el lecho de un lago y actualmente sus fértiles suelos aluviales están cubiertos de viñedos y huertos, resguardados por las montañas de las temperaturas extremas. A lo largo de su historia se han explotado minas de carbón, hierro y oro. Actualmente, el Bierzo es un popular destino de senderistas gracias a sus numerosas rutas y zonas de pícnic.

Por la zona oriental pasa el Camino de Santiago *(p. 232)*, que cruza los montes de León, donde se encuentran la iglesia peregrina y el puente medieval de Molinaseca. Dejando la carretera en el remoto pueblo de El Acebo se cruza un valle cerrado donde unas señales indican el camino hacia la **herrería de Compludo,** fascinante fragua hidráulica que data del siglo VII; aún funciona y se enseña de forma habitual.

Al sur de Ponferrada está el lago de Carucedo, una antigua presa que construyeron los romanos con los materiales de desecho de una importante mina de oro. Se lavaron millones de toneladas de tierras aluviales de las colinas de Las Médulas, utilizando esclavos como mano de obra, por medio de un complejo sistema de canales y compuertas. La mena se lavaba en bateas y el polvo de oro se recogía con lana de oveja; se calcula que se extrajeron de estas tierras más de 500 toneladas del precioso metal entre los siglos I y IV. Las antiguas minas de **Las Médulas,** declaradas patrimonio de la humanidad, están situadas en un paisaje de cárcavas erosionadas por el viento y lomas perforadas de túneles y cubiertas de castaños que se puede admirar desde Orellán, hasta donde se llega por una difícil pista.

Al norte de la autovía A6 está situada la sierra de Ancares, región agreste de romas montañas de pizarra que marca los confines entre Galicia, Asturias y León. Una parte de este territorio forma la Reserva Nacional de los Ancares Leoneses, en la que habitan ciervos, lobos, osos pardos y urogallos.

En algunos de los pueblos aún pueden verse pallozas, antiguos cobertizos de paredes de laja. Uno de los conjuntos más interesantes se encuentra en Campo del Agua, al oeste.

El paisaje abrupto y arbolado de las antiguas minas de oro de Las Médulas

Herrería de Compludo

♿ 🄰Compludo 📞987 424 236 🕐Abr-sep 11.00-14.00 y 16.00-20.00 mi-do; oct-mar: 11.30-13.30 y 15.30-18.00

Las Médulas

♿♿ 🕐11.00-14.00 y 16.00-20.00 todos los días (oct-mar hasta 18.00) 🚫Festivos 🌐turismodelbierzo.es/medulas

❻

Ponferrada

🅐B2 🄰León 🚋🚌 ℹ️Calle Gil y Carrasco 4; www.ponferrada.org/turismo

La ciudad recibe su nombre del puente medieval reforzado con hierro *(pons ferrata)* construido para facilitar a los peregrinos su camino hacia Santiago. Ponferrada es hoy una ciudad industrial, crecida en torno a sus yacimientos de hierro y carbón. Los lugares de mayor interés se concentran en el pequeño casco antiguo. El majestuoso castillo de Ponferrada, que fue una de las mayores fortalezas del norte de España en la Edad Media, se

El castillo medieval de los caballeros templarios en Ponferrada

construyó entre los siglos XII y XIV para dar protección a los peregrinos y estuvo bajo el dominio de los caballeros de la Orden del Temple.

En la misma plaza se alza el ayuntamiento barroco. Uno de los accesos a la plaza, en su día puerta de la muralla medieval, se halla bajo la alta torre del reloj. Cerca se encuentra la basílica de la Virgen de la Encina, de estilo renacentista, y al norte la antigua iglesia de Santo Tomás de las Ollas, en la que se entremezclan elementos mozárabes, románicos y barrocos; el ábside, del siglo X, tiene bellos arcos de herradura. En la casa adyacente se puede pedir la llave para visitar la iglesia.

Al sur de Ponferrada discurre entre álamos el valle del Silencio, que acoge varios pueblos con mucho encanto. El último, y quizás el más bello, es Peñalba de Santiago; el doble arco de herradura de la portada de su iglesia mozárabe del siglo X es de una belleza sin igual.

 7

Villafranca del Bierzo

A B2 **O** León ▦ **i** Avenida Díez Ovelar 10; www. villafrancadelbierzo.org

En las antiguas calles de esta ciudad del Camino de Santiago abundan las casas blasonadas. El castillo de torres circulares, levantado a principios del siglo XVI, aún está habitado. Cerca de la plaza Mayor llama la atención el conjunto de magníficas iglesias y conventos, como San Nicolás el Real. Sobresalen las esculturas que decoran el pórtico norte de la románica **iglesia de Santiago Apóstol.** En su puerta del Perdón podían obtener una dispensa los peregrinos que no se sentían con fuerzas para llegar a Santiago. Destacan, asimismo, la colegiata de San Francisco, con su artesonado mudéjar, y las mansiones de la calle del Agua.

Desde Corullón, al sur, se contempla uno de los más bellos panoramas del Bierzo. Esta preciosa villa de casas de piedra gris tiene una situación privilegiada, sobre la cuenca del río Burbia, donde crecen los viñedos que producen el vino de la región. Merece la pena visitar sus dos iglesias; la de San Miguel, del siglo XI, y la románica de San Esteban, restaurada. Muy cerca se halla el antiguo monasterio benedictino de Carracedo, fundado en el 990, en su tiempo la comunidad religiosa más poderosa del Bierzo.

Iglesia de Santiago Apóstol
A Calle Cuenca 21 **O** Jul-med sep: 10.30-13.30 y 17.00-20.00 ma-do **🛇** Med sep-jun

↑ Fachada del siglo XVII de San Nicolás el Real, en Villafranca del Bierzo

num Crucis y una custodia de plata adornada con enormes esmeraldas.

Frente a la catedral se levanta un edificio cuajado de torretas y ventanales neogóticos: el singular **palacio de Gaudí,** que fue realizado a finales del siglo XIX por el genial arquitecto modernista *(p. 51).* En 1887 el antiguo palacio fue destruido por un incendio y el obispo, que era natural de Reus, encargó la reconstrucción a su paisano; pero su traza insólita y el coste elevado de la obra disgustaron a la curia y ningún obispo ha vuelto a vivir allí. En la actualidad alberga una exposición dedicada a la historia de Astorga y a las peregrinaciones a Santiago, en la que se exhibe, además de objetos romanos de excavaciones realizadas en la ciudad y su entorno, una muestra de arte medieval religioso. El interior está decorado con espléndidos mosaicos y vidrieras.

Palacio de Gaudí

 Plaza Eduardo de Castro 15 may-oct: 10.00-14.00 y 16.00-20.00 diario; nov-abr: 10.30-14.00 y 16.00-18.30 ma-do 1 y 6 ene, 25 dic palaciodegaudi.es

---

Cueva de Valporquero

C2 León Horarios varían, consultar web cuevadevalporquero.es

Este conjunto de cuevas calizas, en realidad una gran caverna con tres entradas diferentes situada directamente debajo del pueblo de Valporquero de Torío, se formó en el Mioceno hace entre 5 y 25 millones de años. Las extremas condiciones climatológicas de las cercanas montañas ha-

---

Hostal Puerta del Alcázar

Este hotel económico frente a las murallas de la ciudad es bastante básico, pero su terraza ofrece maravillosas vistas de la catedral.

C3 Calle San Segundo 38, Ávila puertadelalcazar.com

€€€

Parador de Zamora

Las armaduras y los tapices adornan el interior de este parador situado en un palacio renacentista con toques modernos, como su gran piscina exterior.

B3 Plaza Viriato 5, Zamora paradores.es

€€€

8

Astorga

B2 León Plaza Eduardo de Castro 5; www.turismoastorga.es

La ciudad de Asturica Augusta fue una plaza estratégica en la Vía de la Plata, calzada romana que unía Astorga con Mérida. Posteriormente pasó a formar parte del Camino de Santiago *(p. 232),* y era una de las poblaciones de esta ruta de peregrinos que contaba con más hospitales.

En la parte alta de la ciudad, sobre los bastiones, destacan los principales monumentos de Astorga: la catedral y el palacio episcopal. La catedral, construida entre los siglos XV y XVIII, reúne diversos estilos arquitectónicos, desde el ábside gótico a las torres barrocas, pasando por las aportaciones renacentistas de Rodrigo Gil de Hontañón; el retablo dorado, de Gaspar Becerra es una obra maestra del Renacimiento español. Entre los tesoros que se guardan en el museo diocesano destaca la arqueta labrada del siglo X donada por Alfonso III, el relicario del Lig-

LOS MARAGATOS

En Astorga, capital de la Maragatería, se afincan numerosos miembros de este grupo étnico de origen desconocido. Tradicionalmente se casaban entre sí, conservando sus costumbres y manteniéndose apartados del resto de la sociedad. Sin embargo, la desaparición de su comercio tradicional a lomos de mulas cambió su modo de vida y los maragatos se adaptaron a la vida moderna, aunque sobreviven su gastronomía y su artesanía típica.

TRAJE TÍPICO
MARAGATO

cen imposible visitar las cuevas entre noviembre y Semana Santa, y aun así solo se puede recorrer una tercera parte de esta gruta subterránea, de unos 3.100 m de longitud. Durante el resto del año se organizan visitas guiadas a través de las galerías, cuyas formaciones están bellamente iluminadas. Las rocas presentan hermosas tonalidades rojas, grises y negras, debidas a las impregnaciones de óxido férrico y azufre. La inmensa Gran Rotonda tiene una superficie de 5.600 metros cuadrados y 20 metros de altura. Las visitas solo pueden ser guiadas y previa reserva. En el interior hace fresco y el suelo es resbaladizo, por lo que conviene ir provisto de ropa y calzado adecuados.

 ⑩

Ciudad Rodrigo

Ⓐ B3 🏠 Salamanca 🚃🚌
ℹ️ Juan Arias 4; 923 49 84 00

Esta ciudad próxima a la frontera portuguesa, de gran importancia en la época romana, reúne un magnífico conjunto monumental. Su condición fronteriza obligó a fortificarla y en su imponente castillo de comienzos del siglo XV se ha

instalado un parador. La etapa dorada de Ciudad Rodrigo se sitúa en los siglos XV y XVI.

La catedral, comenzada en el siglo XII y terminada en el XVI, es el edificio más significativo de la ciudad. En su fachada, cuya balaustrada tiene una curvatura muy pronunciada, destaca la llamada puerta de las Cadenas, decorada con esculturas de transición del románico al gótico. El claustro gótico se comenzó en el siglo XII. De gran valor es la sillería del coro, obra de Rodrigo Alemán, adornada con procaces escenas sobre la vida monacal. En la capilla de Cerralbo, del siglo XVI (abierta en verano), destaca el retablo mayor de nogal sin

pintar del siglo XVII; existen otros dos menores semejantes de dudosa autoría. Al sur de la capilla se halla la plaza porticada del Buen Alcalde.

---

⑪

Puebla de Sanabria

Ⓐ B2 🏠 Zamora 🚃🚌
ℹ️ Muralla Mariquillo;
www.pueblasanabria.com

Esta antigua villa se levanta entre las retamas y chaparras de la sierra de la Culebra. Se llega hasta la iglesia y el castillo, erigido en el siglo XV, por una cuesta de mucha pendiente en la que abundan las casas blasonadas de piedra y pizarra.

Es un importante centro de veraneo gracias al lago de Sanabria, el más grande de España de origen glaciar, ahora convertido en reserva nacional. Desde aquí se pueden hacer distintas excursiones, entre otras a Ribadelago, aunque desde el pueblo de San Martín de Castañeda, situado en una colina, las vistas son mejores. Existe un pequeño centro de información sobre el parque natural situado en el antiguo monasterio cisterciense de San Martín. Mombuey, a 27 kilómetros al este de Puebla de Sanabria, cuenta con una iglesia del siglo XIII que tiene un curioso campanario.

↑ Veraneantes disfrutando de un baño en el lago de Sanabria

12 Sierra de Gredos

🅰️ C4 🔼 Ávila 🚌 Arenas de San Pedro ℹ️ Calle de la Triste Condesa 1, Arenas de San Pedro; www.turismo. arenas.es

Esta importante cadena montañosa tiene abundante fauna. El turismo no es algo nuevo en esta zona; el primer parador nacional se inauguró en Gredos en 1928 y algunas zonas se han habilitado como destino de fin de semana para visitantes que acuden a practicar el esquí, la pesca, la caza o el senderismo. Sin embargo, todavía existen pueblos que mantienen su aspecto tradicional.

La parte meridional, que se extiende hacia Extremadura, es fértil y está cubierta de bosques de pinos, manzanos y olivares. La austera zona septentrional, en cambio, tiene escasa vegetación.

Solo existe una carretera principal, la N-502, que cruza la cadena por el centro, a través del puerto del Pico, de 1.325 m de altitud, y rodea Arenas de San Pedro, la localidad más importante de la sierra de Gredos. Junto a esta misma carretera se encuentra el castillo de Mombeltrán, construido a finales del siglo XIV.

Cerca de Ramacastañas, al sur de Arenas de San Pedro, están las bellas formaciones de las cuevas del Águila.

La cumbre más alta de la cadena es el pico Almanzor, que domina la zona oriental. A su alrededor se abre la Reserva Nacional de Gredos, que protege la fauna salvaje de la montaña. Cerca de El Tiemblo, al este, se encuentran los Toros de Guisando, de origen celtíbero.

¿Lo sabías?

El pico Almanzor, en la sierra de Gredos, alcanza los 2.502 metros.

💬 CONSEJO DK
Fuentes

Vale la pena detenerse a visitar los jardines de La Granja de San Ildefonso. Sus fuentes funcionan al unísono dos veces al año: el 25 de julio y el 25 de agosto. Cuatro de ellas también funcionan los miércoles y sábados a las 17.30 y los domingos a las 13.00.

13
Palacio Real de La Granja de San Ildefonso

🅰️ C3 🔼 Plazuela de la Calandria 29, Segovia 🚌 Desde Madrid o Segovia 🕐 Abr-sep: 10.00-19.00 ma-do (oct-mar hasta 18.00) 📅 1, 6 y 23 ene, 1 may, 24, 25 y 31 dic 🌐 turismorealsitio desanildefonso.com

Este palacio de recreo, obra iniciada por Felipe V en 1720,

→
Senderistas en el espectacular paisaje rocoso de la sierra de Gredos

se levanta junto a la sierra de Guadarrama, sobre el solar de una antigua hospedería de los monjes jerónimos.

La visita guiada discurre por bellos salones decorados con objetos artísticos, frescos clásicos, mármoles y brocados. Las lámparas proceden de la Real Fábrica de Cristales, fundada en este mismo lugar. En las dependencias privadas se conserva una espléndida colección de tapices. La colegiata barroca, ricamente decorada, acoge el sepulcro de Felipe V y su esposa Isabel de Farnesio.

Los jardines, con castaños, setos, esculturas y estanques que dan vida a espectaculares fuentes, son de estilo francés, claramente inspirados en Versalles.

También merece una visita la Real Fábrica de Cristales de La Granja. Fundada en 1727 por Felipe V, sigue elaborando piezas de primera calidad y alberga un museo del cristal, con demostraciones de soplado de vidrio.

Zamora

B3 Zamora
Plaza de Arias Gonzalo;
www.zamora-turismo.com

En época romana era una de las etapas de la Vía de la Plata y durante la Reconquista fue escenario de feroces luchas por la posesión de esta plaza a orillas del Duero.

El Portillo de la Traición se eleva entre las ruinas de las murallas, construidas por Alfonso III en el año 893. Se dice que Sancho II el Fuerte de Castilla fue asesinado aquí en 1072 por Bellido Dolfos, cuando trataba de arrebatar Zamora a su hermana doña Urraca. El parador se ha instalado en un antiguo palacio del siglo XVI con un magnífico patio renacentista.

Destaca la decoración de las fachadas del palacio de los Momos y del palacio del Cordón. El monumento más importante de Zamora es la magnífica catedral del siglo XII, románica bizantina; el cimborrio es el elemento más característico,

que ha ejercido gran influencia en la zona, y su cúpula gallonada se alza sobre un tambor de angostas ventanas, que sustenta otras cuatro pequeñas cúpulas. El conjunto tiene un fascinante porte oriental. Las rejas y los púlpitos, de hierro forjado, son góticos, y la sillería del coro es gótica renacentista; los respaldos están decorados con figuras de santos y escenas del Antiguo Testamento, y las misericordias representan escenas casi procaces. El museo, en el claustro, exhibe tapices flamencos de los siglos XV-XVI.

Tienen merecida fama las procesiones de Semana Santa, apoyadas en la calidad de las imágenes de los pasos.

Cinco Sentidos
Este acogedor café es perfecto para hacer una pausa en la visita a Ponferrada y disfrutar de sus tentempiés saludables.

B2 Calle Juan de Lama 13, Ponferrada
665 209 907

Cafetería Hotel Gaudí
Como indica su nombre, este café de hotel ofrece unas vistas magníficas del palacio de Gaudí.

B2 Glorieta Eduardo de Castro 6, Astorga 987 61 56 54

La Fundición
Situado cerca del palacio de La Granja, este bar restaurante sirve bebidas y deliciosos platos.

B3 Plazuela de la Calandria 1, Real Sitio de San Ildefonso
921 472 406

Sepúlveda

C3 🏠 **Segovia** 🛈 **Plaza del Trigo 6; 10.30-14.30 y 16.00-18.30 todos los días; www.turismosepulveda.es**

En una ladera sobre el cañón del río Duratón, un precioso paraje natural protegido, conserva restos de la muralla medieval y del castillo. Destaca entre sus templos románicos la iglesia del Salvador, del siglo XI, situada detrás de la plaza Mayor, con uno de los pórticos más antiguos de España (1093).

El río Duratón serpentea a 7 km al noreste de Sepúlveda por unas imponentes hoces donde anidan los buitres. En esta zona de gran belleza natural se encuentra el Parque Natural de las Hoces del Duratón y la preciosa ermita de San Frutos del Duratón.

Ayllón, a 45 km al noreste de Sepúlveda, conserva una

¿Lo sabías?

Hay reliquias de santa Teresa de Jesús en París, Lisboa, Roma y muchos lugares de España.

plaza mayor porticada y el palacio plateresco de Juan de Contreras, que data de 1497.

Ávila

C3 🏠 **Ávila** 🚆🚌 🛈 **Avenida de Madrid 39; www.avilaturismo.com**

Situada a 1.131 m sobre el nivel del mar, Ávila es la capital de provincia emplazada a mayor altitud, por lo que sus temperaturas son muy bajas. El casco antiguo de la ciudad está circundado por la **muralla** medieval mejor conservada de Europa; con más de 2 km de longitud, se levantó en el siglo XI. Están reforzadas con 88 torreones; tres de sus lados se levantan sobre montículos y resultan prácticamente inexpugnables. Sin embargo, el lado oriental es relativamente llano, por lo que se reforzó la fortificación; este es el sector más antiguo de la muralla, al que se abre la puerta de San Vicente, la más imponente de las ocho que dan acceso a la ciudad.

El ábside de la catedral forma parte de la muralla, por lo que exteriormente tiene el aspecto de una fortaleza, con una de las dos torres góticas inconclusa y una portada principal en la que se superponen elementos góticos y barrocos. Su interior, de rasgos románicos y góticos, está realizado en una singular piedra rojiza y blanca. Hay que destacar los exquisitos relieves del trascoro y, en la girola, el sepulcro de alabastro del Tostao, obispo del siglo XV.

Ávila está íntimamente ligada a la figura de santa Teresa, natural de esta ciudad. El convento de Santa Teresa se construyó sobre la casa donde nació, y siendo ya religiosa vivió durante más de veinte años en el monasterio de la Encarnación, situado extramuros. Hay que recordar que el dulce emblemático de la ciudad son las yemas de Santa Teresa.

La basílica de San Vicente, también situada fuera de las murallas, es el edificio románico más importante de la ciudad, que se identifica fácilmente por su campanario. Se comenzó en el siglo XI, pero algunos elementos incorporados posteriormente pertenecen al gótico. Sus puertas son muy interesantes, especialmente la occidental, que ha sido comparada con el pórtico de la Gloria de Santiago de Compostela *(p. 228)*. En el interior se encuentra el magnífico sepulcro de san Vicente y sus hermanas, decorado con relieves que describen su martirio.

El río que da nombre al Parque Natural de las Hoces del Duratón, Sepúlveda

No hay que dejar de visitar la iglesia de San Pedro, iniciada en estilo románico y terminada en gótico. Algo alejado del centro está el Real Monasterio de Santo Tomás, de estilo gótico y decorado con granadas en honor de los Reyes Católicos, que tiene tres claustros góticos de gran belleza llamados del Noviciado, del Silencio y de los Reyes. En el interior se conserva un importante retablo de Berruguete y destacan tres sepulcros; el más importante es el del príncipe don Juan, único hijo de los Reyes Católicos. En la sacristía yace otra figura histórica, Tomás de Torquemada, temido inquisidor general de Castilla.

Murallas

◉ ⊙ Abr-oct: 9.00-20.00 todos los días
ⓦ murelladeavila.com

---

⑰
Pedraza de la Sierra

Ⓐ C3 Ⓐ Segovia 𝒾 Calle Real 3; 921 50 86 66; mi-do

Esta villa histórica está enclavada en lo alto de la sierra. Su recinto amurallado cuenta con casas blasonadas, mansiones y una bella plaza Mayor con soportales. En el

SANTA TERESA DE JESÚS

Teresa de Cepeda y Ahumada (1515-1582) fue una de las grandes doctoras de la iglesia, mística y reformadora. A la edad de 7 años se escapó de su casa buscando el martirio a manos de los sarracenos, aunque su tío la encontró en las afueras de la ciudad. A los 19 años se ordenó carmelita para convertirse en reformadora de la orden. En 1562 fundó el primer convento y a partir de este momento comenzó a peregrinar por todo el país, al igual que san Juan de la Cruz, organizando centros religiosos para la orden de los carmelitas descalzos. Sus principales reliquias se conservan en Alba de Tormes, cerca de Salamanca.

castillo de los Velasco, construido en 1516 por el condestable de Castilla Pedro Fernández Velasco, vivió el pintor Ignacio Zuloaga, y en él se ha instalado un museo dedicado a su obra. En julio se celebran conciertos de música clásica.

---

⑱ ⊗ Ⓜ
Castillo de Coca

Ⓐ C3 Ⓐ Coca, Segovia Ⓒ 617 57 35 54 ⊙ Horarios varían, consultar web ⓦ castillodecoca.com

Construido a finales del siglo XV por la familia Fonseca, el castillo de Coca es uno de los más importantes de la comunidad de Castilla y León.

A diferencia de otros castillos de la región, se utilizó más como residencia que con fines defensivos, aunque sus múltiples torres y recintos lo convierten en una muestra excepcional de la arquitectura militar gótica mudéjar. Construido con ladrillos de diferentes tonos de color rosa, sus tres recintos concéntricos están rodeados por un foso. Hoy es sede de una escuela forestal y de un museo de tallas románicas en madera.

A 26 km al suroeste está el castillo de Arévalo (Ávila), del siglo XIV, donde vivió Isabel la Católica. La plaza de la villa, porticada, conserva bellas casas con entramado de madera.

↑ Los poderosos muros defensivos del castillo de Coca, del siglo XV

Valladolid

A C3 **🚉** Valladolid 🚌 🚍
ℹ Pabellón de Cristal, Acera de Recoletos; www.info. valladolid.es

→
La inmensa estructura mudéjar del castillo de la Mota, en Medina del Campo

Talla policromada del Museo Nacional de Escultura de Valladolid

Situada en la confluencia de los ríos Esgueva y Pisuerga, Valladolid conserva alguna de las mejores obras de arte del Renacimiento español. La ciudad ha contado con numerosos personajes ilustres. Los Reyes Católicos se desposaron en el palacio de los Vivero en 1469 y, al culminar la Reconquista en 1492, establecieron la capital aquí; más tarde, durante el reinado de Felipe III, la ciudad volvió a ser capital por seis años. Solo y olvidado, Colón murió en Valladolid en 1506. Felipe II, nacido en el palacio de los Pimentel en 1527, concedió a la villa el título de ciudad, y el dramaturgo José Zorrilla nació en 1817 en el nº 3 de la calle Fray Luis de Granada. Pero tal vez el personaje más ilustre de la ciudad sea Miguel de Cervantes, que vivió aquí entre 1603 y 1606, y cuya **casa** es un museo.

La fachada barroca de la universidad (fundada en el siglo XV) la iniciaron en 1715 los hermanos Diego y Narciso Tomé, quien más tarde realizaría el singular transparente de la catedral de Toledo (ver p. 397).

Valladolid tiene también varias bonitas iglesias. La iglesia de San Pablo luce una fachada gótica isabelina con escudos y tallas, y el colegio de Santa Cruz, del siglo XV, reúne en su capilla obras maestras de imaginería. Otra iglesia notable es la de la Antigua, con torre y claustro románicos. En la de Las Angustias está la espléndida imagen de la Virgen de los Cuchillos, de Juan de Juni.

Juan de Herrera, arquitecto preferido de Felipe II, se hizo cargo en 1580 de las obras de la inconclusa **catedral,** pero a lo largo de los siglos los trabajos se fueron ralentizando. El segundo cuerpo de la fachada, obra de Churriguera, contrasta con el austero interior donde destaca el retablo de Juan de Juni. El Museo Diocesano acoge pintura y escultura religiosa.

Situado en el colegio de San Gregorio del siglo XV, el **Museo Nacional de Escultura** expone muchas imágenes policromadas de los siglos XIII al XVIII. Entre ellas está el *Santo entierro,* de Juan de Juni, y el *Bautismo de Cristo,* de Gregorio Fernández. También se exponen un retablo de Alonso Berruguete y una sillería de coro de Diego de Siloé, entre otras obras. El propio edificio es magnífico, sobre todo su escalera plateresca, la capilla de Juan Guas y el patio con columnas torneadas y delicados arcos. La fachada es gótica isabelina a modo de tapiz, ornada con grutescos.

Dentro del antiguo monasterio de San Benito, el **Museo Patio Herreriano de Arte Contemporáneo Español** guarda una colección privada de 800 obras de arte contemporáneo español, de artistas como Joan Miró, Eduardo Chillida, Antoni Tàpies y Miquel Barceló.

Museo Casa de Cervantes
🏛 🏠 Calle Rastro s/n 🕐 9.30-15.00 ma-sá (10.00-15.00 do) 🔒 Festivos ℹ www.culturaydeporte.gob.es/museocasacervantes

Catedral
🏛 🕐 🏠 Calle Arribas 1 🕐 10.00-13.30 y 16.00-19.00 ma-vi, 10.00-14.00 sá y do 🌐 valladolid.com/catedral

Museo Nacional de Escultura
🏛 🏠 Calle Cadenas de San Gregorio 1 🕐 10.00-14.00 y 16.00-19.30 ma-sá, 10.00-14.00 do 🌐 museoescultura.mcu.es

---

📷 LA MEJOR FOTO
Plaza porticada

La plaza Mayor de Valladolid, con sus pórticos y edificios elegantes, es una de las más bonitas de España. Además, al contrario que otras, no siempre está abarrotada de turistas.

Restaurante Alcaravea

La carta de este acogedor restaurante con solera de Ávila ofrece platos que han pasado de generación en generación.

C3 **Plaza de la Catedral 15, Ávila** **restaurante alcaravea.es**

La Parrilla de San Lorenzo

Decorado con antigüedades, este asador ocupa el sótano de un antiguo monasterio de Valladolid.

C3 **Calle Pedro Niño 1, Valladolid** **laparrillade sanlorenzo.es**

Museo Patio Herreriano de Arte Contemporáneo Español

 Calle Jorge Guillén 6 11.00-14.00 y 17.00-20.00 ma-vi, 11.00-20.00 sá, 11.00-15.00 do 1 ene, 25 dic **museopatioherreriano.org**

20

Medina del Campo

C3 **Valladolid** **Plaza Mayor 48; www.medinadelcampo.es**

La riqueza de Medina, hoy día un importante centro agrícola, proviene de las ferias de ganado y el mercado de lana de la Edad Media. El **castillo de la Mota,** que se alza junto a la ciudad, fue en su origen un castillo árabe, pero se reformó en 1440. Sin embargo, en 1475 transfirió su propiedad a la casa real; aquí vivieron la reina Isabel y su hija Juana la Loca. Más tarde pasó a ser cárcel, en la que estuvo preso César Borgia, encerrado entre 1506 y 1508. En una esquina de la plaza Mayor se encuentra la casa donde murió, en 1504, la reina Isabel la Católica, cuya estatua preside la plaza.

Al sur de Medina del Campo, a unos 25 km de distancia, se encuentra la ciudad amurallada de Madrigal de las Altas Torres, que debe su nombre a los cientos de bastiones que marcaban la vieja muralla, de los cuales solo se conservan 23. En 1451 nació aquí Isabel la Católica; el palacio fue transformado en convento en 1527.

Castillo de la Mota

 Verano: 11.00-14.00 y 16.00-19.00 lu-sá, 11.00-14.00 do; invierno: 11.00-14.00 y 16.00-18.00 lu-sá, 11.00-14.00 do **castillodelamota.es**

21

Tordesillas

C3 **Valladolid** **Casas del Tratado; ma-vi; www.tordesillas.net**

En esta ciudad se firmó el histórico tratado que, en 1494, estableció el reparto de las futuras tierras a colonizar en el continente americano y dejó el enorme territorio de Brasil bajo la órbita de Portugal.

El monumento más importante es el **Real Monasterio de Santa Clara** (Las Claras), antiguo palacio construido por Alfonso XI en 1350, donde residió su hijo Pedro el Cruel con María de Padilla. Cuenta con elementos mudéjares y góticos. El artesonado mudéjar en el patio y en la iglesia es excelente; también alberga instrumentos musicales reales, entre los que destaca el virginal de Juana la Loca. Tras la muerte de su esposo, Felipe el Hermoso, la reina Juana pasó aquí 46 años de reclusión hasta su muerte, en 1555. En la **iglesia de San Antolín**, en el casco antiguo, hay un interesante museo de arte sacro que exhibe pinturas y objetos litúrgicos.

Real Monasterio de Santa Clara

Calle Alonso Castillo Solórzano 10.00-14.00 y 16.00-18.30 ma-sá, 10.30-15.00 do **patrimonio nacional.es**

Iglesia de San Antolín

Calle Tratado de Tordesillas 983 77 09 80 10.30-13.30 y 16.30-18.30 ma-sá, 10.30-13.00 do

㉒
Frómista

 C2 ⬡ Palencia ⬛⬛
ⓘ Carretera de Astudillo;
www.fromista.es

En esta ciudad del Camino de Santiago (p. 232) se conserva uno de los ejemplos más puros del románico religioso español y joya de la población: la iglesia de san Martín, iniciada en 1066, que fue restaurada en 1904 para devolverla a su origen enteramente románico. La presencia de motivos paganos y romanos hace pensar que pudo tener origen precristiano. La cercana iglesia

de San Pedro conserva esculturas góticas y renacentistas.

Carrión de los Condes, a 20 km al noroeste, es la cuna del marqués de Santillana. La arquivolta de la puerta de la iglesia de Santiago luce representaciones civiles. En la fachada de la iglesia de Santa María del Camino, del siglo XII, hay referencias al tributo de las cien doncellas. El monasterio de San Zoilo, de los siglos X al XI, cuenta con un claustro plateresco.

En Gañinas, a 12 km al noroeste (justo al sur de Saldaña), se encuentra la villa romana La Olmeda, donde se conservan mosaicos valiosos, como el que describe una escena de caza. En el museo arqueológico de la iglesia de San Pedro de Saldaña se exponen otros hallazgos.

La villa romana
La Olmeda y
un detalle de su
bonito suelo
↓ de mosaico

Villa romana La Olmeda
⬡⬡ ⬡ Pedrosa de la Vega
☎ 979 11 99 97 ⬡ 10.30-
18.30 ma-do ⬡ 1 y 6 ene, 24,
25 y 31 dic

㉓
Palencia

⬡ C2 ⬡ Palencia ⬛⬛
ⓘ Calle Mayor 31;
www.palenciaturismo.es

En época medieval Palencia fue residencia real y en ella se fundó, en 1208, la primera universidad de España. La ciu-

> 🔍 CURIOSIDADES
> **La ciudad del Cid**
>
> La catedral de Palencia no es el único edificio sagrado que merece visitarse. La iglesia de San Miguel, a orillas del río Carrión, mezcla elementos románicos y góticos, y se cree que en ella se casaron el Cid y doña Jimena.

> **Los antiguos edificios de la calle de la Rúa, en Medina de Rioseco, tienen soportales de madera.**

dad, después de su participación en la guerra de las Comunidades en 1520, fue perdiendo importancia paulatinamente.

Aunque en Palencia las transformaciones urbanas han ido borrando los vestigios de su compleja historia, el casco antiguo, asomado al río Carrión, conserva la estructura y el aire del pasado.

El monumento más emblemático de la ciudad es, sin duda, la catedral, llamada la Bella Desconocida. Merece la pena visitarla por sus muchas obras de arte, procedentes en su mayoría del patronazgo del arzobispo Fonseca. El trascoro, de excelente talla, es obra de Gil de Siloé y Simón de Colonia; también resultan de gran interés los dos retablos. Realizó las tallas del retablo mayor Felipe Bigarny a principios del siglo XVI; los

paneles se deben a Juan de Flandes, pintor de corte de Isabel la Católica. Detrás del altar mayor se halla la capilla del Sagrario, con un retablo de Valmaseda que data de 1529, y a la izquierda de esta se encuentra el sepulcro policromado de doña Urraca de Navarra; bajo el trascoro, una escalera plateresca lleva a la antigua cripta visigoda.

En Baños de Cerrato, a unos 12 km al sur, se alza la iglesia visigótica de San Juan Bautista (661), considerada el templo más antiguo de España que se conserva intacto. Los arcos de herradura del interior descansan sobre capiteles romanos.

㉔
Medina de Rioseco

🅰C3 🏛Valladolid 📧
ℹ Paseo de San Francisco; 10.00-14.00 y 16.00-18.00 ma-do; www.medina derioseco.com

Durante la Edad Media esta localidad prosperó gracias al comercio de la lana. Parte de la riqueza se dedicó a fines suntuarios, y decoraron las iglesias los más destacados artistas del momento, especialmente los de la escuela de Valladolid. Destaca en el centro de la ciudad la iglesia de Santa María de Mediavilla, con sus bóvedas estrelladas y tallas de madera. En la capilla de los Benavente, el techo de estuco a colores de Jerónimo del Corral (1554) rivaliza en belleza con el retablo de Juan de Juni.

El interior de la iglesia de Santiago es espectacular, con un triple retablo de los hermanos Churriguera. Los antiguos edificios de la calle de la Rúa, la principal de Medina de Rioseco, tienen soportales de madera.

TOP 4 · FIESTAS POPULARES

El Colacho
El domingo posterior al día del Corpus, en las calles de Castrillo de Murcia (Burgos) los bebés nacidos ese año yacen sobre colchones dispuestos en el suelo. El colacho, símbolo del mal, salta por encima de ellos.

Fiesta de las Águedas
En Zamarramala (Segovia), el domingo siguiente al 5 de febrero se elige a dos alcaldesas y son las mujeres las que mandan. La fiesta acaba con la quema de un pelele, símbolo masculino.

Viernes Santo
Valladolid celebra sus procesiones con las magníficas tallas del Museo Nacional de Escultura.

Paso del fuego
En San Pedro Manrique, los mozos caminan descalzos sobre brasas. Se dice que solo la gente del pueblo logra no quemarse (23 jun).

↑ Retablo mayor de la iglesia de Santa María de Mediavilla

 25

Briviesca

 **D2** Burgos
Calle Santa María Encimera 1; turismo. briviesca.es

Esta ciudad amurallada, al noreste de Burgos, conserva una bella plaza porticada y espléndidas casas señoriales. La iglesia más famosa es la del convento de Santa Clara, que cuenta con un retablo tallado en madera de castaño. En 1387, el rey Juan I decidió en esta ciudad el establecimiento del título de Príncipe de Asturias para el heredero de la Corona. En el santuario de Santa Casilda se conserva una colección de objetos votivos.

MEJORES VISTAS
Parador con vistas

Vale la pena acercarse al parador nacional de Cervera del Pisuerga, 25 km al noroeste de Aguilar de Campoo. Aunque el edificio no tiene nada especial, ofrece unas vistas espectaculares de la Reserva Nacional de Fuentes Carrionas (*www.parador.es*).

Oña es una bella localidad situada 25 km más al norte, con un antiguo monasterio benedictino fundado en 1011. Subiendo 20 km al noreste se encuentra Frías, cuyo castillo se alza entre calles adoquinadas y antiguas casonas. El puente medieval fortificado, que cruza el río Ebro, conserva su torreón central.

En Medina de Pomar, 30 km al norte de Oña, se halla el castillo de los Velasco, del siglo XV, cuyo interior guarda las ruinas de un palacio con decoración mudéjar.

 26

Aguilar de Campoo

C2 Palencia
Paseo de la Cascajera 10; 10.00-13.00 y 16.00-19.00 ma-sá; 1000.1400 do; www.aguilardecampoo. turismo.com

Situada a orillas del Pisuerga, entre las llanuras de la España central y las colinas que dan paso a las montañas cántabras, se halla la ciudad fortificada de Aguilar de Campoo. En un extremo de la antigua plaza porticada se alza el campanario de la colegiata de San Miguel, gótica con portada románica.

↑ Banderines de colores animan la plaza Mayor, Medina de Pomar

En esta iglesia se encuentra el mausoleo de los marqueses de Aguilar (pedir la llave en casa del cura).

También tienen interés la ermita de Santa Cecilia y el restaurado monasterio de Santa María la Real, de estilos románico y gótico, que tiene una acogedora posada.

A 6 km al sur está Olleros de Pisuerga, con una iglesia construida dentro de una cueva. Desde el parador de Cervera de Pisuerga, a 25 km al noroeste de Aguilar de Campoo, se tienen buenas vistas del paisaje de la Reserva Nacional de Fuentes Carrionas, una zona con lagos glaciares y picos elevados, presidida por el Curavacas (2.540 m).

 27

Covarrubias

D2 Burgos Calle Monseñor Vargas; 947 40 64 61; 10.00-13.30 ma-vi, 10.00-14.40 y 16.00-18.00 sá, 10.00-14.40 do

La noble ciudad de Covarrubias, que debe su nombre a las rojizas cuevas que se abren en los alrededores, se asienta a las orillas del río Arlanza. El casco antiguo está amurallado y cuenta con soportales y casas antiguas con entramado de madera. La ilustre colegiata, que conserva unos espléndidos órganos, recuerda la importancia histórica de la villa. Aquí se encuentra el sepulcro de Fernán González, primer conde de Castilla y uno de los más preclaros caballeros de su historia, quien, en el siglo X, logró levantar varios feudos contra los árabes y puso en movimiento la maquinaria que situaría al reino de Castilla a la cabeza de la unificación de España. El museo de la iglesia está instalado en la sacristía, donde se expone el notable tríptico flamenco de la *Adoración de los Magos*, atribuido a Gil de Siloé, así como un órgano del siglo XVII.

Al este, cerca del río Arlanza, se encuentran las

→

El elegante claustro del monasterio de Santo Domingo de Silos, en el centro de la población

ruinas del monasterio románico de San Pedro de Arlanza, del siglo XI. En Quintanilla de las Viñas, 24 km al norte de Covarrubias, se ubica la iglesia visigótica de Santa María, del siglo VII. En los relieves de las columnas del arco triunfal destacan los elementos simbólicos de religiones orientales.

28

Monasterio de Santo Domingo de Silos

D2 Santo Domingo de Silos, Burgos Desde Burgos 10.00-13.00 y 16.30-18.00 ma-do Festivos abadia desilos.es

El monasterio fue fundado por el conde Fernán González el año 919. La iglesia románica se levantó sobre los restos de un templo mozárabe y la actual fue construida en el siglo XVIII por Ventura Rodríguez; el claustro bajo, realizado en los siglos XI y XII, luce magníficos relieves y capiteles románicos.

La decoración de los capiteles presenta temas simbólicos y realistas de influencia oriental; los ángulos, bajorrelieves con temas bíblicos, y los artesonados de madera mudéjares tienen decoración policromada con escenas de caza e instrumentos musicales. En la galería septentrional se conservan los restos de santo Domingo en un sarcófago que descansa sobre tres leones románicos. Son de interés la biblioteca y la farmacia, donde se expone un buen número de albarelos de farmacia hechos en Talavera de la Reina *(p.416)*.

La comunidad benedictina celebra regularmente misas gregorianas y ofrece alojamiento solo para hombres.

Al suroeste se encuentra la garganta de La Yecla, por la que discurre una pasarela. Al noreste se abre la espléndida sierra de la Demanda, que se extiende también por La Rioja.

29 Peñaranda de Duero

D3 · Burgos
Calle Trinquete 7; 10.00-14.00 y 16.00-19.00 ma-sá, 10.00-14.00 do; www.penarandadeduero.es

El castillo de Peñaranda se levantó durante la Reconquista para mantener la frontera con los árabes, expulsados al otro lado del río Duero. La fortaleza domina la llanura, con el pueblo apiñado en torno a la colegiata gótica. En la porticada plaza Mayor se hallan la picota medieval y el **palacio de los Condes de Miranda,** renacentista, con la puerta principal decorada con escudos heráldicos y un patio de techos artesonados. La botica Ximeno, en la calle de la Botica, cuenta con una colección de albarelos.

En Aranda de Duero, 18 km al oeste, está la notable iglesia de Santa María, de bella fachada isabelina.

Palacio de los Condes de Miranda

Plaza Condes de Miranda 1 · Horarios varían, consultar web(solo previa cita) · peñarandadeduero.es

¿Lo sabías?

William Randolph Hearst quería reproducir el palacio de los Condes de Miranda en EE UU.

30 Lerma

C2 · Burgos
Calle Audiencia 6; 10.00-13.45 y 16.00-19.00 ma-sá, 10.00-13.45; do; www.citlerma.com

La apariencia grandiosa de esta población se debe al deseo de notoriedad del duque de Lerma, controvertido favorito de Felipe III y ministro de 1598 a 1618. El espectacular palacio Ducal, comenzado por Francisco de Mora en 1605, es un buen ejemplo de arquitectura civil de la época y contrasta con el conjunto de las casas próximas a la puerta medieval. Fue restaurado y ahora es parador nacional.

Tanto desde las arquerías cercanas al convento de Santa Clara como desde la colegiata de San Pedro, se pueden contemplar unas vistas espléndidas del río Arlanza. En la colegiata se conserva una estatua orante del arzobispo Cristóbal de Rojas, realizada por Juan de Arfe.

31 Soria

D3 · Soria
Calle Medinaceli 2; www.turismosoria.es

La capital de provincia más pequeña de Castilla y León, Soria, se asienta a orillas del

↑ Cerámica romana expuesta en el Museo Numantino de Soria

Duero. Su parador recibió el nombre en homenaje al poeta Antonio Machado (1875-1939), quien escribió alabanzas de la ciudad y los campos que la rodean. Muchos de sus antiguos edificios han desaparecido; sin embargo, aún están en pie el imponente palacio de los Condes de Gómara y la bella catedral de San Pedro, ambos levantados en el siglo XVI.

En el **Museo Numantino,** situado frente a los jardines municipales, se exponen diversos objetos procedentes de Numancia y Tiermes. Cruzando el Duero se encuentran los restos del monasterio de San Juan de Duero, con un claustro de arcos entrelazados del siglo XIII.

Al norte de Soria se hallan las ruinas romanas de Numancia, ciudad habitada por los celtíberos, que

→ El imponente arco triunfal romano de Medinaceli, iluminado de noche

soportaron el asedio de Escipión durante 11 meses antes de quemar la ciudad y suicidarse de forma colectiva en el año 133 a. C. Al noroeste se halla la sierra de Urbión, con la preciosa laguna Negra.

Museo Numantino

 ⌂ Paseo del Espolón 8 📞 975 22 13 97 🕐 Jul-sep: 10.00-14.00 y 17.00-20.00 ma-sá, 10.00-14.00 do; oct-jun: 10.00-14.00 y 16.00-19.00 ma-sá, 10.00-14.00 do

---

32

El Burgo de Osma

🅰D3 ⌂ Soria 🚌 ℹ Plaza Mayor 9; 10.00-14.00 y 16.00-19.00 mi-do; www.burgodeosma.com

El edificio más interesante de la villa es la catedral. Aunque casi totalmente de estilo gótico (data de 1232), cuenta con partes renacentistas y con una esbelta torre barroca de 1739. En su interior guarda un espléndido retablo parcialmente realizado por Juan de Juni y el sepulcro del fundador, san Pedro de Osma. En el museo existe una valiosa colección de cofres árabes, manuscritos miniados y códices. Algunas calles y la plaza Mayor están porticadas.

A 15 km al sur se encuentra Gormaz, con su enorme castillo de 28 torres que mira al río Duero. También Berlanga de Duero, a 12 km más al sureste, cuenta con una inexpugnable fortaleza medieval. En Calatañazor, a 25 km al noreste, fue derrotado Almanzor en el año 1002.

← Las casas de tejados rojos rodean la iglesia de Peñaranda de Duero

33

Medinaceli

🅰D3 ⌂ Soria 🚌🚌 ℹ Campo de San Nicolás 13; www.medinaceli.es

Medinaceli, antigua villa celtibérica conocida como Ocilis está situada en la confluencia de los ríos Jalón y Arbujuelo. De la antigua Ocilis romana solo queda un arco triunfal en lo alto de un risco junto al río Jalón. Construido en el siglo I a. C., es el único de España con tres arcos y su imagen sirve de símbolo para los monumentos en la señalética de las carreteras españolas.

Justo al este se abren las rojas gargantas del Jalón. Junto a la autovía de Aragón se halla el real **monasterio de Santa María de Huerta,** cisterciense del siglo XII, en el que destaca el claustro gótico del siglo XIII y el soberbio refectorio.

Monasterio de Santa María de Huerta

 🕐 10.00-13.00 y 16.00-18.00 lu, ma, ju y vi, 10.00-13.00 sá, 10.00-11.15 do 🅦 monasteriohuerta.org

Hotel Medinasalim
Este moderno hotel *boutique* incorpora parte de la muralla de Medinaceli. Cuenta con unas magníficas vistas y un *spa*.

🅰D3 ⌂ Calle del Barranco 15, Medinaceli 🖥 hotelmedina salim.com

€€€

Parador de Soria
Con un enclave privilegiado, tiene unas fabulosas vistas de Soria y el Duero, y unos preciosos cuartos de baño.

🅰D3 ⌂ Calle Fortún López s/n, Soria 🖥 parador.es

€€€

RUTA EN COCHE

SIERRA DE FRANCIA Y SIERRA DE BÉJAR

Longitud 72 km **Paradas** Candelario, Miranda del Castañar y La Alberca tienen todos ellos una magnífica oferta gastronómica y son famosos por sus jamones y embutidos **Dificultad** Carreteras estrechas que serpentean por cuestas montañosas

Este atractivo paraje es el baluarte occidental de la sierra de Gredos *(p. 388)*. Las carreteras son estrechas y se abren camino por espesos bosques de castaños, campos de almendros y olivares entre los que surgen minúsculos pueblos de piedra y madera.

El punto más alto de esta sierra es la Peña de Francia, de 1.732 m de altitud, cuyo perfil destaca en la lejanía. El panorama que se contempla desde lo alto es sobrecogedor, pues domina las planicies y las colinas que la rodean.

Corona la cumbre de la **Peña de Francia** *un monasterio dominico del siglo XV.*

Las callejas del pueblo fortificado de **Miranda del Castañar** *se abren paso entre un caserío de amplios aleros, del que destaca la iglesia gótica.*

Nava de Francia

INICIO

Peña de Francia

San Martín del Castañar

Garcibuey

SA203

Francia

Las Casas del Conde

La Alberca

Mogarraz

Francia

Miranda del Castañar

SA220

SA201

Monforte de la Sierra

Las Batuecas

Batuecas

Madroñal

Cepeda

SA225

La Alberca *sorprende por su conjunto arquitectónico, en el que destaca la plaza porticada.*

Herguijuela de la Sierra

Sotoserrano

Alagón

Las Mestas

Rebollosa

EX204

SA225

Alagón

Francia

La carretera a **Las Batuecas** *desciende hacia un valle frondoso y pasa junto al monasterio en el que Buñuel rodó la película* Tierra sin Pan.

→

Un sendero forestal del valle de Las Batuecas, en la Sierra de Francia

↑ La villa fortificada de Miranda del Castañar en medio del bosque

CASTILLA Y LEÓN

Sierra de Francia
y sierra de Béjar

Mapa de situación
Para más detalles ver p. 368

*Rodeada de viñedos y huertos, **Santibáñez de la Sierra** es un importante productor de vino y frutas.*

¿Lo sabías?

La sierra de Francia alberga uno de los santuarios marianos a mayor altitud del mundo.

San Esteban de la Sierra

Santibáñez
de la Sierra

Santibáñez

0 kilómetros 4

N ↑

Molinillo

Cristóbal

Valdefuentes
de Sangusín

SA220

Peromingo

*Al entrar en **Béjar,** que surge de las estribaciones de la sierra, se aprecia el conjunto del siglo XIX, compuesto de fábricas textiles y molinos.*

Horcajo de
Montemayor

Valdehijaderos

Navalmoral
de Béjar

La Calzada de Béjar

SA220

A66

N630

Béjar

Palomares

Aldeacipreste

Valbuena

*Las calles empinadas y empedradas de adoquines de **Candelario** cuentan con canales por los que en primavera desaguan las corrientes procedentes del deshielo.*

Candelario

LLEGADA

CASTILLA-LA MANCHA

Como el nombre de Castilla sugiere, aquí siempre se está cerca de un castillo. La mayoría construidos en los siglos IX-XII, cuando la región era un campo de batalla entre moros y cristianos, mientras que otros señalaban los límites entre los reinos de Castilla y Aragón. La región también es famosa por sus molinos de viento, inmortalizados por Miguel de Cervantes en su famoso *Don Quijote* de 1605.

Sus llanuras aparentemente vacías fueron escenario de un rico pasado de tolerancia religiosa. Toledo, actual capital de la comunidad autónoma, fue en su día la capital del reino visigodo de España. Capturada por los musulmanes en 711, se convirtió en un centro literario y religioso de al-Ándalus, y en ella musulmanes, cristianos y judíos coexistieron en paz incluso después de ser reconquistada por los cristianos en 1085.

Carlos I estableció en ella su corte en 1518, convirtiéndose así en la capital del Sacro Imperio Romano Germánico. Esta preeminencia duró hasta 1561, cuando la capital se trasladó a Madrid, desencadenando un largo periodo de estancamiento. Sin embargo, esta paralización tuvo como efecto positivo su buen estado de conservación, al igual que ocurrió en el resto de la región, convirtiéndola en el espacio perfecto para conocer la España de antaño.

CASTILLA-LA MANCHA

CASTILLA-LA MANCHA

0 kilómetros   50

N

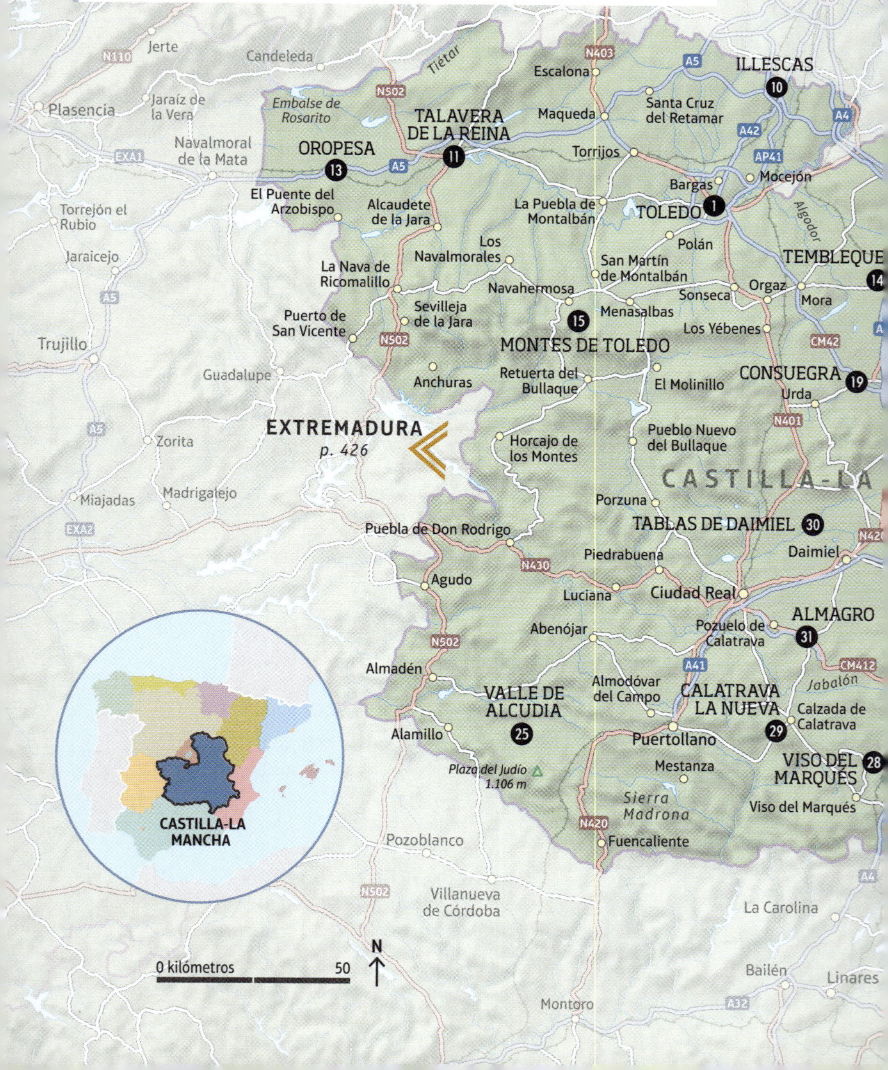

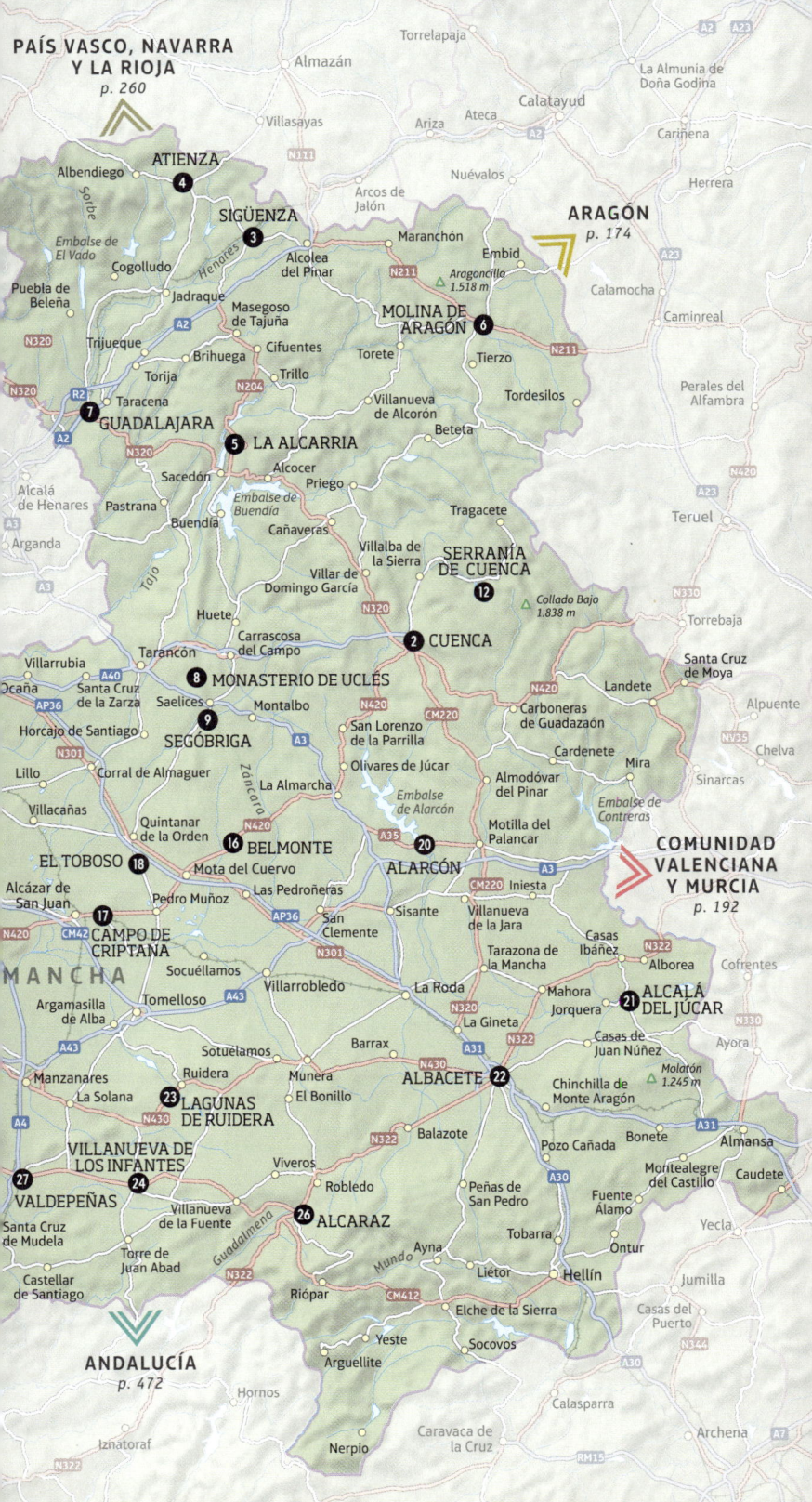

1

TOLEDO

⚠C4 **🏠Toledo** **🚌🚃** **ℹ️Plaza del Ayuntamiento 1;**
www.turismo.toledo.es

El centro histórico de Toledo, emplazado en lo alto de
una colina, está ceñido por un hermoso y profundo
meandro del río Tajo. Conserva vestigios de su pasado
romano, visigodo y musulmán, así como de su época
de crisol de las culturas cristiana, musulmana y judía.
Este mágico enclave resulta aún más impresionante al
anochecer, cuando sus monumentos iluminados se
asemejan a un paisaje nocturno pintado por el Greco,
que se instaló en la ciudad en el siglo XVI.

Alcázar

🏠Calle Unión s/n **📞925 23
88 00** **🕐11.00-17.00 ma-do**

Sobre el lugar ocupado anteriormente por baluartes
romanos, visigodos y árabes
se levanta el palacio
fortificado que mandó
reconstruir Carlos V en 1535,
y que sufrió los efectos del
fuego en tres ocasiones antes
de que fuese prácticamente
destruido en 1936, tras el

asedio de 70 días por parte
del ejército republicano.
Durante la dictadura del
general Franco se convirtió
en símbolo del heroísmo
militar. En su restauración se
siguieron los planos originales. Hoy alberga el Museo del
Ejército y la biblioteca de
Castilla-La Mancha, que
acoge, entre otros fondos,
la colección Borbón-
Lorenzana, que contiene
más de 100.000 libros y
manuscritos que datan
del siglo XVI al XIX.

¿Lo sabías?

Toledo era la Ciudad
de las Tres Culturas
por la convivencia
de cristianos,
musulmanes
y judíos.

*La iglesia de San
Román alberga
un museo de la
cultura visigoda.*

*Al monasterio de
San Juan de los
Reyes (600 m) y la
sinagoga de Santa
María la Blanca
(450 m)*

⑨
⑤
②
④
⑧

*A la Sinagoga del Tránsito
(250 m) y el Museo del
Greco (200 m)*

Esencial
☆

> **CONSEJO DK**
> **Visita nocturna**
>
> Aunque para visitar todos los lugares de interés de Toledo son necesarios dos días, se pueden recorrer los barrios cristiano y judío en una mañana larga. Permanecer una noche entre semana permite evitar multitudes y disfrutar de la ciudad iluminada.

←

La ciudad de Toledo, dominada desde lo alto por el Alcázar

A la iglesia de Santiago del Arrabal (260 m) y la puerta Antigua de Bisagra (260 m)

Puerta Cristo de la Luz

La puerta del Sol está formada por un doble arco árabe y dos torres.

La mezquita del Cristo de la Luz es uno de los más bellos edificios árabes de Toledo.

La plaza de Zocodover es la más importante y animada de la ciudad.

Las Cuevas de Hércules forman parte de las cisternas romanas de finales del siglo I d. C.

El palacio Arzobispal, del siglo XVI, ostenta un austero diseño renacentista.

↑ Toledo, ciudad cargada de historia

CALLE DE LOS ALFILERITOS
CARDENAL LORENZANA
CALLE DE ALFONSO X
DE SAN ROMÁN
CALLE DE ALFONSO XII
CALLE DE LA TRINIDAD
CALLE DE HOMBRE DE PALO
PLAZA MAYOR
PLAZA DE ZOCODOVER
CUESTA DE CARLOS V
CALLE DEL CARDENAL CISNEROS

407

↑ El interior dorado de la iglesia de Santo Tomé de Toledo, cuya fundación se remonta al siglo XII

Iglesia de Santo Tomé

🏛 **Plaza del Conde 4** 🕐 **mar-med oct: 10.00-18.45 diario; oct-feb: 10.00-17.45 diario** 🌐 **toledo monumental.org**

Se cree que la iglesia data del siglo XII y su torre es uno de los mejores ejemplos de arquitectura mudéjar de la ciudad, aunque su principal atracción es la obra maestra del Greco: *El entierro del conde de Orgaz*. El conde fue un importante mecenas que, en el siglo XIV, financió gran parte del edificio. El cuadro fue realizado por encargo de uno de los párrocos y representa la aparición

---

Hotel Santa Isabel
Hotel económico ubicado en una casa nobiliaria del siglo XIV. Su terraza ofrece unas vistas espectaculares de la ciudad.

🏛 **Calle de Santa Isabel 24** 🌐 **hotelsantaisabel toledo.es**

---

milagrosa de san Agustín y san Esteban en su entierro. En primer plano están los retratos del propio pintor y su hijo. Cerca se halla la pastelería de Santo Tomé, que cuenta entre sus exquisiteces con un magnífico mazapán, de origen árabe y típicamente toledano.

Museo de Santa Cruz

🏛 **Calle Miguel de Cervantes 3** 🕐 **10.00-18.00 lu-sá, 9.00-15.00 do** 🌐 **cultura.castillala mancha.es**

Este museo ocupa el edificio del hospital fundado por el cardenal Mendoza en el siglo XVI. La construcción, con planta de cruz griega, tiene rasgos renacentistas; destacan, por su singularidad, la puerta principal, la escalera y el claustro. La colección cuenta con tapices, esculturas y pinturas medievales y renacentistas, además de exponer obras del Greco, entre las que se encuentra la última de sus pinturas: el retablo de la *Inmaculada Concepción* (1613). También están representadas las artes industriales típicamente toledanas: las armaduras y las espadas damasquinadas, realizadas incrustando oro u otro metal fino en hierro o acero.

Sinagoga del Tránsito, Museo Sefardí

🏛 **Calle Samuel Leví** 🕐 **Mar-oct: 9.30-19.30 ma-sá, 10.00-15.00 do; nov-feb: 9.30-18.00 ma-sá, 10.00-15.00 do** 🔒 **Festivos** 🌐 **museosefardi.mcu.es**

La decoración mudéjar más exquisita de la ciudad se esconde tras los muros de la fachada de esta antigua sinagoga, construida en 1366 por Samuel Ha-Leví, el tesorero judío de Pedro el Cruel. Tras la expulsión de los judíos fue encomienda de la Orden de Calatrava bajo la advocación de Nuestra Señora del Tránsito. La decoración de la sala de oración, con motivos geométricos hebreos, islámicos y góticos, se remata en un artesonado de gran belleza. Junto a la sinagoga se encuentra un museo dedicado a la cultura sefardí.

Monasterio de San Juan de los Reyes

🏛 **Calle de los Reyes Católicos 17** 🕐 **Mar-med oct: 10.00-18.45 diario; med oct-feb: 10.00-17.45 diario** 🔒 **1 ene, 25 dic** 🌐 **sanjuandelosreyes.org**

Se realizó por encargo de los Reyes Católicos en conmemoración de la victoria sobre los portugueses en la batalla de Toro en 1476. Presenta una interesante mezcla de estilos e inicialmente se concibió para albergar el sepulcro de los reyes Isabel y Fernando, aunque finalmente fueron enterrados en Granada (*p. 492*). En su mayor parte fue realizado por Juan Guas y la estructura isabelina se concluyó en 1496. Aunque resultó dañado durante la guerra de

→

Interior con arcos de herradura de la sinagoga de Santa María la Blanca

la Independencia, se le devolvió el esplendor original. Conserva el magnífico claustro gótico, con un artesonado mudéjar policromado.

Iglesia de Santiago del Arrabal

🏠 Plaza de Santiago Arrabal 4 ☎ 925 22 06 36
🕐 Para misas

Este es uno de los mejores exponentes del mudéjar toledano. Se identifica fácilmente por su torre, un antiguo alminar, que data del siglo XII, en época de la Reconquista. La construcción de la iglesia fue algo posterior y tiene un púlpito mudéjar. Solo se puede visitar el exterior del edificio.

Puerta Antigua de Bisagra

Cuando Alfonso VI conquistó Toledo en 1085, entró por esta puerta junto con el Cid *(p. 380)*. Es la única puerta de la ciudad que ha conservado su traza militar del siglo X. Posee dos arcos de herradura superpuestos (el superior en un dintel) y dos apuntados en los laterales.

EL GRECO

Nacido en Creta en 1541, el Greco llegó a Toledo en 1577 para pintar el retablo del convento de Santo Domingo el Antiguo. Fascinado por la ciudad, se afincó en ella y trabajó en temas de carácter religioso, y su obra acabó identificándose con la ciudad. Murió en Toledo en 1614.

Museo del Greco

🏠 Paseo del Tránsito
🕐 Mar-oct: 9.30-19.30 ma-sá, 10.00-15.00 do; nov-feb: 9.30-18.00 ma-sá, 10.00-15.00 do 🌐 museodel greco.mcu.es

El museo se halla en una casa cercana a la que habitó el Greco. Tiene una amplia colección de su obra. Entre las telas que se exponen se incluye su *Vista a Toledo,* en la que se describe la ciudad, así como la serie del Apostolado. En la planta baja se encuentra una capilla con un artesonado muy interesante y una colección de obras de autores de la escuela toledana.

Sinagoga de Santa María la Blanca

🏠 Calle de los Reyes Católicos 4 🕐 Mar-med oct: 10.00-18.45 diario; med oct-feb: 10.00-17.45 diario 🕐 1 ene, 25 dic 🌐 toledomonumental.com

Esta sinagoga, la más grande y antigua de las ocho originales de la ciudad, data del siglo XII y en 1405 fue consagrada como iglesia por la Orden de Calatrava. Se ha restaurado para devolverle su belleza original; los capiteles de piedra labrada y los lienzos de la pared destacan entre los arcos de herradura y las yeserías.

CATEDRAL DE TOLEDO

🏠 Calle Cardenal Cisneros 1 🕐 10.00-18.00 lu-sá, 14.00-18.00 do (visitas nocturnas ju con cita previa) 🌐 catedralprimada.es

El esplendor de la magnífica catedral de Toledo refleja la relevancia histórica y religiosa de la ciudad durante siglos. Sede primada de la iglesia católica española, aún hoy se celebra aquí la misa según el rito mozárabe, cuyo origen se sitúa en la época visigoda.

La catedral de Santa María de Toledo se levanta sobre el solar que ocupó una iglesia del siglo VII. Las obras comenzaron en 1226 y se prolongaron hasta 1493. Este largo periodo de construcción explica la mezcla de estilos de la catedral: un exterior gótico francés puro, que se completa con arbotantes, y un interior que conjuga diversos elementos decorativos, como mudéjares y platerescos, entre otros.

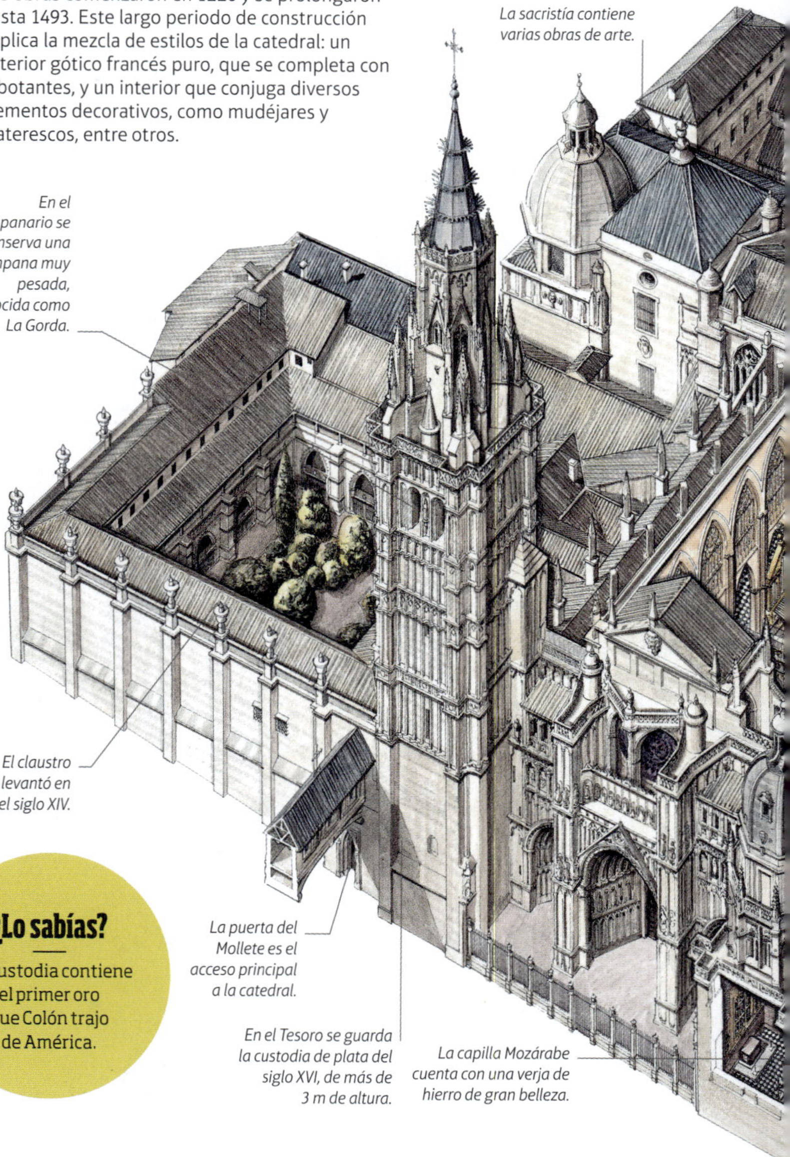

La sacristía contiene varias obras de arte.

En el campanario se conserva una campana muy pesada, conocida como La Gorda.

El claustro se levantó en el siglo XIV.

¿Lo sabías?

La custodia contiene el primer oro que Colón trajo de América.

La puerta del Mollete es el acceso principal a la catedral.

En el Tesoro se guarda la custodia de plata del siglo XVI, de más de 3 m de altura.

La capilla Mozárabe cuenta con una verja de hierro de gran belleza.

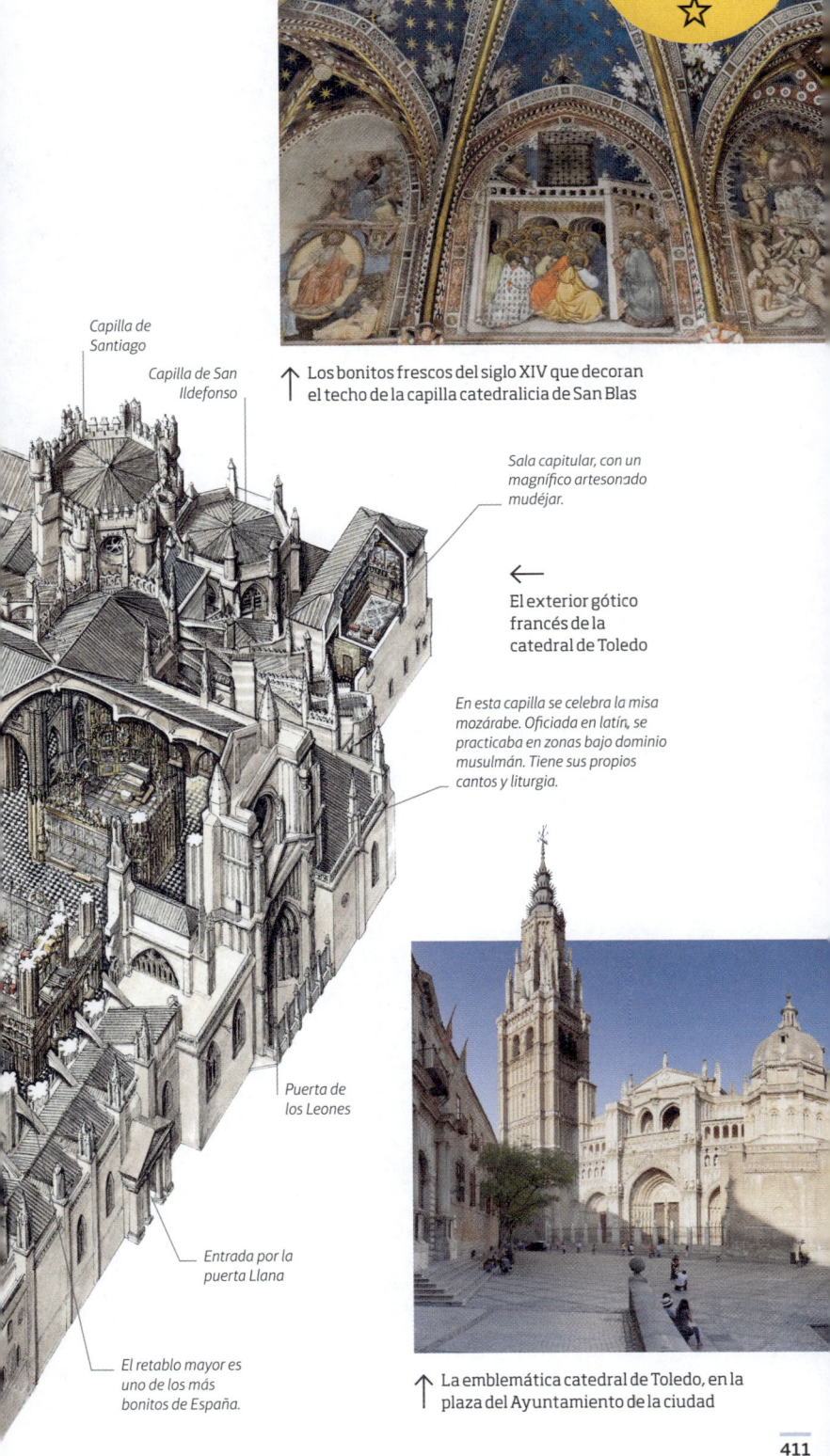

Los bonitos frescos del siglo XIV que decoran el techo de la capilla catedralicia de San Blas

Capilla de Santiago

Capilla de San Ildefonso

Sala capitular, con un magnífico artesonado mudéjar.

← El exterior gótico francés de la catedral de Toledo

En esta capilla se celebra la misa mozárabe. Oficiada en latín, se practicaba en zonas bajo dominio musulmán. Tiene sus propios cantos y liturgia.

Puerta de los Leones

Entrada por la puerta Llana

El retablo mayor es uno de los más bonitos de España.

La emblemática catedral de Toledo, en la plaza del Ayuntamiento de la ciudad

Las casas colgadas parecen hacer equilibrio sobre una cornisa rocosa

②

CUENCA

AD4 **Ω**Cuenca 🚌🚃 **i** Plaza Mayor 1; www.cuenca.es

Asentado sobre una meseta rocosa, el encantador casco antiguo de Cuenca, con sus casas colgadas asomadas desde lo alto de un desfiladero, casi parece un escenario de teatro. No hay como dar un paseo por sus calles evocadoras para sentirse transportado a otra época.

La pintoresca ciudad de Cuenca está emplazada sobre un promontorio entre las hoces de los ríos Júcar y Huécar. En el centro se encuentra la plaza Mayor, porticada y jalonada de cafés que bullen de vida. La riqueza proveniente del comercio de la lana y de la industria textil favoreció la construcción de diversos edificios góticos y renacentistas, que salen al paso en las empinadas calles del casco antiguo; de ellos, la catedral es una de las muestras más originales del gótico español, con influencia anglonormanda. Una de las casas colgadas que se yerguen sobre la hoz del Huécar sirve de marco a las magníficas colecciones que alberga el Museo de Arte Abstracto, con obras de importantes artistas como Tàpies y Chillida.

Coloridas casas del casco antiguo de Cuenca

> **Q** CURIOSIDADES
> **Museo-Tesoro de la Catedral**
>
> El Museo-Tesoro de la Catedral, en el palacio episcopal, reúne una importante colección de arte sacro, incluyendo tapices y tablas flamencas. También guarda dos obras del Greco *(p. 409)*.

La torre Mangana es parte del antiguo bastión árabe.

Museo de las Ciencias

La iglesia románica de San Miguel tiene un interesante artesonado mudéjar.

La plaza de la Merced

Ayuntamiento

Las callejuelas del casco antiguo de Cuenca ↓

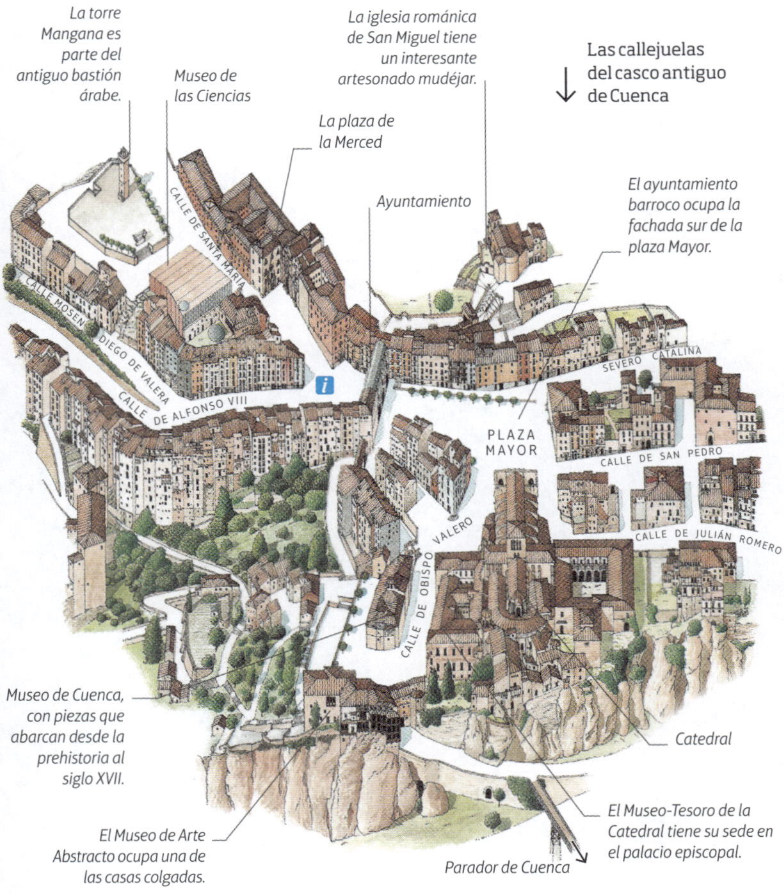

El ayuntamiento barroco ocupa la fachada sur de la plaza Mayor.

CALLE DE SANTA MARÍA

CALLE MOSÉN DIEGO DE VALERA

CALLE DE ALFONSO VIII

PLAZA MAYOR

SEVERO CATALINA

CALLE DE SAN PEDRO

CALLE DE JULIÁN ROMERO

CALLE DE OBISPO VALERO

Museo de Cuenca, con piezas que abarcan desde la prehistoria al siglo XVII.

Catedral

El Museo de Arte Abstracto ocupa una de las casas colgadas.

Parador de Cuenca

El Museo-Tesoro de la Catedral tiene su sede en el palacio episcopal.

LUGARES DE INTERÉS

③

Sigüenza

 D3 🏠 Guadalajara 🚃🚌
ℹ️ Calle Serrano Sanz 9;
www.visitasiguenza.es

La joya de esta ciudad sobre una colina es la catedral de Santa María, de estilo románico pero con añadidos posteriores como el claustro plateresco. En una de las capillas se encuentra el sepulcro de Martín Vázquez de Arce, el Doncel, paje de Isabel la Católica, que perdió la vida en 1486 en la toma de Granada. La bóveda de la sacristía es obra de Alonso de Covarrubias.

📷 LA MEJOR FOTO
A pie de calle

Desde el punto donde la calle Mayor desemboca en la plaza del mismo nombre se obtiene una preciosa vista de los edificios porticados con la catedral de Sigüenza al fondo.

---

④

Atienza

 D3 🏠 Guadalajara
ℹ️ Héctor Vázquez 2; sá y do;
www.turismoatienza.es

Atienza, situada en medio de un valle, aún conserva vestigios de su importancia durante la Edad Media, como el castillo del siglo XII. Un singular arco ojival une la plaza de España, porticada, con la contigua plaza del Trigo. La **iglesia de San Gil**, con un ábside románico, alberga un museo de arte religioso. Son también valiosas las iglesias de Santa María del Rey, con ábside y puertas románicas, y la de San Bartolomé.

En Campisábalos existe una iglesia románica mudéjar del siglo XII. Más al oeste se halla el hayedo de la Tejera Negra. Jadraque, al suroeste, destaca por su castillo.

La catedral de Sigüenza y la estatua fúnebre del Doncel sobre su sepulcro ↓

Museo de San Gil

♿ 🏠 Plaza de Agustín González Martínez 📞 949 39 90 41 🕐 10.30-14.00 sá y do (lu-vi previa cita)

---

⑤

La Alcarria

 D3 🏠 Guadalajara
🚌 Guadalajara ℹ️ Palacio Ducal, Plaza de la Hora, Pastrana; **www.turismo castillalamancha.es**

Camilo José Cela describió en su magnífico libro *Viaje a La Alcarria* el territorio que se extiende al este de Guadalajara, con su paisaje de suaves colinas y pueblos pequeños, y parece que poco ha cambiado el paisaje desde la década de 1940. La región es famosa por su fauna y flora, y su gastronomía destaca por la buena calidad de su miel y su cordero.

En el centro de la comarca existen dos grandes pantanos, Entrepeñas y Buendía, que forman el llamado Mar de Castilla. El primero se construyó en 1946, y desde entonces en las orillas de ambos han proliferado las urbanizaciones de tipo vacacional.

La histórica ciudad ducal de Pastrana, una de las más atractivas de La Alcarria, está emplazada a 40 km al sureste de Guadalajara. Creció al amparo del palacio de los Mendoza y durante el siglo XVII cobró más importancia que la propia Guadalajara. En la iglesia colegiata de la Asunción se conservan cuatro tapices flamencos del siglo X y el lienzo *San Jerónimo*, que se atribuye al Greco.

Brihuega, a 30 km al noreste de Guadalajara, posee un interesante casco antiguo, con plazas porticadas. El encierro de Brihuega es uno de los más antiguos del país.

↑ Capilla abovedada de la Virgen de la Hoz en la localidad de Ventosa, cerca de Molina de Aragón

---

Molina de Aragón

🅰 D3 🏠 Guadalajara 🚌
ℹ Calle de las Tiendas 62;
www.turismocastilla
lamancha.com

El interesante barrio medieval de Molina, ciudad conquistada por Alfonso I de Aragón en 1129, se encuentra en la falda de la colina, junto al río Gallo. Durante la guerra de la Independencia se destruyó gran parte de su patrimonio artístico; sin embargo, el castillo medieval del siglo XI, sobre un risco, aún conserva siete de sus torres originales. La iglesia de Santa Clara, románica, merece una visita.

Al oeste de Molina, en una bella garganta arcillosa, se encuentra el santuario de la Virgen de la Hoz. Más hacia el suroeste está el Parque Natural del Alto Tajo.

Guadalajara

🅰 D3 🏠 Guadalajara 🚆🚌
ℹ Plaza del Conejo 11;
www.guadalajara.es

El esplendor renacentista de Guadalajara nos ha legado el **palacio de los Duques del Infantado,** construido en la última década del siglo XV para la poderosa familia Mendoza. Se trata de una espléndida muestra de arquitectura gótica flamígera y mudéjar. La fachada principal y el armonioso patio lucen delicadas decoraciones. En el palacio se encuentra el Museo Provincial. Entre otros edificios de la ciudad cabe destacar la iglesia de Santiago, con capilla gótico-plateresca de Alonso de Covarrubias, y la iglesia de San Francisco, del siglo XV, que alberga el mausoleo de la familia Mendoza.

Palacio de los Duques del Infantado

🏠 Plaza de España 13 ☎ 949 21 33 01 🕐 jun-sep: 10.00-14.00 ma-do; oct-abr: 10.00-14.00 y 16.00-19.00 ma-sá, 10.00-14.00 do

---

Parador de Alarcón
Ubicado en el castillo de Alarcón, que se asoma sobre un acantilado.

🅰 D4 🏠 Avenida Amigos de los Castillos 3, Alarcón 🌐 parador.es

---

Molino de Alcuneza
Un hotel idílico con *spa*, piscina y un restaurante con estrella Michelin.

🅰 D3 🏠 Carretera Alboreca, km 0,5, 19264 Alcuneza, Guadalajara 🌐 molinodealcuneza.com

---

La Morada de Juan de Vargas
Todas las habitaciones son distintas en este encantador edificio del siglo XVI cercano a la plaza Mayor.

🅰 D5 🏠 Calle Cervantes 3, Villanueva de los Infantes 🌐 lamorada devargas.com

↑ El monasterio de Uclés frente a la bonita plaza Pelayo Quintero

Monasterio de Uclés

Ⓐ D4 **Ⓐ Uclés, Cuenca**
Ⓞ Solo previa cita
Ⓒ 1 y 6 ene, 25 dic
Ⓦ monasterioucles.com

La pequeña villa de Uclés está presidida por su magnífico monasterio con trazas de fortaleza, que se conoce como El Escorial de La Mancha por el parecido de sus iglesias *(p. 358)*. La primitiva construcción defensiva medieval fue elegida en 1174, por su emplazamiento en el centro geográfico de la Península, como sede de la Orden de Santiago. El edificio que ha llegado hasta nosotros, del que destacan su artesonado y la escalera principal, es renacentista, con decoración posterior barroca.

Segóbriga

Ⓐ D4 **Ⓐ Saelices, Cuenca, CM-310, km 58** **Ⓞ Abr-sep: 10.00-19.30 ma-do; oct-mar: 10.00-18.00 ma-do**
Ⓦ segobriga.org

Las ruinas de la ciudad romana de Segóbriga se encuentran en medio del campo.

Se puede recorrer parte de la ciudad. El teatro, del siglo I, tenía capacidad para 2.000 espectadores y todavía se utiliza para representaciones. También se puede visitar la necrópolis, el anfiteatro, el templo de Diana y los baños públicos. Todavía existen las canteras de donde se extraían los materiales para la construcción. En el pequeño museo de la excavación se exponen algunas de las piezas, aunque las mejores están expuestas en el Museo Arqueológico de Cuenca *(p. 413)*.

←

Estatua romana descubierta en el sitio arqueológico de Segóbriga

Illescas

Ⓐ C4 **Ⓐ Toledo** **Ⓡ Ⓔ**
ⓘ Calle Fuentes 3;
www.illescas.es

Illescas acogió los veraneos de la corte de Felipe II. Aunque queda poco del antiguo esplendor de la ciudad, hay que visitar el Museo del Greco del Santuario de la Caridad, cercano a la iglesia de Santa María, ya que alberga una importante colección de obras de arte, con cinco lienzos del Greco *(p. 409)* sobre temas como la Natividad, la Anunciación y la Coronación de la Virgen.

Museo del Greco del Santuario de la Caridad
Ⓐ Calle Cardenal Cisneros 2
Ⓞ Solo previa cita
Ⓦ elgrecoillescas.com

Talavera de la Reina

Ⓐ C4 **Ⓐ Toledo** **Ⓡ Ⓔ**
ⓘ Ronda del Cañillo 22;
www.turismotalavera.com

Se entra al casco antiguo de esta ciudad, famosa por sus cerámicas, por un puente del siglo XV. Desde este, pasando junto a los restos de la muralla árabe y medieval, se accede a la colegiata del siglo XII.

En los alfares de cerámica aún se fabrican los azulejos azules y amarillos, que tienen su origen en el siglo XVI. Una buena muestra de azulejos se puede ver en la ermita de la Virgen del Prado, que se encuentra junto al río. Muchos de los muros interiores están decorados con frisos de escenas religiosas realizadas con azulejos de los siglos XVI al XX. El Museo Ruiz de Luna, emplazado en un convento del siglo XVII, expone la colección privada de cerámica y obras personales del ceramista Juan Ruiz de Luna.

Serranía de Cuenca

 D4 Cuenca Cuenca
**Calle Alfonso VIII 2,
Cuenca; www. turismo
castillalamancha.es**

Al norte y al este de Cuenca se
encuentra un amplio territorio
montañoso cruzado por abrup-
tas gargantas que cuenta con
muchos lugares de gran belleza, entre los que destaca la sorprendente Ciudad Encantada,
donde la erosión ha creado fantásticas figuras de piedra caliza,
y el nacimiento del río Cuervo,
con cascadas y pozas en la roca.

El principal río de la zona es
el Júcar, que en su recorrido
abre desfiladeros cerca de Vi-
llalba de la Sierra. El Ventano
del Diablo es un mirador con
una magnífica vista.

Entre Beteta y Priego, al norte, existe otro cañón natural
muy espectacular, la hoz de
Beteta, por donde discurre el
río Guadiela entre murallones.
Una pequeña carretera conduce al tradicional balneario de
Solán de Cabras, del siglo XVIII.

En el confín más oriental y
meridional se encuentra la
singular ciudad fortificada de
Cañete, en cuya parroquia se
conservan interesantes pinturas del siglo XVI.

Oropesa

C4 Toledo **Calle
Hospital 25; www.turismo
ropesatoledo.es**

La importancia del casco antiguo de esta ciudad agrícola se
debe a su pasado medieval y
renacentista. Se puede seguir
un itinerario que arranca del
colosal castillo del siglo XV, que
preside la villa desde la colina.
La opulenta familia Álvarez
amplió la construcción original
en el siglo XVI; esta ala renacentista se atribuye a Juan de
Herrera, autor del monasterio
de El Escorial. Gran parte del
edificio se rehabilitó como parador.

La ruta monumental
prosigue por la ciudad y se
detiene en otros lugares de
interés.

Álvarez
Un restaurante de
comida casera en
Albacete, con
croquetas, guisos y
cordero asado.

 D4 Calle
Carmen 42, Albacete
restaurante
alvarez.com

€ € €

Tierra
Cercano a Oropesa, este
restaurante *gourmet*
con estrella Michelin
usa productos de
cercanía.

 C4 Carretera de
Oropesa a Puente del
Arzobispo km 9, Torrico
tierra-valdepalacios.
com

€ € €

Rocas erosionadas de la
Ciudad Encantada, en la
serranía de Cuenca ↑

 La entrada a la plaza
Mayor de Tembleque

14
Tembleque

**🅐D4 🏠Toledo ℹPlaza
Mayor 1; www.turismo
castillalamancha.es**

Su plaza Mayor con soportales
de madera data del siglo XVII
y está muy bien conservada.
En diversos lugares figura la
cruz roja de los caballeros de
Malta, orden militar a la que
perteneció la ciudad.

La característica más
destacada de Ocaña, situada a
30 km al norte de Tembleque,
es su elegante plaza Mayor,
una de las más grandes de
España, después de las de
Madrid y Salamanca.

15
Montes de Toledo

**🅐C4 🏠Toledo 🚌Pueblo
Nuevo del Bullaque ℹParque
Nacional de Cabañeros;
www.montesdetoledo.net**

Al suroeste de Toledo se desli-
za hacia Extremadura la suave
cadena montañosa de los
Montes de Toledo, que en el
Medievo perteneció a obispos
y reyes; ocupa unos 1.000 km².

El Parque Nacional de Cabañeros tiene una importante
zona boscosa y de pastos que
se utiliza para el pastoreo de
los rebaños de ovejas. El mejor
acceso al parque es desde Pue-

blo Nuevo del Bullaque. Desde
este lugar es posible hacer excursiones guiadas de unas cuatro horas en coches todoterreno; si hay suerte se pueden ver
jabalíes, ciervos o águilas im-
periales. En los pastizales se alzan chozos, antiguamente usados por los pastores.

En las estribaciones de los
Montes de Toledo se halla Orgaz,
cuya iglesia guarda obras del
Greco. Algunos pueblos de la
zona, como Los Yébenes y Las
Ventas con Peña Aguilera, son
famosas por la artesanía de
cuero; en sus restaurantes suelen servirse piezas de caza.

En un paraje cercano a San
Martín de Montalbán se halla la
pequeña iglesia de Santa María
de Melque, construida, según
se cree, en el siglo VIII, y cerca
está ubicado el formidable castillo templario de Montalbán,
del siglo XII y hoy en ruinas.

16
Belmonte

**🅐D4 🏠Cuenca 🚌 ℹPlaza
Mayor 1; www.turismo
castillalamancha.es**

Esta tranquila población es famosa por ser el lugar de naci-

miento de fray Luis de León
(1527-1591), además de por
su magnífico **castillo de
Belmonte,** del siglo XV, el que
mejor se conserva de toda la
zona. Fue construido por Juan
Pacheco, marqués de Villena,
político e intrigante personaje,
cuando Enrique IV le cedió la
villa en 1456. Su interior está
decorado con ricos artesonados y yeserías mudéjares. La
colegiata de San Bartolomé
destaca por por sus capillas,
ricamente decoradas, y la sillería del coro, que se trasladó
hasta aquí desde la catedral
de Cuenca (p. 412). También
posee una importante reja
de hierro forjado, un retablo
renacentista y la pila en la
que fue bautizado fray Luis
de León.

Otras dos poblaciones
cercanas a Belmonte

→ Los molinos de viento de
Consuegra, bien situados
para aprovechar el viento

florecieron en época del marqués de Villena: Villaescusa de Haro, a 6 km al noreste, cuya iglesia conserva un importante retablo del siglo XVI, y San Clemente, a unos 40 km al sureste, que cuenta con dos plazas renacentistas casi perfectas.

Castillo de Belmonte

⊗ 🏠 Calle Eugenia de Montijo s/n 🕐 Los horarios varían, consultar web 🔳 castillodebelmonte.com

---

 17

Campo de Criptana

🅰 D4 🏠 Ciudad Real 🚩 **ℹ** Calle Barbero 1; ma-do; www.tierradegigantes.es

Sobre una colina se recortan 10 molinos de viento. Tres de ellos son del siglo XVI y conservan la maquinaria. En un molino se encuentra la oficina de turismo, y en tres de ellos hay exposiciones culturales.

Hay más molinos de viento cerca de Alcázar de San Juan y de Mota del Cuervo, un buen lugar donde comprar queso manchego de oveja.

 18

El Toboso

🅰 D4 🏠 Toledo **ℹ** Calle Daoiz y Velarde 3; ma-do; www.eltoboso.es

Se trata del lugar con más reminiscencias quijotescas de La Mancha. Cervantes lo eligió como cuna de Dulcinea, la amada de don Quijote. La **Casa de Dulcinea,** doña Ana Martínez Zarco, a quien se ha asociado el personaje, ha sido restaurada según su estilo del siglo XVI y puede visitarse.

Casa de Dulcinea

⊗ 🏠 Calle Don Quijote 1 ☎ 925 19 72 88 🕐 10.00-14.00 y 15.00-18.30 ma-do

---

 19

Consuegra

🅰 D4 🏠 Toledo 🚌 **ℹ** Avda Castilla-La Mancha; www. consuegra.es

Los molinos de viento de Consuegra se alinean, junto con el castillo de la Orden de San Juan, del siglo XIII y en ruinas, sobre las llanuras manchegas. Uno de ellos conserva su maquinaria, que

---

DON QUIJOTE Y LA MANCHA

Aunque Cervantes (p. 364) no aclara dónde nació su héroe, en la novela se mencionan diversas poblaciones. Don Quijote es armado caballero en una venta de Puerto Lápice. Su amada, Dulcinea, vive en El Toboso. Parece ser que los molinos a los que se enfrenta creyéndolos gigantes corresponden a los de Campo de Criptana. Otra de las aventuras que se describe tiene lugar en la cueva de Montesinos (p. 421).

---

entra en funcionamiento todos los años durante las fiestas de recolección del azafrán, en las que se celebra un concurso de destreza en el desbrizne de la planta.

A 4 km de Consuegra, por la carretera de Urda, hay una presa romana. Un antiguo restaurante de Puerto Lápice, situado a 20 km de Consuegra por la A4, recuerda a la venta donde don Quijote fue armado caballero.

 20

Alarcón

⌂D4 ⌂Cuenca ℹ️www. descubrealarcon.es

La ciudad fortificada de Alarcón, magníficamente conservada, emerge en lo alto de una roca, sobre una angosta hoz del río Júcar. Al franquear la triple entrada al castillo el viajero se siente transportado a la época medieval.

Se remonta al siglo VIII y fue un enclave militar durante la Reconquista (p. 64), arrebatado a los árabes por Alfonso VIII en 1184, tras un sitio de nueve meses. Las murallas de Alarcón son espectaculares y cuenta con tres recintos defensivos. El castillo, pequeño y triangular, que se alza sobre el río, se ha rehabilitado como parador.

Merecen una visita la iglesia de Santa María, que es una joya renacentista, con un magnífico

---

 MEJORES VISTAS
Enmarcado

Subiendo por la carretera que asciende a la ciudad de Alarcón, el arco de la Torre de Armas enmarca la silueta del castillo y ofrece una magnífica postal.

---

pórtico y un retablo atribuido a Alonso Berruguete, y la cercana iglesia de la Santísima Trinidad, construida en estilo plateresco.

 21

Alcalá del Júcar

⌂E4 ⌂Albacete ℹ️Avenida de los Robles 1; www. turismoalcaladeljucar.net

El río Júcar, en su recorrido por las colinas calizas del noreste de Albacete, abre una garganta profunda y tortuosa, las hoces del Júcar, que pueden recorrerse. Alcalá del Júcar está emplazada en un imponente paisaje, junto a una cresta que asciende desde lo más profundo del desfiladero. La población se va encaramando entre cuestas y empinadas escaleras; en lo alto, las casas ganan terreno a la roca blanda, horadándola, hasta convertirse algunas en túneles que alcanzan el otro extremo de la ladera.

 22

Albacete

⌂D4 ⌂Albacete 🚌🚆 ℹ️Plaza del Altozano; www. albaceteturistico.es

Esta capital, a veces no suficientemente valorada, cuenta con diversos atractivos. El excelente **Museo de**

Albacete se halla en un agradable parque y expone desde objetos de la cultura íbera y estatuillas romanas de ámbar y marfil hasta pinturas del siglo XX. La catedral, consagrada a san Juan Bautista y cuyas obras se iniciaron en 1515, posee un retablo renacentista.

Museo de Albacete

 ⌂Parque Abelardo Sánchez 📞967 22 83 07 🕐jul-med sep: 10.00-14.00 ma-sá, 9.30-14.00 do; med sep-jun: 10.00-14.00 y 16.30-19.00 ma-sá, 9.30-14.00 do

---

23

Lagunas de Ruidera

⌂D4 ⌂Ciudad Real 🚌Ruidera ℹ️Calle Montesinos 3, Ruidera; sep-jun: mi-do, jul-ago: todos los días; www. ruidera.es

Llamadas en otros tiempos Los Espejos de La Mancha, estos 15 lagos freáticos, que forman el Parque Natural de las Lagunas de Ruidera, se extienden a lo largo de un valle de 39 km. Aparecen en el *Quijote (p. 419)*, donde Cervantes inventa el episodio del encantamiento de una dama, Ruidera, junto con sus

Vista panorámica del castillo de Alarcón, sobre una hoz del río Júcar

hijas y nietas, convertidas en lagunas por un mago.

Las lagunas se han recuperado bien de la sequía de años recientes y merece la pena visitarlas sobre todo en primavera por su vida salvaje; pueden verse avutardas, garzas y muchas especies de ánades. El creciente número de visitantes y las construcciones de recreo levantadas en las riberas están amenazando el mantenimiento de la fauna. Cerca de una de las lagunas, la de San Pedro, se encuentra la profunda cueva de Montesinos, usada también como escenario de uno de los episodios del *Quijote*.

24
Villanueva de los Infantes

🅰 D5 🏠 Ciudad Real 🚌
ℹ Calle Cervantes 16;
www.villanuevadelos
infantes.es

El casco antiguo de la ciudad se ha desarrollado alrededor de la plaza Mayor neoclásica, una de las más atractivas de La Mancha, cuyos edificios cuentan con balcones de madera y arquerías. En la plaza se encuentra la iglesia de San Andrés, de fachada renacentista, que guarda en su interior un retablo y un órgano barrocos; también alberga el primer sepulcro del escritor del Siglo de Oro Francisco de Quevedo, que murió aquí el 8 de septiembre de 1645, en el convento de los Dominicos.

25
Valle de Alcudia

🅰 C5 🏠 Ciudad Real 🚌 Fuencaliente ℹ Calle Mayor 41;
926 47 02 88; ma-do

Las tierras bajas que bordean Sierra Morena por el norte constituyen uno de los territorios naturales vírgenes del centro de España. A finales de otoño se llena con rebaños de ovejas, con cuya leche se elabora su famoso queso.

El pueblo serrano de Fuencaliente tiene unos baños termales que se abren en verano. Más al norte se encuentra Almadén, con su importante mina de mercurio y museo. Chillón, al noroeste, cuenta con una iglesia tardogótica.

Las tierras bajas que bordean Sierra Morena por el norte constituyen uno de los territorios naturales vírgenes del centro de España.

26
Alcaraz

🅰 D5 🏠 Albacete
ℹ Calle Mayor 3; 10.30-
13.30 y 17.00-19.00 ma-do;
www.alcaraz.es

Alcaraz fue un importante enclave militar árabe y cristiano, aunque tras la Reconquista decayó la importancia de esta plaza fuerte. En la monumental plaza Mayor renacentista se alzan la torre del Tardón, del siglo XV, y la torre de la iglesia de la Trinidad, así como la lonja del Corregidor, del siglo XVIII y decoración plateresca. La plaza está rodeada de callejas con casas tradicionales. A la salida de la ciudad se encuentran las ruinas de un castillo y el arco gótico de un antiguo acueducto. Es una buena base para hacer excursiones por las sierras de Alcaraz y del Segura.

Las torres casi gemelas del Tardón y la Trinidad, en la plaza mayor de Alcaraz

FIESTAS POPULARES

La Endiablada
Hombres vestidos de diablo recorren las calles de Almonacid del Marquesado los días 2 y 3 de febrero.

Romería del Cristo del Sahúco
En Peñas de San Pedro (Albacete), romeros vestidos de blanco portan la imagen de Cristo a lo largo de 15 km el lunes de Pentecostés.

La Caballada
El domingo de Pentecostés, en Atienza se reproduce la romería de los arrieros del siglo XII.

Corpus Christi
Toledo celebra una espectacular procesión del Corpus Christi.

27 Valdepeñas

D5 Ciudad Real Plaza de España; www.valdepenas.es

Es la capital de la región vinícola de La Mancha, la mayor extensión de viñedos del mundo. Se trata de una ciudad moderna casi en su totalidad, que vibra con las fiestas de la vendimia en septiembre. En el casco antiguo, junto a la plaza de España, llena de terrazas, se encuentran la iglesia de la Asunción y el museo municipal, con arqueología y pintura.

Valdepeñas cuenta con más de 30 bodegas, 10 de las cuales se pueden visitar. Una de ellas, convertida en **Museo del Vino,** ilustra el proceso de producción del vino.

Museo del Vino
 Calle Princesa 39 10.00-14.00 y 17.00-20.00 ma-sá, 11.00-14.00 do museodel vinovaldepenas.es

28 Viso del Marqués

D5 Ciudad Real Calle Real 39; www.visodelmarques.es

En esta población se halla el sorprendente **palacio del Marqués de Santa Cruz,** un enorme edificio renacentista. Mandó construirlo en 1564 el marqués de Santa Cruz (Álvaro de Bazán y Guzmán), almirante de la flota que venció a los turcos en Lepanto. Destaca su patio clásico y las principales estancias están decoradas con frescos italianos.

Palacio del Marqués de Santa Cruz
 Plaza del Pradillo 12 926 33 75 18 Jul-ago: 9.00-14.00 ma-vi, 10.00-14.00 ma-do; sep-jun: 9.00-13.00 y 16.00-18.00 ma-vi, 10.00-14.00 y 16.00-18.00 sá, 9.30-14.00 do

→ El bonito patio porticado del palacio del Viso, en Viso del Marqués

29 Calatrava la Nueva

C5 Aldea del Rey, Ciudad Real Horarios varían, consultar página web castillodecalatrava.org

Se llega al castillo-monasterio de Calatrava la Nueva, magnífico en su emplazamiento aislado, por un tramo de la antigua vía medieval.

Fue fundado en 1217 como sede de la Orden de Calatrava, la primera de las órdenes militares españolas. El conjunto es de enormes proporciones, con un patio doble y una iglesia de triple nave. La iglesia gótica cisterciense se ilumina a través de un bello rosetón situado sobre la puerta de entrada. Tras la Reconquista el edificio continuó utilizándose como monasterio, hasta que se abandonó en 1802, tras un incendio. Las entradas para visitar el castillo solamente se pueden pagar con efectivo.

Frente al castillo se hallan las ruinas de una alcazaba árabe, Salvatierra, tomada en el siglo XII por los caballeros de la Orden de Calatrava.

↑ Pasarela de las Tablas de Daimiel y aves acuáticas en el humedal

③①

Almagro

Ⓐ C5 Ⓐ Ciudad Real ⊞⊟
ⓘ Calle San Agustín 21;
www.ciudad-almagro.com

La ciudad fue objeto de disputa durante la Reconquista, hasta que la Orden de Calatrava se la arrebató a los árabes y levantó el castillo de Calatrava la Nueva al suroeste de la población. Su riqueza arquitectónica se debe en parte al legado de los hermanos Fugger, banqueros de la Casa de Austria, que se asentaron en la cercana Almadén en el siglo XVI.

El mayor atractivo es su plaza porticada con miradores pintados en verde. A un lado se alza el Corral de Comedias, del siglo XVII, donde se celebra en verano el festival de teatro.

Entre otros edificios interesantes se encuentran el almacén renacentista de los Fugger y antigua universidad, y también el castillo, convertido en parador.

Bodegas de La Mancha que ofrecen degustaciones.

Bodega Finca Antigua
Ⓐ D4 Ⓐ Carretera Quintanar 5, km 11, Los Hinojosos (Cuenca)
ⓦ fincaantigua.com

Finca Loranque
Ⓐ C4 Ⓐ Finca Loranque s/n, Bargas (Toledo) Ⓒ do
ⓦ fincaloranque.com

Finca La Estacada
Ⓐ D4 Ⓐ Carretera Nacional 400, km 103, Tarancón (Cuenca)
ⓦ fincala estancada.com

Pago del Vicario
Ⓐ C4 Ⓐ Carretera Nacional 412, km 16, Las Casas (C. Real)
ⓦ pagodelvicario.com

Casa del Valle
Ⓐ D4 Ⓐ Carretera Nacional 4004, km 47.700, Yepes (Toledo)
ⓦ eventoscasadelvalle.es

③⓪ Ⓜ 🏛

Tablas de Daimiel

Ⓐ C4 Ⓐ Ciudad Real
🚌 Daimiel ⓘ Calle Santa Teresa s/n, Daimiel; ma-do;
www.lastablasde daimiel.com

En los humedales de las Tablas de Daimiel, al noreste de Ciudad Real, anidan diferentes aves acuáticas y migratorias. A pesar de que el Parque Nacional se creó en 1973, en años recientes el descenso de nivel del agua y los regadíos ilegales las han convertido en causa importante para los ecologistas. En la actualidad sufren graves problemas de sequía.

Uno de los extremos del parque está abierto al público y es posible pasear por diversos caminos que llevan hasta las torres de observación. Las principales colonias de aves reúnen colimbos y ánsares silvestres, además de ánades reales y somormujos lavancos.

RUTA EN COCHE
SIERRA DE ALCARAZ

Longitud 280 km **Paradas** Liétor; Letur; Yeste
Dificultad Cuestas montañosas, pero con carreteras
en buen estado

Las sierras de Segura y Alcaraz se unen en los
confines surorientales de La Mancha en un núcleo de
espectaculares montañas separadas por estrechos
desfiladeros que terminan en valles muy fértiles.
Esta ruta recorre algunos pueblos pintorescos y
poco conocidos como Letur, Anya, Yeste y Liétor,
con una rica tradición artesana de cestería,
cerámica y metal.

N322

Alcaraz   Peñascosa

Vianos

Paterna del Madera

Salobre

Bogarra

Sierra   de   Alcaraz

N322

Bienservida

Riópar   CM412

El **río Mundo** nace en la
cueva de los Chorros, con una
hermosa cascada. Cae por
la ladera de un acantilado
para encauzarse, al fondo, en
un arroyo abrupto.

Mundo

Villaverde de
Guadalimar

Nacimiento
del río Mundo

Calar del Mundo

Tus

Ardal
1.435 m

Yeste

↑ La cascada en el nacimiento
del río Mundo

Situado a los pies de
la sierra de Ardal,
Yeste está coronado
por un castillo árabe.
Fue reconquistado por
Fernando III y más
tarde formó parte de
los dominios de la
Orden de Santiago.

↑ La villa de Ayna, con sus casas cubiertas de tejas envueltas en nubes

CASTILLA-LA MANCHA

Sierra de Alcaraz

Mapa de situación
Para más detalles ver p. 404

La villa de **Ayna** *se halla en una profunda garganta abierta en el curso del río Mundo. Desde el mirador del Diablo hay unas vistas espectaculares.*

En el pueblo montañés de **Liétor** *destacan la ermita gótica de Belén y la iglesia de Santiago, que cuenta con un retablo de trampantojo.*

El Griego

Bogarra

Mundo

LLEGADA

INICIO

Ayna

Mundo

Liétor

El Pardal

Molinicos

CM412

Elche de la Sierra

CM412

Segura

Embalse de la Fuensanta

Juan Quilez

Casa del Collado

Letur

Férez

Quizá **Letur,** *con su blanquísima judería, es de lo más pintoresco que se puede ver durante el recorrido.*

0 kilómetros   8

N
↑

425

EXTREMADURA

Extremadura formó parte de la provincia romana de Lusitania, y Mérida, su capital, fue un centro de gran importancia. Prueba de ello es el conjunto extraordinario de restos romanos que conserva la ciudad, como un foro, un circo y un magnífico anfiteatro, además de otros vestigios repartidos por la región, como el puente romano de Alcántara.

Sin embargo, la dureza de su clima convirtió Extremadura en una región inhóspita y durante siglos fue una de las más pobres de España. Puede que fuesen estas condiciones las que empujaron a algunos de sus habitantes a buscar fortuna al otro lado del mar, ya que Extremadura es el lugar de nacimiento de muchos de los conquistadores y emigrantes que partieron hacia el Nuevo Mundo en los siglos XV y XVI. Las riquezas que encontraron financiaron una oleada de construcciones: el Real Monasterio de Nuestra Señora de Guadalupe, en un hermoso valle rodeado de montañas, sea tal vez el más espléndido ejemplo de los vínculos de esta región con América. La antigua Cáceres, con sus mansiones nobiliarias, y los numerosos palacios e iglesias de Trujillo también son un recordatorio de la riqueza de ese periodo.

Los castillos y robustas murallas de Alburquerque y Olivenza definen las fronteras asediadas a lo largo de la historia, sobre todo durante la Reconquista en el siglo XIII y las batallas con la vecina Portugal en el siglo XIX (Olivenza formó parte de Portugal de 1297 a 1801 y todavía hoy este país sigue reclamando su soberanía sobre la ciudad). En la actualidad, Extremadura sigue siendo una de las regiones más pobres y menos pobladas de España. Fuera de las rutas del gran turismo internacional, su economía se sustenta en el sector servicios, la agricultura y la ganadería.

EXTREMADURA

Esencial
1 Mérida
2 Real Monasterio de Nuestra Señora de Guadalupe
3 Cáceres

Lugares de interés
4 Las Hurdes
5 Sierra de Gata
6 Hervás
7 Coria
8 Plasencia
9 Badajoz
10 Parque Nacional de Monfragüe
11 Arroyo de la Luz
12 Alcántara
13 Valencia de Alcántara
14 Monasterio de San Jerónimo de Yuste
15 Trujillo
16 Monasterio de Tentudía
17 Jerez de los Caballeros
18 Olivenza
19 Cancho Roano
20 Zafra
21 Llerena

Alaraz

San Pedro del Arroyo

Sierra de Ávila

Ávila

Embalse de Santa Teresa

N110

Piedrahíta

N502

El Barraco

N403

El Barco de Ávila

Casavieja

Mombeltrán

Tiétar

Candeleda

N502

Embalse de Rosarito

Navalmoral de la Mata

Oropesa

A5

Talavera de la Reina

El Puente del Arzobispo

Embalse de Valdecañas

Tajo

CASTILLA-LA MANCHA
p. 402

REAL MONASTERIO DE NUESTRA SEÑORA DE GUADALUPE

Berzocana

Guadalupe **2**

Anchuras

Cañamero

Logrosán

N502

Castilblanco

Embalse de García de Sola

Embalse de Cíjara

Herrera del Duque

Navalvillar de Pela

Talarrubias

N430

Piedrebuena

Ciudad Real

Embalse de Orellana

Puebla de Alcocer

Agudo

Embalse de Zújar

Embalse de La Serena

N502

CASTILLA-LA MANCHA

Cabeza del Buey

Almadén

Helechal

Alamillo

*Plaza del Judío
1.106 m*

Zújar

Belalcázar

Santa Eufemia

Guadalmez

EXTREMADURA

Torrecampo

ANDALUCÍA
p. 472

N502

Pozoblanco

N432

Fuente Obejuna

Bélmez

Villanueva de Córdoba

A4

N432

Espiel

0 kilómetros   30

N

❶

MÉRIDA

 **B5** 🏠 **Badajoz** 🚌🚊 ℹ **Calle Santa Eulalia 62;**
www.turismomerida.org

Augusta Emerita, fundada por Augusto el año 25 a. C., se convirtió en la capital económica y cultural de Lusitania, la provincia romana más occidental, pero con la llegada de los árabes perdió supremacía. La capital de Extremadura ha sido declarada patrimonio de la humanidad por la Unesco gracias al gran número de monumentos romanos que alberga.

①

Museo Nacional de Arte Romano

🏠 **Calle José Ramón Mélida**
🕐 **Abr-sep: 9.30-20.00 ma-sá, 10.00-15.00 do; oct-mar: 9.30-18.30 ma-sá, 10.00-15.00 do** 🌐 **culturay deporte.gob.es/mnromano/home**

Rafael Moneo proyectó este edificio de ladrillo rojo para que armonizase con los restos romanos de la zona. Así, por ejemplo, los arcos de medio punto de su sala principal tienen la misma altura que los del acueducto de los Milagros. A lo largo de sus tres plantas, el museo expone cerámica, mosaicos, monedas y estatuas. También alberga un trozo de calzada de la famosa Vía de la Plata.

②

Anfiteatro

🏠 **Plaza Margarita Xirgú s/n** 🕐 **Los horarios varían, consultar web** 🗓 **1 ene, 24 y 25 dic** 🌐 **consorciomerida.org**

Según la inscripción que aparece en la tribuna, el anfiteatro de Mérida se remonta al año 8 a. C., 17 años después de que Augusto fundara la ciudad como colonia para veteranos, con entretenimientos como luchas de gladiadores y otros combates sangrientos. Todavía puede verse su foso central y una sección de las gradas que llegaron a acoger a más de 15.000 espectadores, además de la tribuna desde la que los nobles disfrutaban del espectáculo.

③

Teatro romano

🏠 **Plaza Margarita Xirgú s/n** 🕐 **Los horarios varían, consultar web** 🗓 **1 ene, 24 y 25 dic** 🌐 **consorciomerida.org**

El gran protagonista de la ciudad es el teatro romano,

 MEJORES VISTAS
Paseo por el río

Cruzando el río Guadiana por el puente romano se obtiene una buena vista de los muros de la alcazaba, uno de los edificios árabes más antiguos de España (año 835).

← Las gradas y el gran foso central del teatro romano de Mérida

en los cuales se llenó de tierra y solo podían verse las llamadas "siete sillas", hasta que en 1910 se iniciaron las excavaciones. Todos los veranos acoge el Festival Internacional de Teatro Clásico de Mérida. La entrada incluye la admisión al colindante anfiteatro.

---

④ 🚹

Templo de Diana

🏛 Calle Romero Leal s/n 🕐 Los horarios varían, consultar web 📅 1 ene, 24 y 25 dic 🌐 consorciomerida.org

El foro romano de Mérida se remonta al 25 a. C. y fue uno de los primeros edificios encargados por Augusto. Cerca de 24 años después se levantó el templo rectangular con elevadas columnas corintias de granito. Durante siglos se pensó que estaba dedicado a la diosa Diana, cuyo nombre se ha conservado, aunque hoy se sabe que tan solo honraba al propio emperador. La estructura del templo permanece prácticamente intacta y actualmente es uno de los monumentos romanos más impresionantes del mundo. El foro, por el contrario, sí ha sufrido cambios. Durante la ocupación musulmana, sobre él se levantó parte del palacio del gobernador y en el siglo XV se construyó un pequeño palacio, cuyos restos aún pueden verse.

construido hacia el 16-15 a. C. y diseñado para 6.000 espectadores. Destaca su escenario, con un elevado *frons scaenae* (telón de fondo) realizado en mármol y apoyado en columnas corintias. El teatro estuvo abandonado durante siglos,

> Durante siglos se pensó que estaba dedicado a la diosa Diana, cuyo nombre se ha conservado, aunque hoy se sabe que tan solo honraba al propio emperador.

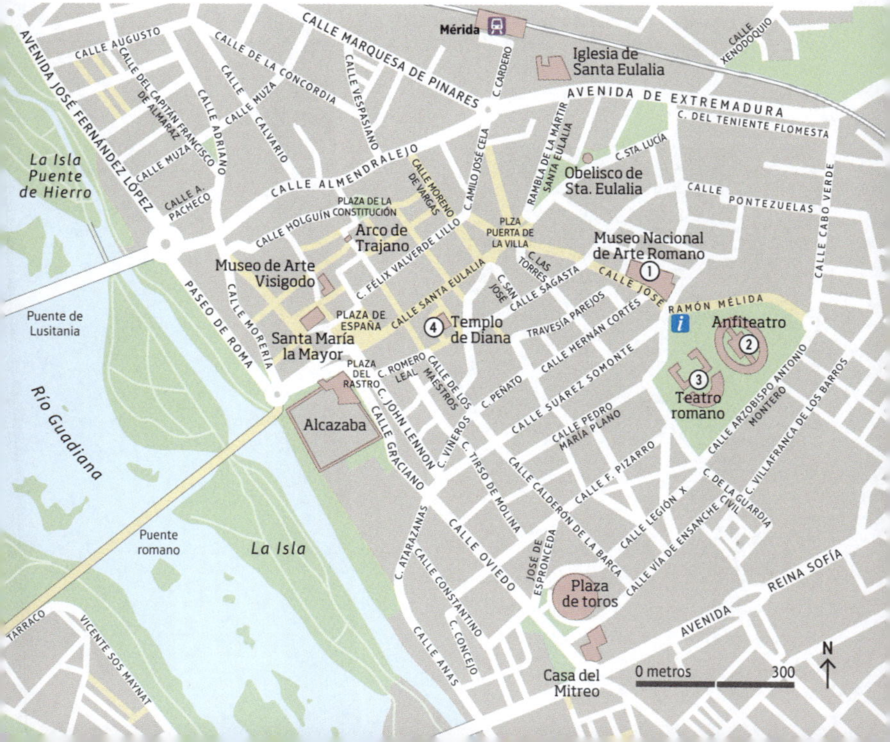

REAL MONASTERIO DE NUESTRA SEÑORA DE GUADALUPE

C4 **Cáceres** **Solo con visita guiada, 9.00-14.00 y 15.00-19.00 todos los días (solo visita guiada)** **monasterioguadalupe.com**

Las torres almenadas del monasterio, que se asienta en un valle arbolado, le dan un aspecto mágico. Según la leyenda, a principios del siglo XIII un pastor halló en el lugar una imagen de madera algo quemada de la Virgen María.

Sobre el lugar del descubrimiento del pastor se construyó una capilla dedicada a Nuestra Señora de Guadalupe, nombre del río cercano al lugar en que se encontró la imagen. El monasterio se convirtió en santuario real en el siglo XIV, después de que Alfonso XI se encomendase a Santa María de Guadalupe antes de su victoria en la batalla del Salado (1340). El monasterio cobró esplendor bajo el patrocinio real, llegando a contar con escuelas de gramática y medicina, tres hospitales, una farmacia y una de las mayores bibliotecas de España. Pero el aspecto más impresionante del monasterio es su magnífica sacristía barroca, considerada la Capilla Sixtina española por los retratos de monjes realizados por Zurbarán que cubren sus muros. Aunque para muchos, lo más importante es la imagen de la Virgen, situada en el camarín que hay tras el altar.

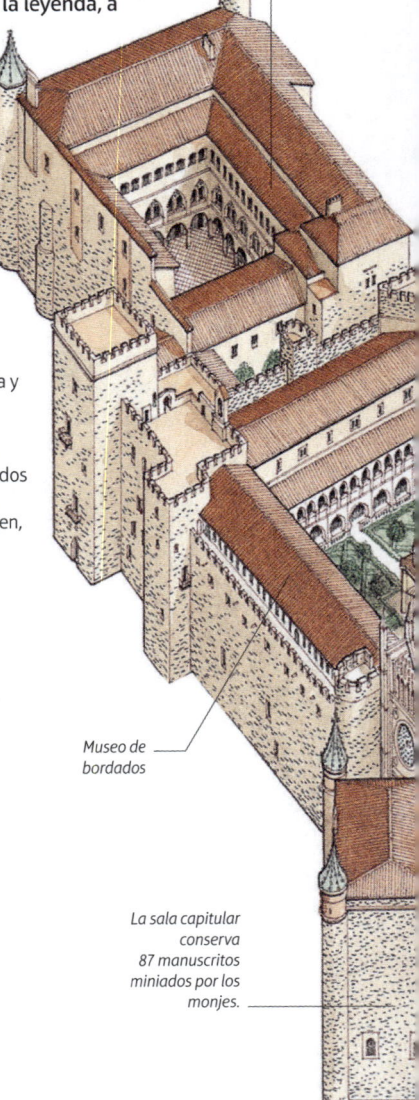

Claustro gótico

Museo de bordados

La sala capitular conserva 87 manuscritos miniados por los monjes.

↑ La capilla del Relicario del siglo XVI presenta una suntuosa decoración dorada

Cronología

1340
△ Se funda el
monasterio.

1402
Primera disección
realizada en España.

C. 1700
Se construye el
claustro gótico.

1808
△ Napoleón saquea
el monasterio.

1993
Es declarado
patrimonio de
la humanidad
por la Unesco.

→
La escalinata de piedra
que conduce a la
entrada del monasterio

*Museo de pintura
y escultura*

*Devotos de todo el mundo
vienen a rendir culto a la
Virgen de Guadalupe,
expuesta en un camarín.*

*La sacristía alberga
el cuadro El padre
Gonzalo de Illescas,
de Zurbarán (1639).*

Iglesia

↑ El Real Monasterio de
Nuestra Señora
de Guadalupe

¿Lo sabías?

La cara de la Virgen
de Guadalupe está
ennegrecida por
el humo de las velas.

¿Lo sabías?

La casa de las Cigüeñas debe su nombre a las cigüeñas que anidan en el casco antiguo.

3

CÁCERES

⬛B4 ⌂Cáceres 🚌🚆 ℹ Plaza Mayor 1;
www.turismo.caceres.es

Las mansiones y los palacios jalonan las tortuosas calles de Cáceres, con sus torres rematadas por gárgolas apuntando al cielo. Un paseo por su casco antiguo permite disfrutar de una de las ciudades renacentistas mejor conservadas de España.

Cuando Alfonso IX de León conquistó definitivamente Cáceres en 1229, la creciente prosperidad del mercado libre de la ciudad atrajo a gran número de comerciantes y posteriormente a la aristocracia. Unos y otros rivalizaron al construir sus residencias y palacios, defendidos por torreones, que en 1477 mandaron destruir los Reyes Católicos (p. 64) para contener el creciente poder de aquellos notables. La ciudad actual, renacentista, data de finales del siglo XV y del XVI, tras el que sobrevino su declive económico. Cáceres permaneció intacta durante las guerras de los siglos XIX y XX (gracias en parte al buen estado de conservación de sus murallas del siglo XVI), y en 1949 fue declarada patrimonio de la humanidad.

> Intacta durante las guerras de los siglos XIX y XX (gracias en parte al buen estado de sus murallas del siglo XVI), Cáceres fue declarada patrimonio de la humanidad en 1949.

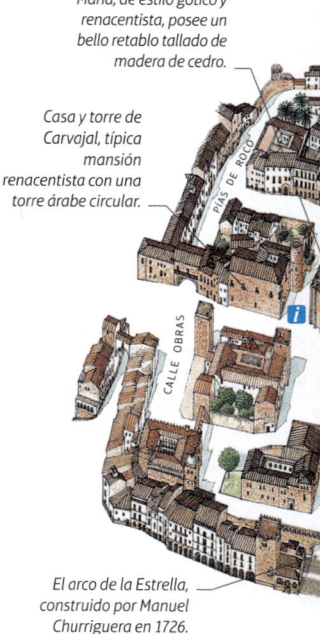

La concatedral de Santa María, de estilo gótico y renacentista, posee un bello retablo tallado de madera de cedro.

Casa y torre de Carvajal, típica mansión renacentista con una torre árabe circular.

El arco de la Estrella, construido por Manuel Churriguera en 1726.

↑ El dédalo de callejuelas de Cáceres

← Vista panorámica de la ciudad de Cáceres y del arco de la Estrella

Casa de los Golfines de Abajo, mansión del siglo XVI

El barrio de San Antonio, encantadora judería, toma su nombre de la cercana ermita de San Antonio.

El Museo de Cáceres, dedicado al arte contemporáneo y a la arqueología.

La casa y torre de las Cigüeñas no sufrió el desmochamiento de 1476 grccias a su fidelidad a Isabel la Católica.

El convento de San Pablo vende unas estupendas yemas hechas por las monjas.

La iglesia de San Mateo, gótica del siglo XVI, tiene una sencilla torre levantada en el año 1780.

La torre de Bujaco, del siglo XII, con vistas de la plaza Mayor.

La casa del Sol o de los Solís es una elegante mansión nobiliaria renacentista.

PLAZA DE SANTA MARÍA

CALLE INSTITUTO

RINCÓN DE LA MONJA

CUESTA DEL MARQUÉS

CUESTA DE ALDANA

CALLE ANCHA

PUERTA DE MÉRIDA

ADARVE PADRE ROSALÍO

PLAZA MAYOR

LUGARES DE INTERÉS

❹
Las Hurdes

🅐B4 🅐Cáceres
🚌Pinofranqueado,
Nuñomoral, Caminomorisco
🛈Caminomorisco;
www.todohurdes.com

La dureza de la vida de Las
Hurdes pasó a la memoria en
el impactante documental
Tierra sin pan, que rodó en 1932
Luis Buñuel. De aquella imagen
cargada de mitos solo quedan
las laderas oscuras, los cauces
de los ríos y las colinas en
terrazas. Esta zona es idónea
para caminar, con numerosos
puntos panorámicos, como el
meandro del Melero. Desde
Pinofranqueado se puede
subir hasta los pintorescos
pueblos negros de Batequilla,
Fragosa o El Gasco, que se
asientan sobre un volcán
extinto. La zona de Las Hurdes
Bajas, cruzada por la carretera
EX204, está salpicada de sitios
de acampada.

❺
Sierra de Gata

🅐B4 🅐Cáceres 🚌Cáceres
🛈San Martín de Trevejo;
www.sierradegata.org

En la sierra de Gata existen
21 pueblos situados entre
olivares, huertos y antiguos
molinos. La zona conserva su
encanto rural y se puede
pasear por los caminos y
admirar la artesanía local,
especialmente los encajes. En
Valverde del Fresno, Eljas y
San Martín de Trevejo aún se
habla el dialecto local, la fala.
En la zona alta se conservan
restos de fortalezas
medievales, en ciudades como
Gata y Villamiel. Las antiguas
casas de granito exhiben en la
fachada los blasones de las
familias.

❻
Hervás

🅐B4 🅐Cáceres 🛈Calle
Braulio Navas 6; www.
turismodehervas.com

Situada en lo alto del valle del
Ambroz, Hervás es famosa por
su antigua judería medieval de
casas blanquísimas con entramado de madera. Las callejas,
salpicadas de tabernas y tiendas de artesanía, bajan hacia el
río Ambroz. Junto a la plaza
principal se encuentra el
**Museo Pérez Comendador-
Leroux,** que lleva el nombre
del escultor y de su esposa, cuyas obras se exponen aquí.
    La población siguiente en
dirección al puerto de Béjar, es
Baños de Montemayor, cuyo
nombre proviene de sus manantiales sulfurosos.

Museo Pérez Comendador-Leroux

 Calle Asensio Neila 5
Los horarios varían, consultar web 🌐 mpcl.net

Baños de Montemayor

Avenida Las Termas 57
🌐 balneariomontemayor.com

---

❼ Coria

B4 Cáceres
Plaza de San Pedro 1;
www.turismo.coria.es

En la antigua ciudad amurallada de Coria, que se asoma al río Alagón, destaca la catedral gótica y renacentista, de rica decoración plateresca, y el convento de la Madre de Dios del siglo XVI, que tiene un bello claustro renacentista.

La impresionante torre del castillo pertenece a las antiguas murallas; de sus cuatro puertas, dos se remontan a la época romana. El día de San Juan, las puertas se cierran para el encierro nocturno. Bajo el casco antiguo está el puente Seco, de origen romano, que cruza el río.

---

❽ Plasencia

B4 Cáceres
Santa Clara 4;
www.plasencia.es

Las murallas de Plasencia se alzan a orillas del río Jerte, amparadas tras una de sus curvas. Esta ciudad cuenta con un famoso mercado, que data del siglo XII y se celebra los martes en la plaza Mayor. Cerca se levantan las dos catedrales. La catedral Nueva, de los siglos XV-XVI, posee un órgano barroco; también destaca la sillería del coro, tallada en madera. La catedral Vieja, románica, tiene un interesante museo con una biblia de finales del siglo XIV.

---

❾ Badajoz

B5 Badajoz
Pasaje de San Juan Bautista; www.turismo badajoz.es

Badajoz fue una plaza relevante en época árabe, pero siglos de conflicto apagaron su esplendor. Hoy es famosa sobre todo por su multitudinario carnaval.

El **Museo Arqueológico** está instalado en la alcazaba, donde se exponen más de 15.000 objetos datados desde el Paleolítico. Destaca también el **MEIAC,** Museo Extremeño e Iberoamericano de Arte Contemporáneo.

Museo Arqueológico

Plaza José Álvarez Sáez de Buruaga 📞 924 00 19 08
🕐 9.00-15.00 ma-do

MEIAC

Calle Museo s/n 🕐 10.00-14.00 y 17.30-20.00 ma-sá, 10.00-14.00 do 🌐 meiac.es

↑ El espectacular retablo mayor de la catedral Nueva de Plasencia

---

Parador de Zafra
Cocina tradicional de calidad en un castillo del siglo XV.

B5 Plaza Corazón de María 7, Zafra
🌐 paradores.es

€€€

Corral del Rey
Acogedor restaurante-asador especializado en carnes y pescados.

B4 Plazuela Corral del Rey 2, Trujillo
🌐 corraldelrey trujillo.com

€€€

Atrio
Platos sofisticados en este restaurante premiado con dos estrellas Michelin.

B4 Plaza de San Mateo 1, Cáceres
🌐 restauranteatrio.com

€€€

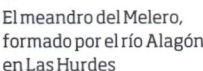
← El meandro del Melero, formado por el río Alagón, en Las Hurdes

Ganado junto al río en el Parque Nacional de Monfragüe

 10

Parque Nacional de Monfragüe

 B4 Cáceres Villarreal de San Carlos Villarreal de San Carlos 16; www. turismomonfrague.com

Desde los abruptos picos, el paisaje al sur de Plasencia se va suavizando hasta transformarse en colinas de olivares y alcornoques que bajan hasta los valles de los ríos Tajo y Tiétar. Monfragüe cuenta con una sobresaliente variedad de fauna. De las numerosas especies de aves que viven aquí cabe destacar la cigüeña negra; carroñeras como el buitre negro y el alimoche, y rapaces como el águila real y el águila imperial. Entre los mamíferos, ciervo y jabalí. En Villarreal de San Carlos, aldea fundada en el siglo XVIII, existe un centro de información con mapas de rutas. Septiembre es un mes ideal para visitar el parque, pues muchas aves migratorias hacen aquí un alto en su ruta. Monfragüe fue declarada reserva de la biosfera por la Unesco en 2003 y se convirtió en parque nacional en 2007.

Eurostars Palacio de Santa Marta
Este espectacular hotel ocupa un precioso palacio del siglo XVI.

B4 Calle Ballesteros 6, Trujillo eurostarshotel company.com

€ € €

Casa Palacio Conde de la Corte
Palacio rehabilitado del siglo XIX con antigüedades y modernas instalaciones.

B5 Plaza del Pilar Redondo 2, Zafra vivedespacio.com/ condedelacorte

€ € €

 11

Arroyo de la Luz

B4 Cáceres Plaza de la Constitución 21; www.arroyodelaluz.es

En Arroyo de la Luz se conserva una de las más importantes obras de arte de Extremadura, el espectacular retablo de la iglesia de la Asunción, terminado en 1565, que cuenta con 20 cuadros del pintor místico Luis de Morales.

Cerca, en el Monumento Natural de Los Barruecos, se encuentra una de las mayores colonias de cigüeñas blancas y sus nidos se suelen ver en lo alto de gigantescas piedras de granito. En el entorno hay lugares preparados para comer al aire libre.

 12

Alcántara

B4 Cáceres Avenida de Mérida 21; www.turismocaceres.org

En Alcántara hay dos lugares importantes a visitar. Uno es el puente romano, construido en el año 106 sobre el río Tajo. Tiene un arco honorífico y un templete. El otro es el convento de San Benito, construido como sede de la Orden de Alcántara en el siglo XVI. Los objetos de valor que se salvaron del saqueo de las tropas de Napoleón se conservan en la iglesia de Santa María de Almocóvar.

 13

Valencia de Alcántara

B4 Cáceres Plaza Gregorio Bravo; www.turismovalencia dealcantara.es

Las fuentes y los naranjos realzan la elegancia del barrio gótico de esta ciudad fronteriza. El castillo de Piedrabuena, en la cercana San Vicente de Alcántara, de propiedad particular, fue erigido por la Orden de Alcántara. En el entorno, unos 40 dólmenes componen un importante conjunto funerario megalítico.

 14

Monasterio de San Jerónimo de Yuste

C4 Cuacos de Yuste, Cáceres Abr-sep: 10.00-19.00 ma-do; oct-mar: 10.00-16.00 ma-vi (hasta 18.00 sá y do) patrimonionacional.es

Carlos V se retiró en 1557 a este monasterio de la orden

La evocadora plaza Mayor de Trujillo iluminada por la noche

jerónima en Yuste, en el que murió un año después. Destaca su sencillez y el emplazamiento, en un bosque desde el que se domina una amplia panorámica del valle de La Vera. Se pueden visitar los claustros góticos y platerescos de la iglesia y el palacio.

Desde aquí, un camino lleva a la aldea de Garganta de la Olla, con su arquitectura de madera y el edificio azul de la Casa de las Muñecas.

Trujillo

🅐 B4 🅐 Cáceres 🚌
🛈 Plaza Mayor;
www.turismocaceres.com

La iluminación nocturna de la plaza Mayor de la ciudad medieval y renacentista de Trujillo hace de ella una estampa impresionante. Durante el día hay mucho que ver, como la iglesia de Santa María la Mayor, situada en una de las sinuosas calles de la población, donde se pueden contemplar diversos sarcófagos.

En Trujillo nacieron algunos de los colonizadores de América, pero el más famoso es Francisco Pizarro, conquistador de Perú. En la plaza principal de la

↑ Busto de Carlos V en el monasterio de San Jerónimo de Yuste

ciudad se alza su estatua ecuestre. Su hermano, Hernando Pizarro, levantó el palacio del Marqués de la Conquista, financiado con la riqueza del Nuevo Mundo. Tiene una ventana en una esquina con las efigies talladas de los hermanos Pizarro y sus esposas incas. Francisco de Orellana, explorador de

Ecuador y el Amazonas, mandó construir el **palacio Juan Pizarro de Orellana,** del siglo XVI.

A finales de abril o principios de mayo se celebra la Feria del Queso.

Palacio Juan Pizarro de Orellana

🅐 Plaza de Don Juan Tena (acceso por el convento)
📞 927 32 26 77
🕐 10.00-13.00 y 16.00-18.00 lu-vi, 11.00-14.00 y 16.30-19.00 sá y do

 MEJORES VISTAS
Ciudad de cuento

Trujillo cuenta con enclaves muy bellos, como el castillo árabe del siglo XI, que apareció en *Juego de Tronos* como Casterly Rock y que domina la ciudad desde lo alto. Los edificios de la plaza Mayor son magníficos y la dehesa a las afueras de la ciudad merece un paseo.

CURIOSIDADES
"Detén tu día"

La tradición relata que un maestre de la Orden de Santiago en batalla contra los sarracenos, pidió a la Virgen que la noche no llegara, al grito de "Detén tu día". El sol se detuvo, los cristianos vencieron y levantaron la ermita en honor a la Virgen de *Ten-tu-día*, origen del actual monasterio.

Monasterio de Tentudía

🅰B5 🏠Badajoz 🚌Calera de León 🛈Plaza de España 12, Calera de León; www.turismoextremadura.com

Iglesia-fortaleza fundada por la Orden de Santiago en el siglo XIII, fue remodelada en el siglo XVI para convertirse en el **monasterio de Tentudía.** Destaca su bellísimo claustro mudéjar y el retablo de azulejos sevillanos de su iglesia, dedicada a la Virgen de Tentudía.

Monasterio de Tentudía

♿ 🏠Carretera Calera de León-Badajoz, km 9 🕐may-oct: 11.00-18.00 ma-do; nov-abr: 10.00-17.00 ma-do

Jerez de los Caballeros

🅰B5 🏠Badajoz 🚌 🛈Plaza de San Agustín 1; www.jerezcaballeros.es

Las torres de las tres iglesias barrocas de Jerez de los Caballeros se elevan sobre esta ciudad, una de las más bonitas de Extremadura y de gran importancia histórica; en ella nació Vasco Núñez de Balboa, descubridor del Pacífico. En la llamada torre Sangrienta del castillo, edificio cubierto de jardines, fueron ajusticiados en 1312 numerosos caballeros templarios. El casco antiguo se formó alrededor de tres iglesias: San Bartolomé, cuya fachada está cubierta de cerámica vidriada; San Miguel, con una torre de filigrana que domina la plaza de España; y la barroca Santa María de la Encarnación.

Fregenal de la Sierra, a 25 km hacia el sur, se levanta en torno a un antiguo castillo templario del siglo XIII y el restaurado convento de San Francisco, del siglo XVI. El palacio de los Condes de Torrepilares *(calle Iglesia de Santa Ana)* es un soberbio ejemplo de arquitectura civil.

Olivenza

🅰B5 🏠Badajoz 🚌 🛈Plaza San Juan de Dios 🌐turismodeolivenza.com

Enclave portugués hasta 1801, Olivenza tiene un carácter bullicioso. En el interior del recinto amurallado se hallan el castillo medieval, donde está instalado el **Museo Etnográfico González Santana,** y tres interesantes iglesias. En Santa María del Castillo se expone un árbol genealógico de la Virgen María. La de Santa María Magdalena, con sus notables columnas en espiral, es un buen ejemplo del estilo manuelino (siglo XVI). La Casa de la Misericordia, del siglo XVI, luce frisos de azulejos en azul y blanco. En uno de ellos, Dios ofrece atuendos del siglo XVIII a Adán y Eva para cubrir su desnudez.

Junto a la plaza principal se halla Casa Fuentes, que elabora unos famosos dulces de almendra, los *técula mécula*.

Museo Etnográfico González Santana

◎ 🏠Plaza de Santa María 🕐10.00-14.00 y 17.00-20.00 ma-sá, 10.00-14.00 do 🌐museodeolivenza.com

Cancho Roano

🅰 B5 🏛 Carretera Zalamea-Quintana, km 3 (Badajoz)
📞 629 23 52 79
🕐 Verano: 10.00-14.00 y 17.00-20.00 lu-sá, 10.00-14.00 do; invierno: 10.00-14.00 y 16.00-18.00 lu-sá, 10.00-14.00 do
🚫 Algunos festivos

Este palacio y santuario, descubierto en la década de 1960, se cree que fue levantado por la civilización tartesia (700 a. C.). Las excavaciones (iniciadas en 1978) hallaron un túmulo con un templo que fue reconstruido en tres ocasiones; gran parte de los muros y los suelos de pizarra se conservan intactos. Cada templo era mayor que los anteriores y finalmente lo incendiaron, ante la inminencia de una invasión, en el siglo VI a. C.

La mayor parte de los objetos encontrados durante las excavaciones se exponen en el Museo Arqueológico de Badajoz *(p. 437)*.

En las cercanías, Zalamea de la Serena es un pueblo de casitas blancas con techos de teja y con un monumento funerario romano cerca de la iglesia.

La ciudad revive durante las fiestas que se celebran en septiembre, pues los vecinos representan cada año *El alcalde de Zalamea*, obra teatral de Calderón de la Barca, que, al parecer, está basada en un personaje local. En las tiendas de la ciudad se vende la torta de la Serena, un queso fuerte y cremoso elaborado con leche de oveja.

← Santa María de la Encarnación, encaramada en lo alto de Jerez de los Caballeros

↑ La porticada plaza Grande de Zafra bordeada de palmeras

20 Zafra

🅰 B5 🏛 Badajoz 🚉🚌
ℹ️ Plaza de España 8; www.zafra.es

En el corazón de esta encantadora ciudad, conocida como la Pequeña Sevilla por sus semejanzas con la capital andaluza, se abren dos plazas porticadas. En la plaza Grande se encuentra la iglesia de la Candelaria, que posee un hermoso retablo pintado por Zurbarán. Converge en ella la plaza Chica, donde solía celebrarse el mercado. En la cercana calle Sevilla se encuentran el convento de Santa Clara, de finales del siglo XV, y el alcázar de los Duques de Feria, transformado en parador, que cuenta con un patio de estilo herreriano.

21 Llerena

🅰 B5 🏛 Badajoz 🚉🚌 ℹ️ Calle Aurora 2; www.llerena.org

Llerena, en el límite meridional de Extremadura, es puerta de entrada a Andalucía y su caserío conjuga el mudéjar con el barroco. En un extremo de su bella plaza Mayor, rodeada de arcadas, se alza una fuente diseñada por Zurbarán, que vivió 15 años aquí. La iglesia de Nuestra Señora de la Granada tiene una hermosa galería de arcos en la fachada y, aunque muy transformado, aún se conserva el palacio del Santo Oficio, que fue sede de la Inquisición *(ver p. 278)*. Merece la pena visitar el convento de Santa Clara, del siglo XVI, situado en una calle que sale de la plaza.

En Azuaga, 30 km al este de Llerena, se levanta la iglesia de la Consolación; construida en el siglo XVI, contiene unos bonitos azulejos mudéjares y renacentistas.

Quesería Bar La Bendita
Este bar de tapas hace honor a su nombre y ofrece una gran variedad de quesos. Ubicado en una de las animadas plazas de Zafra, es el lugar perfecto para picotear algo antes de salir a disfrutar la noche.

📍 B5 🏛 Plaza Grande 14, Zafra 🌐 labendita.negocio.site

SUR DE ESPAÑA

Uno de los numerosos naranjos de Sevilla, junto a un muro de terracota

EL SUR DE ESPAÑA

EN EL MAPA

Esta guía divide el sur de España en dos zonas, cada una diferenciada con un color, como puede verse en el mapa. En las páginas siguientes se amplía la información de cada zona.

PORTUGAL

Pozoblanco

Azuaga

Sierra Morena

Sierra de Aracena

Espiel

Jabugo

Córdoba

El Ronquillo

Palma del Río

Tharsis

Lora del Río

Fernán Núñez

Valverde del Camino

Itálica

Carmona

Écija

Aguilar

Sevilla

Herrera

Huelva

SEVILLA
p. 448

Marchena

Estepa

Moguer

El Arahal

Osuna

Antequera

El Rocío

Los Palacios y Villafranca

Morón de la Frontera

Torre de la Higuera

Olvera

Golfo de Cádiz

Villamartín

Chipiona

Ronda

Coín

Costa de la Luz

Puerto Real

Alhaurín el Grande

Cádiz

Medina Sidonia

Estepona

San Fernando

Vejer de la Frontera

San Roque

Océano Atlántico

Algeciras

Gibraltar (Reino Unido)

Tarifa

Estrecho de Gibraltar

MARRUECOS

0 kilómetros   50   N ↑

CONOCIENDO
SUR DE ESPAÑA

La comunidad autónoma de Andalucía domina el sur de España, con su espectacular paisaje de desiertos, olivos y, por supuesto, las playas de la Costa del Sol. Tres ciudades del interior se reparten los monumentos hispano-musulmanes más importantes de España: Granada, Córdoba y Sevilla.

SEVILLA

PÁGINA 448

Sevilla, una de las ciudades más románticas de España, es un laberinto de callejuelas perfumadas, patios llenos de geranios y plazas bordeadas de naranjos. Los coches de caballos traquetean sobre los adoquines del barrio de Santa Cruz, mientras Triana, en la otra orilla del Guadalquivir, es su barrio más auténtico. Aquí se puede ver a los artesanos fabricando cerámica, guitarras y trajes de faralaes tal como hacían sus antepasados. Por la noche, las calles se llenan con el sonido del flamenco de los tablaos y del bullicio de los bares.

Lo mejor
Flamenco y arquitectura hispano-musulmana

Qué ver
Catedral de Sevilla y Giralda, Real Alcázar, parque María Luisa

Experiencias
Asistir a un espectáculo de flamenco en Triana

ANDALUCÍA

Resulta imposible no sentirse cautivado por el duende que envuelve la comunidad autónoma más populosa de España. Las bailaoras arremolinan sus faldas mientras los flamencos cantan a las alegrías y las tristezas. Las fiestas se celebran a lo largo de todo el año, con la gente bebiendo fino en los balcones mientras ve desfilar los coloridos carruajes por las calles. Incluso la arquitectura parece reflejar ese sentimiento, ya sea en las intrincadas yeserías de la Alhambra o en el bosque de pilares y arcos de la mezquita, pero también en la serena belleza de los pueblos blancos.

Lo mejor
Elegante arquitectura y casitas blancas

Qué ver
Parque Nacional de Doñana, Cádiz, Ronda, Córdoba, Úbeda, Baeza, Granada

Experiencias
Visitar el Generalife por la noche para ver los jardines a la luz de la luna

SEVILLA

Sevilla fue una de las primeras ciudades españolas en caer en manos musulmanas. En el año 712 pasó a formar parte del califato de Córdoba, después de que la dinastía abadí derrotase al rey visigodo don Rodrigo en la batalla de Guadalete. Como parte de esta próspera taifa, la ciudad se convirtió en un activo centro cultural, donde el desarrollo de la poesía produjo figuras como al-Mu'tamid, conocido como el rey poeta. Pero esta *decadencia* atrajo el desprecio de los almorávides, un grupo de bereberes con una visión rigorista del islam que tomó el control del califato en 1091. Los almorávides intentaron gobernar a distancia, volviéndose vulnerables ante los ataques, lo que fue aprovechado por otra facción, la de los almohades, que invadieron de nuevo la península en 1147. Los almohades hicieron de Sevilla su capital y emprendieron un programa de obras públicas que incluyó la construcción de la Giralda, un altísimo minarete adosado a la mezquita. En 1248, cuando la ciudad fue conquistada por el rey cristiano Fernando III el Santo, la mezquita fue convertida en catedral.

Bajo el dominio cristiano Sevilla se convirtió en centro neurálgico del comercio internacional, enriqueciéndose gracias al intercambio con Inglaterra, Flandes y Génova. En 1503 se estableció la Casa de Contratación de Indias, que convirtió Sevilla en puerto exclusivo de entrada y salida de todas las mercancías con origen o destino en América. La ciudad se vio muy afectada por la crisis económica que golpeó Europa en el siglo XVII, languideciendo durante los años siguientes. En 1810 la ciudad fue invadida por las tropas napoleónicas, pero en 1812 los contraataques angloespañoles obligaron a retirarse a Napoléon y Sevilla logró regenerarse. La exposición Iberoamericana de 1929 y la Expo de 1992 sacaron a la luz internacional la gran importancia cultural de la ciudad.

SEVILLA

Esencial

❶ Catedral de Sevilla y la Giralda
❷ Real Alcázar
❸ Parque María Luisa

Lugares de interés

❹ Museo de Bellas Artes
❺ Iglesia de la Magdalena
❻ Plaza de toros de la Maestranza
❼ Hospital de la Caridad
❽ Torre del Oro
❾ Calle Sierpes
❿ Ayuntamiento
⓫ Hospital de los Venerables
⓬ Archivo de Indias
⓭ Palacio de Lebrija
⓮ Casa de Pilatos
⓯ Metropol Parasol
⓰ Basílica de la Macarena
⓱ Iglesia de San Pedro
⓲ Palacio de las Dueñas
⓳ Convento de Santa Paula
⓴ Palacio de San Telmo
㉑ Universidad
㉒ Triana
㉓ Isla de la Cartuja
㉔ Torre Sevilla
㉕ Torre de los Perdigones

Dónde comer

① Casa Robles
② Casa Plácido

Dónde dormir

③ Las Casas del Rey de Baeza
④ Patio de la Alameda

Dónde comprar

⑤ Botellas y Latas
⑥ Rompemoldes

❶ ⟨✍⟩

LA CATEDRAL Y LA GIRALDA

📍 E4 🏛 Avenida de la Constitución Ⓜ Puerta Jerez 🚃 Archivo de Indias 🚌 C1, C2, C3, C4, 5, 41, 42 🕐 11.00-19.00 lu-sá, 14.30-19.00 do 📅 Algunas festividades religiosas, incluyendo 1 y 6 ene, 25 dic 🌐 catedraldesevilla.es

La catedral de Sevilla, perfecto ejemplo de la herencia musulmana y cristiana de la ciudad, impresiona no solo por sus enormes dimensiones sino por su maravilloso campanario, un antiguo alminar árabe conocido popularmente como la Giralda.

La catedral de Sevilla , Santa María de la Sede, se levanta en el solar que ocupó una gran mezquita construida por los almohades a finales del siglo XII basándose en la mezquita Koutoubia de Marrakech. La Giralda, con su campanario, y el patio de los Naranjos, son lo único que se ha conservado de su estructura árabe original. Las obras de la catedral gótica cristiana, la tercera mayor de Europa, se iniciaron en 1402 y duraron un siglo. Además de admirar su inmensidad gótica y las obras de arte que encierran sus capillas y sacristía, los visitantes puede subir a la Giralda para contemplar la ciudad.

¡Lo sabías?

La Giralda debe su nombre al *giraldillo,* una veleta de bronce que la corona.

LA CONSTRUCCIÓN DE LA GIRALDA

La torre fue construida como alminar en 1198. Tras ser reconquistada la ciudad, en el siglo XIV las esferas de bronce de la cúspide fueron reemplazadas por símbolos cristianos. En 1557 se proyectó un nuevo campanario; finalmente, en 1568, se ejecutó un diseño de Hernán Ruiz.

| 1198 | c 1300 | 1557 (plan) | 1568 |

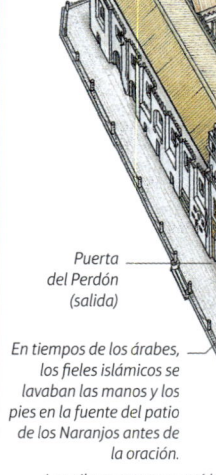

La Giralda

Entrada para grupos

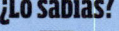

Puerta del Perdón (salida)

En tiempos de los árabes, los fieles islámicos se lavaban las manos y los pies en la fuente del patio de los Naranjos antes de la oración.

Los pilares romanos traídos de Itálica (p. 508) rodean el zócalo de la catedral.

La calle Mateos Gago, que lleva a la Giralda, jalonada de árboles y cafés

↑ La cúpula decorada de la sacristía mayor iluminada por vidrieras

La Virgen de la Sede, titular de la catedral, se asienta en el altar mayor bajo una cascada de oro.

La sacristía mayor alberga, entre otras obras de arte, cuadros de Murillo.

Unas espectaculares rejas forjadas entre 1518 y 1532 cierran la capilla mayor, presidida por un colosal retablo.

Entrada principal

La tumba de Colón data de 1891; los portadores del féretro son alegorías que representan a los reinos de Castilla, León, Aragón y Navarra.

← La catedral y la Giralda

La puerta de la Asunción, aunque de estilo gótico, no se concluyó hasta 1833.

Puerta del Bautismo

Iglesia del Sagrario, una enorme capilla del siglo XVII

 CONSEJO DK
Evitar colas

La catedral atrae a multitud de visitantes. Para evitar hacer cola ante la taquilla, se puede comprar una entrada combinada en la iglesia del Salvador, en la cercana plaza del mismo nombre.

② 🔾 Ⓜ 🖥 🏛

REAL ALCÁZAR

📍E4 🏠Patio de Banderas Ⓜ Puerta Jerez 🚉 Archivo de Indias 🚌 C5 🕐 9.30-19.00 todos los días (oct-mar hasta 17.00); para visita nocturna con teatro, consultar web (reservar con antelación) 🚫1 y 6 ene, Viernes Santo, 25 dic 🌐 alcazarsevilla.org

Residencia de los reyes españoles durante más de siete siglos, el Real Alcázar es uno de los edificios más bonitos del mundo. Rodeado por un jardín de ensueño, es la obra maestra de la arquitectura mudéjar.

En 1364 Pedro I el Cruel dispuso la edificación de una residencia real en el recinto del alcázar construido por los almohades sevillanos en el siglo XII. Los artesanos nazaríes y toledanos crearon un exquisito laberinto de patios y estancias mudéjares: el palacio de Pedro I, actual corazón del Real Alcázar. Los monarcas posteriores dejaron también su impronta en el recinto: los Reyes Católicos enviaron navegantes a América desde la Casa de la Contratación; Carlos V ordenó la construcción de fastuosos aposentos; y Alfonso XIII introdujo diversas reformas. En 2014, el alcázar se utilizó como localización de la serie *Juego de tronos*.

La bóveda del salón de Embajadores está realizada en madera dorada y entrelazada.

Azulejos y una compleja decoración de ataurique adornan el salón de Embajadores.

Jardín de Troya

El patio de las Doncellas exhibe atauriques de los mejores artesanos granadinos.

Los jardines están decorados con terrazas, fuentes y pabellones.

Grandes tapices y azulejos del siglo XVI decoran los abovedados aposentos y la capilla de Carlos V.

AZULEJOS

Los azulejos son típicos de Sevilla. Este arte llegó a España con los árabes, que crearon soberbios mosaicos de intrincadas formas geométricas para revestir las paredes de sus palacios (azulejo proviene del árabe *az-zulayj*, que significa 'piedra pequeña'). En el siglo XVI se adoptaron nuevas técnicas y más tarde la producción industrial extendió el uso del azulejo.

El patio del Crucero está sobre los antiguos baños.

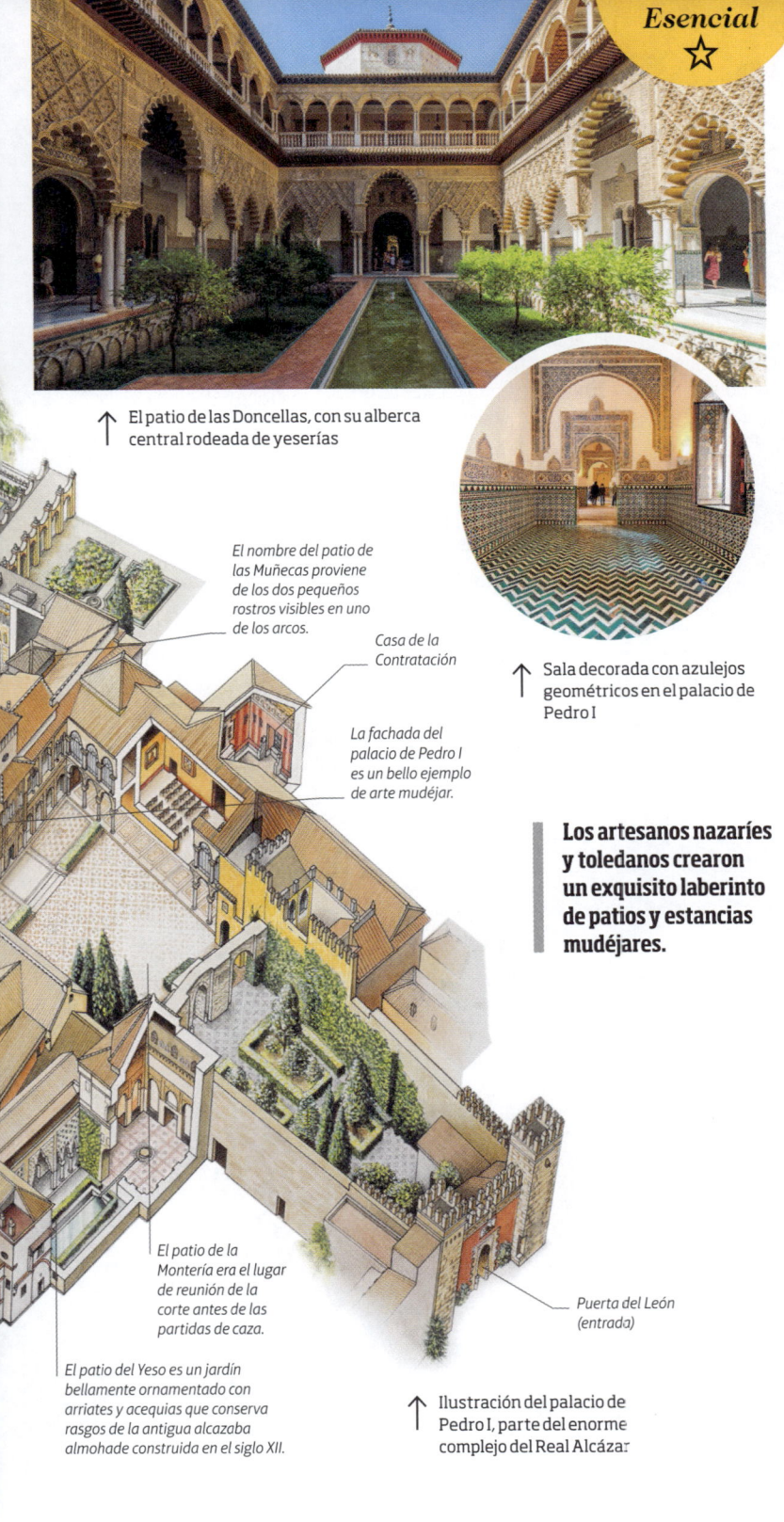

↑ El patio de las Doncellas, con su alberca central rodeada de yeserías

El nombre del patio de las Muñecas proviene de los dos pequeños rostros visibles en uno de los arcos.

Casa de la Contratación

La fachada del palacio de Pedro I es un bello ejemplo de arte mudéjar.

↑ Sala decorada con azulejos geométricos en el palacio de Pedro I

Los artesanos nazaríes y toledanos crearon un exquisito laberinto de patios y estancias mudéjares.

El patio de la Montería era el lugar de reunión de la corte antes de las partidas de caza.

Puerta del León (entrada)

El patio del Yeso es un jardín bellamente ornamentado con arriates y acequias que conserva rasgos de la antigua alcazaba almohade construida en el siglo XII.

↑ Ilustración del palacio de Pedro I, parte del enorme complejo del Real Alcázar

3

PARQUE MARÍA LUISA

⊙ E5 △ Paseo de las Delicias s/n Ⓜ 🚋 Prado de San Sebastián ⊙ Museo de Artes y Costumbres Populares: med jun-med sep: 9.00-15.00 ma-do; med sep-med jun: 9.00-21.00 ma-sá, 9.00-15.00 do; Museo Arqueológico: cerrado por renovación hasta 2025 🗓 1 y 6 ene, 1 may, 24, 25 y 31 dic Ⓦ museosdeandalucia.es

Este parque urbano, auténtico pulmón de Sevilla, es un conjunto de avenidas bordeadas de árboles, fuentes, estanques y jardines llenos de flores que ofrecen un respiro al calor y al polvo de la ciudad.

En 1893 la princesa María Luisa Fernanda de Orleans donó a la ciudad la finca del palacio de San Telmo para crear un parque. El ajardinamiento se encomendó a Jean Forestier, director del Bois de Boulogne de París, que creó un frondoso marco para la Exposición Iberoamericana de 1929. Los más notables legados de este conjunto son la plaza de España –decorada con azulejos que representan escenas regionales españolas– y la plaza de América, ambas de Aníbal González. En el pabellón Mudéjar se encuentra el museo de Artes y Costumbres Populares. Cerca, el neorrenacentista pabellón de las Bellas Artes es sede del Museo Arquelógico, que expone piezas romanas de Itálica (p. 508).

🄾 LA MEJOR FOTO
En azulejo

La plaza de España, de forma semielíptica, está bordeada por un canal y puentes ornamentales. Sus paredes, cubiertas de azulejos que representan escenas relacionadas con las distintas provincias españolas, son el decorado perfecto para hacerse con una colección fotográfica.

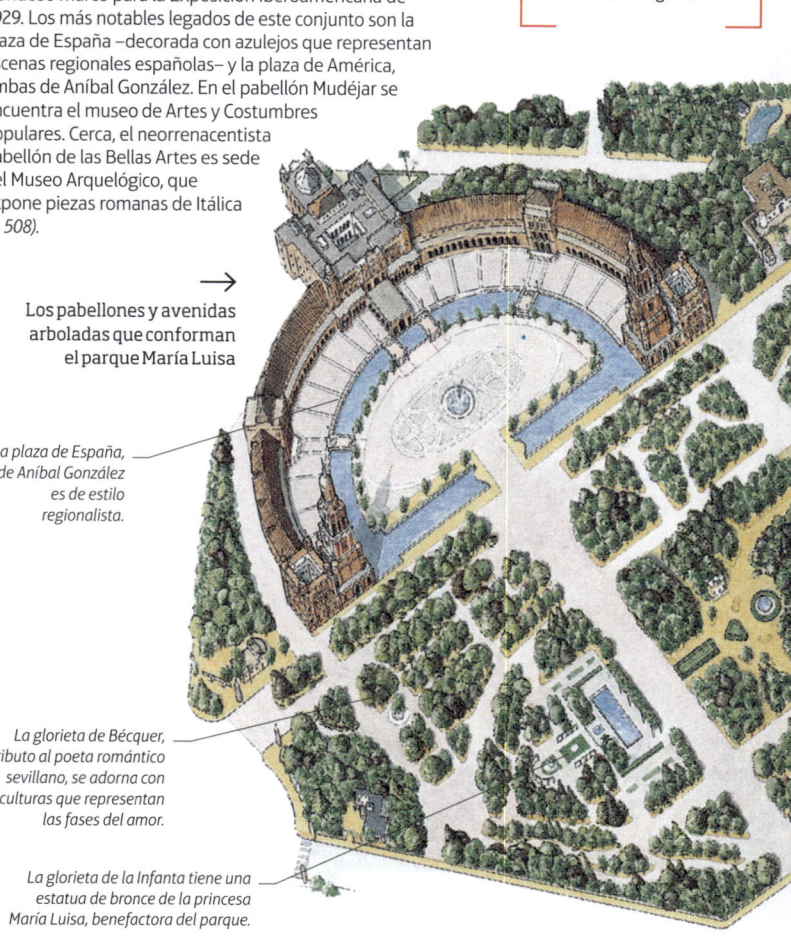

→

Los pabellones y avenidas arboladas que conforman el parque María Luisa

La plaza de España, de Aníbal González es de estilo regionalista.

La glorieta de Bécquer, tributo al poeta romántico sevillano, se adorna con esculturas que representan las fases del amor.

La glorieta de la Infanta tiene una estatua de bronce de la princesa María Luisa, benefactora del parque.

↑ La curvilínea plaza de España y la romántica estatua de la cercana glorieta de Bécquer

Pabellón Real

El neorrenacentista pabellón de las Bellas Artes alberga el Museo Arqueológico.

El Museo de Artes y Costumbres Populares ocupa el pabellón Mudéjar.

El Monte Gurugú es un montículo artificial con una cascada.

Plaza de América

Unos leones de cerámica custodian la octogonal fuente de los Leones, inspirada en la fuente del patio de los Leones de la Alhambra (p. 494).

Isleta de los Patos, en un estanque donde habitan patos y cisnes.

¿Lo sabías?

La princesa María Luisa se casó a los 14 años con Leopoldo II, de 17.

4

Museo de Bellas Artes

D3 **Plaza del Museo 9** **B2, B5, CC, C3, C4, C5, 6, 13, 14, 43** **Los horarios varían, consultar web** **1 y 6 ene, 1 may, 24, 25 y 31 dic** **museosdeandalucia.es**

La restauración del convento de la Merced Calzada tuvo como resultado una de las mejores pinacotecas de España.

Terminado en 1612 por Juan de Oviedo, el edificio se levanta en torno a tres exuberantes patios adornados con árboles, flores y azulejos. El patio principal fue remodelado por el arquitecto Leonardo de Figueroa en 1724. La iglesia destaca por el techo barroco con cúpula, pintado por Domingo Martínez.

La colección de pintura y escultura del museo, que va del Medievo a la edad moderna, se centra en los artistas de la escuela sevillana del Siglo de Oro. Una de las joyas es *La Virgen de la servilleta*, obra maestra de Murillo, una Virgen con Niño (1665-1668) pintada, según cuentan, sobre una servilleta. *La Inmaculada* (1672), de Juan de Valdés Leal, se halla en una sala dedicada a la pintura religiosa del artista. El museo atesora también obras notables de Zurbarán, como *San Hugo en el refectorio* (1655), pintada para el monasterio de La Cartuja *(p. 492)*.

5

Iglesia de la Magdalena

D3 **Calle San Pablo 10** **Plaza Nueva** **3, 21, 40, 41, 43, C5** **95 422 96 93** **11.00-13.30 mi-ju y para misas todos los días**

Esta inmensa iglesia barroca diseñada por Leonardo de Figueroa y concluida en 1709 está recobrando poco a poco su esplendor. A la izquierda de la puerta de entrada se abre la capilla de la Quinta Angustia, mudéjar, que cuenta con tres bóvedas, único resto de una iglesia anterior donde fue bautizado Murillo en 1618; la pila que se usó se guarda en el baptisterio. La fachada oeste de la iglesia está rematada por un campanario de colores. De las obras religiosas destacan un cuadro de Zurbarán, *Santo Domingo en Soria*, que cuelga en la capilla sacramental (a la derecha de la puerta sur) y los frescos de Lucas Valdés, que decoran el techo. En la pared del transepto norte hay un fresco que representa un auto de fe *(p. 304)*. A la derecha del altar mayor se halla el *Cristo del Calvario*, tallado por Francisco de Ocampo en 1612.

Interior y exterior del Museo de Bellas Artes

Plaza de toros de la Maestranza

D4 **Paseo de Cristóbal Colón 12** **Puerta Jerez** **Archivo de Indias** **3, 21, 40, 41, C5** **9.30-21.30 todos los días** **25 dic; desde las 15.00 los días que hay corrida** **realmaestranza.com**

El famoso coso sevillano se construyó entre 1761 y 1881. La plaza, rematada por una magnífica arcada sustentada en columnas de mármol, tiene un aforo de 14.000 localidades. Las visitas guiadas parten de la entrada principal, en el paseo de Cristóbal Colón. En el lado oeste se halla la puerta del Príncipe, por la que salen a hombros los triunfadores.

Detrás de la enfermería hay un museo taurino con retratos, carteles, trajes de luces y un capote de brega firmado por Picasso. La visita continúa hasta la capilla, donde rezan los toreros antes de salir al ruedo, y los establos, que albergan los caballos de los picadores.

Hospital de la Caridad

D4 **Calle Temprado 3** **95 422 32 32** **Puerta Jerez** **3, 21, 40, 41, C4, C5** **10.30-19.30 lu-vi, 14.00-19.00 sá y do**

El hospital de la Caridad, institución creada en el siglo XV, alcanzó renombre a partir de 1674 y hoy se usa como residencia de la tercera edad. El conjunto es obra de Pedro Sánchez Falconete, y en los jardines se levanta la estatua de su benefactor, Miguel de Mañara, cuya vida disoluta anterior a su ingreso en una hermandad dicen que inspiró el personaje y la leyenda de don Juan. El edificio se distribuye alrededor de un doble patio cuadrado decorado con plantas, mosaicos holandeses del siglo XVIII y fuentes con estatuas italianas

que representan a la Caridad y la Misericordia. Desde el extremo norte, un corredor lleva a otro patio con un arco del siglo XIII –resto de las antiguas atarazanas– y un busto de Mañara entre cuidados rosales.

La fachada de la iglesia del hospital, con paredes encaladas, cantería rojiza y azulejos, es una muestra señera del barroco sevillano.

En el interior de la iglesia hay varios lienzos de los mejores artistas del siglo XVII. Sobre la misma entrada cuelga el terrorífico *Finis Gloriae Mundi*, de Valdés Leal, y enfrente su no menos siniestro *In Ictu Oculi*.

Torre del Oro

D4 **Paseo de Cristóbal Colón** **95 422 24 19** **Puerta Jerez** **3, 6, 21, 40, 41, C3, C4** **9.30-18.45 lu-vi, 10.30-18.45 sá y do** **Festivos**

En la Sevilla musulmana la Torre del Oro formaba parte del recinto amurallado y estaba unida al Real Alcázar *(p. 454)*. Fue construida como atalaya en 1220, con una torre gemela en la orilla opuesta; una cadena de metal tendida entre ambas impedía que naves hostiles remontarán el río. El oro a que alude su nombre puede que fuera el de los dorados azule-

↑ La Torre del Oro, de 36 m de alto, junto al Guadalquivir

jos que un día vistieron sus muros, o el de los tesoros del Nuevo Mundo que aquí se descargaban, o el del reflejo que proyecta sobre las aguas. La torre ha sido polvorín, capilla, prisión y oficina portuaria. Hoy alberga el Museo Marítimo.

Casa Robles

Este galardonado restaurante tiene una terraza con vistas a la catedral.

E4 **Calle Álvarez Quintero 58** **casa robles.es**

Casa Plácido

Taberna decorada con azulejos y carteles, que sirve tapas tradicionales.

E4 **Calle del Mesón del Moro 11** **casa placido.es**

⑨ Calle Sierpes

📍 E3 🚌 10, 11, 12, 13, 14, 15, 20, 21, 23, 24, 25, 26, 27, 30, 31, 32, 33, 34, 35, 40, 41, 42, 43 🚉 Plaza Nueva

La principal calle comercial y peatonal de Sevilla comunica la calle Campana con la plaza de San Francisco. Las antiguas sombrererías y comercios de abanicos y mantillas conviven con confiterías, tiendas de ropa y establecimientos de recuerdos. Las paralelas calles Cuna y Tetuán ofrecen también escaparates atractivos. En el extremo sur de la calle Sierpes hay una placa que señala el lugar donde estuvieron encarcelados Miguel de Cervantes y Mateo Alemán.

Subiendo por la calle Jovellanos, a la izquierda, se llega hasta la capillita de San José, del siglo XVII. Más adelante, en el cruce con Pedro Caravaca, queda el Real Círculo de Labradores, un club cultural y deportivo fundado en 1856, que parece anclado en el tiempo.

Al final de la calle está La Campana, considerada la mejor pastelería de Sevilla.

⑩ Ayuntamiento

📍 E3 🏠 Plaza Nueva 1 📞 95 501 00 10 🚉 Plaza Nueva 🕐 Solo visitas guiadas: 19.00 y 20.00 lu-ju, 10.00 sá 🌐 sevilla.org

El ayuntamiento de Sevilla se levanta entre la plaza Nueva y la histórica plaza de San Francisco (donde se celebraban los autos de fe, o juicios de la Santa Inquisición a aquellos que no cumplían con lo establecido por la religión católica. Aparte de los españoles declarados heréticos, la población judía fue forzada a convertirse y abrazar el cristianismo; una vez que cayó el último reino nazarí, también los musulmanes fueron perseguidos).

El edificio del ayuntamiento se remató entre 1527 y 1540. El costado que bordea la plaza de San Francisco es una muestra del estilo plateresco de Diego de Riaño. La fachada oeste, en cambio, forma parte de una ampliación neoclásica ejecutada en 1891. El interior mezcla una rica gama de

↑ Escaparates de la calle Sierpes, principal vía comercial

estilos, desde el gótico al manierista. Se conservan techos bellamente esculpidos en el vestíbulo y en la sala capitular baja, que contiene el cuadro *Imposición de la casulla a san Ildefonso*, de Velázquez. La sala capitular alta posee un magnífico techo artesonado y cuadros de Zurbarán y Valdés Leal.

💬 CONSEJO DK
Clase de flamenco

El museo del Baile Flamenco (*www.museo delbaileflamenco.com*) ocupa una casa restaurada del siglo XVIII situada en una pequeña calle entre la plaza de la Alfalfa y la catedral. Se puede asistir a una clase en su escuela de flamenco y ver sus exposiciones y actuaciones en directo, que ofrecen una introducción al arte del flamenco.

FLAMENCO

Más que una forma de bailar y cantar, el flamenco es una conmovedora manifestación artística de las alegrías y tristezas de la vida. Aunque sus intérpretes proceden de toda España e incluso de otros países del mundo, se trata de un arte típicamente andaluz ejecutado tradicionalmente por gitanos de la región.

LA BAILAORA Y EL BAILAOR

La bailaora se caracteriza por su zapateo y la fuerza de sus movimientos. Eva Yerbabuena y Sara Baras son reconocidas por su estilo personal. Ambas poseen su propia compañía de danza. Otra bailaora de categoría internacional es Juana Amaya. El bailaor desempeña un papel menos lucido que la bailaora. Muchos de ellos, sin embargo, han alcanzado fama, como es el caso de Antonio Canales, que introdujo un aire nuevo y original en la danza.

LA MÚSICA Y EL RITMO

La guitarra desempeña un papel primordial en el flamenco, pues suele acompañar al cantante. Evolucionada a partir de la guitarra clásica, surgida en España en el siglo XIX, la guitarra flamenca, de construcción más ligera, lleva en la parte baja de la caja una placa gruesa que sirve para golpear con los dedos. Cada vez más, los guitarristas flamencos suelen actuar en solitario. Uno de los grandes, Paco de Lucía, empezó acompañando a cantaores y bailaores hasta que debutó como solista en 1968. Su estilo innovador, que combinó formas tradicionales con elementos de jazz, ha influido en muchos músicos ajenos al flamenco, como el grupo Ketama, con un sonido flamenco-rock.

El abanico aporta gracia.

La postura de la bailaora, orgullosa y grácil, expresa una emoción contenida.

Vestido tradicional

↑ Bailaora con traje típico flamenco y portando un abanico

↑ Actuación de un grupo de cantaores, bailaores y guitarrista a principios del siglo XX

TOP 3 — TABLAOS SEVILLANOS

La Carbonería
Ofrece actuaciones en su patio cubierto *(Calle de los Céspedes 21; 95 422 99 45).*

Casa de la Memoria
Un pequeño teatro en un precioso patio, con actuaciones casi cada noche *(www.casa delamemoria.es).*

Los Gallos
Algo más formal, pero también impresionante *(www.tablaolos gallos.com).*

Hospital de los Venerables

E4 **Plaza de los Venerables 8** **697 898 659** **Archivo de Indias** **10.00-19.00 lu-sá (hasta 15.00 do)** **1 ene, Viernes Santo, 25 dic**

Emplazado en el corazón del barrio de Santa Cruz, este asilo para sacerdotes ancianos fue comenzado en 1675 y terminado unos 20 años después por Leonardo de Figueroa. Tras la restauración acometida por la Fundación FOCUS (Fondo de Cultura de Sevilla) se ha convertido en centro cultural.

Las escaleras que arrancan del patio central llevan a los pisos superiores, que, junto con la enfermería y el sótano, se destinan a exposiciones. Una visita guiada recorre la espléndida iglesia barroca, con frescos de Juan de Valdés Leal y su hijo Lucas Valdés. Otras joyas de la iglesia son las esculturas de san Pedro y san Fernando, de Pedro Roldán, que flanquean la puerta de Levante, y la *Apoteosis de san Fernando*, de Lucas Valdés, en el retablo del altar mayor. En el friso hay un consejo para los visitantes, en griego: "Teman a Dios y honren al sacerdote". El techo de la sacristía se adorna con un trampantojo de Juan de Valdés, *El triunfo de la Cruz*.

Archivo de Indias

E4 **Avda de la Constitución** **95 450 05 28** **Puerta Jerez** **C5** **Archivo de Indias** **Horarios varían, consultar web** **Festivos**

El Archivo de Indias ilustra el papel de Sevilla en la colonización de América. Construido entre 1584 y 1598 según planos de Juan de Herrera, principal arquitecto de El Escorial *(p. 358)*, fue de inicio una lonja de comercio. En 1785 Carlos III decidió reunir en un único recinto toda la documentación española relativa a América. Entre los 86 millones de manuscritos figuran cartas de Colón, Hernán Cortés y Cervantes.

En la parte alta, las salas de la biblioteca exponen dibujos, mapas y facsímiles.

🔍 CURIOSIDADES
Ciudad escondida

En la calle Santo Tomás, en una esquina de la plaza del Triunfo se halla el edificio del Archivo de Indias. Construido en 1770, fue una cilla (almacén) en la que se guardaba el diezmo del cabildo. Durante la renovación del edificio se encontraron tramos de la muralla árabe.

Palacio de Lebrija

E3 **Calle Cuna 8** **27, 32** **10.00-19.00 todos los días** **palaciodelebrija.com**

Residencia de los condes de Lebrija desde 1901, esta mansión refleja la vida palacial en Sevilla. La planta baja muestra piezas romanas y medievales, mientras la primera planta (con visita guiada) contiene una biblioteca y estancias con zócalos de azulejos de inspiración morisca. El edificio se remonta al siglo XV y conserva elementos mudéjares, como los arcos del patio central. Gran parte de sus piezas romanas proceden de las ruinas de Itálica *(p. 508)*, incluyendo el mosaico que cubre el suelo del patio principal. El artesonado sobre la escalera proviene del palacio de los duques de Arcos, en Marchena.

En unas salas que dan al patio se exponen piezas de vidrio romanas, monedas y mármoles procedentes de Medina Azahara *(p. 510)*.

14

Casa de Pilatos

→ Fuente genovesa en el patio principal de la Casa de Pilatos

F3 Plaza de Pilatos
C3, C4, C5, 21, 24, 27
abr-oct: 9.00-19.00 diario; nov-mar: 9.00-18.00 diario
fundacionmedinaceli.org

Cautivado por el esplendor arquitectónico del Renacimiento italiano, el primer marqués de Tarifa decidió construir la casa de Pilatos, así llamada porque recreaba la de Jerusalén, aunque también se atribuye el nombre al inicio en este lugar del antiguo vía crucis. Hoy es residencia de los duques de Medinaceli y uno de los palacios más suntuosos de Sevilla.

Los visitantes entran por una portada de mármol encargada en 1529 a artesanos genoveses. Al otro lado del apeadero está el patio principal, de estilo mudéjar y decorado con azulejos y compleja yesería, en el que se exhiben 24 bustos de emperadores romanos y otros personajes de la Antigüedad. En las esquinas se alzan tres estatuas romanas y una copia de una escultura griega de la diosa Atenea que sigue fielmente el modelo de Fidias del siglo V a. C. En el centro hay una fuente traída de Génova. A la

← La rica decoración de la iglesia del Hospital de los Venerables

derecha, pasando el salón del Pretorio, con techos artesonados, está el corredor de Zaquizamí. Entre las antigüedades de las salas adyacentes, un bajorrelieve de *Leda y el cisne* y dos relieves romanos que conmemoran la batalla de Actio, en el 31 a. C.

De regreso al patio principal, se dobla a la derecha para entrar en el salón de Descanso de los Jueces; detrás se ve una capilla gótica con bóveda nervada y enlucidos mudéjares en techos y paredes. En el altar hay una copia de *El buen pastor*, escultura del siglo IV que se conserva en el Vaticano. A la izquierda, cruzando el gabinete de Pilatos, con su fuente central, está el jardín Grande.

Volviendo al patio principal, detrás de la estatua de Ceres una escalera de azulejos lleva a la planta alta, rematada por una maravillosa cúpula de media naranja de 1537. Las estancias lucen techos mudéjares.

Las Casas del Rey de Baeza

Hotel elegante con patio central y piscina en el ático.

F3 Plaza Jesús de la Redención 2
hospes.com

Patio de la Alameda

Un agradable hotel decorado con gusto.

E1 Alameda de Hércules 56 patiodelaalameda.com

El techo ondulante de Metropol Parasol, con los cafés y tiendas a sus pies

Metropol Parasol

📍E3 🏛Plaza de la Encarnación 🚌C5, 10, 11, 12, 15, 16, 20, 24, 27, 32 🕒Mirador y pasarelas: 9.30-23.30 todos los días; museo: 10.00-20.00 ma-sá (10.00-14.00 do y festivos) 🌐setasdesevilla.com

Conocida como Las Setas entre los sevillanos, esta ultramoderna estructura de madera laminada fue construida entre 2005 y 2011, e incluye

---

🔺 **MEJORES VISTAS**
Campanarios

El impresionante Metropol Parasol ofrece unas vistas impagables. Desde su mirador situado en lo alto de su moderno y ondulado techo se pueden contar todos los campanarios de las iglesias del casco antiguo de Sevilla.

---

museo, mercado, bares y restaurantes. El mirador ofrece fabulosas vistas de la ciudad.

Basílica de la Macarena

📍E1 🏛Calle Bécquer 1 📞95 490 18 00 🚌C1-5, 2, 10, 13, 14 🕒9.00-14.00 y 17.00-21.00 diario (desde 9.30 do) 🎫Viernes Santo

La basílica de la Macarena fue construida en 1949 en estilo neobarroco por Aurelio Gómez Millán para albergar a la venerada Virgen de la Esperanza Macarena. Linda con la iglesia de San Gil, originaria del siglo XIII, que guardó la imagen hasta que se incendió en 1936.

La Virgen, que se alza sobre el altar mayor entre cascadas de oro y plata, ha sido atribuida a Luisa Roldán, la Roldana (1656-1703), notable escultora de la escuela sevillana. Las magníficas joyas y los ropajes

---

procesionales de la Virgen se exponen en el museo de la hermandad.

Iglesia de San Pedro

📍E3 🏛Plaza San Pedro 📞95 421 68 58 🚌10, 11, 12, 15, 16, 20, 24, 27, 32, C5 🕒8.30-13.00 y 19.00-20.30 lu-ju, 8.30-11.30 vi, 8.30-9.30 y 10.30-11.30 sá, 9.30-14.00 y 19.30-20.30 do

Esta iglesia es una mezcla de estilos arquitectónicos; los elementos mudéjares perviven en el aparejo lobulado de la torre, coronada por un campanario barroco.

La bóveda de una de las capillas está decorada con patrones geométricos. El pintor Velázquez fue bautizado aquí en 1599.

Tras la iglesia, en la calle de Doña María Coronel, se venden pasteles y galletas en el torno del convento de Santa Inés, del siglo XIV.

19

Convento de Santa Paula

◉F2 ⌂Calle Santa Paula 11 ▦C1, C2, C3, C4, C5, 10, 11 ◷9.30-13.30 y 17.00-18.45 diario ⊡santapaula.es

Fundado en 1475, el convento de Santa Paula alberga todavía a unas 30 monjas. Su museo consta de dos galerías repletas de cuadros y objetos religiosos. La nave central de la iglesia tiene un elaborado techo de madera, de 1623. Entre las esculturas de los retablos laterales destacan las de san Juan Evangelista y san Juan Bautista, obras ambas de Juan Martínez Montañés.

20

Palacio de San Telmo

◉E5 ⌂Avenida de Roma ☎955001010 ⓂⒷPuerta de Jerez ▦C3, C4, C5, 3, 5, 6, 41 ◷Previa reserva ju a partir 12.00, sá

Este palacio, que lleva el nombre del patrón de los navegantes, fue construido en 1682 para la Universidad de Mareantes, nombre que recibió la primera escuela naval para pilotos, marineros y oficiales de alto rango. En 1849 el palacio se convirtió en residencia de los duques de Montpensier, y hasta 1893 la propiedad abarcaba el actual parque de María Luisa. Hoy es la sede de la Presidencia de la Junta de Andalucía.

Lo más llamativo del palacio de San Telmo es la exuberante portada churrigueresca diseñada por Leonardo de Figueroa y terminada en 1734. En torno a las columnas jónicas hay figuras alegóricas que representan las Ciencias y las Artes.

Enfrente está el hotel más famoso de Sevilla, el Alfonso XIII, finalizado en la década de 1920 en estilo neomudéjar. Se pueden visitar el bar y el restaurante.

> **Detrás de la iglesia de San Pedro, en la calle Doña María Coronel, se venden pasteles y galletas en el torno del convento de Santa Inés, del siglo XIV.**

18

Palacio de las Dueñas

◉E2 ⌂Calle Dueñas 5 ▦C5, 10, 11, 12, 15, 16, 20, 24, 27, 32 ◷10.00-20.00 todos los días ⊠1 y 6 ene, 25 dic ⊡lasduenas.es

Construido en estilo renacentista con influencias mudéjares y góticas, este palacio del siglo XV es la residencia oficial de los duques de Alba. Sus patios son un sosegado oasis en el bullicio de las calles. Las grandiosas salas de la casa están llenas de mobiliario de época, pero también hay fotografías familiares y cartas personales dispersas, más una sala dedicada a la historia de la Feria de Abril.

 TOP 3 FIESTAS POPULARES

Semana Santa
Más de 100 pasos y sus hermandades recorren las calles de Sevilla entre el Domingo de Ramos y el Domingo de Resurrección.

Feria de Abril
Dos semanas después de Semana Santa el público se reúne en el Real de la Feria, recorriendo sus calles engalanadas a caballo o en carretas y reuniéndose en casetas para disfrutar bebiendo y bailando.

Corpus Christi
Los seises, niños vestidos con trajes barrocos, danzan delante del Santísimo de la catedral de Sevilla (may-jun).

21

Universidad

◉E5 ⌂Calle San Fernando 4 ⓂPuerta de Jerez ⒷPuerta de Jerez o Prado de San Sebastián ▦C1, C2, C3, C4, 5, 21, 22, 25, 26, 28, 29, 30, 31, 34, 37, 38 ◷8.00-21.00 lu-vi ⊠Festivos ⊡us.es

La que fue Real Fábrica de Tabacos forma hoy parte de la Universidad de Sevilla. Aquí se manufacturaban en el siglo XIX las tres cuartas partes de los cigarros que se fumaban en Europa, liados por unas 10.000 cigarreras. Fueron estas mujeres las que inspiraron al escritor francés Mérimée el personaje de *Carmen*.

Construida entre 1728 y 1771, la antigua fábrica es el tercer edificio más grande de España. El foso que la rodea y las atalayas defensivas protegían el lucrativo monopolio tabaquero real.

CURIOSIDADES
Iglesia de la O

Situada en el corazón de Triana, la iglesia del siglo XVII de Nuestra Señora de la O destaca por su torre cubierta de azulejos. Su interior también muestra una preciosa azulejería y magníficas tallas barrocas.

22
Triana

C4 Plaza de Cuba, Parque de los Príncipes
C1, C2, C3

Este sector de la ciudad de abigarrado trazado, que debe su nombre al emperador romano Trajano, fue en su día el barrio gitano de Sevilla. Es famoso desde hace siglos por la cerámica y por sus vínculos con el flamenco. Merece la pena visitar el museo dedicado a la cerámica *(calle Antillano Campos 14)*, en la antigua fábrica de Cerámica de Santa Ana. Entre otras cosas, guarda mosaicos decorados por el famoso Aníbal González, además de los hornos empleados (algunos del siglo XVI) y herramientas y materiales.

Una buena forma de llegar a Triana es cruzando el puente de Isabel II, que lleva a la plaza del Altozano. El Museo de la Inquisición, en el castillo de San Jorge, evita las imágenes sensacionalistas y concluye con una presentación sobre los derechos humanos en la actualidad. Cerca se encuentra la calle Rodrigo de Triana, típica del barrio, que toma el nombre del marinero andaluz que avistó las costas de América en el primer viaje de Colón en 1492.

La iglesia de Santa Ana, fundada en el siglo XIII y muy bien reformada, es la más popular de Triana. El extremo oeste de la nave alberga un retablo del siglo XVI tallado por Alejo Fernández, y en el baptisterio se halla la pila gitana, que según la creencia transmite el don del cante flamenco a los hijos de los fieles.

23
Isla de la Cartuja

C1 C1, C2

La Isla de la Cartuja, sede de la Expo 92, fue transformada para acoger los pabellones de los países y alberga hoy un complejo de exposiciones, museos y zonas recreativas.

En el corazón de la isla se asienta el monasterio de Santa María de las Cuevas, fundado en 1400 y habitado por los monjes hasta 1836, que acoge

Monumento *Triana al arte flamenco,* en una emblemática plaza del barrio ↑

el **Centro Andaluz de Arte Contemporáneo,** con obras de artistas andaluces, del resto de España e internacionales. Los domingos, en el patio del café, hay jazz gratuito.

Isla Mágica ocupa desde 1997 parte de la isla de la Cartuja. Este parque temático recrea las gestas de los marinos que partieron de Sevilla en el siglo XVI hacia América. Cuenta con un parque acuático, Agua Mágica.

Centro Andaluz de Arte Contemporáneo

⊘ 🅰 Avenida Américo Vespucio 2 🕐11.00-21.00 ma-sá, 10.00-15.30 do y festivos 🌐caac.es

Isla Mágica

⊘🅰🅰 🅰 Pabellón de España s/n 🕐 Los horarios varían, consultar web 🔒Nov-med abr 🌐islamagica.es

___

24
Torre Sevilla

📍B3 🅰Calle Gonzalo Jiménez de Quesada 2
🚌C1, C2, C3, 5, 6, 43

Diseñada por el arquitecto argentino César Pelli, esta torre de 40 plantas fue objeto de polémica en su fase de planificación. A pesar de que la Unesco no estaba a favor de su construcción porque manchaba la línea del cielo, Torre Sevilla domina hoy el río Guadalquivir y ofrece unas panorámicas imponentes. Es el edificio más alto de Andalucía y alberga un hotel de cinco estrellas en las 19 plantas superiores. Las demás plantas se destinan sobre todo a oficinas.

El centro comercial adyacente ofrece unas magníficas vistas de la torre desde su azotea ajardinada.

___

25 ⊘
Torre de los Perdigones

📍E1 🅰Torre de los Perdigones, Calle Resolana 44 🚌C1, C2, C3, C4, C5, 2, 13, 14 🕐10.00-14.00 mi-do🌐torredelos perdigones.com

Con una altura de 45 m, esta torre de 1885 formaba parte de una fundición. Actualmente alberga una cámara oscura y un restaurante con vistas panorámicas de la ciudad.

↑ La moderna Torre Sevilla se eleva hasta los 180,5 m

Botellas y Latas
Tienda *gourmet* de productos regionales, con una gran selección de quesos, jamón ibérico, embutidos, patés, aceite, conservas, vino y cervezas.

📍E2 🅰Calle Regina 15
📞954 29 31 22

___

Rompemoldes
Un espacio con talleres donde los artesanos trabajan y venden sus productos. Se puede encontrar cerámica, joyas, prendas de ropa, esculturas, objetos de decoración y pinturas. Cada taller tiene su propio horario.

📍F2 🅰Calle San Luis 70
🌐rompemoldes.com

UN PASEO
EL ARENAL

Distancia 1,5 km **Metro** Puerta Jerez
Tiempo 25 minutos

En El Arenal, antiguo puerto de Sevilla, se hallaban los arsenales y cuarteles de artillería. Hoy el ambiente del barrio lo marca la majestuosa plaza de toros de la Maestranza. El Arenal es un célebre núcleo de vida nocturna durante todo el año, pero en la temporada taurina se llenan los bares y restaurantes de la zona. Domina la ribera uno de los monumentos más conocidos de Sevilla: la torre del Oro. El largo paseo de Cristóbal Colón es una preciosa avenida arbolada, perfecta para una romántica caminata siguiendo el curso del Guadalquivir.

La **plaza de toros de la Maestranza** *se remonta al siglo XVIII y tiene una fachada blanca y ocre de estilo barroco (p. 459).*

CALLE ADRIANO

CALLE ANTONIA DÍAZ

PASEO DE CRISTÓBAL COLÓN

Carmen, esculpida en bronce, se alza frente a la plaza de toros.

Paseo Alcalde Marqués de Contadero

El **teatro de la Maestranza,** *inaugurado en 1991, es la sede de la Orquesta Sinfónica de Sevilla y acoge representaciones de ópera y danza.*

←
Paseo y carril-bici junto a la torre del Oro, a orillas del Guadalquivir

→

El llamativo exterior de la plaza de toros de la Maestranza

El Postigo *es un mercadillo de artesanía.*

GARCÍA DE VINUESA

Casa Morales *es una de las tabernas típicas del Arenal*

○ **INICIO**

El Torno, *situado en la plaza del Cabildo, vende dulces elaborados en los conventos.*

CALLE ARFE

AVENIDA DE LA CONSTITUCIÓN

¿Lo sabías?

El Arenal debe su nombre al hecho de estar construido sobre la antigua ribera arenosa del río.

CALLE DOS DE MAYO

CALLE TOMÁS DE IBARRA

CALLE TEMPRADO

○ **LLEGADA**

En los muros del **hospital de la Caridad** *cuelgan magníficos cuadros de Bartolomé Esteban Murillo y Juan de Valdés Leal (p. 459)*

CALLE SANTANDER

Maestranza de Artillería

Construida en el siglo XIII para proteger el puerto, la **torre del Oro** *alberga hoy un pequeño museo marítimo (p. 459).*

0 metros   75

N

UN PASEO
SANTA CRUZ

Distancia 1 km **Metro** Puerta Jerez
Tiempo 15 minutos

El laberinto de callejas que se extiende al este de la catedral y el Real Alcázar es la representación más pura y romántica de Sevilla. Además de las tiendas para turistas, los bares de tapeo y los guitarristas ambulantes, su encanto reside en sus calles pintorescas, plazas escondidas y patios cuajados de flores para placer del paseante. Antiguo barrio judío, sus edificios restaurados con rejas en las ventanas son hoy una armoniosa mezcla de viviendas de alto nivel y alojamientos turísticos. Los bares y restaurantes de la zona son especialmente agradables por la noche.

La **calle de Mateos Gago** *está sombreada por naranjos y llena de tiendas para turistas, cafés y bares.*

El **palacio Arzobispal,** *construido entre los siglos XVI y XVII, es aún residencia del clero sevillano.*

En el centro de la **plaza de la Virgen de los Reyes** *hay una fuente del siglo XX, obra de José Lafita.*

MATEO

PLAZA DEL TRIUNFO

JOAQUIN ROMERO MURUBE

INICIO

AVENIDA DE LA CONSTITUCIÓN

Convento de la Encarnación

La inmensa **catedral** *gótica, con su torre árabe,* *la* **Giralda,** *es el monumento más famoso de Sevilla (p. 452).*

¿Lo sabías?

Santa Cruz se salvó de ser demolido para la Exposición Iberoamericana de 1929.

En la **plaza del Triunfo,** *una columna barroca conmemora la buena fortuna de la ciudad durante el terremoto de 1755; en el centro se alza un monumento dedicado a la Immaculada Concepción.*

SANTO TOMÁS

MIGUEL MAÑARA

Construido en el siglo XVI como lonja, el **Archivo de Indias** *guarda la documentación relativa a la conquista y colonización española de América (p. 462).*

0 metros 50

N

↑ Agradable terraza en la pintoresca plaza de Santa Cruz

En la **plaza de Santa Cruz** se alza la *Cerrajería, una cruz de hierro de 1692.*

MESÓN DEL MORO

RODRIGO CARO

XIMÉNEZ ENCISO

SANTA TERESA

JAMERDANA

REINOSO

LOPE DE RUEDA

STA CRUZ

GLORIA

PL DOÑA ELVIRA

SUSONA

PIMIENTA

CALLEJÓN DEL AGUA

VIDA

○ **LLEGADA**

El **hospital de los Venerables** *fue un asilo para sacerdotes ancianos en el siglo XVII (p. 462).*

El **callejón del Agua** *deja entrever encantadores patios llenos de flores.*

Los suntuosos palacios del **Real Alcázar** *combinan la más exquisita artesanía mudéjar (p. 454) con preciosos jardines.*

→ Una bonita casa señorial del callejón del Agua

ANDALUCÍA

Sucesivos pueblos fueron dejando su huella en Andalucía. Los romanos llegaron en el 206 a. C. y construyeron sus ciudades en esta provincia meridional que llamaron Bética, entre ellas Córdoba, Itálica y Cástulo, que fue la ciudad más grande de la península. También fue donde los árabes permanecieron más tiempo y dejaron sus más grandiosos monumentos: la mezquita de Córdoba y la Alhambra de Granada.

Hacia 1251, Fernando III de Castilla había recuperado todo el sur de España del poder musulmán salvo Granada, que sobrevivió como reino nazarí hasta la conquista de los Reyes Católicos en 1492. A partir de ese momento Andalucía vivió una época de esplendor: Colón se hizo a la mar desde sus costas en 1492 y sus puertos se convirtieron en la puerta de entrada de las riquezas que llegaban de América.

Pero esta prosperidad no duró para siempre. En 1609 los moriscos fueron expulsados de España y Andalucía se vio privada de una parte importante de su mano de obra agrícola. En el siglo XVIII, Sevilla y Cádiz perdieron su monopolio comercial sobre América y en 1713 España tuvo que ceder Gibraltar a los británicos tras la guerra de Sucesión.

Durante la Guerra Civil, Andalucía fue una de las regiones más directamente involucradas en los hechos militares: Sevilla fue, en los primeros meses de la contienda, la principal base de operaciones del bando sublevado.

Actualmente, Andalucía es la comunidad más poblada del país, así como una de sus regiones más visitadas.

ANDALUCÍA

Esencial
1. Parque Nacional de Doñana
2. Cádiz
3. Ronda
4. Córdoba
5. Úbeda
6. Baeza
7. Granada

Lugares de interés
8. Huelva
9. Sierra de Aracena
10. Monasterio de la Rábida
11. Palos de la Frontera
12. El Rocío
13. Sanlúcar de Barrameda
14. Jerez de la Frontera
15. Costa de la Luz
16. Gibraltar
17. Algeciras
18. Marbella
19. Arcos de la Frontera
20. El Torcal
21. Garganta del Chorro
22. Antequera
23. Málaga
24. Palma del Río

ANDALUCÍA

0 kilómetros   50

N

- 25 Itálica
- 26 Osuna
- 27 Sierra Morena
- 28 Carmona
- 29 Medina Azahara
- 30 Écija
- 31 Priego de Córdoba
- 32 Montilla
- 33 Lanjarón
- 34 Nerja
- 35 Almuñécar
- 36 Montefrío
- 37 Guadix
- 38 Laujar de Andarax
- 39 Castillo de La Calahorra
- 40 Jaén
- 41 Sierra Nevada
- 42 Parque Natural de Cazorla
- 43 Mojácar
- 44 Cástulo
- 45 Vélez Blanco
- 46 Andújar
- 47 Almería
- 48 Tabernas
- 49 Parque Natural Cabo de Gata-Níjar

→

Flamencos y otras aves en las
marismas del Parque Nacional
de Doñana al atardecer

PARQUE NACIONAL DE DOÑANA

A B6 ⌂ Huelva y Sevilla ℹ Carretera A-483, km 1, La Rocina; Carretera A-483 Almonte-Matalascañas, km 27,5, Palacio del Acebrón; Carretera A-483 del Rocío a Matalascañas, km 12, El Acebuche; www.donanareservas.com

El Parque Nacional de Doñana es uno de los mayores humedales de Europa. Contando los espacios protegidos colindantes, el parque abarca más de 50.000 hectáreas de marismas y dunas que conforman el hábitat de una rica flora y fauna.

Doñana fue en el pasado coto de caza de los duques de Medina Sidonia. Gracias a que el terreno nunca resultó propicio para los asentamientos humanos pudo medrar una variadísima fauna. En 1969 la zona fue declarada espacio protegido. Además de las abundantes especies endémicas, como gamos *(Dama dama)*, ciervos *(Cervus elaphus)* y el águila imperial *(aquila adalberti)*, miles de aves migratorias, incluyendo la garcilla cangrejera *(Ardeola ralloides)* y el flamenco *(Phoenicopterus ruber)*, recalan aquí en invierno. El ecosistema del parque está sufriendo cada vez más la escasez de lluvias y el uso de pozos ilegales.

Las dunas bordean el extremo costero del parque y ofrecen refugio al lince, el ciervo y el jabalí. El número de visitantes al parque está restringido y solo se permite el acceso en visita organizada.

EL ÚLTIMO REFUGIO DEL LINCE

Este felino es uno de los mamíferos más raros de Europa y Doñana es su principal refugio. El lince ibérico *(Lynx pardinus)* es de pelaje entre marrón y amarillo, con manchas oscuras; las orejas, aguzadas, tienen unos destacados mechones negros. Tímido y nocturno, suele esconderse entre los arbustos y su dieta, que incluye pequeños roedores, anfibios y reptiles, está basada sobre todo en los conejos.

←

Garcilla cangrejera, de pico azul intenso, durante el periodo de cría

Plantas fanerógamas como la *Armeria pugens* ↓ crecen en las dunas

CONSEJO DK
Seguir la ruta

El parque tiene tres recorridos autoguiados: La Rocina a Charco de la Boca, de 3,5 km de longitud; Charco del Acebrón, una ruta de 1,5 km; y el circuito de 1,5 km que rodea la laguna del Acebuche.

El paseo Campo del Sur, con la catedral al fondo ↑

❷ CÁDIZ

A B6 **A** Cádiz **🚉🚌** **i** Avenida Cuatro de Diciembre de 1977 32D; www.cadizturismo.com

Emplazada en una franja de tierra en la bahía de su mismo nombre, Cádiz se precia de ser la población más antigua de Europa. Según la leyenda, su fundador fue Hércules, pero la historia registra que los fenicios establecieron la colonia de Gadir hacia el año 1100 a. C. Actualmente, el mayor atractivo de la ciudad es recorrer el paseo marítimo hasta sus cuidados jardines y amplias plazas, antes de adentrarse en las callejuelas del casco antiguo. El orgullo de la ciudad es el carnaval, declarado de interés turístico.

① Catedral

A Plaza de la Catedral s/n **O** Los horarios varían, consultar web **w** catedraldecadiz.com

Llamada Nueva por haberse construido en el solar de otra, este templo barroco y neoclásico con cúpula de azulejería dorada es uno de los mayores de España. El tesoro de la catedral se guarda en la cercana casa de la Contaduría.

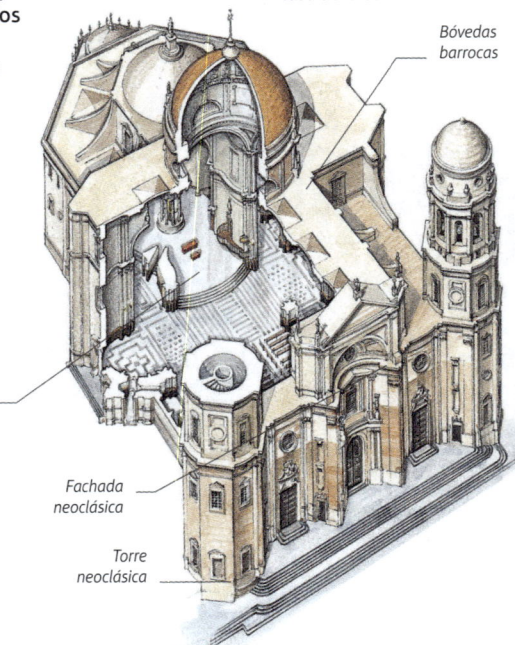

Bóvedas barrocas

El altar del presbiterio fue costeado en parte por Isabel II.

Fachada neoclásica

Torre neoclásica

→

La catedral de Cádiz con la espléndida cúpula construida por Juan Daura

de arte más extensa de Andalucía. La tercera planta alberga una colección de títeres.

___

Torre Tavira

📍 Calle Marqués del Real Tesoro 10 🕐 May-sep: 10.00-20.00 diario (oct-abr: 10.00-18.00) 🗓 1 y 6 ene, 25 dic 🌐 torretavira.com

La atalaya oficial de la ciudad en el siglo XVIII ofrece excelentes vistas y alberga una cámara oscura. Hay que reservar con antelación.

___

④

Oratorio de San Felipe Neri

📍 Calle Santa Inés s/n 📞 662 64 22 33 🕐 10.30-16.00 lu-vi, 9.00-14.00 sá, 9.00-12.00 do 🗓 Festivos

En 1812, mientras se libraba la guerra de Independencia contra Napoleón, las Cortes se reunieron en esta iglesia del siglo XVIII para intentar alumbrar la primera monarquía constitucional.

¿Lo sabías?

Lord Byron llamó a Cádiz la "Sirena del Océano".

②

Museo de Cádiz

📍 Plaza de Mina 📞 856 10 50 23 🕐 Med jun-med sep: 9.00-15.00 ma-do (med sep-med jun: 9.00-21.00) 🗓 Festivos

Este museo recorre la historia de Cádiz y alberga la colección

Freiduría Marisquería Las Flores 1

Un local sencillo donde fríen el pescado fresco al momento.

📍 Plaza Topete 4 📞 678 08 20 12

 €€€

___

Balandro

Con vistas a la bahía, este local tiene una buena selección de platos de carne.

📍 Alameda Apodaca 22 🌐 restaurante balandro.com

 €€€

___

El Faro

Restaurante con cocina marinera, en el barrio del puerto; tiene varios menús de degustación.

📍 Calle de San Félix 15 🌐 elfarodecadiz.com

 €€€

¿Lo sabías?

Orson Welles, el conocido director de *Ciudadano Kane,* está enterrado en Ronda.

❸

RONDA

Ⓐ C6 ⌂ Málaga 🚉🚌 ℹ Paseo de Blas Infante s/n; www.turismoderonda.es

Ronda, una de las ciudades españolas con un emplazamiento más espectacular, se asienta sobre un afloramiento rocoso, a horcajadas de un tajo de piedra caliza salvado por un vertiginoso puente. No es extraño que este sorprendente escenario haya sido históricamente refugio de forajidos y rebeldes, incluyendo al escritor Ernest Hemingway y al director de cine Orson Welles.

Gracias a su posición estratégica en esta región rocosa, Ronda fue uno de los últimos bastiones en manos árabes, hasta su toma por los cristianos en 1485. En su cara sur se encarama un clásico pueblo blanco de callejuelas empedradas, ventanas enrejadas y numerosos monumentos históricos, incluyendo el palacio Mondragón, que alberga un patio decorado con azulejería árabe y yeserías (aunque la mayoría del resto del palacio se reconstruyó tras la Reconquista). En la ciudad posterior al siglo XVI se halla una de las plazas de toros más antiguas de España. Inaugurada en 1785, cada mes de septiembre atrae a aficionados de todas partes del país que acuden a disfrutar del especial ambiente de la corrida goyesca, la más famosa de ese estilo en todo el país.

> **Gracias a su posición estratégica en esta región rocosa, Ronda fue uno de los últimos bastiones en manos árabes, hasta su toma por los cristianos en 1485.**

LOS TOROS EN RONDA

La plaza de toros de Ronda es la cuna del arte del toreo. Inaugurada en 1785, es uno de los cosos más antiguos y bellos de España. En septiembre se celebra la famosa corrida goyesca, en la que los matadores van ataviados con trajes del siglo XIX. El clásico estilo rondeño fue desarrollado por Pedro Romero, a quien se considera el padre del toreo moderno.

↑ La antigua y la nueva Ronda unidas por el puente Nuevo

La fachada del palacio del Marqués de Salvatierra está adornada por cuatro curiosas figurillas.

Casa del Rey Moro, una mansión del siglo XVIII

El alminar de San Sebastián es lo que queda de una mezquita del siglo XIV.

El convento de Santo Domingo fue la sede local de la Inquisición.

El puente Nuevo, proeza de la ingeniería civil del siglo XVIII

De la mezquita del siglo XIII que ocupó el solar de la iglesia de Santa María la Mayor se conservan un alminar y un arco del mihrab.

SANTO DOMINGO

MARQUÉS DE SALVATIERRA

CALLE ARMIÑÁN

TENORIO

CARMEN

ARMIÑÁN

→ El casco antiguo de la ciudad de Ronda

PLAZA DEL CAMPILLO

Ayuntamiento

PLAZA DUQUESA DE PARCENT

Palacio Mondragón

El puente romano de Córdoba, que cruza el río Guadalquivir ↑

④

CÓRDOBA

A C5 **A** Córdoba **⌂** ➍ **i** Plaza del Triunfo s/n; www.turismodecordoba.org

Esta ciudad ha tenido una larga e ilustre historia. Bajo los romanos, Córdoba fue famosa por ser la cuna del filósofo Séneca y en el siglo X Abderramán III la convirtió en capital de su poderoso califato. Hoy, Córdoba sigue siendo igual de inspiradora.

①

Museo Arqueológico

A Plaza Jerónimo Páez 7 **C** 957 35 55 17 **O** med jun-med sep: 9.00-15.00 ma-do, med sep-med jun: 9.00-21.00 ma-sá, 9.00-15.00 do

Situado en un palacio renacentista, este magnífico museo contiene los restos de un teatro romano encontrado bajo el edificio, y su colección incluye mosaicos y cerámicas de época árabe igualmente impresionantes. Destaca una cierva de bronce del siglo X encontrada en Medina Azahara (p. 510) y una cabeza del emperador Augusto en mármol del siglo I d. C. hallada en la zona.

②

Alcázar de los Reyes Cristianos

A Calle Caballerizas Reales s/n **C** 957 42 01 51 **O** Med jun-med sep: 8.15-14.45 ma-vi; med sep-med jun: 8.15-14.45 ma-vi, 9.30-18.00 sá, 8.15-14.45 do

Alfonso XI mandó construir este palacio-fortaleza en 1328. Los Reyes Católicos residieron aquí durante la campaña de conquista de Granada. Más tarde fue utilizado por la Inquisición (p. 304) y también sirvió como prisión. Sus bonitos jardines, con sus estanques y fuentes, permanecen abiertos hasta tarde los meses de julio y agosto.

③

Sinagoga

A Calle Judíos 20 **C** 957 74 90 15 **O** Med jun-med sep: 9.00-15.00 ma-do; med sep-med jun: 9.00-21.00 ma-sá, hasta 15.00 do y festivos

Construida hacia 1315 en estilo mudéjar, es una de las tres que se conservan en España de esta época; las otras dos están en Toledo. De especial interés son la galería de las mujeres y la yesería decorativa, que muestra diferentes inscripciones en hebreo. Tampoco ha cambiado mucho el barrio de la Judería, de época musulmana, en el que se encuentra. En una plaza cercana se alza la estatua del famoso sabio del siglo XII Maimónides.

¿Lo sabías?

El nombre de Córdoba podría derivar de *Qart-tuba*, 'ciudad buena' en fenicio.

④
Torre de la Calahorra

🏛 Puente romano 📞 957 29 39 29 🕐 Mar-may y oct: 10.00-19.00; jun-sep: 10.00-14.00 y 16.30-20.30; nov-feb: 10.00-18.00 todos los días

Esta torre del siglo XIV se encuentra en un extremo del puente romano, con cimientos romanos y reconstruido por los musulmanes. Actualmente la torre contiene un museo sobre la vida, cultura y filosofía de la Córdoba del siglo X, cuando Abderramán III fundó un califato con capital aquí.

⑤
Museo de Bellas Artes

🏛 Plaza del Potro 1 📞 957 01 58 58 🕐 med jun-med sep: 9.00- ma-do; med sep-med jun: 9.00-21.00 ma-sá, 9.00-15.00 do

Situado en un antiguo hospital de caridad, este museo expone esculturas del artista local Mateo Inurria y pinturas de Zurbarán.

⑥
Palacio de Viana

🏛 Plaza de Don Gome 2 🕐 jul y ago: 9.00-15.00 ma-do (también 9.00-23.00 vi y sá); sep-jun: 9.00-19.00 ma-sá, 10.00-15.00 do 🌐 palaciodeviana.com

Tapices, mobiliario, porcelanas y pinturas decoran esta mansión del siglo XVII que fue la casa de la influyente familia Viana. Comprada por una caja de ahorros en 1981, conserva gran parte de las piezas familiares. El exterior cuenta con 14 patios y un agradable jardín.

⑦
Baños del Alcázar Califal

🏛 Campo Santo de los Mártires 🕐 Los horarios varían, consultar web 🌐 banosdelalcazarcalifal. cordoba.es

Estos baños árabes formaron parte del palacio de Umayyad, que luego fue reemplazado por el alcázar de los Reyes Cristianos. Construidos en el siglo X por orden de Alhakén III, reflejan la estructura clásica de baño romano, con *caldarium*, *tepidarium* y *frigidarium*. También tiene un museo que recorre la historia del baño.

Casa Pepe de la Judería
Taberna emblemática desde 1928, con un patio lleno de flores.

🏛 Calle Romero 1 🌐 restaurantecasapepe delajuderia.com

€€€

Mercado Victoria
Mercado gastronómico dedicado a productos y platos locales.

🏛 Paseo de la Victoria 3 🌐 mercadovictoria.com

€€€

⑧ 🎫

LA MEZQUITA

🏠 Calle Cardenal Herrero 1 🕐 Mar-oct: 10.00-19.00 lu-sá, 8.30-11.30 y 15.00-19.00 do; nov-feb: 8.30-18.00 lu-sá, 8.30-11.30 y 15.00-18.00 do 🌐 mezquita-catedraldecordoba.es

La gran mezquita de Córdoba, con 12 siglos de historia, fue el símbolo del poder del islam en la península ibérica. Caminar bajo su bosque de columnas y arcos transporta directamente a otros tiempos.

Abderramán I, fundador del califato de Córdoba, construyó el primitivo templo sobre una antigua iglesia visigoda entre los años 785 y 787. El edificio evolucionó a lo largo de los siglos en una amalgama de formas arquitectónicas. En el siglo X, Alhakén II ejecutó algunos de los añadidos más suntuosos, entre ellos el elaborado mihrab (nicho oratorio) y la macsura (oratorio del califa). Durante el siglo XVI, por orden de Carlos I se construyó una catedral en el corazón de la mezquita, para lo cual una parte de esta se destruyó.

La torre del Alminar, campanario de 93 m, se construyó sobre el primitivo alminar; subiendo la empinada escalera se tiene una hermosa vista de Córdoba.

En el arbolado patio de los Naranjos hacían sus abluciones los creyentes antes de la oración.

La puerta del Perdón, construida bajo dominio cristiano en 1377, es de estilo mudéjar.

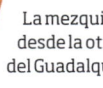

← La mezquita vista desde la otra orilla del Guadalquivir

La puerta de San Esteban es parte del muro de la iglesia visigoda anterior.

← Los arcos califales rojos y blancos de la mezquita

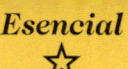

Esencial
☆

ARCOS ÁRABES

El arco árabe proviene del arco de herradura empleado en las iglesias visigodas. Los musulmanes lo modificaron y lo utilizaron como base de proezas arquitectónicas tales como la mezquita de Córdoba. En etapas posteriores, los arcos presentan una más elaborada ornamentación y el paulatino abandono de la forma de herradura.

Arco califal, la mezquita

Arco almohade, Real Alcázar (p. 454)

Arco mudéjar, Real Alcázar (p. 454)

Arco nazarí, Alhambra (p. 494)

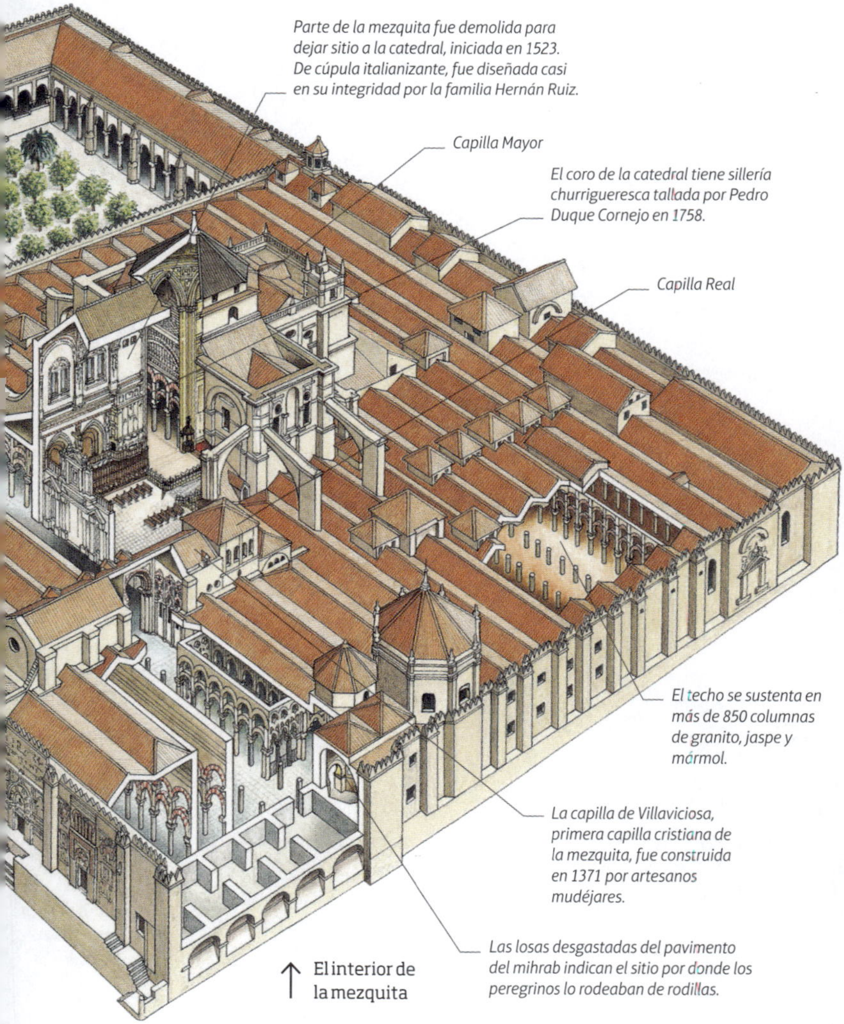

Parte de la mezquita fue demolida para dejar sitio a la catedral, iniciada en 1523. De cúpula italianizante, fue diseñada casi en su integridad por la familia Hernán Ruiz.

Capilla Mayor

El coro de la catedral tiene sillería churrigueresca tallada por Pedro Duque Cornejo en 1758.

Capilla Real

El techo se sustenta en más de 850 columnas de granito, jaspe y mármol.

La capilla de Villaviciosa, primera capilla cristiana de la mezquita, fue construida en 1371 por artesanos mudéjares.

↑ El interior de la mezquita

Las losas desgastadas del pavimento del mihrab indican el sitio por donde los peregrinos lo rodeaban de rodillas.

UN PASEO
CÓRDOBA

Distancia 2 km **Estación de tren** Córdoba
Tiempo 30 minutos

El corazón de Córdoba es la antigua judería, al noreste de los altos muros de la mezquita. Paseando por este barrio se diría que estamos aún en el siglo X, cuando Córdoba era una de las grandes urbes de Occidente: las labores de forja decoran las calles empedradas, demasiado estrechas para que pasen los coches, y los plateros siguen produciendo hermosas piezas en sus talleres. Aquí se encuentra la sinagoga y buena parte de los principales monumentos, en tanto que la vida moderna gira en torno a la plaza de las Tendillas.

Construida en estilo gótico-mudéjar, la **capilla de San Bartolomé** *está decorada con elaborados azulejos.*

La escritura hebrea cubre las paredes de esta **sinagoga** (p. 482) *del siglo XIV, la única que se conserva en Andalucía.*

Casa de Sefarad *es un centro cultural con exposiciones de la historia judeo-española en el corazón del antiguo barrio judío.*

BLANCO BELMONTE

CALLE LUQUE

DEANES

PL. CARDENAL SALAZAR

JUDÍOS

MANRIQUEZ

TOMÁS CONDE

AVENIDA DOCTOR FLEMING

INICIO

↑ Los brillantes azulejos de la capilla de San Bartolomé

Las fuentes y los juegos de agua contribuyen a la sensación de sosiego que impera en los jardines del **alcázar de los Reyes Cristianos** (p. 482)

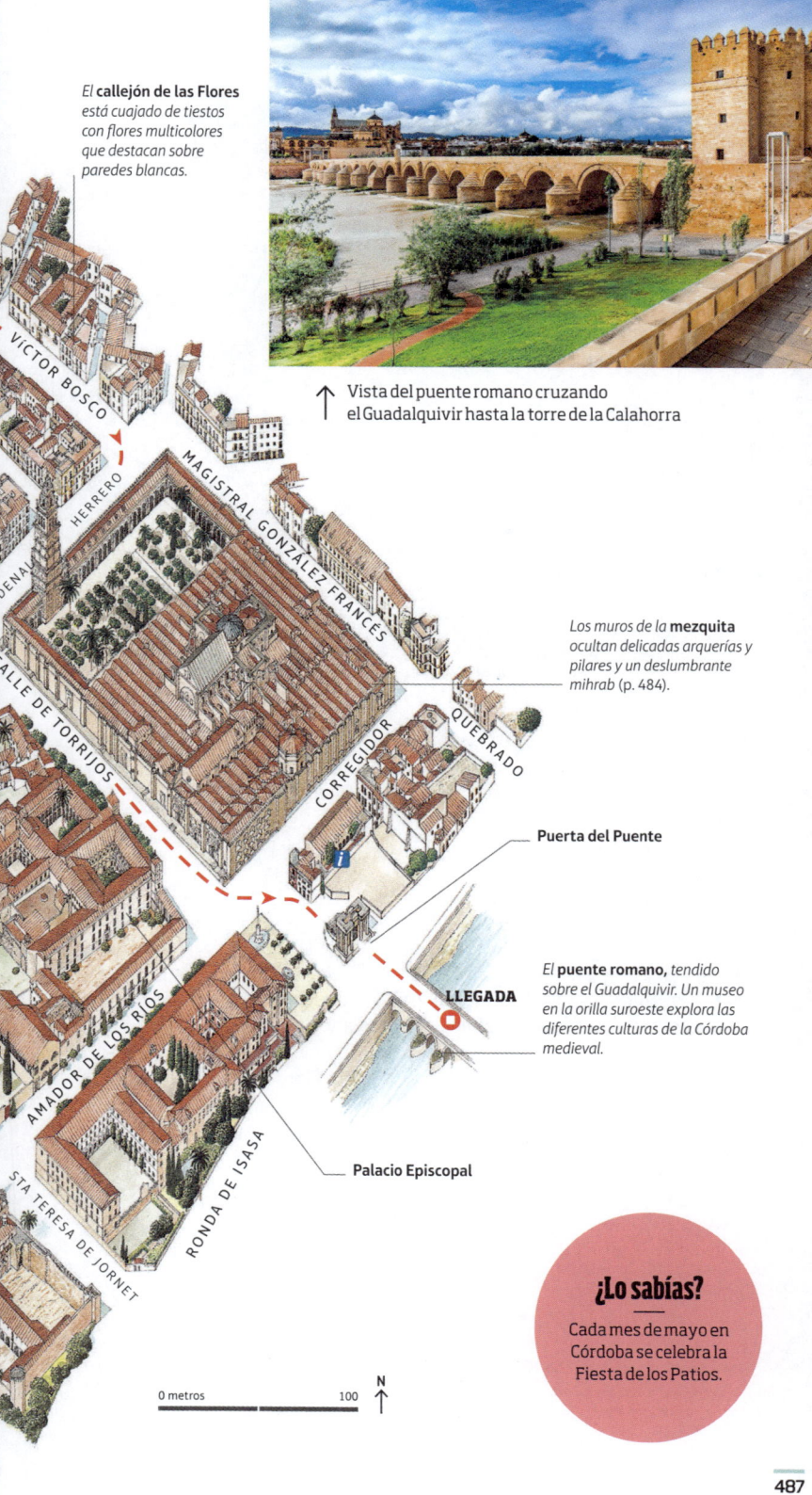

El **callejón de las Flores** está cuajado de tiestos con flores multicolores que destacan sobre paredes blancas.

↑ Vista del puente romano cruzando el Guadalquivir hasta la torre de la Calahorra

Los muros de la **mezquita** ocultan delicadas arquerías y pilares y un deslumbrante mihrab (p. 484).

Puerta del Puente

El **puente romano,** tendido sobre el Guadalquivir. Un museo en la orilla suroeste explora las diferentes culturas de la Córdoba medieval.

LLEGADA

Palacio Episcopal

0 metros — 100

N ↑

¿Lo sabías?

Cada mes de mayo en Córdoba se celebra la Fiesta de los Patios.

→ Entrada ajardinada ante la imponente fachada del hospital de Santiago

5

ÚBEDA

D5 **Jaén** **Plaza de Andalucía 5;**
www.turismodeubeda.com

Úbeda, declarada patrimonio de la humanidad por la Unesco, es un espléndido muestrario renacentista gracias al mecenazgo que ejercieron personajes muy influyentes del siglo XVI, entre los cuales se contaban dignatarios como Juan Vázquez de Molina. El casco antiguo está ceñido por murallas levantadas por los árabes a partir del año 852.

①

Hospital de Santiago

Calle Obispo Cobos
953 75 08 42 **8.00-13.30 y 15.30-21.30 lu-vi, 10.00-13.30 y 17.00-21.30 sá, 10.00-13.30 do**
Ago: sá

Creado por orden del obispo de Jaén hacia 1562, este colosal hospital fue diseñado por Andrés de Vandelvira, que realizó una interpretación purista del estilo renacentista español. Actualmente el edificio alberga exposiciones culturales.

②

Museo Arqueológico

Casa Mudéjar, Calle Cervantes 6 **953 10 86 23** **jul y ago: 9.00-15.00 ma-do (sep-jun: 9.00-21.00 ma-sá, 9.00-15.00 do)**

Ubicado en la Casa Mudéjar, un palacio del siglo XV, este museo arqueológico expone piezas que van desde el Neolítico a la época musulmana, incluyendo estelas funerarias del siglo I d. C.

③

Iglesia de San Pablo

Plaza Primero de Mayo 39
11.00-13.00 y 18.00-20.00 ma-sá, 11.00-13.00 do

Esta iglesia, que destaca por su ábside del siglo XII y su bonita capilla del siglo XVI, está coronada por una torre plateresca finalizada en 1537.

 MEJORES VISTAS
Mar de olivos

Desde el mirador del Alcázar se disfrutan unas vistas espectaculares del campo: un mar de olivos enmarcado por las alturas de la sierra Mágina al sur y la de Cazorla al este.

④

Capilla del Salvador

🏠 Plaza Vázquez de Molina 🕐 11.00-14.00 y 17.00-19.00 ma-do 🌐 fundacionmedinaceli.org

La capilla del Salvador fue proyectada en el siglo XVI por Francisco de los Cobos. Aunque fue saqueada durante la Guerra Civil, conserva algunos de sus tesoros, como el cáliz de oro que Carlos V regaló a Cobos.

Tras la capilla se alza el palacio de Cobos y el hospital de los Honrados Viejos. Ambos se pueden visitar, pero solo en visita guiada y previa reserva.

___

⑤

Santa María de los Reales Alcázares

🏠 Plaza Vázquez de Molina s/n 🕐 10.30-13.15 y 17.30-20.45 ma-sá (med sep-med may: 16.30-18.45), 10.45-13.00 do 🌐 santamariadeubeda.es

Esta iglesia, construida sobre el solar de una antigua mezquita, cuenta con un claustro gótico y un bonito pórtico románico. Cerca se encuentra la cárcel del Obispo, donde se confinaba a las monjas que eran castigadas por el obispo.

___

⑥

Parador de Úbeda

🏠 Plaza Vázquez de Molina s/n 🌐 parador.es

Construida en el siglo XVI, pero muy modificada durante el siglo XVII, fue la residencia de Fernando Ortega Salido, deán de Málaga y capellán de la capilla del Salvador; el patio está abierto al público.

___

⑦

Palacio de las Cadenas

🏠 Plaza Vázquez de Molina s/n 📞 953 75 04 40 🕐 Cerrado por reformas

Dos leones custodian el ayuntamiento de Úbeda, que ocupa el palacio de las Cadenas, construido para Vázquez de Molina por Vandelvira. Su nombre viene de las cadenas de hierro sujetas a las columnas que solían proteger la puerta principal.

YIT El Postigo

Este hotel moderno tiene habitaciones espaciosas y cómodas, un jardín y piscina.

🏠 Calle Postigo 5 🌐 hotelelpostigo.com

€€€

___

Hotel Palacio de Úbeda

Un lujoso hotel de 5 estrellas, con techos artesonados y camas de cuatro postes. Tiene *spa* y restaurante.

🏠 Calle de Juan Pasquau 2 🌐 palaciodeubeda.com

€€€

← Una callejuela de Baeza con el edificio de la antigua universidad al fondo

6

BAEZA

🅐 D5 🏠 Jaén 🚉🚌 ℹ️ Plaza del Pópulo; 953 77 99 82

Sobre una colina alfombrada de cereal y olivo, la bella Baeza es una población pequeña con un patrimonio arquitectónico renacentista de inusual belleza. Sus callejuelas serpenteantes ofrecen ejemplos incomparables de este rico periodo arquitectónico, con palacios, iglesias y edificios públicos casi en cada esquina.

Llamada Beatia por los romanos y convertida después en capital de un reino árabe, su escudo de armas la proclama como "nido real de gavilanes". Fue conquistada en 1227 por Fernando III –la primera ciudad andaluza ganada definitivamente a los árabes– y repoblada por caballeros cristianos. En el Medievo adquirió gran esplendor, que culminó en el siglo XVI cuando se erigieron los magníficos edificios de Andrés de Vandelvira. Quizá el ejemplo más impresionante sea la catedral, que fue reconstruida por Vandelvira en 1567. Su interior guarda la capilla del Sagrario, con una bonita reja de coro, obra de Bartolomé de Jaén. Baeza fue declarada patrimonio de la humanidad por la Unesco en 2003 junto con Úbeda, su hermana gemela y algo más grande *(p. 488)*.

¿Lo sabías?

La provincia de Jaén produce el 20 % de todo el aceite de oliva del mundo.

Esencial
☆

LA MEJOR FOTO
Poético *selfie*

En la calle San Pablo hay una estatua de Antonio Machado, que se mudó a la ciudad tras la muerte de su mujer. El poeta aparece sentado leyendo, con su sombrero abandonado indolentemente junto a él.

La magnífica reja del coro de la catedral es obra de Bartolomé de Jaén.

Fuente de Santa María, con forma de arco triunfal; esta bella obra se terminó en 1564.

Palacio de Jabalquinto, espléndido palacio gótico presidido por una fachada isabelina.

Antigua Universidad, una de las primeras universidades de España.

Torre de los Aliatares, construida por los árabes hace mil años.

PLAZA SANTA MARÍA

SAN FELIPE NERI

OBISPO MENGIBAR

PLAZA SANTA CRUZ

BEATO ÁVILA

ROMANONES

SAN GIL

COMPAÑÍA

BARBACANA

MERCADERIAS

PLAZA DE ESPAÑA

PASEO DE LA CONSTITUCIÓN

PASEO DE TUNDIDORES

GASPAR BECERRA

La puerta de Jaén, abierta en la muralla, linda con el arco de Villalar, erigido en 1526 con ocasión de una visita del rey Carlos I.

En el centro de la plaza del Pópulo se encuentra la fuente de los Leones, con una estatua iberorromana.

Casas Consistoriales Bajas

La alhóndiga, antiguo almacén de grano, tiene una imponente arquería de tres cuerpos en la fachada.

El ayuntamiento luce una señorial traza plateresca

↑ Las calles de Baeza, jalonadas de bellos edificios renacentistas

Vista de la Alhambra asomando sobre las casitas blancas de Granada ↑

❼

GRANADA

🅰C6 🅰Granada ✈🚈🚌 𝒊 Santa Ana 4;
www.granadatur.com

El guitarrista Andrés Segovia (1893-1987) describió así Granada: "Un lugar de ensueño donde el Señor puso en mi alma la semilla de la música". Los árabes la ocuparon en el siglo VIII y alcanzó su época de esplendor con la dinastía nazarí, entre 1238 y 1492. Los dos monumentos más impresionantes son la Alhambra (p. 494) y el Generalife (p. 496), que se alzan en una colina con vistas a la ciudad.

①

Catedral

🅰Calle Gran Vía 5 📞958 22 29 59 🕐10.00-18.15 lu-sá, 15.00-19.00 lu-sá, 15.00-18.15 do

Por orden de los Reyes Católicos (p. 64), las obras de la catedral comenzaron en 1523, siguiendo un proyecto gótico de Enrique de Egas. Más tarde continuó los trabajos el renacentista Diego de Siloé, diseñador también de la fachada y de la capilla mayor. En la cúpula, las vidrieras del siglo XVI representan escenas de la Pasión. La fachada de poniente fue construida por el granadino Alonso Cano, cuya tumba está en la catedral.

②

Capilla Real

🅰Calle Oficios 3 🕐10.15-18.30 lu-sá, 11.00-18.00 do y festivos 📅1 ene, Viernes Santo, 25 dic 🌐capillareal granada.com

La capilla Real fue levantada para los Reyes Católicos entre 1506 y 1521 por Enrique de Egas. Una soberbia reja de Bartolomé de Jaén forjada en 1520 separa el crucero y los túmulos de mármol de Carrara de Isabel y Fernando, obra de Domenico Fancelli, y de su hija, Juana la Loca, y el marido de esta, Felipe el Hermoso, realizados por Bartolomé Ordóñez. Los sepulcros se encuentran en la cripta.

El museo de la sacristía alberga cuadros de Botticelli y Van der Weyden.

③

Monasterio de la Cartuja

🅰Paseo de la Cartuja 📞958 16 19 32 🕐10.00-17.30 do-vi, 10.00-12.15 y 15.00-17.30 sá

El Gran Capitán, don Gonzalo Fernández de Córdoba, fundó en 1495 este monasterio. La cúpula es de Antonio Palomino y la sacristía churrigueresca de 1727, de Luis de Arévalo y Luis Caballo.

↑ Visitantes admirando la sacristía del monasterio de la Cartuja

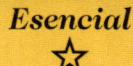
④
Corral del Carbón

🏠 Calle Mariana Pineda
📞 958 57 51 31 🕐 9.00-19.00 diario

Este patio, antigua posada, data de la época árabe. Con los cristianos pasó a ser teatro. Hoy alberga un centro cultural.

⑤
Casa de los Tiros

🏠 Calle Pavaneras 19 📞 600 14 31 76 🕐 Jun-med sep: 9.00-15.30 ma-sá, 10.00-17.00 do; med sep-may: 10.00-20.30 ma-sá (hasta 17.00 do)

Este palacio mudéjar fue construido entre 1510 y 1540. Perteneció a la familia Granada Venegas, que tomó parte en la toma de la ciudad y recibió como premio el Generalife *(p. 496)*.

El edificio debe su nombre a los mosquetes labrados que asoman por sus almenas. Destacan en su fachada las estatuas de Hércules, Teseo, Héctor y Jasón.

⑥
Centro Cultural Caja Granada

🏠 Avenida de la Ciencia 2
🕐 Los horarios varían; consultar web 🅿 ago
🌐 cajagranadafundacion.es

Un centro cultural con un teatro, restaurante y el soberbio museo Memoria de Andalucía.

⑦
Palacio de la Madraza

🏠 Calle Oficios 14 📞 958 99 63 50 🕐 10.30-20.00 todos los días (invierno: 10.00-19.00)

Antigua universidad árabe (ahora forma parte de la Universidad de Granada), se convirtió en época de los Reyes Católicos en casa de los Cabildos. La fachada data del siglo XVIII. En el salón morisco hay un hermoso *mihrab*.

Damasqueros
Un restaurante contemporáneo con un innovador menú degustación.

🏠 Calle de Damasqueros 3 🌐 damasqueros.com

€€€

Mirador de Morayma
Situado en un bonito patio y con espectaculares vistas.

🏠 Calle de Pianista Gracia Carrillo 2 📞 958 22 82 90 🕐 lu y ma

€€€

La Riviera
Para tomar tapas o comer a la carta.

🏠 Calle Cetti Meriem 7, 9 y 10 📞 958 22 79 69

€€€

800 m

③ Monasterio de la Cartuja 1 km
PLAZA DEL TRIUNFO
CALLE CENICEROS
CUESTA DE LA ALHACABA
CALLE PANADEROS
CUESTA DEL CHAPIZ
Arco de las Pesas
Iglesia del Salvador
PLAZA DE LOS NARANJOS
Palacio de Daralhorra
C. PILAR SECO
PLAZA SAN NICOLÁS
C. SAN NICOLÁS
Mirador de San Nicolás
CAMINO DEL SACROMONTE
Convento de Santa Isabel
PL. SAN MIGUEL BAJO
C. SANTA ISABEL LE REAL
C. NUEVA DE SAN NICOLÁS
CARRIL DE SAN AGUSTIN
CUESTA DEL CHAPIZ
PLAZA DE LOS NARANJOS
CALLE ZENETE
CALLE CRUZ DE QUIROS
CALLE ALJIBE DE TRILLO
Mirador de Morayma
PLAZA DE LA VICTORIA
CALLE GRAN VÍA DE COLÓN
CALLE ELVIRA
CALLE SAN JOSÉ
PLAC. DE LA CRUZ VERDE
CALLE SAN JUAN DE LOS REYES
Convento de Santa Catalina
PASEO DE LOS TRISTES
Jardines Altos
Generalife 100 m
CALLE SANTA PAULA
PLACETA PORRAS
CALLE CARRERA DEL DARRO
Casa de los Pisa
San Pedro y San Pablo
Darro
CUESTA DEL REY CHICO
⑨
CALLE SAN JERÓNIMO
PLAZA DE SAN AGUSTÍN
La Riviera
Real Chancillería
Casas Reales
PLAZA NUEVA
Iglesia de Santa Ana ℹ
Alcázaba
Palacio de Carlos V
La Alhambra ⑧
C. CÁRCEL BAJA
Capilla Real ①
②
Palacio de la Madraza ⑦
CUESTA DE GOMÉREZ
Catedral
Iglesia del Sagrario
PLAZA ISABEL LA CATÓLICA
Torres Bermejas
Iglesia de Santa María
Jardines del Portal
C. ALHÓNDIGA
PLAZA BIB RAMBLA
C. REYES CATÓLICOS
Corral del Carbón ④
Casa de los Tiros ⑤
PASEO DE LOS COCHES
Centro Cultural Caja Granada 2 km
Ayuntamiento
CALLE PAVANERAS
CALLEJÓN NIÑA DEL ROJO
Damasqueros
0 metros 300
N

(8) ⊘ ⊛ ⊕ ⊕

LA ALHAMBRA

⌖ Calle Real de la Alhambra ⊞ C30, C32, C35 ⊙ Abr-med oct:
8.30-20.00 diario; med oct-mar: 8.30-18.00 diario (llegar 1 hora
antes de la visita programada; la visita dura unas 3 horas)
⊠ alhambradegranada.org

**Visitar la Alhambra, el más bonito de los palacios árabes de
Europa, es una experiencia única. La mágica utilización del
espacio, la luz, el agua y la decoración caracterizan esta obra
arquitectónica plena de sensualidad.**

Este palacio fue construido por los califas nazaríes Ismael I, Yusuf I
y Mohamed V, que dieron cuerpo a su idea del paraíso terrenal, un
prodigio de lujo y refinamiento oculto tras una austera estructura.
Los materiales empleados fueron modestos (yeso, madera y azulejos),
pero magníficamente trabajados. El complejo de la Alhambra incluye
los palacios Nazaríes, la alcazaba del siglo XIII, el palacio de Carlos I del
siglo XVI y el Generalife *(p. 496)*. Aunque la Alhambra sufrió pillajes y
derrumbes –incluido el intento de Napoleón de volarla–, ha sido
restaurada y deslumbra con su esplendor.

💬 CONSEJO DK
Visita nocturna

La suave iluminación de
la Alhambra hace
resaltar la tonalidad
dorada se sus muros
*(visitas nocturnas: abr-
med oct: 22.00-23.30
ma-sá; med oct-abr:
20.00-21.00 vi y sá).*

→

Los palacios Nazaríes,
parte del enorme
complejo de la Alhambra

*Sala de
la Barca*

*Aposentos de
Washington
Irving*

*Patio de Arrayanes, con un
estanque central con arriates
de mirto y gráciles arcadas*

*Salón de
Embajadores, un
suntuoso salón
del trono*

*Sala de Mexuar,
una cámara
terminada en 1365*

Patio de Machuca

El espectacular complejo palaciego de la Alhambra y el patio de los Leones ↑

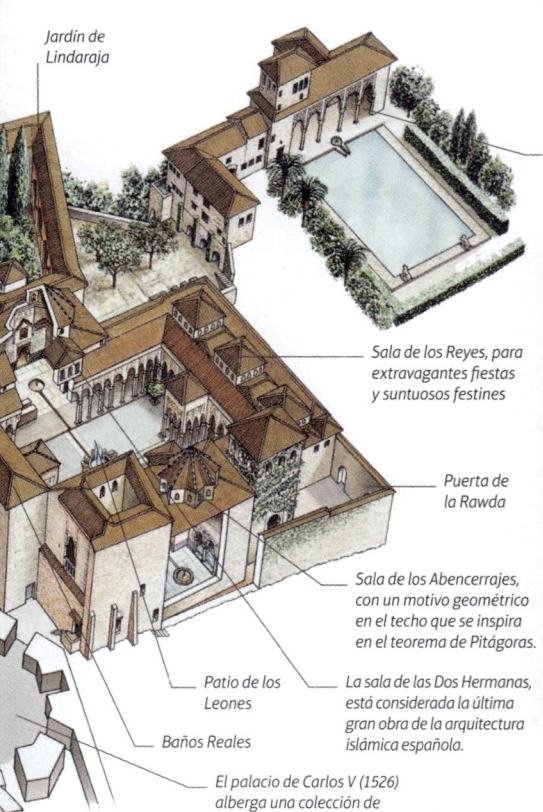

Jardín de Lindaraja

Palacete del Partal, el edificio más antiguo de la Alhambra

Sala de los Reyes, para extravagantes fiestas y suntuosos festines

Puerta de la Rawda

Sala de los Abencerrajes, con un motivo geométrico en el techo que se inspira en el teorema de Pitágoras.

La sala de las Dos Hermanas, está considerada la última gran obra de la arquitectura islámica española.

Patio de los Leones

Baños Reales

El palacio de Carlos V (1526) alberga una colección de arte hispano-musulmán.

↑ Ventanas decoradas con intrincadas yeserías y mocárabes

9 (⚞) (⚟)

GENERALIFE

📍 **Calle Real de la Alhambra** 🚌 **C30, C32, C35** 🕐 **abr-med oct: 8.30-20.00 y 22.00-23.30 ma-sá, 8.30-20.00 lu y do; med oct-mar: 8.30-18.00 do-ju, 8.30-18.00 y 20.00-21.30 vi y sá** 🌐 **alhambradegranada.org**

Desde el lado norte de la Alhambra, un sendero baja hasta el Generalife, residencia veraniega de los soberanos nazaríes; aquí, con la ciudad tendida a sus pies, podían descansar lejos de las intrigas palaciegas.

El nombre de Generalife, o *Yan-nat-al-Arif*, tiene varias acepciones; quizá la más apropiada sea la de 'jardín del alto paraíso'. Los jardines, comenzados en el siglo XIII, han sufrido diversas reformas a lo largo de los siglos; originalmente comprendían huertos y pastizales. En contraste con la espectacular arquitectura y riqueza de detalles que abundan en la Alhambra, los edificios del Generalife muestran una estructura más sólida y sencilla. En el pasado lugar de recreo de los sultanes nazaríes, actualmente el Generalife sirve de mágico escenario al festival anual de música y danza de Granada, que se celebra a finales de junio y julio.

💬 CONSEJO DK
Visita temprana

Si se reserva entrada a primera hora y se pasa por las primeras salas con rapidez, se puede apreciar con calma el palacio y obtener una visión de cómo tuvo que ser el Generalife en su época de esplendor.

Sala Regia

El patio de la Acequia es un jardín oriental construido en torno a un largo canal central.

El patio de Polo era el lugar donde los visitantes del palacio amarraban sus caballos.

Entrada

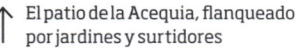

↑ El patio de la Acequia, flanqueado por jardines y surtidores

Esencial

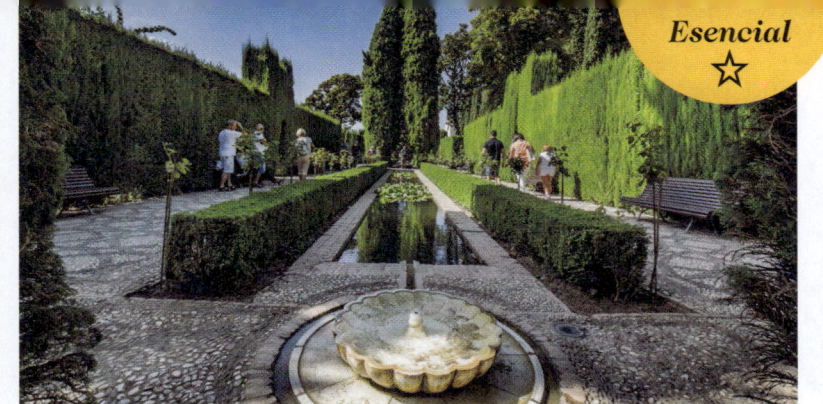

↑ Los cuidados jardines Bajos, con setos y cipreses

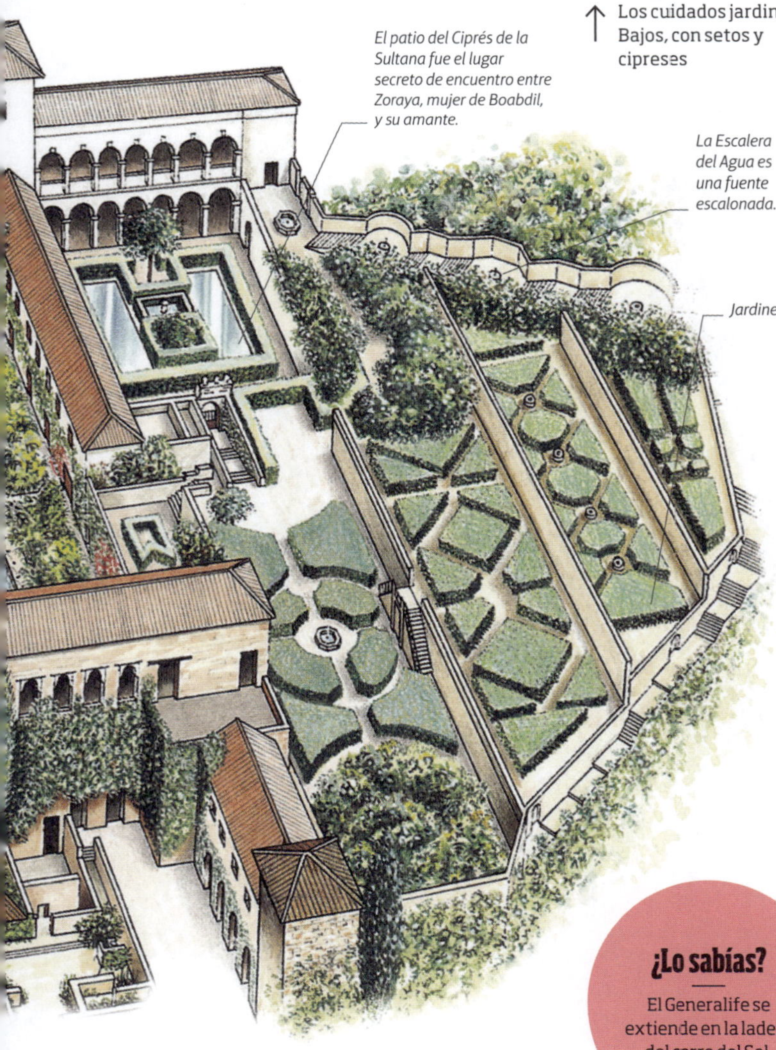
El patio del Ciprés de la Sultana fue el lugar secreto de encuentro entre Zoraya, mujer de Boabdil, y su amante.
La Escalera del Agua es una fuente escalonada.
Jardines Altos

↑ Complejo de edificios, jardines y patios del Generalife

¿Lo sabías?

El Generalife se extiende en la ladera del cerro del Sol.

UN PASEO
EL ALBAICÍN

Distancia 1 km **Estación de tren** Estación
Central **Tiempo** 15 minutos

Es en este barrio de la ciudad, encaramado a la colina enfrentada a la
Alhambra, donde se percibe todo el sabor de la impronta árabe de
Granada. En el siglo XIII se construyó aquí una fortaleza junto con
más de 30 mezquitas, muchas de las cuales fueron consagradas más
tarde como iglesias cristianas. En sus callejas empedradas se alzan
los cármenes, villas con decoración y jardines moriscos, aisladas del
exterior por sus altas tapias. A la caída de la tarde, cuando el aroma
del jazmín impregna el aire, es un deber subir hasta el mirador de San
Nicolás y contemplar la mágica estampa de la Alhambra
resplandeciendo al ocaso.

¿Lo sabías?
___
Muchas calles
del Albaicín comienzan
su nombre con la
palabra 'cuesta'.

La **Casa de los Pisa** (Museo San
Juan de Dios) guarda numerosas
obras de arte; algunas
representan a san Juan de Dios,
muerto aquí en 1550.

Construida en 1530 por los
Reyes Católicos, la **Real
Chancillería**, en la plaza
Nueva, presenta una bella
fachada renacentista.

Al norte de la plaza Nueva se
alza la **iglesia de Santa Ana**
en estilo mudéjar de ladrillo del
siglo XVI, con elegante portada
plateresca y techo artesonado.

0 metros   50

N

Una de las salas con bóvedas
y arquería del Bañuelo

Las aberturas estrelladas de las
bóvedas iluminaban el **Bañuelo,**
unos baños árabes bien conservados,
construidos en el siglo XI.

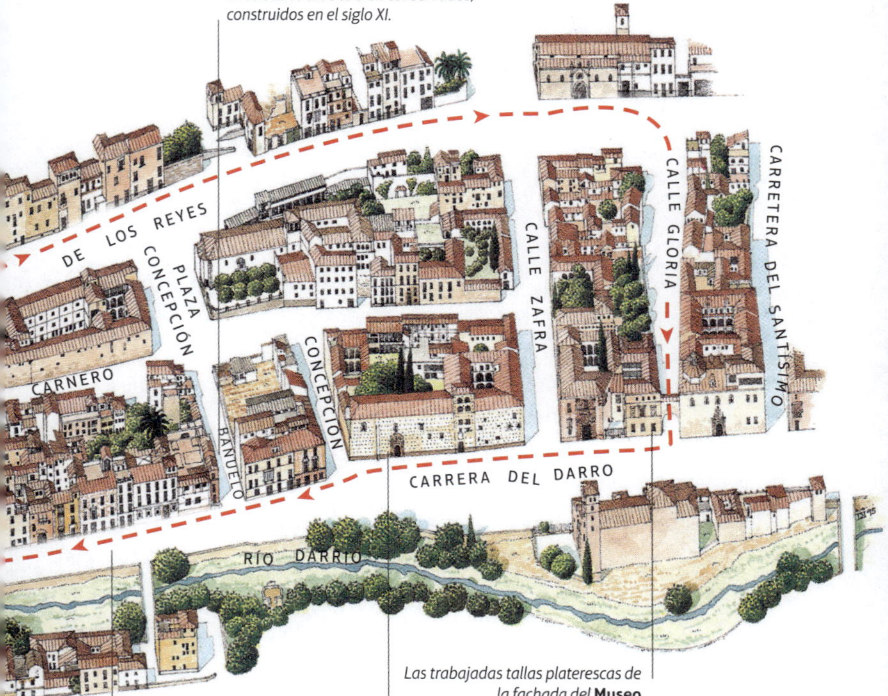

DE LOS REYES

PLAZA
CONCEPCIÓN

CARNERO

BAÑUELO

CONCEPCIÓN

CALLE ZAFRA

CALLE GLORIA

CARRETERA DEL SANTÍSIMO

CARRERA DEL DARRO

RÍO DARRO

El **convento de Santa Catalina**
fue fundado en 1521.

Las trabajadas tallas platerescas de
la fachada del **Museo
Arqueológico** incluyen este relieve
con los emblemas heráldicos de los
reyes nazaríes de Granada.

En la **Carrera del Darro,** que
bordea el río Darro, se alinean
las nobles fachadas de antiguos
edificios, hoy restaurados.

$\rightarrow$
La Carrera del Darro, una
de las calles más
bonitas de Granada

LUGARES DE INTERÉS

Huelva

🅰B6 🏠Huelva 🚂🚌 ℹ️Calle Jesús Nazareno 21; 959 65 02 00

Fundada por los fenicios, Huelva vivió sus días de mayor esplendor siendo puerto romano con el nombre de Onuba. Durante el terrible terremoto de Lisboa de 1755 quedó casi borrada del mapa. Hoy es una ciudad industrial tendida entre las desembocaduras de los ríos Odiel y Tinto. La partida de Colón hacia América *(p. 65)* desde Palos de la Frontera, al otro lado del estuario del Odiel, se evoca en el excelente **Museo Provincial,** que narra también la historia de las minas de Riotinto. Hacia el este del centro, el barrio Reina Victoria es un peculiar ejemplo de construcciones inglesas imitando el estilo Tudor, que la Rio Tinto Company construyó para sus trabajadores a principios del siglo XX. Al sur, en Punta del Sebo y dominando el estuario del Odiel, está el Monumento a la Fe Descubridora, una estatua bastante austera de un navegante mirando hacia América, obra de Gertrude Vanderbilt Whitney en 1929.

Punta Umbría, en un promontorio junto a las marismas del Odiel; Isla Cristina, un importante puerto pesquero con excelentes marisquerías, y Mazagón, con miles de dunas formadas por el viento, son centros de veraneo.

Museo Provincial

🏠Alameda Sundheim 13 📞959 65 04 24 🕐ma-do; horarios varían, llamar previamente

---

⑨

Sierra de Aracena

🅰B5 🏠Huelva 🚂El Repilado 🚌Aracena ℹ️Calle Pozo de la Nieve s/n, Aracena; 663 93 78 77

Esta agreste cordillera es uno de los parajes más remotos y desconocidos de Andalucía. En las laderas del monte que corona Aracena, capital de la sierra, hay ruinas de una fortaleza árabe. La **gruta de las Maravillas** tiene un lago con estalactitas.

El pueblo de Jabugo es famoso por sus excelentes jamones.

A 45 kilómetros hacia el sur por la A461 se hallan las minas de Riotinto, de las que se ha extraído hierro, cobre y plata desde tiempos de los fenicios. El **Museo Minero** ilustra la historia de la compañía Riotinto.

Gruta de las Maravillas

🚻♿ 🏠Pozo de la Nieve 📞663 93 78 76 🕐10.00-13.30 y 16.00-18.00 diario

Museo Minero

🚻♿ 🏠Plaza del Museo 🕐10.30-15.00 y 16.00-20.00 diario 🕐1 y 6 ene, 25 dic 🌐parquemineroderiotinto.es

---

⑩

Monasterio de la Rábida

🅰B6 🏠Huelva 🚌Desde Huelva 📞959 35 04 11 🕐10.00-18.00 ma-do 🌐monasterio delarabida.com

El monasterio franciscano de la Rábida se fundó en el siglo XV. En 1490 Colón buscó refugio en él tras ser rechazada por los Reyes Católicos su petición de apoyo para navegar hacia el oeste en busca de las Indias. Juan Pérez, prior del convento, usó su influencia como confesor de la reina para revocar la decisión. En el interior, los frescos pintados por Daniel Vázquez Díaz en 1930 glorifican la vida y descubrimientos del navegante. También son interesantes los claustros mudéjares, los jardines y la envigada sala capitular.

Monumento a la Fe Descubridora en Huelva

TOP 5 FIESTAS DE ANDALUCÍA

Carnaval de Cádiz
En febrero o marzo, los gaditanos celebran uno de los carnavales más grandes y coloridos de Europa.

Feria de Abril
Dos semanas después de Semana Santa se celebra esta gran fiesta con más de 1.000 casetas en las que se sirve fino y rebujitos y se bailan sevillanas sin descanso.

Día de la Cruz
En la primera semana de mayo hay concursos para confeccionar las cruces de flores más coloridas en las plazas y rincones de Granada y Córdoba.

Fiesta de los Patios
Los patios repletos de flores de Córdoba se abren al público a mediados de mayo para actuaciones de flamenco.

Fiesta de la Vendimia de Jerez
En las dos primeras semanas de septiembre, las multitudes celebran la vendimia con el pisado de la uva, degustaciones y mucho más.

↑ Banderines de colores decoran las calles del casco antiguo de Moguer

Palos de la Frontera

🅰 B6 🏠 Huelva ▣
ℹ Parque Botánico José Celestino Mutis Paraje de la Rábida; 959 49 46 64

Colón se hizo a la mar hacia las Américas el 3 de agosto de 1492 desde Palos, cuna de sus dos capitanes, los hermanos Martín y Vicente Pinzón.

La iglesia de San Jorge, del siglo XV, cuenta con un bello portal por el que salió Cristóbal Colón para embarcarse en la Santa María. A las afueras de Moguer está el **muelle de las Carabelas,** que contiene réplicas de las carabelas.

El bello pueblo blanco de Moguer cuenta con tesoros como la ermita de Nuestra Señora de Montemayor, del siglo XVI, y el neoclásico ayuntamiento. El **monasterio de Santa Clara** alberga el Museo Diocesano de Arte Sacro.

Muelle de las Carabelas
🏠 Paraje de La Rábida
📞 959 53 05 97 🕐 9.30-20.00 ma-do; med jun-med sep: 10.00-19.00

Monasterio de Santa Clara
🏠 Plaza de las Monjas, Moguer 📞 959 37 01 07 🕐 Solo con visita guiada ma-sá

Azabache
Versiones innovadoras de platos tradicionales en este local de Huelva. Pescado fresco y amplia carta de vinos.

🅰 B6 🏠 Calle Vázquez López 22, Huelva
 restaurante azabache.com

€€€

El Bodegón
Restaurante de Palos de la Frontera donde destaca el lomo de ternera retinta.

🅰 B6 🏠 Calle Rábida 46, Palos de la Frontera
📞 959 53 11 05

€€€

Aires de Doñana (La Choza del Rocío)
Esta choza de Almonte es conocida por su revuelto marismeño.

🅰 B6 🏠 Avenida de la Canaliega 1, Almonte
📞 959 44 22 89

€€€

La colorida romería y la ermita de Nuestra Señora del Rocío

Bodegas Barbadillo

Vale la pena la visita guiada a esta bodega, en la que se lleva elaborando manzanilla desde 1821. Ofrece catas y compra de vinos.

🅰B6 🏠Calle de Luis de Eguilaz 11, Sanlúcar de Barrameda
🌐barbadillo.com

The Harbour Bar & Restaurant

Como sugiere el nombre, este bar tiene vistas de los barcos amarrados en el puerto de Marbella. Ofrece cócteles creativos y vinos refrescantes para días sofocantes.

🅰C6 🏠1er piso Club Marítimo, Puerto Deportivo, Marbella
🌐theharbour marbella.com

El Rocío

🅰B6 🏠Huelva 🚌
ℹCalle Muñoz y Pavón s/n; 959 02 66 02

Fronterizo con el Parque Nacional de Doñana (p. 476) se halla El Rocío, famoso por su romería, que congrega todos los años a casi un millón de personas. Los romeros acuden desde los puntos más lejanos de España para hacer el camino hasta la ermita de Nuestra Señora del Rocío; la imagen de la Virgen que alberga el templo tiene fama de milagrera. El lunes de Pentecostés, a primera hora de la mañana, los almonteños saltan la verja de la ermita para llevar a la Blanca Paloma, y la multitud enardecida se agolpa en torno al trono para tocar la imagen.

Sanlúcar de Barrameda

🅰B6 🏠Cádiz 🚌 ℹCalle Calzada Duquesa Isabel s/n; 956 36 61 10

Este delicioso puerto pesquero situado en la desembocadura del Guadalquivir está dominado por su castillo árabe. De esta ciudad zarpó Colón en su tercer viaje en 1498 y también desde aquí se hizo al mar en 1519 la expedición de Magallanes que dio la vuelta al mundo.

Sanlúcar es famoso por su excelente marisco y su manzanilla, un vino fino que producen, entre otras, las bodegas Barbadillo. Del muelle de Sanlúcar salen las barcas que llevan a los visitantes al Parque Nacional de Doñana (p. 476), al otro lado del río.

Chipiona es una animada localidad con una playa excelente. Tierra adentro se encuentra Lebrija; la iglesia de Santa María de la Oliva es una antigua mezquita almohade del siglo XII.

⑭ Jerez de la Frontera

🗺B6 **📍Cádiz** **✈🚍🚌** **ℹ️Plaza del Arenal s/n; edificio Los Arcos; 956 14 98 63**

Se pueden visitar muchas bodegas en esta ciudad, la capital del jerez. La localidad es también famosa por la **Real Escuela Andaluza de Arte Ecuestre;** todos los jueves se celebra un espectáculo (también los martes de marzo a diciembre y algunos viernes en verano). El cercano **palacio del Tiempo** reúne una de las mayores colecciones de relojes en Europa, y el **palacio de Pemartín,** en la plaza de San Juan, acoge el Centro Andaluz de Flamenco, donde hay exhibiciones para conocer la música y el baile tradicionales. El **alcázar,** del siglo XI, ciñe una mezquita bien conservada que hoy es iglesia. Al norte queda la catedral.

No lejos de Jerez, el monasterio de la Cartuja de Santa María de la Defensión está considerado uno de los más bellos de España. Hacia el suroeste, en El Puerto de Santa María pueden visitarse diversas bodegas y un castillo del siglo XIII.

Real Escuela Andaluza de Arte Ecuestre
◉ 📍Duque de Abrantes
🕐lu-mi, vi 🌐realescuela.org

Palacio del Tiempo
◉◉ 📍Calle Cervantes 3
☎956 18 21 00 🕐Solo visitas guiadas: 9.30, 10.30, 11.30, 12.30 y 13.30 lu-vi

Palacio de Pemartín
📍Plaza de San Juan 1
☎956 90 21 34 🕐9.00-14.00 lu-vi 🚫Festivos

Alcázar
◉◉ 📍Alameda Vieja
☎650 80 01 00 🕐Jul-sep: 9.30-17.30 todos los días; oct-jun: 9.30-14.30 todos los días
🚫1 y 5 ene, 25 dic

⑮ Costa de la Luz

🗺B6 **📍Cádiz** **🚆Cádiz** **🚌Cádiz, Tarifa** **ℹ️Paseo de la Alameda s/n, Tarifa; www.cadizturismo.com**

Entre Cádiz y Tarifa, en el extremo más meridional de España, esta franja de costa virgen batida por los vientos debe el nombre a la pureza e intensidad de su luz. Desde la sierra del Cabrito, al oeste de Algeciras, se ve a veces la silueta de Tánger y el reseco paisaje marroquí al pie de las montañas purpúreas del Rif, al otro lado del estrecho.

Tarifa, asentada sobre una imponente mole rocosa, toma el nombre del caudillo moro Tarik ben Maluk, que desembarcó aquí con sus tropas en el año 711. Más tarde, el legendario Guzmán el Bueno defendió Tarifa del asedio a que la sometieron los musulmanes en 1292.

Tarifa se ha convertido en la capital europea del kitesurf. Los vientos que soplan en estas costas mueven también las numerosas turbinas eólicas visibles en las colinas.

Saliendo de la N-340 (E5), al final de una larga y estrecha carretera que discurre entre cactus, girasoles y solitarios alcornoques, se halla Zahara de los Atunes, agradable

TOP 5 BODEGAS DE JEREZ

Bodegas Álvaro Domecq
Esta bodega, en el centro de Jerez, guarda miles de barricas (*www.alvaro domecq.com*).

Bodegas La Cigarrera
Esta bodega data de 1758 (*www.bodegas lacigarrera.com*).

Bodegas González Byass - Tío Pepe
Complejo de patios y jardines en Jerez (*www.gonzalezbyass. com*).

Bodegas Osborne
El toro de Osborne forma parte del patrimonio inmaterial de España (*www.osborne.es*).

Bodegas Sandeman
Marca de renombre fundada en 1790 (*www.sandeman.eu*).

localidad de veraneo con varios hoteles. En Conil de la Frontera hay numerosas urbanizaciones veraniegas.

Cerca del cabo de Trafalgar, el almirante Nelson derrotó a la flota francoespañola en la batalla de Trafalgar, en la que perdió la vida.

↑ Playas desiertas rodeadas de dunas en Bolonia, en la Costa de la Luz

DISPUTA SOBRE GIBRALTAR

La toma de Gibraltar por los británicos durante la guerra de Sucesión en 1704 fue ratificada nueve años después "a perpetuidad". La posición estratégica del Peñón resultó esencial para los británicos durante su época colonial. En 1967 los gibraltareños votaron en referéndum permanecer bajo dominio británico. Las tensiones se suavizaron temporalmente, pero la confusión por las consecuencias del Brexit ha renovado la polémica.

Gibraltar

AC6 **A**British Overseas Territory **□** **i**The Main Guard, 13 John Mackintosh Square; www.visit gibraltar.gi

El Peñón fue cedido a Gran Bretaña en aplicación del Tratado de Utrecht, en 1713. El castillo árabe del siglo VIII conserva la torre del homenaje. La **cueva de San Miguel** se destina hoy a conciertos clásicos. En el cubil de los Monos viven los famosos monos gibraltareños. El **Museo de Gibraltar** está dedicado a la historia de la colonia, haciendo hincapié en su importancia estratégica.

Cueva de San Miguel, cubil de los Monos

⊘ **A**Upper Rock Area
C(+35) 020 04 59 57
⊙ 9.00-18.15 diario

Museo de Gibraltar

⊘ **A**18 Bombhouse Lane
⊙ 10.00-18.00 lu-vi, 10.00-14.00 sá **C**Festivos
wgibmuseum.gi

Algeciras

AC6 **A**Cádiz **□** **i**Paseo Río de la Miel s/n; 670 94 87 31

Desde la ciudad industrial de Algeciras se puede contemplar, en días claros, Ceuta, al otro lado del Estrecho. Es un importante puerto y punto de partida de los ferris que enlazan con Ceuta y Melilla, así como con la ciudad marroquí de Tánger.

↓ El peñón de Gibraltar se alza sobre el puerto deportivo

Marbella

AC6 **A**Málaga **□** **i**Glorieta de la Fontanilla, Paseo Marítimo; www.turismo.marbella.es

Marbella es uno de los centros de veraneo más exclusivos de Europa. Su excelente clima hace de este extenso municipio un lugar privilegiado durante todo el año; en invierno, la mayor atracción para una buena parte de sus numerosos residentes es la práctica del golf. Entre los encantos del casco viejo, con callejas y plazas, elegantes tiendas y restaurantes, está la iglesia de Nuestra Señora de la Encarnación. En la plaza de los Naranjos se halla el ayuntamiento, que alberga el Museo Municipal y tiene una portada mudéjar. Algunas de las obras menos conocidas de Pablo Picasso pueden verse en el **Museo del Grabado Español Contemporáneo.**

La noche marbellí gira en torno a fiestas privadas; las playas de Babaloo, Victor's, Don Carlos, Cabopino y Las Dunas son estupendas.

En las montañas que circundan la ciudad de Marbella merecen una visita los pueblos blancos de Istán, Ojén y Mijas, desde los que se tienen maravillosas vistas de la franja costera.

Siguiendo por la costa hacia el oeste se encuentra Puerto Banús, el elegante puerto deportivo de Marbella. Las tiendas de lujo, restaurantes y animada vida nocturna reflejan la riqueza de su clientela.

En total contraste, la tranquila Estepona, 31 km al suroeste de Marbella, es muy popular entre las familias con niños, que se reúnen por las tardes en su paseo marítimo jalonado de palmeras, mientras al otro lado de la carretera costera se extienden sus típicas plazas pobladas de naranjos. En uno de los extremos de la ciudad se dispone el puerto deportivo, con elegantes restaurantes, y a lo largo de la costa se extienden las urbanizaciones.

Museo del Grabado Español Contemporáneo
⊛ 🏠 Calle Hospital Bazán ⏰ 10.00-20.00 lu-sá, 10.00-14.00 do 🅦 museodel grabado.es

---

Arcos de la Frontera

🅰B6 🏠 Cádiz 🚌 ℹ️ Calle Cuesta de Belén 5; 956 70 22 64

La aparición de esta localidad ante los ojos es espectacular. De probable fundación íbera, los romanos la llamaron Arcobriga, y durante el califato de

↑ Clientes disfrutando de las vistas de Arcos de la Frontera desde la terraza de un hotel

Córdoba fue el baluarte de Medina Arkosh. Arcos es arquetipo de los pueblos blancos, con un laberíntico casco antiguo que trepa hasta el castillo.

En la plaza de España están el parador y la iglesia de Santa María de la Asunción, edificio gótico mudéjar que destaca por el retablo del altar mayor y la sillería del coro. Llama la atención la iglesia de San Pedro, gótica, al borde del acantilado que forma el río Guadalete. Cerca queda el **palacio del Mayorazgo**, de fachada renacentista. El **ayuntamiento** tiene un techo mudéjar.

En el siglo XV se otorgó a la familia Guzmán el ducado de Medina Sidonia, un pueblo ubicado al sureste de Arcos de la Frontera. La familia se enriqueció y Medina Sidonia se convirtió en uno de los ducados más importantes de España. La iglesia gótica de Santa María la Coronada contiene una valiosa colección de arte religioso renacentista.

Palacio del Mayorazgo
🏠 Calle Núñez del Prado 📞 956 70 30 13 (Casa de Cultura) ⏰ 10.30-13.30 lu-vi, 11.00-14.00 sá y do

Ayuntamiento
🏠 Plaza del Cabildo 📞 947 40 53 32 ⏰ lu-vi, llamar para consultar

Hotel Fuerte
Primer hotel de lujo construido en Marbella. Situado frente a la playa, tiene unos frondosos jardines y dos piscinas, además de centro de *fitness* con piscina cubierta.

🅰C6 🏠 Calle El Fuerte, Marbella 🅦 fuerte hoteles.com

Casa Grande
Este palacio encalado del siglo XVIII, ubicado en lo alto de Arcos de la Frontera, ofrece unas magníficas vistas del campo. Habitaciones decoradas individualmente con magníficas antigüedades.

🅰B6 🏠 Calle Maldonaldo 10, Arcos de la Frontera 🅦 lacasagrande.net

→

Las originales formaciones del Torcal, similares a discos apilados

El Torcal

C6 Málaga Antequera Antequera;
www.torcaldeantequera.com

Muy frecuentado por los montañeros –hay senderos marcados–, el **Paraje Natural Torcal de Antequera** es un macizo calcáreo donde la erosión ha ido moldeando cuevas y caprichosas formaciones rocosas.

Esta zona es también paraíso de naturalistas: además de zorros y comadrejas y colonias de águilas, halcones y buitres, crecen varias especies de orquídea silvestre.

Paraje Natural Torcal de Antequera

952 24 33 24 10.00-17.00 todos los días (hasta 19.00 abr-sep)

Garganta del Chorro

C6 Málaga El Chorro Parque Ardeles Plaza Fuente de Arriba 15, Álora; www.alora.es

Subiendo por el valle del Guadalhorce, detrás del pueblo de El Chorro, se encuentra una maravilla natural. Abierta por el río en una montaña de piedra caliza, la garganta del Chorro es un abismo de 180 m de profundidad y 10 m de ancho en algunos puntos.

Álora, que cuenta con un castillo árabe en ruinas y una iglesia dieciochesca, queda a 12 km valle abajo.

Desde Álora, por la sinuosa MA-441, se llega a Carratraca. Durante el siglo XIX y comienzos del XX, los europeos adinerados se desplazaban hasta aquí por las propiedades curativas de sus manantiales. Hoy el agua sigue manando a razón de 700 litros por minuto y el balneario permanece abierto, pero hay pocos visitantes.

>
>
> MEJORES VISTAS
> **Por el caminito**
>
> El Caminito del Rey, un recorrido que bordea la pared rocosa a 100 m de altitud, lleva hasta el puente sobre la garganta del Chorro (*www.caminitodelrey. info*). No apto para los que sufran de vértigo.

Antequera

C6 Málaga Calle Encarnación 4; www.antequera.es

Esta monumental ciudad tuvo importancia estratégica para los romanos, que la llamaron Anticaria, y más tarde para los árabes, convertida en baluarte fronterizo en el que se basó la defensa de Granada. De sus muchas iglesias no hay que dejar de ver la de Nuestra Señora del Carmen, con un magnífico retablo barroco, y la Real Colegiata de Santa María la Mayor. El castillo, sobre una colina, fue construido en el siglo XIII en el solar de un fuerte romano. Se pueden rodear las murallas entrando por el arco de los Gigantes, del siglo XVI. Desde la torre del Papabellotas, la parte mejor conservada de la muralla, hay vistas de la ciudad.

El **palacio de Nájera**, del siglo XVIII, es la sede del Museo Municipal, cuya joya es el *Efebo de Antequera*, bronce romano del siglo I.

Los dólmenes que se yerguen a las afueras de la ciudad pasan por ser cámaras funerarias de caudillos tribales y datan del 2500-2000 a. C.

En la laguna de Fuente de Piedra, al norte de Antequera, hay una gran población de aves, entre ellas los flamencos que acuden a criar.

Palacio de Nájera

⊗ ⌂ Coso Viejo 📞 952 70 83 00 🕐 jul-sep: 9.00-14.00 ma-do; oct-jun: 10.00-14.00 y 16.00-18.00 ma-sá, 9.30-14.00 do

El cubo de cristal multicolor que alberga el Centre Pompidou de Málaga

㉓

Málaga

🅰C6 ⌂ Málaga ✈🚌🚐🚢 ℹ Plaza de la Marina 11; www.malagaturismo.com

Málaga es hoy un puerto muy activo, como ya lo fue en tiempos de los fenicios, que la llamaron Malaca, y también bajo los romanos y los árabes. En el siglo XIX la ciudad alcanzó un reflorecimiento gracias al comercio portuario con la exportación de sus vinos.

La catedral, comenzada por Diego de Siloé en 1528, acusa una singular mezcla de estilos. La segunda torre, que quedó a medio construir al agotarse los fondos en 1765, dio a la catedral el apodo de La Manquita.

El **Museo Picasso de Málaga** acoge obras del pintor, mientras que su casa natal, donde pasó su infancia, es la sede de la Fundación Picasso.

El **Centre Pompidou de Málaga** cuenta con una colección de obras de arte

modernas y contemporáneas. La vasta alcazaba de Málaga fue construida entre los siglos VIII y XI. A la entrada se ve un teatro romano. En el palacio de la Aduana, el Museo de Málaga muestra piezas arqueológicas, algunas halladas en la propia ciudad.

En el mismo monte que la alcazaba se halla el castillo de Gibralfaro, fortaleza árabe del siglo XIV.

Museo Picasso Málaga

⊗ ⌂ Calle San Agustín 8 🕐 10.00-19.00 todos los días (nov-feb hasta 18.00) 🚫 1 ene, 25 dic 🖥 museopicasso malaga.org

Centre Pompidou Málaga

⌂ Pasaje Doctor Carillo Casaux s/n, Muelle Uno 🕐 9.30-20.00 mi-lu 🖥 centrepompidou-malaga.eu

---

El Tintero II

Un restaurante junto a la playa de Málaga. No tiene carta, tan solo hay que elegir uno de los platos que van sacando los camareros.

🅰C6 ⌂ Avenida Salvador Allende 340 (El Palo), Málaga 🖥 eltinteromalaga.com

€€€

Mesón Astorga

La cocina de este clásico restaurante ofrece productos frescos de mercado. No hay que perderse sus berenjenas con azúcar de caña.

🅰C6 ⌂ Calle Gerona 11, Málaga 🖥 meson astorga.com

€€€

Barro de Palma
En Palma del Río se pueden comprar las mejores piezas de cerámica, forja y serigrafía. Sus talleres también permiten aprender a fabricar piezas para llevar a casa.

C5 Polígono Industrial Mataché II 67-68, Palma del Río barrodepalma.com

Alfajar
Un espacio abierto y luminoso en el que se fabrica la característica cerámica de Alfajar. Se puede aprender y crear piezas propias en sus talleres, de manos de artesanos de la zona.

C6 Calle Císter 1, Málaga alfajar.es

24
Palma del Río

C5 Córdoba Plaza Mayor de Andalucía s/n; www.palmadelrio.es

En este lugar situado en la calzada que unía Córdoba con Sevilla levantaron los romanos un enclave estratégico hace casi 2.000 años. Los restos de las murallas del siglo XII recuerdan los días en que la ciudad era bastión fronterizo de los almohades (p. 449). La iglesia de la Asunción, de traza barroca, data del siglo XVIII. En el monasterio de San Francisco, hoy hotel, los huéspedes pueden cenar en el refectorio de los franciscanos, del siglo XV. Palma del Río es la cuna del torero el Cordobés.

El perfil del **castillo de Almodóvar del Río** dibuja una

↑ Suelo de mosaico de la Casa del Planetario, en las ruinas romanas de Itálica

silueta espectacular: esta fortaleza árabe –partes del cual se remontan al siglo VIII– preside desde lo alto de una colina el pueblo encalado y los campos de cultivo que lo rodean.

Castillo de Almodóvar del Río

957 63 40 55 Horarios varían, consultar web castillodealmodovar.com

25
Itálica

B6 Avenida de Extremadura 2, Santiponce, Sevilla 600 14 17 67 Desde Sevilla 9.00-18.00 ma-sá (abr-med jun: 9.00-20.00; med jun-med sep: 9.00-15.00), 9.00-15.00 do

Escipión el Africano fundó Itálica en el 206 a. C. Durante los siglos II y III d. C. cobró gran importancia cultural y militar. Aquí nacieron Trajano y Adriano; este último, que fue emperador entre el 117 y el 138 d. C., mandó erigir grandes templos de mármol y otros fastuosos edificios.

Junto al enorme anfiteatro hay una exposición de objetos hallados en el yacimiento. El visitante puede deambular a su aire por los restos de las calles de Itálica y admirar los mosaicos de sus villas. Sin

embargo, es poco lo que queda de los templos y termas, pues la piedra y el mármol han sido saqueados a lo largo de los siglos.

26
Osuna

C6 Sevilla Calle Sevilla 37; 954 81 57 32

Osuna, que fue en su día un estratégico acuartelamiento romano, recobró importancia en el siglo XVI con la familia de los Téllez Girón, duques de Osuna. Entre 1535 y 1539, los duques hicieron edificar la colegiata de Santa María, en la que se encuentra el panteón ducal, con retablo barroco y cuadros de José de Ribera. A esta siguió en 1548 la Universidad, edificio de líneas severas con un bello patio. Otras hermosas mansiones, como el palacio del Marqués de la Gomera, reflejan también la pasada gloria de la ciudad.

Al este se encuentra Estepa, famosa en todo el país por sus polvorones y mantecados. La iglesia del Carmen tiene una fachada barroca blanca y negra.

→
El emblemático alcázar de Arriba domina el centro de Carmona

Sierra Morena

A C5 **A** Sevilla y Córdoba
A Cazalla, Constantina **A** Cazalla, Constantina **A** Plaza
Doctor Nosea 1, Cazalla;
www.cazalla.org; Calle
Veneros/n, Constantina;
www.constantina.org

Alfombrada de pinares y robledales, Sierra Morena se extiende al norte de las provincias de Sevilla y Córdoba formando una frontera natural entre Andalucía, Extremadura y La Mancha. Nombrada en 2014 reserva celeste por la fundación Starlight, en la que participa la Unesco, es el mejor lugar del mundo para contemplar la Vía Láctea.

Fuente Obejuna, al norte de Córdoba, fue inmortalizada por Lope de Vega *(p. 331)* en su famosa obra teatral, que trata del levantamiento acaecido en 1476 contra un señor local. La iglesia de San Juan Bautista, en Hinojosa del Duque, es un grandioso templo de estilos gótico y renacentista. Belalcázar está dominado por el torreón de un castillo en ruinas del siglo XV. Todas estas localidades de la comarca de Los Pedroches cuentan con espléndidos paisajes naturales.

Carmona

A B6 **A** Sevilla **A** **A** Alcázar
de la Puerta de Sevilla;
www.turismo.carmona.org

El casco antiguo de Carmona, primera ciudad de importancia al este de Sevilla por la N-IV, está emplazado en una colina desde la que se domina la feraz vega. Pasada la puerta de Sevilla del alcázar de Abajo, romano y musulmán, se abre un apretado racimo de casas nobles y palacios, artísticas iglesias y conventos, plazas y tortuosas calles empedradas.

La plaza de San Fernando tiene un aire señorial que viene marcado por la fachada renacentista del antiguo **ayuntamiento;** el actual, junto a la plaza, data del siglo XVIII y tiene mosaicos romanos en el patio. Cerca se halla la iglesia de Santa María la Mayor, la más bella de Carmona, construida en el siglo XV en el solar que ocupaba una mezquita cuyo patio aún se conserva. En la parte más alta se encuentran las ruinas del alcázar de Arriba, antiguo palacio de Pedro I el Cruel; una parte del edificio funciona como parador.

A las afueras de Carmona hay una vasta **necrópolis romana** con hermosos mausoleos, como el de Servilia y el del Elefante.

Ayuntamiento
A Calle Salvador 2 **C** 954 14
00 11 **O** 9.00-14.00 lu-vi
C Festivos

Necrópolis romana
A Avenida Jorge Bonsor 9
C 600 14 36 32 **O** abr y may:
9.00-20.00 ma-vi, 10.00-20.00
sá, 10.00-17.00 do; jun-med sep:
9.00-15.30 ma-vi, 10.00-15.30
sá, 10.00-17.00 do; med sep-
mar: 9.00-18.30 ma-sá, 10.00-
17.00 do **C** 1 ene, 1 may y 25 dic

> ### ¿Lo sabías?
>
> Chaucer lamenta la muerte de Pedro el Cruel en *El cuento del monje.*

La plaza de España de Écija es una de las más grandes del país. Su suelo de losas está flanqueado de palacios barrocos e iglesias góticas. Muchos de ellos se ven perfectos tras su reciente restauración y ayudan a resaltar aún más la estructura austera del ayuntamiento del siglo XIX.

↑ Arcada de la fachada de la Casa de Yafar, Medina Azahara

㉙

Medina Azahara

🅰C5 🏠Córdoba ☎95710 4933 ⏰Los horarios varían, consultar web 🌐medinaazahara.org

Este palacio antaño glorioso fue erigido en el siglo X por el califa Abderramán III, que le puso el nombre de su esposa predilecta: Azahara. El soberano empleó en su construcción más de 15.000 mulas, 4.000 camellos y 10.000 obreros para el acarreo de materiales desde el norte de África y otros puntos de Andalucía.

El palacio, construido en tres niveles, incluye una mezquita, la residencia califal y unos bellos jardines. Mármol, ébano, jaspe y alabastro ornaron sus estancias, y se cree que hubo al menos una alberca llena de azogue.

Por desgracia, tanta gloria fue efímera. El palacio fue saqueado por los bereberes en

> **Mármol, ébano, jaspe y alabastro ornaron las estancias y patios de Medina Azahara, y se cree que hubo al menos una alberca llena de azogue.**

el 1010. Las ruinas de hoy solo permiten intuir su antiguo esplendor: por ejemplo, un gran salón decorado con esculturas de mármol que conserva un bello artesonado. El palacio está en fase de restauración. Para vivir una experiencia mágica, vale la pena apuntarse a una visita nocturna durante los meses de primavera y verano.

㉚

Écija

🅰C5 🏠Sevilla 🚌 ℹCalle Elvira 1-A, Palacio de Benamejí; www.turismoecija.com

Llamada la Sartén de Andalucía por sus altas temperaturas veraniegas, la plaza de España, sombreada por las palmeras, constituye al atardecer un encantador lugar de reunión. El rasgo más destacado de Écija son las 11 torres barrocas de sus iglesias, varias adornadas con azulejos *(p. 454)*. La más ornamentada es la de Santa María, en la plaza de España; la sigue de cerca la iglesia de San Juan, con su campanario de vivos colores.

→ La ornamentada torre barroca de la iglesia de San Juan, Écija

Entre los edificios civiles destaca el palacio del Conde de Aguilar, con hermosa portada barroca y una galería de forja.

La fachada del **palacio de Peñaflor** es también de estilo barroco: la portada, de mármol rosa, está rematada por columnas salomónicas, mientras que una airosa balconada con elaborado trabajo de forja recorre el frontis en toda su longitud.

Palacio de Peñaflor
🏠Calle Emilio Castelar 26 ☎747867202 ⏰11.00-13.30 y 14.30-18.30 lu, ma-vi previa cita, 10.00-14.00-18.30-20.00 sá, 11.00-14.00 do

↑ La fuente del Rey, un bonito enclave al final de la calle del Río en Priego de Córdoba

③¹ Priego de Córdoba

C6 🏛Córdoba 🚌 ℹ️Plaza de la Constitución 3; www.turismodepriego.com

La pretensión de Priego de ser la capital del barroco cordobés nace de los magníficos trabajos de escultura, forja y orfebrería presentes en las numerosas casas –e iglesias sobre todo– construidas con las riquezas que dejó la pujante industria de la seda en el siglo XVIII.

En el barrio de La Villa, casco medieval de la ciudad, se levanta el castillo, una restaurada fortaleza árabe con seis torres rectangulares y una cilíndrica. Cerca está la notable parroquia de la Asunción, transformada del gótico al barroco por Jerónimo Sánchez de Rueda. Destaca en ella la capilla del Sagrario, creación de 1784 del artista local Francisco Javier Pedrajas; el retablo del altar mayor es plateresco.

Los sábados a medianoche, los miembros de la hermandad de la barroca ermita de la Aurora recorren las calles entonando loas a la Virgen.

Los tratantes en sedas construyeron muchas de las mansiones que se yerguen imponentes en la curva de la calle del Río, al final de la cual está la barroca fuente del Rey, donde 139 caños vierten agua en tres grandes tazas adornadas con exuberantes estatuas.

Zuheros, encaramado en un peñasco de las colinas calcáreas del noroeste de Priego, conserva una espléndida arquitectura popular.

③² Montilla

C5 🏛Córdoba 🚌🚃 ℹ️Calle Iglesia s/n (en el castillo); 957 65 23 54

Montilla es la capital de una comarca en la que se producen vinos finos y amontillados. Varias bodegas pueden visitarse con cita previa, como **Alvear** y **Pérez Barquero**.

El convento de Santa Clara, de estilo mudéjar, data de 1512. La biblioteca y la oficina de turismo ocupan la Casa del Inca, así llamada porque aquí vivió el Inca Garcilaso en el siglo XVI, escritor español nacido en Perú e hijo de una princesa inca.

Bodega Alvear

🕙 🏛María Auxiliadora 1 🕐Previa cita 🌐alvear.es

Bodega Pérez Barquero

🕙🕙 🏛Avenida de Andalucía 27 🕐Diario, previa cita 🚫Ago 🌐perezbarquero.com

Bar Goya

El bar más antiguo de Carmona ocupa un edificio del siglo XV con un menú variado y moderno.

🅰️B6 🏛Calle Prim 2, Carmona 🌐goya tapas.com

Copa Vino

Este bar de Nerja, de dueño sueco, cuenta con una larga lista de vinos por copa y pinturas en exposición.

🅰️C6 🏛Calle de Almirante Ferrándiz 60, Nerja 📞633 95 57 50

Bodegas Lagar Blanco

El dueño de esta pequeña bodega de Montilla ofrece visitas por el viñedo que terminan con una degustación de jerez.

🅰️C5 🏛Carretera de Cuesta Blanca, km 4, Montilla 🌐lagarblanco.es

Parador de Carmona
Ubicado en una fortaleza, está decorado con tapices y antigüedades.

 B6 **Calle Alcázar, Carmona** **parador.es**

€€€

Hotel Carabeo
Encantador hotel decorado con antigüedades y arte, y con una piscina ajardinada.

 C6 **Calle Hernando de Carabeo 34, Nerja** **hotelcarabeo.com**

€€€

Hotel Catedral
Casa señorial del siglo XIX con habitaciones amplias y techos artesonados.

 D6 **Plaza de la Catedral 8, Almería** **hotelcatedral.net**

€€€

 33

Lanjarón
D6 **Granada** **Avenida de Madrid s/n; www.lanjaron.es**

Una miriada de cristalinos manantiales brotan del deshielo de la nieve que alfombra las laderas de Sierra Nevada, y son tan abundantes en Lanjarón (p. 515), en la parte sur de esta gran cordillera, que la fama de la ciudad como balneario se remonta a época muy antigua. Desde junio hasta octubre los visitantes acuden en tropel a tomar las aguas para aliviar la artritis, los problemas nerviosos o las dolencias digestivas.

La noche del 23 de junio comienza un gran festival que termina a primera hora del 24, día de San Juan, con una tumultuosa batalla de agua. La ciudad está ubicada en el umbral de Las Alpujarras, una comarca de paisaje espectacular con escarpadas montañas y profundos valles que ocultan remotos pueblecitos encalados. Se puede llegar a Las Alpujarras desde Lanjarón y Órgiva, desde Guadix y, en verano, por la carretera de Sierra Nevada.

↑ Visitantes admirando las estalactitas en una de las cuevas de Nerja

 34

Nerja
C6 **Málaga** **Calle Carmen 1; www.nerja.org**

Esta población turística, construida en un acantilado sobre calas arenosas, queda a los pies de la sierra de la Almijara. Al este de la ciudad se hallan las **cuevas de Nerja,** descubiertas en 1959. Sus pinturas rupestres pueden tener

El balcón de Europa

Desde el promontorio rocoso conocido como El balcón de Europa, en el corazón de Nerja, las vistas alcanzan la costa y el mar al fondo.

unos 20.000 años de antigüedad. Solo están abiertas al público algunas de las salas naturales, grandes como catedrales. Una ha sido convertida en auditorio; en verano se celebran conciertos.

Cuevas de Nerja

 Carretera de las Cuevas de Nerja 🕑 9.30-16.30 todos los días; med jun-med sep y festivos hasta 19.00 🚫 1 ene, 15 may 🔲 cuevadenerja.es

35 Almuñécar

🅰C6 🄰Granada 🚌 🚹 Avda Europa; www. visitalmunecar.es

Almuñécar se halla en la Costa Tropical, así llamada porque su clima permite cultivar frutas y verduras exóticas, como el mango. Los fenicios fundaron aquí Sexi, su primer asentamiento, y más tarde los romanos construyeron un acueducto.

Más arriba del casco antiguo se halla el castillo, de origen árabe y reformado en el siglo XVI. El **Museo Arqueológico Cueva de Siete Palacios** expone diversos objetos fenicios hallados en la zona.

El pueblo de Salobreña, 31 km al sureste de Almuñécar, surge entre campos de caña de azúcar y plantaciones de aguacate. Sus calles trepan por una colina hasta el **castillo** árabe, desde donde se tiene una bella vista de Sierra Nevada *(p. 511)*.

Museo Arqueológico Cueva de Siete Palacios

Calle Cueva de Siete Palacios s/n 958 61 61 31 🕑 10.00-13.30 y 17.00-19.30 ma-sá, 10.00-13.00 do (jul-med sep: 18.30-21.00 ma-sá; nov-mar: 16.30-18.30 ma-sá)

Castillo de Salobreña

Calle Andrés Segovia 958 61 03 14 🕑 Los horarios varían; llamar con antelación 🚫 1 ene, 24, 25 y 31 dic

36 Montefrío

🅰C6 🄰Granada 🚌 🚹 Plaza España 1; www.turismo montefrio.org

El acceso a Montefrío desde el sur ofrece magníficas vistas de sus tejados y casas encaladas. Este arquetípico pueblo andaluz está coronado por los restos de sus fortificaciones árabes y la iglesia de la Villa, del siglo XVI y con traza gótica. En el centro se halla la neoclásica iglesia de la Encarnación, obra realizada por Ventura Rodríguez (1717-1785). Montefrío es famoso por el chorizo y por las cruces de piedra, que se cree datan de los siglos XVI-XVII.

Santa Fe fue construida por los Reyes Católicos a finales del siglo XV. Aquí acamparon sus ejércitos durante el sitio de Granada y aquí capituló Boabdil en 1492.

A unos 40 km al sur de Montefrío, Loja es conocida como Ciudad del Agua por sus numerosos manantiales.

←
Fortificaciones árabes coronan el pueblecito encalado de Montefrío

Vista del conjunto de cuevas habitadas del barrio troglodítico de Guadix

37 Guadix

 D6 Granada
Avenida de la Constitución 15-18; www.guadix.es

El barrio troglodítico, con 2.000 cuevas habitadas probablemente desde tiempos de los moriscos, es lo más peculiar de Guadix. **El Centro de Interpretación Cuevas de Guadix** y la **Cueva-Museo de Alfarería de la Alcazaba** muestran cómo se vivía en aquella época.

Centro de Interpretación Cuevas de Guadix

Plaza de Ermita Nueva s/n 958 66 55 69
Horarios varían, consultar web do y festivos

 CURIOSIDADES
Dama de Baza

La prueba de la existencia de una rica cultura antigua en la ciudad de Baza, 45 km al noreste de Guadix, quedó confirmada con el descubrimiento en una necrópolis de esta figura sedente femenina, cuya antigüedad se estima en 2.400 años.

Cueva-Museo de Alfarería de la Alcazaba

 Calle San Miguel 47
958 66 47 67 10.00-14.00 y 16.30-20.00 diario

38 Laujar de Andarax

D6 Almería
Carretera de Alcolea C-332 Laujar–Berja, km 1; 950 51 55 35

En las áridas estribaciones de Sierra Nevada, Laujar mira al sur en dirección a la sierra de Gádor.

La iglesia de la Encarnación, del siglo XVII, alberga una pintura de la Virgen, obra de Alonso Cano. Junto al ayuntamiento, de estilo barroco, hay una fuente con versos del poeta y dramaturgo Francisco Villaespesa, nacido en Laujar en 1877: "Seis fuentes tiene mi pueblo, / y aquel que bebe sus aguas, / ¡tal sabor a gloria tienen, / que nunca podrá olvidarlas!". Al este de Laujar, el nacimiento del río Andarax es un paraje muy apropiado para una merienda campestre, que bien puede regarse con uno de los recios vinos tintos del lugar. Más al este y sobre el valle de Andarax, Ohanes es un agradable pueblo de calles e empinadas y casas blancas famoso por sus uvas de mesa.

¿Lo sabías?

Según la leyenda, Laujar fue fundada por un nieto de Noé.

39 Castillo de La Calahorra

D6 La Calahorra, Granada 958 67 70 98
Guadix Previa cita mi

Murallas de extraordinario grosor con robustas torres angulares protegen el castillo que preside desde una loma la villa de La Calahorra. Fue Rodrigo de Mendoza, hijo del cardenal Mendoza, quien mandó construir el castillo para su prometida entre 1509 y 1512. En el interior hay un patio renacentista con arquería, pilares y una escalera de mármol de Carrara.

Jaén

🅰C5 🚉Jaén 🚏🚌
ℹ️ Calle Maestra 8;
www.turjaen.org

Fue ciudad íbera, romana más tarde y, desde el año 712, tras caer en poder de los árabes, tuvo gran importancia por su posición estratégica en el camino que unía Andalucía con Castilla. La fortaleza del cerro que domina la ciudad pasó a ser el **castillo de Santa Catalina** al ser tomada y reconstruida por el rey Fernando III en 1246; una parte funciona como parador.

Andrés de Vandelvira, a quien se deben muchos edificios de Úbeda, diseñó la catedral en el siglo XVI; las dos torres que flanquean la fachada de poniente son ampliaciones del XVII.

El antiguo y señorial **palacio Villardompardo** cobija un museo de artes y oficios y da acceso a los baños árabes, del siglo XI, obra del caudillo Alí; tienen arcos de herradura, ventanas estrelladas y dos albercas de cerámica. Escondida en un callejón se halla la iglesia de San Andrés, de estilo mudéjar, fundada en el siglo XVI por Gutiérrez González, quien, como tesorero del papa León X, gozaba de privilegios; la reja de la capilla, obra de Bartolomé de Jaén, es su pieza más valiosa.

El real monasterio de Santa Clara fue fundado en el siglo XIII, tras la Reconquista, y tiene un precioso claustro de finales del XVI; la iglesia, con techo artesonado, contiene un cristo de bambú originario de Ecuador.

En el **Museo Provincial** se exponen esculturas y mosaicos romanos y piezas de cerámica íbera, griega y romana.

→
Esquiadores en las pistas del centro de esquí de Sierra Nevada

Castillo de Santa Catalina

🏠 Camino del Castillo 📞 953 12 07 33 🕐 jul-sep: 10.00-14.00 y 17.00-21.00 lu-sá, 10.00-15.00 do; oct-jun: 10.00-18.00 lu-sá, 10.00-15.00 do 🚫 1 ene, 24, 25 y 31 dic

Palacio Villardompardo

🏠 Plaza Santa Luisa de Marillac 📞 953 24 80 68 🕐 9.00-22.00 ma-sá, 9.00-15.00 do 🚫 Festivos

Museo Provincial

🏠 Paseo de la Estación 29 📞 953 10 13 66 🕐 jul y ago: 9.00-15.00 ma-do; sep-jun: 9.00-21.00 ma-sá, 9.00-15.00 do 🚫 1 ene, 1 may, 25 dic

---

Sierra Nevada

🅰D6 🚉Granada 🚌Desde Granada ℹ️ Plaza de Andalucía, Cetursa Sierra Nevada; www.sierranevada.es

Coronan Sierra Nevada 14 picos de más de 3.000 m, algunos casi permanentemente nevados. La A395, una de las carreteras más altas de Europa, pasa por Solynieve, la estación de esquí situada a 2.100 m, y sortea los dos picos más altos: el Veleta (3.398 m) y el Mulhacén (3.482 m).

La altitud de Sierra Nevada y su proximidad al Mediterráneo explican la gran diversidad de flora y fauna en el extenso parque nacional, en el que habitan, entre otras especies, águilas reales y raras mariposas.

Mesón Leandro

Este restaurante situado en el encantador pueblo de Cazorla, junto al parque natural, es famoso por su carne a la piedra.

🅰D5 🏠 Calle Hoz 3, Cazorla 🌐 meson leandro.com

Restaurante Támesis

Cocina de fusión en un espacio elegante. Destacan los postres

🅰C5 🏠 Calle Maestro Sapena 9, Jaén 🌐 restaurante tamesis.es

Restaurante Valentín

Una popular marisquería de Almería, con productos frescos de mercado, que ha sido reconocida por la Guía Michelin.

🅰D6 🏠 Calle Tenor Iribarne 19, Almería 🌐 restaurante valentin.es

Pasarela que recorre un espectacular paraje del Parque Natural de Cazorla

Castillo de la Yedra

 ⌂ Camino del Castillo, Cazorla ☎ 953 10 14 02 🕐 Jul-ago: 9.00-13.15 ma-sá; sep-jun: 10.00-13.15 y 16.00-19.15 ma-sá; 10.00-13.15 do y festivos 🗓 1 ene, 17 sep, 24, 25 y 31 dic

---

43

Mojácar

Ⓐ D6 ⌂ Almería 🚌 ℹ️ Plaza del Frontón 1; www.mojacar.es

De lejos Mojácar resplandece como el espejismo de una ciudadela árabe, con sus casas blancas sobre un peñasco (Mojácar pueblo), a dos kilómetros tierra adentro de unas largas playas de arena (Mojácar playa).

En la década de 1960 Mojácar fue descubierta para el turismo, lo que marcó el inicio de una etapa de prosperidad. El pueblo ha sido reconstruido por completo, tan solo las antiguas puertas de las murallas siguen en pie. Sin embargo, la costa al sur de Mojácar es uno de los litorales menos urbanizados de España, y solo cuenta con pequeñas urbanizaciones y pueblos.

42

Parque Natural de Cazorla

Ⓐ D5 ⌂ Jaén 🚌 Cazorla ℹ️ Plaza de Santa María, Cazorla; www.cazorla.es

Esta reserva natural de 214.336 hectáreas tiene boscosas montañas de hasta 2.000 m de altura y abundante fauna.

El acceso al Parque Natural de Cazorla, Segura y Las Villas se efectúa por el pueblo de Cazorla. Su imponente **castillo de la Yedra,** fortaleza árabe, alberga un museo etnográfico. Cada año se celebra en julio un festival de blues en el pueblo. Desde Cazorla, la carretera serpentea bajo la roca donde yacen los restos del castillo de La Iruela y baja hasta un cruce (Empalme del Valle), en el valle del Guadalquivir; de aquí arrancan carreteras hacia las fuentes del río y el moderno y tranquilo parador.

La carretera principal que cruza el parque sigue el curso del río. El centro de información de Torre del Vinagre se encuentra a 17 km del cruce.

Hay un castillo árabe bien restaurado en Segura de la Sierra, a 30 km del extremo norte de la reserva; a sus pies se ve una curiosa plaza de toros que está excavada en la roca.

FAUNA Y FLORA DE CAZORLA

En esta reserva natural viven más de cien especies de aves, entre ellas el buitre leonado, el alimoche, el halcón peregrino, el águila perdicera y algunas tan raras como el águila real y el buitre negro. Entre los mamíferos del parque se cuentan la nutria –muy activa durante la salida y la puesta de sol–, el muflón, el jabalí y una reducida población de cabra montés. El ciervo fue reintroducido en 1952. De la flora que crece en esta tierra caliza destaca la endémica violeta de Cazorla.

CONSEJO DK
Autobuses nocturnos

Unos autobuses con techo descubierto permiten admirar el Parque Natural de Cazorla. Las excursiones nocturnas son especialmente mágicas (*reserva online: www.cazorlatravel.es*).

44
Cástulo

⬟C5 **🚗Carretera Linares-Torreblascopedro (JV-3003), km 3.3** **🕐Abr-may: 10.00-17.00; jun-sep: 9.00-15.30 ma-sá; sep-abr: 9.00-18.30 ma-sá, 10.00-17.00 do y festivos** **🚫1 y 6 ene, 24, 25 y 31 dic** **🌐museosde andalucia.es**

La antigua ciudad de Cástulo muestra restos que se remontan al año 3000 a. C., a finales del Neolítico. Sin embargo, la mayoría de esos restos –una necrópolis, un sistema de almacenamiento de agua subterráneo y algunos edificios, incluida una sinagoga– datan de las civilizaciones íbera y romana. Tras recorrer las ruinas, se puede visitar el Museo Arqueológico Monográfico de Cástulo, que explora la historia del yacimiento mediante una serie de exposiciones.

45
Vélez Blanco

⬟D5 **🚗Almería** **🚌Vélez Rubio** **ℹ️Avenida Marqués de los Vélez; 950 41 95 85**

Domina este bonito pueblo el castillo de Vélez Blanco, construido entre 1506 y 1513. El patio de Armas del hermoso palacio renacentista se encuentra en el Metropolitan Museum de Nueva York y en su lugar puede verse una reconstrucción.

A las puertas de Vélez Blanco, la **cueva de los Letreros** contiene pinturas de alrededor del año 4000 a. C., entre ellas la que representa al Índalo, una deidad que sostiene un arcoíris y que ha sido adoptada como símbolo de Almería.

Cueva de los Letreros

 🚗Camino de la Cueva de los Letreros **📞694 46 71 36** **🕐Solo visitas guiadas a las 16.30 mi, sá y festivos, 12.00 do (jun-ago solo 19.00); reservar con antelación**

46
Andújar

⬟C5 **🚗Jaén** **🚆🚌** **ℹ️Torre del Reloj; plaza de Santa María; 953 50 49 59**

Andújar se levanta sobre Iliturgi, un poblado íbero destruido en las guerras púnicas por Escipión. A los romanos se debe la construcción de un puente de 15 arcos sobre el Guadalquivir.

En la plaza principal se encuentra la iglesia de San Miguel, templo gótico con obras de Alonso Cano. La iglesia de Santa María la Mayor tiene una torre mudéjar; dentro está la *Oración del Huerto* (hacia 1605), del Greco. En abril se celebra la romería al cercano santuario de la Virgen de la Cabeza.

La fortaleza de Baños de la Encina, a unos 30 km de Andújar, cuenta con 15 torres y almenas erigidas en el año 967. Más al norte, la autovía de Andalucía y el ferrocarril discurren por el espectacular puerto de Despeñaperros, que atraviesa de norte a sur Sierra Morena, en el pasado hogar de bandoleros.

> **De lejos Mojácar resplandece como el espejismo de una ciudadela árabe, con sus casas blancas sobre un peñasco, a dos kilómetros tierra adentro de unas largas playas de arena.**

↑ Santuario de la Virgen de la Cabeza, cerca de Andújar

47

Almería

D6 **Almería**
Estación Intermodal
Paseo de Almería 12;
www.turismode
almeria.org

La colosal **alcazaba** almeriense, que data del 995, es la mayor fortaleza construida por los musulmanes en España y da fe del pasado esplendor de la ciudad, un activo puerto en los días del califato de Córdoba, que exportaba brocados, sedas y algodón.

Durante la Reconquista la Alcazaba sufrió dos asedios importantes antes de caer ante las tropas de los Reyes Católicos *(p. 64)* en 1489. La torre del homenaje, construida durante su reinado, muestra su escudo de armas.

Junto a la Alcazaba se encuentra el viejo barrio de pescadores y el barrio gitano de La Chanca, donde varias

La Jarapa
El lugar perfecto para comprar una típica jarapa de Níjar, con una amplia gama de diseños y en todos los colores imaginables.

D6 **Avenida Federico García Lorca 72, Níjar** **699 70 30 16**

Mercado Central de Almería
El típico mercado de alimentación, con puestos de productos frescos locales y un animado ambiente.

D6 **Calle Circunvalación Ulpiano Díaz 14, Almería** **950 25 84 53**

familias viven en cuevas con las fachadas pintadas.

Almería sufrió en varias ocasiones los ataques piratas bereberes que llegaban desde la costa africana. Este es el motivo de que la catedral, con sus cuatro torres, gruesos muros y ventanucos, tenga trazas de fortaleza. El solar estuvo ocupado anteriormente por una mezquita; convertida esta en iglesia, en 1522 fue destruida por un terremoto. Las obras del templo actual comenzaron en 1524 bajo la dirección de Diego de Siloé, que diseñó la nave central y el altar mayor. En el templo de San Juan hay restos de la mezquita más importante de la Almería musulmana. En la plaza Vieja, del siglo XVII, se halla el ayuntamiento, de 1899.

Uno de los yacimientos europeos más importantes de la Edad del Cobre se halla en **Los Millares,** 17 km al norte de Almería; se estima que hacia el año 2500 a. C. vivían aquí unas 2.000 personas.

Alcazaba
 Calle Almanzor **9.00-20.30 ma-sá** (do y festivos hasta 15.30)
museosdeandalucia.es

Los Millares
Santa Fé de Mondújar **677 90 34 04** **10.00-14.00 mi-do** **1 y 6 ene, 1 may, 24, 25 y 31 dic**

48

Tabernas

D6 **Almería**
Carretera N340, km 464; 950 52 50 30

Tabernas se levanta en el único desierto de Europa. Una fortaleza árabe domina un adusto paisaje de cactus, lomas peladas

y cauces secos que ha servido de escenario a películas del Oeste. Pueden visitarse dos decorados de cine llamados **Oasys-Parque Temático del Desierto de Tabernas** y **Fort Bravo Texas Hollywood**, a 1,5 y 4 km de Tabernas, respectivamente.

En la calle Real, **Castillo de Tabernas Museo del Aceite de Oliva** ilustra sobre el proceso de convertir la aceituna en aceite.

Sorbas se asienta al borde del profundo tajo del río Aguas y en medio del paisaje kárstico de la Reserva Natural de Yesos de Sorbas.

Entre sus edificios notables está la iglesia de Santa María del siglo XVI y un palacio del siglo XVII que se dice fue residencia de verano del duque de Alba.

↑ Vista panorámica del Mediterráneo desde el Parque Natural Cabo de Gata-Níjar

Oasys – Parque Temático del Desierto de Tabernas
⊛ 🏠Carretera N340 🕐Horarios varían, consultar web 🌐oasysparquetematico.com

Fort Bravo Texas Hollywood
⊛ 🏠Carretera N340, Tabernas 🕐9.00-19.30 diario 🌐fortbravo.org

Castillo de Tabernas Museo del Aceite de Oliva
⊛ 🏠Calle Real 15 🕐10.00, 11.00, 12.00 y 13.00 (previa cita) 🌐castillodetabernas.us

Parque Natural Cabo de Gata-Níjar
🅰D6 🏠Almería 🚍San José ℹ️Centro de Visitantes de las Amoladeras, Carretera AL-3115, km 7 (Retamar-Pujaire); 950 16 04 35

Acantilados volcánicos, dunas, salinas y caletas conforman las 29.000 ha del Parque Natural Cabo de Gata-Níjar.

Dentro de sus límites se encuentran algunos pueblos de pescadores y el pequeño centro turístico de San José. Al final del cabo se alza un faro, al que se accede por carretera desde el pueblo de Cabo de Gata. El parque incluye un tramo de fondo marino de 2 km de ancho y la flora y fauna marinas protegidas en él atraen a buceadores y practicantes de snorkel.

Las dunas y salinas entre el cabo y la playa de San Miguel son territorio de unos espinosos árboles, los azufaifos. Miles de aves migratorias recalan aquí camino de África o al regresar; entre las 170 especies catalogadas se cuentan flamencos, avocetas, aguiluchos y buitres leonados.

Al borde de la áspera sierra de Alhamilla y en medio de plantaciones de cítricos está Níjar, con su vistosa cerámica y sus tradicionales jarapas, colchas y alfombras tejidas a mano.

> **¿Lo sabías?**
> El nombre de cabo de Gata provendría de las ágatas encontradas en la zona.

← El paisaje desértico de Tabernas, similar al del Salvaje Oeste

RUTA EN COCHE
RUTA DE LOS PUEBLOS BLANCOS

Longitud 205 km **Paradas** Ubrique; Zahara de la Sierra; Ronda;
Gaucín **Dificultad** Carreteras de montaña en buen estado

En vez de establecerse en las llanuras, donde hubieran sido
presa fácil de asaltantes, numerosas localidades se
construyeron sobre colinas: son los llamados pueblos blancos,
por el color de la cal que recubre su caserío,
indudable reminiscencia árabe.
Un recorrido por estas
encantadoras poblaciones
descubrirá a cada
paso abundantes
referencias a su
rico pasado.

*Tras explorar el casco
antiguo de* **Arcos de la
Frontera** *(p. 505), se
puede comenzar la ruta
por los pueblos blancos
de la zona.*

*Embalse de
Bornos*

Prado del Rey

Mojaceite

El Bosque

A384

Arcos de la
Frontera

INICIO

Las Abiertas

A372

A373

*Embalse de
los Hurones*

Algar

A2034

↑ Las casas encaladas de Arcos de
la Frontera se extienden por la ladera

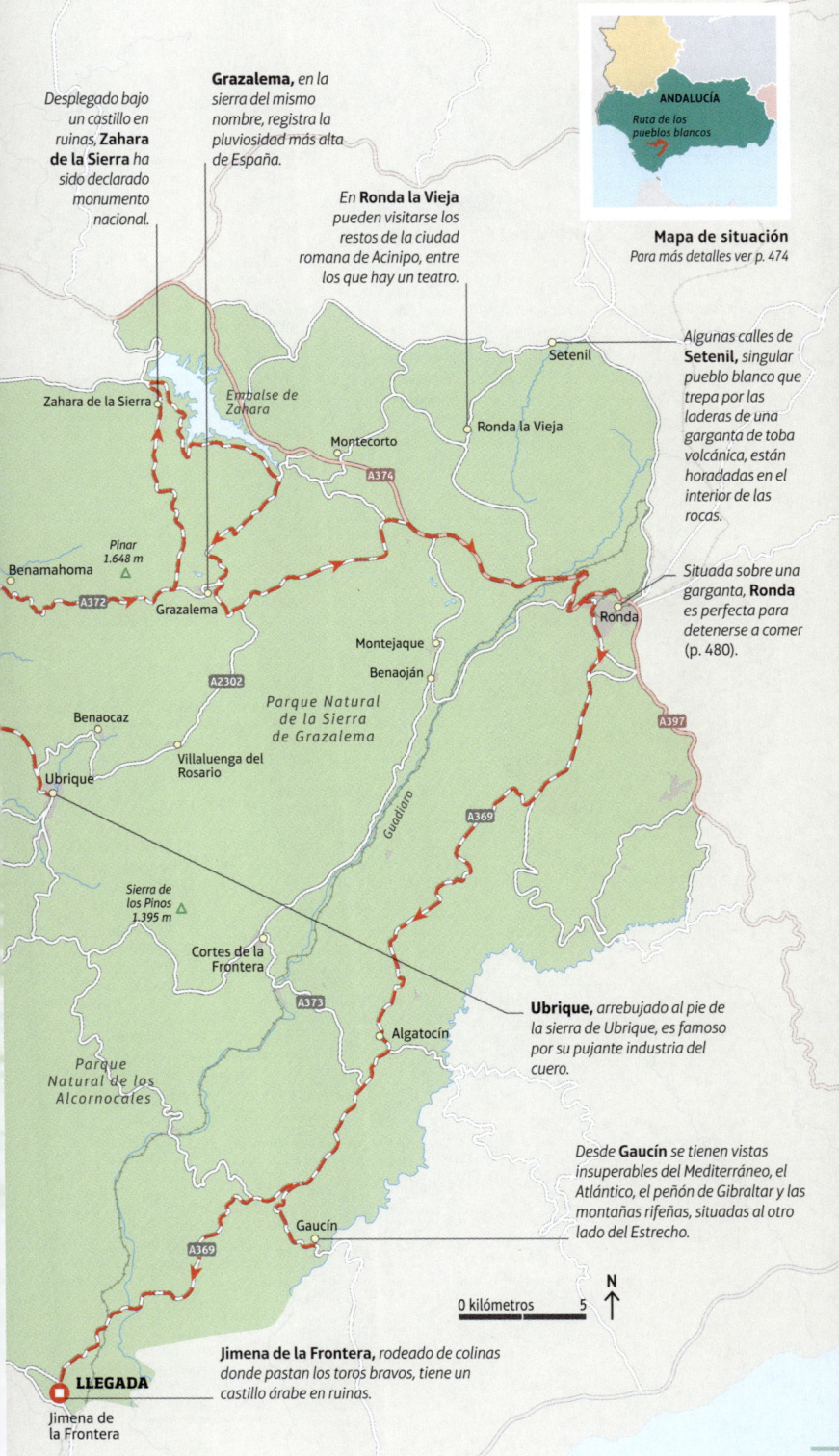

Desplegado bajo un castillo en ruinas, **Zahara de la Sierra** ha sido declarado monumento nacional.

Grazalema, en la sierra del mismo nombre, registra la pluviosidad más alta de España.

En **Ronda la Vieja** pueden visitarse los restos de la ciudad romana de Acinipo, entre los que hay un teatro.

ANDALUCÍA

Ruta de los pueblos blancos

Mapa de situación
Para más detalles ver p. 474

Algunas calles de **Setenil,** singular pueblo blanco que trepa por las laderas de una garganta de toba volcánica, están horadadas en el interior de las rocas.

Situada sobre una garganta, **Ronda** es perfecta para detenerse a comer (p. 480).

Setenil

Zahara de la Sierra

Embalse de Zahara

Montecorto

A374

Ronda la Vieja

Benamahoma

Pinar 1.648 m

A372

Grazalema

Ronda

A397

Montejaque

Benaoján

A2302

Parque Natural de la Sierra de Grazalema

Benaocaz

Villaluenga del Rosario

Ubrique

Guadiaro

A369

Sierra de los Pinos 1.395 m

Cortes de la Frontera

A373

Algatocín

Ubrique, arrebujado al pie de la sierra de Ubrique, es famoso por su pujante industria del cuero.

Parque Natural de los Alcornocales

Desde **Gaucín** se tienen vistas insuperables del Mediterráneo, el Atlántico, el peñón de Gibraltar y las montañas rifeñas, situadas al otro lado del Estrecho.

Gaucín

A369

0 kilómetros 5

N

LLEGADA

Jimena de la Frontera

Jimena de la Frontera, rodeado de colinas donde pastan los toros bravos, tiene un castillo árabe en ruinas.

521

RUTA EN COCHE
LA COSTA DEL SOL

Distancia 130 km **Paradas** Estepona; Puerto Banús; Fuengirola; Torremolinos **Dificultad** Por la autovía costera A7

Un recorrido a lo largo de esta soleada costa, que se extiende entre Gibraltar y Málaga, conduce a través de paisajes diversos, con centros vacacionales en los que la música y el olor a las sardinas asadas invade las playas y tranquilas calas. Además de opciones para relajarse y disfrutar de una amplia gama de deportes acuáticos, en el interior se encuentran 30 de los mejores campos de golf de Europa.

Puerto Banús es el puerto deportivo más conocido de Marbella; las tiendas, los restaurantes y el esplendor de sus noches reflejan la posición social de los asiduos (p. 504).

Velero amarrado en el puerto deportivo de Sotogrande

San Pedro de Alcántara es una tranquila localidad de veraneo con puerto deportivo y elegantes urbanizaciones.

Estepona es muy frecuentada por familias con niños; detrás de los grandes hoteles hay plazas antiguas sombreadas por naranjos (p. 505).

Sotogrande es un exclusivo centro turístico con villas de lujo y un bonito puerto deportivo.

Puerto Banús

San Pedro de Alcántara

A397

A7

Atalaya

AP7

Ronda del Mar

A7

Estepona

AP7

Sabinillas

Río Guadiaro

Punta de la Chullera

A405

INICIO Sotogrande

Sotogrande Marina

A7

San Roque

A7

Bahía de Algeciras

La Línea de la Concepción

GIBRALTAR (REINO UNIDO)

Gibraltar

Punta de Europa

Algeciras

N340

Mar Mediterráneo

0 kilómetros 10

N

300

Media de días soleados al año en la Costa del Sol.

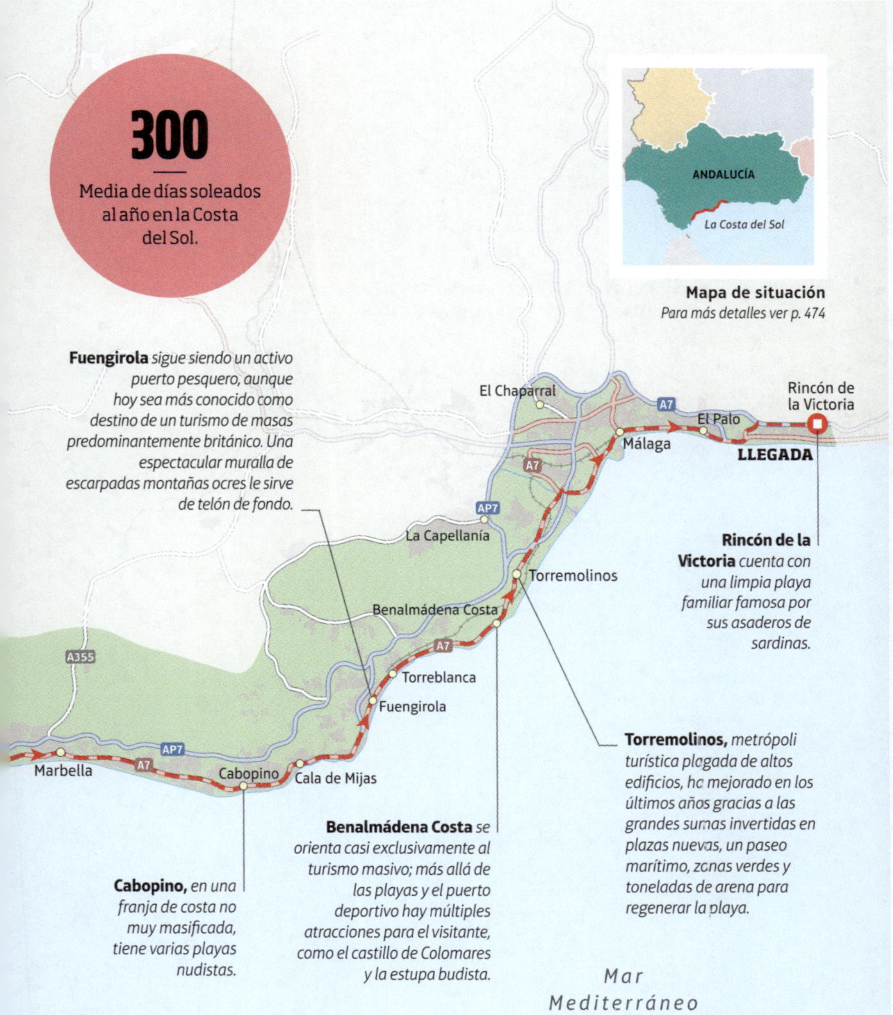

ANDALUCÍA
La Costa del Sol
El Chaparral
A7
Rincón de la Victoria
El Palo
Málaga
LLEGADA
AP7
La Capellanía
Torremolinos
Benalmádena Costa
A355
Torreblanca
Fuengirola
Marbella
Cabopino
Cala de Mijas
Mar Mediterráneo

Mapa de situación
Para más detalles ver p. 474

Fuengirola *sigue siendo un activo puerto pesquero, aunque hoy sea más conocido como destino de un turismo de masas predominantemente británico. Una espectacular muralla de escarpadas montañas ocres le sirve de telón de fondo.*

Rincón de la Victoria *cuenta con una limpia playa familiar famosa por sus asaderos de sardinas.*

Torremolinos, *metrópoli turística plagada de altos edificios, ha mejorado en los últimos años gracias a las grandes sumas invertidas en plazas nuevas, un paseo marítimo, zonas verdes y toneladas de arena para regenerar la playa.*

Benalmádena Costa *se orienta casi exclusivamente al turismo masivo; más allá de las playas y el puerto deportivo hay múltiples atracciones para el visitante, como el castillo de Colomares y la estupa budista.*

Cabopino, *en una franja de costa no muy masificada, tiene varias playas nudistas.*

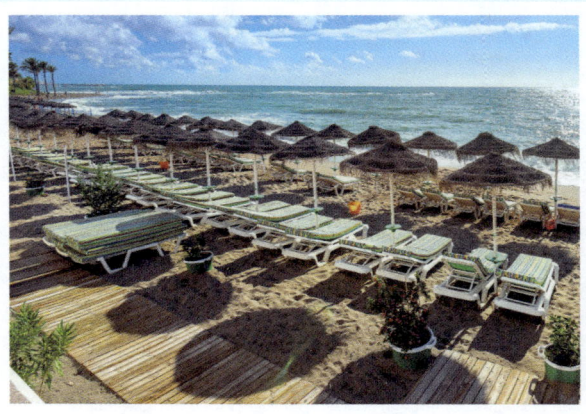

↑ Sombrillas y tumbonas alineadas en la playa en Benalmádena Costa

RUTA EN COCHE

LAS ALPUJARRAS

Distancia 85 km **Paradas** En Órgiva y Trevélez hay bares y restaurantes **Dificultad** Carreteras de montaña estrechas y zigzagueantes

Los altos y feraces valles alpujarreños, con su manto de castaños, nogales y álamos, ocupan las laderas meridionales de Sierra Nevada. La arquitectura de los pueblecitos blancos que se pegan a las vertientes de las montañas –apretados racimos de casas de forma irregular con chimeneas que sobresalen de las azoteas planas y grises (terrados)– no tiene igual. Las especialidades locales son el jamón, curado al aire frío y seco de Trevélez, y las jarapas.

A la sombra del Mulhacén, el pico más alto de la España peninsular, **Trevélez** es famoso por sus excelentes jamones.

Capileira, Bubión y Pampaneira son tres típicos pueblos del precioso **valle del Poqueira.**

El pueblo más grande de la comarca, **Órgiva,** cuenta con una iglesia barroca en la calle principal y un animado mercado los jueves.

La gente acude al manantial de **Fuente Agria** a tomar sus preciadas aguas carbonatadas y ricas en hierro.

Pico de Las Alegas 2.713 m

Alto del Chorrillo 2.721 m

Prado Llano 2.578 m

Trevélez

Capileira

Valle del Poqueira

Bubión

Fuente Agria

Pórtugos

Pitres

Cástaras

Soportújar

Río Chico

Río Poqueira

Río Trevélez

A4132

A4132

Almegíjar

Órgiva

INICIO

A348   Río Guadalfeo

A348

0 kilómetros   4

N

La serpenteante carretera que lleva al puerto de la Ragua

Mapa de situación
Para más detalles ver p. 474

ANDALUCÍA

Las Alpujarras

Puerto de la Ragua
LLEGADA

El **puerto de la Ragua,** *que cruza las montañas hasta Guadix, está a casi 2.000 m y no es raro que en invierno quede bloqueado por la nieve.*

S i e r r a
N e v a d a

Bayárcal

Río de Nechite

Río Bayárcal

Mairena

Laroles

Válor

A337

Yegen

Bérchules

A4130

Alcútar

A4126

A4135

Ugíjar

A348

Yátor

Cádiar

A348

Lobras

En **Válor** nació Abén Humeya, caudillo de la rebelión de los moriscos en el siglo XVI. A mediados de septiembre se escenifica una batalla entre moros y cristianos.

Una placa en **Yegen** señala la casa donde vivió en la década de 1920 Gerald Brenan, autor de *Al sur de Granada.*

Durante las fiestas de **Cádiar,** *en octubre, es tradición hacer manar vino de las fuentes.*

Las cumbres de Sierra Nevada se alzan sobre el pueblo de Válor

ISLAS BALEARES
Y CANARIAS

Caminando por la playa de Maspalomas, Gran Canaria

ISLAS BALEARES Y CANARIAS
EN EL MAPA

Esta guía divide las islas Baleares y Canarias en tres zonas, cada una diferenciada con un color, como puede verse en el mapa. En las páginas siguientes se amplía la información de cada zona.

Portinatx

Sant Vicenç

Ibiza

Sant Antoni

Santa Eulària

Sant Josep

Jesús

Eivissa (Ibiza)

Formentera

Formentera

ISLAS BALEARES Y CANARIAS

Islas
Baleares

Islas
Canarias
occidentales

Islas Canarias
orientales

Océano Atlántico

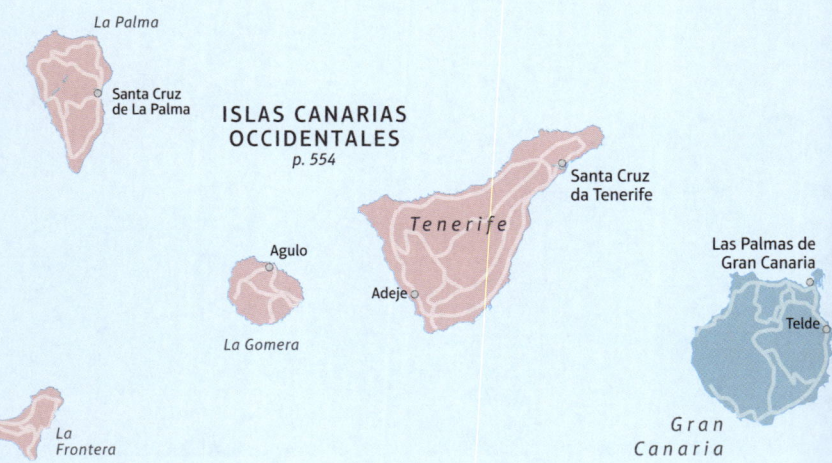

La Palma

Santa Cruz
de La Palma

ISLAS CANARIAS
OCCIDENTALES
p. 554

Santa Cruz
da Tenerife

Tenerife

Agulo

Adeje

Las Palmas de
Gran Canaria

La Gomera

Telde

La Frontera

*Gran
Canaria*

Mar Mediterráneo

Fornells
Ciutadella · Ferreries · Es Mercadal
Cala Sta Galdana · Alaior
Menorca · Sant Lluís
Binibeca

Pollença · Port de Pollença
Santuario de Lluc · Alcúdia
Sóller · Fornalutx
Valldemossa · Inca · Artà
Estellencs · Sineu
Andratx · Palma · Petra
Port d'Andratx · Montuïri · Manacor · *Mallorca*
Badia de Palma · S'Arenal · Portocristo
Llucmajor · Felanitx
Santanyí · Portopetro
Colònia Sant Jordi

ISLAS BALEARES
p. 532

Mar Mediterráneo

0 kilómetros 20

N

Alegranza

La Graciosa

Lanzarote

Arrecife

Corralejo

ISLAS CANARIAS ORIENTALES
p. 564

Puerto del Rosario

Antigua

Océano Atlántico

Tarajalejo

Fuerteventura

0 kilómetros 50

N

CONOCIENDO
ISLAS BALEARES Y CANARIAS

Pese a estar en distintos mares, las Baleares en el Mediterráneo y las Canarias en el Atlántico, estos archipiélagos tienen mucho en común. Con un clima cálido y aguas cristalinas, son fantásticos destinos durante todo el año y ofrecen multitud de actividades al aire libre.

PÁGINA 532

ISLAS BALEARES

Cuando se piensa en las islas Baleares, vienen a la mente complejos turísticos y discotecas, pero hacia el interior hay pueblos tranquilos, un paisaje impresionante y gran cantidad de actividades al aire libre. El interior montañoso de Mallorca está surcado por rutas de senderismo y ciclismo, mientras que Menorca cuenta con importantes restos neolíticos y playas con calas de color turquesa en casi todos los rincones. A pesar de ser conocida por su vida nocturna, Ibiza también tiene una gran cantidad de sitios apartados. Formentera, con sus arenas blancas y aguas cristalinas, es quizás la isla más atractiva.

Lo mejor
*Playas vírgenes
y vida nocturna*

Qué ver
*Mallorca, Ibiza, Menorca,
Formentera, Cabrera*

Experiencias
*Pedalear por la sinuosa
carretera que bordea el
cabo de Formentor*

ISLAS CANARIAS OCCIDENTALES

Tenerife es la más visitada de las cuatro islas montañosas que forman las Canarias occidentales. A la sombra del Teide hay playas de arena blanca, coloridos pueblos y un interesante mundo submarino. Las otras tres islas tienen también su encanto. Con bosques en el norte y desiertos en el sur, el variado paisaje de La Palma invita a recorrerlo. La tranquila La Gomera es un paraíso para los amantes del senderismo, mientras que las aguas de El Hierro fascinan a los visitantes.

Lo mejor
Senderismo y escalada

Qué ver
Tenerife, La Palma, El Hierro, La Gomera

Experiencias
Contemplar los cielos nocturnos de La Palma

ISLAS CANARIAS ORIENTALES

Las diversas islas orientales de Canarias conforman la provincia de Las Palmas. Gran Canaria cuenta con lujosos centros turísticos, además de una deliciosa capital con mucha historia, Las Palmas de Gran Canaria. En el paisaje lunar de Lanzarote se pueden practicar multitud de actividades al aire libre, desde ciclismo a senderismo, surf y buceo. Fuerteventura, con sus largas playas y fuertes vientos, es un destino imbatible para el windsurf.

Lo mejor
Deportes acuáticos

Qué ver
Lanzarote, Fuerteventura, Gran Canaria

Experiencias
Un recorrido en bugui por el paisaje volcánico de Lanzarote

ISLAS BALEARES

La historia inicial de las islas Baleares sigue siendo una incógnita, pero las enormes estructuras talayóticas de la Edad de Bronce en Mallorca y Menorca ofrecen una idea de los primeros habitantes de las islas.

Su ubicación en el Mediterráneo convirtió a las islas Baleares en objetivo prioritario para los invasores. Los fenicios, cartagineses, romanos y vándalos asaltaron sus costas para aprovecharse de su emplazamiento estratégico y las utilizaron como puerto comercial. En el siglo X, los árabes tomaron las islas, pero fueron expulsados por Jaime I en el siglo XIII durante la Reconquista. Los pobladores catalanes no tardaron en llegar a las Baleares, trayendo consigo su lengua, que se habla mucho en su variante balear. Tras la guerra de Sucesión española, Menorca fue cedida en 1713 a los británicos, quienes estuvieron en la isla durante casi un siglo, aunque interrumpido por la ocupación francesa durante la guerra de los Siete Años.

A mediados del siglo XX, el resto de Europa invadió estas islas una vez más, pero esta vez como turistas en busca de sol, en gran parte de Gran Bretaña y Alemania. Hoy, el turismo es el pilar central de la economía del archipiélago.

↑ *Barcelona*

ISLAS
BALEARES

Port de Sóller

SÓLLER ②
ALFÀBIA ④
VALLDEMOSSA ③
Estellencs

PALMA
RUINA LA ⑦ ⑤ ANDRATX ①
TRAPA
Port
d'Andratx
Palma
Nova
Palma de
Mallorca
*Badía de
Palma*
Cap Blanc

Valencia
←

Ibiza

Portinatx
Sant Vicenç
⑰ ELS AMUNTS
SANT ANTONI
⑯ C810 ⑱ SANTA EULÀRIA
DES RIU
C600 Jesús
SANT JOSEP ⑬
⑭ EIVISSA (IBIZA)
Ibiza

⑮ SES SALINES

Sant Francesc ㉕ FORMENTERA
Cala Saona Es Caló
Cap de Barbaria *Platja
de Migjorn* *Punta Roja*

Mar

Mediterráneo

0 kilómetros   25   N
↑

↑ Barcelona

Barcelona ↖

Mar

Mediterráneo

Menorca

Cap de Cavalleria

Fornells

CIUTADELLA

19

ME1

FERRERIES

20

ES MERCADAL

22

Cala Sta Galdana

Alaior

Menorca

MAÓ
(MAHÓN)

23

Cap
d' Artrutx

CALES COVES

21

Sant
Lluís

Binibeca

Mallorca

Cap de
Formentor

POLLENÇA

12

Port de Pollença

Sa
Calobra

Alcúdia

6

SANTUARI
DE LLUC

Badia
d'Alcúdia

Fornalutx

MA13

Sa Pobla

Inca

MA13

MA14

Santa
Margalida

Capdepera

Cap des Freu

Cala Rajada

Sineu

Artà

Coves d'Artà

Petra

MA15

Son Servera

Montuïri

Manacor

MA15

Coves dels
Hams

Portocristo

S'Arenal

9

PUIG DE
RANDA

10

COVES DEL DRAC

Llucmajor

MA14

Campos

11

FELANITX

8

MA19

Castell de Santueri

CAPOCORB
VELL

Portopetro

Colònia
Sant Jordi

Santanyí

Cala Figuera

Cap de
ses Salines

24 CABRERA

ISLAS
BALEARES

Esencial

1 Palma

Lugares de interés

2 Sóller

3 Valldemossa

4 Alfàbia

5 Andratx

6 Santuari de Lluc

7 Ruina La Trapa

8 Capocorb Vell

9 Puig de Randa

10 Coves del Drac

11 Felanitx

12 Pollença

13 Eivissa (Ibiza)

14 Sant Josep

15 Ses Salines

16 Sant Antoni

17 Els Amunts

18 Santa Eulària des Riu

19 Ciutadella

20 Ferreries

21 Cales Coves

22 Es Mercadal

23 Maó (Mahón)

24 Cabrera

25 Formentera

↑ Barcos amarrados
en el puerto de Palma
al atardecer

❶

PALMA

 **G4** Mallorca 9 km E **ℹ** Plaça
Reina 2; www.infomallorca.net

En una isla cuyo nombre ha llegado a ser sinónimo de
turismo de sol y playa, Palma sorprende por su rico
patrimonio cultural. En tiempos de los árabes era una
próspera ciudad de fuentes y frescos patios. Del pasado
esplendor de Palma son testigos las suntuosas iglesias,
señoriales edificios públicos y bellas mansiones del
casco antiguo.

Museu de Mallorca

⌂ Carrer de sa Portella 5
🕐 9.00-14.00 ma, vi, sá y do
(mi y ju hasta 19.00)
w museudemallorca.caib.es

Este museo ocupa el Palau
d'Aiamans, una residencia
construida hacia 1630. El
palacio se levantó sobre los
cimientos de una casa árabe
del siglo XII, como puede
verse en las salas del sótano.
Inaugurado en 1968, el
Museu de Mallorca alberga
una excelente colección de
obras de arte vinculadas con
la historia de la isla. La
colección cuenta con miles de
objetos, desde piezas
prehistóricas a fragmentos

de piedra de edificios caídos,
cerámica y joyas árabes, y
pinturas medievales y
barrocas.

Palau Reial de
l'Almudaina

⌂ Carrer de Palau Reial
☎ 971 21 41 34 **🕐** abr-sep:
10.00-19.00 ma-do; oct-mar:
10.00-18.00 ma-do

Almudaina significa
"ciudadela" en árabe. La que
fuera residencia real de
Jaime II fue construida
después de 1309 a partir de
los muros de una fortaleza
árabe, y el palacio gótico
incluye arcos de estilo árabe y

techos de madera tallada.
Es residencia oficial del rey.
No hay que perderse la capilla
de santa Ana.

Banys Àrabs

⌂ Carrer Can Serra 7
☎ 637 04 65 34
🕐 abr-nov: 10.00-17.00
diario (dic-mar: hasta 18.00)

Estos baños árabes del siglo X
son uno de los pocos vestigios
árabes en las islas. Una
cámara con arcos de herradura ha conservado su estado
original.

La Taberna del
Caracol
Excelente bar de tapas
en un edificio antiguo.
Se aconseja reservar.

⌂ Carrer de Sant
Alonso 2 **🕐** do; comidas
lu **w** tabernacaracol.
com

④
Castell de Bellver

⌂ Carrer Camilo José Cela 17
☎ 971 73 50 65 ⌚ abr-sep:
10.00-19.00 ma-sá, 10.00-
15.00 do; oct-mar: 10.00-
18.00 ma-sá, 10.00-15.00 do

A unos 5 km del centro de la ciudad y a 113 m sobre el nivel del mar se halla el castillo gótico de Palma. Jaime II lo mandó construir durante la efímera vida del reino de Mallorca (1276-1349) y, sirvió como residencia de verano; pero pronto se convirtió en prisión hasta 1915. Hoy se celebran en él conciertos y representaciones de teatro.

⑤
Basílica de Sant Francesc

⌂ Plaça Sant Francesc
⌚ 10.00-17.00 lu-sá, 9.00-
12.30 do

La construcción de esta iglesia gótica y del monasterio franciscano comenzó en 1281 y llevó cien años. En la Edad Media fue la iglesia más solicitada, y los aristócratas competían por construir en ella la capilla para difuntos más elaborada.

La austera fachada de la iglesia fue adornada alrededor de 1680 con un pórtico barroco y estatuas de piedra. El oscuro interior (las ventanas góticas han sido parcialmente tapiadas) contiene muchas obras de arte.

⑥
CaixaForum

⌂ Plaça de Weyler 3
⌚ 10.00-20.00 lu-sá, 11.00-
14.00 todos los días
ⓦ caixaforum.es/palma

El antiguo Grand Hotel recibió su nombre actual después de que la Fundació La Caixa financiara la restauración. Construido en 1903, es obra de Lluís Domènech i Montaner. Obra de arte modernista, está incluido en la lista de Patrimonio Mundial de la Unesco y alberga, entre otras cosas, una gran colección de pintura modernista de Hermenegildo Anglada-Camarasa.

⑦
Palau Episcopal y Museu Diocesà

⌂ Carrer Mirador 5 ⌚ 10.00-
16.00 lu-vi, 10.00-15.00 do

El Palau Episcopal data en su mayor parte del siglo XVII, aunque la construcción se inició en 1238. Varias salas componen el bonito Museu Diocesà, con obras de varias iglesias de Mallorca.

⑧
Fundació Pilar i Joan Miró

⌂ Carrer Joan de Saridakis 29 ⌚ Los horarios varían, consultar la página web
⌚ lu ⓦ miromallorca.es

A la muerte de Joan Miró, en 1983, su viuda acometió la tarea de convertir su casa y antiguo estudio en un centro de arte. El conjunto lo integran el estudio original de Miró, una colección permanente de su obra, tienda, biblioteca y auditorio.

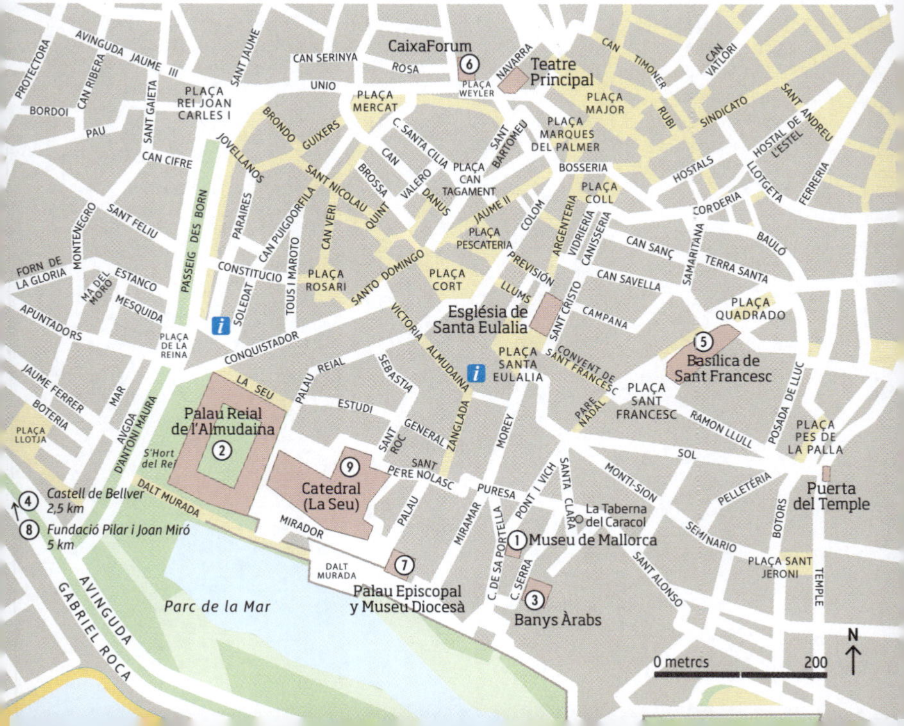

Mapa de Palma

④ Castell de Bellver 2,5 km
⑧ Fundació Pilar i Joan Miró 5 km

CaixaForum ⑥
Teatre Principal
Palau Reial de l'Almudaina ②
Catedral (La Seu) ⑨
Palau Episcopal y Museu Diocesà ⑦
Església de Santa Eulalia
Basílica de Sant Francesc ⑤
Museu de Mallorca ①
Banys Àrabs ③
Puerta del Temple
Parc de la Mar

0 metros 200

N ↑

CATEDRAL DE PALMA

Plaça de la Seu s/n · **Abr y oct: 10.00-17.15 lu-vi, 10.00-14.15 sá; nov-mar: 10.00-15.15 lu- sá** · **Festivos** · **catedraldemallorca.org**

La catedral de Palma, o La Seu, como la llaman los mallorquines, combina su vasta escala con la elegancia típicamente gótica. Espectacularmente situada sobre lo que fue el antiguo puerto de Palma, se trata de uno de los edificios más impresionantes de España.

Cuenta la leyenda que a Jaime I de Aragón lo sorprendió una tormenta de camino a la conquista de Mallorca, en 1229, y prometió a Dios que si salía bien librado levantaría un gran templo en su honor. En los años siguientes fue derribada la vieja mezquita de Medina Mayurqa y el arquitecto Guillem Sagrera (1380-1456) intervino en la obra de la nueva catedral. En 1587 se colocó la última piedra. A lo largo de la historia, la catedral ha enfrentado varias remodelaciones, sobre todo a principios del siglo XX, cuando parte del interior fue reformado por Antoni Gaudí *(p. 97)*. Una adición particularmente notable fue el dosel de hierro forjado que Gaudí añadió sobre el altar. El templo incorpora lámparas, tapices y un crucifijo multicolor. La nave de la catedral es magnífica; es una de las más anchas del mundo, con 19 m.

La torre del campanario, construida en 1389, contiene nueve campanas

Torre del siglo XIX

Entrada al museo de la catedral

El museo de la catedral expone en la antigua sala capitular un relicario de la Vera Cruz del siglo XV, con incrustaciones de joyas.

Portal Major

El interior y exterior de la catedral gótica de Palma ↑

Arbotantes

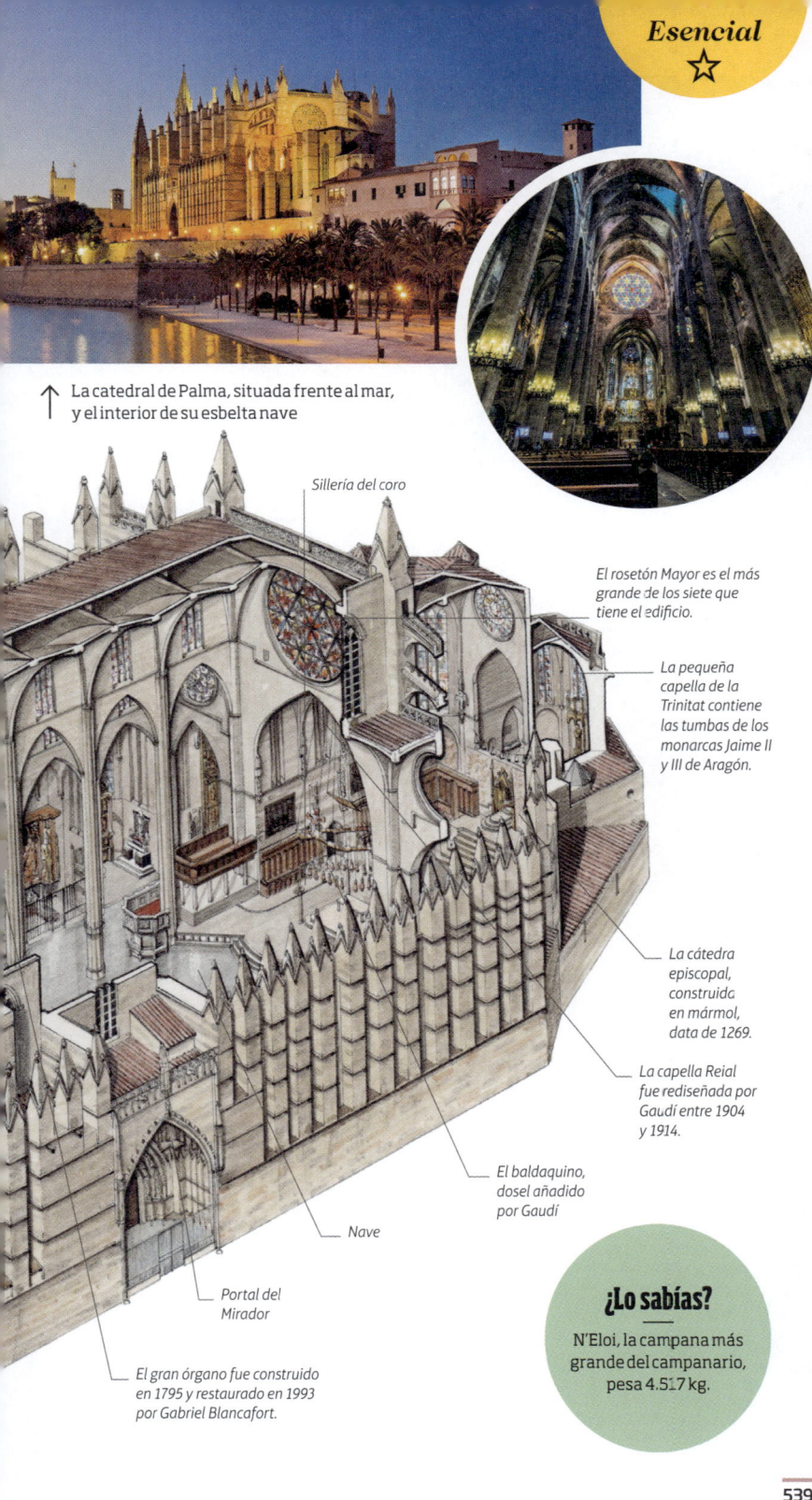

↑ La catedral de Palma, situada frente al mar, y el interior de su esbelta nave

Sillería del coro

El rosetón Mayor es el más grande de los siete que tiene el edificio.

La pequeña capella de la Trinitat contiene las tumbas de los monarcas Jaime II y III de Aragón.

La cátedra episcopal, construida en mármol, data de 1269.

La capella Reial fue rediseñada por Gaudí entre 1904 y 1914.

El baldaquino, dosel añadido por Gaudí

Nave

Portal del Mirador

El gran órgano fue construido en 1795 y restaurado en 1993 por Gabriel Blancafort.

¿Lo sabías?

N'Eloi, la campana más grande del campanario, pesa 4.517 kg.

LUGARES DE INTERÉS

2

Sóller

 G4 Mallorca
Plaça d'Espanya 15; 971 63 80 08

Sóller es un pueblecito próspero gracias a sus olivos y huertas, que trepan por las laderas de la sierra de Tramontana. En el siglo XIX intercambiaba naranjas y vino por productos franceses, y este comercio dejó un cierto aire burgués de estilo galo que aún conserva.

Muy conocido es el viejo y encantador ferrocarril de vía estrecha de Sóller, con vagones de madera; sale de Palma y termina en Sóller, en la estación de la plaça de Espanya. Desde allí, un viejo

> **CURIOSIDADES**
> ### Imprescindible Deià
>
> Escondida en la costa norte, al pie del monte Puig del Teix, entre Sóller y Valldemossa, está la tranquila Deià, una localidad muy pintoresca que ha atraído siempre a escritores y artistas.

tranvía lleva hasta la aldea de pescadores de Port de Sóller, cinco kilómetros al oeste.

3

Valldemossa

G4 Mallorca
Avenida Palma 7; 971 61 20 19

Este pueblo serrano quedó unido para siempre a George Sand, novelista francesa que pasó aquí el invierno de 1838-1839, y del compositor polaco Frédéric Chopin (1810-1849), que vivió con Sand en la **Real Cartuja de Jesús de Nazaret;** cerca de dos años vivió aquí exiliado el político Gaspar Melchor de Jovellanos, y en 1913 Ruben Darío escribió aquí *Mallorca de oro*. Es espléndida la iglesia, del siglo XVII. En la llamada celda de Chopin se conserva su piano.

A pocos pasos de la Cartuja hay una farmacia del siglo XVII que expone preparados médicos. En el claustro, del siglo XVI, se celebra en verano un festival de piano y en su pequeño museo hay obras de Tàpies, Miró y el mallorquín Juli Ramis; también hay una serie de ilustraciones de Picasso inspiradas en el cuadro del Greco *El entierro del conde de Orgaz*.

Real Cartuja de Jesús de Nazaret

Plaça de la Cartuja de Valldemossa 10.00-17.00 lu-vi, 10.00-16.00 sá Nov-ene cartoixade valldemossa.com

4

Alfàbia

G4 Carretera de Sóller, km 17, Mallorca 9.30-16.30 todos los días Nov-feb jardinesdealfabia.com

Son muy pocas las *possessiós* de Mallorca abiertas al público, lo que hace aún más recomendable la visita a Alfàbia. La casa y el jardín, típicos de una hacienda de la aristocracia mallorquina, poseen un inequívoco aire morisco. Poco queda de la arquitectura del siglo XIV, salvo las inscripciones mudéjares en el techo del salón de la entrada, varias fuentes y una pérgola.

5

Andratx

G4 Mallorca
Avenida de la Cúria 1; 971 62 80 19

Este pueblo se asienta tierra adentro en un valle rodeado de colinas cubiertas de pinos y almendros, a la sombra del Puig de Galatzó (1.026 m).

→
Vistas del mar y de las terrazas agrícolas desde Ruina La Trapa

Andratx es un lugar hermoso, con casas ocres y blancas, y antiguas atalayas.

La carretera sigue al suroeste hasta Port d'Andratx. Aquí, en una bahía casi cerrada, los yates se alinean en el muelle y lujosas residencias de verano salpican las laderas. Este puerto se dedicaba antes a abastecer de pescado a Andratx, pero a partir de la década de 1960 se fue transformando en un exclusivo centro de veraneo.

6

Santuari de Lluc

🅐G4 🅐Lluc, Mallorca 🚌Desde Palma ⏱10.00-14.00 do-vi 🌐lluc.net

En el remoto pueblo de Lluc, en lo más alto de la sierra de Tramontana, se halla una institución considerada por muchos el corazón espiritual de Mallorca. El monasterio de Lluc fue construido en los siglos XVII y XVIII en el solar de un antiguo santuario. La iglesia, de estilo barroco e imponente fachada, contiene la imagen de La Moreneta, la Virgen Negra de Lluc, supuestamente hallada por un pastorcillo en un monte cercano en el siglo XIII. El monasterio acoge un coro de niños, los Blauets, fundado en

el siglo XVI. Los niños cantan el *Salve Regina* a las 13.30 de lunes a viernes y a las 11 los domingos, a menos que haya visita guiada.

El museo, en las primeras dos plantas del edificio principal, muestra pinturas y manuscritos medievales. El monasterio funciona además como hospedería.

A lo largo del Camí dels Misteris, sendero asfaltado que sube hasta el santuario, se ven bajorrelieves que representan los misterios del Rosario (gozosos, dolorosos y gloriosos). Fueron obra de los arquitectos Joan Rubió y Guillem Reynés y el escultor Josep Lliona, dirigidos por Antoni Gaudí.

7

Ruina La Trapa

🅐G4 🅐Avenida de la Trapa, Sant Elm Andraxt, Mallorca

En lo alto de una colina en la sierra de Tramontana, las ruinas del monasterio de La Trapa, fundado en 1810 por monjes trapenses huidos de la Revolución francesa, merecen la ruta de 7,6 km hasta ellas. Un molino bien conservado y una zona de trilla dan una idea de lo que fue la vida diaria de los monjes. Si se

Verico

Este acogedor restaurante del Port d'Andratx ofrece comida italiana *gourmet*. Si no logra uno decidirse entre los platos que se ofrecen, el menú degustación es una garantía.

🅐G4 🅐Avinguda de Gabriel Roca i García 24, Port d'Andratx, Mallorca 📞Ma 🌐verico-port andratx.com

€€€

Kingfisher

Excelente restaurante y marisquería en el que probar el pescado del día; está al final del puerto de Sóller.

🅐G4 🅐Calle San Ramon de Penyafort, Port de Sóller, Mallorca 🌐kingfishersoller.com

€€€

sube hasta la cima, se tienen buenas vistas de Cala en Basset y la isla Dragonera. Olivos, palmeras y romero crecen en este rocoso paraje.

8 Capocorb Vell

G4 **Carretera Llucmajor-Cap Blanc (MA-6014), km 23, Mallorca** **El Arenal** **10.00-17.00 todos los días** **talaiots capocorbvell.com**

Mallorca no es tan rica en restos megalíticos como Menorca (p. 551), pero este poblado de talayots, en la rocosa planicie de la costa sur, bien merece una visita, sobre todo si el día está apacible y se puede deambular tranquilamente entre las piedras. El asentamiento, fechado hacia el 1000 a. C., constaba originalmente de cinco talayotes (estructuras de piedra con forma de torre y techo de madera) y 28 habitáculos más pequeños. Se sabe poco de sus pobladores y del uso de algunas dependencias de estas construcciones, como la pequeña galería subterránea; demasiado exigua para vivir en ella,

TOP 5 PLAYAS DE MALLORCA

Cala Formentor
Bella playa del noroeste de la isla rodeada de bosque y montañas.

Cala Molins
Playa de arena con bandera azul en Cala Sant Vicenç. Ideal para niños.

Cala Deià
Apartada y pequeña, esta pedregosa playa cuenta con estupendas vistas.

Santa Ponsa
Playa de arena; muy popular y familiar.

Playa d'Alcúdia
Playa enorme de aguas poco profundas, ideales para que los niños chapoteen.

quizá se utilizaba para realizar rituales mágicos.

Parte del encanto de este lugar reside en los campos de frutales y muros de mampostería que lo rodean y que sirven de complemento a las ruinas. Aparte de una cafetería, el yacimiento no ha sido urbanizado.

9 Puig de Randa

G4 **8 km NE de Llucmajor, Mallorca** **Hasta Llucmajor, luego taxi** **Calle Terral 23, Llucmajor; 971 66 91 62**

En medio de una fértil llanura conocida como El Pla se alza una montaña de 543 m: el Puig de Randa. Se dice que el más preclaro hijo de Mallorca, el teólogo y místico del siglo XIV Ramon Llull, vino como ermitaño a esta montaña a meditar y a escribir el *Ars Magna*, un tratado de religión. Camino del Puig de Randa existen dos pequeños monasterios: el Santuari de Sant Honorat, del siglo XIII, y el Santuari de Nostra Senyora de Gràcia, construido al borde de un precipicio.

En la cima de la montaña se halla el Santuari de Cura, levantado para conmemorar la estancia de Llull en el lugar y consagrado al estudio de su

obra. Un pequeño museo alojado en la antigua escuela del siglo XVI, aledaña al patio, construido en la piedra beis de la isla, guarda algunos manuscritos de Llull.

10   Coves del Drac

G4 **500 m S de Porto Cristo, Mallorca** **Desde Porto Cristo** **Solo con visita guiada; las entradas pueden reservarse en la web** **1 ene, 25 dic** **cuevasdeldrach.com**

Mallorca tiene incontables cuevas: desde simples hoyos en la tierra hasta cámaras del tamaño de catedrales. A las cuatro vastas salas de las **coves del Drac** se accede por una escalera, al pie de la cual se halla la cueva conocida por Baño de Diana. Otra cámara alberga el gran lago subterráneo de Martel, a 29 m de profundidad y con 177 m de longitud; escuchar el eco de la música es una experiencia memorable. No menos espectaculares son las dos cuevas restantes: El Teatro de las Hadas y La Ciudad Encantada.

Las llamativas estalactitas de las cuevas del Drac ↓

Hotel Can Mostatxins

Este hotel *boutique* está ubicado en un edificio histórico del siglo XV, pero el *spa* y la champanería acercan este establecimiento al siglo XXI.

AG4 **◩Carrer del Lledoner 15, Alcúdia, Mallorca W**hotel canmostatxins.com

€€€

Son Brull

Hotel familiar en una antigua granja cerca de Pollença que permite hacerse una idea de la vida rural de la isla. Cada una de las habitaciones está decorada con gusto y un toque mallorquín. Cuenta con un excelente restaurante.

AG4 **◩Carretera Palma-Pollença (PM-220), km 49.8, Pollença, Mallorca W**sonbrull.com

€€€

Las **coves dels Hams** se llaman así porque algunas estalactitas semejan garfios –*hams* en mallorquín–. Las cuevas, de 500 m de longitud, encierran el Mar de Venecia, un lago subterráneo donde los músicos van en barca.

La entrada a las **coves d'Artà** se encuentra cerca de Capdepera. La mayor atracción de estas cuevas es una estalagmita de 22 m de altura.

Coves dels Hams

 ◩Carretera Manacor-Porto Cristo, km 11,5 **◷**10.00-17.00 todos los días **◲** ene, 25 dic **W**cuevasdelshams.com

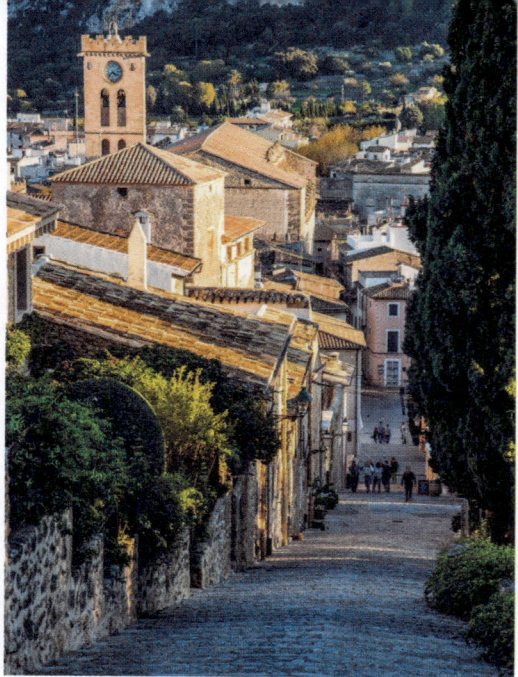

↑ Las adoquinadas calles hacia El Calvari, con casas de piedra, en Pollensa

Coves d'Artà

 ◩Carretera Coves s/n, Canyamel **◷**May-oct: 10.00-18.00 todos los días (nov-abr hasta 17.00 **◲**1 ene, 25 dic **W**cuevasdearta.com

---

⑪ Felanitx

AG4 **◩**Mallorca **▭** **ⅈ**Avenida Cala Marçal 15, Portocolom; 971 82 60 84

La gente acude a esta localidad agrícola por tres razones: la imponente fachada de la iglesia de Sant Miquel, del siglo XIII; su sobrasada de *porc negre* (cerdo negro) y sus animadas fiestas.

---

⑫ Pollença

AG4 **◩**Mallorca **▭** **ⅈ**Carrer de Pere J. Cànaves Salas s/n; **W**www.pollensa.com

El pueblo, con sus casas ocres de piedra y sus callejas sinuosas, está emplazado al borde de fértiles tierras de labranza. Pollensa tiene edificios bonitos, entre ellos el Convent de Santo Domingo, sede del **Museu de Pollença.** En lo alto de la colina se halla El Calvari, una capilla a la que se llega por carretera o subiendo 365 escalones; en el altar mayor hay un cristo gótico de madera.

Alcúdia, a 10 km al este, está ceñida por murallas del siglo XIV. Alberga el **Museu Monogràfic de Pollentia,** con estatuas, joyas y otros restos arqueológicos hallados en el asentamiento romano de Pollentia, al sur de Alcúdia.

Museu de Pollença

 ◩Carrer Pere J Salas Cànaves s/n **☎**971 53 11 66 **◷**10.00-13.30 y 18.00-20.00 ma-vi**◲**sá-lu

Museu Monogràfic de Pollentia

◩Carrer de Sant Jaume 30, Alcúdia **☎**971 54 70 04 **◷**9.30-15.00 lu-vi (sá y do hasta 13.00)

Eivissa (Ibiza)

F5 Ibiza ✈🚢
Plaza de la Catedral;
www.ibiza.travel

El casco antiguo de la ciudad de Ibiza es una ciudadela en miniatura que custodia la bocana de su bahía, que forma un círculo casi completo. El magnífico Portal de ses Taules, en la muralla norte, del siglo XVI, ostenta un bello escudo labrado de la Corona de Aragón, a la que pertenecieron las Baleares en la Edad Media. En el interior de la muralla queda la iglesia de Santo Domingo, del siglo XVI, con sus tres cúpulas de azulejos rojos. El barroco interior posee bóveda de cañón y frescos en las paredes. En el **Museu d'Art Comtemporani,** dentro del Portal de ses Taules, se exponen obras de Tàpies y Millares, entre otros artistas españoles y extranjeros vinculados a Ibiza. El Museu Diocesà alberga entre sus fondos diversas obras de arte. Este edificio gótico catalán, del siglo XIII y añadidos del XVIII, corona la Dalt Vila.

El suelo ibicenco era considerado sagrado por los cartagineses, para quienes era un verdadero honor ser enterrados en la **necrópolis púnica del Puig des Molins,** que se puede visitar en parte.

El pueblo de Jesús, 3 kilómetros al norte, merece una visita por su bella iglesia del siglo XVI. En sus orígenes fue parte de un monasterio franciscano y alberga un retablo renacentista obra de Rodrigo de Osona el Joven.

Museu d'Art Contemporani

📍 **Ronda Narcís Puget s/n**
🕐 Los horarios varían, consultar la página web
🌐 eivissa.es/mace

Necrópolis Púnica del Puig des Molins

📍 Via Romana 31 🕐 9.00-15.00 ma-ju, 9.00-15.00 y 17.00-20.00 vi, 9.00-14.00 sá, 10.00-14.00 do ⏳Festivos
🌐 maef.es

¿Lo sabías?

Sublimotion, en Sant Josep, es el restaurante más caro del mundo; el cubierto cuesta 1.500 €.

Sant Josep

F5 Ibiza Pere Escanelles (frente al ayuntamiento);
www.ibiza.travel

Centro administrativo del suroeste de Ibiza, San José se halla a la sombra de la montaña más alta de Ibiza, Sa Talaiassa, que con sus 475 m ofrece vistas panorámicas de toda la isla, incluido el islote de Es Vedrà, que emerge del mar como una tosca pirámide. Para ver mejor esta enorme roca hay que tomar la carretera de la costa hasta Cala d'Hort, donde hay buenos restaurantes y se

Ambiente relajado en la terraza de un café situado en unas escaleras en Dalt Vila, Ibiza

EXPLORA Islas Baleares

↑ Piedras apiladas en la rocosa playa de Ses Salines

puede disfrutar de una tranquila playa.

San José es un pueblo tradicional con una buena selección de bares y restaurantes. La calle principal tiene una iglesia impresionante con un patio sombreado en el que sentarse.

Ses Salines

⌂F5 ⌂Ibiza 🛈Carrer la Revista, Sant Josep de sa Talaia; 971 30 14 60

En el extremo sur de Ibiza está la zona de salinas conocida como Ses Salines, a la que los fenicios llamaban "jardines de Sal". Constituyen un importante refugio para las especies de la zona.

Están protegidas al norte por la Serra Grossa, que se eleva hasta los 300 m en algunos lugares; al sur están flanqueadas por las zonas boscosas de Faló y Corbari. En 1992 se le concedió una protección especial como reserva natural.

Antes de la llegada del turismo, la producción de sal fue una importante fuente de ingresos para la isla. Hasta hace poco, el lugar contaba con un tren de vía estrecha que transportaba la sal hasta La Canal, un pequeño puerto en el extremo sur de la península. En la actualidad, sigue habiendo producción pero a menor escala y se exportan unas 70.000 toneladas al año.

Entre las lagunas salinas se encuentra el pueblo de Sant Francesc de S'Estany, donde aún viven algunos trabajadores de la industria de la sal y que cuenta con una bonita iglesia. La carretera asfaltada que está junto a la iglesia lleva a una atalaya del siglo XVI, Torre de Sa Sal Rossa, a 2 km. Desde ella hay estupendas vistas de la cercana Illa Sal Rossa, de las playas de Figueretes (al sur de la capital) y de la Dalt Villa en Ibiza.

La amplia playa de Ses Salines es una de las más conocidas de la isla. Con forma de media luna y aguas cristalinas, está rodeada de pinares.

> **La producción de sal en Ses Salines continúa, aunque a menor escala; se exportan unas 70.000 toneladas anuales de este mineral.**

Bebel

Restaurante italiano en Ibiza; ofrece pescado crudo y cocinado, y menú degustación.

⌂F5 ⌂Carrer de Jaume I 4, Ibiza, Ibiza 🌐bebelibiza.com

€€€

Tapas Ibiza

Precioso restaurante apartado de la concurrida zona de San Antoni de Port; sirve tapas tradicionales e innovadoras.

⌂F4 ⌂Camino des Reguero 4, San Antoni de Portmany, Ibiza 🌐tapasibiza.com

€€€

Montauk Steakhouse

Magnífico restaurante especializado en carne en Sant Jordi Ses Salines. Comida de calidad y bonitas vistas de la playa.

⌂F5 ⌂Carretera Platja d'en Bossa 10, Sant Jordi Ses Salines, Ibiza 🌐theushuaia experience.com

€€€

La Paloma

Restaurante con un jardín de postal cerca de Ibiza; ofrece platos elaborados con ingredientes de proximidad. La carta tiene una pequeña selección de comida de inspiración italiana.

⌂F5 ⌂Carrer can Pou 4, Sant Llorenç de Balàfia, Ibiza 🌐paloma ibiza.com

€€€

 Sant Antoni

AF4 **A**Ibiza 🚌🚢
i **Passeig de Ses Fonts 1;**
www.ibiza.travel

San Antonio, segunda ciudad de Ibiza, fue llamada por los romanos Portus Magnus por la amplitud de su puerto natural. El antiguo pueblecito de pescadores se ha convertido hoy en un floreciente centro turístico. Aunque fue explotada en exceso, la localidad ha experimentado un lavado de cara. No obstante, la iglesia de Sant Antoni, del siglo XIV, está prácticamente ahogada en medio de modernos y altísimos hoteles.

Al norte de San Antonio, en la carretera de Cala Salada, se encuentra la capilla

¿Lo sabías?

Los fenicios dedicaron Ibiza a la diosa de la música y la danza, Tanit, en el 654 a. C.

subterránea de Santa Agnès, curioso templo paleocristiano (no hay que confundirlo con el pueblo del mismo nombre). Cuando se descubrió esta capilla, en 1907, contenía armas árabes y fragmentos de objetos de cerámica.

 Els Amunts

AF4 **A**Ibiza 🚌Sant Miquel
i **Plaza de España 1, Sant Joan de Labritja; 971 33 30 75**

Els Amunts es el nombre vernáculo de las tierras altas del norte de Ibiza, que abarcan desde San Antonio hasta Sant Vicenç, en el noreste. Aunque no alcanza el nivel de una cordillera –la mayor altura es la de Es Formás, con solo 450 m–, la inaccesibilidad de la zona la ha mantenido relativamente intacta. Lo más interesante es la contemplación del paisaje: colinas con manto de pinos que abrigan fértiles valles donde crecen olivos, almendros, higueras y algún que otro viñedo. Los enclaves turísticos son escasos, a excepción de los pequeños

centros playeros de Port de Sant Miquel, Portinatx y Sant Vicenç. Los pueblos del interior, como Sant Joan y Santa Agnès, brindan un viaje al apacible pasado rural de Ibiza. Con la floración de los

---

 TOP 5 **PLAYAS DE IBIZA**

Platja de Ses Salines
Larga playa de arena incluida en la zona de protección.

Cala Benirràs
Playa en la que se organizan fiestas, a menudo con música en directo.

Cala Xarraca
Aguas cristalinas cerca de Portinatx, ideales para el snorkel.

Talamanca
A escasa distancia a pie de Ibiza, ideal para los que desean tomar el sol.

Cala Llonga
Larga franja de arena cerca de Ibiza; muy popular para familias.

← El café Savannah, con vistas al mar y al famoso atardecer de San Antonio

almendros en febrero, los isleños acuden a Santa Agnès para admirar el espectáculo del valle cubierto de un manto blanco.

Entre Santa Agnès y San Antonio, hay pinturas rupestres en el interior de la cueva Ses Fontanelles; fueron descubiertas en 1917 por el arqueólogo francés Henri Breuil. Los últimos estudios las datan en la época púnica. No es accesible al público, pero hay réplicas que pueden verse desde fuera.

Lo más señalado de la arquitectura del norte de Ibiza son sus bellas iglesias blancas, como la de Sant Miquel, que los jueves en verano sirve de marco a recitales de baile tradicional. A las afueras de San Llorenç se halla la fortificada villa de Balàfia, con casas de techo plano, callejas enjalbegadas y una atalaya que sirvió de fortaleza durante las incursiones turcas.

→ La cúpula de la iglesia encalada de Santa Eulària, del siglo XVI

18 Santa Eulària des Riu

🗺️ F4 🚩 Ibiza 🚌🚌
ℹ️ Passeig de s'Alaera 4 (Sala Barrau); 971 33 07 28

El pueblo de Santa Eulalia del Río está situado a orillas del único río de la isla de Ibiza.

La iglesia del siglo XVI, con su patio cubierto, y el casco antiguo que la rodea están situados en lo alto de una loma, el Puig de Missa, un enclave más adecuado que la costa para organizar en el pasado la defensa frente a los atacantes.

Anejo a la iglesia se halla el **Museo Etnológico de Ibiza y Formentera,** alojado en una vieja alquería. Entre los objetos expuestos figuran trajes típicos, aperos de labranza, juguetes y una almazara. Una colección de fotografías antiguas revela los drásticos cambios que se han operado en Ibiza en las últimas décadas.

Justo a la entrada de Punta Arabí (mi) y Las Dalias (sá) se montan mercados de artesanía con cientos de puestos.

Museo Etnológico de Ibiza y Formentera

💶💶 🏠 Can Ros, Puig de Missa 📞 971 33 28 45 🕐 abr-sep: 10.00-14.00 y 17.30-20.00 ma-sá, 11.00-13.30 do; oct-mar: 10.00-14.00 lu-sá, 11.00-13.00 do 🚫 med dic-31 ene

Jacaranda Lounge

En este local es posible tomarse un cóctel en una cama balinesa mientras se escucha música en directo.

🗺️ F4 🏠 Carretera Cana, Santa Eulalia del Río, Ibiza 🌐 jacaranda-lounge.com

Liquido Cocktail Bar

Bar de moda con vistas al puerto deportivo de Santa Eulalia; sirve estupendos cócteles acompañados de northern soul y música de la Motown.

🗺️ F4 🏠 Marina, Santa Eulalia del Río, Ibiza 📞 609 57 22 60

Mirage Restaurant & Cocktail Bar

Animado bar que ofrece deliciosos cócteles y partidos en la gran pantalla.

🗺️ F4 🏠 Carrer es Joan Rosselló de Son Fortezacripto, Santa Eulalia del Río, Ibiza 📞 673 75 68 78

❶⑨

Ciutadella

⏣G4 ⌂Menorca 🚌🚲
ℹ Plaça des Born 9;
www.menorca.es

Una fecha clave en la historia de Ciudadela es el 9 de julio de 1558, cuando los turcos, comandados por Barbarroja, saquearon la ciudad y esclavizaron a 3.495 de sus habitantes, enviándolos a Constantinopla. De los más señalados edificios públicos de Ciudadela, solo la catedral de Menorca, de bello estilo gótico catalán de los siglos XIII y XIV, logró sobrevivir a esta terrible devastación; pero siglos después, durante la Guerra Civil, fue despojada de todos sus cuadros, ornamentos y tesoros.

La cercana plaça des Born fue trazada para que desfilaran las tropas árabes, y después de 1558 fue reconstruida poco a poco en estilo renacentista.

Con agradables cafés y sombreada por palmeras, es una plaza realmente encantadora. En el centro hay un obelisco erigido para conmemorar el Any de sa Desgràcia (año de la Desgracia), la infausta invasión turca de la ciudad. En torno a la plaza se disponen el ayuntamiento, el Teatre Municipal des Born y una sucesión de mansiones nobiliarias con fachadas italianizantes; la más señorial es el Palau de Torre-Saura, de principios del siglo XIX. Otro edificio destacable es el gótico **Palau Salort,** que alberga el ayuntamiento de Ciudadela, cuyas salas y la cocina se pueden visitar en fechas concretas. Desde el mirador del extremo norte de la plaza se tiene una hermosa vista del puerto, que cuenta con bares y restaurantes. Subiendo por el carrer Major des Born y pasada la catedral se llega a Ses Voltes, una calle con arcos encalados a ambos lados.

🔍 CURIOSIDADES
Lithica

A pocos kilómetros de Ciudadela se puede visitar una antigua cantera restaurada, que narra la historia de la cantería en la isla. Igual de impresionantes son los hermosos jardines medievales.

Torciendo a la derecha por el carrer del Seminari se ve la barroca iglesia dels Socors –sede de un festival de música clásica que se celebra las tardes de verano entre mediados de julio y agosto– y el **Museu Diocesà.** Cerca queda el mercado *art nouveau* (1895), pintado de verde oscuro.

El ambiente tranquilo que se respira durante todo el año en Ciudadela se altera en junio por la fiesta de Sant Joan, que incluye una alegre exhibición ecuestre. Durante las fiestas se pueden degustar

productos locales como queso, charcutería, vino y la famosa ginebra local.

Museu Diocesà
 ⊗⊗ ⊘ Carrer del Seminari 7 ☎ 971 48 12 97 ⊘ May-oct: 10.00-14.30 lu-sá

Palau Salort
⊗ ⊘ Plaça des Born 9 ⊘ may-oct: 10.00-16.00 diario ⊘ nov-abr

---

⑳
Ferreries

⊠ G4 ⊘ Menorca ⊞ ⓘ Carrer Mallorca 2; 971 37 45 05

Este pintoresco pueblecito, situado a 142 m sobre el nivel del mar, es el más alto de Menorca. Su nombre, Ferrerías, viene de las herrerías *(ferreries)* que existían en la zona. En el centro del pueblo está la plaça d'Espanya, en la que los sábados se instala un mercadillo de artesanía del cuero y productos de la tierra. En la plaça l'Església está la iglesia parroquial de Sant Bartomeu y el ayuntamiento. Merece la pena visitar el Centro de Geología de Menorca para ver una selección de las maravillas naturales de la isla.

A unos 6 km al norte de Ferrerías se ubica el castillo de Santa Águeda. No queda mucho de este bastión árabe, pero las vistas desde lo alto de la tercera montaña más alta de Menorca justifican la subida.

La bahía de Santa Galdana, 10 km al sur de Ferrerías, es incluso más bonita. Se puede dar un agradable paseo tierra adentro por el fértil lecho del Barranc d'Algendar.

> **La plaça des Born de Ciutadella, con agradables cafés y sombreada por palmeras, es realmente encantadora.**

↑ Vista del puerto desde la plaça des Born, en Ciudadela

PiQNiQ
Excelente bar en Ciudadela que ofrece comida para pícnic, con opciones veganas y vegetariana. Incluso preparan la comida para llevar en una bolsa isotérmica.

⊠ G4 ⊘ Calle Sant Pere 7, Ciudadela, Menorca ☎ 971 48 23 54

Cuk-Cuk
Este restaurante para verdaderos comidistas ofrece una experiencia peculiar. El cliente puede seleccionar un plato de la carta y cocinarlo con ayuda del cocinero.

⊠ G4 ⊘ Calle de Sant Pere Alcantara 13, Ciudadela, Menorca ⊞ cuk-cuk.com

Can Tanu
Restaurante en Fornels imprescindible para los amantes del marisco; sirve pescado a la parrilla, paella y otros platos a base de arroz, así como la especialidad de la zona, caldereta de langosta.

⊠ G4 ⊘ Carrer Major 16, Fornells, Menorca ⊞ cantanu.com

Recorriendo en barca Cales Coves, en la costa de Binibeca

㉑ Cales Coves

🏔 G4 🏝 Menorca 🚌 Sant Climent, luego 25 min a pie ℹ️ Carrer de Ses Moreres 13, Maó; 971 36 37 90

A ambos lados de una bonita bahía pueden verse las Cales Coves, asiento de construcciones trogloditicas de hasta nueve metros de longitud excavadas en el interior de la roca. Las cuevas, habitadas según se cree desde la prehistoria, están ocupadas hoy por gentes que propugnan un modo de vida alternativo; algunas tienen instaladas puertas, chimeneas y hasta cocinas de butano.

A unos cinco kilómetros al oeste, siguiendo la costa, se halla Binibeca, colonia turística cuya arquitectura imita el estilo tradicional menorquín: las callejas y casas blancas del Poblat de Pescadors, hechas a modo de un pueblecito pesquero, parecen auténticas.

㉒ Es Mercadal

🏔 G4 🏝 Menorca 🚌 ℹ️ Carrer Major 16; 971 37 50 02

Mercadal es, con Alaior y Ferrerías, uno de los tres núcleos urbanos que bordean la carretera que va de Mahón a Ciudadela. El pueblo en sí no tiene mucho atractivo, pero en los alrededores hay tres puntos de interés.

El monte Toro, 3 km al este, es la montaña más alta de Menorca (357 m) y también el centro espiritual de la isla; en la cima se encuentra el Santuari del Toro, construido en 1670, en el que aún viven monjas.

A unos 10 km al norte de Mercadal, el pueblo pesquero de Fornells se convierte durante el verano en un animado y selecto centro turístico: en el puerto amarran los yates de lujo, mientras famosos personajes abarrotan el bar Palma. La especialidad culinaria de Fornells es la caldereta de langosta, pero la calidad varía y los precios pueden ser elevados.

La pista que lleva al Cap de Cavalleria, a 13 km al norte de Mercadal, pasa por uno de los parajes más belllos de las Baleares. Azotado por la tramontana, Cavalleria es un promontorio rocoso clavado en un mar que, en invierno, recuerda más al Atlántico norte que al Mediterráneo. La carretera lleva hasta el cabo, con un faro y acantilados de 90 m de alto. En Sanitja, en el extremo occidental de la península, hay restos de un poblado fenicio mencionado por Plinio en el siglo I d. C. Más al oeste hay varias playas vírgenes de fina arena: Cala Pregonda, Cala del Pilar y La Vall d'Algaiarens son las mejores.

㉓

Maó (Mahón)

🗺️ G4 🏛️ Menorca 🚉🚌🛳️
ℹ️ Carrer de Ses Moreres 13;
971 36 37 90

La tranquila y elegante ciudad de Mahón estuvo ocupada por los ingleses en tres ocasiones en el siglo XVIII. Como legado de aquellos días coloniales le quedan, entre otras cosas, sus austeras casas georgianas con postigos de color verde oscuro y ventanas de guillotina.

El puerto de Mahón es uno de los más bellos del Mediterráneo. Tomando la calle que sube desde el mismo puerto se llega a la iglesia del Carme, del siglo XVIII, antigua iglesia carmelita cuyo blanco y fresco claustro alberga hoy un colorista mercado de frutas y verduras. Detrás del mercado se encuentra la **Col·lecció Hernández Sanz-Hernández Mora,** de arte y antigüedades menorquinas. La cercana plaça Constitució está presidida por la iglesia de Santa María, con un enorme órgano. Al lado queda el ayuntamiento, que cuenta con una fachada neoclásica en cuya torreta se conserva el reloj donado por *sir* Richard Kane (1660-1736), primer gobernador inglés de Menorca.

Al final del carrer Isabel II se halla la iglesia de Sant Francesc, con portada románica y fachada barroca; la iglesia alberga el **Museu de Menorca,** que explica el pasado talayótico de la isla. A dos minutos andando, hacia el sur, queda la plaça de S'Esplanada y detrás el **Ateneu de Maó,** una sociedad cultural con colecciones de historia natural, cerámica del país, mapas y una biblioteca; es aconsejable pedir permiso antes de entrar. En el lado norte del puerto hay una mansión a la que llaman Sant Antoni, o The Golden Farm, donde se cree que se alojó el almirante Nelson; máximo ejemplo de arquitectura palladiana en Mahón, tiene fachada de arquería pintada en rojo, con arcos blancos, al estilo tradicional menorquín. La casa alberga una colección de muebles y recuerdos del ilustre marino y una interesante biblioteca cerrada al público.

Col·lecció Hernández Sanz y Hernández Mora

♿ 📍 Carrer d'Anuncivay 2
📞 971 35 65 23 🕐 oct: 10.00-13.30 y 18.00-20.00 ma-sá, 10.00-13.30 do; nov-abr: 10.00-13.30 y 18.00-20.00 ju-sá, 10.00-13.30 ma, mi y do

Museu de Menorca

📍 Plà des Monestir 9
🕐 Jun-sep: 10.00-14.00 y 18.00-20.00 ma-vi, 10.00-14.00 sá, do y festivos; oct-may: 10.00-18.00 ma y ju, 10.00-14.00 mi, vi-do y festivos 🔒 lu, 1, 6 y 17 ene, 7 y 8 sep, 24-27 y 31 dic
🌐 museudemenorca.com

Ateneu de Maó

📍 Carrer Rovellada de Dalt 25
📞 971 36 05 53 🕐 9.30-13.00 y 16.00-20.00 lu-vi

ARQUITECTURA PREHISTÓRICA EN MENORCA

Menorca es excepcionalmente rica en restos prehistóricos, hasta el punto de haber sido descrita como un museo al aire libre. Casi todos los yacimientos son obra del pueblo talayótico, que vivió entre el 2000 y el 1000 a. C. y toma el nombre de los talayotes, grandes edificaciones de piedra que salpican el paisaje menorquín. Existen cientos de estos poblados y estructuras de la Edad del Bronce por toda la isla. De visita gratuita, estos yacimientos son de gran valor para el estudio de los antiguos habitantes de las islas Baleares.

↑ El puerto de la isla de Cabrera, vigilado por la fortaleza de la colina

 24

Cabrera

🅐 **G4** 🏠 **Baleares** 🚢 **Desde Colònia Sant Jordi** ℹ️ **Carrer Gabriel Roca s/n, Colònia Sant Jordi; 971 65 60 73**

Desde las playas de Es Trenc y Sa Ràpita, en la costa sur de Mallorca, despunta a lo lejos Cabrera, la mayor de las islas del archipiélago del mismo nombre, situada a 18 km del punto más meridional de Mallorca. Cabrera es morada de plantas, reptiles poco comunes y aves marinas como el halcón de Eleonora, y las aguas que la bañan son importantes por su fauna y flora; por todo ello Cabrera ha sido declarada parque nacional. Antigua base militar, la isla nunca ha sido poblada. En lo más alto se alza un castillo del siglo XIV y cuenta con un sencillo albergue.

 25

Formentera

🅐 **F5** 🏠 **Baleares** 🚢 **Desde Ibiza** ℹ️ **Estación Marítima, puerto de La Savina; www. formentera.es**

A una hora en barco del puerto de Ibiza se encuentra esta isla, en gran medida virgen, donde las aguas son azules y el ritmo de vida lento.

Desde el puertito de La Savina salen autobuses hacia otros puntos de la isla, aunque es aconsejable alquilar un ciclomotor o una bicicleta.

Sant Francesc Xavier, la capital de Formentera, está situada a tres kilómetros de La Savina. Desde Sant Francesc, una carretera lleva a Cap de Barbaria, donde se alzan una torre defensiva del siglo XVIII y un faro. Desde el puerto pesquero de Es Caló la carretera pasa por el restaurante Es Mirador, donde se contempla una vista panorámica, y subiendo se llega al pueblo de Nostra Senyora del Pilar de la Mola, en lo alto de la meseta. A unos tres kilómetros al este se yergue el Far de Sa Mola, y en las cercanías se levanta un monumento a Julio Verne (1828-1905), que ambientó en Formentera su novela *Hector Servadac*.

Un punto de interés es el sepulcro megalítico de Ca Na Costa (2000 a. C.), único de su género en las Baleares. Este monumento, un círculo de piedras verticales, es anterior a los cartagineses.

Lo más interesante de la isla, sin embargo, es la belleza del paisaje, con algunas de las pocas franjas de litoral virgen del Mediterráneo. Las mejores playas son la de Migjorn, al sur de Sant Francesc, y las de Illetes y Llevant, dos playas a los lados de un largo banco de arena, en el extremo norte de la isla. Al norte está la isla de S'Espalmador, que cuenta con manantiales.

Hotel Entre Pinos
Hotel en Formentera con excelente desayuno, piscina y *spa*.

🅐 **F5** 🏠 **Avenida Mola, km 12.3, Es Calo, Formentera** 🌐 **hotel entrepinos.es**

€€€

Sa Volta Hotel
Elegante hotel en Formentera; la piscina en la azotea ofrece excelentes vistas.

🅐 **F5** 🏠 **Avenida Miramar 94, Es Pujols, Formentera** 🌐 **savolta.com**

€€€

La Mariterranea Formentera
Aunque la especialidad de este restaurante de Formentera es la paella y la fideuá, también ofrece platos de carne y pescado.

📍 **F5** 🏠 **Carrer Major 42, Sant Ferran de ses Roques, Formentera** 🌐 **mariterranea.com**

€€€

Integral
Creativos platos veganos y vegetarianos en este agradable restaurante. Los zumos y batidos son deliciosos.

📍 **F5** 🏠 **Carrer de s'Espalmador 39, Es Pujols, Formentera** ☎ **971 32 91 07**

€€€

PLAYAS DE FORMENTERA

Las playas de Formentera están a la altura de las de Ibiza. Su paisaje virgen, magnífica arena y aguas cristalinas atraen a gran número de visitantes. La mayoría no tienen hoteles cerca y solo cuentan con unos pocos bares o restaurantes, algo que para muchos es parte de su encanto.

ACTIVIDADES AL AIRE LIBRE

Para quienes no encuentran atractiva la idea de tumbarse en la arena sin más, las playas de Formentera ofrecen multitud de actividades. Aunque las condiciones para el windsurf no son tan impresionantes como en las islas Canarias, los vientos más suaves hacen que las playas de Formentera sean un buen lugar para que los principiantes aprendan las técnicas básicas. Wet4Fun ofrece clases en la playa de Es Pujols *(www.wet4fun.com)*, además de cursos de navegación para diferentes edades y preparación, kayak y surf con remo (SUP). Los más atrevidos pueden optar por el SUP yoga. Si se prefiere el fondo del mar, las aguas de Formentera y su vida marina son ideales para el submarinismo. Casi todos los enclaves costeros tienen centro de buceo; uno de los mejores es Vellmari Formentera, en La Savina *(https://vellmari.com)*.

TOP 5 **PLAYAS DE FORMENTERA**

Platja de Ses Illetes
La más popular de la isla; hacia el norte se extiende la península de Es Trucadors.

Platja de Llevant
Esta playa, que ocupa la franja este de la península, es más tranquila que la de Ses Illetes.

Platja de Sa Roqueta
Situada junto al único hotel de la zona, esta playa conecta con la platja de Llevant, por lo que es perfecta para pasear por la arena.

Platja de Tramuntana
Un grupo de pequeñas y apartadas playas escondidas entre rocas.

Es Caló de Sant Agustí
A las playas cercanas a esta localidad costera se accede por las pasarelas que atraviesan los matorrales que cubren las dunas.

← Kitesurf en las aguas turquesas de Formentera

↑ Una playa recóndita cerca del pueblo de Es Caló de Sant Agustí

ISLAS CANARIAS OCCIDENTALES

Estas islas, en su momento el punto más occidental del mundo conocido por los europeos, están rodeadas de misterio, ya que su historia antigua sigue sin estar clara. Descubiertas y visitadas esporádicamente a lo largo de la historia, los registros comienzan con la conquista española en el siglo XV, en la que fueron derrotados los guanches, que habían llegado a las islas desde el norte de África en el siglo VI a. C. Tenerife y La Palma fueron las últimas islas canarias que cayeron en manos de los españoles. Aunque quedan pocas huellas de los guanches, su lengua está inmortalizada en el propio nombre de Tenerife, que proviene de una palabra que significa 'montaña nevada', en alusión al Teide. Tras la conquista española, los colonos plantaron vides en el fértil suelo volcánico de Tenerife y la isla pronto se inundó de viñedos con los que se elaboraban vinos secos que se convirtieron en la principal exportación de la isla.

Durante siglos, las siete islas principales de Canarias fueron consideradas una sola provincia, lo que dio lugar a un tira y afloja entre Gran Canaria y Tenerife, las dos islas más grandes e importantes desde el punto de vista económico. En 1927 se establecieron las provincias del este, Las Palmas, y el oeste, Santa Cruz de Tenerife.

**ISLAS
CANARIAS
OCCIDENTALES**

Llano Negro

Los Sauces

Hoya Grande

LP1

Puntagorda

LP1

9 LA PALMA

Santa Cruz de la Palma

Los Llanos
de Aridane

Breña Alta

Tazacorte

El Paso

La Palma

LP2

LP2

Monte de Luna

Las Indias

Los Canarios

Océano Atlántico

Gomera

Villahermoso

Agulo

GM1

**LA
GOMERA
11**

*Garajonay
1.487 m*

Vueltas

La Calera

GM2

San
Sebastián

Allajero

Playa
Santiago

Hierro

Valverde

Las Puntas

Puerto de la Estaca

Frontera

Sabinosa

10 EL HIERRO

La Restinga

ISLAS CANARIAS OCCIDENTALES

Esencial

❶ Parque Nacional del Teide

Lugares de interés

❷ La Laguna
❸ Puerto de la Cruz
❹ Candelaria
❺ Los Cristianos

❻ Montes de Anaga
❼ La Orotava
❽ Santa Cruz de Tenerife
❾ La Palma
❿ El Hierro
⓫ La Gomera

Madeira ↖

MONTES DE ANAGA

Tegueste

LA LAGUNA

Teguieste TF12 ❻

Tenerife

PUERTO DE LA CRUZ

TF5

❷

Huelva →

❸

SANTA CRUZ DE TENERIFE ❽

Garachico

TF5

TF24

❼ LA OROTAVA

Canarias, Lanzarote →

Buenavista del Norte

Icod de los Vinos

PARQUE NACIONAL DEL TEIDE

❹ CANDELARIA

Masca

Güímar

Pico del Teide △ 3.718 m

❶

El Tablado

Chío

TF21

TF28

TF1

TF1

Playa San Juan

TF21

Vilaflor

Punta de Abona

TF1

Arona

Granadilla de Abona

LOS CRISTIANOS ❺

El Médano

Tenerife Sur

Océano Atlántico

N
↑

0 kilómetros   20

Los visitantes recorren el parque, a los pies del imponente Teide ↑

PARQUE NACIONAL DEL TEIDE

F7 **Tenerife** 348 desde Puerto de la Cruz; 342 desde Playa de las Américas 9.00-16.15 todos los días 1 y 6 ene, 25 dic El Portillo; 922 92 23 71

Rodeado de un paisaje volcánico, el impresionante pico del Teide domina Tenerife. Es una delicia recorrer el Parque Nacional del Teide, una zona única, protegida y surcada por senderos señalizados.

El pico del Teide tuvo en el pasado un monte adyacente mucho más grande que se derrumbó hace 180.000 años, dejando tras de sí el cráter volcánico de La Caldera de Las Cañadas. En torno a esta enorme caldera hay un perímetro de rocas fracturadas de 45 km. El Teide, que se halla en un extremo de la caldera, constituye la cumbre más alta de España. El volcán sigue activo y el cercano Pico Viejo, un cono volcánico también conocido como Montaña Chahorra, entró en erupción por última vez en el siglo XVIII.

En la actualidad, el material volcánico forma un desierto de rocas erosionadas y teñidas de minerales, lechos de ceniza y ríos de lava. Las extensiones de las siete cañadas (pequeñas mesetas arenosas) se crearon por el derrumbe de antiguos cráteres.

Una única carretera atraviesa Las Cañadas, pasando por un parador, una estación de teleférico y un centro de visitantes. Cerca del parador nacional Cañadas del Teide están Los Roques de García, unas rocas de lava de formas extravagantes. Otras formaciones rocosas famosas del parque son Los Azulejos, que brillan con un color azul verdoso por los depósitos de cobre que contienen.

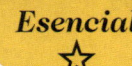

FLORA DE LAS CAÑADAS

El inhóspito suelo de Las Cañadas acoge plantas raras y hermosas, muchas de ellas endémicas. La más llamativa es el tajinaste rojo *(Echium wildpretii),* cuyos vástagos alcanzan los dos metros de altura a comienzos de verano. Otras plantas comunes son la retama blanca, la magarza y la violeta del Teide. La mejor época para ver la floración es mayo y junio. La vegetación del parque está protegida, por lo que queda rigurosamente prohibido coger cualquier tipo de planta.

← El teleférico sube en ocho minutos hasta el pico del Teide y deja a los visitantes cerca de la cumbre

CONSEJO DK
La vida del parque
Merece la pena pasar por el centro de visitantes. En él se proyecta un vídeo y una exposición recorre los orígenes del parque, al tiempo que se identifican las flores silvestres de la zona.

↑ Descanso al sol en el parador nacional de Las Cañadas del Teide, en pleno parque

LUGARES DE INTERÉS

La Laguna

⊞F7 🚩Tenerife 🚌
ℹ Calle Carrera u Obispo Rey Redondo 7; www. webtenerife.com

Ciudad universitaria, La Laguna, segunda ciudad de Tenerife, es patrimonio de la humanidad.

En el encantador casco antiguo, que conviene recorrer a pie, hay plazas recoletas, edificios históricos y museos. Casi todos los monumentos se sitúan entre la iglesia de Nuestra Señora de la Concepción, de 1502, y la sombreada plaza del Adelantado, a la que dan el ayuntamiento, el convento de las Catalinas y el palacio de Nava.

Puerto de la Cruz

⊞F7 🚩Tenerife 🚌
ℹ Calle Las Lonjas s/n; www.webtenerife.com

El Puerto de la Cruz, centro turístico decano de las islas, cobró auge por primera vez en 1706, cuando una erupción volcánica arrasó Garachico, el principal puerto tinerfeño. El Puerto de la Cruz ocupó su lugar y fue muy visitado por ingleses a finales del siglo XIX. Los edificios más antiguos le otorgan carácter. El bello Complejo Costa Martiánez, una zona de baño diseñada por el artista lanzaroteño César Manrique (p. 569), compensa la escasez de playas con sus piscinas naturales, palmeras y fuentes.

A las afueras queda el **Jardín de Orquídeas,** que es el jardín más antiguo de Tenerife y cuenta con una importante colección de orquídeas.

Icod de los Vinos, a unos 20 km al oeste, es célebre por su drago milenario.

Jardín de Orquídeas
⊘ 🚩Camino Sitio Litre s/n ⏰9.30-14.30 mi-do
🅦 jardinde orquideas.com

→

Estatua de un jefe guanche en el paseo marítimo de Candelaria

Candelaria

⊞F7 🚩Tenerife
🚌 ℹ **Avenida de la Constitución 7; www. webtenerife.com**

Esta población costera es famosa por el santuario de Nuestra Señora de la Candelaria, patrona del archipiélago, cuya imagen, en el altar de la basílica de la plaza principal, se halla siempre rodeada de flores y velas. Esta virgen, supuestamente traída por el mar, era ya venerada antes de la llegada del cristianismo a la isla. En 1826 una ola la devolvió al océano, aunque fue sustituida y cada agosto se la honra con una romería. A las puertas de la basílica se alinean las estatuas de bronce de *menceyes* (reyes) guanches.

Una calle del casco antiguo de La Laguna, patrimonio de la humanidad de la Unesco

❺
Los Cristianos

F7 **Tenerife** 🚌🚖
📍**Plaza del Pescador 1;
www.webtenerife.com**

Este antiguo puertito pesquero de la costa sur tinerfeña se ha convertido en una ciudad turística al pie de peladas colinas; cuenta con líneas regulares de ferri y aerodeslizador que enlazan con La Gomera y El Hierro *(p. 562)*.

La vecina playa de las Américas, el mayor emporio turístico de Tenerife, es el destino ideal para quienes buscan sobre todo sol y diversión.

No lejos, tierra adentro, quedan Adeje y el espectacular barranco del Infierno, con una bella cascada a la que se llega en un recorrido circular de 2 horas.

Siguiendo hacia el este se halla la costa del Silencio, que con sus bungalós en derredor de pueblos pesqueros ofrece un agradable contraste con los grandes centros turísticos. En el pequeño puerto de Los Abrigos se suceden los restaurantes.

Santa Barbara Golf & Ocean Club
Este complejo de 4 estrellas cerca de Los Cristianos ofrece una excelente relación calidad-precio.

F7 **Avenida del Atlántico, Golf del Sur, San Miguel de Abona, Tenerife** 🌐**santa barbaratenerife.com**

€€€

❻
Montes de Anaga

F7 **Tenerife** 🚌**Santa Cruz de Tenerife, La Laguna**

El escarpado macizo al norte de Santa Cruz es húmedo y en él abundan aves y plantas. En la oficina de turismo se facilitan mapas de la zona, a la que se llega por una buena carretera que sube desde el barrio de San Andrés, junto a la playa de Las Teresitas.

Por la carretera que baja por el monte de Las Mercedes y el valle de Tejina se llega a la ciudad de Valle de Guerra, donde hay un museo etnográfico. Después está Tacoronte, con interesantes iglesias y una bodega.

❼
La Orotava

F7 **Tenerife** 🚌
📍**Carrera del Escultor Estévez 5; www. webtenerife.com**

Ubicada en el fértil valle del mismo nombre, La Orotava se apiña en torno a la iglesia de Nuestra Señora de la Concepción, edificio barroco con cúpula y torres gemelas, construido en la segunda mitad del siglo XVIII.

En las calles y plazas aledañas hay numerosas iglesias, conventos y casonas con elaborados balcones de madera. En la casa de los Balcones y en la Casa del Turista, en la calle San Francisco, venden artesanía y productos de la tierra.

❽
Santa Cruz de Tenerife

F7 **Tenerife** 🚌🚖
📍**Plaza de la Candelaria 9; www.webtenerife.com**

La capital de Tenerife es un importante puerto regional donde atracan navíos de gran tonelaje. Cuenta también con el segundo carnaval más popular del mundo, por detrás del de Río de Janeiro. La playa de Las Teresitas, 7 km al norte de la ciudad, se creó con toneladas de arena sahariana importada y la construcción de un rompeolas.

Santa Cruz presume de edificios históricos de relieve. El centro se dispone en torno a la plaza de España, cerca del puerto; de ella sale la calle del Castillo, la principal vía comercial.

Particular interés reviste el **Museo de la Naturaleza y Arqueología y el Hombre (MUNA),** con momias y utensilios guanches.

Otros lugares de interés son el **Museo de Bellas Artes,** que exhibe obras de viejos maestros, y el sombreado parque municipal García Sanabria.

Museo de la Naturaleza y Arqueología y el Hombre (MUNA)
♿ **Calle Fuentes Morales 1**
📞 **922 53 58 16** 🕙**10.00-17.00 lu y do, 9.00-20.00 ma-sá**

Museo de Bellas Artes
Calle José Murphy 12 📞 **922 24 43 58** 🕙**10.00-20.00 ma-vi, 10.00-15.00 sá y do**

↑ Desfile de carnaval por las calles de Santa Cruz de Tenerife

↑ Fachadas color pastel con balcones de madera en las calles de Santa Cruz de la Palma, en la isla de La Palma

 9

La Palma

E7 **🏛** Islas Canarias
✈🚢 Santa Cruz de la Palma
ℹ Plaza de la Constitución s/n, Santa Cruz de la Palma; www.visitlapalma.es

Con una altitud máxima de 2.426 m, La Palma es la isla con los mayores desniveles del mundo. Situada en el extremo noroccidental del archipiélago, posee clima fresco y vegetación exuberante. Su montañoso interior se halla cubierto de bosques de pino, laureles y helechos gigantes.

Domina el centro de la isla la Caldera de Taburiente, enorme cráter volcánico de más de ocho km de ancho. Su rango de parque nacional da idea de la riqueza botánica y geológica que encierra; la cima está coronada por un observatorio astrofísico. Un par de carreteras de trazado difícil recorren las cumbres ofreciendo vistas espectaculares de los cráteres dormidos de La Cumbrecita y el Roque de Los Muchachos.

Santa Cruz de la Palma, puerto y capital de la isla, es una elegante ciudad de casonas con balcones. En la empedrada calle O'Daly, muy cerca del mar, se encuentran la iglesia del Salvador y el ayuntamiento.

Por el suroeste de la ciudad sale una tortuosa carretera de montaña que, pasando por Las Cumbres, llega hasta El Paso, famosa por sus telares de seda y sus puros hechos a mano.

En septiembre de 2021, una erupción volcánica en La Palma causó daños significativos y miles de personas tuvieron que abandonar sus casas. La última erupción importante en el Cumbre Vieja había tenido lugar en 1971.

 10

El Hierro

E7 **🏛** Islas Canarias
✈🚢 Puerto de la Estaca **ℹ** Calle Doctor Quintero 4, Valverde; www.elhierro.travel

Por su escasez de playas, El Hierro ha escapado a la invasión turística sufrida por otras

 MEJORES VISTAS
Cielos estrellados

La visita a La Palma no sería completa sin contemplar sus cielos estrellados, de los mejores del mundo. Un recorrido guiado con Astro La Palma *(www.lapalmastars.com)* permite visitar los mejores lugares de observación.

Enriclai
Restaurante sin pretensiones y solo cuatro mesas en la capital de La Palma. No hay carta, pero la propietaria, Carmen, canta los platos a los clientes. Solo efectivo.

🅰E6 **🏛** Calle Doctor Santos Abreu 2, Santa Cruz de la Palma, La Palma **📞** 680 20 32 90

€€€

islas y atrae la atención de los naturalistas. El paisaje abrupto y la peculiar fauna y flora son su gran atractivo. Es la más pequeña de las islas Canarias y el punto más occidental de España. Valverde, la capital, está emplazada a 600 m sobre el nivel del mar. Se trata de una población pintoresca de calles en pendiente y agradables placitas. Pinos canarios y sabinas retorcidas cubren el montañoso interior de la isla y una faja boscosa que la cruza de este a oeste marca el límite de un volcán cuyo cráter forma la depresión conocida como El Golfo.

En el extremo oeste se halla la ermita de los Reyes, santuario y punto de origen de las fiestas mayores de la isla, que se celebran cada cuatro años en el mes de julio.

 11

La Gomera

E7 **🏛** Islas Canarias
✈🚢 **ℹ** Calle Real 32, San Sebastián de la Gomera; www.lagomera.travel

La Gomera, que cuenta con aeropuerto, es la más accesible y

→

Formaciones rocosas que caracterizan la isla de La Gomera

visitada de las islas menores occidentales, al quedar a 40 minutos en aerodeslizador de Los Cristianos, en el sur de Tenerife (90 minutos en ferri). Mucha gente visita La Gomera en excursiones de un día e invierte la mitad del tiempo en recorrerla en autobús; otros alquilan un coche y la exploran por su cuenta, un periplo que compensa por sus espectaculares parajes, pero agotador por lo sinuoso del terreno. Conducir por estos parajes entraña salvar incontables curvas que bordean tajos de vértigo.

Para conocer bien la isla hay que organizar una estancia más larga y explorarla sin prisas, preferiblemente a pie. Si hace buen tiempo, el paisaje gomero es una maravilla. Los pináculos rocosos descuellan sobre empinadas laderas alfombradas de helechos, mientras que los bancales rebosan de palmeras y buganvillas en flor. El Parque Nacional de Garajonay está declarado patrimonio natural de la humanidad por la Unesco.

San Sebastián de la Gomera, población principal de la isla, está en la costa este, con edificios blancos en torno a una pequeña playa. Son de interés algunos lugares vinculados a

Colón (*p. 65*), que se abasteció aquí de agua antes de emprender viaje. En un pozo de la casa de la aduana puede leerse: "Con esta agua fue bautizada América". Cuenta además la leyenda que Colón rezó en la iglesia de la Asunción y se alojó en una casa de la ciudad.

A espaldas de las áridas colinas del sur se halla Playa de Santiago, uno de los pocos centros turísticos de la isla, que dispone de una playa de guijarros grises. Valle Gran Rey, en el extremo oeste, es un valle fértil con palmeras y bancales. En el pasado refugio de *hippies*, hoy lo frecuentan amantes de la naturaleza y artistas. Al norte, las carreteras serpentean por bellos pueblitos y descienden a las playas rocosas del litoral. Las Rosas, parada de los autocares, cuenta con un centro de visitantes y un restaurante con mirador.

La carretera que va hacia la costa desde Las Rosas pasa por Vallehermoso, empequeñecido por el Roque de Cano, imponente masa de lava solidificada. En la costa norte se ha-

llan Los Órganos, formación de columnas de basalto que semejan los tubos de un órgano.

EL SILBO GOMERO

Los problemas de comunicación derivados de la configuración montañosa de buena parte del territorio isleño, cubierto en algunas zonas de espesos bosques y con grandes distancias entre las laderas de los valles, fueron el probable origen del lenguaje silbado de La Gomera, que se tiene por invención de los aborígenes guanches (*p. 576*). Son pocos los jóvenes gomeros que conocen hoy el silbo, que probablemente habría desaparecido de no ser por las demostraciones que se siguen realizando ante los visitantes en el parador nacional y en el restaurante Las Rosas.

ISLAS CANARIAS ORIENTALES

Las islas Canarias estaban habitadas originalmente por el pueblo guanche, llegado desde el norte de África alrededor del año 1000 a. C. Cuando los navegantes españoles arribaron al archipiélago a principios del siglo XV, lo hicieron primero a estas islas orientales, y Lanzarote fue la primera en ceder ante los invasores en 1402. Fuerteventura cayó poco después, seguida rápidamente por Gran Canaria. Fuerteventura estaba densamente arbolada, pero los colonos europeos talaron la madera para construir barcos, y el clima seco y la introducción de cabras en la isla redujeron la vegetación a matorrales.

La posición geográfica de estas islas, junto con los fuertes vientos alisios, las convirtieron en el puerto de escala ideal para el primer viaje trasatlántico de Colón hacia América. Se dice que el navegante se alojó en la Casa de Colón, en Gran Canaria, mientras uno de sus barcos era reparado.

Lanzarote comenzó a transformarse de una tierra agrícola y pesquera a popular destino turístico en la década de 1960, un cambio al que contribuyó en gran medida el artista y arquitecto local César Manrique. Las casas blancas que marcan la peculiar idiosincrasia de la isla y la llamativa escasez de edificios altos se deben a él. Junto con Fuerteventura y Gran Canaria, Lanzarote es un destino vacacional ideal, con sol de invierno, largas playas y un montón de actividades al aire libre.

ISLAS CANARIAS ORIENTALES

Lugares de interés

1. Playa Blanca
2. Puerto del Carmen
3. Parque Nacional de Timanfaya
4. Costa Teguise
5. Arrecife
6. Teguise
7. Haría
8. Jameos del Agua
9. Caleta de Fuste
10. Puerto del Rosario
11. Betancuria
12. Península de Jandía
13. Corralejo
14. Puerto de Mogán
15. Puerto Rico
16. Maspalomas
17. Agaete
18. Tafira
19. Las Palmas de Gran Canaria

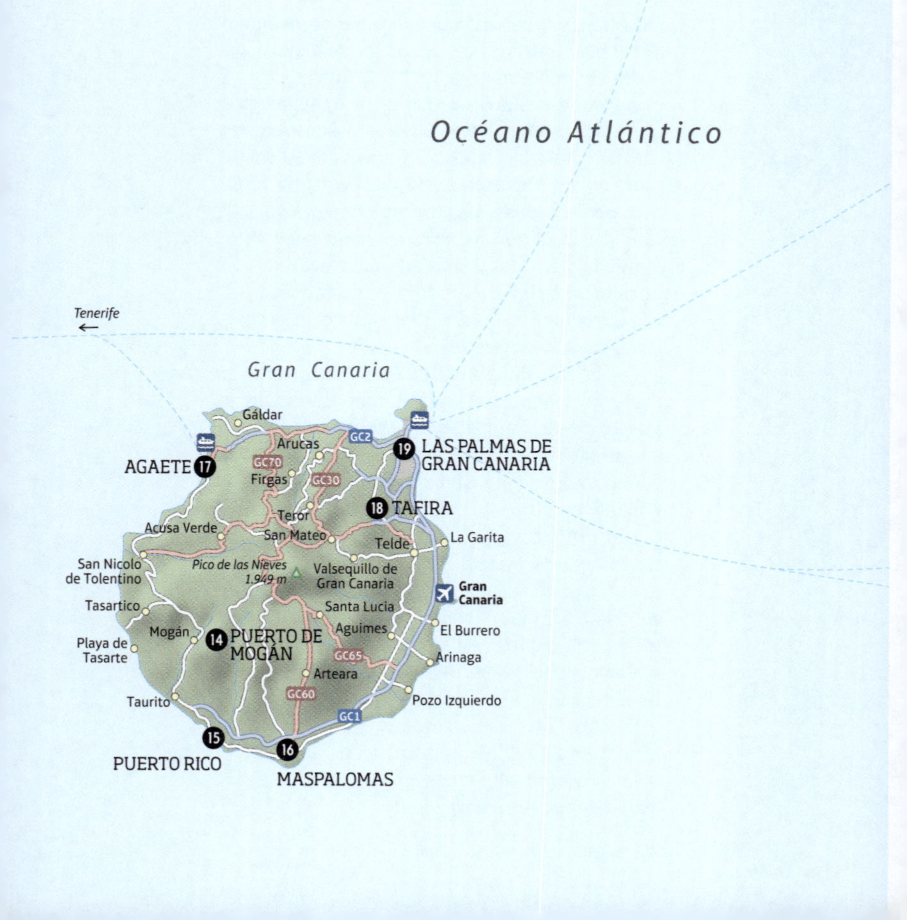

Madeira
Océano Atlántico
Tenerife
Gran Canaria
Gáldar
Arucas
GC2
GC70
GC30
19 LAS PALMAS DE GRAN CANARIA
AGAETE 17
Firgas
18 TAFIRA
Teror
Acusa Verde
San Mateo
Telde
La Garita
San Nicolo de Tolentino
Pico de las Nieves 1.949 m
Valsequillo de Gran Canaria
Gran Canaria
Tasartico
Santa Lucia
Aguimes
El Burrero
Playa de Tasarte
Mogán
14 PUERTO DE MOGÁN
GC65
Arinaga
Arteara
GC60
Taurito
Pozo Izquierdo
GC1
15 PUERTO RICO
16 MASPALOMAS

ISLAS
CANARIAS
ORIENTALES

Alegranza

Montaña Clara

La Graciosa

Órzola

JAMEOS DEL
AGUA

7 **8**

Lanzarote

Caleta de
Famara

HARÍA

La Santa

Tinajo

6 TEGUISE

La Santa

PARQUE NACIONDAL
DE TIMANFAYA

3

Mancha
Blanca

San
Bartolomé

LZ1

COSTA
TEGUISE

4

Yaiza

ARRECIFE **5**

Maciot

LZ2

2

PLAYA
BLANCA

1

PUERTO DEL
CARMEN

Lobos

CORRALEJO **13**

Lajares

El Cotillo

La Oliva

FV1

Parque
Holandés

Tindaya

FV1

Puertito de
Los Molinos

Puerto Lajas

Llanos de
la Concepción

FV20

PUERTO DEL ROSARIO **10**

Fuerteventura

Casillas
del Ángel

Fuerteventura

El Matorral

Antigua

BETANCURIA **11**

9 CALETA DE FUSTE

Pajara

Tuineje

Teejereague

Juan Gopar

Pozo Negro

La Pared

FV2

Gran Tarajal

Costa Calma

Tarajalejo

La Lajita

FV2

PENÍNSULA
DE JANDÍA

12

Esquinzo

Morro Jable

*Punta de
Jandía*

Océano Atlántico

N

0 kilómetros

LUGARES DE INTERÉS

 Playa Blanca

🅰 G6 🏠 Lanzarote 🚌🚢
ℹ Calle Varadero 3; www.
turismolanzarote.com

Los orígenes de este núcleo turístico como puerto pesquero son claramente visibles. Aunque ha crecido en los últimos años, Playa Blanca sigue siendo un lugar familiar con personalidad. Tiene muchos cafés y restaurantes, tiendas, bares y hoteles grandes. Hay una o dos fajas de arena cerca del pueblo, pero las playas más atractivas se ocultan hacia el este, donde el mar lame rocosas caletas y la ropa parece estar de más. Papagayo es la playa más conocida, pero el visitante que busque encontrará una para él solo. Es aconsejable disponer de un todoterreno para recorrer las pistas que conducen a estas playas.

El **Museo Atlántico,** subacuático, aúna arte y conservación de la naturaleza. Las espectaculares instalaciones de Jason deCaires Taylor actúan como arrecife artificial para bancos de sardinas y pulpos.

Museo Atlántico

⊘ 🏠 Calle Lanzarote 1, Playa Blanca 🕐 Horarios varían, consultar web 🆆 underwater museumlanzarote.com

---

 Puerto del Carmen

🅰 G6 🏠 Lanzarote
🚌🚢 ℹ Calle Lanzarote 1;
www.turismolanzarote.com

Más del 60 % de los visitantes de Lanzarote se alojan en este gran centro turístico, que ocupa varios kilómetros de litoral. La carretera de la costa discurre entre un sinfín de servicios turísticos.

Pese a su densidad, las construcciones están diseñadas con buen gusto y desde ellas se accede fácilmente a Playa Blanca; otra playa cercana es la de Los Pocillos. Al norte se halla el pintoresco Tías y A Casa José Saramago, la casa-museo donde el escritor y premio nobel vivió sus últimos 18 años, después de abandonar su país tras declarar el Gobierno portugués su obra como ofensiva hacia la religión.

Parque Nacional de Timanfaya

🅰 G6 🏠 Yaiza, Lanzarote
ℹ Carretera LZ-67, km 9,6, Mancha Blanca; 928 11 80 42 🕐 9.00-16.00 lu-sá 🔒 1 y 6 ene, 15 sep, 25 y 31 dic

Entre 1730 y 1736 se produjo en Lanzarote una sucesión de erupciones que cubrieron de lava más de 200 km² de la

La Carmencita del Puerto
Bar de tapas en Puerto del Carmen que combina comida española con recetas internacionales.

🅰 G6 🏠 Avenida de Las Playas s/n, Puerto del Carmen, Lanzarote
📞 928 51 23 18 🕐 do

tierra más fértil de la isla. Milagrosamente no hubo víctimas, pero muchos vecinos optaron por emigrar.

Los volcanes que un día devastaron Lanzarote le proporcionan hoy su más enigmática atracción: la llamada Montaña de Fuego, que forma parte del Parque Nacional de Timanfaya, creado en 1974 para proteger tan importante patrimonio geológico. La entrada del parque queda al norte del pueblo de Yaiza. Aquí se puede hacer un alto para ver las magníficas vistas del parque. Después se recorren unos fantasmales campos de ceniza coronados por conos volcánicos rojinegros. Al llegar al islote de Hilario se aparca junto al panorámico restaurante El Diablo. Desde aquí, el visitante efectúa un recorrido de media hora en autobús por este bello y desolado paisaje lunar.

De regreso al islote de Hilario, los guías efectúan una demostración práctica de que el volcán no está apagado, sino dormido: las ramas arrojadas a una grieta arden al instante, y al verter agua en un tubo hundido en el suelo, la tierra escupe un chorro de vapor potente como un géiser.

↑ Barcos de pesca frente a la bonita ciudad de Arrecife

Costa Teguise

🅰 G6 🚌 10 km al N de Arrecife, Lanzarote
🚌 🛈 Avenida Islas Canarias, Junto Pueblo Marinero; www.turismolanzarote.com

Llama la atención el contraste entre el viejo Teguise *(p. 570)*, antigua capital de la isla, y la exclusiva Costa Teguise. En medio de este terreno árido, se alinean avenidas con vegetación falsa y farolas a cuyos lado proliferan alojamientos compartidos, discotecas y lujosos hoteles.

Arrecife

🅰 G6 🏝 Lanzarote ✈
🛈 Avenida la Marina 7; www.turismo lanzarote.com

Con modernos edificios y calles animadas, Arrecife es el centro administrativo y comercial de la isla. A pesar de su aire moderno, la capital conserva buena parte de su viejo encanto, con paseos bordeados de palmeras, una buena playa y dos fortificaciones históricas. El **castillo de San Gabriel** ofrece preciosas vis-

← El paseo marítimo de Playa Blanca, popular para dar una vuelta por la tarde

tas desde la terraza, accesible por una pasarela de piedra sobre el mar, cruzando el puente de Bolas. También alberga el Museo de Historia de Arrecife. El **castillo de San José**, del siglo XVIII, hoy convertido en museo de arte contemporáneo, fue renovado por César Manrique, uno de cuyos cuadros se exhibe aquí.

Castillo de San Gabriel

🏠 Calle Punta de la Lagarta
📞 928 80 28 84 🕐 10.00-17.00 lu-vi, 10.00-14.00 sá
🚫 Festivos

Castillo de San José

🏠 Puerto de Naos 📞 901 20 03 00 🕐 11.00-18.00 diario
🚫 1 ene, 25 dic

CÉSAR MANRIQUE (1919-1992)

César Manrique estudió en la Real Academia de Bellas Artes de San Fernando y residió en Nueva York antes de volver a su isla natal en 1968. El artista, escultor y arquitecto luchó por conseguir que el desarrollo turístico de Lanzarote respetara la naturaleza, limitando alturas y marcando rígidos patrones de formas y colores en las construcciones. Casi todos los enclaves turísticos de Lanzarote son el fruto de su talento.

Teguise

 G6 Lanzarote
Plaza de la Constitución; www.turismolanzarote.com

Teguise, capital de la isla hasta 1852, es una ciudad bien conservada de calles empedradas. Conviene visitarla el domingo, cuando se instala un mercadillo de artesanía y hay bailes típicos. A las afueras de Teguise está el **castillo de Santa Bárbara** (siglo XV), también conocido como castillo de Guanapay, el más antiguo de todo el archipiélago y que ofrece además buenas vistas de la ciudad y de gran parte de la isla.

Para conocer el interior de Lanzarote debe seguirse la carretera que sale de Teguise hasta el insólito viñedo de La Geria: aquí se ha excavado el malpaís (terreno de rocas volcánicas poco erosionadas) hasta llegar a la tierra, formando así hoyos que, protegidos por un murete semicircular, retienen la humedad y protegen la planta del viento. Mozaga, una de las principales poblaciones, es un importante centro vinícola. Cerca de Mozaga está el *Monumento al Campesino,* con una escultura de Manrique (p. 569).

Entre Teguise y Arrecife se encuentra la **Fundación César Manrique.** La fascinante casa y estudio del artista, formada por cinco burbujas volcánicas, contiene algunas obras suyas y su colección de arte moderno.

Castillo de Santa Bárbara
 Montaña de Guanapay
9.00-16.00 lu-sá; 10.00-16.00 ma-vi y do 1 y 6 ene, 25 dic

Fundación César Manrique
Taro de Tahíche
10.00-18.00 todos los días
1 ene fcmanrique.org

↑ Tiendas y restaurantes en casas tradicionales de Teguise

Haría

G6 Lanzarote
Plaza de la Constitución 1; www.turismolanzarote.com

Las palmeras y casas blancas caracterizan Haría, que es punto de partida de las excursiones al norte de la isla. La carretera norteña ofrece vistas de acantilados y del monte Corona (609 m).

Se puede tomar un minibús gratuito para llegar al **mirador del Río,** creación de Manrique, desde el que se divisa La Graciosa y el roque de Ale-granza, el islote más septentrional del archipiélago. Al sur están las plantaciones de tuneras de Mala, en las que habita la cochinilla, parásito con el que se elabora un cotizado tinte carmesí. No lejos se halla el **Jardín de Cactus,** con alrededor de 450 especies de cactus que contrastan con el cielo y el paisaje volcánico; fue también obra de César Manrique.

> **Teguise, capital de la isla hasta 1852, es una ciudad bien conservada de calles empedradas. Conviene visitarla el domingo, cuando se instala un mercadillo de artesanía.**

Mirador del Río
◈ 🏠 Haría 🕐 11.00-15.00 todos los días
🌐 cactlanzarote.com

Jardín de Cactus
◈ 🏠 Guatiza 🕐 10.00-17.00 todos los días 🌐 cactlanzarote.com

Jameos del Agua
🅰 G6 🏠 Lanzarote 📞 901 20 03 00 🕐 10.00-17.00 todos los días (también 19.00-24.00 vi) 🌐 cactlanzarote.com

Las cuevas de los Jameos del Agua, en la costa noroccidental de Lanzarote, surgieron de la erupción del volcán de la Corona. Entre 1965 y 1968 César Manrique ajardinó estas grutas y las convirtió en un sugerente complejo dotado de restaurante, sala de fiestas, una piscina rodeada de palmeras y jardines de adelfas y cactus. Bajando una escalera se llega a una laguna de agua salada en la que viven cangrejos blancos ciegos, endémicos de Lanzarote, que brillan en la penumbra. También es interesante la exposición sobre vulcanología y fauna y flora canaria. En ocasiones hay veladas de bailes típicos.

Muy popular es la cercana **cueva de los Verdes**, un tubo de lava subterráneo de 6 km que puede recorrerse en visita guiada y es un excelente acercamiento a las peculiaridades, secretos y leyendas que rodean las cuevas.

Cueva de los Verdes
◈◈ 🏠 Haría 🕐 10.00-16.00 todos los días
🌐 cactlanzarote.com

Ancla2
Esta enorme terraza *chill-out* cuenta con acceso directo a la playa. El mojito de fresa tiene éxito.

🅰 G6 🏠 Avenida de las Playas 38, Puerto del Carmen, Lanzarote
🌐 666 86 16 84
🕐 lu y ma

Lounge Bar
Buena música y cócteles en este agradable local de Playa Blanca.

🅰 G6 🏠 Calle Irlanda, Local 6, Playa Blanca, Lanzarote
📞 676 52 15 36

ISLAS VOLCÁNICAS

La actividad volcánica que dio origen a las islas Canarias ha creado paisajes muy diversos: desde singulares formaciones de lava hasta enormes volcanes coronados por vastos cráteres. Las islas se hallan en diferentes fases de evolución. Tenerife, Lanzarote, El Hierro y La Palma registran todavía un vulcanismo muy activo, como se puede apreciar por las llamaradas de las Montañas de Fuego *(p. 569)*.

Las islas Canarias están situadas sobre fallas de la corteza terrestre. El magma (roca fundida) que sube por las grietas forma los volcanes. Lanzarote, El Hierro y La Palma son inmensos escudos volcánicos de suave pendiente alzados sobre el lecho marino y formados por magma basáltico denso y caliente.

En los últimos años, los científicos se han mostrado preocupados por la volatilidad de La Palma, que podría hacer que la parte oeste de la isla se precipitara al mar y causara un megatsunami.

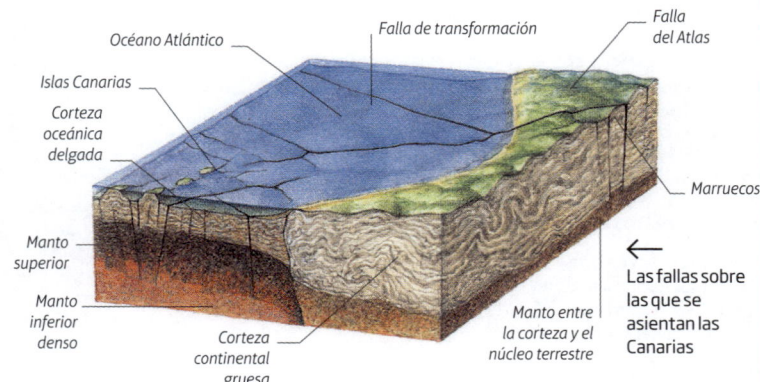

Océano Atlántico — Falla de transformación — Falla del Atlas

Islas Canarias

Corteza oceánica delgada

Marruecos

Manto superior

Manto inferior denso

Corteza continental gruesa

Manto entre la corteza y el núcleo terrestre

← Las fallas sobre las que se asientan las Canarias

Caleta de Fuste

G7 **Fuerteventura**
Avenida Alcalde Juan Ramón Soto Morales 13, El Castillo; www.visitfuerteventura.es

En mitad de la costa este de Fuerteventura se encuentra Caleta de Fuste. Esta sugerente colonia turística rodea una bahía de blanca arena con forma de herradura.

No faltan instalaciones para la práctica de deportes acuáticos y también se puede recorrer el Pueblo Majorero, un complejo de tiendas y restaurantes en torno a una plaza, cerca de la playa. Todo ello hace de Caleta de Fuste uno de los centros turísticos más agradables de Fuerteventura.

Puerto del Rosario

G6 **Fuerteventura**
Avenida Reyes de España; www.turismopuertodelrosario.org

Capital comercial y administrativa de Fuerteventura, se fundó en 1797. En principio se llamó Puerto Cabras, por una garganta cercana que se usaba como abrevadero para estos animales, pero en 1957 se le cambió el nombre. Al ser el único puerto de importancia de Fuerteventura, es base de los ferris que operan entre islas y posee una activa industria pesquera.

Betancuria

G7 **Fuerteventura**
Amador Rodríguez s/n; www.visitbetancuria.com

Tierra adentro, los escarpados picachos de volcanes extinguidos, separados por anchas llanadas, presentan una estampa de adusta grandeza. Desnudos pueblecitos y viejos molinos de viento ocupan las tierras bajas, que en ocasiones son lo bastante fértiles para que medren palmeras y cereales. Detrás, las baldías colinas dibujan su ralo perfil: desde la distancia parecen pardas y grises, pero de cerca las rocas relucen en una asombrosa gama de malvas, rosas y ocres. El mejor momento para apreciar la riqueza cromática de estos parajes es durante el ocaso.

Betancuria, en un bonito valle, toma su nombre de Jean de Bethencourt, conquistador de la isla a comienzos del siglo XV, que trasladó la capital al interior para burlar a los piratas. Este oasis de paz es hoy el pueblo más bonito de la isla. La iglesia de Santa María contiene retablos, vigas decoradas y reliquias (la llave se pide en casa del sacristán). El **Museo Arqueológico,** situado en una casa tradicional canaria, reúne muchos objetos de antiguas culturas isleñas hallados en el lugar.

Al sur, el pueblo de Pájara tiene una iglesia del siglo XVII con portada de curiosa decoración; su diseño de serpien-

CURIOSIDADES
Cocina local

El queso majorero tiene merecida fama. Es de leche de cabra, con aromas de nuez. Puede estar untado en aceite, pimentón o gofio (harina canaria), para potenciar su sabor.

Playa del Castillo, junto al paseo con palmeras en Caleta de Fuste

tes, indios y motivos geométricos se supone de influencia azteca. Dentro, las dos naves laterales gemelas contienen sendas imágenes de la Virgen y el Niño y de la Virgen de los Dolores.

La Oliva, al norte, fue sede militar hasta el siglo XIX. La Casa de los Coroneles es una mansión con cientos de ventanas y techos artesonados. También merecen una vista la iglesia parroquial y un pequeño museo particular con obras de artistas canarios.

Museo Arqueológico
 Calle Roberto Roldán
928 87 82 41 10.00-17.00 ma-sá

⑫

Península de Jandía

G7 Fuerteventura
Costa Calma, Morro Jable
Jetfoil desde Gran Canaria
Calle Bentejuy 25;
928 54 07 76

La península de Jandía, al sur de Fuerteventura, está bordeada por magníficas playas de arena y una cadena de urbanizaciones ocupa hoy buena parte de la abrigada costa este, situada a sotavento.

Costa Calma, un floreciente complejo turístico, ofrece las mejores playas, con larguísi-

mas franjas de arena interrumpidas por caletas y acantilados. Morro Jable, puerto pesquero plagado hoy de nuevas construcciones, se halla en el extremo sur de una vasta playa. A sus espaldas, la carretera se pierde en una pista que lleva al solitario faro de Punta de Jandía.

Largas franjas de arena desértica ocupan la costa de Cofete (a barlovento), solo accesible en vehículos todoterreno y demasiado desprotegida, salvo para los playeros más recalcitrantes. En esta zona, sin embargo, vive gran variedad de fauna marina y por ello la frecuentan los submarinistas.

Desde 1938 hasta la década de 1960 la península de Jandía perteneció a un empresario alemán y estaba vedado el acceso; de ahí surgieron historias de espías y bases secretas nazis.

⑬

Corralejo

G6 Fuerteventura
Avenida Marítima 2;
www.corralejograndes
playas.com

Este puerto de pescadores es uno de los dos grandes centros turísticos de la isla. Su mayor atractivo es un bello cinturón de dunas, espacio natural protegido, que recuerda al Sáhara. La protección llegó tarde para conseguir evitar la construcción de dos prominentes hoteles en la misma playa.

El resto de Corralejo se desparrama caóticamente desde el centro urbano. En la zona portuaria reina gran animación, con concurridos restaurantes y un servicio de ferri a Lanzarote.

Frente a la costa se encuentra la isla de Lobos, así llamada por los lobos marinos que la habitaron; hoy la frecuentan submarinistas, amantes del senderismo y surfistas. Unos barcos con fondo transparente trasladan hasta la isla a los excursionistas.

↑ Las dunas desérticas de Corralejo, que forman una reserva natural al sur de la localidad

¿Lo sabías?

El sistema de canales de Puerto de Mogán le ha valido el nombre de Pequeña Venecia.

14

Puerto de Mogán

F7 Gran Canaria
Avenida de Mogán s/n, Puerto Rico; www.grancanaria.com

Situado en un extremo del valle de Mogán, es uno de los centros turísticos mejor planificados de Gran Canaria. Dispuesto en torno a un pequeño puerto pesquero, consta de un complejo de casas blancas y un hotel del mismo estilo en el muelle. Las tiendas, bares y restaurantes añaden ambiente sin romper la tranquilidad. El desarrollo urbanístico empieza ya frente al mar, pero es menos invasivo que otros lugares.

La playa de arena, al abrigo de los acantilados, apenas da abasto para todos los visitantes, por ello es aconsejable disponer de coche para desplazarse hasta Maspalomas, donde la infraestructura turística es mayor. Los yates de servicio público son un agradable medio para acceder a los centros turísticos más próximos. Hacia el interior desde Puerto de Mogán, la carretera asciende por un valle tropical de mangos, aguacates y papaya, hasta el tranquilo pueblo de Mogán, con casas blancas adornadas con macetas.

15

Puerto Rico

F7 Gran Canaria
Avenida de Mogán, s/n; www.grancanaria.com

Los acantilados del oeste de Maspalomas están llenos de bloques de apartamentos. Pese a estar sobreexplotado, Puerto Rico, muy popular entre familias, tiene una de las mejores playas de la isla: una media luna de arena con todas las instalaciones para la práctica de deportes acuáticos. Resulta placentero bucear, practicar vela o windsurf o tumbarse al sol y hacer acopio de rayos ultravioleta, ya que Puerto Rico ostenta el récord de horas de sol de toda España.

16

Maspalomas

F7 Gran Canaria
Centro Comercial Anexo II 20, Playa del Inglés; www.grancanaria.com

Visto desde la autovía que viene del aeropuerto de Gando, este complejo turístico parece homogéneo, pero poco a poco surgen tres espacios bien diferentes. San Agustín, la más oriental, discreta y tranquila, tiene varias playas de arena oscura

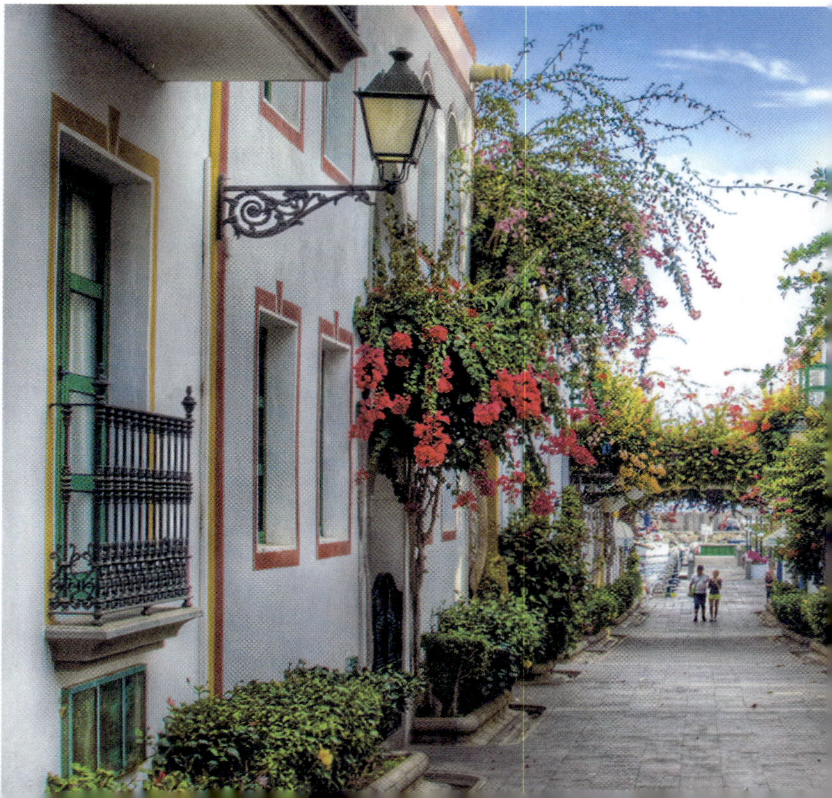

→ Filas de tumbonas y sombrillas en la playa de las dunas de Maspalomas

al abrigo de acantilados, paseos ajardinados y un casino. La siguiente salida de la autovía costera lleva a Playa del Inglés, un triángulo de tierra que penetra en un gran cinturón de arena dorada. Urbanizada desde finales de la década de 1950, la zona está edificada con bloques de apartamentos unidos por un laberinto de calles. Muchos hoteles carecen de vistas al mar, aunque la mayoría tiene amplias zonas verdes con piscinas. La noche es un estallido de luces de neón: sólo en Playa del Inglés hay más de 300 restaurantes y 50 discotecas.

Al oeste de Playa del Inglés, la costa se ondula y forma el Parque Natural de las Dunas de Maspalomas, que, en contraste con el frenesí edificador circundante, es una reserva natural protegida. El extremo oeste de las dunas, presidido por un viejo faro, lo ocupan un puñado de hoteles de lujo. Detrás de las dunas hay un campo de golf rodeado de bungalós.

Todo está pensado para el turismo de masas: deportes acuáticos, excursiones y comida rápida. El alivio a la fatiga playera lo proporcionan los karts y los parques de atracciones. Uno de los más populares es Sioux City, un poblado en el que puede verse actuar a los especialistas.

Sioux City

 Barranco del Águila, San Bartolomé de Tirajana ⏱ 10.00-15.00 ma-vi, 10.00-16.00 sá y do ⓦ siouxcitypark.es

TOP 4 **FIESTAS DE LAS ISLAS CANARIAS**

Carnaval
Santa Cruz de Tenerife celebra en febrero y marzo uno de los mayores carnavales de Europa. También tienen lugar en Lanzarote y Gran Canaria.

Corpus Christi
Las calles de La Orotava, en Tenerife, se llenan de diseños florales. La plaza del Ayuntamiento se cubre con reproducciones de obras de arte formadas con arena volcánica de colores.

Romería de la Virgen de la Candelaria
Los peregrinos acuden por miles a Candelaria, en Tenerife, para venerar a la patrona de las islas Canarias, el 15 de agosto.

Fiesta del Charco
La gente salta a un gran charco de agua salada para capturar peces entre el 7 y el 11 de septiembre, en San Nicolás de Tolentino, Gran Canaria.

↑ Casas rodeadas de buganvillas en las calles de Puerto de Mogán

Las aguas azules de la playa
de Puerto de las Nieves,
pueblo pesquero

⓱ Agaete

F7 Gran Canaria
Avenida Señora de las
Nieves 1; www.agaete.es

La vertiente norte de la isla
es más verde y feraz que el
árido sur, y las plataneras
ocupan las laderas de la
costa. Agaete, con sus casas
blancas esparcidas en
derredor de una rocosa
bahía, va camino de ser un
gran centro turístico. En
agosto se celebra la Fiesta de
la Rama, un ritual guanche
para atraer las lluvias muy
anterior a la llegada de los
españoles. Lugareños y
forasteros bajan en animada
procesión portando ramas
verdes desde el monte hasta

el mar, al que azotan en demanda de la necesaria lluvia.
De los lugares a visitar de
Agaete cabe citar la ermita de
las Nieves, que guarda un
tríptico flamenco del siglo XVI.
Cerca está el **Huerto de las
Flores,** un jardín botánico;
para visitarlo hay que pedir la
llave en el ayuntamiento.
Los paisajes de esta zona
surcada por profundos
barrancos están labrados por
el fuerte viento. Un breve
desvío tierra adentro por el
barranco de Agaete descubre
un fértil valle cubierto de pa-
payas, mangos y cítricos. Al
norte se encuentran las
poblaciones de Guía y Gáldar,
cuyas iglesias parroquiales
atesoran tallas religiosas del
afamado imaginero José Luján
Pérez.

No lejos, siguiendo la costa,
queda el cenobio de Valerón,
uno de los yacimientos guanches más importantes de las
islas, con casi 300 cuevas
horadadas en la roca bajo un
arco basáltico; se cree que
servían de santuario de
sacerdotisas, almacén de
grano y refugio ante posibles
ataques.

Huerto de las Flores
♿️🕙 Calle Huertas
📞 928 55 43 82 🕙 10.30-
16.30 ma-sá

⓲ Tafira

F7 Gran Canaria
Calle Triana 93,
Las Palmas; www.
grancanaria.com

Un cierto aire colonial pervive
en las elegantes quintas de
Tafira; las colinas del suroeste
de Las Palmas han sido desde
antiguo una codiciada zona
residencial. Las lujosas villas
con amplios jardines tienen
magníficas vistas sobre el
valle. En el **Jardín Botánico
Viera y Clavijo,** fundado en
1952, crecen plantas de todo

LOS GUANCHES

Cuando los europeos arribaron a las islas Canarias, a
principios del siglo XV, encontraron una raza de gente alta
y piel blanca que vivía en cuevas y pequeños asentamientos al borde de los campos de lava. La voz *guanche*
designó primero a los aborígenes tinerfeños, pero después
se hizo extensiva a los habitantes prehispánicos de todas
las islas. Los orígenes de los guanches siguen siendo
oscuros, pero es bastante probable que llegaran en torno
al siglo V a. C. desde el norte de África.

Gold By Marina

Moderno hotel solo para adultos a escasa distancia a pie de Playa del Inglés. Tiene una terraza en la azotea con hamacas, *jacuzzi* y sauna.

 F7 Avenida Estados Unidos de America 15, Playa del Inglés, Gran Canaria

en.goldbymarina.com

€€€

Casa Mozart

Encantador hotel *boutique* ubicado en el centro de Las Palmas.

 F7 Calle Mozart 2, Las Palmas, Gran Canaria 928 91 85 39

€€€

---

el archipiélago en sus hábitats, reproducidos fielmente. Cerca de La Atalaya se puede contemplar uno de los grandes espectáculos naturales de Gran Canaria: la caldera de Bandama. El mirador de Bandama es el mejor sitio para observar este cráter volcánico de 1.000 m de anchura y 200 m de profundidad. Algunas de las cuevas habitadas del barranco de Guayadeque, un valle de rocas rojizas al sur, fueron excavadas en el siglo XV.

Jardín Botánico Viera y Clavijo

Carretera de Dragonal, km 7
7.30-18.00 lu-vi (abr-sep hasta 19.0017.00 sá y do
1 ene, Viernes Santo, 25 dic
jardincanario.org

 19

Las Palmas de Gran Canaria

F7 Gran Canaria
Calle Triana 93;
www.grancanaria.com

Las Palmas es la mayor ciudad canaria y un activo puerto comercial, aunque ha decaído desde que los grandes barcos transatlánticos dejaron de atracar aquí. La ciudad está construida alrededor de un istmo y su trazado puede parecer confuso. La moderna zona comercial ocupa el lado este, que acaba en La Isleta, barrio marinero y militar.

Al otro lado de la lengua de tierra se halla la playa de Las Canteras, de arena dorada y tres kilómetros de largo.

El recorrido por la ciudad debe comenzar en el popular parque de Santa Catalina, en las proximidades del puerto, una plaza sombreada con cafés y quioscos. En el barrio residencial de Ciudad Jardín está el parque Doramas.

El Pueblo Canario es un enclave turístico donde el visitante puede presenciar espectáculos folclóricos y comprar objetos de artesanía.

En el extremo de la ciudad se halla Vegueta, barrio agradable cuya fundación se remonta a la conquista de la isla. Su corazón es la catedral de Santa Ana, iniciada en 1500, con el anejo **Museo Diocesano de Arte Sacro.** En la cercana **Casa de Colón,** del siglo XV, se alojó el navegante; un museo está dedicado a sus viajes.

El **Museo Canario** exhibe momias, cráneos, cerámica y abalorios guanches.

Museo Diocesano de Arte Sacro

Calle Espíritu Santo 20
928 31 49 89 10.00-16.30 lu-vi, 10.00-13.30 sá

Casa de Colón

Calle Colón 1 928 31 23 73 10.00-18.00 lu-sá, 10.00-15.00 do 1 ene, 24, 25 y 31 dic casadecolon.com

Museo Canario

Calle Doctor Verneau 2 10.00-20.00 lu-vi, 10.00-14.00 sá y do ene, 25 dic
elmuseocanario.com

 LA MEJOR FOTO
Retazos pastel

San Juan, un barrio de Las Palmas de Gran Canaria, posee una bonita colección de casas coloridas que convierten la ladera en un retablo hecho de tonos pastel.

 ←

Casa de Colón, un museo en Las Palmas de Gran Canaria dedicado a Colón

RUTA EN COCHE
CRUZ DE TEJEDA

Distancia 45 km **Paradas** Artenara; Roque Nublo
Dificultad Las carreteras son estrechas y a veces hay que ceder el paso; pueden descender nubes o niebla de forma repentina

El montañoso interior de Gran Canaria es perfecto para una excursión de un día. La ruta desde Maspalomas recorre barrancos secos en los que crecen cactus, que van ganando en verdor a medida que se asciende. Las carreteras serpentean empinadas a través de pardos y desmoronados peñascales, pasando por cuevas y bellos pueblecitos, hasta llegar a los miradores desde donde se ve el Teide *(p. 558)*. En la vertiente norte las laderas son mucho más feraces; aquí crecen naranjos, limoneros y eucaliptos.

El recorrido se inicia en **Teror,** que cuenta con muchas casas típicas canarias bien conservadas.

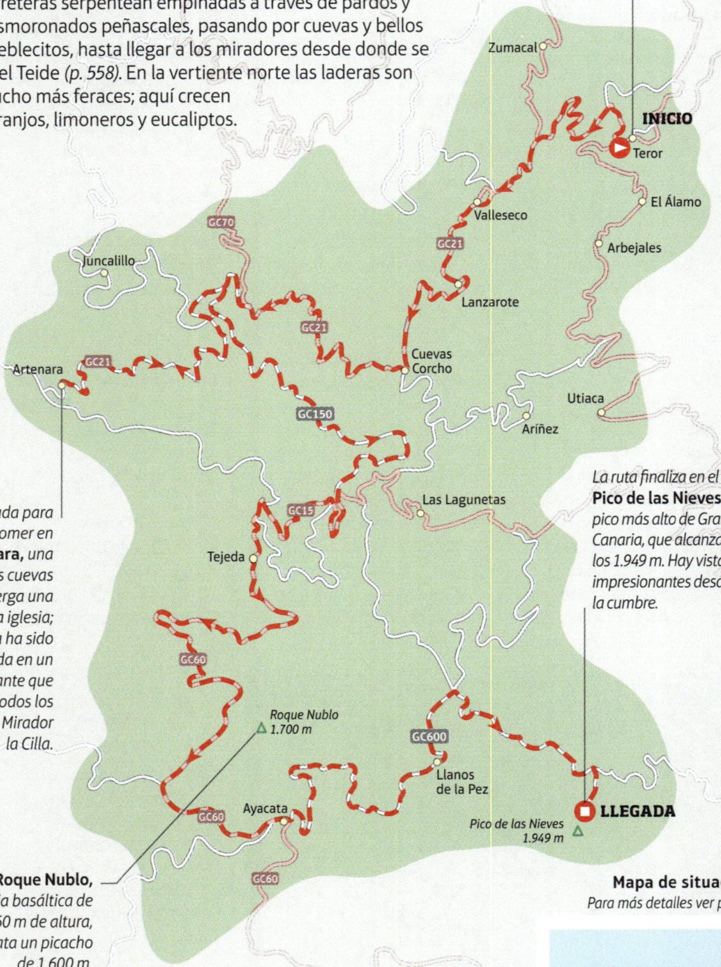

Parada para comer en **Artenara,** una de cuyas cuevas alberga una pequeña iglesia; otra ha sido convertida en un restaurante que abre todos los días: el Mirador la Cilla.

La ruta finaliza en el **Pico de las Nieves,** el pico más alto de Gran Canaria, que alcanza los 1.949 m. Hay vistas impresionantes desde la cumbre.

El **Roque Nublo,** aguja basáltica de 60 m de altura, remata un picacho de 1.600 m.

Mapa de situación
Para más detalles ver p. 566

ISLAS CANARIAS ORIENTALES

Cruz de Tejeda

0 kilómetros 2

N

¿Lo sabías?

El nombre de la
montaña Roque Nublo
recuerda las nubes de
la zona.

↑ Mirando al Teide
desde lo alto del
Roque Nublo

GUÍA ESENCIAL

Carretera del puerto de Confrides, cerca de Guadalest

ANTES
DE PARTIR

La planificación es esencial para que el viaje sea un éxito. Hay que estar preparado para cualquier situación teniendo en cuenta los siguientes datos antes de viajar.

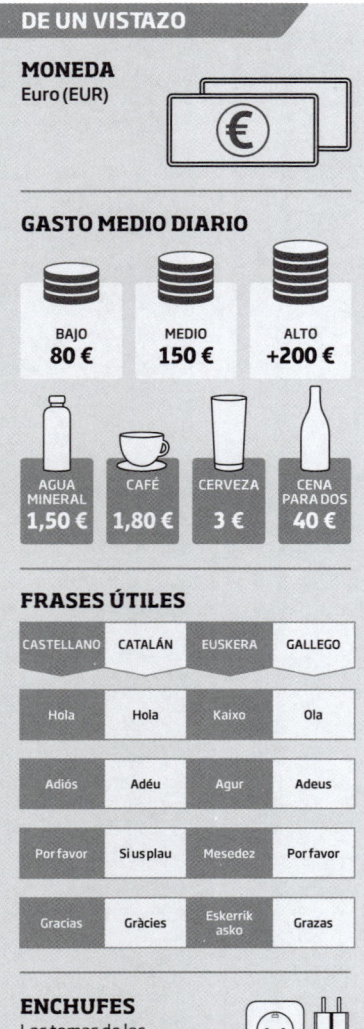

DE UN VISTAZO

MONEDA
Euro (EUR)

GASTO MEDIO DIARIO

BAJO	MEDIO	ALTO
80 €	150 €	+200 €

AGUA MINERAL	CAFÉ	CERVEZA	CENA PARA DOS
1,50 €	1,80 €	3 €	40 €

FRASES ÚTILES

CASTELLANO	CATALÁN	EUSKERA	GALLEGO
Hola	Hola	Kaixo	Ola
Adiós	Adéu	Agur	Adeus
Por favor	Si us plau	Mesedez	Por favor
Gracias	Gràcies	Eskerrik asko	Grazas

ENCHUFES
Las tomas de los enchufes tienen dos clavijas redondas. La corriente es de 230 voltios.

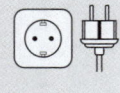

Documentación

Para quienes necesiten visado de entrada al país, conviene consultar en la web del **Ministerio de Asuntos Exteriores** cuál es la embajada española más cercana. Los ciudadanos de la Unión Europea pueden permanecer en España hasta tres meses sin registrarse. Los de Reino Unido, Estados Unidos, Canadá, Australia y Nueva Zelanda pueden visitar el país sin visado hasta 90 días.
Ministerio de Asuntos Exteriores
W exteriores.gob.es

Consejos oficiales

Es importante tener en cuenta los consejos oficiales antes de viajar. Se pueden consultar las recomendaciones sobre seguridad, sanidad y otras cuestiones importantes en la web del Ministerio de Sanidad. Los viajeros que vengan desde fuera de España pueden consultar a las autoridades de sus países de origen y las recomendaciones del Ministerio de Exteriores de España.
Ministerio de Sanidad de España
W sanidad.gob.es
Ministerio de Asuntos Exteriores de España
W exteriores.gob.es

Información de aduanas

Se puede encontrar información sobre las leyes relativas a bienes y divisas introducidas o sacadas de España en la web de **Turespaña** (organismo oficial de turismo).
Turespaña
W spain.info

Seguros de viaje

Es recomendable contratar un seguro de viaje que cubra el robo o pérdida de objetos personales y los retrasos o cancelaciones durante la estancia. Se recomienda revisar siempre la letra pequeña.

Vacunas

Consultar con las autoridades la información relativa a los requisitos de vacunación de la COVID-19.

Reservas de alojamiento

España ofrece todo tipo de alojamientos, incluidos los paradores, de gestión estatal.

En temporada alta (julio y agosto) y durante las fiestas, las tarifas son altas y los hoteles se llenan, por lo que conviene reservar con tiempo. En las islas Canarias, donde el invierno es temporada alta, hay mucha ocupación de diciembre a marzo.

La mayoría de los hoteles ofertan sus tarifas sin incluir el IVA, que es del 10 por ciento, salvo en Canarias, donde se aplica un 6,5 por ciento y se llama IGIC.

Dinero

La mayoría de establecimientos aceptan las principales tarjetas de crédito, débito y prepago. El pago *contactless* es frecuente en ciudades, pero es buena idea llevar dinero suelto para pequeños pagos y adquirir billetes de tren, autobús y metro. Hay cajeros automáticos en todo el país; algunos cobran por retirar dinero.

En España, la propina no es obligatoria, pero se suele redondear la cuenta.

Viajeros con necesidades específicas

La Confederación Española de Personas con Discapacidad Física y Orgánica (**COCEMFE**) y **Turismo Accesible en España** ofrecen información e itinerarios a medida a viajeros con movilidad reducida o problemas de vista y oído.

El transporte público está, por lo general, bien adaptado y cuenta con sillas de ruedas, lavabos accesibles y espacios reservados de aparcamiento en aeropuertos y estaciones. Hay planos de metro en braille proporcionados por la Organización Nacional de Ciegos (**ONCE**).
COCEMFE
W cocemfe.es
ONCE
W once.es
Turismo Accesible en España
W spain.info

Idiomas

El norte de España es una zona de gran riqueza lingüística, donde se pueden escuchar todas las lenguas oficiales del país: español, catalán, euskera y gallego. En Cataluña, País Vasco y Galicia es habitual ver los carteles en dos lenguas: la vernácula y el español. Igualmente, en la televisión autonómica y las emisoras de radio locales se encuentran programas en el idioma de cada zona. El norte de España también es rico en dialectos, como el asturiano (conocido como bable), los aragoneses (como el cheso y el patués) o el aranés de Lleida, que es un dialecto gascón.

Horarios de cierre

La pandemia de **COVID-19** demostró que todo puede cambiar repentinamente. Antes de visitar museos, monumentos u otros lugares de interés consulte los horarios actualizados y las formalidades de reserva.

Mediodía Muchos sitios cierran al mediodía de 14.00 a 17.00.
Lunes Muchos museos, edificios públicos y monumentos cierran este día.
Domingo El acceso a las iglesias y catedrales está restringido a los asistentes a la misa.
Días festivos La mayoría de museos y muchas tiendas cierran antes o no abren.

DÍAS FESTIVOS

1 ene	Año Nuevo
6 ene	Día de Reyes
Mar/abr	Semana Santa
1 may	Día del Trabajador
15 ago	Día de la Asunción
12 oct	Fiesta Nacional
1 nov	Todos los Santos
6 dic	Día de la Constitución
8 dic	Día de la Inmaculada Concepción
25 dic	Navidad

LLEGADA Y
DESPLAZAMIENTOS

Tanto si se viaja a un destino playero como si se ha elegido un retiro rural en el interior, aquí está toda la información para llegar mejor al destino y viajar como un profesional.

DE UN VISTAZO

PRECIO DEL TRANSPORTE PÚBLICO

MADRID

10 €

Billete diario (Zona A)
Metro, bus, tren

BARCELONA

11,20 €

Billete diario (Zona 1)
Todo el transporte público

SEVILLA

5,00 €

Billete diario
Bus y tranvía

CONSEJO
El pase diario para el metro de Sevilla cuesta 4,50 €, pero la mejor forma de moverse es en autobús.

LÍMITES DE VELOCIDAD

AUTOPISTA
120 km/h

VÍA DOBLE SENTIDO
100 km/h

CARRETERA SECUNDARIA
90 km/h

VÍAS URBANAS
30 km/h

Llegada en avión

Debido a las características del país, ya sea por las extensas dimensiones de la península o por viajar desde o hacia las islas o las ciudades autónomas de Ceuta o Melilla, el avión es una opción a tener en cuenta. Casi todas las ciudades importantes cuentan con un aeropuerto, algunos de ellos internacionales.

Viajar en tren

Trenes internacionales

La estatal Red Nacional de Ferrocarriles Españoles (**Renfe**) opera los principales servicios internacionales y nacionales de tren. Las medidas de seguridad e higiene, horarios, información sobre billetes, mapas de transporte y otros datos pueden consultarse en su web. Para viajes internacionales, conviene reservar con mucha antelación. **Eurail** *(p. 588)*, e **Interrail** venden bonos (para no residentes europeos y residentes, respectivamente) para recorridos internacionales de cinco días a tres meses. Estos abonos son válidos para trenes de Renfe, pero el bono Interrail no permite hacer reservas *online* para los trenes de alta velocidad (AVE).

Hay varios trayectos en tren desde Francia. La principal línea va de París hasta Hendaya, en la frontera, desde donde hay trenes regulares a Irún (España). Hay una línea de alta velocidad que sale de París, operada por los ferrocarriles franceses (SNCF) y Renfe, y lleva sin paradas a Barcelona; también se puede llegar a través de Cerbère y Port Bou. En Cerbère hay conexiones hacia Valencia, Alicante, Girona y Murcia, además del Talgo. La única conexión directa entre Portugal y España es a través de Badajoz. La nueva línea de alta velocidad entre Elvas y Évora, cuyo final se espera en 2025, reducirá a menos de dos horas el trayecto entre Lisboa y Badajoz.

Renfe
🅦 renfe.com
Eurail
🅦 eurail.com
Interrail
🅦 interrail.eu

TRANSPORTE AL AEROPUERTO

Aeropuerto	Distancia a la ciudad	Taxi	Transporte público
Barcelona	14 km	35 €	Tren (35 min), autobús (25 min)
Bilbao	12 km	26 €	Autobús (30 min)
Madrid	16 km	30 €	Autobús (30 min), metro (25 min)
Málaga	8 km	20 €	Tren (15 min), autobús (20 min)
Palma de Mallorca	9 km	25 €	Autobús (15 min)
Las Palmas de Gran Canaria	18 km	30 €	Autobús (60 min)
Santiago de Compostela	10 km	21 €	Autobús (20-30 min)
Tenerife Sur-Reina Sofía	64 km	80 €	Autobús (60 min)
Valencia	9 km	20 €	Autobús (20 min)

VIAJES EN TREN

Este mapa resulta útil para planificar los desplazamientos en tren entre algunas de las principales ciudades del país y adaptarse así al tiempo que se tenga disponible. Los tiempos indicados corresponden al servicio más rápido disponible.

••• Principales comunicaciones por tren

Barcelona a Girona	40 min	Madrid a Málaga	2,5 h
Barcelona a Tarragona	1 h	Madrid a Murcia	4,25 h
Barcelona a Valencia	2,75 h	Madrid a Santiago de Compostela	4,75 h
Barcelona a Zaragoza	2,25 h	Madrid a Sevilla	2,5 h
Bilbao a Zaragoza	4,5 h	Madrid a Valencia	2 h
Málaga a Granada	1,5 h	Madrid a Zaragoza	1,25 h
Málaga a Murcia	7,5 h	Santiago de Compostela a A Coruña	30 min
Málaga a Sevilla	2 h	Sevilla a Cádiz	1,75 h
Madrid a Barcelona	2,75 h	Sevilla a Granada	2,75 h
Madrid a Bilbao	4,5 h	Valencia a Murcia	2 h

Trenes nacionales

Renfe, junto con algunas compañías regionales, ofrece un buen servicio de trenes en toda España. Los billetes pueden adquirirse en las páginas web de los operadores o en las estaciones.

Entre las distintas opciones, el AVE (Renfe) es la opción más rápida para desplazarse entre ciudades. Los billetes pueden resultar caros y conviene reservar con tiempo. AVLO, también de Renfe, ofrece alta velocidad a precios más bajos. Lo mismo hacen las empresa Iryo y Ouigo. Otra opción barata para viajar entre ciudades es el tren TALGO, más lento y también de Renfe. A las ciudades pequeñas se llega en regionales y cercanías, frecuentes y baratos.

Viajar en autobús

La forma más barata de viajar por España es en autobús. **Flixbus** ofrece servicios diarios a Barcelona; las ofertas pueden consultarse en la página web.

La principal compañía de autobuses regionales en España es **Alsa**, que tiene líneas y servicios a la mayoría de los puntos de España. Otras, como Alsina Graells (que pertenece a Alsa), cubren buena parte del sur y el este del país. En la página web de las empresas y en las estaciones se puede obtener información y comprar billetes, pero no siempre es posible reservar con antelación.

Flixbus
W flixbus.es
Alsa
W alsa.es

Transporte público

La mejor manera de hacer turismo y moverse por las ciudades y pueblos de España es a pie o en transporte público. La mayoría solo cuentan con un servicio de autobús, pero las principales urbes ofrecen sistemas múltiples de transporte público. **Barcelona, Madrid, Sevilla** y **Valencia** tienen metro. Para estar actualizado respecto a opciones y billetes, conviene visitar las páginas web municipales.

Barcelona
W bcn.cat
Madrid
W madrid.es
Sevilla
W sevilla.org
Valencia
W valencia.es

Metro

Metro de Madrid tiene 13 líneas que dan servicio a toda la ciudad y se dividen por

zonas. Se puede adquirir un billete para la zona A o un abono de diez viajes que sirve para metro y autobús. Los billetes turísticos dan transporte ilimitado durante uno o siete días; se pueden adquirir en las estaciones o el aeropuerto. El metro funciona entre 6.00 y 1.30 de la madrugada. El trayecto al aeropuerto lleva un suplemento de 3 €.

En Barcelona, el billete sencillo cuesta 2,40 €, o se puede adquirir un billete T10 que, una vez validado, permite 10 viajes combinados en metro, autobús, tranvía y cercanías (cada trayecto combinado debe hacerse en un periodo de 75 minutos). Si se va a utilizar mucho el transporte público, el T-2Dias, más caro, da acceso ilimitado a transporte publico durante dos días. El metro de Barcelona, gestionado por **TMB,** abre de 5.00 a medianoche de domingo a jueves, hasta las 2.00 de la madrugada los viernes y 24 horas los sábados.

Metrovalencia es la mejor opción para ir a sitios fuera del centro, en especial a la playa. Los billetes cuestan lo mismo independientemente de para qué estación sean.

El **Metro de Sevilla** une el centro con los barrios de las afueras, por lo que para ir a los principales lugares de interés turístico es mejor opción el metro.

Metro de Madrid
W metromadrid.es
Metro de Sevilla
W metro-sevilla.es
Metrovalencia
W metrovalencia.es
TMB (metro de Barcelona)
W tmb.cat

Tranvías

Algunas ciudades tienen extensas redes de tranvía o metro ligero, como Alicante, Barcelona, Bilbao, Madrid, Sevilla, Valencia y Zaragoza. En las islas Canarias, Santa Cruz de Tenerife y La Laguna están unidas por un tranvía. Suele ser una forma barata y eficiente de viajar, y por lo general son más accesibles que otras formas de transporte público.

Autobuses

El autobús sigue siendo la forma más habitual de transporte público en España, aunque en las poblaciones pequeñas o zonas rurales el servicio puede ser escaso. Muchas rutas funcionan solo hasta las 22.00, aunque en las ciudades funcionan los autobuses nocturnos.

Los billetes de autobús, metro y metro ligero en Madrid, incluidos los turísticos, son intercambiables. Si no se tiene billete, se

puede pagar directamente al conductor. La mayoría de los autobuses funcionan entre las 6.00 y las 23.30. Los nocturnos pasan con menos frecuencia y su precio es el mismo que el del billete diurno.
En Barcelona, los billetes T10 y T-2Dias son válidos en autobuses.

Valencia cuenta con una buena red de autobús, que es el medio más usado por los valencianos. Si se va a utilizar mucho el transporte público, el bono de diez viajes es la mejor opción. En la página web de la **EMT** puede verse un mapa con las líneas de autobús.

Los autobuses son la forma más sencilla y barata de acercarse a los principales monumentos de Sevilla. En la página web de **TUSSAM** hay información sobre las distintas líneas.

EMT
W emtvalencia.es
TUSSAM
W tussam.es

Taxis

Los taxis son una forma bastante razonable de moverse si no se quiere usar el transporte público. El trayecto comienza con la tarifa de bajada de bandera y va aumentando en función de la distancia recorrida. Los precios suelen ser más elevados por la noche y durante los fines de semana y festivos. La carrera a aeropuertos y estaciones de tren suele llevar recargo. Los taxis de Barcelona son amarillos y negros, mientras que los de Madrid son blancos con una franja roja en las puertas delanteras.

En coche

Conducir por las ciudades de España puede resultar una experiencia estresante, especialmente cuando se desconoce la zona. En las poblaciones más grandes es normal encontrar atascos en las horas punta. En las poblaciones más pequeñas el casco histórico suele estar repleto de calles muy estrechas o de sentido único, lo que dificulta el desplazamiento en coche por estas zonas.

También existen pequeños pueblos cuya zona monumental está cerrada al tráfico, por lo que se debe dejar el coche en aparcamientos situados a las afueras y luego acceder a pie. Conviene consultar el plano antes de ponerse en marcha, teniendo siempre en cuenta las zonas peatonales.

En invierno, especialmente en los Pirineos y las zonas de montaña, hay que tener cuidado con la nieve y el hielo, y es posible encontrar carreteras secundarias cerradas al tráfico debido a las condiciones meteorológicas.

El sitio web de la DGT (Dirección General de Tráfico) incluye un mapa en el que se puede consultar toda la información relacionada con el tráfico y el estado de las carreteras en todo el país.
DGT
W infocar.dgt.es/etraffic/

Alquiler de coches

Alquilar un coche puede ser una buena opción para recorrer zonas donde falle el transporte público. Algunas de las principales compañías de alquiler son **Europcar, Avis** y **Hertz.** Todas disponen de oficinas en los aeropuertos, las principales estaciones de tren y las ciudades más grandes. También hay compañías locales, normalmente con precios más asequibles.
Avis
W avis.com
Europcar
W europcar.com
Hertz
W hertz-europe.com

Barcos y ferris

Hay ferris que conectan la península con el norte de África, Italia y Gran Bretaña, además de con Baleares y Canarias. **Acciona Trasmediterránea** une Barcelona y Valencia con las tres islas baleares principales y también opera un servicio semanal de Cádiz a los principales puertos canarios. Hay ferris que permiten llevar el coche entre varias islas y servicios de pasajeros entre Gran Canaria, Tenerife y Fuerteventura, y entre Tenerife y La Gomera. Conviene reservar.
Acciona Trasmediterránea
W trasmediterranea.es

A pie

La mejor forma de recorrer los pueblos y ciudades de España es, sin ninguna duda, a pie. Caminar permite apreciar los detalles arquitectónicos, empaparse del trajín de la calle y entrar en alguna iglesia, tienda o bar de interés. Muchas zonas urbanas están peatonalizadas, pero hay que tener en cuenta que las calles pueden ser estrechas y estar desniveladas en los centros históricos.

En el campo, hay cientos de senderos de corto y largo recorrido, llamados de Gran Recorrido (GR, *p. 38*). El más conocido de todos es el Camino de Santiago, para el que se necesitan cuatro semanas *(p. 232)*.

INFORMACIÓN PRÁCTICA

Conocer la información local ayuda a moverse con facilidad por España. Aquí están todos los consejos e información esencial que pueden resultar necesarios durante la estancia.

DE UN VISTAZO

NÚMEROS DE EMERGENCIA

URGENCIAS EN GENERAL

112

ZONA HORARIA

Los horarios de los monumentos pueden variar de una estación a otra, así que conviene consultarlos antes.

AGUA DEL GRIFO

El agua del grifo es potable, a menos que se indique lo contrario.

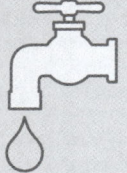

PÁGINAS WEB Y *APPS*

España
Página oficial de turismo de España (*www.spain.info*).
Eurail
Página web útil para planificar viajes en tren (*www.eurail.com*).
Moovit
App para planificar una ruta.
WiFi Map
Encuentre los puntos de acceso wifi gratuitos más cercanos (*www.wifimap.io*).

Seguridad personal

España es un país seguro, pero conviene tomar ciertas precauciones. Hay carteristas en lugares turísticos, estaciones y calles concurridas, por lo que conviene estar alerta para disfrutar del viaje sin sobresaltos.

En caso de robo, se debe denunciar lo antes posible en la comisaría de policía más cercana. No hay que olvidar quedarse con una copia de la denuncia para reclamar al seguro. Si se es extranjero, en caso de robo de pasaporte, delito grave o accidente, se recomienda contactar con la embajada.

Por lo general, la población es hospitalaria con cualquiera, sin importar raza, género u orientación sexual, aunque hay que tener en cuenta que las zonas rurales son más conservadoras.

Salud

Se recomienda consultar la normativa sanitaria respecto a la COVID-19.

Los titulares de una **tarjeta sanitaria** tienen derecho a recibir las mismas prestaciones sanitarias que los residentes de la comunidad por la que estén viajando. Antes de salir de casa, conviene comprobar la fecha de validez de la tarjeta para asegurarse de que está en vigor.

Los servicios de urgencia están pensados para emergencias, por lo que solo se debe recurrir a ellos en caso de verdadera necesidad. Para dolencias o accidentes leves es mejor acudir a los ambulatorios o incluso las farmacias.

En temporada alta, las zonas de interés turístico, sobre todo las playas, cuentan con puestos de la Cruz Roja que ofrecen primeros auxilios. En casos graves, desplazan en sus ambulancias al enfermo o accidentado hasta el hospital más cercano.

Gracias al servicio de receta electrónica, las personas que sigan un tratamiento pueden adquirir los medicamentos que necesiten en cualquier farmacia de la geografía española. Para ello, solo tienen que presentar la tarjeta sanitaria.

En los escaparates de las farmacias se muestra de forma visible un cartel que indica las farmacias más cercanas que están de guardia por la noche y en los días festivos.

Tarjeta sanitaria
Ⓦ seg-social.es

Tabaco, alcohol y drogas

Fumar está prohibido en todos los espacios públicos cerrados, aunque se puede en terrazas de bares y restaurantes.

Costumbres

España es un país con una rica y variada cultura que se refleja en sus fiestas populares y costumbres. En cada época del año se celebran festividades relacionadas con los cambios de estación o con costumbres ancestrales. El carnaval o las procesiones con penitentes mantienen viejas tradiciones que se han conservado gracias a la tradición oral y cuyo origen en muchos casos no está claro.

Visitas a iglesias y catedrales

La mayoría de iglesias y catedrales no permite el acceso de visitantes durante la celebración de la misa dominical. La entrada a los templos es, por lo general, gratuita, aunque tal vez haya que pagar por visitar algunas zonas, como los claustros o los museos. En muchos edificios religiosos se recuerda a los visitantes que vistan de forma recatada, con las rodillas y los hombros cubiertos.

Teléfonos móviles y wifi

Es bastante habitual encontrar puntos de acceso wifi gratuitos en ciudades y localidades de tamaño medio, y hay infinidad de bares, cafés y restaurantes que ofrecen a sus clientes acceso a la red.

Por el contrario, también existen zonas de montaña y rurales donde las conexiones a internet son muy lentas e incluso no llega la cobertura de móvil.

Correos

Correos dispone de oficinas en todas las ciudades y poblaciones medianas de España. Los horarios dependen del tamaño de la localidad: en las más grandes suelen abrir de 8.30 a 21.30 los días de diario y de 9.30 a 13.00 los sábados; en las más pequeñas lo normal es que abran solo por la mañana.

Correos ofrece a las personas que están realizando el Camino de Santiago un servicio de transporte de mochilas entre alojamientos y envío de bicicletas hasta el punto de inicio o desde el lugar donde se acabe el recorrido.

Correos
Ⓦ correos.es

Tarjetas de descuento

Algunas ciudades ofrecen tarjetas turísticas con descuentos que suelen incluir acceso gratuito al transporte público y precios especiales en monumentos, exposiciones, eventos, y museos. Conviene sopesar cuántas de las ofertas se van a aprovechar para decidir si merece la pena adquirir la tarjeta.

ÍNDICE

Los números en **negrita** hacen referencia a las entradas principales.

NOTAS DE VIAJE

NOTAS DE VIAJE

AGRADECIMIENTOS

La editorial quiere agradecer a las siguientes personas su contribución a la edición anterior: Sally Davies, Ben Ffrancon Davies, John Ardagh, David Baird, Vicky Hayward, Adam Hopkins, Lindsay Hunt,Nick Inman, Paul Richardson, Martin Symington, Nigel Tisdall, Roger Williams

La editorial quiere agradecer a las siguientes personas, instituciones y compañías el permiso para reproducir sus fotografías:

a=arriba; b=abajo; c=centro; f=extremo; l=izquierda; r=derecha; t=superior

123RF.com: Jose Angel Astor 351, 366-367; Mauro Celio 86cr; Pavel Dudek 42-43t, 50tr; Juan Jimenez Fernandez 30t; Iakov Filimonov 119crb; Francesco Riccardo Iacomino 50-51b; Olena Kachmar 140-141b; Luis Sandoval Mandujano 8clb; Alena Redchenko 16c, 70-71; Elena Solodovnikova 334clb; Zhanna Tretiakova 139br.

4Corners: Francesco Carovillano 378clb; Paolo Giocoso 310bl; Reinhard Schmid 282t, 539tl, 546-547t, 563b, 572-573t; Luigi Vaccarella 382clb.

akg-images: Album / Oronoz / Museo Reina Sofía / *Tête dite «le lapin»* (1930ca) by Julio Gonzalez 325clb.

Alamy Stock Photo: Mauricio Abreu 322cr, 332t; AFLO Co. Ltd. / Nippon News 52tl, D. Nakashima 52-53b; age fotostock / Alfred Abad 168bl, 79crbagefotostock / María Galán 362-363b, agefotostock / Felix González 328-329t, / Bruno Almela 26br, / Juanma Aparicio 41cl, 499tr, / Gonzalo Azumendi 26cr, 161tl, 392bl, 394-395b, 550cl, 550-551t, / Tolo Balaguer 283br, 423t, / J. LL. Banús 94bl, / F. J. Fdez. Bordonada 286t, / Rafael Campillo 13br, 276tl, / Angelo Cavalli 135tl, Veryan Dale 54-55bt, / Javier Larrea 184clb, 270clb, 273b, 274crb, 325cra, / Museo Nacional de Arte Reina Sofía / *Guernica* (1937) by Pablo Picasso © Succession Picasso / DACS, London 2019 324t, / David Miranda 331tr, 421br, / José Antonio Moreno 505tr, 511t, / Juan José Pascual 422br, / Jesús Nicolás Sánchez 400br, / Richard Semik 285br; AGF Srl / Giuseppe Masci 122cla; Jerónimo Alba 13cr, 392-393t, 409b, 499br; Alberto Gardin / ZUMA Press Wire 139tr; Mark Alexander 492br; Alfie1981 213bl; Alpineguide 487tr; Andreas Altenburger 231tr; Juanma Aparicio 32crb, 455cra; Arco Images GmbH / K. Kreder 560br; Art Collection 3 84cb; Asturimage 38tl; Juan Aunion 142t; Aurelian Images 370bl; Aitor Rodero Aznarez 89cb; Gonzalo Azumendi 56-57t; David Bagnall 488t; Darren Baker 461tr; Cristian Mircea Balate 558-559t; Peter Barritt / Fundacio Pilar Miro / *Personnage Gothique Oiseau eclair sculpture* (1976) by Jown Miro © Successió Miró / ADAGP, Paris and DACS London 2019 37cla; Ben Welsh Premium 39cl; Bildarchiv Monheim GmbH / Gerhard Hagen 343t, 343cra; Stuart Black 512tr; Jordi Boixareu 60clb; Richard Bradley 293bl, 336; Michael Brooks 267cra, 326bc, 468bl; Camila Se 113cra; Cavan / Aurora Photos / David Santiago Garcia 280b, 391b; Francisco de Casa 46-47t; Cavan Images 111; Michelle Chaplow 525br; Chromorange / Andreas Poertner 503br; Classic Image 63cb, 64br; Sorin Colac 484clb; Colin Palmer Photography 540tl; Helmut Corneli 576t; Richard Cummins 507bl; Ian Dagnall 85tr, 234t, 284tl, 333br, 453tl; Ian G Dagnall 268br; DCarreño 239b, 240b, 241tr, 364-365t, 414crb; Design Pics Inc / Destinations / Ken Welsh 373br; dleiva 327, 439b; Doleesi 44bl; DomonabikeSpain 79cl; Adam Eastland 30bl, 338-339b; Education & Exploration 4 326crb; EFE News Agency 47br, 561br; Elenaphotos 206t; Endless Travel 93bl, 155cr; EnriquePSans 339tl; Eduardo Estellez 63br; Etabeta 301bc; Europe / Peter Forsberg 138br; Greg Balfour Evans 551br; Everett Collection Historical 67cr; Peter van Evert 462b; Factofoto 350c, 354, 380-381t, 406-407t, 418b; Alexei Fateev 185t, 254bl, 287tc; 298;

398b; Christophe Faugere 168-169t; Iakov Filimonov 20tr; Aaron Fink 85cra; Freeartist 200-201b; Maria Galan 387br, 397crb; David Gato 53br; geogphoto 480bc; Kevin George 371ca, 418tl; Javier Gil 258-259b; GL Archive 131br, 299bc; Paul Christian Gordon 28-29c, 279br; Mikel Bilbao Gorostiaga 49tr; Tim Graham 43cl, 278b; Granger Historical Picture Archive 66tl, 299crb; Matt Griggs 179clb; Gerold Grotelueschen 114br; Susana Guzman 399tr; hemis. fr / Bertrand Gardel 30cr, 210clb, 213tc, 299cr, 330b, / Patrick Frilet 515br, / Ludovic Maisant 12-13bl, / René Mattes 184b, / Alessio Mamo 300-301b, / Bertrand Rieger 272tl, / Anna Serrano 510tl; Heritage Image Partnership Ltd / Index 62cb, 66crb, 398tr; Peter Horree 332bl, 461bl, / Museum Reina Sofía / Installation shot of *Grün-Blau (793 / 1-4)* (1993) © Gerhard Richter 2019 (12082019) 324-325b, / Museum Reina Sofía / *Untitled (Model for Trench Shaft and Tunnel)* (1978) by Bruce Nauman © Bruce Nauman / Artists Rights Society (ARS), New York and DACS, London 2019 324-325b; Stephen Hughes 545tl; IanDagnall Computing 66bl, 299bl; imageBROKER / Florian Bachmeier 388-389b, / Barbara Boensch 206cl, 364bl, / Jose Antonio Moreno Castellano 416bl, / Michael Fischer 363t, / Christian Handl 383tr, / olf 374b, / Jochen Tack 59cl, / Moritz Wolf 463tr, 541b; incamerastock 319cra; Ingolf Pompe 52 / Museu Picasso Barcelona © Succession Picasso / DACS, London 2019 20crb; Interfoto / © Succession Picasso / DACS, London 2019 91cb; Islandstock 60cl; Ivoha 229tr, 241br; Eric James 301cra; Japhotos 435tr; JeffG 307t; JLImages 372t; jmeyersforeman 371tr; Jon Arnold Images Ltd 220c, 222, 264t; Federico Julien 92-93t; John Kellerman 458b, 471t; Andrey Khrobostov 110fcrb, 267t; David Kilpatrick 559br; Brian Kinney 78-79t; Jason Knott 416tl; Art Kowalsky / Museo Nacional Centro De Arte Reina Sofía / *Brushstroke* (1996) By Roy Lichtenstein © Estate Of Roy Lichtenstein / DACS 2019 104-105; / Museo Nacional Centro De Arte Reina Sofía Designed By Jean Nouvel © Jean Nouvel / ADAGP, Paris and DACS, London 2019 322-323; Lobro 98crb; Look / Ingolf Pompe 201t, / Andreas Strauss 125br; De Luan 299clb; Sabine Lubenow 55cl; Jose Lucas 235bl, 508tr; Cro Magnon 282cla, 397br; Riccardo Mancioli / Museo Guggenheim Bilbao / *The Matter Of Time* (1994-2005) by Richard Serra © ARS, NY and DACS, London 2019 36clb; MARKA / Dario Fusaro 359cra; Stefano Politi Markovina 45cr, 88-89t, 89cb, 117tr, 276-277b, 539cra, 543tr; Martin Thomas Photography 96-97b; Bob Masters 143br; Mauritius Images GmbH / Walter Bibikow 469tl, / Nathaniel Noir 90-91, / OtaPires 47cla, /Jose Fuste Raga 47br, 203tc; Matt May 49cl; Mehdi33300 352b, 402-403, 412bl; Melba Photo Agency 183tr; Paul Melling 198-199b; Mikel Bilbao Gorostiaga-Travels 275tr; Hercules Milas 75t, 106; Tim Moore 249bl, 275br; Hilary Morgan 61clb, 517b; Motion / Horizon Images 408tl, 458crb; Graham Mulrooney 134clb; Juan Carlos Muñoz 49br; Perry van Munster 42bl; Nature Picture Library / Jose B. Ruiz 250-251b, 477cr; Niday Picture Library 64tr; North Wind Picture Archives 65tr; Novarc Images / Nico Stengert 579; B.O'Kane / Museo Nacional de Arte Reina Sofía / *Wheat and Steak* (1981) by Miralda © DACS 2019 322bl; Joris Van Ostaeyen 259tr; Efrain Padro 303; Sean Pavone 316-317b, 482t; Carlos Sanchez Pereyra 101br, 516tl; Will Perrett 471br; peterforsberg 457cla; Photo12 / Archives Snark 66cla; The Picture Art Collection 394cl; MB_Photo 121tr; Pictureproject 118-119tr; Prisma Archivo 62t, 62bc, 64tl, 64clb, 110cb, 157cra; Prisma by Dukas Presseagentur GmbH / Raga Jose Fuste 171t, 548-549b; Luca Quadrio 138-139tr; M Ramírez 251tr, 279t, 415tr, 433cra, 562tl; robertharding , / Neale Clark 113tc, / Marco Simoni 552tl, / Michael Snell 210-211t; SCFotos-Stuart Crump Photography 23tr; Science History Images / Photo Researchers 65cra, 65clb; Carmen Sedano 256cb; Alex Segre 341br; Keith Skingle 203br; Witold Skrypczak 510br; Jorge Tutor 344bl, 395br, 441tr; UtCon Collection 281br; Humberto Valladares 385br; Lucas Vallecillos 28ca, 43br, 48tl, 57br, 59tl, 100b, 123bl, 164bl, 167bl, 264bc, 342b, 375tl, 490t; Ken Welsh 105tl, 430-431t;

Penguin
Random
House

Edición actualizada por
Colaboraciones Lynnette McCurdy Bastida,
Adriana Canal, Mary-Ann Gallagher,
Candela García
Edición sénior Dipika Dasgupta, Alison McGill
Diseño de proyecto sénior Laura O'Brien,
Stuti Tiwari
Edición de proyecto sénior Sarah Allen,
Anuroop Sanwalia
Diseño de proyecto Bandana Paul
**Asistencia en documentación
fotográfica** Manpreet Kaur
**Documentación fotográfica
sénior** Vagisha Pushp
Iconografía Taiyaba Khatoon
Diseño de cubierta Jordan Lambley
Iconografía de cubierta Claire Guest
Cartografía sénior Subhashree Bharati
Cartografía Suresh Kumar
Edición de cartografía Subhashree Bharati
Diseño DTP Rohit Rojal
Producción sénior Jason Little
Producción Kariss Ainsworth
Responsables editoriales Shikha Kulkarni,
Beverly Smart, Hollie Teague
Edición de arte Sarah Snelling
Edición de arte sénior Priyanka Thakur
Dirección de arte Maxine Pedliham
Director editorial Georgina Dee

De la edición en español
Servicios editoriales Moonbook
Traducción DK
Coordinación editorial Cristina Gómez
de las Cortinas
Dirección editorial Elsa Vicente

MIXTO
Papel | Apoyando la
selvicultura responsable
FSC
www.fsc.org   FSC™ C018179

Este libro se ha fabricado con
papel certificado por el Forest
Stewardship Council™ como
parte del compromiso de DK
hacia un futuro sostenible. Para
más información, visite la página
www.dk.com/our-green-pledge

002 18

Título original: Eyewitness Travel Guide, Spain
Decimocuarta edición, 2025

Publicado originalmente en Gran Bretaña en 1996 por
Dorling Kindersley Limited, DK, One Embassy Gardens,
8 Viaduct Gardens, London, SW11 7BW, UK

Copyright 1996, 2024
© Dorling Kindersley Limited, London
Parte de Penguin Random House

ISBN 978-0-241-72566-5

Impreso y encuadernado en China